Smart Region: Angewandte digitale Lösungen für den ländlichen Raum

Diane Ahrens
Hrsg.

Smart Region: Angewandte digitale Lösungen für den ländlichen Raum

Best Practices aus den Modellprojekten „Digitales Dorf Bayern"

Mit Geleitworten von Hubert Aiwanger und Prof. Dr.-Ing. Holger Magel

Hrsg.
Diane Ahrens
Technologie Campus Grafenau
Technische Hochschule Deggendorf
Grafenau, Deutschland

ISBN 978-3-658-38235-3   ISBN 978-3-658-38236-0 (eBook)
https://doi.org/10.1007/978-3-658-38236-0

Die Deutsche Nationalbibliothek verzeichnet diese Publikation in der Deutschen Nationalbibliografie; detaillierte bibliografische Daten sind im Internet über http://dnb.d-nb.de abrufbar.

Springer Gabler

Planung/Lektorat: Carina Reibold
Springer Gabler ist ein Imprint der eingetragenen Gesellschaft Springer Fachmedien Wiesbaden GmbH und ist ein Teil von Springer Nature.
Die Anschrift der Gesellschaft ist: Abraham-Lincoln-Str. 46, 65189 Wiesbaden, Germany

Digitale Transformation weiter vorantreiben

Die Digitalisierung gerade im ländlichen Raum weiter voranzutreiben – dies ist eine Mammutaufgabe, die wir ohne Wenn und Aber gemeinsam angehen müssen, weil sie für die Lebensqualität in unseren ländlichen Regionen elementar ist. Hier setzen die fünf Modellprojekte des „Digitalen Dorfs Bayern" an, die die Bayerische Staatsregierung unter Federführung des Bayerischen Staatsministeriums für Wirtschaft, Landesentwicklung und Energie erfolgreich umsetzt. Jedes Modellprojekt geht dabei auf die konkreten Bedürfnisse der Bürgerinnen und Bürger vor Ort ein. Wir brauchen Digitalisierung überall da, wo sie Sinn macht und die Menschen in ihrem Alltag unterstützt. Digitalisierung hilft dabei, unsere Standorte attraktiver zu machen sowie Arbeitsplätze und Wertschöpfung vor Ort zu schaffen und zu erhalten. Gerade kleinere Kommunen profitieren von den zahlreichen Unterstützungsmaßnahmen, da ihnen oft die nötige Expertise oder schlichtweg die Möglichkeiten zur digitalen Transformation fehlen. Ein lebenswerter Wohn- und Wirtschaftsraum ist sowohl für die Einheimischen als auch für die Besucherinnen und Besucher wichtig: Denn dort, wo sich Einheimische wohl fühlen, fühlen sich auch Gäste wohl!

In den letzten fünf Jahren haben sich alle Beteiligten des Digitalen Dorfs Spiegelau-Frauenau mit viel Engagement und Herzblut für die weitere Digitalisierung der teilnehmenden Gemeinden eingesetzt. Kern des Projekts war dabei das Gemeindeportal „Dahoam 4.0", das sämtliche digitalen Anwendungen, Dienste und Informationen bündelt, die der jeweiligen Pilotgemeinde zur Verfügung gestellt wurden, vielfältige Angebote, die den Alltag der Menschen erleichtern.

Ein herzliches Vergelt's Gott geht daher an alle Beteiligten, die an der Umsetzung des Digitalen Dorfs Spiegelau-Frauenau so engagiert mitgewirkt haben! Mit dieser wertvollen Pionierarbeit gehen Sie anderen Kommunen mit gutem Beispiel voran. Es ist sehr erfreulich, dass die Ideen und Erkenntnisse aus dem Projekt auch nach dessen erfolgreichem Abschluss weiter genutzt und vorangetrieben werden. Jedes Dorf kann ein digitales Dorf werden!

Digitalisierung umfasst alle Lebensbereiche, eben auch den Tourismus. Seit meinem Amtsantritt setze ich mich intensiv dafür ein, die digitale Transformation im Tourismus weiter voranzutreiben. Digitale Transformation und Innovation tragen dazu dabei, dass Bayern weiter Tourismusland Nummer 1 in Deutschland bleibt. Wir haben bereits viel erreicht. Nur ein paar wirkungsvolle Beispiele: Der Ausflugsticker Bayern ist ein echter

Vorreiter der digitalen Besucherlenkung: Gäste können sich in Echtzeit über mögliche Ausflugsziele und deren Auslastung informieren oder auch für alternative Ziele begeistern lassen. Im Programm „Tourismus in Bayern – fit für die Zukunft" haben wir bayerische Gemeinden bei der Anschaffung von Hard- und Software für die Erfassung von Echtzeit-Auslastungsdaten finanziell unterstützt. So vermeiden wir, dass manche Ausflugsziele bisweilen regelrecht „aus allen Nähten" platzen. Die Kompetenzstelle Digitalisierung mit Standort in Waldkirchen erarbeitet digitale Konzepte, die den touristischen Akteuren ermöglichen sollen, dem Gast ein noch attraktiveres Reiseerlebnis anzubieten. Eines der wichtigsten Projekte ist die BayernCloud Tourismus, die künftig alle notwendigen Daten für Tourismusmarketing und Destinationsmanagement bündeln und zur Verfügung stellen wird. Schon lange vor der Corona-Pandemie haben wir erkannt, dass der Erfolg der bayerischen Tourismuswirtschaft davon abhängt, wie digital sich die Akteure für die Zukunft aufstellen. Mit unseren Digitalisierungsmaßnahmen tragen wir dazu bei, dass ihnen die digitale Transformation gelingen kann.

Ihr

Hubert Aiwanger
Bayerischer Staatsminister für Wirtschaft, Landesentwicklung und Energie

Landleben – digital?

Räumliche Gerechtigkeit nur durch konsequente Digitalisierung erreichbar

Der Nine Eleven Europas, der 24. Februar 2022, machte schlagartig klar, was man in den letzten Jahren und Jahrzehnten alles versäumt und ziemlich einäugig falsch gemacht hat z. B. im Energie-, Verteidigungs-, Sicherheits- sowie Katastrophenschutzsektor (Deutschland hat z. B. keine öffentlichen Luftschutzbunker); schon die Jahre zuvor hat Corona die Schwachstellen und Versäumnisse in der Digitalisierung empfindlich bloßgelegt (siehe z. B. die immer noch Faxe sendenden Gesundheitsämter oder die bei Fernunterricht zunächst völlig überforderten Schulen oder die für Homeoffice und Co Working unvorbereiteten Arbeitgeber) – von den vom Verfassungsgericht aufgedeckten Schwächen beim Klimaschutz gar nicht zu reden.

Das alles überwölbende und durchdringende Schicksalsthema Digitalisierung ist schwer ins Gerede gekommen: Jetzt jagt eine Tagung die andere, jetzt übertreffen sich die Ministerien mit immer mehr Projekten und Förderungen. Denn es muss ja aufgeholt werden. Da helfen noch so viel Schönfärbereien nicht mehr: Deutschland und Bayern sind nur Mittelmaß beim digitalisierten Fortschritt und Standard. Man mag es amtlicherseits nur ungern hören, dass Skandinavien da einfach weiter ist. Es war für die Mitglieder der Enquetekommission „Gleichwertige Lebensbedingungen in ganz Bayern" ein Wechselbad von Gefühlen zwischen bassem Erstaunen einerseits und Beschämung andererseits, als sie in Schweden ansehen und studieren durften, welch himmelhoher Unterschied zwischen dem angeblich an der Spitze stehenden Bayern und dem in sich ruhenden, keineswegs auftrumpfenden Schweden bestand. Allen Mitgliedern wurde klar, dass die von ihr neu propagierte Räumliche Gerechtigkeit nur mit konsequenter Digitalisierung aller Lebensbereiche erreichbar ist. Wenigstens haben der Besuch des Technologiezentrums Grafenau und die Ausführungen von Frau Prof. Ahrens zur digitalen Land – Zukunft in Bayern („Alles wird gut") etwas Balsam auf die geschundenen bayerischen Seelen gelegt.

Haben wir es nicht gewusst bzw. hätten wir es nicht wissen können?

Dies fragen nun viele angesichts der Verbrechen von Russlands Kriegsherrn Putin und entdecken nun staunend frühe, nicht wahrgenommene Aussagen z. B. von Otto von Habsburg über die damals schon aufschimmernden Gefahren des Herrn aus Moskau.

Man hätte es auch bei der Digitalisierung wissen können, z. B. bei dem immer noch nicht vollendeten Breitbandausbau in Bayern, über den wir jetzt nur noch Erfolgsberichte hören. Aber – selbstverschuldet – um Jahre zu spät! Die heutige Generation weiß es nicht und geht völlig „unschuldig" mit dem überlassenen Rückstand um, begreift ihn gar als Herausforderung, aber Zeitzeugen wie der Verfasser dieser Zeilen können sich noch sehr gut daran erinnern, wie fast schon verzweifelt die Bayerische Akademie Ländlicher Raum, der TUM Lehrstuhl für Bodenordnung und Landentwicklung, die Akteure der gleichnamigen Münchner Tage oder der Bayerische Gemeindetag an den damaligen Bayerischen Ministerpräsidenten und seinen Wirtschaftsminister appelliert haben, den Breitbandausbau nicht als Angelegenheit des freien Marktes zu behandeln, sondern als Aufgabe des Staates und zentralen Teil der Daseinsgrundinfrastruktur. Immer wieder wurde uns als Antwort um die Ohren geschlagen: der freie Markt richtet das schon. Der freie Markt aber war leider blind für die besonderen Herausforderungen der ländlichen Räume. Mit den Rückständen in Digitalisierung und Mobilität kämpfen wir heute noch! Seitens der Politik und des Staates kam zum eigenen Versagen noch nie ein Wort des Bedauerns.

Nicht anders war es beim Mobilfunk. Wenn sich heute Wirtschaftsvertreter aufregen, dass sie nicht einmal auf den Autobahnen (geschweige denn in der Bahn) ohne Unterbrechung telefonieren können, müssen sie sich fragen lassen, wo ihre Altvordern waren, als es um Unterstützung unserer ländlichen Anliegen ging? Gerade sie predigten am eifrigsten das Mantra des freien Marktes, der alles richten wird.

Überblicken wir noch alles?

Der Rest ist Geschichte: nun hat man Mühe, alle Aktivitäten der verschiedenen Ministerien zu überblicken – hoffentlich hat wenigstens das Digitalministerium den lenkenden Überblick. Natürlich hat aufgrund ihres Querschnittscharakters die Digitalisierung in jedem Lebensbereich und damit in jedem Ministerium ihren berechtigten Platz. Aber sollte das Digitalministerium neben technologischen Aspekten nicht doch manche zentrale strategisch-räumliche Leitlinien und Führungen übernehmen und das nicht allein den Fachministerien überlassen, die je nach Talent, Geld und eigenen Kompetenzen verschiedentlich stark loslegen, oft auch sich überlappend bezüglich Kommunen, Räumen oder Inhalten?

Forderungen für die Zukunft

Jetzt rollt der Zug, ob es „Dorf Digital" ist oder „Smarte Kommunen" oder digitale Transformationen von Verwaltungen, digitale Verkehre, Landwirtschaft oder digitale Bau- oder Bürgerbeteiligungsprozesse oder oder …

Darf man sich deshalb schon zurücklehnen und sich damit beruhigen, dass die Rückstände in nahezu allen Bereichen demnächst behoben sein werden?

Nein, man darf es nicht. Zumindest muss jeden Tag aufs Neue klar gemacht und wissenschaftlich evaluiert werden, dass es gerade auch in der Digitalisierung einer permanenten Kraftanstrengung und neuer Paradigmen bedarf, wie:

1. Akzeptanz eines Wandels vom nur gewährenden hin zum wieder bewusst lenkenden, eingreifenden und garantierenden Staat (A. Reckwitz). Das muss auch die Wirtschaft akzeptieren; den kleinen Landkommunen ist das schon längst klar geworden, dass sie mehr Staat und staatliche Unterstützung brauchen.
2. Wir brauchen Pioniere, wie sie z. B. die Mitarbeiterinnen und Mitarbeiter des Technologiezentrums Grafenau darstellen oder wie sie z. B. von der Ländlichen Entwicklung unter der Bewegung „HeimatUnternehmen" oder in den ILEs gesucht und gefunden wurden. Gebraucht werden besonders solche Unternehmerpersönlichkeiten, die gerade auch dank kluger Digitalisierung vormachen, dass damit erst gleichwertiges Leben, Wohnen und Arbeiten im ländlichen Raum zum Wohle von Klima-, Energie- und Ressourcenschutz und Kulturlandschaftsbewahrung möglich werden.
3. Wir brauchen mutigere Verwaltungen, die nicht hinterhertrotten, sondern offen sind für Kritik und Verarbeiten von Fehlern. Wir brauchen keine Ja Sager, die dann alles auf andere oder obere schieben. Es scheint, dass die immer schon besonders technologie- und zukunftsaffine Verwaltung für Ländliche Entwicklung ein gutes Beispiel solch mutiger Verwaltungen ist.

Zusammen mit dem Technologiezentrum Grafenau und anderen innovativen Verwaltungen, Kommunen, Hochschulen und Unternehme(r)n stehen sie für ein **„Landleben – digital!" Endlich!**

Univ. Prof. EoE Dr.-Ing. Holger Magel

Ehrenpräsident der Bayerischen Akademie Ländlicher Raum und früherer Chef der Bayerischen Verwaltung für Ländliche Entwicklung

Inhaltsverzeichnis

Einleitung

Diane Ahrens

Deutschland liegt nach dem für das Jahr 2021 von der europäischen Kommission erhobenen Index für die digitale Wirtschaft und Gesellschaft (DESI) nach wie vor nur im europäischen Mittelfeld und nur leicht über dem Europäischen Durchschnitt (vgl. Abb. 1.1). Der DESI gibt einen Überblick über den Stand der Digitalisierung in den Mitgliedsstaaten der Europäischen Union und bewertet diese anhand von vier (vormals fünf) Kategorien: Humankapital, Konnektivität, Integration digitaler Technologien und Digitale öffentliche Dienste. Zwar konnte sich Deutschland um einen Platz im Vergleich zu 2020 verbessern, liegt aber insbesondere in der Integration der Digitaltechnik und dem e-Government teilweise deutlich unter dem EU-Durchschnitt. Zudem gibt es nach wie vor ein deutsches Stadt-Land-Digitalgefälle, das dem Ziel gleichwertiger Lebensverhältnisse alles andere als zuspielt.

Der ländliche Raum verdient unsere besondere Aufmerksamkeit, da er unter jahrelangem Wegzug permanent leidet, welcher im Rahmen der Digitalen Transformation nicht noch befeuert werden darf.

Ländliche Räume umfassen 91 % der Fläche Deutschlands, auf der 57 % der Bevölkerung leben.[1] Der anhaltende Trend zur Urbanisierung und die demografische Entwicklung haben über Jahrzehnte die Überalterung und Peripherisierung ländlicher Räume begünstigt. Als Konsequenz ist die Aufrechterhaltung eines adäquaten Betreuungs-, Ausbildungs- und Qualifizierungsangebotes sowie öffentlicher und privater Dienstleistungen zunehmend herausfordernd. Technische und soziale Infrastruktur sind aufgrund sinkender Tragfähigkeit

---

[1] Vgl. Thünen-Institut (2016).

D. Ahrens (✉)
Technische Hochschule Deggendorf, Technologie Campus Grafenau, Grafenau, Deutschland
E-Mail: diane.ahrens@th-deg.de

Abb. 1.1 Index für die digitale Wirtschaft und Gesellschaft (DESI) 2021. (Quelle: European Commission, 2021)

veraltet bzw. ausgedünnt.[2] Hinzu kommen weitere Herausforderungen wie digitale Transformation, der Übergang zu einer nahezu treibhausgasneutralen Wirtschafts- und Lebensweise sowie sich ändernde Lebensstile, Erwerbsmuster und Lebensformen.[3] Kann Digitalisierung als sinnvolles Instrument genutzt werden, um gleichwertige Lebensverhältnisse im ländlichen Raum zu unterstützen? Können Nachteile wie lückenhafter ÖPNV durch digital buchbare Rufbusse oder eingeschränkte ärztliche Versorgung in strukturschwachen Landkreisen durch Videosprechstunden kompensiert werden? Wie muss ein Dorf im digitalen Zeitalter gestaltet sein, damit es als gesund und attraktiv empfunden wird?

Steigende Mieten, Staus und Umweltverschmutzung in Ballungsgebieten lassen insbesondere große Städte, nicht zuletzt während des Corona-Lockdowns, in den letzten Jahren allmählich unattraktiver werden; eine Trendwende zugunsten des Lands zeichnet sich langsam ab.[4] Dazu mögen auch zahlreiche Förderungen kommunaler Smart Cities-Modellprojekte durch die Bundesregierung beigetragen haben, doch sind dort Kleinstädte und Landgemeinden nur mit 8 von 73 Förderprojekten vertreten (vgl. Abb. 1.2). Der Großteil der Projekte befindet sich noch nicht im Umsetzungsstatus.

Aufgrund der Geschwindigkeit und Schnelllebigkeit der Digitalisierung empfinden insbesondere kleine Kommunen die Gestaltung der Digitalen Transformation als Herkulesaufgabe. Zum einen sehen sie sich nach wie vor mit unzureichendem Infrastrukturaus-

---

[2] Vgl. z. B. Mose & Nischwitz (2009).
[3] Vgl. Margarian & Weingarten (2019); Born & Steinführer (2018).
[4] Vgl. Sixtus et al. (2022).

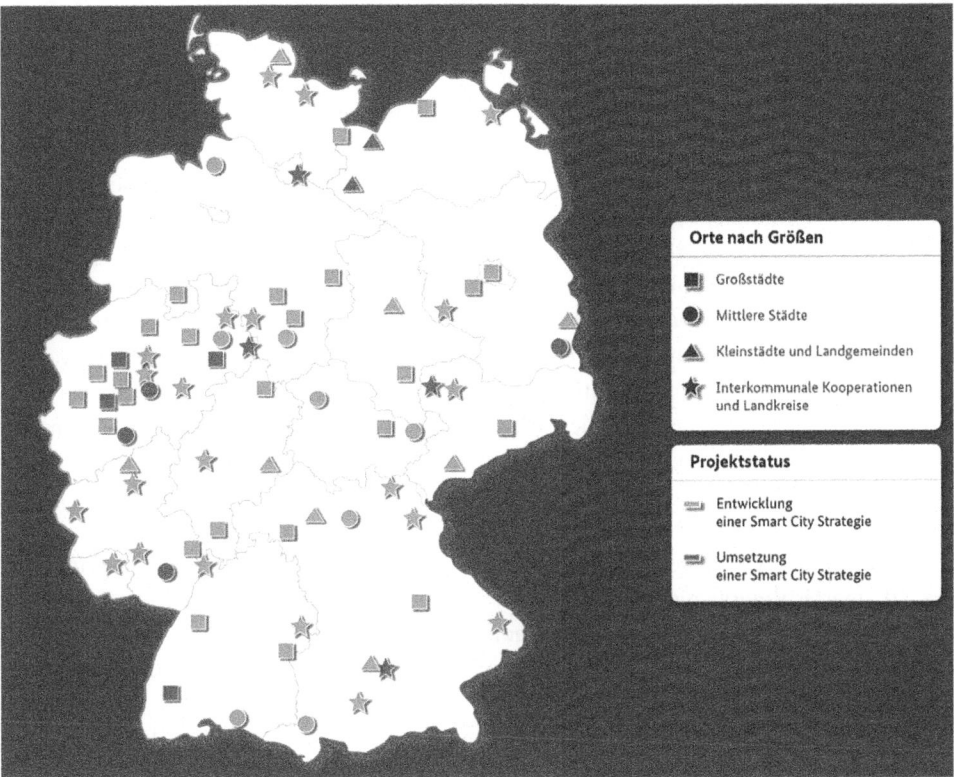

Abb. 1.2 Modellprojekte Smart Cities 2022. (Quelle: BMWSB, 2022)

bau konfrontiert, aber auch begrenzten personellen und fachlichen Kompetenzen im eigenen Haus. Zudem sind ihre Herausforderungen oder Rahmenbedingungen oftmals konträr zu jenen im städtischen Raum, sodass Best Practices nicht oder nur begrenzt übertragbar sind. So ist etwa eine Bündelung der Mobilität aufgrund des geringen Verkehrsaufkommens anders als in Städten kaum möglich, Floating Phone Data aufgrund der größeren Funkzellen und Anonymisierungsanforderungen durch kleine Fallzahlen nur begrenzt nutzbar, höhere Digitalinvests angesichts geringer Gewerbesteuereinnahmen nicht stemmbar. Während es grüne Natur und saubere Luft im Überfluss gibt, mangelt es an gut bezahlten Arbeitsplätzen, flexibler bzw. arbeitsgerechter Kinderbetreuung, kulturellen Angeboten und mit dem ÖPNV erreichbaren Nahversorgern. Auch ist der ländliche Raum nicht homogen. Er beinhaltet die Speckgürtel der Metropolen ebenso wie die strukturschwachen Grenzregionen, die sich völlig anders gestalteten Herausforderungen der Daseinsvorsorge gegenübersehen.

Bereits vor der Förderung entsprechender Projekte durch den Bund wurden 2016 in Bayern die ersten der fünf digitalen Modelldörfer ins Leben gerufen, die national wie international als Leuchtturmprojekte Beachtung fanden und finden. Bewusst wurden die digitalen Modelldörfer in Bayern in unterschiedlichen ländlichen Regionen entwickelt, um der Heterogenität des ländlichen Raumes hinreichend Rechnung zu tragen. Anders als in vergleichbaren Förderprojekten zu jener Zeit wurde stets auf eine ganzheitliche Entwicklung und Umsetzung digitaler Technologien und Lösungen Wert gelegt und durch den verfolgten „Bottom-up" Ansatz ein menschen- anstatt technikzentriertes nachhaltiges Vorgehen verfolgt. Mittlerweile sind zwei dieser Projekte erfolgreich abgeschlossen und sollen anderen Kommunen, insbesondere kleineren Gemeinden in peripheren Regionen als Inspiration dienen und zur Nachahmung animieren.

Im Rahmen dieses Sammelwerks werden ausgewählte Umsetzungsbeispiele aus dem südbayerischen digitalen Modelldorf Spiegelau-Frauenau vorgestellt, Erfolgskriterien und Herausforderungen im Rahmen der Umsetzung thematisiert sowie Vorgehenshinweise zur erfolgreichen Nachahmung präsentiert. Dem ländlichen Raum kann gar nicht genug Aufmerksamkeit zu Teil werden, um die Chance herauszustellen, dass digitale Lösungen und Technologien dazu beitragen können, den ländlichen Raum zu einem Zukunftsraum zu entwickeln, der die Landlust weiter schürt und nicht zuletzt mit Zuzug in attraktive Landregionen die Probleme der Ballungsgebiete mindert.

Im ersten Teil werden die Herausforderungen ländlicher Räume thematisiert und der Begriff smarter Regionen diskutiert, um darzustellen, was die Zielsetzung gleichwertiger Lebensverhältnisse für den ländlichen Raum zum einen bedeutet und wie Digitalisierung zum anderen dazu beitragen kann, diese Zielsetzung zu unterstützen und den ländlichen Raum zu einem Chancenraum zu entwickeln.

Teil II ist der Entstehung und Konzeptionierung des Modellprojektes „Digitales Dorf Bayern" gewidmet. Zum einen wird das zugrunde liegende Wettbewerbsverfahren, das zur Auswahl der beiden ersten Modelldörfer durchgeführt wurde, dargestellt und auf die wertstiftende Abstimmung zwischen den politischen Ressorts im Rahmen der Förderung hingewiesen. Zum anderen werden die unterschiedlichen Handlungsfelder und Modellregionen dargestellt, in denen ein ganzheitlicher, verschiedene Lebensbereiche synergetisch umfassender Digitalisierungsansatz verfolgt wurde. Zuletzt erfolgt die Analyse des digitalen Reifegrades von Kommunen in einem bayerischen Regierungsbezirk aufgrund zweier dort durchgeführter Befragungen.

Der dritte Teil ist der Darstellung unterschiedlichster Umsetzungsbeispiele aus den aufgeführten Handlungsfeldern gewidmet. Insgesamt 12 Teilprojekte aus den Bereichen Dienste – einschließlich eGovernment, Nachbarschaftshilfe, Kirche und Angeboten für Senioren – Mobilität, medizinische Versorgung und Pflege, Vereine, Schule sowie New Work werden vorgestellt und reichen von digitalen Anschlagtafeln, über digitale übertragene Gottesdienste, einem umfassenden Telemedizinprojekt bis zu Co-Working Spaces. Alle Lösungen wurden vor Ort in enger Abstimmung mit den Kommunen durch eine Forschungseinrichtung der Technischen Hochschule Deggendorf, den Technologie Campus Grafenau, entwickelt und umgesetzt.

Im vierten Teil werden wesentliche Erfolgsfaktoren zusammengefasst. Insbesondere die zielgruppenzentrierte Projektarbeit, aber auch geeignetes Marketing und intensive Kommunikation tragen zum nachhaltigen Projekterfolg bei. Ohne geeignete analoge (Träger-)

Strukturen und digitales Denken der Beteiligten lassen sich digitale Transformationsprojekte nicht umsetzen, ebenso wenig werden sie zum Selbstläufer mit kurzfristig sichtbarem Projekterfolg.

Ein Rückblick der Kommunalpolitik auf das Projekt sowie eine Bürgerbefragung zu Bekanntheit und Nutzen des Projektes werfen einen kritischen Rückblick auf das Leuchtturmprojekt nach vier Jahren Projektlaufzeit im fünften Teil. Dieser schließt mit dem Aufzeigen eines roten Fadens für die Umsetzung ähnlicher Nachahmungsprojekte.

Im abschließenden sechsten Teil werden wesentliche Erkenntnisse zusammengefasst und die Vision digitaler Zukunftsdörfer auf dem Land ausgemalt.

Literatur

Born, K., & Steinführer, A. (2018). Ländliche Räume: Definitionsprobleme, Herausforderungen und gesellschaftlicher Wandel. In M. Stein & L. Scherak (Hrsg.), *Kompendium Jugend im ländlichen Raum* (S. 17–44). Klinkhardt.

Bundesministerium für Wohnen, Stadtentwicklung und Bauwesen [BMWSB]. (2022). *Modellprojekte Smart Cities – Internative Karte.* Homepage BMWSB. https://www.smart-city-dialog.de/modellprojekte. Zugegriffen am 01.07.2022.

European Commission. (2021). *Digital Economy and Society Index (DESI) 2021.* https://digital-strategy.ec.europa.eu/en/policies/desi. Zugegriffen am 01.07.2022.

Margarian, A., & Weingarten, P. (2019). Wirtschaftsentwicklung in ländlichen Räumen – aktuelle und künftige Einflussfaktoren. *Landentwicklung aktuell, 24,* 68–70.

Mose, I., & Nischwitz, G. (2009). *Anforderungen an eine regionale Entwicklungspolitik für strukturschwache ländliche Räume,* E-Paper der Akademie für Raumforschung und Landesplanung Nr. 7, Hannover.

Sixtus, F., Beck, L., Hinz, C., & Nice, T. (2022). *Landlust neu vermessen.* Wie sich das Wanderungsgeschehen in Deutschland gewandelt hat, hrsg. v. Berlin-Institut für Bevölkerung und Entwicklung & Wüstenrot Stiftung. https://www.berlin-institut.org/fileadmin/Redaktion/Publikationen/Berlin-Institut___Wuestenrot_Stiftung_Landlust_neu_vermessen.pdf. Zugegriffen am 01.07.2022.

Thünen-Institut. (2016). *Landatlas: Ländliche Räume* (28.11.2016). https://www.thuenen.de/de/infothek/landatlas-laendliche-raeume-online/

Teil I

Ländlicher Raum – Quo vadis?

Herausforderungen ländlicher Räume – das Ziel gleichwertiger Lebensverhältnisse

Tobias Ruscheinski

Zusammenfassung

Im Rahmen der Entwicklung der Peripherisierung ruraler Gebiete ergeben sich vielseitige Herausforderungen für den ländlichen Raum. Die Aufrechterhaltung der technischen und sozialen Infrastruktur hinsichtlich Mobilität, Betreuungsangeboten und Nah- sowie medizinischer Versorgung gestalten sich durch das Fehlen einer kritischen Masse an Nutzenden zunehmend schwieriger. Abgehängte strukturschwache Regionen mit einer überalterten Bevölkerung und von Leerstand geprägten Dörfern sind das Resultat. Allerdings widerspricht dieser Zustand dem Ziel gleichwertiger Lebensverhältnisse. Das Potenzial der Digitalisierung ist hier besonders groß. Distanzen können leichter überwunden, Prozesse effizienter gestaltet, regionale Akteure besser miteinander vernetzt und somit die Herstellung räumlicher Gerechtigkeit unterstützt werden. Die Heterogenität ländlicher Gebiete erfordert passgenaue Lösungen, die auf die spezifischen Herausforderungen einer Region und der darin lebenden Menschen zugeschnitten sind.

Schlüsselwörter

Ländlicher Raum · Gleichwertige Lebensverhältnisse · Räumliche Gerechtigkeit · Peripherisierung · Digitalisierung

T. Ruscheinski (✉)
Technische Hochschule Deggendorf, Technologie Campus Grafenau, Grafenau, Deutschland
E-Mail: tobias.ruscheinski@th-deg.de

D. Ahrens (Hrsg.), *Smart Region: Angewandte digitale Lösungen für den ländlichen Raum*, https://doi.org/10.1007/978-3-658-38236-0_2

2.1   Die Peripherisierung ländlicher Räume

Nach der Kategorisierung des Thünen-Instituts leben 57 % der Bevölkerung in Deutschland im Jahr 2016 im ländlichen Raum, welcher 91 % der Gesamtfläche des Landes ausmacht.[1] Aus Abb. 2.1 wird ersichtlich, welche Gemeinden als ländlicher Raum klassifiziert sind und wie diese im Staatsgebiet verteilt sind. Die grün hinterlegten Flächen geben jene Gebiete wieder.

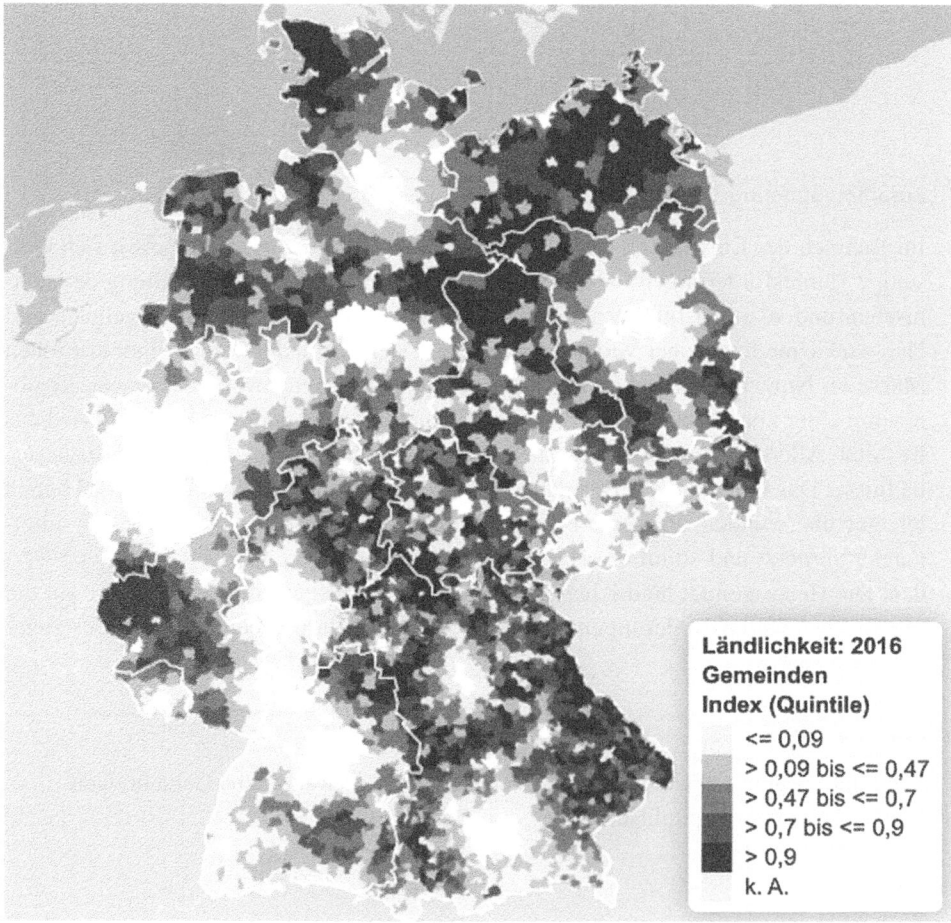

Abb. 2.1 Ländlicher und städtischer Raum in Deutschland (Thünen-Institut 2022)

---

[1] Vgl. Thünen-Institut (2022).

Das Thünen-Institut bildet durch die Verknüpfung von fünf Indikatoren[2] einen gewichteten Index, der die Ländlichkeit einer Region angibt. Dabei wird in fünf so genannte Thünen-Typen[3] unterschieden, welche je nach der Größe des gebildeten Ländlichkeit-Indikators kategorisiert werden. Nicht ländliche Gebiete ab einem Indikatorwert von unter −0,2 werden in der Abb. 2.1 weiß dargestellt. Die dunkelgrünen Flächen kennzeichnen die Gemeinden, in denen die Ländlichkeit am stärksten ausgeprägt ist. [4]

Neben seiner Funktion als Quelle für Nahrung und Rohstoffe ist der ländliche Raum auch Standort für klein- und mittelständische Unternehmen, Dienstleistende, Handwerksbetriebe und erneuerbare Energien.[5] Die Gebiete zeichnen sich vor allem durch eine stark ausgeprägte regionale Heterogenität aus.[6] Dennoch lassen sich auch einige Gemeinsamkeiten feststellen. Außer land- und forstwirtschaftlich genutzten Flächen, einer regionaltypischen Kulturlandschaft, bestehend aus Wäldern, Wiesen und Feldern, einem aus Dörfern und kleinen bis mittelgroßen Städten bestehenden Siedlungsbild mit Einfamilienhäusern und großen Grundstücksflächen sowie der größeren Entfernung zu Zentren, ist auch der lokale Zusammenhalt und die regionale Verbundenheit ein Charakteristikum nahezu aller ländlich geprägten Regionen.[7]

Ländliche Räume in Deutschland sehen sich dabei immer größer werdenden Herausforderungen gegenüber. Durch die fortschreitende Urbanisierung sind periphere Gebiete zunehmend dünner besiedelt. Es wird auch von der Peripherisierung des ländlichen Raumes gesprochen. Damit wird eine graduelle Schwächung und/oder Abkopplung sozial-räumlicher Strukturen gegenüber dominanten Zentralisierungsvorgängen beschrieben.[8] Diese Entwicklung ist als dualer Prozess zu sehen. Während einerseits Ballungszentren und Agglomerationen ausgeprägte Zuwanderung erfahren und eine Zentralisierung stattfindet, werden ländliche Gebiete andererseits immer mehr abgehängt. Außerdem ist die Peripherisierung als mehrdimensionale Entwicklung zu sehen, welche funktionale,

---

[2]Verwendete Indikatoren: 1. Siedlungsdichte im Jahr 2013, 2. Anteil der land- und forstwirtschaftlichen Fläche an der Gesamtfläche im Jahr 2013, 3. Anteil der Ein- und Zweifamilienhäusern an allen Wohngebäuden im Jahr 2013, 4. Regionales Bevölkerungspotenzial (Summe der auf das 1-km-Raster von Eurostat projizierten Bevölkerungszahl im 50-km-Radius bei proportional mit der Luftliniendistanz abnehmender Gewichtung), 5. Erreichbarkeit großer Zentren (proportional mit der Straßendistanz gewichtete Summe der Bevölkerungszahl der nächsten fünf Oberzentren in Deutschland oder funktionalen städtischen Zentren im Ausland gemäß Bundesinstitut für Bau-, Stadt- und Raumforschung [Datenstand 2014/2015]).

[3]Thünen-Typen: 1. Sehr ländliche Gebiete mit weniger guter sozio-ökonomischer Lage, 2. Sehr ländliche Gebiete mit guter sozio-ökonomischer Lage, 3. Eher ländliche Gebiete mit guter sozioökonomischer Lage, 4. Eher ländliche Gebiete mit weniger guter sozio-ökonomischen Lage, 5. Nicht ländliche Gebiete.

[4]Vgl. Thünen-Institut (2022).

[5]Vgl. Bundesministerium für Ernährung und Landwirtschaft (2020), S. 7.

[6]Vgl. Bundesministerium für Ernährung und Landwirtschaft (2020), S. 7.

[7]Vgl. Bundesministerium für Ernährung und Landwirtschaft (2020), S. 7.

[8]Vgl. Keim (2006), S. 3.

kulturelle und ökonomische Aspekte beinhaltet.[9] Die Folgen dieses Prozesses sind in einigen Gebieten deutlich spürbar und führen zu einer Steigerung räumlicher Disparitäten.

Die Geschwindigkeit, in der die Zentralisierung stattfindet, kann als Bestimmungsgröße der Dynamik der Peripherisierung verstanden werden. Diese kann durch die Urbanisierungsrate gemessen werden, welche das Wachstum der städtischen Bevölkerung einer bestimmten regionalen Teileinheit in Bezug auf einen bestimmten Zeitraum beschreibt. Die beiden Prozesse der Peripherisierung und der Zentralisierung finden gleichzeitig statt und verstärken sich gegenseitig. Hier wird die Dualität des Prozesses deutlich. Durch die zentripetale Bündelung wirtschaftlicher Funktionen nimmt die ökonomische Leistungsfähigkeit ländlicher Gebiete immer mehr ab. Wirtschaftliche Aktivitäten werden durch Agglomerationsvorteile, wie steigende Skalenerträge, bessere Infrastruktur, größeres Angebot auf dem Arbeitsmarkt oder die Nähe zu vor- und nachgelagerten Betrieben angezogen und gebündelt. In der Folge ziehen sich Betriebe und Arbeitskräfte aus dem ländlichen Raum zurück und konzentrieren sich in Ballungszentren. Die Industriedichte nimmt ab und zieht den Rückgang von Arbeitsplätzen, Ausbildungsplätzen und Qualifizierungsangeboten nach sich. Vor allem junge Arbeitskräfte kehren ländlich geprägten Regionen den Rücken. In Kombination mit rückläufigen Geburtenraten findet so eine Überalterung der Gesellschaft statt.[10]

Die Infrastruktur in ländlichen Gebieten ist aus verschiedenen Gründen nur schwer aufrechtzuerhalten. Die Ausdünnung strukturschwacher Regionen und die damit verbundene schwindende Tragfähigkeit der technischen und sozialen Versorgungsangebote durch die zu geringe Nutzung sind nur einige dieser Gründe. Verringerte Zugangsmöglichkeiten, große Distanzen aufgrund disperser Siedlungsstrukturen und die geringe Bevölkerungsdichte sind die Folge. Geschäfte, Buslinien oder Grundschulen werden aufgegeben, was zu einer Verschlechterung der ohnehin ungünstigen wirtschaftlichen und sozialen Ausgangslage führt. Institutionen der Kinderbetreuung sind im Zuge des demografischen Wandels zunehmend von einer Schließung bedroht, was einen mangelnden Zugang zu Betreuungsangeboten nach sich zieht. Hinzu kommt, dass die vorhandenen Angebote oft zeitlich nicht flexibel genug sind, um die Vereinbarkeit von Familie und Beruf zu gewährleisten.[11]

Die Umsetzung von Neuerungen in der Infrastruktur, wie eine leistungsfähigere Telekommunikation oder ein flächendeckender Breitbandausbau, findet nur verzögert oder gar nicht statt,[12] da im ländlichen Raum unter anderem größere Distanzen überwunden werden müssen und der Ausbau somit auch mit höheren Kosten verbunden ist.[13] Diese Entwicklung spiegelt nicht nur die demografischen und wirtschaftlichen Strukturprobleme wider, sondern verstärkt diese sogar. Durch die Unterauslastung der Infrastruktur erhöhen sich die anteiligen Kosten pro Nutzer:in, was die Quantität und Qualität der Angebote sinken lässt.[14]

---

[9] Vgl. Keim (2006), S. 3.

[10] Vgl. Keim (2006), S. 4.

[11] Vgl. Busch (2013), S. 21.

[12] Vgl. Reichert-Schick (2015), S. 76.

[13] Vgl. Williger & Wojtech (2018), S. 9.

[14] Vgl. Reichert-Schick (2015), S. 77.

Die Verkehrsinfrastruktur und Mobilitätsangebote sind zwei zentrale Voraussetzungen einer zukunftsfähigen Entwicklung von ländlichen Gebieten. Sie stellen den Zugang zu Versorgungs- und Dienstleistungsangeboten, zu Arbeitsplätzen sowie zur Kulturlandschaft sicher. Die Aufrechterhaltung von Versorgungsstrukturen und Dienstleistungsangeboten hinsichtlich Mobilität ist in einigen Regionen aufgrund der geringen Nutzungsfrequenz und dem Fehlen einer kritischen Masse an Nutzenden mit sehr hohem Aufwand und hohen Kosten verbunden.[15] So existieren bereits Orte, die vom öffentlichen Personennahverkehr (ÖPNV) jenseits der Beförderung von Schüler:innen nicht mehr bedient werden.[16] Tendenziell werden solche Gebiete zukünftig immer größer werden.[17] Dennoch ist die ausreichende Versorgung der Bevölkerung mit Verkehrsdienstleistungen im ÖPNV gesetzlich geregelt.[18] Unter anderem bedingt durch die zunehmende Motorisierung der Bevölkerung findet eine Zentralisierung der öffentlichen Verwaltung und der sozialen Infrastruktur statt. Die Versorgungsdichte in ländlichen Gebieten nimmt ab, was zu langen Wegen zu Versorgungseinrichtungen führt.[19]

Eine flächendeckende Gesundheitsversorgung ist eine weitere Herausforderung ländlicher Räume. Ein zunehmender Fachkräftemangel in den kritischen Professionen, wie Ärzt:innen und Pflegekräfte, und die Konzentration von medizinischen Versorgungsleistungen in städtischen Gebieten sind ein Zeichen von fehlverteilten Ressourcen.[20] Allerdings sollte das Problem nicht nur auf den Mangel an Ärztinnen und Ärzte reduziert werden. Es besteht auch eine Unterversorgung mit medizinisch-therapeutischen Angeboten. Hier eingeschlossen sind auf dem Gebiet der Psychologie, Logopädie, Ergotherapie und Physiotherapie Tätige.[21] Folglich sind vor allem spezialisierte medizinische Versorgungsleistungen in ländlichen Räumen oft nur eingeschränkt verfügbar.[22] Der Demografische Wandel ist durch die Abwanderung von jungen Menschen in ländlichen Gebieten besonders spürbar. Der Anteil der älteren multimorbiden Bevölkerungsgruppen wächst, was mit einem steigenden Pflegebedarf verbunden ist. Der Druck auf die ohnehin begrenzten medizinischen Ressourcen in ländlichen Räumen nimmt entsprechend zu.[23] Angesichts der fortschreitenden demografischen Entwicklung und einer steigenden Lebenserwartung wird sich die Situation auch in Zukunft noch weiter verschärfen.[24]

Ein weiteres Problem ländlicher Räume ist der sich immer stärker ausprägende Leerstand von Gebäuden. Bei Häufung und langer Dauer ist dieser nicht nur ein optisches,

---

[15]Vgl. Riesner (2014), S. 41–43.

[16]Vgl. Steinrück & Küpper (2010), S. 61.

[17]Vgl. Riesner (2014), S. 41–43.

[18]Vgl. § 1 Absatz 1 RegG.

[19]Vgl. Riesner (2014), S. 41.

[20]Vgl. Berghöfer et al. (2020), S. 99.

[21]Vgl. Süssmuth (2013), S. 10.

[22]Vgl. Hoffmann et al. (2020), S. 160.

[23]Vgl. Blüher & Kuhlmey (2016), S. 315.

[24]Vgl. Süssmuth (2013), S. 10.

sondern auch ein ökonomisches Problem für betroffene Privateigentümer:innen, Wohnungsbaugesellschaften, Genossenschaften und Kommunen. Leerstände verursachen Kosten, sind ein Zeichen für einen nicht funktionierenden Wohnungsmarkt und können als Indikator eines negativen Entwicklungstrends sowie struktureller Defizite interpretiert werden. Ein stark ausgeprägter Leerstand kann eine Wertminderung des gesamten Standortes nach sich ziehen. Die Ursachen können hierbei stark variieren. Neben den vorher erläuterten wirtschaftlichen und demografischen Entwicklungen in ländlichen Gebieten, die unmittelbare Auswirkungen auf die Finanzkraft der potenziellen Mieter:innen und Käufer:innen haben, kann auch die politische und planerische Steuerung ursächlich für die Verstetigung von Leerstand sein.[25]

Die Probleme, die die Peripherisierung des ländlichen Raumes mit sich bringt, sind sehr vielseitig. Die folgende Auflistung fasst alle spezifischen Herausforderungen ländlicher Gebiete nochmals zusammen:

• Demografischer Wandel
• Wirtschaftliche Strukturschwäche
• Eingeschränktes Betreuungs-, Ausbildungs- und Qualifizierungsangebot
• Rückzug von öffentlichen und privaten Dienstleistungen aus der Fläche
• Sinkende Tragfähigkeit technischer und sozialer Infrastruktur

Die daraus resultierenden Rahmenbedingungen sind eine überalterte Bevölkerung, eine schlechte Infrastruktur sowie die fehlende Wirtschaftlichkeit von angebotenen Leistungen.

2.2   Definition gleichwertiger Lebensverhältnisse

Mit der Definition der Gleichwertigkeit von Lebensverhältnissen beschäftigt sich Mießner (2016). Im politischen Diskurs hat sich die Interpretation des Begriffs als Sicherung der Freiheit und Chancengleichheit etabliert und kann somit als räumlicher Ausdruck des Sozialstaatpostulats gedeutet werden. Die Definition des Begriffs wird auch in zahlreichen anderen Publikationen breit diskutiert. Barlösius (2006) gibt Aufschluss darüber, was unter Gleichwertigkeit abseits von Gleichheit und Angleichung verstanden werden könnte. Kersten et al. (2019) gehen auf den verfassungsrechtlichen Neuansatz des Gleichwertigkeitspostulats des Freistaats Bayern ein. Das Ziel der gleichwertigen Lebensverhältnisse wird hier als Staatszielbestimmung ausgelegt. Wenn ein Loslösen von der Philosophie des Minimums gelingt, kann diese Neuauslegung eine Vorbildwirkung entwickeln und so eine Politik des Zusammenhalts fördern.[26]

---

[25] Vgl. Schmied (2007), S. 2.
[26] Vgl. Kersten et al. (2019), S. 10.

Die Interpretation des Artikel 72 GG legt nahe, dass zurückgebliebene Regionen so entwickelt werden sollen, damit diese zu den weiter fortgeschrittenen Regionen aufschließen können und so die Teilhabe an der Modernisierung sichergestellt ist. Auf den ersten Blick könnte hier die Ausstattung einer Region oder eines Teilraumes hinsichtlich Schulen, Krankenhäusern, Schwimmbädern, Kindergartenplätzen sowie Arbeits- und Ausbildungsplätzen gemeint sein. Wird der Begriff Gleichwertigkeit in Richtung Gleichheit ausgelegt, würde sich die Herstellung gleichwertiger Lebensverhältnisse über Inputfaktoren definieren lassen. Diese würden so gebildet werden, dass pro 1000 Einwohner:innen beispielsweise x Güter oder y Zugangschancen zur Verfügung stehen sollten. Wird ein allgemeines Gleichgewicht als Ausgangssituation angenommen, so steht fest, dass sich dieses mit Zuwanderung oder Abwanderung der Bevölkerung verschiebt. Bei der Betrachtung der Bedeutung des Wortes Gleichwertigkeit wird klar, dass diese nicht ohne Weiteres definiert werden kann. Durch eine Neufassung des Artikel 72 GG im Jahr 1994 wurde die „Wahrung der Einheitlichkeit" durch die Begrifflichkeiten „Herstellung der Gleichwertigkeit" ersetzt. Diese Formulierung erlaubt einen größeren Handlungs- und Interpretationsspielraum.[27] Die möglichen Auslegungen von Gleichwertigkeit beschränken sich nicht auf die Gleichheit, sondern erlauben ebenso Interpretationen in Richtung Gleichstellung oder gegenseitige Anerkennung von Differenzen. Durch das Ersetzen des Begriffs Wahrung durch Herstellung wird deutlich, dass es sich hierbei um einen dynamischen Prozess handelt. Es steht also fest, dass die Interpretation über Gleichheit und Angleichung hinaus geht.[28]

Die Auswahl eines geeigneten Konzeptes zur Messung der Gleichwertigkeit von Lebensverhältnissen gestaltet sich besonders schwierig, da sich Ergebnisse durch verschiedene Definitionen der Variablen signifikant voneinander unterscheiden können. So spielen nicht nur die gewählte räumliche Ebene, sondern unter anderem auch die betrachteten Dimensionen und Kernbereiche eine entscheidende Rolle. Als Basis für das Monitoring können objektive Indikatoren und die subjektive Wahrnehmung der Bevölkerung herangezogen werden, um Unterstützungs- und Handlungsbedarf zu identifizieren.[29] Die Dimensionen und Kernbereiche der Sicherung gleichwertiger Lebensverhältnisse sind auch im Raumordnungsgesetz festgehalten und werden in diesem Rahmen genauer definiert. Dort heißt es, dass im Gesamtraum der Bundesrepublik Deutschland und dessen Teilräumen ausgeglichene soziale, infrastrukturelle, wirtschaftliche, ökologische und kulturelle Verhältnisse anzustreben sind.[30] Die Verankerung des Gleichwertigkeitsgrundsatzes im Raumordnungs- und im Grundgesetz stellt einen entscheidenden Legitimationsbaustein für die wohlfahrtsstaatliche Ausrichtung der Bundesrepublik dar. Das Sozialstaatsprinzip umfasst das Gebot der sozialen Sicherheit und Gerechtigkeit sowie den Staatsauftrag zur Herstellung erträglicher Lebensverhältnisse für alle. Somit kann das Postulat gleichwerti-

---

[27] Vgl. Bundesinstitut für Bau-, Stadt- und Raumforschung (2020), S. 10.
[28] Vgl. Barlösius (2006), S. 22.
[29] Vgl. Bundesinstitut für Bau-, Stadt- und Raumforschung (2020), S. 8.
[30] Vgl. § 2 Absatz 2 ROG.

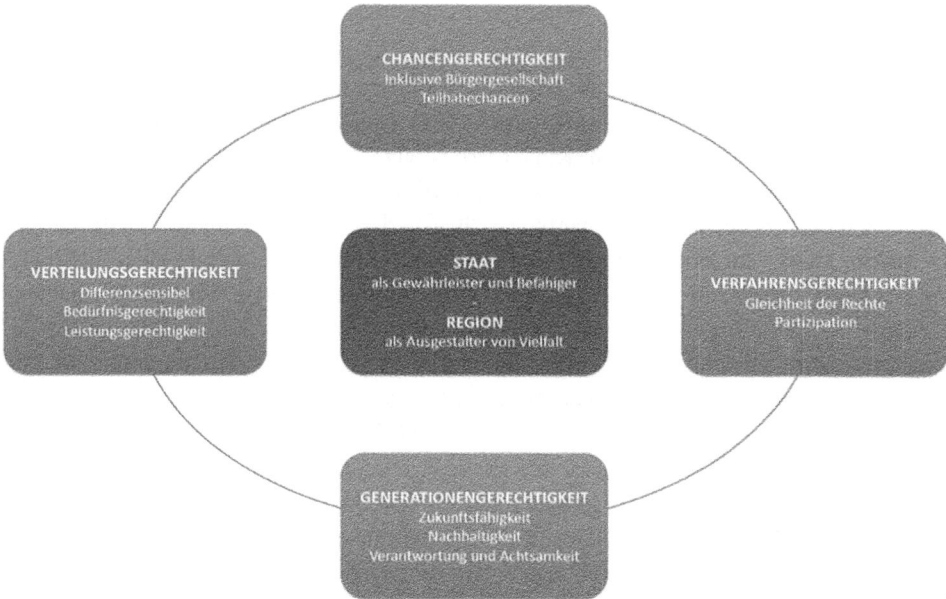

Abb. 2.2 Die vier Dimensionen räumlicher Gerechtigkeit (Eigene Darstellung nach Miosga, 2015 & Magel, 2016)

ger Lebensverhältnisse als räumliches Pendant des Sozialstaatsprinzips gedeutet werden.[31] In diesem Zusammenhang leistet das Postulat einen entscheidenden Beitrag zur Verwirklichung des sozialstaatlichen Integrationsversprechens, des Gleichheitsgrundsatzes und dem damit verbundenen Diskriminierungsverbot sowie des Rechts auf die freie Entfaltung der Persönlichkeit.[32]

Im Auftrag der bayerischen Enquete-Kommission „Gleichwertige Lebensverhältnisse in ganz Bayern" wurde von Magel (2016) ein neues Konzept zur Messung der Gleichwertigkeit von Lebensverhältnissen entworfen.[33] Das Konzept, welches auf räumlicher Gerechtigkeit fußt, kann auf vier Dimensionen aufgespannt werden und wird in Abb. 2.2 veranschaulicht.

Während der Staat in diesem konzeptionellen Rahmen als Gewährleister und Befähiger fungiert, nimmt die Region als solche die Rolle als Ausgestalter von Vielfalt ein. Im Kontext der Gleichwertigkeit kann Vielfalt dann als Akzeptanz von bestehenden Differenzen interpretiert werden.[34] Die erste Dimension der räumlichen Gerechtigkeit ist die Verteilungsgerechtigkeit. Diese zielt vor allem auf die gerechte Verteilung von Ressourcen,

---

[31] Vgl. Bayerischer Landtag (2017), S. 17.

[32] Vgl. Bayerischer Landtag (2017), S. 18.

[33] Vgl. Magel (2016), S. 380.

[34] Vgl. Magel (2016), S. 380.

Gütern und Infrastruktur ab und nimmt somit die materielle Komponente im Konzept ein.[35] So wird der soziale Zusammenhalt durch ein Mindestmaß an Verteilungsgerechtigkeit gesichert. Durch extreme soziale Polarisierungsmuster kann der gesellschaftliche Zusammenhalt gefährdet werden. Ähnlich wirken auch tiefe räumliche Disparitäten, da diese Ungerechtigkeiten erzeugen und ausgewogene Verhältnisse bedrohen. Nur durch die Herstellung einer Akzeptanz von Differenzen kann dieses Problem umgangen werden. Dazu sind gesellschaftliche Aushandlungsprozesse und transparente Verfahren nötig, die jedem Mitglied der Gesellschaft Partizipation ermöglichen und somit gleiche Beteiligungsrechte implizieren. Hier kommt die zweite Dimension der räumlichen Gerechtigkeit, die Verfahrensgerechtigkeit, zum Zug.[36] Anders als bei den weiteren Dimensionen geht es hier nicht um Differenzen und deren Akzeptanz, sondern um die strikte Gleichverteilung von bürgerlichen und politischen Rechten und Grundfreiheiten. Gleichheit kann in diesem Fall also im Sinne von Gleichstellung und Gleichbehandlung interpretiert werden.[37] Wird davon ausgegangen, dass gleichwertig nicht gleich bedeutet, kommt der Chancengerechtigkeit eine entscheidende Rolle zu.[38] Hier sind vergleichbare Startchancen und Entwicklungsmöglichkeiten gemeint, sodass jedes Individuum dem Bedürfnis nach Selbstverwirklichung und Persönlichkeitsentwicklung nachkommen kann.[39] Die letzte Dimension, welche von Miosga (2015) im Konzept ergänzt wurde, bildet die Generationengerechtigkeit ab. Hier spielt eine nachhaltige Entwicklung die zentrale Rolle, damit gleichwertige Lebensverhältnisse nicht auf Kosten zukünftiger Generationen hergestellt werden.[40]

Um gleichwertige Lebensverhältnisse auf Basis der vier räumlichen Gerechtigkeitsdimensionen messbar zu machen, müssen erst jeweils die relevanten Themen- und Lebensbereiche in den Dimensionen identifiziert werden. Auf dieser Grundlage werden dann geeignete Indikatoren gesucht, welche den abzubildenden Lebensbereich aussagekräftig widerspiegeln. Als räumliche Teileinheiten werden aus Gründen der Praktikabilität die Landkreise und Städte herangezogen.[41] Die Dimension der Verteilungsgerechtigkeit wird durch die Themen- und Lebensbereiche Technische Infrastruktur, Wirtschaft & Arbeit, Einkommen, Soziale Gerechtigkeit, Einkommensverteilung, Gesundheitsversorgung, Kommunikationsinfrastruktur, Erreichbarkeit von Nahversorgungseinrichtungen, Soziale Infrastruktur, Wohnen, Umwelt, Sicherheit & Rettung sowie Kultur & Freizeit definiert.[42] Die Indikatoren sind genau wie die verschiedenen Themen- und Lebensbereiche sehr vielseitig. Während beispielsweise für den Themenbereich Soziale Gerechtigkeit die Einkommensverteilung oder der Anteil der Menschen in Grundsicherung als Indikatoren herange-

---

[35] Vgl. Bayerischer Landtag (2017), S. 20.

[36] Vgl. Miosga (2015), S. 94–95.

[37] Vgl. Bayerischer Landtag (2017), S. 21.

[38] Vgl. Miosga (2015), S. 94–95.

[39] Vgl. Bayerischer Landtag (2017), S. 21.

[40] Vgl. Bayerischer Landtag (2017), S. 22.

[41] Vgl. Bayerischer Landtag (2017), S. 27.

[42] Vgl. Bayerischer Landtag (2017), S. 27–31.

zogen werden können, wird die Kommunikationsinfrastruktur durch die Breitbandqualität gemessen.[43] Chancengerechtigkeit wiederum kann durch die Themen- und Lebensbereiche Bildung, Arbeitsmarkt, Gleichstellung, Mobilität & Verkehrsinfrastruktur, Regionales Entwicklungspotenzial und Demografie abgebildet werden.[44] Mögliche Indikatoren zur Messung der Gleichstellung wären beispielsweise die Einkommensdifferenz zwischen Männern und Frauen oder der Anteil der arbeitslosen zzgl. arbeitssuchenden Frauen an der weiblichen Bevölkerung im erwerbsfähigen Alter. Das Regionale Entwicklungspotenzial kann durch die kommunalen Steuereinnahmen, den Anteil der Beschäftigten in Forschung und Entwicklung oder den Wanderungssaldo junger Menschen abgebildet werden.[45] Die Dimension der Generationengerechtigkeit gliedert sich bei diesem Messansatz in die Teilbereiche Flächeninanspruchnahme, den Erhalt naturräumlicher Ressourcen, erneuerbare Energien, nachhaltiger Verkehr, Möglichkeiten zur gesunden Lebensweise sowie der ökonomischen Vulnerabilität.[46] Auch hier lassen sich wieder verschiedene Indikatoren definieren, um die Lebens- und Themenbereiche abzubilden. Der Teilbereich Erneuerbare Energien lässt sich beispielsweise durch den Anteil der erneuerbaren Energien am Gesamtstromverbrauch messen. Die Möglichkeit zur gesunden Lebensweise kann durch die Lebenserwartung bei der Geburt abgebildet werden.[47] Schwieriger gestaltet sich die Quantifizierung der Verfahrensgerechtigkeit. Da wesentliche Freiheits- und Partizipationsrechte übergeordnet geregelt sind, sollten sich diese in den einzelnen Landkreisen und Städten nicht unterscheiden. Darüber hinaus müssen Instrumente zur Herstellung von Verfahrensgerechtigkeit noch entwickelt werden. Zwar gibt es bereits formelle und informelle Verfahren der Bürgerbeteiligung bei Planungsvorhaben, allerdings kann die Qualität und die Wirksamkeit dieser nicht über Indikatoren erfasst werden. Hier wird weiterer Forschungs- und Gestaltungsbedarf gesehen. Aus diesen Gründen wird auf die Quantifizierung der Dimension der Verfahrensgerechtigkeit nicht weiter eingegangen.

Angesichts dieser Ausführungen in Bezug auf die Gleichwertigkeit von Lebensverhältnissen lässt sich abschließend feststellen, dass diese in den Teilräumen Deutschlands nicht gegeben ist.[48] Obwohl die Herstellung gleichwertiger Lebensverhältnisse im Grundgesetz verankert ist,[49] sind die regionalen Unterschiede in den Teilräumen Deutschlands teils immens. Vor allem die Unterschiede in der Entwicklung von Gebieten in West- und Ostdeutschland stechen hier besonders hervor[50] sowie der Kontrast zwischen Metropolregionen und dem ländlichen Raum.[51]

---

[43] Vgl. Bayerischer Landtag (2017), S. 38–39.

[44] Vgl. Bayerischer Landtag (2017), S. 32–35.

[45] Vgl. Bayerischer Landtag (2017), S. 41–42.

[46] Vgl. Bayerischer Landtag (2017), S. 35.

[47] Vgl. Bayerischer Landtag (2017), S. 43.

[48] Vgl. Bundesinstitut für Bau-, Stadt- und Raumforschung (2020), S. 8.

[49] Vgl. Artikel 72 Absatz 2 GG.

[50] Vgl. Bundesministerium des Inneren (2021), S. 8.

[51] Vgl. Leber & Kunzmann (2006), S. 58.

2.3   Digitalisierung als Chance für den ländlichen Raum

Digitalisierung bietet viele Möglichkeiten, um die Herstellung von räumlicher Gerechtigkeit und somit gleichwertigen Lebensverhältnissen im ländlichen Raum zu unterstützen. Vor allem durch eine vereinfachte Überwindung von Distanzen, Effizienzsteigerung durch optimierte Prozesse und durch verbesserte Vernetzung ergeben sich vielfältige Chancen.[52] Digitalisierungsmaßnahmen im ländlichen Raum sind im Vergleich zu Städten jedoch mit höheren Kosten verbunden. So müssen beispielsweise beim Breitbandausbau größere Distanzen überwunden werden. Hinzukommt, dass durch das steigende Durchschnittsalter und durch einen durchschnittlich niedrigeren mittleren Bildungsabschluss im ländlichen Raum die Nutzungsraten von digitalen Angeboten geringer sind als in Städten. Hier ist es wichtig, allen Bevölkerungsgruppen den Zugang zu ermöglichen und gegebenenfalls diesen durch Schulungsangebote zu schaffen und aufrecht zu erhalten. Es sind anfangs höhere Pro-Kopf-Investitionen nötig, um digitale Maßnahmen umzusetzen, welche sich aber im Zeitablauf langfristig wieder amortisieren.[53]

Durch die veränderte Organisation von Arbeits- und Lebenswelten können überkommene Standortmuster überdacht werden.[54] Beispielsweise kann der Einzugsraum von zahlreichen Dienstleistungsangeboten durch die Reduzierung von Wegkosten und Fahrtzeiten virtuell erweitert werden, was die Verteilungsgerechtigkeit unterstützt. Auch wenn es für den Großteil der Kund:innen von Dienstleistenden sicher einen Unterschied macht, ob die Beratungsleistung in Präsenz oder online wahrgenommen wird, hat die virtuelle Bereitstellung dieser Leistungen einen entscheidenden Vorteil. Während sonst die entsprechenden Dienstleistungen aufgrund von zu hohen Kosten und der zu geringen Bevölkerungsdichte eingestellt werden würden, können so die Versorgungsangebote immer noch virtuell bereitgestellt werden.[55] Digitalisierung bietet hier vor allem im medizinischen Bereich vielversprechende Möglichkeiten, um den Versorgungsengpässen entgegenzuwirken und eine flächendeckende Gesundheitsversorgung zu gewährleisten. Sprechstunden können beispielsweise digital angeboten werden, was das Infektionsrisiko mit weiteren Krankheiten reduziert und längere Anfahrtszeiten zur Praxis wegfallen lässt.

Auch bei Mobilitätsangeboten kann Digitalisierung einen Beitrag zur Aufrechterhaltung leisten. Der konventionelle ÖPNV kann durch alternative flexible Bedienformen in lokalen Ansätzen zeitlich und räumlich ergänzt werden. Die Fahrtstrecken und Haltepunkte können durch digitale Lösungen der Nachfrage angepasst werden. Ein wesentlicher Unterschied zum konventionellen ÖPNV ist, dass die Fahrten nur bei Bedarf durchgeführt werden.[56] So kann die Erreichbarkeit von Arbeits- und Ausbildungsplätzen sowie

---

[52] Vgl. Lobeck (2017), S. 8.
[53] Vgl. Williger & Wojtech (2018), S. 9.
[54] Vgl. Lobeck (2017), S. 8.
[55] Vgl. Lobeck (2017), S. 8.
[56] Vgl. Riesner (2014), S. 44.

der Kulturlandschaft sichergestellt werden, was im Rahmen der räumlichen Gerechtigkeit Chancengleichheit und die effiziente Verteilung von Ressourcen fördert.

Um den in Abschn. 2.1 beschriebenen vielfältigen Herausforderungen des ländlichen Raumes und der Herstellung gleichwertiger Lebensverhältnisse gerecht zu werden, ist unter anderem die Sicherung der digitalen Teilhabe essenziell. Die Akzeptanz in der Bevölkerung für digitale Lösungen kann durch die Vermittlung von Medienkompetenz erhöht werden. Weiterbildungs- und Qualifizierungsangebote können digital oder hybrid angeboten werden, was die Chancengerechtigkeit verbessert. Förderlich ist außerdem, wenn die umgesetzten Maßnahmen in der Öffentlichkeit sichtbar sind und einen direkt spürbaren Mehrwert liefern.[57] Hanninger et al. (2020) präsentieren die Ergebnisse der verschiedenen Forschungsansätze aus dem Projekt „Digitales Dorf Bayern". Sie stellen dabei heraus, dass bei Digitalisierungsmaßnahmen im ländlichen Raum nicht nur technische Neuheiten wie Robotik und künstliche Intelligenz eine wichtige Rolle spielen, sondern auch der Faktor Mensch entscheidend ist. Den spezifischen Herausforderungen der ländlichen Gebiete sollte mit passgenauen und bedarfsgerechten Lösungen begegnet werden. Die Kommunikation und Interaktion mit den Menschen vor Ort nehmen bei der Implementierung von digitalen Maßnahmen und deren erfolgreicher Umsetzung eine zentrale Rolle ein.[58] Durch den Bottom-Up-Ansatz werden die Bürger:innen mit in den Prozess einbezogen und können selbst die bedarfsgerechten Lösungen mitgestalten. So wird die Akzeptanz für die digitalen Lösungen ebenfalls erhöht.

Um die erfolgreiche Umsetzung von weiterführenden Maßnahmen sicher zu stellen, muss aber eine digitale Basis vorhanden sein. Dazu gehört ein schneller Internetzugang mit hoher Datenübertragungsrate durch einen flächendeckenden Breitbandausbau[59] und eine geschlossene Mobilfunkabdeckung.[60]

Die Digitalisierung kann auch indirekt auf die Entwicklung einer Region durch die Verbesserung der wirtschaftlichen Situation in ländlichen Räumen einwirken. Durch die Digitalisierung von Tätigkeiten und die damit verbundene räumlich-zeitliche Flexibilisierung ist es Beschäftigten zunehmend möglich, räumlich unabhängig zu arbeiten.[61] Es können Coworking-Spaces genutzt oder von zu Hause aus gearbeitet werden. So stellen weite Entfernungen zum Arbeitsplatz und große Pendeldistanzen kein größeres Problem mehr dar, was wiederum förderlich für die Verteilungsgerechtigkeit und die Chancengleichheit im ländlichen Raum ist. Gleichzeitig werden auch die Produkte und Dienstleistungsangebote der Unternehmen immer flexibler, was die Versorgungslage in ländlichen Gebieten verbessert und die Standortunabhängigkeit der wirtschaftlichen Akteur:innen unterstützt. Angesichts niedrigerer Boden- und Mietpreise und dem fortschreitenden Breitbandausbau wird der ländliche Raum als Wirtschaftsstandort für Unternehmen immer interessanter.

---

[57] Vgl. Schweitzer (2019), S. 17.

[58] Vgl. Hanninger et al. (2020), S. 117.

[59] Vgl. Lobeck (2017), S. 7.

[60] Vgl. Hanninger et al. (2020), S. 117.

[61] Vgl. Williger & Wojtech (2018), S. 10.

Durch digitale regionale Vernetzung können Synergieeffekte erzeugt und somit durch Wissenstransfer die Wettbewerbsfähigkeit verbessert werden.[62]

2.4 Zusammenfassung und Ausblick

Im Zuge der Peripherisierung sehen sich die ländlichen Räume in Deutschland vielseitigen spezifischen Herausforderungen gegenüber. Da vor allem junge Menschen ländlich geprägten Regionen aufgrund von fehlenden Ausbildungs- und Qualifizierungsangeboten den Rücken kehren, macht sich der Demografische Wandel hier besonders bemerkbar. Hinzukommt, dass sich öffentliche und private Dienstleister wegen der sinkenden Tragfähigkeit von Angeboten zunehmend aus der Fläche zurückziehen und sich in Ballungszentren konzentrieren. Eine weitere Schwierigkeit besteht darin, die technische und soziale Infrastruktur aufrechtzuerhalten, da meist eine kritische Masse an Nutzenden fehlt. Die daraus resultierenden Rahmenbedingungen sind eine überalterte Bevölkerung, eine schlechte Infrastruktur sowie die fehlende Wirtschaftlichkeit von Angeboten.

Um dem Ziel gleichwertiger Lebensverhältnisse gerecht zu werden, können Digitalisierungsmaßnahmen einen entscheidenden Beitrag leisten. Sie können bei bedarfsorientierter Ausgestaltung die räumliche Gerechtigkeit, welche sich in die Dimensionen Chancen-, Verteilungs-, Verfahrens- und Generationengerechtigkeit aufgliedern lässt, in den Teilräumen Deutschlands verbessern. So können ländlich geprägte Gebiete als Lebensraum attraktiver gestaltet und Peripherisierungsfolgen gemildert werden. In Zukunft gilt es die Potenziale, welche die Digitalisierung in diesem Zusammenhang bietet, weiter zu untersuchen und zu erforschen, um die Zukunftsfähigkeit der ländlichen Gebiete als attraktiven Lebensraum sicherzustellen.

Literatur

Barlösius, E. (2006). Gleichwertig ist nicht gleich. *APuZ – Aus Politik und Zeitgeschichte, 37*, 16–22.

Bayerischer Landtag. (2017). Bericht der Enquete-Kommission „Gleichwertige Lebensverhältnisse in ganz Bayern" Drucksache 17/19700.

Berghöfer, A., Auschra, C., Deisner, J., & Sydow, J. (2020). Innovative Modelle zur Sicherung der Gesundheitsversorgung im ländlichen Raum. *Zeitschrift für Allgemeinmedizin, 96*(5), 198–202. https://doi.org/10.3238/zfa.2020.0198-0202.

Blüher, S., & Kuhlmey, A. (2016). Demographischer Wandel, Altern und Gesundheit. In M. Richter & K. Hurrelmann (Hrsg.), *Soziologie von Gesundheit und Krankheit* (S. 313–324). Springer Fachmedien Wiesbaden.

---

[62] Vgl. Williger & Wojtech (2018), S. 10.

Bundesinstitut für Bau-, Stadt- und Raumforschung. (2020). *Regionale Lebensverhältnisse – Ein Messkonzept zur Bewertung ungleicher Lebensverhältnisse in den Teilräumen Deutschlands.* BBSR-Online-Publikation, (6), (BBSR, Hrsg.) Bonn. https://www.bbsr.bund.de/BBSR/DE/veroeffentlichungen/bbsr-online/2020/bbsr-online-06-2020.html;jsessionid=444A5BC309C5D-B9D270977D61F1E2499.live21323. Zugegriffen am 02.03.2022.

Bundesministerium des Inneren. (2021). *Jahresbericht der Bundesregierung zumn Stand der Deutschen Einheit.* https://www.bmwi.de/Redaktion/DE/Publikationen/Neue-Laender/2021-jahresbericht-der-bundesregierung-zum-stand-der-deutschen-einheit-jbde.html. Zugegriffen am 02.03.2022.

Bundesministerium für Ernährung und Landwirtschaft. (2020). *Ländliche Regionen verstehen – Fakten und Hintergründe zum Leben und Arbeiten in ländlichen Regionen.* https://www.bmel.de/SharedDocs/Downloads/DE/Broschueren/LaendlicheRegionen-verstehen.html. Zugegriffen am 02.03.2022.

Busch, C. (2013). *Familieninterne Arbeitsteilung und Erwerbsentscheidungen in ländlichen Räumen – Eine qualitative Studie des Deutschen LandFrauenverbands.* https://www.landfrauen.info/fileadmin/Redaktion/PDF/Publikationen/Flyer_und_Broschueren/2013_dlv_Studie_Erwerbsentscheidungen.pdf. Zugegriffen am 23.09.2022.

Hanninger, L.-M., Laxa, J., & Ahrens, D. (2020). Rural areas on thier way to a smart village – Experiences from living labs in Bavaria. In *33rd Bled eConference – Enabling technology for a sustainable society* (S. 107–118). https://doi.org/10.18690/978-961-286-362-3.7.

Hoffmann, W., Stentzel, U., Görsch, M., Kleinke, F., Thome-Soós, F., & van den Berg, N. (2020). Medizinische Versorgung in ländlichen Räumen – Herausforderungen und Lösungsansätze. In S. Kröhnet, R. Ningel & P. Thomé (Hrsg.), *Ortentwicklung in ländlichen Räumen: Handbuch für soziale und planende Berufe* (S. 160–178). Haupt.

Keim, K.-D. (2006). Peripherisierung ländlicher Räume. *APuZ – Aus Politik und Zeitgeschichte, 37*, 3–7.

Kersten, J., Neu, C., & Vogel, B. (2019). Gleichwertige Lebensverhältnisse – für eine Politik des Zusammenhalts. *APuZ – Aus Politik und Zeitgeschichte, 46*, 4–11.

Leber, N., & Kunzmann, K. R. (2006). Entwicklungsperspektiven ländlicher Räume in Zeiten des Metropolenfiebers. *disP – The Planning Review, 42*, 58–70. https://doi.org/10.1080/02513625.2006.10556963.

Lobeck, M. (2017). *Digitale Zukunft auf dem Land – Wie ländliche Regionen durch die Digitalisierung profitieren können.* Bertelsmann Stiftung. https://www.bertelsmann-stiftung.de/fileadmin/files/180423_Endfassung_Digitale_Zukunft_korrigiert__ergaenzt.pdf. Zugegriffen am 02.03.2022.

Magel, M. (2016). Räumliche Gerechtigkeit – Ein Thema für Landentwickler und sonstige Geodäten?! *zfv – Zeitschrift für Geodäsie, Geoinformation und Landmanagement, 6*, 377–383.

Mießner, M. (2016). Gleichwertigkeit der Lebensverhältnisse – Zum Aufstieg eines leeren Signifikanten. Pnd – Planung neu denken, 1(2016), 1–10.

Miosga, M. (2015). *Gleichwertige Lebensverhältnisse in Bayern – Nicht nur Aufgabe der Kommunen.* BayernForum der Friedrich-EbertStiftung.

Reichert-Schick, A. (2015). Infrastruktur im ländlichen Raum. In J. Lempp, G. van der Beek & T. Korn (Hrsg.), *Aktuelle Herausforderungen in der Wirtschaftsförderung – Konzepte für eine positive regionale Entwicklung* (S. 75–86). Springer Gabler.

Riesner, A. (2014). Bedeutung und Förderung von Mobilität in ländlichen Räumen. *Zeitschrift für Geodäsie, Geoinformation und Landmanagement, 1*, 41–49.

Schmied, D. (2007). In G. Henkel (Hrsg.), *Leerstände von Gebäuden in Dörfern – Beginn der Dorfauflösung oder Chancen durch Umnutzung?* (Bd. 1). CUVILLIER.

Schweitzer, E. (2019). *Smart Cities gestalten – Daseinsvorsorge und digitale Teilhabe sichern.* (BBSR, Hrsg.). https://www.bbsr.bund.de/BBSR/DE/veroeffentlichungen/sonderveroeffentlichungen/2019/smart-cities-daseinsvorsorge-digitale-teilhabe-dl.pdf?__blob=publicationFile&v=1%20%20. Zugegriffen am 02.03.2022.

Steinrück, B., & Küpper, P. (2010). *Mobilität in ländlichen Räumen unter besonderer Berücksichtigung bedarfsgesteuerter Bedienformen des ÖPNV*. Institut für Lämdliche Räume, Johann Heinrich von Thünen-Institut (vTI), Bundesforschungsinstitut für Ländliche Räume, Wald und Fischerei.

Süssmuth, A. (2013). *Sicherstellung der Gesundheitsversorgung im ländlichen Raum: Handlungsfelder und Chancen der Kommunalpolitik*. AVM – Akademische Verlagsgemeinschaft München.

Thünen-Institut. (2022). *Landatlas* (www.landatlas.de) Ausgabe 03.06.2022. Hrsg.: Thünen-Institut Forschungsbereich ländliche Räume. https://karten.landatlas.de/app/landatlas/. Braunschweig 2022.

Williger, B., & Wojtech, A. (2018). *Digitalsierung im ländlichen Raum – Status Quo & Chancen für Gemeinden*. (A. Pflaum, R. Fischer, & Frauenhofer SCS, Hrsg.). https://www.scs.fraunhofer.de/content/dam/scs/DE/download/studien/Digitalisierung_im_L%C3%A4ndlichen_Raum_White-Paper_FraunhoferSCS.pdf. Zugegriffen am 02.03.2022.

Smarte Regionen – Ländlicher Raum als Chancenraum?

3

Maximilian Geisberger

Zusammenfassung

Digitalisierung ist gegenwärtig einer der zentralen Gegenstände politischer, ökonomischer und gesellschaftlicher Debatten und wird zugleich als Megatrend bezeichnet. Im Zentrum der immer zügiger verlaufenden digitalen Transformation stehen nicht nur Metropolen und städtische Verdichtungsräume, sondern auch Regionen und Kommunen im ländlichen Raum. Digitalisierungsstrategien für den ländlichen Raum werden im wissenschaftlichen Diskurs unter dem Terminus der Smart Regions diskutiert. Digitale Lösungen können neue Chancen für die Bewältigung wirtschaftlicher, politisch-administrativer, gesellschaftlicher, ökologischer und sozialer Herausforderungen in ländlichen Regionen eröffnen. Telemedizin, digitale Mobilitätskonzepte und Coworking können dabei Anreize schaffen, um Kommunen im ländlichen Raum lebenswerter und attraktiver für die Zukunft zu gestalten.

Schlüsselwörter

Smart Region · Smart City · Ländlicher Raum · Digitalisierung · Daseinsvorsorge · Telemedizin · Mobilität · Coworking

M. Geisberger (✉)
Technische Hochschule Deggendorf, Technologie Campus Grafenau, Grafenau, Deutschland
E-Mail: maximilian.geisberger@th-deg.de

© Der/die Autor(en), exklusiv lizenziert an Springer Fachmedien Wiesbaden GmbH, ein Teil von Springer Nature 2023
D. Ahrens (Hrsg.), *Smart Region: Angewandte digitale Lösungen für den ländlichen Raum*, https://doi.org/10.1007/978-3-658-38236-0_3

3.1   Die Heterogenität des ländlichen Raums in Deutschland

In strukturschwachen ländlichen Regionen stehen Kommunen angesichts des demografischen Wandels in Kombination mit der zunehmenden Urbanisierung vor einer Vielzahl an Herausforderungen. Insbesondere im Bereich der Daseinsvorsorge sind ländliche Gemeinden gefordert, ihren kommunalen Aufgaben nachzukommen und öffentliche Dienstleistungen aufrechtzuerhalten. Aufgrund der ohnehin zumeist geringen Bevölkerungsdichte, der Abwanderung junger qualifizierter Arbeitskräfte in Ballungszentren und der Überalterung der gemeindlichen Gesellschaft geraten Kommunen bei der Bereitstellung und Erhaltung technischer und sozialer Infrastrukturen sowie öffentlicher Dienstleistungen angesichts angespannter Kommunalhaushalte in Bedrängnis. Fehlen zudem Einrichtungen für Kultur, Sport und Freizeit, und müssen für die Versorgung des täglichen Bedarfs sowie für medizinische Versorgung lange Wegestrecken erbracht werden, erhöht sich die Unattraktivität ländlicher Kommunen insbesondere für junge Einwohner:innen. Oftmals wird der ländliche Raum in generalisierenden Darstellungen daher pauschal als förderbedürftig, strukturschwach und rückständig sowie als Gebiet mit dörflicher bzw. kleinstädtischer Siedlungsstruktur charakterisiert.[1] Doch der ländliche Raum Deutschlands besteht keineswegs nur aus Dörfern und land- und forstwirtschaftlich genutzten Flächen. Das Siedlungsbild bestimmen auch viele Klein- und Mittelstädte. Gemäß des Thünen-Landatlas leben 57 Prozent der Bevölkerung Deutschlands im ländlichen Raum, der wiederum 91 Prozent der deutschen Staatsfläche einnimmt.[2]

Auch wenn ländliche Regionen im medialen, politischen und alltäglichen Diskurs oftmals mit negativen Assoziationen wie Strukturschwäche, überalternder Gesellschaft und schlecht ausgebauter Infrastruktur in Verbindung gebracht werden und im Gegensatz dazu Städte als Motoren ökonomischer, soziokultureller und politischer Aktivitäten definiert werden, besitzen ländliche Regionen vielfältige und bedeutsame gesellschaftliche Funktionen: sie fungieren nicht nur als Wohn- und Lebensräume, sondern auch als Arbeits- und Innovationsräume sowie Landschafts- und Erholungsräume. Gleichzeitig werden ländliche Räume jedoch durch die zahlreichen und vielfältigen Ausprägungen des wirtschaftlichen, technologischen, demografischen und gesellschaftlichen Wandels beeinflusst und stehen somit vor unterschiedlichen strukturellen und transformativen Herausforderungen.[3]

Allerdings zeigen sich bei der Entwicklung ländlicher Räume aufgrund demografischer, ökonomischer und sozialer Faktoren erhebliche Disparitäten. Die Bundesrepublik weist eine polyzentrische und dezentrale Siedlungs- und Wirtschaftsstruktur auf. Für den ländlichen Raum ergibt sich daraus nicht nur ein struktureller Gegensatz zu städtischen Zentren und Ballungsräumen, auch zwischen den verschiedenen ländlichen Regionen bestehen strukturelle Divergenzen. So stehen prosperierende Regionen mit positiven Zu-

---

[1]Vgl. (Mose, 2018), S. 1326.
[2]Vgl. (Thünen-Institut für ländliche Räume, o. J.)
[3]Vgl. (Bundesministerium für Ernährung und Landwirtschaft, 2020), S. 5.

kunftschancen, einer starken mittelständischen Wirtschaft mit Handwerk, Industrie und Dienstleistungen, einer stetig steigenden Anzahl an neuen Arbeitsplätzen und wachsender Bevölkerung Regionen mit negativem Strukturwandel, fehlenden Beschäftigungsmöglichkeiten, Defiziten bei der Bereitstellung kommunaler Daseinsvorsorge, Abwanderung und Alterung der Bevölkerung, Gebäudeleerstand sowie angespannten Kommunalhaushalten gegenüber.[4]

Ansteigende regionale Disparitäten führen das Risiko mit sich, Räume zu formieren, in denen Bürger:innen mindere Lebensbedingungen vorfinden als in anderen Regionen. Dies widerspricht jedoch dem politischen Leitbild der gleichwertigen Lebensverhältnisse. Demzufolge sollen allen Bürger:innen in Deutschland unabhängig vom Wohnort bestmögliche Entwicklungschancen und faire Teilhabemöglichkeiten zugestanden werden.[5] Insbesondere strukturschwache ländliche Regionen sind daher gefordert, sich unter den veränderten Rahmenbedingungen neu zu positionieren, ihre regionalspezifischen Potenziale zu ermitteln und zu fördern sowie eine zukunftsfähige Regionalentwicklung anzustoßen.

Eines der zentralen politischen Ziele der Bundespolitik hinsichtlich der Regionalentwicklung ist, „[…] ländliche Räume mit sicheren Arbeitsplätzen, einer erreichbaren Grundversorgung, bedarfsgerechten Infrastrukturen und Mobilitätsangeboten zu entwickeln, welche den Herausforderungen durch den Strukturwandel, den demografischen Wandel und den Klimawandel gewachsen sind."[6] Dabei wird insbesondere der Digitalisierung ein enormes Potenzial für die Stärkung des ländlichen Raums im Kampf gegen ihre zentralen Herausforderungen, wie Abwanderung und Alterung der Gesellschaft oder Rückzug von Versorgungs- und Dienstleistungsangeboten, zugesprochen.[7]

3.2   Begriffliche Grundlagen: Smart City und Smart Region

Geht es um den digitalen Transformationsprozess von Städten und Regionen werden im wissenschaftlichen und massenmedialen Sprachgebrauch viele Termini synonym verwendet. Begriffe wie Smart City, Digital/e City/Stadt, Smart Region, Smart Country, Smart Rural, Digitales Dorf prägen die Auseinandersetzung um die Digitalisierung von Städten und Regionen. Die Vielzahl an differenten Begriffen veranschaulicht sowohl die breite stakeholder-spezifische Auslegung als auch die dynamische Entwicklung der Konzepte. Daher besteht in der wissenschaftlichen Debatte auch Konsens darüber, dass keine einheitlichen Definitionen existieren.

Während in urbanen Räumen seit mehr als zwanzig Jahren auf digitale Technologien ausgerichtete Zukunftskonzepte unter dem Leitbegriff „Smart Cities" erörtert und entwi-

---

[4] Vgl. (Bundesministerium für Ernährung und Landwirtschaft, 2020), S. 5.

[5] Vgl. (Bundesministerium des Innern, für Bau und Heimat, 2019), S. 8.

[6] (Bundesministerium für Ernährung und Landwirtschaft, 2020), S. 8.

[7] Vgl. (Fraunhofer-Institut für Integrierte Schaltungen IIS, o. J.), S. 5.

ckelt werden,[8] wird die Thematik einer „Smarten Region" erst in jüngster Vergangenheit immer stärker im Kontext der Regionalentwicklung diskutiert.[9] Wie eine „Smarte Region" definiert wird und welche Handlungsfelder diese miteinschließt, kann jedoch nicht ohne die Betrachtung des Smart-City-Konzepts erfolgen. Daher wird zunächst ein Überblick über die zeitliche Entwicklung und die vielzähligen und -fältigen Definitionsausprägungen der Smart-City-Konzepte gegeben.

In den 1990er-Jahren wurde der Begriff Smart City[10] erstmals im Zusammenhang mit Informations- und Kommunikationstechnologien (IKT) gebraucht. Im Vordergrund stand die besondere Rolle von Kommunikations- und sozialen Infrastrukturen neben der „harten" Infrastruktur.[11] Die Chancen der Digitalisierung wurden auf internationaler Ebene anfangs insbesondere als Lösungsmöglichkeiten für Megastädte mit einer Bevölkerungszahl größer als zehn Millionen Einwohner:innen angesehen. Insbesondere spielte das Konzept der Digitalisierung für neue Stadtprojekte in Asien, im Nahen Osten und Lateinamerika eine gewichtige Rolle in der Stadtentwicklung. In dieser Zeit wurde das Smart-City-Konzept in besonderem Maße von internationalen Technologieunternehmen vorangetrieben, die sich mit ihren technischen Lösungen und Produkten einen gewinnbringenden neuen Absatzmarkt erschließen wollten und mittels ihrer Dienstleistungen den Großstädten neben einer anwachsenden Innovationskraft insbesondere Effizienzsteigerungen zusicherten.[12] Dank ihrer hohen Siedlungsdichte und ihres großen Bevölkerungspotenzials entwickelten sich Städte und Agglomerationsräume so zu einem rentablen Geschäftsbereich großer Technologiekonzerne, wie etwa IBM, General Electric, Cisco Systems, Siemens und Huawei.[13]

Mit der Zeit agierten Kommunen und insbesondere Großstädte proaktiver und veranlassten eigenständig Smart-City-Projekte, um smarte Technologien zur Steigerung der städtischen Lebensqualität und Prosperität einzusetzen. Mit der Zeit wandelte sich das Verständnis der rein technologischen Transformation, und der Blick richtete sich verstärkt auf soziale Aspekte wie Inklusion und soziale Ungleichheiten. Zudem rückten eine hohe Lebensqualität, ein nachhaltiges Wirtschaftswachstum und ein schonender Umgang mit Ressourcen in den Fokus.[14]

---

[8] Vgl. (Terfrüchte & Wiechmann, 2017), S. 10.

[9] Vgl. (Fraunhofer-Institut für Integrierte Schaltungen IIS, o. J.), S. 5.

[10] Neben dem weit verbreiteten Terminus Smart City gibt es thematisch ähnliche Begriffe wie Sustainable City, Green City oder Klimaneutrale Städte. Im Vergleich zu diesen Bezeichnungen betont Smart City die Nutzung von IKT und neuen Technologien als Lösungsansätze. Zudem sind die Themenbereiche einer Smart City umfassender, da sie über Energie und Umwelt hinausgehen und Dimensionen, wie Mobilität, Governance und Lebensqualität miteinschließen.

[11] Vgl. (Esch et al., 2021), S. 446–447.

[12] Vgl. (Gorynski & Mikolajczyk, 2019), S. 7.

[13] Vgl. (Terfrüchte & Wiechmann, 2017), S. 10 & (Müller-Seitz et al., 2016), S. 4.

[14] Vgl. (Esch et al., 2021), S. 446–447.

Inzwischen sind sich kommunale Entscheidungsträger:innen bewusst, dass digitalisierte und technologische Lösungen nur die Grundlage für eine erfolgreiche Implementierung darstellen. Um jedoch Lösungen nachhaltig und erfolgsversprechend zu etablieren, müssen sowohl die Zivilgesellschaft als auch relevante Stakeholder in den digitalen Transformationsprozess miteinbezogen werden. Die Chance einer nachhaltigen und erfolgsversprechenden Implementierung ist letztlich nur gegeben, wenn Vertreter:innen dieser Gruppen in den Digitalisierungsprozess miteingebunden werden und deren Bedürfnisse, Interessen und Wünsche, aber auch Sorgen und Bedenken zielgerichtet erarbeitet und angenommen werden.[15]

Eine europäische Pionierin hinsichtlich einer digital vernetzten Stadt war die österreichische Hauptstadt Wien. Sie entwickelte eine umfassende Definition, die neben dem technologischen Aspekt und den Handlungsfeldern insbesondere die soziale und partizipative Inklusion der Zivilgesellschaft betont. Demnach sei eine Smart City eine Stadt, „[…] in der systematisch Informations- und Kommunikationstechnologien […] eingesetzt werden, […]. Dabei werden mindestens die Bereiche Energie, Mobilität, Stadtplanung und Governance berücksichtigt […]. Wesentlich ist dabei eine umfassende Integration sozialer Aspekte der Stadtgesellschaft sowie ein partizipativer Zugang."[16]

Auch die in der wissenschaftlichen Literatur häufig zitierte Definition von Caragliu et al. umfasst neben den Aspekten des nachhaltigen Wirtschaftswachstums und einer hohen Lebensqualität die politische Partizipation aller Interessensgruppen: „We believe a city to be smart when investments in human and social capital and traditional (transport) and modern (ICT) communication infrastructure fuel sustainable economic growth and a high quality of life, with a wise management of natural ressources, though participatory governance."[17] Demnach ist der alleinige Bezug auf IKT als wesentliches Kennzeichen einer Smart City nicht mehr zeitgemäß und muss um nachhaltig ökonomische und soziale Aspekte erweitert werden.

Welchen Leistungsdimensionen eine Stadt bei ihrem digitalen Transformationsprozess Beachtung schenken muss, erörtern Giffinger et al.: Demnach gehören Smart Economy, Smart People, Smart Governance, Smart Mobility, Smart Environment und Smart Living zu einem Smart-City-Konzept, wobei jede Stadt ihre Schwerpunkte nach ihren individuellen Bedürfnissen setzen kann.[18]

Smart Economy bildet dabei die wirtschaftliche Wettbewerbsfähigkeit ab. Dazu zählen Faktoren, wie Unternehmertum, Produktivität, Arbeitsmarktflexibilität[19] sowie eine zukunftsorientierte Wirtschaftsförderung, welche Investitionen, Innovationen und Neuansiedlungen beschleunigt.[20]

---

[15] Vgl. (Gorynski & Mikolajczyk, 2019), S. 14–16.

[16] (Rohde & Loew, 2011), S. 6.

[17] (Caragliu et al., 2011), S. 70.

[18] Vgl. (Giffinger et al., 2007), S. 11.

[19] Vgl. (Giffinger et al., 2007), S. 12 & (Müller-Seitz et al., 2016), S. 5.

[20] Vgl. (Gorynski & Mikolajczyk, 2019), S. 10.

Smarte Lösungen können unterdessen nur mit aufgeschlossenen Büger:innen und Unternehmen, welche die digitalen Angebote nutzen respektive mitentwickeln können, erfolgreich implementiert werden. Daher bildet **Smart People** das Human- und Sozialkapital ab.[21] Kommunen müssen Bildungs- und Aufklärungsmöglichkeiten schaffen, damit die Bürger:innen digitale Kompetenzen entwickeln, um aktiv und kreativ an der Gestaltung und Innovation von Stadt, Wirtschaft und Umwelt mitwirken zu können.[22]

Smart Governance schließt insbesondere Beteiligungsmöglichkeiten der Bürger:innen bei Entscheidungen, aber auch die Qualität der verwaltungstechnischen Dienstleistungen und die Transparenz des Verwaltungshandelns mit ein.[23] Im Vordergrund steht hierbei die Verbesserung von Prozessen und Interaktionen zwischen Verwaltungen und Bürger:innen. Somit umfasst Smart Governance auch Bürgerdienstleistungen, wie etwa digitalisierte Behördengänge, aber auch die Bereitstellung von Echtzeitinformationen zur Verkehrssituation oder zur Belegung von Parkplätzen und -häusern.[24] Um Transparenz bei politischen Entscheidungsprozessen und eine hohe öffentliche Akzeptanz bei der Bevölkerung zu gewährleisten, können auch digitale Formen der Bürgerbeteiligung unterstützend wirken.

Nachhaltige, innovative und sichere Verkehrs- und Mobilitätsangebote stehen bei **Smart Mobility** im Zentrum digitalen Handelns. Hierbei sollen mittels digitaler Steuerung Verkehrskonzepte optimiert und effiziente, intermodal integrierte und lückenlose Mobilitätsangebote für die gesamte Bevölkerung geschaffen werden.[25] Da der Transportsektor einen hohen Anteil am Energieverbrauch und Treibhausgas-Emissionen einnimmt und Umwelteinflüsse wie Lärm und Luftverschmutzung impliziert, soll eine effiziente Mobilitätstrategie die negativen Auswirkungen des Transportsektors komprimieren.[26]

Klimaschutz, nachhaltiger Ressourceneinsatz und Umweltfreundlichkeit bestimmen die Dimension von **Smart Environment**. Im Vordergrund stehen dabei die stärkere Einbindung erneuerbarer Energien, eine stetige Kontrolle und Steuerung von Umweltbedingungen, wie der Luft- und Wasserqualität, sowie der Schutz von bestehenden Grünflächen vor Flächenversiegelung.[27]

Smart Living trägt schließlich zur allgemeinen Lebensqualität bei. Diese umfasst Faktoren, wie die Qualität der kulturellen Einrichtungen, die Gesundheitsversorgung, die Sicherheit, die Wohnqualität, die Qualität der Bildungseinrichtungen sowie der soziale Zusammenhalt.[28] Somit gleicht diese Leistungsdimension der kommunalen Daseinsvorsorge.

---

[21] Vgl. (Müller-Seitz et al., 2016), S. 6.

[22] Vgl. (Steinbrecher et al., 2018), S. 2.

[23] Vgl. (Müller-Seitz et al., 2016), S. 6.

[24] Vgl. (Müller-Seitz et al., 2016), S. 6.

[25] Vgl. (Gorynski & Mikolajczyk, 2019), S. 11.

[26] Vgl. (Steinbrecher et al., 2018), S. 2.

[27] Vgl. (Müller-Seitz et al., 2016) S. 8 f. & (Steinbrecher et al., 2018), S. 2.

[28] Vgl. (Müller-Seitz et al., 2016), S. 9.

Um Kommunen in Deutschland beim digitalen Transformationsprozess zu unterstützen, wurde 2016 ein Expertengremium – die Dialogplattform Smart Cities – eingerichtet, das Chancen und Risiken der Digitalisierung aus der Perspektive der Stadtentwicklung erörtert. Ein zentrales Ergebnis des Dialogprozesses ist die Smart City Charta, mit der sich Städte einer nachhaltigen und integrierten Stadtentwicklung verpflichten. Die Charta beinhaltet normative Leitlinien und Empfehlungen, wie eine nachhaltige digitale Transformation in den Kommunen zukunftsfähig gestaltet werden kann und soll zugleich die interkommunale Zusammenarbeit sowie die Verzahnung von Verdichtungsräumen und ländlichen Räumen im Sinne einer zukunftsorientierten Stadt- und Raumentwicklung fördern.[29]

Während bereits zahlreiche Smart-City-Ansätze und entsprechende Studien existieren, stehen integrierte Ansätze digitaler ländlicher Regionen erst noch am Anfang. Dabei eröffnen diese gerade auch ländlichen Regionen Chancen, Standortnachteile durch innovative Lösungen auszugleichen. Eine einheitliche Definition einer Smarten Region zu finden, gestaltet sich jedoch ebenso komplex, wie die einer Smart City. Im wissenschaftlichen Diskurs wird mit Smart Region im weiteren Sinne ein Konzept verstanden, das die Aspekte einer Smart City aufgreift und die damit verbundenen Ansätze über die Großstädte und die städtischen Agglomerationsräume hinaus in die Fläche respektive Region erweitern will. Die Fokusgruppe „Intelligente Vernetzung" des Digital-Gipfels definiert Smart Cities und Smart Regions als „[…] Siedlungsräume, in denen die regelmäßige Nutzung ökologisch, ökonomisch und sozial nachhaltiger Produkte, Dienstleistungen, Technologien, Prozesse und Infrastrukturen durch eine hochintegrierte Vernetzung mittels Informations- und Kommunikationstechnologie systematisch ermöglicht und unterstützt wird."[30] Aus dieser Definition impliziert die Fokusgruppe folgende Elemente, die eine digitale Agenda einer intelligenten Region vorwiegend erfasst:[31]

1. Digitalisierung der Alltagsbeziehungen mit den Bereichen Mobilität, Energie, Umwelt, Wohnen, Bildung und Gesundheit
2. Wertschöpfung und Innovation
3. Digitalisierung von Verwaltung und Politik
4. Transparenz und Teilhabe

Ähnlich definiert Will eine Smart Region als eine Region, „[…] die digitale bzw. technologische Innovationen mit sozialen Innovationen und institutionellen Innovationen verknüpft."[32] Er kritisiert, dass gegenwärtig der Fokus zu eindimensional auf dem Thema der

---

[29] Vgl. (Bundesinstitut für Bau-, Stadt- und Raumforschung (BBSR) (Hrsg.), 2019), S. 5 & (Bundesinstitut für Bau-, Stadt- und Raumforschung (BBSR) (Hrsg.), 2017), S. 8.

[30] (Fokusgruppe Intelligente Vernetzung, 2015), S. 8.

[31] Vgl. (Kaczorowski et al., 2017), S. 4.

[32] (Will, 2021), S. 459.

Digitalisierung und der damit verbundenen technischen Innovationen beruht. Soziale Innovationen seien hingegen unabdingbar, da sie gesellschaftliche Nöte und Notwendigkeiten miteinschließen. Das charakteristische Merkmal einer Smart Region ist zudem die Vernetzung von unterschiedlichen Sektoren, Institutionen, Themen, Verwaltungsebenen und Personen mit differenten Interessen und Bedürfnissen.[33]

3.3   Smarte Lösungen als Chancen für den ländlichen Raum

Digitalisierung wirkt inzwischen in nahezu alle Wirtschafts- und Lebensbereiche, auch und insbesondere im ländlichen Raum. Gerade im Hinblick auf eine nachhaltige Entwicklung ländlicher Regionen und auf die vielzähligen und -fältigen Herausforderungen des ländlichen Raums, können digitale Lösungen chancenreiche Potenziale darstellen. Die Studie „Digitale Zukunft auf dem Land" der Bertelsmann-Stiftung nennt vier Möglichkeiten, die digitale Angebote im ländlichen Raum implizieren können: Distanzüberwindung, Effizienzsteigerung, Vernetzung und Spontaneität durch ständige Verfügbarkeit.[34] Insbesondere bei der Aufrechterhaltung und Verbesserung der Daseinsvorsorge können smarte Lösungen einen Mehrwert für die Bürger:innen im ländlichen Raum bringen. Gleichwohl der Begriff der Daseinsvorsorge in der wissenschaftlichen Literatur sowie in den gesetzlichen Regelungen des Bundes und der Länder nicht einheitlich geregelt ist,[35] wird die Gewährleistung der Daseinsvorsorge durch das Raumordnungsgesetz (ROG) zu einer der zentralen Aufgaben der Raumordnung bestimmt.[36] Die Sicherung der Versorgung mit Leistungen der Daseinsvorsorge wird in Deutschland über das Zentrale-Orte-Konzept festgelegt.[37] Nach Milstein umfasst der Begriff der Daseinsversorge alle gemeinwohldienlichen Leistungen, „[…] die der Einzelne zu einer angemessenen Lebensführung benötigt und deren grundsätzlich marktförmige Darbietung daher regelmäßig staatlichem Einfluss unterliegt."[38] Neergaard differenziert die Dienstleistungen der Daseinsvorsorge entsprechend ihrer Marktnähe. So stehen Dienstleistungen von allgemeinem wirtschaftlichen Interesse, wie z. B. Netzinfrastrukturen aus den Bereichen Energie, Wasser, Telekommunikation, Transport, nicht wirtschaftlichen Dienstleistungen von allgemeinem Interesse, wie z. B. Leistungen wohlfahrtsstaatlicher Sicherungssystemen, Bildung, Kinderbetreuung, Gesundheitsvorsorge, soziale Fürsorge und Kultur gegen-

---

[33] Vgl. (Will, 2021), S. 459.

[34] Vgl. (Lobeck, 2017), S. 14.

[35] Vgl. (Nadler, 2017), S. 502.

[36] Vgl. (Milstein, 2018), S. 362.

[37] Vgl. (Kulicke, 2021), S. 125.

[38] (Milstein, 2018), S. 361.

über.[39] Für sämtliche Dienstleistungen der Daseinsvorsorge gilt dabei ihr universeller, nicht exklusiver Zugang.[40]

Gesundheit

„Das deutsche Gesundheitssystem soll patientenfreundlich, qualitätsorientiert, effizient sowie barrierefrei zugänglich sein und zeitgemäß eine gut erreichbare, qualitativ hochwertige medizinische und pflegerische Versorgung in ganz Deutschland sicherstellen – insbesondere auch in ländlichen und strukturschwachen Regionen."[41] Dieses Zitat aus dem Dritten Bericht der Bundesregierung zur Entwicklung der ländlichen Räume hebt das politische Ziel hervor, ein effektives Gesundheitssystem für alle Bürger:innen unabhängig des Wohnortes zu schaffen. In vielen ländlichen Regionen Deutschlands ist dieser politische Anspruch jedoch nicht gegeben.

Die soziale Daseinsvorsorge in den Bereichen Medizin und Pflege stellt jedoch einen wesentlichen Faktor für die Lebensqualität der Bürger:innen und die Attraktivität des ländlichen Raums dar. Die Bereitstellung und Aufrechterhaltung jener Dienstleistungen stellt ländlich geprägte Kommunen vor dem Hintergrund des demografischen Wandels jedoch vor Probleme. Digitalisierung bietet hierbei die Chance, Angebote der sozialen Daseinsvorsorge, die im ländlichen Raum aus den unterschiedlichsten Gründen nicht mehr erbracht werden, digital vorzuhalten.[42]

Vor dem Hintergrund des Ärzte- und Pflegekraftmangels können telemedizinische und telepflegerische Angebote die medizinische Versorgung im ländlichen Raum ergänzen. Ländliche Regionen sind durch eine ältere Bevölkerung und entsprechend mehr behandlungs- und pflegebedürftiger Personen gekennzeichnet. Gleichzeitig haben die Kassenärztlichen Vereinigungen und die niedergelassenen Mediziner:innen im hausärztlichen Bereich Schwierigkeiten zeitnahe Nachbesetzungen zu finden. Ebenso müssen viele Krankenhäuser im ländlichen Raum aus wirtschaftlichen Gründen schließen. Somit ist die allgemeinmedizinische Versorgung der ländlichen Bevölkerung in vielen Regionen nicht mehr ausreichend oder nur noch mit erheblichen Einschränkungen gegeben. Die ländliche Medizinversorgung ist folglich mit hohen Wegezeiten und begrenzten Kapazitäten verbunden.

Die Bundespolitik schuf mit dem im Dezember 2019 in Kraft getretenen „Gesetz für eine bessere Versorgung durch Digitalisierung und Innovation (DVG)" die Grundlage, zwei elementare Anwendungen der Telemedizin, die Videosprechstunde und das Telekonsil, zu etablieren, die im Hinblick auf die kommunale Daseinsvorsorge im ländlichen Raum eine Qualitätssteigerung in der medizinischen Versorgung bedeuten kann. Während sich Patient:innen mittels Videosprechstunden lange Wegestrecken sparen, können sich

---

[39] Vgl. (Neergaard, 2009), S. 20.

[40] Vgl. (Nadler, 2017), S. 503.

[41] (Bundesministerium für Ernährung und Landwirtschaft, 2020), S. 44.

[42] Vgl. (Kulicke, 2021), S. 126.

Ärzt:innen dank Telekonsil untereinander interdisziplinär austauschen.[43] Die Telematikinfrastruktur birgt ein erhebliches Potenzial zur Entlastung der Pflegekräfte in der ambulanten und stationären Pflege. Digitale Angebote können besonders in den Bereichen der
Pflegedokumentation, der Abrechnung von Pflegeleistungen sowie der Dienst- und Tou-
renplanung für Entlastung sorgen.[44]

Gerade im Bereich der Gesundheitsversorgung wurden in den letzten Jahren seitens
der Bundespolitik digitale Konzepte geschaffen und legitimiert. Mit dem im Oktober
2020 in Kraft getretenen Gesetz zum Schutz elektronischer Patientendaten in der Telematikinfrastruktur (Patientendaten-Schutz-Gesetz – PDSG) wurde die Einführung des
E-Rezepts bei der Verordnung von verschreibungspflichtigen Arzneimitteln geregelt.[45]
Im Juni 2021 folgte mit dem Gesetz zur digitalen Modernisierung von Versorgung und
Pflege (Digitale-Versorgung-und-Pflege-Modernisierungs-Gesetz – DVPMG) einerseits
die Einführung digitaler Pflegeanwendungen (DiPA), mit denen Pflegebedürftige ihren
eigenen Gesundheitszustand durch Übungen stabilisieren bzw. verbessern und so ihre
Selbstständigkeit aufrechterhalten können und andererseits die Weiterentwicklung digitaler Gesundheitsanwendungen (DiGA), mit denen Versicherte die Möglichkeit bekommen Daten in ihre elektronische Patientenakte einzustellen.[46]

In der Digitalisierung des Gesundheitswesens liegt eine große Chance für eine ergänzende und bedarfsgerechte medizinische und pflegerische Versorgung in ländlichen Regionen. Somit bietet die digitale Gesundheitsversorgung nicht nur für Patient:innen Vorteile,
auch das medizinische Personal, allen voran Ärzt:innen und Pflegekräfte, können profitieren.

Mobilität

Mobilität ist der Schlüssel, um Einrichtungen der Daseinsvorsorge und Arbeitsorte zu erreichen und am sozialen und kulturellen Leben teilzuhaben.[47] In ländlichen Räumen spielt
der motorisierte Individualverkehr für die individuelle Mobilität eine größere Rolle, um
die eigene Versorgung zu sichern, den Arbeitsplatz zu erreichen oder Freizeit- und Erho-
lungsangebote wahrzunehmen, als im urbanen Raum.[48] Aufgrund dessen sind Menschen
im ländlichen Raum auf den privaten PKW angewiesen.

Die Lebenssituation von Bewohner:innen des ländlichen Raums ist maßgeblich durch
ihre Mobilität gekennzeichnet. Die barrierefreie Erreichbarkeit von Einrichtungen der
Nah- und Grundversorgung sowie von Bildungseinrichtungen und Arbeitsstätten spielt

---

[43] Vgl. (Bundesministerium für Ernährung und Landwirtschaft, 2020), S. 47.
[44] Vgl. (Bundesministerium für Ernährung und Landwirtschaft, 2020), S. 48.
[45] Vgl. (Bundesministerium für Gesundheit, 2022).
[46] Vgl. (Bundesministerium für Gesundheit, 2021).
[47] Vgl. (Bundesministerium für Ernährung und Landwirtschaft, 2020), S. 19.
[48] Vgl. (Bundesministerium für Ernährung und Landwirtschaft, 2020), S. 36.

dabei eine besonders entscheidende Rolle.[49] Für die nachhaltige Mobilitätssicherung im ländlichen Raum ist neben einer gut ausgebauten Verkehrsinfrastruktur ein möglichst engmaschiges, gut aufeinander abgestimmtes öffentliches Personennahverkehrsangebot bedeutsam.[50] Doch der öffentliche Personennahverkehr ist in vielen ländlichen Regionen nur rudimentär ausgebaut. Insbesondere für ältere Generationen und Personen mit Einschränkungen stellt ein unzureichendes Mobilitätsangebot eine große Herausforderung dar. Meist müssen diese Personengruppen auf private Mitfahrangebote von Nachbarn oder Familienangehörigen zurückgreifen, um Einkaufsgelegenheiten des täglichen Bedarfs, ärztliche Versorgung, Apotheken und Banken aufsuchen zu können. Allerdings ist dies oftmals mit einem großen logistischen Aufwand verbunden, spontane Fahrten sind kaum möglich. Hinzukommt, dass sich in ländlichen und strukturschwachen Räumen kleine peripher gelegene Ortsteile befinden, die vom Hauptort teilweise mehrere Kilometer entfernt liegen.[51]

Aus diesen Entwicklungen erwächst der Bedarf nach zielgruppen- und altersgerechten Mobilitätsangeboten mit wohn- bzw. zielortnahen Haltestellen. Erhebliche Potenziale liegen hinsichtlich der zukunftsfähigen Gestaltung einer bezahlbaren Mobilität in ländlichen Räumen in neuen bedarfsgerechten, digital gestützten Bedienformen, wie Rufbusse, Sammeltaxis oder Carsharing.[52]

Ökonomische Wertschöpfung durch flexible Arbeitsformen
Viele ländliche Regionen haben ein hohes Pendleraufkommen in angrenzende Verdichtungsräume zu verzeichnen. Ein wesentliches Charakteristikum des ländlichen Raums sind weite Entfernungen zwischen Wohnort und Arbeitsplatz, die eine hohe Auspendlerquote bedingen. Für betroffene Arbeitnehmer:innen sind die großen Entfernungen zwischen Wohn- und Arbeitsplatz nicht nur mit einem hohen Kosten- und Zeitaufwand verbunden,[53] auch Faktoren wie die Vereinbarkeit von Familie und Beruf sowie eine ausgewogene

---

[49] Vgl. (Viergutz & Langhagen-Rohrbach, 2021), S. 103 & (Bundesministerium für Ernährung und Landwirtschaft, 2020), S. 56.

[50] Vgl. (Bundesministerium für Ernährung und Landwirtschaft, 2020), S. 57.

[51] Vgl. (Viergutz & Langhagen-Rohrbach, 2021), S. 103 & (Bundesministerium des Innern, für Bau und Heimat, 2020), S. 14.

[52] Vgl. (Bundesministerium für Ernährung und Landwirtschaft, 2020), S. 58 & (Lenz, 2018), S. 1553.

[53] Mehr als zwei Drittel (68 Prozent) der Erwerbstätigen in Deutschland nutzen das PKW, um zu ihrem Arbeitsplatz zu gelangen. Knapp die Hälfte (49,9 Prozent) benötigen auf dem Weg in die Arbeit zwischen 10 und 30 Minuten. Während über ein Viertel (26,6 Prozent) der Erwerbstätigen in Deutschland eine Entfernung von weniger als fünf Kilometer zur Arbeitsstelle aufbringen muss, liegt die Entfernung vom Wohnort zum Arbeitsplatz bei knapp über ein Fünftel (21,8 Prozent) der Erwerbstätigen in Deutschland zwischen fünf und zehn Kilometer. Die prozentual größte Gruppe der Erwerbstätigen in Deutschland (29,1 Prozent) muss eine Strecke zwischen zehn und 25 Kilometer zurücklegen. Bei immerhin knapp ein Sechstel der Erwerbstätigen liegt der Wohnort zwischen 25 und 50 Kilometer von der Arbeitsstelle entfernt. Vgl. (Statistisches Bundesamt, 2022)

Work-Life-Balance werden negativ beeinflusst. Pendler:innen, die längere Strecken zu-rücklegen müssen, um an die Arbeitsstätte zu gelangen, empfinden dies als starke Ein-schränkung ihrer Lebensqualität. Liegt der Wohnort weit vom Arbeitsort entfernt oder bietet dieser nicht genügend bzw. bedarfsgerechte Arbeitsplätze, besteht die Gefahr des Wegzugs ansässiger Bewohner:innen zulasten der Kommune. Aufgrund des individuel-len Bedarfs nach einem breiteren Ausbildungs- und Arbeitsangebot ziehen Menschen vermehrt in Städte und Agglomerationsräume. Für die ländliche Region bedingt dies wie-derum wirtschaftliche, soziale und ökologische Herausforderungen. Die Abwanderung qualifizierter Arbeitskräfte führt zum Ausdünnen öffentlicher und privater Dienstleistun-gen in der Region sowie zum Abbau technischer und sozialer Infrastrukturen. Somit spielt der Faktor Arbeit eine immense Rolle für die individuelle Entscheidung im ländli-chen Raum zu leben.

Die digitalisierte Arbeitswelt trägt dazu bei, dass Arbeitnehmer:innen ortsunabhängig ihrer Erwerbstätigkeit nachgehen können. Die Covid-19-Pandemie hat bereits als Kataly-sator zu einer dauerhaften Veränderung der traditionellen Arbeitskulturen geführt und dazu beigetragen, Akzeptanz und Bereitschaft für ortsunabhängiges Arbeiten auszubauen. Neue Arbeitsformen wie Homeoffice sind für viele Unternehmen und Branchen relevant geworden. Beim Arbeiten im eigenen Zuhause fehlen jedoch oftmals soziale Kontakte zu den Arbeitskolleg:innen, und es herrscht häufig keine klare Abgrenzung zwischen berufli-chen und privaten Tätigkeiten. In Zeiten der COVID-19-Pandemie sind Ablenkungen von anderen Haushalts- oder Familienmitgliedern unvermeidbar, insbesondere für Arbeitneh-mer:innen mit schulpflichtigen Kindern.

Neue Arbeitsformen, wie Coworking, können bedeutsame Impulse für die Wiederbele-bung strukturschwacher Regionen implizieren.[54] Während in urbanen Zentren und Bal-lungsgebieten mobiles und flexibles Arbeiten an gemeinschaftlich genutzten Orten seit längerem einen festen Bestandteil der Arbeitswelt darstellt, sind Coworking-Spaces im ländlichen Raum noch selten anzufinden. Im ländlichen Raum ist der Bedarf an Coworking-Arbeitsplätzen gegeben, da viele Erwerbstätige die soziale Interaktion am Arbeitsplatz nicht gegen das Homeoffice eintauschen wollen.[55]

Für Kommunen im ländlichen Raum bieten neue flexible Arbeitsformen, wie etwa Coworking-Spaces, eine Vielzahl an Chancen. Zum einen wird Arbeitnehmer:innen das tägliche berufsbedingte Pendeln in Agglomerationsräume erspart, was die Wahrschein-lichkeit eines Wegzugs aus beruflichen Gründen minimiert. Zum anderen erhöht ortsunab-hängiges Arbeiten auch die Chance, neue Bürger:innen zu gewinnen, ermöglicht es, Leer-stände neuer Nutzung zuzuführen, und stärkt die Wertschöpfung vor Ort.

---

[54] Vgl. (Bundesministerium für Ernährung und Landwirtschaft, 2021), S. 8.
[55] Vgl. (Wiedemann & Klug, 2021), S. 20.

3.4 Voraussetzungen für den Erfolg digitaler Lösungen im ländlichen Raum

Der ländliche Raum ist heterogen und jede Kommune mit spezifischen Herausforderungen konfrontiert und individuellen Bedürfnissen ausgestattet. Somit müssen bedarfsgerechte smarte Lösungen immer an die jeweilige Kommune angepasst und spezifisch gestaltet werden. Kommunen unterscheiden sich nicht nur hinsichtlich ihrer soziodemografischen Merkmale, wie z. B. der Bevölkerungsstruktur, der Einwohnerdichte, der Innovationskraft- und Bereitschaft der lokalen Wirtschaft, der strukturellen Organisation und Ausprägung von Verwaltung und Kommunalpolitik sowie der Zivilgesellschaft, auch hinsichtlich des Ausmaßes der kommunalen Digitalisierungs-Ausstattung, wie etwa des Breitbandausbaus, der bereits vorhandenen digitalen Serviceangebote, der IT-Ausstattung der Kommunalverwaltung oder der Abhängigkeiten von externen Dienstleistern, gibt es Unterschiede. Um die Lebensbedingungen in einer Region oder ländlichen Kommune zu erfassen, gilt es ein breites Spektrum an wesentlichen Faktoren zu bedenken: der demografische Wandel, die wirtschaftliche Entwicklung, der regionale Arbeitsmarkt, Siedlungs- und Infrastrukturen, landschaftliche und natürliche Gegebenheiten, Einkaufs-, Bildungs-, Kultur-, Sport- und Freizeitmöglichkeiten sowie zivilgesellschaftliche Strukturen.[56]

Digitalisierung stellt ein herausforderndes Thema für ländliche Kommunen dar. Diese stoßen oftmals fachlich, finanziell und personell an ihre Grenzen. Um die Potenziale der Digitalisierung im ländlichen Raum in der Zukunft möglichst gut nutzbar zu machen, lassen sich sowohl für die Forschung als auch für die Praxis Implikationen und offene Fragen ableiten. Zu den Implikationen für die wissenschaftliche Forschung zählen die technische Umsetzbarkeit der Digitalisierung, ökonomische Effekte und Wertschöpfungspotenziale der Digitalisierung, sowie gesellschaftliche und individuelle Prädiktoren und Effekte der Digitalisierung. Im Gegensatz dazu gelten folgende Implikationen für die Praxis: ausreichender Breitband- und Mobilfunkausbau in der Fläche, gewinnbringende Nutzung der Digitalisierung für die Kommune und Bürger:innen, fachkundiges Personal ("Chief Digital Officer" oder Digitaler Kümmerer vor Ort), und Entwicklung einer Digitalisierungsstrategie für die Kommune.[57]

Der orts- und zeitunabhängige Zugang zum Internet ist die wichtigste Voraussetzung, um individuelle, gesellschaftliche und ökonomische Entwicklungschancen wahrnehmen zu können. Der Ausbau von Breitbandnetzen im ländlichen Raum wurde aufgrund wirtschaftlicher Prämissen, wie etwa der geringeren Einwohnerdichte und höherer Ausbaukosten, lange Zeit als unrentabel angesehen und stiefmütterlich behandelt. Folglich stieg die Diskrepanz zwischen ländlichen Regionen und Agglomerationsräumen, in denen der Ausbau durch private Netzbetreiber marktgetrieben stetig vorangeschritten ist.[58] Es ist jedoch

---

[56] Vgl. (Bundesministerium des Innern, für Bau und Heimat, 2019), S. 9.
[57] Vgl. (Williger & Wojtech, 2018), S. 16 & (Lauzi, 2021), S. 93 f.
[58] Vgl. (Bundesanstalt für Landwirtschaft und Ernährung, 2014), S. 11.

eine politische Aufgabe, einen gleichermaßen schnellen Internetzugang ortsunabhängig für alle Bürger:innen zu schaffen, um eine digitale Spaltung der Gesellschaft zu verhindern.[59]

Eine weitere wesentliche Voraussetzung für eine erfolgreiche Implementierung digitaler Lösungen ist die Akzeptanz der Nutzer:innen. Daher braucht eine smarte Kommune digitalkompetente oder zumindest hinsichtlich der Digitalisierung aufgeschlossene Bürger:innen. Zudem sollen nicht nur jüngere Generationen die Vorteile eines digitalisierten ländlichen Raums entdecken, alle Bewohner:innen ländlich geprägter Regionen unabhängig vom Alter und sozialem Status sollen gleichermaßen von smarten Lösungen profitieren. Daher müssen entsprechende Beteiligungs- und Informationsformate, wie etwa Arbeitskreise, Weiterbildungsangebote und Schulungen, mit allen Akteur:innen einer Kommune geschaffen und durchgeführt werden. Nur wenn smarte Lösungen einen spürbaren Mehrwert und im Idealfall Erleichterungen für die Bürger:innen, Wirtschaft und Verwaltung bieten, werden diese auch seitens der Bevölkerung angenommen, genutzt und weiterentwickelt.[60] Die Aufgabe liegt auch darin, alle beteiligten Interessensgruppen zu sensibilisieren und eine Dialogebene zu schaffen, in der auf Anregungen und Bedürfnisse, aber auch Sorgen und Vorbehalte eingegangen wird. Die Chancen der Digitalisierung sollen für alle Bürger:innen, Unternehmen, Verwaltungen und weiterer Stakeholdern gleichermaßen und flächendeckend nutzbar sein und ihnen in allen relevanten Lebensbereichen neue Möglichkeiten bieten.

Sowohl eine Region als auch eine Kommune muss als vernetztes sozio-ökonomisches System mit einer Vielzahl an mit unterschiedlichen Interessen und Bedürfnissen ausgestatteten Stakeholdern betrachtet werden. Für die Entscheider vor Ort, allen voran die Kommunalpolitik und Verwaltung, ergeben sich regionsspezifische komplexe Herausforderungen, die es zu bewältigen gilt, um den digitalen Transformationsprozess nachhaltig und erfolgreich implementieren zu können. Ein wesentlicher Erfolgsfaktor für die Implementierung smarter Lösungen im ländlichen Raum ist daher die Einbindung wichtiger Stakeholder auf regionaler und kommunaler Ebene. Der Dialog mit allen relevanten kommunalen Akteur:innen stellt den Rahmen für eine erfolgreiche Umsetzung des digitalen Prozesses dar. Entscheidend dabei ist, dass sich die Ergebnisse am Nutzen für die jeweilige Kommune und ihren mit unterschiedlichen Interessen und Bedürfnissen ausgestatteten Stakeholdern messen lassen können. Somit bedarf es einer kommunalen Steuerungsarchitektur, die alle beteiligten Akteur:innen miteinander vernetzt, um den gegenseitigen Austausch zu ermöglichen, gemeinsame Handlungsfelder zu definieren, gemeinsame Aktionen zu entwickeln und in der Region vorhandene Potenziale und Kompetenzen zu bündeln.[61] Digitalisierte Ansätze können nur funktionieren, wenn unterschiedliche Stakeholder in den Projekten integriert sind und örtliche Organisationen, wie etwa Verbände und Vereine als Multiplikatoren gewonnen werden.

---

[59] Vgl. (Heß & Polst, 2017), S. 49.

[60] Vgl. (Heuser et al., 2020), S. 15.

[61] Vgl. (Heuser et al., 2020), S. 16.

3.5   Zusammenfassung und Ausblick

Digitalisierung kann im ländlichen Raum in vielen Bereichen Erleichterungen und Verbesserungen für den allgemeinen Lebensstandard bringen. Doch die ländlichen Regionen in Deutschland weisen eine starke Heterogenität auf. Es gibt nicht den einen Masterplan, der die Lebensverhältnisse in allen ländlich geprägten Räumen für alle Bewohner:innen gleichermaßen verbessert. Jede ländliche Region steht vor individuellen Herausforderungen und muss in einem gemeinschaftlichen Prozess mit allen relevanten Stakeholdern ihr persönliches Digitalisierungskonzept erarbeiten und umsetzen. Darum ist es essenziell, sich der Unterschiede zwischen ländlichen Regionen bewusst zu sein und politische Maßnahmen gezielt auf die Bewältigung der jeweiligen Herausforderungen auszurichten. Daher bedingt die Heterogenität der ländlichen Räume raumstrukturell differenzierte Strategien.[62] Kommunen im ländlichen Raum müssen den digitalen Wandel jedoch als Chance sehen, um sich den vielfältigen Herausforderungen zu stellen und zukunftsorientiert sowie nachhaltig zu agieren. Letztlich stellt die digitale Qualität einer Kommune auch eine wesentliche Komponente im interkommunalen Wettbewerb um Einwohner:innen und Unternehmen dar.

Gleichwohl viele ländliche Regionen mit vielfältigen Herausforderungen konfrontiert sind und diese sowohl im wissenschaftlichen als auch im gesellschaftlichen Diskurs mit strukturellen Schwächen und Defiziten assoziiert werden, rückten insbesondere während der COVID-19-Pandemie die Vorzüge des ländlichen Raums verstärkt in den medialen Fokus. Im Zusammenhang mit dem Phänomen der Stadtflucht kehren speziell Familien mit jungen Kindern und Personen im Ruhestand Städten und Ballungszentren den Rücken, gleichwohl sie sich in verschiedenen Lebenslagen befinden. So klagen Stadtbewohner:innen vornehmlich über hohe Mieten, Wohnungsmangel und begrenzten Wohnraum, überlastete Verkehrsinfrastruktur, Anonymität, Lärm und Luftverschmutzung. Für unzufriedene Städter:innen erscheint ein Leben in ländlichen Regionen als gewinnbringende Alternative. Voraussetzung hierfür ist jedoch auch die digitale Qualität der Kommune in unterschiedlichen Lebensbereichen. Wenn Kommunen in ländlichen Regionen den digitalen Wandel als Chance ergreifen und die digitale Transformation in einem partizipatorischen Prozess erörtern und umsetzen, steht dem politischen Ziel der gleichwertigen Lebensverhältnisse, einem prosperierenden, nachhaltigen und zukunftsorientierten ländlichen Raum und somit „smarten Regionen" nichts mehr im Wege.

---

[62] Vgl. (Terfrüchte & Wiechmann, 2017), S. 14.

Literatur

Bundesanstalt für Landwirtschaft und Ernährung. (2014). *Nutzungschancen des Breitbandinternets für ländliche Räume. innovative Anwendungen, neue Ideen, gute Beispiele.* Bundesanstalt für Landwirtschaft und Ernährung.

Bundesinstitut für Bau-, Stadt- und Raumforschung (BBSR) (Hrsg.). (2017). *Smart City Charta. Digitale Transformation in den Kommunen nachhaltig gestalten.* Bundesinstitut für Bau-, Stadt- und Raumforschung (BBSR).

Bundesinstitut für Bau-, Stadt- und Raumforschung (BBSR) (Hrsg.). (2019). *Smart Cities gestalten. Daseinsorsorge und digitale Teilhabe sichern.* Bundesinstitut für Bau-, Stadt- und Raumforschung (BBSR).

Bundesministerium des Innern, für Bau und Heimat. (2019). *Unser Plan für Deutschland. Gleichwertige Lebensverhältnisse überall.* BMI.

Bundesministerium des Innern, für Bau und Heimat. (2020). *Strategischer Rückzug aus kleinen peripheren Ortsteilen ohne Zukunftsperspektive. Eine Handreichung für Kommunen.* BMI.

Bundesministerium für Ernährung und Landwirtschaft. (2020). *Das Land lebt! Dritter Bericht zur Entwicklung ländlicher Räume.* BMEL.

Bundesministerium für Ernährung und Landwirtschaft. (2021). *Coworking auf dem Land. Wie es gelingt und was es dafür braucht.* BMEL.

Bundesministerium für Gesundheit. (2021). *Spahn: „Machen digitale Anwendungen jetzt auch für Pflege nutzbar"* (22. Juni 2021). https://www.bundesgesundheitsministerium.de/service/gesetze-und-verordnungen/guv-19-lp/dvpmg.html?limit=all&cHash=d0417db99a-b6b921e30af14c77b70b76. Zugegriffen am 06.04.2022.

Bundesministerium für Gesundheit. (2022). *Das E-Rezept kommt!* (11. Januar 2022). https://www.bundesgesundheitsministerium.de/e-rezept.html. Zugegriffen am 06.04.2022.

Caragliu, A., Del Bo, C., & Nijkamp, P. (2011). Smart cities in Europe. *Journal of Urban Technology 18*, 65–82.

Esch, F.-R., Brunner, A., & Tabellion, J. (2021). Mit klarer Haltung die Zukunftsfähigkeit der Region mitgestalten. Die Stadtwerke München als Puls von Stadt und Region. In A. Mertens, K.-M. Ahrend, A. Kopsch & W. Stork (Hrsg.), *Smart Region. Die digitale Transformation einer Region nachhaltig gestalten* (S. 445–456). Springer Fachmedien.

Fokusgruppe Intelligente Vernetzung. (2015). *Intelligente Städte und Regionen in Deutschland. Aufruf zur digitalen Transformation.* o. O.: Plattform „Innovative Digitalisierung der Wirtschaft" im Nationalen IT-Gipfel.

Fraunhofer-Institut für Integrierte Schaltungen IIS. (o. J.). *Atlas der Digitalisierung im ländlichen Raum. „Digitales Dorf" – Eine Mitmach-Initiative zur Förderung der Digitalisierung in Bayern.* Nürnberg.

Giffinger, R., Fertner, C., Kramar, H., Kalasek, R., Pichler-Milanović, N., & Meijers, E. (2007). *Smart cities. Ranking of European medium-sized cities.* Centre of Regional Science.

Gorynski, B., & Mikolajczyk, P. (2019). *Smart City/Smart Region. Handlungsleitfaden für Praktiker*innen.* Bee Smart City.

Heß, A., & Polst, S. (2017). *Mobilität und Digitalisierung. Vier Zukunftsstrategien.* Bertelsmann-Stiftung.

Heuser, L., Illigmann, K., Kassyda, C., Kliesch, M., Krins, T., Kubale, S., et al. (2020). *Kommunen und digitale Transformation – Übersicht der Handlungsfelder.* Fraunhofer.

Kaczorowski, W., Kodali, R., Krins, T., Meister, J., Mühlner, J., Schonowski, J., & Swarat, G. (2017). *Intelligente Städte und Regionen in Deutschland. Handreichung zur Umsetzung der digitalen Transformation.* Digital Gipfel.

Kulicke, F. (2021). Auswirkungen der Digitalisierung auf die Daseinsvorsorge im Gesundheitsbereich. In A. Spellerberg (Hrsg.), *Digitalisierung in ländlichen und verdichteten Räumen* (S. 125–134). ARL – Akademie für Raumentwicklung in der Leibniz-Gemeinschaft.

Lauzi, M. (2021). Digitale Infrastruktur für smarte Kommunen. In A. Mertens, K.-M. Ahrend, A. Kopsch & W. Stork (Hrsg.), *Smart Region. Die digitale Transformation einer Region nachhaltig gestalten* (S. 89–104). Springer Fachmedien.

Lenz, B. (2018). Mobilität. In A.-A. Landesplanung (Hrsg.), *Handwörterbuch der Stadt- und Raumentwicklung* (S. 1543–1556). ARL – Akademie für Raumforschung und Landesplanung.

Lobeck, M. (2017). *Digitale Zukunft auf dem Land. Wie ländliche Regionen durch die Digitalisierung profitieren können.* Bertelsmann-Stiftung.

Milstein, A. (2018). Daseinsvorsorge. In A.-A. Landesplanung (Hrsg.), *Handwörterbuch der Stadt- und Raumentwicklung* (S. 361–373). ARL – Akademie für Raumforschung und Landesplanung.

Mose, I. (2018). Ländliche Räume. In A.-A. Landesplanung (Hrsg.), *Handwörterbuch der Stadt- und Raumentwicklung* (S. 1323–1334). ARL – Akademie für Raumforschung und Landesplanung.

Müller-Seitz, G., Seiter, M., & Wenz, P. (2016). *Was ist eine Smart City? Betriebswirtschaftliche Zugänge aus Wissenschaft und Praxis.* Springer Gabler.

Nadler, R. (2017). The Elephant in the Room. Über das Verhältnis von demographischen Wandel, Daseinsvorsorge und zivilgesellschaftlichem Engagement in Deutschland (4. Dezember 2017). *Raumforschung und Raumordnung. Spatial Research and Planning* (S. 499–512). Springer Spektrum.

Neergaard, U. (2009). Services of general economic interest. The nature of the beast. In M. Krajewski, U. Neergaard & J. van de Gronden (Hrsg.), *The changing legal framework for services of general interest in Europe. Between competition and solidarity* (S. 17–50). Cambridge University Press.

Rohde, F., & Loew, T. (2011). *Smart City: Begriff, Charakteristika und Beispiele.* Wiener Stadtwerke Holding AG.

Statistisches Bundesamt. (2022). *Berufspendler* (31. Januar 2022). https://www.destatis.de/DE/Themen/Arbeit/Arbeitsmarkt/Erwerbstaetigkeit/Tabellen/pendler1.html. Zugegriffen am 28.02.2022.

Steinbrecher, J., Salg, J., & Starzetz, J. (2018). *Viele bunte Smarties?! Die Smart City als Lösung kommunaler Herausforderungen.* Kreditanstaltalt für Wiederaufbau.

Terfrüchte, T., & Wiechmann, T. (2017). *Smart Country regional gedacht – Teilräumliche Analysen für digitale Strategien in Deutschland.* Bertelmann-Stiftung.

Thünen-Institut für ländliche Räume. (o. J.). *Thünen-Landatlas.* https://www.landatlas.de/. Zugegriffen am 28.02.2022.

Viergutz, K. K., & Langhagen-Rohrbach, C. (2021). Mobilität und Digitalisierung. In A. Spellerberg (Hrsg.), *Digitalisierung in ländlichen und verdichteten Räumen* (S. 102–113). ARL – Akademie für Raumentwicklung in der Leibniz-Gemeinschaft.

Wiedemann, M., & Klug, P. (2021). Attraktive ländliche Räume durch digitale Kommunen. In A. Mertens, K.-M. Ahrend, A. Kopsch & W. Stork (Hrsg.), *Smart Region. Die digitale Transformation einer Region nachhaltig gestalten* (S. 15–28). Springer Gabler.

Will, O. (2021). Smart Regions. In A. Mertens, K.-M. Ahrend, A. Kopsch & W. Stork (Hrsg.), *Smart Region. Die digitale Transformation einer Region nachhaltig gestalten* (S. 457–476). Springer Fachmedien.

Williger, B., & Wojtech, A. (2018). *Digitalisierung im ländlichen Raum. Status Quo & Chanen für Gemeinden.* Fraunhofer-Institut für Integrierte Schaltungen IIS.

Teil II

Das Projekt „Digitales Dorf Bayern"

Digitale Modelldörfer: vom Konzept zur Umsetzung

4

Diane Ahrens

Zusammenfassung

Aus einer Idee, wie digitale Technologien und Lösungen gleichwertige Lebensverhältnisse in peripheren Räumen unterstützen können, wurden in Bayern fünf digitale Modellregionen. Im Folgenden wird der Weg dorthin von der Vision über ein Wettbewerbsverfahren beschrieben. Das Projekt „Digitales Dorf Bayern" basiert auf einem Konzept des Technologie Campus Grafenau, das im Rahmen des bayerischen Investitionsprogramms Bayern Digital I seit 2016 umgesetzt wird und sich mittlerweile zu einem international beachteten und mehrfach ausgezeichneten Leuchtturmprojekt entwickelt hat. Besonders hervorzuheben ist die ganzheitliche, ressortübergreifende Umsetzung der „Living Labs" und „Bottom-up" Entwicklung in engem Bürgerdialog.

Schlüsselwörter

Smart Region · Digitales Dorf · Digitale Transformation · Gleichwertige Lebensverhältnisse · Ländlicher Raum

D. Ahrens (✉)
Technische Hochschule Deggendorf, Technologie Campus Grafenau, Grafenau, Deutschland
E-Mail: diane.ahrens@th-deg.de

© Der/die Autor(en), exklusiv lizenziert an Springer Fachmedien Wiesbaden
GmbH, ein Teil von Springer Nature 2023
D. Ahrens (Hrsg.), *Smart Region: Angewandte digitale Lösungen für den ländlichen Raum*, https://doi.org/10.1007/978-3-658-38236-0_4

4.1   Einleitung

Digitale Transformation auf kommunaler Ebene nahm in Deutschland erst verspätet ihren Lauf. So wurde z. B. München erst seit Februar 2016, nach dem Zuschlag für das EU-H-2020-Projekt „Smarter Together", zusammen mit den Partnerstädten Lyon und Wien smarter und Leuchtturm in Bayern. Während mittlerweile die Anzahl der smarten Städte sukzessive ansteigt und im Bundesgebiet 2021 bereits 42 der Städte mit mehr als 100.000 Einwohnern mindestens 50 % der möglichen Punkte für eine Smarte City erhalten haben,[1] hinkt der ländliche Raum noch deutlich hinterher.

Während Digitalisierung in Städten in Form von digitalen Werbeanzeigen, digitalen Anzeigen der Wartezeiten bis zum Eintreffen der nächsten U-Bahn oder des nächsten Busses und App-basierten Mobilitätslösungen im Alltag allgegenwärtig ist, sind auf dem Land eher ungenutzte klassische Plakatwände, wenig kundenfreundliche Busfahrpläne auf Papier Status quo, Taxis kaum verfügbar. Lückenhafter Infrastruktur- und Mobilfunkausbau, da lange Zeit privatwirtschaftlich gesteuert und im strukturschwachen Raum nicht lukrativ, verstärkten noch das Stadt-Land-Digitalgefälle und befeuerten die Landflucht und Peripherisierung des ländlichen Raumes der letzten Jahre.

Auf Initiative der Technischen Hochschule Deggendorf bzw. des Technologie Campus Grafenau (nachfolgend: TCG), einer Hochschuleinrichtung für angewandte Forschung in den Bereichen Künstliche Intelligenz und digitale Transformation, wurde daher 2012 ein Konzept für ein „digitales Dorf" entwickelt, in dem digitale Lösungen und Technologien dazu genutzt werden sollten gleichwertige Lebensverhältnisse zu unterstützen. Die Förderung gestaltete sich aufgrund des Querschnittscharakter des Projektes, in dem möglichst viele Lebensbereiche „digitalisiert" werden sollten, als schwierig, da diverse Bayerische Ministerien involviert wären. Erst mit der Verabschiedung des Investitionsprogrammes Bayern Digital I (2015–2018) wurde die Finanzierung ressortübergreifender Reallabore im Bereich Digitale Transformation aus politischer, fördertechnischer und finanzieller Sicht machbar, zumal es zu jener Zeit noch kein Digitalministerium in Bayern gab. Förderlich für die Finanzierung des Projektes waren sicher auch die am 01.07.2014 eingerichtete Enquete-Kommission „Gleichwertige Lebensverhältnisse in ganz Bayern"[2] sowie konkurrierende Initiativen anderer Bundesländer wie die im Sommer 2015 gestarteten „Digitalen Dörfer" in Rheinland Pfalz[3] bzw. internationale Leuchttürme wie z. B. diverse e-Aktivitäten in Estland und Schweden. Nichtsdestotrotz standen zu jener Zeit nur Themen wie Digitale Infrastruktur (vorrangig Breitbandausbau), Cyber- und IT-Sicherheit sowie regulatorische Rahmenbedingungen (insbesondere eGovernment) im Vordergrund.[4]

---

[1] Vgl. BITKOM (2021).

[2] Vgl. Bayerischer Landtag (November 2017)

[3] Vgl. Trapp & Hess (2019).

[4] Vgl. z. B. Deloitte (Juli 2019), S. 14–19.

4.2   Von der Vision zum Konzept

Zur Zeit der Entstehung der Idee „Digitales Dorf Bayern" befand sich die Förderung von Reallaboren noch in den Kinderschuhen. Forschungsförderung fokussierte entsprechend Innovationsentwicklung, aber nicht die Erprobung innovativer Technologien, Produkte, Dienstleistungen oder Ansätze unter realen Bedingungen. Spöttische Diskussionen, dass schnelles Internet nicht bis zur letzten Milchkanne gebraucht würde, wurden zu jener Zeit geführt, ohne die Chance der Digitalisierung für den peripheren ländlichen Raum zu erkennen. Entsprechend herausfordernd war es, ein ganzheitliches digitales Dorf umsetzen zu wollen, das in einigen Bereichen zudem an die Grenzen bestehender Rechts- und Regulierungsrahmen stieß.

Der Grundgedanke der Förderung eines Digitalen Dorfes basierte auf allgemeinen Hürden der digitalen Transformation in Kommunen, von denen grundlegende beispielhaft genannt seien:

- Herausforderungen, nicht aber Lösungsmöglichkeiten sind bekannt. Unüberschaubare Vielfalt der bestehenden partiellen Ansätze, aber keine/kaum ganzheitliche digitale Lösungen für den ländlichen Raum. Kommunen finden daher schlecht einen Einstieg in die Thematik.
- Insbesondere IT-basierte Umsetzungen scheitern oft an mangelnden personellen und finanziellen Ressourcen der Kommunen. Vernetzte Angebote überfordern kommunale Umsetzer aufgrund ihrer Komplexität.
- Basisvoraussetzung für ein digitales Dorf sind ein etablierter Bürgerdialog sowie ehrenamtliches Engagement. Ohne diese kommen Umsetzungen oft nicht in Gang.
- Anforderungen der Zielgruppen können nur durch Befragung erfasst werden. Angesichts der schnellen, wenig vorhersehbaren und teils disruptiven Entwicklung digitaler Technologien fehlt es Bürger:innen und Entscheider:innen oft an einem konkreten Bild dessen, was möglich wäre.
- Projekte werden gerne um vorhandenen Kompetenzen oder Personen gestrickt und nicht konsequent an den Anforderungen ausgerichtet. Folge ist später mangelnde Akzeptanz oder enttäuschende Nachfrage.
- Alle Stakeholder (z. B. kassenärztliche Vereinigungen, Krankenkassen, Pflegedienste, etc.) müssen von Anfang an adäquat integriert werden.
- Inhaltlich gute Projekte scheitern oft daran, dass die Betroffenen nicht zu Beteiligten gemacht werden und die Anwender nicht ausreichend befähigt werden. Der Zielgruppe der digitalen Einsteiger, teils identisch mit der Zielgruppe 55+, muss der Umgang mit neuen Medien geduldig nähergebracht, Berührungsängste müssen abgebaut werden.
- Eine „kritische Masse" darf nicht unterschätzt werden. Viele Projekte scheitern daran, dass sie nicht dauerhaft finanziell tragfähig sind.
- Der Fokus wird oft auf sympathische „Nice-to have" Lösungen, anstatt wichtigere, aber leider oft auch schwieriger umzusetzende „Must-have"-Lösungen gelegt.

Ein ganzheitlich konzipiertes digitales Dorf sollte insbesondere als Ergebnis einen Vorgehensleitfaden aufzeigen, mit dem ähnliche Transformationsprojekte erfolgreich bewerkstelligt werden können. Zudem hat es den Anspruch, dass Synergien zwischen den Einzellösungen sichtbar werden, aber auch erforderliche Begleitmaßnahmen nicht vergessen werden.

Zusammengefasst sollte es aufgrund der ganzheitlichen Herangehensweise folgenden Mehrwert bieten:

- Nicht nur digitale Lösungen und Technologien werden eingesetzt und erprobt, sondern auch erforderliche Bildungs- und Unterstützungsangebote (z. B. ehrenamtliche IT-Anlaufstelle) offeriert, um die Nutzung der digitalen Lösungen im Alltag zu unterstützen und Nachhaltigkeit zu gewährleisten.
- Im Gegensatz zu Einzellösungen (z. B. AAL Musterwohnungen) bietet das digitale Dorf die Einbettung der Lösungen in vollständige Prozessketten vom Menschen zum Menschen, also z. B. vom automatisiert erfassten Vitalstatus eines hilfebedürftigen Menschen über die Benachrichtigung Ehrenamtlicher im Rahmen der Nachbarschaftshilfe oder pflegerischen Personals bis zur Hilfestellung.
- Als Ergebnis liegen entsprechend belastbare Kosten-Nutzen-Analysen vor, die v. a. für eine Übertragung auf andere Kommunen erforderlich sind. Insbesondere werden durch die Feldversuche folgende Fragen geklärt: Welche Investitions- und Betriebskosten fallen an? Wie entwickeln sich die Nutzerzahlen? Welche Bewerbung der Lösungen ist zielführend? Welcher Betreuungsaufwand ist erforderlich? Welches Betreiberkonzept ist sinnvoll?

Das digitale Dorf lebt von der ganzheitlichen und synergetischen Abbildung möglichst vieler Themenbereiche („Modelldorf"). Mit einem solchen „Living Lab" sollten allem voran die Herausforderungen ländlicher Räume aufgegriffen werden, um zu erforschen, welchen Beitrag digitale Technologien und Lösungen zur Unterstützung des Ziels gleichwertiger Lebensbedingungen leisten können.

Der TCG selber war im Grund ein „Living Lab", mit dem der Mehrwert dezentraler Forschung für die umliegende Industrie aufgezeigt werden sollte. Aufgrund seiner Lage im strukturschwachen Raum, waren die Herausforderungen ländlicher Räume im Alltag omnipräsent. Die Forscher:innen griffen die Idee eines digital unterstützten Zukunftsdorfes auf und recherchierten im In- und Ausland Best Practices aus unterschiedlichen Handlungsfeldern, um diese zu einem ganzheitlichen Ansatz zu integrieren. Hierzu zählten z. B. unbemannte Supermärkte, wie damals schon aus Schweden bekannt, Online Schulunterricht auf Halligen, was vor Corona noch ungewöhnlich war, Einsatz von Robotern in der Pflege, wie in Japan im Einsatz, autonome Door-to-door-Verkehre, für die die Technologie leider auch heute noch nicht ausgereift ist, neue nachbarschaftliche Initiativen auf Basis einer virtuellen Währung, der G-Mark (Gemeinschafts-Mark), Gemeindeschwester und 24/7 erreichbares Telemedizinzentrum, u. v. m.

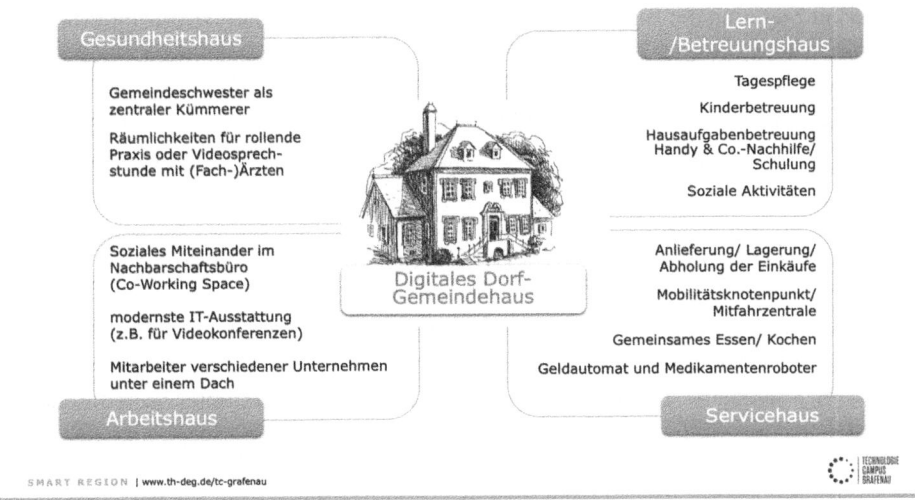

Abb. 4.1 Konzept „Digitales Gemeindehaus", eigene Darstellung

Alle Ideen wurden damals eingebettet in eine „Digital-Analog-Balance" geplant. Ein analoges Herz eines jeden Dorfes hätte hier Angebote, wie in Abb. 4.1 dargestellt, entsprechend bündeln sollen. Leerstände im Dorfzentrum hätten dazu genutzt werden können.

So war beispielsweise angedacht angesichts von Ärztemangel in ländlichen Räumen die „Dorfschwester" wieder aufleben zu lassen mit Räumlichkeiten im Gemeindehaus („Gesundheitshaus"), in denen auch virtuell Fachärzte zuschaltbar oder physisch Fachärzte tageweise erreichbar wären („Rollende Arztpraxis").

Im „Arbeitshaus" könnte ein Co-Working Space eingerichtet werden, das aufgrund der angebundenen flexiblen Betreuungsangebote für zu pflegende Angehörige oder Kinder in mehrerlei Hinsicht attraktiv wäre.

Im sogenannten „Lern- und Betreuungshaus" könnte zusätzlich auch eine Hausaufgabenbetreuung, ggf. per Videozugang, sowie Weiterbildungen und Hilfestellung rund um digitale Geräte angeboten werden, ebenso weitere soziale Aktivitäten für unterschiedliche Zielgruppen.

Zu guter Letzt unterstützt ein „Servicehaus" die kostenintensive Zustellung auf der letzten Meile: falls keine Nahversorger vor Ort wären, könnte bestellte Ware dort zentral angeliefert und von dort verteilt werden. Auch eine Rückführung von speziellen Umverpackungen für Tiefkühlware, etc. könnte dort wieder gebündelt werden. Zudem könnte hier der Knotenpunkt für Mitfahrangebote, aber auch Geldautomat und Medikamentenroboter sein. Auch gemeinsame Aktivitäten wie gemeinsames Kochen und Essen wären hier möglich.

Das dokumentierte Gesamtkonzept überzeugte zuletzt die Bayerische Staatsregierung, sodass beschlossen wurde, das Projekt „Digitales Dorf Bayern " aufzusetzen, um Digitalisierung zur Stärkung der Zukunftsfähigkeit des ländlichen Raumes zu nutzen. Allerdings sollten die Inhalte „Bottom-up" von Bürger:innen für Bürger:innen konzeptioniert werden und im Rahmen eines Wettbewerbsverfahren jene Dörfer mit den besten Ideen ausgewählt werden. Um unter anderem unterschiedlichen regionalen Anforderungen Rechnung zu tragen, sollte es sowohl ein nordbayerisches als auch ein südbayerisches Digitales Dorf geben.

4.3　　Auf der Suche nach dem Digitalen Dorf: Wettbewerb

Das Projekt „Digitales Dorf" wurde als Kooperationsprojekt der Technischen Hochschule Deggendorf, genauer des Technologie Campus Grafenau (TCG), und dem Fraunhofer-Institut (im Folgenden: FhG) für integrierte Schaltungen IIS, unter Beteiligung des Fraunhofer-Instituts für Experimentelles Softwareengineering IESE bearbeitet. Es wurden bewusst zwei Projektpartner beauftragt, da zum einen je ein Modelldorf in Nord- und Südbayern gefunden werden und räumliche Nähe bei der Betreuung der auszuwählenden Kommunen sichergestellt sein sollte, und zum anderen um eine kompetitive Umsetzung zu unterstützen. Die Regierungsbezirke Unterfranken, Oberfranken, Mittelfranken und Oberpfalz wurden Nordbayern zugeteilt, die Betreuung der zugehörigen Gemeinden übernahm die FhG. Die Regierungsbezirke Schwaben, Niederbayern und Oberbayern wurden Südbayern zugeordnet, deren Betreuung der TCG übernahm.

Die Koordination des Projekts lag beim Bayerischen Wirtschaftsministerium (StMWi), unter Einbindung sechs weiterer Ressorts, der Bayerischen Staatsministerien für Ernährung, Landwirtschaft und Forsten (StMELF), für Arbeit und Soziales (StMAS), für Bildung und Kultus, Wissenschaft und Kunst (StMK), für Finanzen, Landesentwicklung und Heimat (StMFLH), für Gesundheit und Pflege (StMGP) und des Inneren (StMI).

Die Förderung durch die Bayerischen Staatsregierung umfasste drei Förderphasen (siehe Abb. 4.2):

Abb. 4.2 Ablauf des Projekts in drei Phasen, Darstellung: Fraunhofer IIS

- Phase I: Wettbewerb und Förderantragstellung (Juni 2016 bis zum März 2017)
- Phase II: Umsetzungsphase 1 (April 2017–Dezember 2018)
- Phase III: Umsetzungsphase 2: (Januar 2019 bis Juni 2021)

In Phase I wurden die Forschungseinrichtungen beauftragt, zwei Modellgemeinden in Nord- und Südbayern auszuwählen und mit diesen ein Umsetzungskonzept zu erarbeiten. Den konzeptionellen Rahmen bildeten damals neun Themenfelder, Medizin, Pflege, Wohnen, Arbeiten, Lernen, Mobilität, Energie, Dienste (u. a. Nahversorgung) sowie Experimente als Platzhalter für weitere seitens der Ressorts oder Gemeinden gewünschte Inhalte, z. B. Tourismus oder Landwirtschaft (vgl. hierzu Kap. 5).

Zur Auswahl der zwei Modellgemeinden wurde ein zweistufiges Wettbewerbsverfahren durchgeführt. In der ersten Stufe sollte das Interesse an der Teilnahme glaubhaft bekundet werden sowie das bisherige und geplante Engagement im Umgang mit digitalen Herausforderungen belegt werden. In der zweiten Stufe sollten die Gemeinden neben der Erfüllung der definierten Auswahlkriterien insbesondere durch eigene Umsetzungsideen überzeugen.

Entsprechend des Projektfokus auf strukturschwachen ländlichen Räumen wurden folgende Zulassungskriterien definiert:

- Bewerben konnten sich ausschließlich Gemeinden oder Gemeindeverbünde aus Räumen mit besonderem Handlungsbedarf (RmbH), nach der Fassung vom 5. August 2014 (Abb. 4.3). Laut Landesentwicklungsprogramm Bayern handelt es sich dabei um Räume/ Regionen, die aufgrund von Strukturschwäche besonders zu entwickeln sind. Hierzu werden alle Gemeinden gezählt, die hinsichtlich bestimmter Einzelkriterien (sogenannter Strukturindikatoren) weniger als 90 % des bayerischen Durchschnitts erreichen.
- Zum Erreichen einer kritischen Mindestmenge an potenziellen Nutzern der geplanten Lösungen musste die Gemeinde oder der Gemeindeverbund eine Mindestgröße von 2000 Einwohnern aufweisen, es durfte sich aber um kein Mittel- oder Oberzentrum handeln.
- Kooperative Bewerbungen von Gemeinden waren möglich und wurden ausdrücklich erwartet, sofern Projektideen vorgeschlagen wurden, die ein größeres Einzugsgebiet erforderten (z. B. Nahversorgung und Mobilität). Als vorteilhaft wurden jene Kooperationen angesehen, die sich auf bewährte Strukturen (z. B. Verbünde der integrierten ländlichen Entwicklung oder Verwaltungsgemeinschaften) stützten.
- Die notwendige Motivation und Unterstützung vor Ort mussten durch die Benennung von festen Ansprechpartnern und die Mitzeichnung politischer Entscheidungsträger (Bürgermeister:in und nach Möglichkeit Landrät:in) dokumentiert werden.
- Die für die Umsetzung der Projektideen erforderliche Infrastruktur (Gebäude, Breitband- und ggf. zusätzlich Mobilfunkanbindung) musste bereits vorhanden sein, da aufgrund des kurzen Umsetzungszeitraumes und Budgets keine Förderung im Zuge des Projekts vorgesehen war. Um zum damaligen Zeitpunkt nicht zu viele Kommunen auszuschließen, wurde lediglich eine Internetübertragungsrate von 2 MBit/s vorausgesetzt.

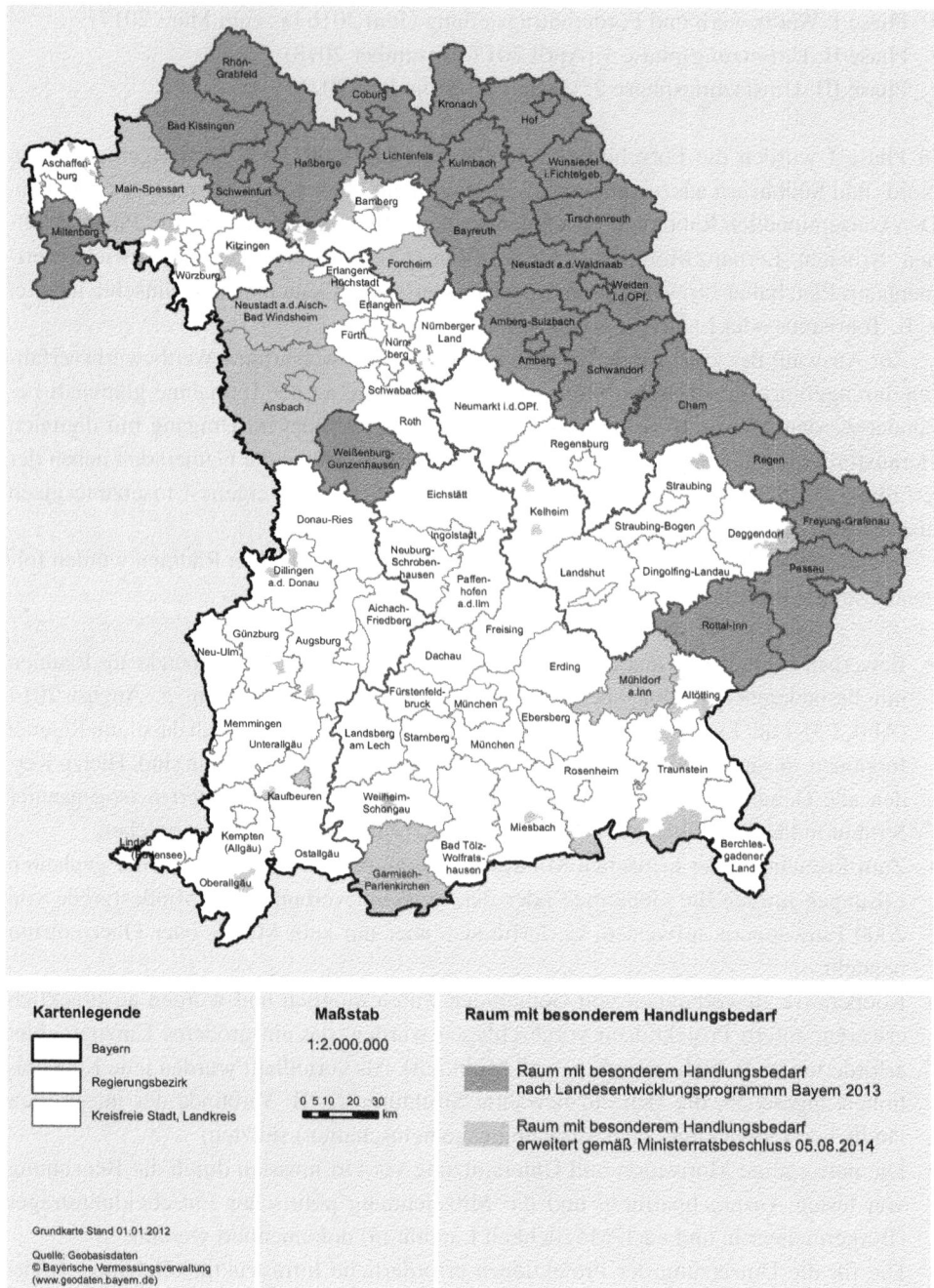

Abb. 4.3 Räume mit besonderem Handlungsbedarf (RmbH) in Bayern (Fassung vom 05. August 2014) (Quelle: StMB, 2014)

- Ein erfolgreiches Engagement der Gemeinde oder des Gemeindeverbunds zur Verbesserung der Lebensbedingungen musste bereits vor der Bewerbung nachgewiesen werden können. Eine etablierte Bürgerbeteiligung wurde als Vorteil gesehen.

Nach erfolgreicher Zulassung zum Wettbewerbsverfahren wurden den Bewerbern u. a. mehrere Workshops angeboten, auf denen digitale Lösungen aus In- und Ausland vorgestellt wurden, die den Bewerbern als Inspiration dienen sollten. Für die Abgabe der Bewerbung waren gut sieben Wochen Zeit. Die Projektideen sollten Bezug zu den Herausforderungen im ländlichen Raum, neuen Informations- und Kommunikationstechnologien und mindestens drei der definierten Themenfelder haben. Bei der Dokumentation der Projektideen waren folgende Angaben erforderlich:
Beschreibung …

- der Projektidee und Darstellung des Nutzens für die Zielgruppe
- der Projektpartner mit ihrer Rolle im Projekt
- des Innovationsgehalts und Digitalisierungsgrades
- des Umsetzungsplans (Definition von Arbeitspaketen und Meilensteinen)
- der möglichen Risiken (wirtschaftlich, technisch und sozial)
- der wirtschaftlichen und finanziellen Tragfähigkeit sowie der Nachhaltigkeit der Projektidee
- der Vorarbeiten (maximal drei)

Von den 2056 bayerischen Kommunen waren rund 787 teilnahmeberichtigt. Von diesen reichten 100 Gemeinden im Rahmen von 11 Einzelbewerbungen und 17 Verbundbewerbungen eine Teilnahmeerklärung ein. Zum Wettbewerbsverfahren wurden alle 28 Bewerbungen zugelassen, allerdings letztlich nur 20 Bewerbungen eingereicht, vgl. Abb. 4.4.

Nordbayern	Südbayern
Bewerbungen aus 3 von 4 Regierungsbezirken	Bewerbungen aus 1 von 3 Regierungsbezirken
Beteiligung von 12 Landkreisen	Beteiligung von 5 Landkreisen
1 Einzelbewerbung	4 Einzelbewerbung
10 Verbundbewerbungen	5 Verbundbewerbungen
Beteiligung von 59 Gemeinden	Beteiligung von 23 Gemeinden
Mit insgesamt 150.000 Einwohnern	Mit insgesamt 64.000 Einwohnern

Abb. 4.4 Wettbewerbsbeteiligung in Nord- und Südbayern

Während in Nordbayern eine Einzel- und 10 Verbunderklärungen von insgesamt 59 Gemeinden aus 12 Landkreisen und 3 Regierungsbezirken eingereicht wurden, bezog sich der Rücklauf in Südbayern auf vier Einzel- und fünf Verbunderklärungen von 23 Gemeinden aus fünf Landkreisen und einem Regierungsbezirk.

Die vorgeschlagenen Projektideen waren größtenteils eher „bodenständig" und verteilten sich wie folgt auf die definierten Handlungsfelder (siehe Abb. 4.5).

Die Bewerbungen wurden durch eine unabhängige Jury mit Vertreter:innen aus der Wissenschaft, der Wirtschaft sowie auch aus der Kommunalpolitik bewertet und eine entsprechende Empfehlung zur Vorlage an den Ministerrat als Entscheidungsgrundlage weitergeleitet. Der Empfehlung lag folgende Bewertung zugrunde:

Mit **60 %** flossen die **Inhalte der Projektideen** in die Bewertung ein. Dieses Bewertungskriterium untergliederte sich wiederum in die folgenden Bestandteile der Bewerbung:

- **30 % Beschreibung der Projektidee:** Kann die Maßnahme Leuchtkraft erreichen? Sind Herausforderungen im ländlichen Raum betroffen? Ist ein Nutzen für die Zielgruppe erkennbar? Kann die Maßnahme auf andere Regionen übertragen werden?
- **15 % Innovationsgehalt und Digitalisierung:** Sind in den Lösungsansätzen Besonderheiten/Neuheiten zu erkennen? Werden moderne Informations- & Kommunikationstechnologien genutzt?
- **15 % mögliche Risiken:** Gibt es technische Risiken? Wie wird die Bürgerakzeptanz eingeschätzt? Ist eine kritische Masse an Nutzern gegeben?
- **15 % Wirtschaftlichkeit:** Ist die Finanzierung gesichert und auch nach Projektende tragfähig? Ist der Eigenanteil angemessen (mind. 30 %)?

Abb. 4.5 Anzahl der Projektideen je Themenfeld

Themenfelder	Nordbayerische Projektideen	Südbayerische Projektideen
Mobilität	17	9
Dienste	17	23
Medizin	16	11
Wohnen	15	7
Pflege	14	10
Experimente	9	5
Arbeiten	8	6
Lernen	8	6
Energie	4	3

- **10 % Partner:** Sind die Partner für die Umsetzung geeignet? Sind alle erforderlichen Partner aufgeführt? Sind alle Absichtserklärungen vorhanden?
- **10 % Zeitplan:** Ist der Zeitplan realistisch? Sind bis Mitte 2018 erste Ergebnisse zu erwarten? Sind Meilensteine sinnvoll definiert?
- **5 % bereits geleistete Vorarbeiten:** Wie ist die Kompetenz des Antragstellers hinsichtlich der Projektidee einzuschätzen? Sind gute Voraussetzungen hinsichtlich Erfahrung, Infrastruktur und Bürgerbeteiligung gegeben?

Mit **20 %** wurde die **Attraktivität und Eignung des/r Bewerber/s** gewertet. Dabei ging es um die mögliche Übertragbarkeit auf andere Regionen im ländlichen Raum („Einzigartigkeit" einer Kommune erschwert die Übertragbarkeit) und um den „Leidensdruck" des Bewerbers.

Mit **20 %** flossen die **vorhandenen Synergien** hinsichtlich eines runden Gesamtkonzeptes in die Bewertung ein: Sind mehrere Handlungsfelder vernetzt? Ist ein „ganzheitlicher Ansatz" zu erkennen? Ist eine einheitliche und benutzerfreundliche IT-Architektur geplant oder vorhanden?

Im Anschluss an die Ministerratssitzung vom 13.12.2016 wurden per Pressemitteilung die Gewinnergemeinden verkündet: der Gemeindeverbund Spiegelau-Frauenau in Südbayern und die Steinwald-Allianz als Gemeindeverbund von 16 Gemeinden in Nordbayern.

Die persönliche Information der Bewerber erfolgte zeitnah nach der Entscheidung des Ministerrats. Die damalige bayerische Wirtschaftsministerin Ilse Aigner informierte und beglückwünschte die Gewinner des Wettbewerbs telefonisch und überreichte später die Förderbescheide feierlich. Der frühere bayerische Landwirtschaftsminister Helmut Brunner, der sich von Anbeginn für dieses Projekt massiv eingesetzt hatte, gratulierte der südbayerischen Gewinnergemeinde persönlich vor Ort.

4.4   Umsetzung des Digitalen Dorfs

Bis Ende März 2017 wurden auf Basis der Bewerbungsinhalte in enger Abstimmung mit den Sieger-Kommunen, den Ressorts und dem StMWi ein Umsetzungskonzept unter Berücksichtigung der gegebenen regionalen Herausforderungen ausgearbeitet, Maßnahmen wurden priorisiert und Projektpartner eingebunden. In einem Förderantrag wurden die aufbereiteten Inhalte dokumentiert.

Parallel zur Erarbeitung der Projektanträge wurden die **Gespräche mit weiteren interessierten Ressorts der Staatsregierung** fortgesetzt. Ziel des Ressortworkshops am 31. Januar 2017 war es, den Ressortvertretern die Projektideen der Gewinnergemeinen im Detail zu präsentieren und deren Bereitschaft zu klären, weitere Mittel in die Finanzierung der Projekte einzubringen.

Sowohl das Bayerische Gesundheits- als auch Sozialministerium hatten ein eigenes Budget für das „Digitale Dorf"-Projekt bis 2020 eingeplant. Das Gesundheitsministerium förderte entsprechend in Südbayern das in Kap. 13 beschriebene Projekt MeDiLand sowie in Nordbayern das Gesundheitsdorf Bad Rodachtal, da die ursprüngliche Projektidee der Steinwald-Allianz kein Teilprojekt aus dem Themenfeld Gesundheit und Pflege vorsah. Das Sozialministerium förderte in Südbayern das Projekt BLADL (vgl. Kap. 8), in dem zum einen digitale Einsteiger ertüchtigt werden sollten, Computer, Tablet und/oder Smartphone im Alltag zu nutzen, zum anderen eine digital unterstützte Nachbarschaftshilfe sowie Assistenz- und Sprachassistenzsysteme eingesetzt werden sollten, um ein selbstbestimmtes Leben in den eigenen vier Wänden zu unterstützen. In Nordbayern sollten gemeinsam mit der Wohnberatungsstelle Tirschenreuth altersgerechte Wohnformen geeignet visualisiert werden.

Leider konnten keine weiteren Ressorts dazu gebracht werden, mit deren Förderung das Digitale Dorf weiter auszubauen und Synergien zwischen den Förderungen zu schaffen. Zu der Zeit gab es in Bayern bzw. Deutschland viele Insellösungen, aber keine ganzheitliche digitale Transformation in Reallaboren, die mehrere Handlungsfelder umfassten.

Ein Beispiel für entsprechende Synergien wäre eine digitale Ansprache alleinlebender Senioren gewesen, z. B. über Videokonferenz- oder Sprachassistenzsysteme, um diese zu motivieren an Veranstaltungen teilzunehmen, z. B. Seniorenstammtisch, per App den On-demand Bus oder ehrenamtlichen Fahrdienst zu rufen oder bei Detektion einer geringen Aktivität oder ungewöhnlicher Vitalwerte durch die verbauten Assistenzsysteme die Dorfkrankenschwester zu alarmieren. In Teilen wurden diese Ansätze umgesetzt (vgl. die Kap. 8, 9, 12 und 13 zu BLADL, Nachbarschaftshilfe und Rufbus sowie MeDiLand).

In Phase II des Projekts (01.04.2017 bis 31.12.2018) wurden verschiedenste Umsetzungsmaßnahmen erprobt und evaluiert. Als Basis dienten die Projektvorschläge in den Bewerbungen der Gewinnerkommunen. Diese wurden Bottom-up in engem Bürgerdialog hinsichtlich des Bedarfs verifiziert und ggf. modifiziert oder verworfen. Die Förderung erlaubte zudem die Integration von Projektinhalten, die in der Bewerbung noch nicht aufgeführt, aber im Verlauf der Umsetzung von den Bürger:innen gewünscht wurden. Ein vorgegebenes Projektbudget durfte jedoch nicht überschritten werden.

Der TCG arbeitete in Kooperation mit dem Gemeindeverbund Spiegelau-Frauenau einen Projektantrag für Südbayern aus. Die Bewerbung aus Spiegelau-Frauenau sah sieben Teilprojektideen vor, die im Zuge der Antragstellung ausgearbeitet, geplant und priorisiert wurden.

- Aufbau eines intersektoralen Telemedizinnetzwerkes.
- Schaffung eines Dorfbusses mit digitaler Buchungsmöglichkeit als Lückenschluss zum ÖPNV.
- Schaffung einer Rathaus App sowie Digitalisierung einiger kommunaler Workflows.
- Bestell- und Liefermöglichkeiten für Produkte des täglichen Bedarfs mit geeigneter Vernetzung mit dem bestehenden Vor-Ort-Angebot. In der Bewerbung waren gekühlte Lieferkästen geplant. Das Projekt wurde aufgrund der guten Nahversorgung in beiden Kommunen nicht realisiert.

- Errichtung einer kommunalen Schulplattform für die beiden Grundschulen, Entwicklung und Umsetzung digitaler Lehrangebote.
- Realisierung von Modell-Wohnwelten im Bereich AAL (Ambient Assisted Living).
- Schaffung von Tele-Arbeitsplätzen.

Zudem erhielten die Kommunen ein eigenes Budget, aus dem in Spiegelau u. a. ein digitales Leitungskataster umgesetzt werden sollte.

Die geplante Umsetzungsphase III (Laufzeit Januar 2019 bis Juni 2021) wurde aufgrund der vielversprechenden Zwischenergebnisse und der durchwegs positiven Resonanz aus den Pilotgemeinden bewilligt. In dieser dritten Projektphase wurden die ersten Ergebnisse aus Phase II evaluiert, bedarfsweise optimiert sowie neue Projektinhalte (wie die Übertragung von Dorf-Gottesdiensten) umgesetzt. Gleichzeitig erfolge bis Juni 2021 eine Evaluierung aller Ergebnisse hinsichtlich Weiterführung, Nachhaltigkeit, Übertragbarkeit und Modellhaftigkeit.

Letztlich konnte in Spiegelau und Frauenau bis Projektende eine Vielfalt unterschiedlicher Inhalte umgesetzt werden, teils selbst entwickelt, teils durch Einbindung geeigneter externer Lösungen. Zusammenfassend gibt nachfolgende Abb. 4.6 einen Überblick über die Projektinhalte, die in den nachfolgenden Kapiteln ausführlich beleuchtet werden.

Aufgrund des Erfolgs wurden in der Folge noch weitere Modelldörfer errichtet: das digitale Alpendorf in Oberbayern und die am Riedberger Horn gelegenen Hörnerdörfer im Südallgäu. Informationen zu allen Dörfern sind zugänglich unter www.digitales-dorf.bayern sowie www.dahoamviernull.de.

4.5 Zusammenfassung

Aus der Vision eines digitalen Dorfes wurden mehrere Leuchtturmprojekte in Bayern. Auch wenn in unterschiedlichsten Regionen Bayerns gelegen und mit verschiedensten Umsetzungsinhalten, haben diese doch eins gemeinsam: Sie sollen alle aufzeigen, wie Digitalisierung gleichwertige Lebensverhältnisse unterstützen und die Zukunftsfähigkeit des ländlichen Raumes stärken kann. Ob nun digitale Lösungen oder Technologien die Nahversorgung, medizinische Versorgung, Mobilität oder andere Handlungsfelder betreffen, in der Konsequenz sind sie geeignet, potenziell die Attraktivität der Gemeinden sowie die Lebensqualität der Einwohner zu erhöhen und der Landflucht entgegen zu wirken. Da die Projekte ganzheitlich ausgelegt sind, können sie im Gegensatz zu Insellösungen Synergiepotentiale sichtbar machen und durch belastbare Kosten- und Nutzenrechnungen Kommunen einen Handlungsrahmen im Verlauf der digitalen Transformation bieten. Aufgrund des konsequenten „Bottom-up"-Ansatzes, also der Entwicklung im engen Bürgerdialog, sind die Lösungen zudem bedarfsorientiert und entsprechend nachhaltig.

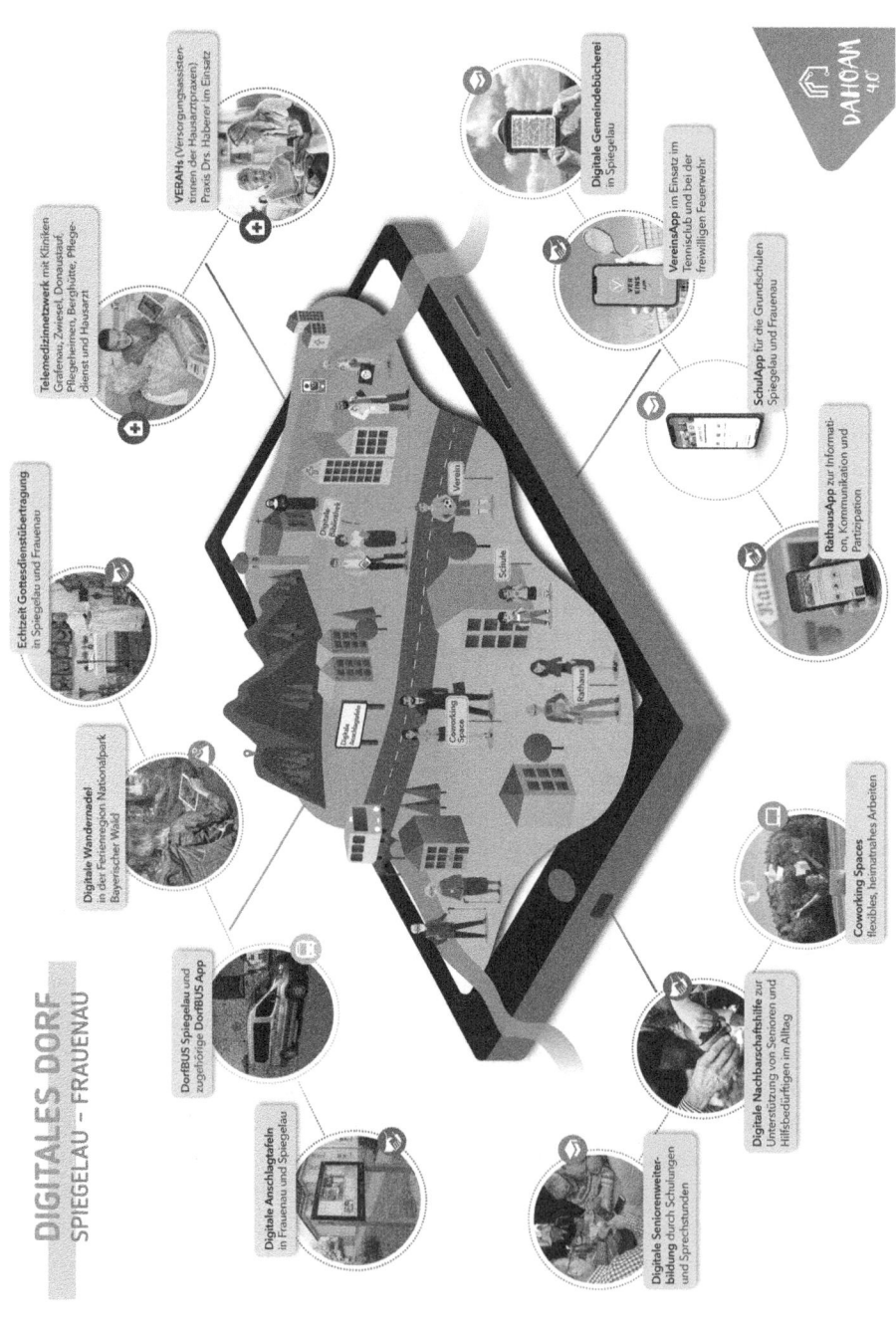

Abb. 4.6 Umgesetzte Projektinhalte im südbayerischen digitalen Dorf „Spiegelau/Frauenau", Abbildung TCG

Literatur

Bayerisches Staatsministerium für Wohnung, Bau und Verkehr [StMB]. (2014). *Erweiterte Förder-gebietskulisse auf Basis des Raums mit besonderem Handlungsbedarf* (08.05.2014). https://www.stmb.bayern.de/assets/stmi/buw/bauthemen/lep-2013_rmbh_05-08-2014.pdf. Zugegriffen am 03.06.2022.

Bundesverband Informationswirtschaft, Telekommunikation und neue Medien e.V. [BITKOM]. (2021). *Smart City Index 2021*. Ausführliche Ergebnisse. www.bitkom.org, https://www.bitkom.org/sites/main/files/2021-10/2021-09-30-smart-city-index.pdf.

Bayerischer Landtag. (Hrsg.). (2017). *Enquete-Kommission „Gleichwertige Lebensverhältnisse in ganz Bayern"* (November 2017). Homepage des Bayerischen Landtages. https://www.bayern.landtag.de/fileadmin/Internet_Dokumente/Sonstiges_P/Enquete_Lebensverhaeltnisse.pdf sowie https://www.bayern.landtag.de/parlament/gremien/enquete-kommissionen/enquete-kommission-gleichwertige-lebensverhaeltnisse-in-ganz-bayern/. Zugegriffen am 29.05.2022.

Deloitte. (2019). *Gutachten Digitale Transformation Bayerns, angefertigt für das Bayerische Staatsministerium für Digitales* (Juli 2019). Homepage Bayerisches Staatsministerium für Digitales. https://www.stmd.bayern.de/wp-content/uploads/2020/07/06_20190717_Gutachten_Digitale_Transformation_Bayerns_vFINAL-1.pdf. Zugegriffen am 29.05.2022.

Trapp, M., & Hess, S. (2019). Digitale Dörfer. Wie Digitale Ökosysteme strukturiert sind und was sie leisten. In R. Neugebauer (Hrsg.), *Biologische Transformation* (S. 371–387). Springer Vieweg.

Handlungsfelder und Modellregionen

Matthias Oswald

Zusammenfassung

Das „Digitale Dorf Bayern" – eine Initiative der Bayerischen Staatsregierung – verfolgt das Ziel in verschiedenen, bayerischen Modellregionen durch Nutzung der Potenziale der Digitalisierung die alltäglichen Herausforderungen des Lebens auf dem Land zu meistern. Seit 2017 werden im Rahmen der Initiative fünf Projekte umgesetzt. Dieser Beitrag gibt zunächst einen Überblick über die Handlungsfelder, die in den Projekten als Orientierungsrahmen dienen, und deren Herleitung. Daran schließt sich die Vorstellung der drei vom Technologie Campus Grafenau, einer Forschungseinrichtung der Technischen Hochschule Deggendorf, betreuten Projekte an: „Digitales Dorf Spiegelau – Frauenau", „Digitales Alpendorf" und „Digitale Hörnerdörfer". Neben demografischen Daten wird auf die Besonderheiten und Herausforderungen in den drei Regionen eingegangen und durchgeführte Teilprojekte betrachtet.

Schlüsselwörter

Smart Region · Digitales Dorf · Ländliche Räume · Digitalisierung · Digitale Transformation · Modellregionen · Handlungsfelder · Gleichwertige Lebensverhältnisse

M. Oswald (✉)
Technische Hochschule Deggendorf, Technologie Campus Grafenau, Grafenau, Deutschland
E-Mail: matthias.oswald@th-deg.de

D. Ahrens (Hrsg.), *Smart Region: Angewandte digitale Lösungen für den ländlichen Raum*, https://doi.org/10.1007/978-3-658-38236-0_5

5.1   Einleitung

Die rasanten technologischen Entwicklungen beeinflussen signifikant die Art, wie wir kommunizieren, arbeiten, lernen und leben. Eine Zukunft ohne Digitalisierung ist kaum mehr vorstellbar – besonders in Städten, Gemeinden und Regionen, in denen es gilt, Standortattraktivität und Lebensqualität zu gewährleisten. Für Kommunen in ländlichen Regionen, die mit Dynamik und Innovationskraft den tiefgreifenden ökonomischen und gesellschaftlichen Veränderungen unserer Zeit begegnen wollen, birgt die Digitalisierung enorme Chancen. Sie eröffnet neue Möglichkeiten in sämtlichen Lebensbereichen – u.a. Arbeiten, Lernen, Mobilität, Verwaltung, Gesundheits- und Finanzwesen, Wohnen, Freizeit. Durch Digitalisierung können Abläufe vereinfacht und optimiert werden. Dementsprechend ist eine ganzheitliche Betrachtung im Bereich der Digitalisierung unabdinglich.[1]

Auch bei der Konzeption der Pilotprojekte der Initiative „Digitale Dorf Bayern" galt ein ganzheitlicher Ansatz, der die verschiedenen Facetten des Lebens in den ländlichen Kommunen berücksichtigt und die Lebensbereiche und Anwendungen vernetzt, als ein wesentlicher Erfolgsfaktor. Um dem integrativen Gedanken eines „Digitalen Dorfs" zu folgen, war es bei den Pilotprojekten Prämisse aus mindestens drei der elf Themenfelder, die in Abschn. 5.2 näher betrachtet werden, möglichst synergetische Umsetzungsideen zu realisieren. Wie Abschn. 5.3 zeigt, ist das in allen südbayerischen Pilotprojekten gelungen und kann auch als einer der Erfolgsfaktoren der Projekte angesehen werden.

5.2   Die Handlungsfelder im „Digitalen Dorf Bayern"

Die Grundidee des Projekts „Digitales Dorf Bayern" ist es, „digitale Anwendungen zu entwickeln und erproben, die den ländlichen Raum als lebenswerten Wohn- und Wirtschaftsraum erhalten und weiterentwickeln."[2] Was ist Digitalisierung und wie kann diese die Lebensverhältnisse verbessern, speziell im ländlichen Raum? Digitalisierung als interdisziplinäres Querschnittsthema ist nicht eindeutig definierbar, vielschichtig und schwer greifbar.[3] Digitalisierung auf Automatisierung und Optimierung in der Industrie oder auf Softwareprodukte, Computernetzwerke und innovative Hardware, die seit der digitalen Transformation in unseren Alltag Einzug halten, zu beschränken, wäre zu kurz gedacht. Auch Kommunen und deren Umfeld können vom digitalen Wandel und seinen Auswirkungen profitieren. Oft wird dabei nur an den Bereich „kommunale Verwaltung und Dienstleistungen" gedacht. Das kommunale Umfeld bietet jedoch weitere Ansatzpunkte. Schon bei der Konzeption des Projekts war eine der Direktiven, dass verschiedene Lebens-

---

[1] Vgl. Lemmer & Niehaves (2020).
[2] Vgl. Bayerisches Staatsministerium für Wirtschaft, Landesentwicklung und Energie (26. April 2021).
[3] Vgl. Dobler & Ittstein (2018).

Abb. 5.1 Handlungsfelder „Digitales Dorf Bayern". (Quelle: TCG)

bereiche im ländlichen Raum ganzheitlich umfasst und miteinander vernetzt werden sollen, um das Leben im ländlichen Raum praxisnah abbilden zu können und Insellösungen zu vermeiden. Für das Projekt wurden die elf Handlungsfelder aus Abb. 5.1 definiert, die im Rahmen der Digitalisierungsprojekte betrachtet werden sollten: Arbeiten, Dienste (u. a. Nahversorgung, Ehrenamt, Verwaltung), Energie, Bildung, Medizin, Mobilität, Pflege, Wohnen, Landwirtschaft, Tourismus sowie Kultur.

Waren zu Beginn des Projekts „Digitales Dorf Spiegelau – Frauenau" zunächst nur acht Handlungsfelder sowie ein offenes Feld „Experimente" im Fokus, wurden diese mit der steigenden Anzahl an Modellregionen weiterentwickelt und an die veränderten regionalen Gegebenheiten angepasst. Konkret wurden die Handlungsfelder Kultur, Tourismus und Landwirtschaft ergänzt, als neue Modellregionen im Alpenraum starteten; das Handlungsfeld Experimente wurde unter „Dienste" subsummiert. Um dem integrativen Gedanken eines digitalen Dorfes zu folgen, wurden in den einzelnen Projekten aus mindestens vier der elf Handlungsfelder möglichst synergetische Umsetzungsideen realisiert. Herausforderungen, Motivation und mögliche Inhalte der Handlungsfelder werden im Folgenden beispielhaft erläutert:

MEDIZIN
Eine flächendeckende Gesundheitsversorgung im ländlichen Raum wird zukünftig immer herausfordernder. Auf Grund der geringeren Bevölkerungsdichte müssen die Einzugsbereiche entsprechend größer sein, um wirtschaftlich rentabel zu sein. Lange Fahrtwege und

Wartezeiten sind Folgen, die vor allem ältere, eingeschränkt mobile Menschen vor Herausforderungen stellen.[4] Telemedizin bietet gerade ländlichen Gemeinden eine Chance. Dort, wo Ärztemangel und steigender Behandlungsbedarf aufeinandertreffen, können digitale Technologien medizinische Fachkräfte und Pflegepersonal unterstützen. Ärztliche Konsultationen per Videokonferenz entlasten beispielsweise sowohl Arzt als auch Patienten und vermeiden volle Wartezimmer sowie weite Anfahrtswege. Netzwerke aus medizinischen Versorgungs- und Pflegeeinrichtungen stellen die Versorgung auf dem Land flächendeckend und langfristig sicher.

PFLEGE

Der demografische Wandel und die Abwanderung junger Arbeitnehmer in die Städte führen zu einer Alterung der Gesellschaft im ländlichen Raum.[5] Damit verbunden steigt auch der Anteil an potenziell pflegebedürftigen Personen, die von begrenzt vorhandenen Fachkräften gepflegt werden müssen.[6] Informations- und Kommunikationsplattformen können zum einen pflegebedürftige Bürger und deren Angehörigen dabei unterstützen, geeignete Hilfs- und Unterstützungsangebote für die Pflege zu finden, und zum anderen zur Entlastung und Ertüchtigung der Pflegekräfte beitragen. Moderne Technologien vernetzen dabei einerseits Dienstleister und Pflegesuchende. Entsprechende Informationen zum Thema Pflege ermöglichen es Laien, ihr Wissen auf diesem Gebiet zu erweitern. Andererseits bietet eine telemedizinische Rückfallebene für Pflegekräfte eine Möglichkeit des Empowerments.

WOHNEN

Ältere Menschen in ländlichen Regionen weisen eine starke Heimatbindung auf und möchten möglichst lange selbstbestimmt und eigenständig in ihrer vertrauten Umgebung leben. In Deutschland hatten 85 % der Seniorenhaushalte im Jahr 2018 keinen barrierefreien Zugang zur Wohnung und sind dadurch nicht seniorengerecht ausgestattet; zudem fehlt es an entsprechender Betreuungsmöglichkeit in den eigenen Räumen.[7] Einfach zu bedienende altersgerechte Assistenzsysteme (AAL, engl. „Ambient assisted living") und smarte – mitdenkende – Wohnungen ermöglichen ihren Bewohner:innen eine lange Selbstbestimmung im Alter. Gleichzeitig entlasten sie Angehörige und Pflegepersonal. Digitale Assistenzsysteme können Leben retten, indem Sensoren in Notfällen Abweichungen im Tagesablauf der Nutzer:innen erkennen und melden.

---

[4]Vgl. van den Berg et al. (18. November 2021).

[5]Vgl. Bayerisches Landesamt für Statistik (2021a); Bundesministerium für Ernährung und Landwirtschaft (2020).

[6]Vgl. Rothgang & Müller (2021).

[7]Vgl. Destatis (10. Dezember 2019); Bundesministerium für Familie, Senioren, Frauen und Jugend (2020).

ARBEITEN

Aufgrund einer geringeren Arbeitsplatzdichte im ländlichen Raum, müssen Arbeitnehmer zum Teil sehr weite Distanzen zum Arbeitsort in Kauf nehmen.[8] Ein mangelndes Angebot an öffentlichen Verkehrsmitteln bedingt einen höheren zeitlichen Aufwand für den Arbeitsweg.[9]

Gleichzeitig erhöhte sich in den vergangenen Jahren der Bedarf an flexibleren Arbeitsmodellen.[10] Die moderne Art der Büro- und Arbeitsgemeinschaft, der Coworking Space, ist nicht nur in der Stadt Treffpunkt für Kreative und Freiberufler. Auf dem Land bietet der Coworking Space gerade Pendlern die Möglichkeit des wohnortnahen Arbeitens in sozialen Strukturen.

BILDUNG & LERNEN

Die Corona-Pandemie hat die Digitalisierung, z. B. von Schulen zwar beschleunigt, jedoch auch die Kluft hinsichtlich technischer Ausstattung und Digitalen Lernens zwischen den einzelnen Schulen und Schularten deutlich aufgezeigt.[11] Schulen können ihr Lernangebot erweitern, indem sie etwa auf die Integration von Tablets, Softwarelösungen oder Apps setzen und die Ausstattung des Schulgebäudes, beispielsweise mit WLAN verbessern. Schulplattformen erleichtern schulische Verwaltungsaufgaben sowie die Kommunikation mit Eltern und Schüler:innen. Letztlich müssen aber auch Lehrer und Schüler zur zielführenden Nutzung der digitalen Technologien ertüchtigt werden.

Doch bezieht sich dieses Handlungsfeld auch auf weitere Zielgruppen: Um Senior:innen für den Umgang mit digitalen Lösungen zu befähigen, sind zudem entsprechende Angebote von Nöten.

ENERGIE

Die Energiewende beinhaltet besonders für den ländlichen Raum Chancen und Herausforderungen.[12] In privaten Haushalten kann mit Hilfe von smarten Technologien das Energiemanagement optimiert werden. Mit intelligenten, digitalen Stromzählern wird der Stromverbrauch kontinuierlich überwacht und mit sogenannten Smart Metern können Energie und Kosten gespart werden.

MOBILITÄT

Der öffentliche Personennahverkehr ist im ländlichen Raum in weiten Teilen eingeschränkt. Allein seit 1990 wurde ein Fünftel des Schienennetzes stillgelegt.[13] Weitläufige Routen bei niedrigen Nutzerfrequenzen machen ÖPNV-Angebote auf dem Land unrenta-

---

[8] Vgl. Dauth & Haller (2018).

[9] Vgl. Weiss (18. Mai 2020).

[10] Vgl. Bähr et al. (2020).

[11] Vgl. Mußmann et al. (2021).

[12] Vgl. Bayerisches Staatsministerium für Ernährung, Landwirtschaft und Forsten (o. J.).

[13] Vgl. Weiss (18. Mai 2020).

bel.[14] Während in Ballungszentren Mitfahrzentralen, Car-Sharing und Taxi-Apps bereits verbreitet sind, finden derartige Konzepte in ländlichen Regionen aufgrund des eingeschränkten Bündelungspotenzials oder geringer Fallzahlen bislang kaum Anwendung. Bürger-Bus, Rufbus-System oder ein Shuttle-Service schaffen auf dem Land den Spagat zwischen Personennahverkehr und Taxi. Buchungsplattformen oder digital abrufbare Fahrpläne erhöhen die Nutzerfreundlichkeit solcher Angebote.

DIENSTE

Durch Abwanderungstendenzen der Bevölkerung in die Städte ist der Erhalt und Ausbau der Infrastruktur in ländlichen Gebieten immer weniger tragfähig, was den Alltag für ältere Menschen und Familien erschwert.[15] Dies umfasst eingeschränkte Einkaufsmöglichkeiten ebenso wie fehlende Betreuungsangebote und Dienstleistungen vor Ort. Digitale Technologien können in Gemeinden und Städten bei kommunalen Prozessen und bürgerschaftlichen Angeboten Unterstützung leisten. Egal ob beim Gang zum Rathaus, bei der Kommunikation mit Gemeindemitarbeitern oder bei der Suche nach nachbarschaftlicher Hilfe: hier können digitale Plattformen und Anwendungen zum Einsatz kommen und Bürger sowie Mitarbeiter gleichermaßen entlasten. Informationen und Leistungen lassen sich ortsunabhängig und zu jeder Tageszeit auf PC, Tablet oder Smartphone abrufen. Nutzerfreundliche Gestaltung und gute Bedienbarkeit steigert dabei die Akzeptanz und Anwendungsbereitschaft in der Bevölkerung.

LANDWIRTSCHAFT

Die Landwirtschaft ist traditionsreich, vielfältig und wertvoll für den Erhalt der biotischen Ressourcen. Digitale Vertriebswege, wie auch Smart Farming -Ansätze sind auch für heimische Landwirte erfolgsversprechend. Parallel zum herkömmlichen analogen Verkauf ab Hof können die Erzeuger mit Online-Plattformen neue Kundengruppen auch außerhalb der Gemeindegrenze erreichen.

TOURISMUS

Der Tourismus bietet ein weites Feld mit zahlreichen Herausforderungen und Chancen, für welche die Digitalisierung sinnvolle Lösungsansätze bietet. Der massive saisonale Tourismus in den Bergen sichert das Einkommen der Familien einerseits, bedeutet aber auch Staus, Energiebedarfsspitzen und Versorgungsengpässe andrerseits. Hier könnten beispielsweise über eine Verknüpfung mit dem Handlungsfeld Mobilität neue Wege unter Nutzung von Elektromobilität, Car-Sharing oder auch autonomem Fahren bestritten werden. Von den vielfältigen Möglichkeiten kommunaler Plattformen und Webseiten profitieren Touristen und Einheimische sowie Hotel- und Gaststättenbetriebe gleichermaßen.

---

[14]Vgl. Cäsar & Wojtech (2017).
[15]Vgl. Industrie- und Handelskammer für Niederbayern (2021); Piron (27. März 2019).

Informationen lassen sich damit zielgerichtet abrufen, Übernachtungen und Reservierungen mit nur einem Klick erledigen und Sehenswürdigkeiten oder Touren unkompliziert erfassen. Dies erleichtert die Urlaubs- und Freizeitplanung enorm. Webcams informieren den Gast bereits zu Hause über die aktuelle Wetterlage vor Ort, so muss sich dieser nicht auf Wetterprognosen verlassen. Als Schnittstelle zum Handlungsfeld Medizin ist auch an die telemedizinische Betreuung der Berghütten zu denken, um unnötige Einsätze der Bergrettung vermeiden und schnellere medizinische Versorgung ermöglichen zu können.

KULTUR

Bayern und insbesondere der Alpenraum können mit ausgeprägter Kultur, zahlreichen Bräuchen und einzigartigen Traditionen aufwarten. Moderne digitale Technologien bieten auch im Kulturbereich vielfältige Einsatzmöglichkeiten. Auf diese Weise lassen sich die Zeugnisse der Vergangenheit für immer bewahren. Gemeinden können damit ihre Ortsgeschichte, das jahrhundertealte Brauchtum und die Biografien verdienter Persönlichkeiten online sichtbar und für alle Interessierten nutzbar machen. Museen präsentieren schon heute im Internet ihre Objekte. Gemeinde-Archive teilen über Online-Plattformen Dokumente und Fotografien mit den Bürgern.

5.3   Die Modellregionen im „Digitalen Dorf Bayern"

Die Initiative „Digitales Dorf Bayern" umfasst, wie in Abb. 5.2 zu sehen ist, insgesamt fünf Modellregionen (Stand März 2022). Die beiden nordbayerischen Modellregionen Oberes Rodachtal und Steinwald-Allianz wurden bzw. werden von der Fraunhofer-Arbeitsgruppe Supply Chain Services (SCS) des Fraunhofer-Institut für Integrierte Schaltungen (IIS) betreut. Die südbayerischen Modellregionen in Niederbayern, Oberbayern und Schwaben werden vom Technologie Campus Grafenau, einer Forschungseinrichtung der Technischen Hochschule Deggendorf, bei den Modellvorhaben unterstützt. Die Projekte „Digitales Dorf Spiegelau – Frauenau", „Digitales Alpendorf" und „Digitale Hörnerdörfer – Allgäu" stehen bei diesem Sammelwerk im Fokus und werden nachfolgend näher vorgestellt. Einen ersten Überblick zu Daten und Besonderheiten der Modellregionen gibt Abb. 5.3.

5.3.1   Spiegelau-Frauenau

Das Projekt „Digitales Dorf Spiegelau-Frauenau", das von 2017 bis 2021 umgesetzt wurde, war neben dem Projekt in der Steinwald Allianz das erste Projekt im Rahmen der Initiative „Digitales Dorf Bayern". Die beiden Modellgemeinden Spiegelau und Frauenau liegen in den benachbarten Landkreisen Freyung-Grafenau und Regen im Regierungsbezirk Niederbayern. Impressionen aus den beiden Gemeinden und ihren Umgebungen sind

Abb. 5.2 Landkarte
Modellregionen „Digitales
Dorf Bayern". (Quelle: TCG
Abbildung, zuerst publiziert in:
Ahrens, 2020)

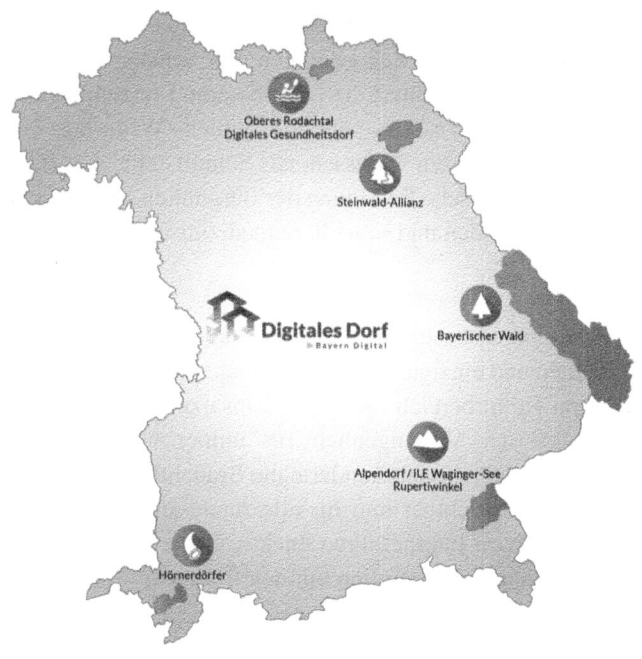

DAHOAM 4.0

	Digitales Alpendorf	Digitale Hörnerdörfer Allgäu	Spiegelau Frauenau
Anzahl Gemeinden	7	2	2
Einwohner	26.713	1.391	6.518
Landkreis	Traunstein	Oberallgäu	Regen, Freyung-Grafenau
Regierungsbezirk	Oberbayern	Schwaben	Niederbayern
Bekannt für...	Waginger See, Landschaft, Nachhaltigkeit	Tourismus, Sennalpen	Glasregion, Tourismus
Projektzeitraum	2018 - 2022 (vrsl.)	2018 - 2022 (vrsl.)	2017 - 2021

Abb. 5.3 Überblick Modellregionen „Digitales Dorf Bayern" in Südbayern. (Eigene Darstellung)

Abb. 5.4 Impressionen aus der Modellregion „Digitales Dorf Spiegelau-Frauenau". (Fotos und Abbildung: TCG)

in Abb. 5.4 zu sehen. Der Landkreis Freyung-Grafenau sowie der Landkreis Regen gelten als ländlicher Raum[16] und zählen zur Klasse der Grenzlandregionen sowie zu den überwiegend strukturschwachen Gemeinden in Bayern, weshalb sie dem „Raum mit besonderem Handlungsbedarf"[17] zugeordnet sind. Ausschlaggebend für die Festlegung ist der sogenannte Strukturindikator, der sich aus fünf Einzelkriterien wie Bevölkerungsprognose, Arbeitslosenquote, Beschäftigungsdichte, verfügbares Einkommen der privaten Haushalte und Wanderungssaldo der 18- bis unter 30-Jährigen zusammensetzt.

Mit einer Bevölkerungsdichte von jeweils 79 Einwohnern/km^2 im Landkreis Freyung-Grafenau und im Landkreis Regen[18] gehören beide Landkreise zu den am dünnsten besiedelten Gebieten in Bayern und liegen damit weit unter dem bayerischen Landesdurchschnitt (176 Einwohnern/km^2).[19] Traditionell angesiedelt in den Landkreisen

---

[16] Vgl. Milbert & Krischausky (2012).

[17] Vgl. Bayerisches Staatsministerium der Finanzen, für Landesentwicklung und Heimat (1. März 2018).

[18] Bayerisches Landesamt für Statistik (2021n); Bayerisches Landesamt für Statistik (2021o).

[19] Bayerisches Landesamt für Statistik (2021k).

sind die glas- und holzverarbeitende Industrie sowie kunststoffverarbeitende Betriebe, Elektrotechnik, Metall- und Fahrzeugbau. Die beiden Gemeinden sind durch ihre Lage an der Glasstraße, der bedeutendsten Glasregion Deutschlands, historisch mit der Glasindustrie verwurzelt, wenn auch dieser Industriezweig in den letzten Jahren stark von Betriebsschließungen betroffen war.[20] Durch die Lage im Dreiländereck Deutschland, Österreich und Tschechien, die vielfältige Natur sowie diverse Freizeitmöglichkeiten entwickelten sich die beiden Landkreise in den letzten Jahrzehnten zu einer attraktiven und gut besuchten touristischen Region,[21] die das Herzstück des Nationalparks Bayerischer Wald bildet. Beide Gemeinden, die Mitgliedskommunen der Integrierten Ländlichen Entwicklung (kurz: ILE) Nationalparkgemeinden sowie der Ferienregion Nationalpark Bayerischer Wald sind, haben zusammen insgesamt 6518 Einwohner (Stand 30.09.2021).[22] In Frauenau leben 2693 Einwohner, im größeren, aber auf 33 Ortsteile verteilten Spiegelau 3825 Einwohner. In beiden Gemeinden sind Kindertageseinrichtungen und jeweils eine Grundschule vorhanden. Die Nahversorgung ist in Spiegelau mit drei Supermärkten im Hauptort und einem Dorfladen in einem großen Ortsteil sehr gut abgedeckt. In Frauenau hingegen droht auf Grund des kleinen Einzugsgebiets und einer Veränderung des Kaufverhaltens die Schließung des einzigen Nahversorgers.[23]

Der Bevölkerungsrückgang in den beiden Landkreisen ist signifikant und auch in den Gemeinden Frauenau und Spiegelau zu spüren. Eine der größten Herausforderungen in den nächsten Jahren wird für die beiden Gemeinden das Eindämmen des erwarteten Bevölkerungsrückgangs sein. Zum Ziel wird es, geeignete Lösungsmöglichkeiten für die verschiedenen Bevölkerungsgruppen und für die unterschiedlichen Lebensbereiche zu erproben und einzusetzen, um die Zukunft dieser ländlichen Regionen positiv zu gestalten. Hier zeigt insbesondere die Digitalisierung neue Perspektiven auf, um die Lebensumstände auf dem Land verbessern zu können. Daher wurde, wie in Abb. 5.5 zu sehen ist, im Modellprojekt konsequent ein ganzheitlicher Ansatz verfolgt, um lebensbereichsübergreifend die ganze Bevölkerung zu integrieren. Auf die einzelnen Teilprojekte wird in den nachfolgenden Kapiteln näher eingegangen.

5.3.2 Waginger See – Rupertiwinkel

Das Pilotprojekt „Digitales Alpendorf" befindet sich seit 2018 in der Umsetzung und endet voraussichtlich im Jahr 2022. Die ILE Waginger See – Rupertiwinkel (zum 01.01.2022 umfirmiert in Zukunftsregion Rupertiwinkel) setzt sich aus sieben Kommunen zusammen, die als interkommunale Kooperation in verschiedenen Themenfel-

---

[20] Vgl. Roßberger (29. Oktober 2021).

[21] Vgl. Ferienregion Nationalpark Bayerischer Wald (2020).

[22] Bayerisches Landesamt für Statistik (2021j).

[23] Vgl. Hackl (17. November 2021).

Abb. 5.5 Übersicht über die Teilprojekte im Projekt „Digitales Dorf Spiegelau-Frauenau". (Eigene Darstellung)

dern der Regional- und Siedlungsentwicklung eng zusammenarbeiten. Eindrücke aus der Modellregion gibt Abb. 5.6. Die Gesamteinwohnerzahl der Zukunftsregion beträgt 26.713 (Stand 30.09.2021).[24] Neben der Einsparung von Kosten und Zeit profitieren die Kommunen auch von vereinfachten Arbeitsabläufen sowie einem gegenseitigen Interessens- und Wissensaustausch in neun ILE-internen Handlungsfeldern. Die Gemeinden Fridolfing, Kirchanschöring, Petting, Taching am See sowie Wonneberg, der Markt Waging am See und die Stadt Tittmoning sind im historischen Rupertiwinkel des bayerischen Voralpenlandes rund um den Waginger See gelegen. Neben der ILE sind die Kommunen in wechselnden Konstellationen in weiteren Regionalinitiativen und Verbänden wie der Ferienregion Waginger See, der Ökomodellregion Waginger See – Rupertiwinkel, dem Schulverband Salzachtal oder der Lokalen Aktionsgruppe LEADER Traun-Alz-Salzach vernetzt.

Die Region rund um den Waginger See ist durch Tourismus geprägt. Aufgrund der flachen Topografie ist der See besonders für Radfahrer geeignet. Die räumliche Nähe zu den Bayerischen Alpen bietet zusätzliche Attraktivität für Wanderurlauber. Die Übernach-

---

[24] Bayerisches Landesamt für Statistik (2021j).

Abb. 5.6 Impressionen aus der Modellregion „Digitales Alpendorf". (Fotos und Darstellung: TCG)

tungszahlen stiegen allein zwischen 2014 und 2019 von 236.828 auf 283.845 Übernachtungen bei einer durchschnittlichen Verweildauer von 4,2 Nächten im Markt Waging am See, der touristischen Hochburg der ILE Waginger See – Rupertiwinkel, an.[25] Dies unterstreicht die Relevanz touristischer Aspekte in der Region, von denen sowohl Hotellerie und Gastronomie als auch private Anbieter zahlreicher Formen touristischer Aktivitäten wie Führungen, Wanderungen, Lehrpfaden oder sportlichen Übungen profitieren. Zukunftssichere und nachhaltige Entwicklungsziele in allen Themenbereichen des Tourismus sind somit für die Entwicklung der gesamten Region von entscheidender Bedeutung.

Nachhaltigkeit wird in den ILE-Kommunen schon seit längerem gelebt. Die Verwaltungen versuchen mit gutem Beispiel voranzugehen und konnten bereits einige Modellprojekte, die Nachhaltigkeit in den verschiedensten Facetten behandeln, umsetzen. Die Vortragsreihe „Der Rupertiwinkel macht Blau" stellt beispielsweise Informationen für private und gewerbliche Bauträger zu nachhaltigen, energie- und ressourcensparenden Baumaßnahmen in den Vordergrund, während die Ökomodellregion Waginger See – Rupertiwinkel Bürger und Landwirte für ökologische Nachhaltigkeit und die Vorteile von regionalen Bio-Lebensmitteln sensibilisiert.

---

[25] Bayerisches Landesamt für Statistik (2021p).

Die Heterogenität der Kommunen zeigt auf, dass durch Veränderungen und den damit einhergehenden Herausforderungen die jeweiligen Verwaltungen zeitverzögert und in unterschiedlicher Intensität belastet werden. Während beispielsweise Kirchanschöring oder Wonneberg ein sehr niedriges Durchschnittsalter der Bevölkerung auch im landkreis- und bayernweiten Vergleich aufweisen können und sich dieser Trend laut Hochrechnungen auch bis 2031 fortsetzen wird,[26] ist in Tittmoning oder Waging am See bereits jetzt eine relativ alte Bevölkerung zu verzeichnen. Bis 2031 wird sich in beiden Kommunen die Lage noch herausfordernder entwickeln, es wird mit einer deutlich erhöhten Nachfrage nach Pflegeplätzen und ähnlichen Dienstleistungen zu rechnen sein.[27]

Ebenso stehen die Kommunen hinsichtlich der Bevölkerungsentwicklung in ihrer Gesamtheit vor unterschiedlichen, aber dennoch stets herausfordernden Aufgaben. So werden beispielsweise die Gemeinde Petting oder die Stadt Tittmoning laut Hochrechnungen mit den Folgen einer schrumpfenden Bevölkerung – unter anderem aufwändiger Erhalt bestehender Infrastrukturen oder innerörtliche Leerstände – zu kämpfen haben.[28] Dies stellt die Verwaltungen im Hinblick auf die Schaffung und besonders Erhaltung gleichwertiger Lebensverhältnisse vor Herausforderungen, die nur in einem gemeinsamen Kraftakt bewältigt werden können. Andererseits wird dem Markt Waging am See zwischen 2017 und 2031 ein Bevölkerungszuwachs um 7,2 %[29] und der Gemeinde Taching am See ein Wachstum von 6,8 %[30] prognostiziert. Dies stellt die Kommunalverwaltungen vor gänzlich andere Problemstellungen. Die vorhandene Infrastruktur und der Einzelhandel müssen die wachsende Bevölkerung weiterhin versorgen und gegebenenfalls ausgebaut werden. Darüber hinaus muss genügend Wohnraum zur Verfügung gestellt werden, was aufgrund der regionalen Maxime hinsichtlich einer Reduzierung des Flächenverbrauchs als Hürde angesehen werden kann.

Aufgrund der heterogenen Herausforderungen konzentrieren sich die Digitalisierungsaktivitäten daher auf gemeinsame strategische Schwerpunkte. Folglich prägen, wie in Abb. 5.7 zu sehen ist, die beiden Aspekte Tourismus und Nachhaltigkeit das Modellprojekt „Digitales Alpendorf": Unter anderem soll mit Hilfe einer interkommunalen Bestellplattform in den ILE-Kommunen beim Beschaffungsprozess der Fokus auf nachhaltige Produkte gelegt werden. Auf der Plattform „Findet Naturabenteuer" werden für Touristen und Einheimische Umweltbildungs- und Erlebnisangebote benutzerfreundlich, gesammelt aufbereitet. Der digitale Pflegekompass bereitet Erstinformationen und Angebote aus der Region rund um das Thema Pflege für Betroffene zielgerichtet auf. Auf das Teilprojekt „Digitaler Pflegekompass" wird in Kap. 18 näher eingegangen.

---

[26] Bayerisches Landesamt für Statistik (2021c); Bayerisches Landesamt für Statistik (2021h).

[27] Bayerisches Landesamt für Statistik (2021i); Bayerisches Landesamt für Statistik (2021g).

[28] Bayerisches Landesamt für Statistik (2021e); Bayerisches Landesamt für Statistik (2021g).

[29] Bayerisches Landesamt für Statistik (2021i).

[30] Bayerisches Landesamt für Statistik (2021f).

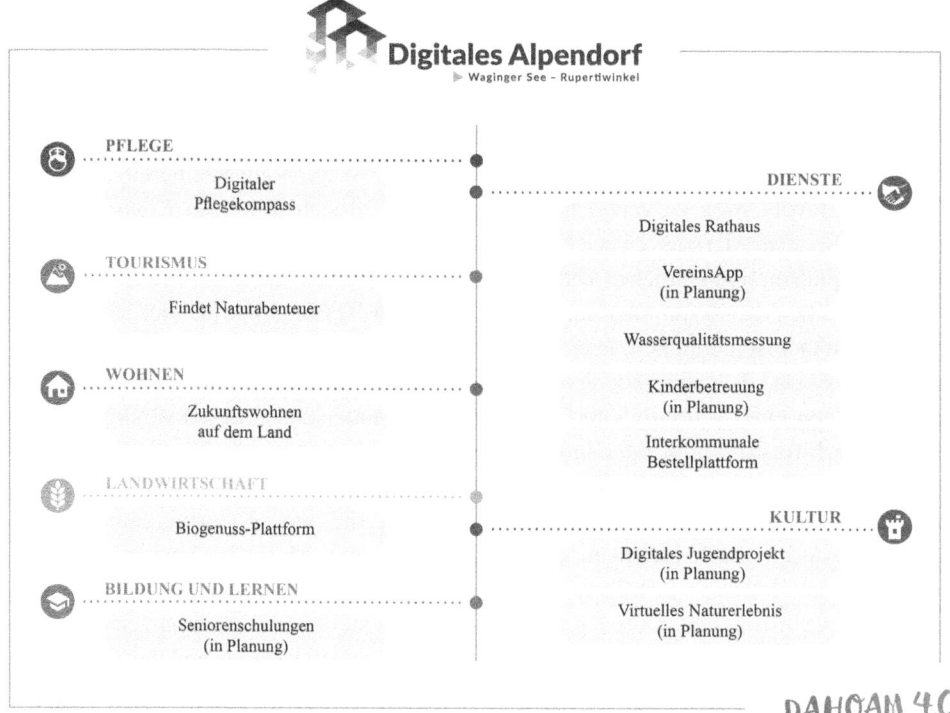

Abb. 5.7 Übersicht über die Teilprojekte im Projekt „Digitales Dorf Alpendorf". (Eigene Darstellung)

5.3.3 Hörnerdörfer – Allgäu

Das Projekt „Digitale Hörnerdörfer – Allgäu" wird seit 2018 in zwei kleinen Gemeinden im Landkreis Oberallgäu umgesetzt und endet voraussichtlich Ende 2022. Die Gemeinden Balderschwang und Obermaiselstein sind mit drei weiteren Kommunen (Bolsterlang, Fischen und Ofterschwang) in der Verwaltungsgemeinschaft Hörnergruppe auch als Tourismusdestination Hörnerdörfer organisiert. Abb. 5.8 gibt einen Einblick in die Modellregion. Mit 378 Einwohnern in Balderschwang und 1013 in Obermaiselstein handelt es sich um unterdurchschnittlich kleine Gemeinden.[31] Bis 2033 ist mit einem Bevölkerungsrückgang von 10,2 % in Balderschwang und 1,8 % in Obermaiselstein im Vergleich zu 2019 zu rechnen. Stand 2019 liegt der Anteil der Bevölkerung über 65 Jahren in Obermaiselstein bei 22,7 % und in Balderschwang bei 15,3 %. Im Vergleich zum Bayerndurchschnitt nimmt die Bevölkerung im erwerbsfähigen Alter bis 2033 überdurchschnittlich stark ab.[32]

---

[31] Bayerisches Landesamt für Statistik (2021j).
[32] Bayerisches Landesamt für Statistik (2021b); Bayerisches Landesamt für Statistik (2021d).

Abb. 5.8 Impressionen aus der Modellregion „Digitale Hörnerdörfer – Allgäu". (Fotos und Darstellung: TCG)

Die strategische touristische Ausrichtung wird von der ausgelagerten Tourismus Hörnerdörfer GmbH gemeinschaftlich koordiniert und umgesetzt. Balderschwang, das sogenannte AlpDorf, ist in vielerlei Hinsicht einzigartig: Das auf 1044 Meter gelegene Hochtal bietet den höchstgelegenen Ortskern Deutschlands. Im Winter locken das schneesichere Gebiet, im Sommer die vielen Sennalpen zahlreiche Besucher über den Riedbergpass in den touristisch geprägten Ort. Zusammen mit Obermaiselstein, dem sogenannten HeimatDorf, verzeichnet die Pilotregion jährlich ca. 93.000 Gästeankünfte und 438.000 Gästeübernachtungen.[33] Speziell Balderschwang hat aufgrund seiner exponierten Lage mit besonderen Herausforderungen im Bereich Mobilität zu kämpfen. Das Hochtal war bis Anfang der 1960er-Jahre nur von Österreich aus zu erreichen. Erst seit Errichtung des Riedbergpasses, der höchsten befahrbaren Passstraße Deutschlands, besteht die direkte Verbindung zu Obermaiselstein bzw. den übrigen Hörnerdörfern der Verwaltungsgemeinschaft Hörnergruppe und damit zur deutschen Infrastruktur mit Bahnhof, Einkaufsmöglichkeiten, Ärzten etc. In beiden Gemeinden fehlen Nahversorgungsmöglichkeiten oder Schulen und lediglich in Obermaiselstein ist eine Kindertageseinrichtung zu finden. Trotz der abgeschiedenen Lage stellt besonders der dem Tourismus bedingte zunehmende Individualverkehr die kleine Gemeinde Balderschwang vor Herausforderungen.

---

[33] Bayerisches Landesamt für Statistik (2021l); Bayerisches Landesamt für Statistik (2021m).

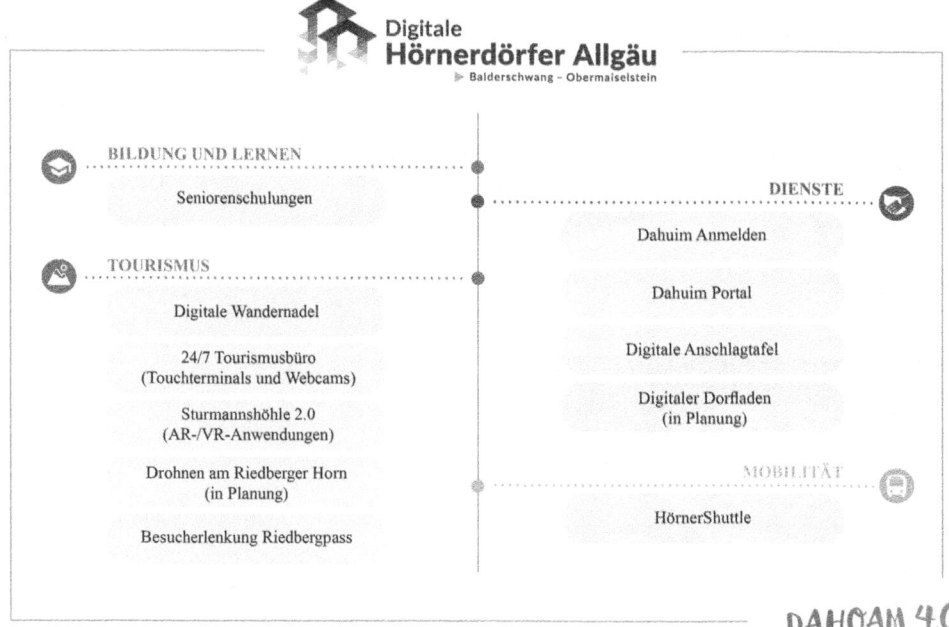

Abb. 5.9 Übersicht über die Teilprojekte im Projekt „Digitale Hörnerdörfer". (Eigene Darstellung)

Naheliegend ist daher, dass, wie in Abb. 5.9 zu sehen ist, beim Modellprojekt vor allem digitale Lösungen im Bereich Tourismus im Fokus stehen. Zum Beispiel vernetzen sich mit einer digitalen Mobilitätslösung die Hotels der Gemeinde Balderschwang und optimieren den Shuttleservice für ihre Gäste vom und zum nächstgelegenen Bahnhof in Fischen. Eine weitere Besonderheit ist die Vielzahl an ausländischen Saisonarbeitern, die vonnöten sind, um die zahlreichen Touristen zu umsorgen. Der rechtskonforme Anmeldeprozess der Saisonkräfte wurde im Rahmen des Projekts zu einem digitalen, behördenübergreifenden Workflow umgesetzt. Einen detaillierten Einblick in dieses Teilprojekt gibt Kap. 17.

5.4   Zusammenfassung

Die drei Modellregionen sind, wie der gesamte strukturschwache ländliche Raum in Bayern und ganz Deutschland sehr heterogen. Unterschiede liegen in der Bevölkerungsdichte, der Entfernung zu Großstädten, in der landwirtschaftlichen Nutzung und der sozioökonomischen Lage.[34] Wie in Abschn. 5.3 dargestellt, existieren diese Unterschiede auch in den südbayerischen Modellregionen der Initiative „Digitales Dorf Bayern": Die boomende Tourismusregion im Allgäu, eine vom demografischen Wandel geprägte ehemalige

---

[34] Vgl. Ewert (18. November 2021).

Glasregion in Ostbayern und eine von Zuzug geprägte Tourismusregion in Oberbayern. So unterschiedlich wie die Dorfkonsortien sind auch die Pilotprojekte, wenngleich sie dasselbe Ziel eint: der Erhalt der Lebensqualität in ihrer Region mit Hilfe des Instruments der Digitalisierung. Die von den Herausforderungen und Besonderheiten abgeleiteten, unterschiedlich adressierten Themenfelder sind ein grundlegendes Indiz dafür. In den Hörnerdörfern wird das Themenfeld Tourismus prioritär bearbeitet, wohingegen die beiden anderen Modellregionen ganzheitlicher, über alle Themenfelder hinweg digitale Lösungen etablieren wollen. Die ersten Erkenntnisse aus den Projekten haben gezeigt, dass es zwar möglich ist, eine einheitliche Vorgehensweise zu etablieren, es dabei aber essenziell ist, sich bei der Umsetzung stets am individuellen Bedarf der Kommunen zu orientieren. Und dieser ist, wie der ländliche Raum im Allgemeinen, heterogen.

Literatur

Ahrens, D. (2020). Digitale Dörfer. Gleichwertige Lebensverhältnisse durch Digitalisierung im ländlichen Raum? In Franz, M. & Kellermann, G. (Koord.). *Zukunft vor Ort. Kommunalpolitik in Bayern, hrsg. v. Bayerische Landeszentrale für politische Bildungsarbeit/Akademie für politische Bildung*. München/Tutzing: 65–78, hier S. 65

Bähr, U., Biemann, J., Lietzau, J., & Hentschel, P. (2020). *Coworking im ländlichen Raum – Menschen, Modelle, Trends*. Bertelsmann Stiftung.

Bayerisches Landesamt für Statistik. (2021a). *Bayern in Zahlen: Fachzeitschrift für Statistik – Ausgabe 09|2021*. Bayerisches Landesamt für Statistik.

Bayerisches Landesamt für Statistik. (2021b). *Demographie-Spiegel für Bayern: Gemeinde Balderschwang – Berechnungen bis 2033*. Bayerisches Landesamt für Statistik.

Bayerisches Landesamt für Statistik. (2021c). *Demographie-Spiegel für Bayern: Gemeinde Kirchanschöring – Berechnungen bis 2033*. Bayerisches Landesamt für Statistik.

Bayerisches Landesamt für Statistik. (2021d). *Demographie-Spiegel für Bayern: Gemeinde Obermaiselstein – Berechnungen bis 2033*. Bayerisches Landesamt für Statistik.

Bayerisches Landesamt für Statistik. (2021e). *Demographie-Spiegel für Bayern: Gemeinde Petting – Berechnungen bis 2033*. Bayerisches Landesamt für Statistik.

Bayerisches Landesamt für Statistik. (2021f). *Demographie-Spiegel für Bayern: Gemeinde Taching a. See – Berechnungen bis 2033*. Bayerisches Landesamt für Statistik.

Bayerisches Landesamt für Statistik. (2021g). *Demographie-Spiegel für Bayern: Gemeinde Tittmoning – Berechnungen bis 2033*. Bayerisches Landesamt für Statistik.

Bayerisches Landesamt für Statistik. (2021h). *Demographie-Spiegel für Bayern: Gemeinde Wonneberg – Berechnungen bis 2033*. Bayerisches Landesamt für Statistik.

Bayerisches Landesamt für Statistik. (2021i). *Demographie-Spiegel für Bayern: Gemeinde Waging a. See – Berechnungen bis 2033*. Bayerisches Landesamt für Statistik.

Bayerisches Landesamt für Statistik. (2021j). *Einwohnerzahlen am 30. September 2021: Gemeinden, Kreise und Regierungsbezirke in Bayern – Basis: Zensus 2011*. Bayerisches Landesamt für Statistik.

Bayerisches Landesamt für Statistik. (2021k). *Statistik kommunal 2020: Bayern 09 – Eine Auswahl wichtiger statistischer Daten*. Bayerisches Landesamt für Statistik.

Bayerisches Landesamt für Statistik. (2021l). *Statistik kommunal 2020: Gemeinde Balderschwang 09 780 113 – Eine Auswahl wichtiger statistischer Daten*. Bayerisches Landesamt für Statistik.

Bayerisches Landesamt für Statistik. (2021m). *Statistik kommunal 2020: Gemeinde Obermaiselstein 09 780 131 – Eine Auswahl wichtiger statistischer Daten*. Bayerisches Landesamt für Statistik.

Bayerisches Landesamt für Statistik. (2021n). *Statistik kommunal 2020: Landkreis Freyung-Grafenau 09 272 – Eine Auswahl wichtiger statistischer Daten*. Bayerisches Landesamt für Statistik.

Bayerisches Landesamt für Statistik. (2021o). *Statistik kommunal 2020: Landkreis Regen 09 276 – Eine Auswahl wichtiger statistischer Daten*. Bayerisches Landesamt für Statistik.

Bayerisches Landesamt für Statistik. (2021p). *Statistik kommunal 2020: Markt Waging a.See 09 189 162 – Eine Auswahl wichtiger statistischer Daten*. Bayerisches Landesamt für Statistik.

Bayerisches Staatsministerium der Finanzen, für Landesentwicklung und Heimat (2018). *Raum mit besonderem Handlungsbedarf in Bayern* (1. März 2018). Bayerisches Staatsministerium der Finanzen, für Landesentwicklung und Heimat. https://www.verkuendung-bayern.de/files/allmbl/2018/18/anhang/2020.6-I-2327-A001_PDF_A.pdf. Zugegriffen am 17.04.2022.

Bayerisches Staatsministerium für Ernährung, Landwirtschaft und Forsten. (o. J.). *Energiewende und Klimaschutz – Im ländlichen Raum sollen sich die Menschen einbringen und beteiligen können*. Bayerisches Staatsministerium für Ernährung, Landwirtschaft und Forsten. https://www.stmelf.bayern.de/landentwicklung/schwerpunkte/074494/index.php. Zugegriffen am 14.04.2022.

Bayerisches Staatsministerium für Wirtschaft, Landesentwicklung und Energie (2021). *Digitales Dorf. Bayerisches Staatsministerium für Wirtschaft, Landesentwicklung und Energie* (26. April 2021). https://www.stmwi.bayern.de/publikationen/detail/digitales-dorf/. Zugegriffen am 14.04.2022.

van den Berg, N., Fleßa, S., & Hoffmann, W. (2021). *Gesundheitsversorgung im ländlichen Raum. Bundeszentrale für politische Bildung* (18. November 2021). https://www.bpb.de/themen/stadt-land/laendliche-raeume/334219/gesundheitsversorgung-im-laendlichen-raum. Zugegriffen am 14.04.2022.

Bundesministerium für Ernährung und Landwirtschaft. (2020). *Ländliche Regionen verstehen – Fakten und Hintergründe zum Leben und Arbeiten in ländlichen Regionen*. Bundesministerium für Ernährung und Landwirtschaft.

Bundesministerium für Familie, Senioren, Frauen, Jugend. (2020). *Achter Altersbericht – Ältere Menschen und Digitalisierung*. Bundesministerium für Familie, Senioren, Frauen und Jugend.

Cäsar, E., & Wojtech, A. (2017). *Stadtleben vs. Landidylle – Die Herausforderungen in ländlichen Regionen in: Atlas der Digitalisierung im ländlichen Raum*. Fraunhofer Institut für Integrierte Schaltungen IIS & Technische Hochschule Deggendorf.

Dauth, W., & Haller, P. (2018). *IAB Kurzbericht – Aktuelle Analysen aus dem Institut für Arbeitsmarkt- und Berufsforschung*. Institut für Arbeitsmarkt- und Berufsforschung (IAB) der Bundesagentur für Arbeit.

Destatis (2019). *Zahl der Woche Nr. 50 vom 10. Dezember 2019. Destatis – Statistisches Bundesamt* (10. Dezember 2019). https://www.destatis.de/DE/Presse/Pressemitteilungen/Zahl-der-Woche/2019/PD19_50_p002.html. Zugegriffen am 14.04.2022.

Dobler, R.-M., & Ittstein, D. (2018). *Digitalisierung: Interdisziplinär*. UVK.

Ewert, S. (2021). *Ländliche Räume in Deutschland – ein Überblick. Bundeszentrale für politische Bildung* (18. November 2021). https://www.bpb.de/themen/stadt-land/laendliche-raeume/334146/laendliche-raeume-in-deutschland-ein-ueberblick. Zugegriffen am 14.04.2022.

Ferienregion Nationalpark Bayerischer Wald. (2020). *Positive Bilanz für 2019. Ferienregion Nationalpark Bayerischer Wald*. https://www.ferienregion-nationalpark.de/aktuelles/positive-bilanz-fuer-2019-.html. Zugegriffen am 14.04.2022.

Hackl, C. (2021). *Nahversorgung in Gefahr. Passauer Neue Presse* (17. November 2021). https://www.pnp.de/lokales/landkreis-regen/zwiesel/Nahversorgung-in-Gefahr-4166467.html. Zugegriffen am 14.04.2022.

Industrie- und Handelskammer für Niederbayern. (2021). *Strukturdaten 2021: Standort Niederbayern.*

Lemmer, K., & Niehaves, B. (2020). *Digital vorangehen – Eine Studie zum Stand der Digitalisierung deutscher Kommunen.* Kompetenzzentrum Öffentliche IT.

Milbert, A., & Krischausky, G. (2012). *Raumabgrenzungen und Raumtypen des BBSR – Analysen Bau.Stadt.Raum* (Bd. 6). Bundesinstitut für Bau-, Stadt- und Raumforschung (BBSR).

Mußmann, F., Hardwig, T., Riethmüller, M., & Klötzer, S. (2021). *Digitalisierung im Schulsystem 2021 – Arbeitszeit, Arbeitsbedingungen, Rahmenbedingungen und Perspektiven von Lehrkräften in Deutschland.* Georg-August-Universität Göttingen.

Piron, R. (2019). *Den ländlichen Raum fördern – Alles, was Sie wissen müssen. Kommunal* (27. März 2019). https://kommunal.de/laendlicher-raum-bedeutung. Zugegriffen am 14.04.2022.

Roßberger, R. (2021). *Glashütte von Poschinger in Frauenau stellt den Ofen ab. BR 24* (29. Oktober 2021). https://www.br.de/nachrichten/bayern/glashuette-von-poschinger-in-frauenau-stellt-den-ofen-ab,SnDXxee. Zugegriffen am 14.04.2022.

Rothgang, H., & Müller, R. (2021). *BARMER Pflegereport 2021 – Wirkungen der Pflegereformen und Zukunftstrends.* BARMER.

Weiss, C. (2020). *Stand der Mobilitätswende in ländlichen Regionen. Zukunft Mobilität* (18. Mai 2020). https://www.zukunft-mobilitaet.net/171427/analyse/laendliche-regionen-mobilitaetswende-zukunft-der-mobilitaet-auf-dem-land/#fn-171427-11. Zugegriffen am 14.04.2022.

Status quo der digitalen Transformation in niederbayerischen Kommunen

6

Lisa-Marie Hanninger

Zusammenfassung

Die Umsetzung des Onlinezugangsgesetzes, das Bund, Länder und Kommunen verpflichtet, bis Ende 2022 ihre Verwaltungsleistungen digital anzubieten, stellt viele Betroffene vor inhaltliche und zeitliche Herausforderungen. Dazu wurden im Rahmen zweier Umfragen der Technischen Hochschule Deggendorf in Niederbayern Schwerpunkte und Reifegrad der kommunalen digitalen Transformation erhoben. Dieser Beitrag stellt zunächst die jüngsten Digitalisierungsbestrebungen der Bayerischen Staatsregierung dar. Es schließen sich Ausführungen zum Fragebogendesign, Stichproben-Sampling und zur deskriptiven Statistik an. Im Wesentlichen werden die Ergebnisse der Umfragewelle 2021 interpretiert, bevor ein Vergleich mit der ersten Umfrage aus 2020 folgt. Der Beitrag schließt mit einem Fazit und Ausblick. Die Ergebnisse zeichnen ein heterogenes und teils alarmierendes Bild. Gerade ländliche Kommunen, in deren Verwaltungen Personal und Fachkräfte fehlen, sind auf externen Beistand angewiesen.

Schlüsselwörter

Digitale Transformation · Verwaltung · Umfrage · Onlinezugangsgesetz · Ressourcen

L.-M. Hanninger (✉)
Technische Hochschule Deggendorf, Technologie Campus Grafenau, Grafenau, Deutschland
E-Mail: Lisa-Marie.Hanninger@th-deg.de

© Der/die Autor(en), exklusiv lizenziert an Springer Fachmedien Wiesbaden GmbH, ein Teil von Springer Nature 2023
D. Ahrens (Hrsg.), *Smart Region: Angewandte digitale Lösungen für den ländlichen Raum*, https://doi.org/10.1007/978-3-658-38236-0_6

6.1   Digitalisierung in Bayerns Verwaltungen: von Wunsch und Wirklichkeit

„Herkulesaufgabe",[1] „[…] bis Ende 2022 nicht mehr zu schaffen"[2] – die Umsetzung des bundesweiten Onlinezugangsgesetzes (OZG) ist kein Selbstläufer und führt zu kritischen öffentlichen Stimmen. Das Gesetz verpflichtet öffentliche Verwaltungen gemäß § 1 und 3 OZG bis Ende 2022 zum Online-Angebot aller Verwaltungsleistungen, zum Bereitstellen von Nutzerkonten und zu deren Verknüpfung zum Portalverbund. Verwaltungen könnten durch die digitale Transformation von schnelleren, papierlosen und damit einfacheren Prozessen profitieren und damit bei den Bürger:innen die Zufriedenheit mit dem kommunalen Serviceangebot erhöhen.

Um digitale Verwaltungsdienste erfolgreich anbieten zu können, bedarf es einiger Voraussetzungen: Die Basis bildet eine entsprechende technische Infrastruktur. Nicht nur Systeme, auch Prozesse und Arbeitsweisen müssen überdacht und reorganisiert, IT-Systeme umgestellt und neue Gesetze umgesetzt werden. Dies stellt besonders, aber nicht ausschließlich kleinere Kommunen im ländlichen Raum vor Herausforderungen. Angesichts begrenzter finanzieller und personeller Ressourcen stoßen diese an ihre Kapazitätsgrenzen.

Die Bayerische Staatsregierung hat den digitalen Transformations- und damit einhergehenden Unterstützungsbedarf erkannt. Das Bayerische Staatsministerium für Digitales verfolgt das Ziel, die digitale Verwaltung in Bayern völlig neu auszurichten[3] und „die deutschlandweite Führungsrolle bei der Bereitstellung elektronischer Behördendienste ein[zu]nehmen".[4] Mit konkreten Maßnahmen soll ein „digitales Mindset in der Verwaltung […] einen bürgerorientierten Servicestaat schaffen […]".[5] Die zugehörigen Maßnahmen hat das Digitalkabinett im sogenannten 12-Punkte-Plan festgeschrieben.[6] Der Freistaat engagiert sich darüber hinaus federführend bei der Umsetzung des Registermodernisierungsgesetzes (RegMoG) auf Bundesebene: Perspektivisch soll eine eindeutige Identifizierungsmöglichkeit für Personen den ämterübergreifenden Datenaustausch erleichtern und zugrunde liegende Informationen harmonisieren.[7] Neben dem elektronischen Identitätsmanagement für Bürger:innen soll ein bundesweit einheitliches digitales Unternehmenskonto auf der Grundlage von ELSTER realisiert werden.[8] Einen weiteren Rahmen bildet das Bay-

---

[1] Oswald, B. (28.01.2022).

[2] Kühn, H. (2021).

[3] Vgl. Bayerische Staatskanzlei (o. J.); Bayerisches Staatsministerium für Digitales (o. J.-e).

[4] Bayerisches Staatsministerium für Digitales (o. J.-h).

[5] Bayerisches Staatsministerium für Digitales (o. J.-e).

[6] Vgl. Bayerisches Staatsministerium für Digitales (o. J.-i).

[7] Vgl. Bayerisches Staatsministerium für Digitales (o. J.-k).

[8] Vgl. Bayerisches Staatsministerium für Digitales (o. J.-g).

erische E-Government-Gesetz (BayEGovG) und der E-Government-Pakt mit Kommunen.[9] Die Bayerische Staatsministerin für Digitales entwickelt als IT-Beauftragte der Bayerischen Staatsregierung darüber hinaus die E-Government- und IT-Strategie für den Freistaat Bayern.[10] Bayern soll so zur „Leitregion des digitalen Aufbruchs"[11] werden. Das Digitalisierungsprogramm II des Bundes soll die Umsetzung des OZG unterstützen;[12] seitens des Freistaats sind über das BayernPortal bzw. die BayernApp Informationen und Services zu staatlichen und kommunalen Verwaltungsleistungen gebündelt.[13] Kommunen, die bei der OZG-Umsetzung besondere Initiative zeigen, können sich als „Digitales Amt" auszeichnen lassen.[14] Des Weiteren soll das Projekt „Digitallabor" den Ausbau von Online-Verwaltungsleistungen vorantreiben. Dazu werden nach dem Prinzip der Hilfe zur Selbsthilfe in den Programmen „Digitaler Werkzeugkasten", „Digitaler Werkzeugkasten 2.0" und „Digitales Innovationslabor" Pilotprojekte zur Digitalisierung von Verwaltungsleistungen unterstützt.[15] Weitere direkte finanzielle Unterstützung zur OZG-Umsetzung bietet bayerischen Kommunen das Förderprogramm „Digitales Rathaus". Die entscheidende Frage hinsichtlich des Erfolgs dieser umfangreichen Maßnahmen und Bemühungen wird sein, wie schnell die Ergebnisse in die Fläche getragen werden, damit alle Bürger:innen von den versprochenen Erleichterungen profitieren können.

Eine Führungsrolle in Sachen digitale Transformation der Verwaltung nimmt z. B. Estland ein: Der baltische Staat bietet mit Ausnahme von Eheschließungen, Scheidungen und Immobilienkäufen insgesamt 99 % aller staatlichen Verwaltungsleistungen online an.[16] In Deutschland besteht bezüglich Online-Verwaltungsdienstleistungen Nachholbedarf. Dies wird beispielhaft in Kap. 17 für die Anmeldung von Saisonarbeitskräften in Bayern erläutert.

Vor diesem Hintergrund wurde vom wissenschaftlichen Personal des Technologie Campus Grafenau (TCG) der Technischen Hochschule Deggendorf mittels zweier Online-Umfragen erhoben, inwieweit Kommunen für die gestellten Anforderungen und Strategien gewappnet sind. Von speziellem Interesse war, wie digitalaffin ländliche Kommunen speziell in Niederbayern sind. Die Umfrage wurde im Januar 2020 durchgeführt und im Mai 2021 wiederholt.

---

[9] Vgl. Bayerisches Staatsministerium für Digitales (o. J.-f).

[10] Vgl. Bayerisches Staatsministerium für Digitales (o. J.-h).

[11] Ebenda.

[12] Vgl. Bayerisches Staatsministerium für Digitales (o. J.-j).

[13] Vgl. Bayerisches Staatsministerium für Digitales (o. J.-a), Bayerisches Staatsministerium für Digitales (o. J.-b).

[14] Vgl. Bayerisches Staatsministerium für Digitales (o. J.-d). Anfang 2022 sind lediglich 52 von über 2000 bayerischen Kommunen mit diesem Prädikat versehen und auf der Website des Staatsministeriums für Digitales gelistet.

[15] Vgl. Bayerisches Staatsministerium für Digitales (o. J.-c).

[16] Vgl. Bilger, O. (3. Januar 2020).

6.2   Basisinformationen zu den Online-Umfragen

6.2.1   Fragebogendesign

Für beide Umfragewellen wurde ein Online-Fragebogen entwickelt und über das Amt für ländliche Entwicklung Niederbayern an 248 Bürgermeister:innen versendet. Die anonymen Antworten der teilnehmenden Personen dienten als ausschließliche Datenbasis für die folgenden Auswertungen. Die Umfragen umfassten je nach Routing maximal 19 Fragen in 8 Blöcken bzw. 27 Fragen in 11 Blöcken. Nachfolgende Abb. 6.1 zeigt die Fragenblöcke inkl. thematischer Erweiterungen für die Wiederholungsbefragung 2021.

Die Abfrage der *Anzahl der Einwohnenden* in der Gemeinde dient der Clusterbildung zum Zwecke der Prüfung auf Repräsentativität. Im folgenden Fragenblock stehen *Informationen zum Personal* in der Gemeindeverwaltung im Vordergrund. Neben der Anzahl der Angestellten soll in einer Matrix für vorgegebene Funktionen – z. B. Gemeindeoberhaupt, Verwaltung, IT-Administration – angegeben werden, ob Aufgaben im Bereich der IT, Onlinepräsenz, E-Government oder Datenschutz übernommen werden. Optional können die Teilnehmenden den damit verbundenen internen und externen Aufwand in Stunden pro Monat angeben. Es folgt der Block *Digitalisierung in der Gemeindeverwaltung*, in welchem die Auskunftspersonen um ihre Einschätzung zur Digitalisierung in ihrer Gemeinde gebeten werden. Dies geschieht anhand einer fünfstufigen Skala (1 = Trifft zu, 5 = Trifft nicht zu). Dieselbe Fragetechnik dient dazu, personelle Kapazitäten, fachliche Kompetenzen, finanzielle Mittel und politische Unterstützung bei der Planung und Durchführung von digitalen Maßnahmen abzufragen. In der zweiten Welle wurde dieser Fragenblock ergänzt: Von Interesse sind gewählte Kanäle zur Bevölkerungsinformation sowie die Einschätzung, bei welchen Prozessen die Digitalisierung zu mehr Effizienz führen könnte. Die Wiederholungsbefragung aus 2021 beginnt darüber hinaus mit einem vorgeschalteten

Umfrage 2020	Umfrage 2021
-	Art der Verwaltung
Anzahl der Einwohnenden	
Angaben zum Personal	
Digitalisierung in der Gemeindeverwaltung	
Digitalisierung in der kommunalen Daseinsvorsorge	
Projekte und Strategie zur Digitalisierung	
Fördermittel	
Konzeption und Umsetzung von Digitalisierungsmaßnahmen	
Hand aufs Herz: Subjektiver Digitalisierungsgrad	
-	Möglicher Einfluss der Corona-Pandemie
-	Wiederholende der Befragung

Abb. 6.1 Übersicht zu Fragenblöcken in beiden Umfragen. (Eigene Darstellung)

Themenblock: Der Frage zur Anzahl der Einwohnerschaft voraus gehen Auskünfte zur *Art der Verwaltung*, um festzustellen, ob die teilnehmende Kommune Teil bzw. womöglich Sitz einer Verwaltungsgemeinschaft ist. Die Antwort beeinflusst das Wording der Fragen und die Antwortmöglichkeiten zu den Themenblöcken *Anzahl der Einwohnenden* und *Angaben zum Personal*.

Im Fokus des folgenden Themenblocks steht das Thema *Digitalisierung in der kommunalen Daseinsvorsorge*. Darin wird die Haltung zu ausgewählten Beispielen wie IT-Ausstattung von Schulen und Kindergärten, Online-Ausleihe der Bücherei oder Online-Dienste der Verwaltung abgefragt. Die vier Antwortmöglichkeiten waren *Hier kennen wir uns aus*; *Wichtig, aber hier brauchen wir Hilfe*; *Bisher nicht damit befasst*; *Daran besteht kein Interesse*.

Projekte und Strategie zur Digitalisierung ist die Überschrift des folgenden Frageblocks. Zunächst werden die Auskunftspersonen anhand einer offenen Frage nach den wesentlichen zuletzt in der Kommune umgesetzten Maßnahmen in Sachen Digitalisierung – außer Breitband- oder Mobilfunkausbau – gefragt. Es waren maximal fünf Angaben erlaubt, um eine Konzentration auf die wesentlichen Aktionen zu erzwingen. Im Anschluss wird die Durchführung bzw. Planung von Digitalisierungsprojekten oder -maßnahmen erhoben. Wird eine Durchführung oder Planung bejaht, können einerseits konkrete Angaben dazu gemacht werden, andererseits wird abgefragt, ob diese Projekte in eine gezielte Digitalisierungsstrategie mit eingebunden sind. Außerdem ist der Einbezug der Bevölkerung in die Umsetzung der Projekte oder Maßnahmen bzw. in die Strategieentwicklung von Interesse. Sind bislang keine Projekte oder Maßnahmen in Durchführung bzw. Planung, wird nach dem Vorhandensein einer Digitalisierungsstrategie gefragt.

Im nächsten Frageblock steht das Thema *Fördermittel* im Vordergrund. Zunächst ist von Interesse, ob die Gemeinde Fördermittel im Bereich digitale Transformation beantragt. Per Mehrfachauswahl wird abgefragt, welche Herausforderungen bei der Beantragung solcher Fördermittel gesehen werden. Welche Mittel und Maßnahmen für eine *Konzeption und Umsetzung von Digitalisierungsmaßnahmen* hilfreich sind, ist Untersuchungsgegenstand des nachfolgenden Frageblocks, unter Zuhilfenahme einer fünfstufigen Skala (1 = hilfreich; 5 = nicht hilfreich). Anschließend werden die Auskunftspersonen gebeten, ihre *Hand aufs Herz* zu legen und ehrlich ihren Stand in Bezug auf Digitalisierung – einmal in Bezug auf die Gemeinde(verwaltung) und einmal in Bezug auf ihre Position als Gemeindeoberhaupt – offen zu legen. Dazu stehen je vier Antwortmöglichkeiten zur Auswahl, die ein breites Spektrum des subjektiven Digitalisierungsgrades abdecken. Die Befragung aus dem Jahr 2020 endet an dieser Stelle. In der zweiten Welle schließen sich anlassbedingt Fragen zu einem *möglichen Einfluss der Corona-Pandemie* auf die Digitalisierung in der Verwaltung an. Zuletzt wird abgefragt, ob die Kommune auch an der ersten Umfragewelle teilgenommen hat.

Am Ende eines jeden Frageblocks bestand die Möglichkeit, die Fragen und Antwortmöglichkeiten mittels eines Freitextes zu kommentieren.

6.2.2 Stichproben-Sampling und deskriptive Statistik

Die Zielgruppe der Befragung bildeten die Kommunen in Niederbayern. Die Fragebögen wurden vor ihrer endgültigen Freischaltung in einem Pretest von ausgewählten Probanden, internen Mitarbeitenden und Gemeindeoberhäuptern von nicht-teilnehmenden Kommunen, überprüft und befanden sich anschließend im Januar 2020 bzw. Mai 2021 zwei Wochen lang im Feld. Die Verbreitung der Links zu den Fragebögen erfolgte über geschäftliche E-Mail-Verteiler des Amts für Ländliche Entwicklung Niederbayern. Stichprobengrundlage waren somit jeweils 248 von insgesamt 255 niederbayerischen Bürgermeister:innen, die stellvertretend für ihre Kommune Angaben machten. Die Teilnahme wurde weder vergütet noch anderweitig gefördert. Zugunsten einer höheren Teilnahmebereitschaft war keine Registrierung erforderlich. Zur vollständigen Bearbeitung des Fragebogens benötigten die Auskunftspersonen im Schnitt 15 bzw. in der zweiten Welle aufgrund des erweiterten Frageumfangs 19,5 Minuten. 71 bzw. 68 ausgefüllte Fragebögen bildeten die Datengrundlage für die empirischen Untersuchungen. Dies entspricht einer hohen Rücklaufquote für Online-Umfragen von 29 % bzw. 27 % und verdeutlicht wiederum die Präsenz des Themas bei den Befragten und damit die Dringlichkeit desselben innerhalb der Kommunen.

Für eine differenzierte Interpretation der Ergebnisse wurden die teilnehmenden Kommunen entsprechend ihrer Bevölkerungszahl in Größenklassen (GKl) eingeteilt. Die Cluster bis 2000 Einheimische werden zu einer Größenklasse 1 zusammengefasst, die nachfolgenden Bereiche werden gemäß Abb. 6.2 bis zur Größenklasse 5 durchnummeriert.

Die Grafik zeigt neben der Stichprobenverteilung auf Größenklassen auch die Verteilung aller bayerischen sowie niederbayerischen Kommunen. Die Strukturdaten der Stichprobe deuten damit auf Repräsentativität für alle Kommunen im Freistaat Bayern sowie Niederbayern hin. Die ursprüngliche Klassifikation orientiert sich an den Bevölkerungsanalysen des Bayerischen Landesamts für Statistik.[17] Größere, grundsätzlich existierende

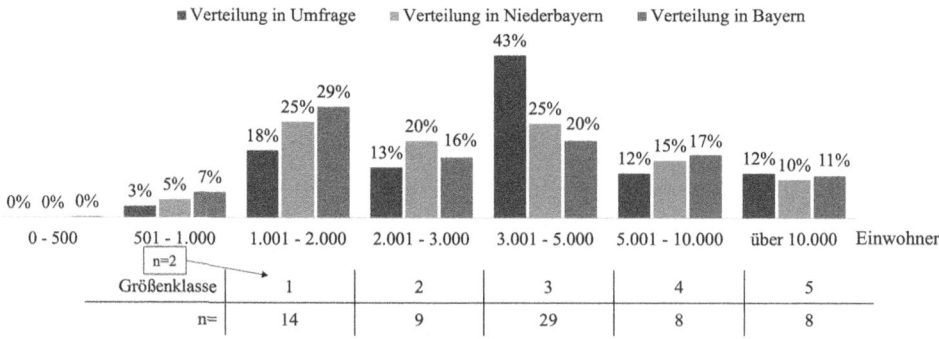

Abb. 6.2 Größenklassenverteilung der im Jahr 2021 befragten Kommunen, n = 68. (Eigene Darstellung)

---

[17] Beispiele unter: https://www.statistik.bayern.de/statistik/gebiet_bevoelkerung/bevoelkerungsstand/index.html.

Größenklasse	1	2	3	4	5
∅ Anzahl Verwaltungs-mitarbeitende	11 (n=14)	10 (n=9)	17 (n=29)	49 (n=8)	142 (n=8)
Ausgedrückt in Vollzeitäquivalenten	6 (n=13)	8 (n=8)	12 (n=27)	30 (n=8)	52 (n=6)

Abb. 6.3 Verwaltungspersonalstärke der Stichprobe 2021 in Größenklassen. (Eigene Darstellung)

Größenklasse	1	2	3	4	5	Σ
Befragung 2020	n=14	n=12	n=26	n=12	n=7	n=71
Befragung 2021	n=14	n=9	n=29	n=8	n=8	n=68

Abb. 6.4 Vergleich der Größenklassenverteilung, Rücklauf 2020 vs. 2021. (Eigene Darstellung)

Gemeindegrößenklassen spielen für die gewählte Stichprobe keine Rolle und finden deshalb keine Berücksichtigung.

In Abb. 6.3 ist ersichtlich, dass in der Stichprobe die Anzahl der Verwaltungsmitarbeitenden einer Kommune, auch ausgedrückt in Vollzeitäquivalenten, mit der Gemeindegröße zunimmt.

31 % der teilnehmenden Kommunen sind in einer Verwaltungsgemeinschaft organisiert, diese finden sich in den Größenklassen 1 bis 3 wieder. Davon geben 62 % an, Sitz derselben zu sein.

Zwischen den Befragungen fanden im März 2020 Kommunalwahlen statt, womit in vielen Gemeinden Amtswechsel bei den Gemeindeoberhäuptern verbunden waren. Dies spiegelt sich auch in den Umfragewerten wider: Nur 10 % der Teilnehmenden an der Befragung im Jahr 2021 gaben an, auch die Umfrage im Januar 2020 beantwortet zu haben. 54 % konnten keine Angabe machen, für 35 % war es die erste Teilnahme.[18] In beiden Umfragen bilden somit dieselben Kommunen die Stichprobe, allerdings sind die Auskunftspersonen nicht für alle Rückläufe identisch. Die Größenklassenverteilung 2020 und 2021 in Abb. 6.4 zeigt, dass sich die Stichproben in beiden Umfragewellen ähnlich auf die Größenklassen verteilen. Zusammengefasst ist eine Vergleichbarkeit der Umfrageergebnisse nicht uneingeschränkt gegeben.

6.3   Vorstellung und Interpretation der Ergebnisse

Die Ergebnisdarstellung konzentriert sich auf die zweite Umfrage vom Mai 2021. Erwähnenswerte Unterschiede zu den Antworten aus der Befragung im Januar 2020 werden explizit aufgeführt bzw. in Abschn. 6.4.1 zusammengefasst.

---

[18] Wegen Rundungsdifferenzen ergibt sich eine Summe über alle Antwortkategorien von 99 %.

6.3.1 Zuständigkeiten und Aufwand für Digitales

Bei der Frage nach den Zuständigkeiten und der Aufgabenverteilung für Digitales wird aus Abb. 6.5 deutlich, dass IT-Verantwortlichkeiten über verschiedene Verwaltungsstellen verteilt sind; oftmals kümmern sich die Geschäftsleitenden um Digitales. Auch viele Gemeindeoberhäupter übernehmen Aufgaben wie Internetauftritt und Social Media Präsenz. Themen wie Datenschutz und IT-Sicherheit werden häufig an externe Dienstleistungsunternehmen vergeben.

Der (geschätzte) durchschnittliche Aufwand in Stunden pro Monat für Aufgaben im Bereich digitale Transformation je Kommune, aufgeteilt nach eigenem und externem Anteil, ist Abb. 6.6 zu entnehmen.

	IT/EDV-Infrastruktur (Hardware in den Verwaltungen, Schulen, usw.)	IT/EDV-Anwendungen (Software für die Gemeindeverwaltung)	Onlinepräsenz in Form von Websites, Apps, sonstigen Onlineangeboten	Onlinepräsenz in Form von Sozialen Medien (Facebook, Instagram, usw.)	Digitale Prozesse / E-Government	Datenschutz	IT Sicherheit
Bürgermeister	9%	4%	17%	23%	13%	15%	9%
Geschäftsleiter	30%	34%	26%	9%	51%	34%	30%
Kämmerer	36%	34%	9%	2%	15%	19%	21%
Verwaltungs-MA	26%	34%	64%	49%	38%	66%	38%
MA für Öffentlich-keitsarbeit	-	-	38%	26%	-	2%	2%
IT-Administrator	72%	72%	32%	13%	49%	30%	53%
Externe / Dienstleister	51%	47%	11%	4%	17%	72%	66%
Weitere	-	-	-	-	-	4% (Landratsamt)	-
Keiner	-	2%	-	34%	2%	-	-

Abb. 6.5 Zuständigkeiten für digitale Aufgaben in eigenständigen Kommunen ohne Mitgliedschaft in einer Verwaltungsgemeinschaft; Verteilung der Nennungen auf n = 47. (Eigene Darstellung)

	IT/EDV-Infrastruktur (Hardware in den Verwaltungen, Schulen, usw.)	IT/EDV-Anwendungen (Software für die Gemeindeverwaltung)	Onlinepräsenz in Form von Websites, Apps, sonstigen Onlineangeboten	Onlinepräsenz in Form von Sozialen Medien (Facebook, Instagram, usw.)	Digitale Prozesse / E-Government	Datenschutz	IT Sicherheit
intern [h]	35,3	32,5	15,8	14,2	11,8	6,6	16,3
	(n=30)	(n=30)	(n=30)	(n=22)	(n=25)	(n=23)	(n=26)
extern [h]	9,3	5,9	1,9	1,6	0,2	11,1	3,9
	(n=13)	(n=12)	(n=8)	(n=5)	(n=5)	(n=19)	(n=17)

Abb. 6.6 Durchschnittlicher kommunaler Aufwand für Datenschutz und IT-Themen pro Monat. (Eigene Darstellung)

Die meiste Arbeitszeit wird für IT-Infrastruktur und Anwendungen aufgewendet (entweder extern oder durch eigene IT-Administration). Aufgrund fehlenden Fachpersonals beklagen Kommunen die Abhängigkeit von externen Dienstleistungsunternehmen.

6.3.2 Digitalisierung in der Gemeindeverwaltung: Bedeutung und Ressourcen

Die Bedeutung und verfügbare Ressourcen in Bezug auf digitale Transformation sind in Abb. 6.7 grafisch zusammengefasst. Für etwa jeweils ein Fünftel der Befragten ist der Breitbandausbau uneingeschränkt bzw. eher das Hauptthema im Bereich Digitalisierung. Dabei stellt die Internet- und Mobilfunkversorgung bzw. deren Installation vielmehr die Basis für notwendige Digitalisierungsschritte dar als eine Maßnahme an sich: Breitbandausbau ist die Grundlage für die digitale Transformation, die Kommunen Potenziale zur Unterstützung der Daseinsvorsorge eröffnet, neue digitale Angebote und Effizienzgewinn in der Verwaltung ermöglicht. Ferner stimmen nur 57 % der Kommunen uneingeschränkt zu, dass Digitalisierung bei der Daseinsvorsorge unterstützt. Immerhin bestätigen fast zwei Drittel der Auskunftspersonen uneingeschränkt die Relevanz von Digitalisierung.

Die anstehende geforderte Umsetzung des OZG stellt viele Kommunen vor Herausforderungen. Dies zeigen die Rückmeldungen zum Statement „Wir können das Onlinezugangsgesetz 2022 mit den vorhandenen Mitteln und Kompetenzen umsetzen": Demnach stimmen 60 % (2020: nur 43 %) der Gemeindeoberhäupter zu bzw. eher zu, dass ihre Gemeinde das OZG bis 2022 umsetzen kann. Rund 12 % (2020: fast ein Viertel) geben an, dass dies nicht bzw. eher nicht zutrifft. Das letzte Viertel (2020: Drittel) stimmt der Aussage nur teilweise zu. Auch Gemeinden der Größenklasse 5 reihen sich in diese Verteilung ein. Die Antworten gefiltert nach Größenklasse 1 zeigen besonders in der ersten Befragungswelle, dass für kleine Kommunen die Anforderungen noch schwieriger umzusetzen sind.

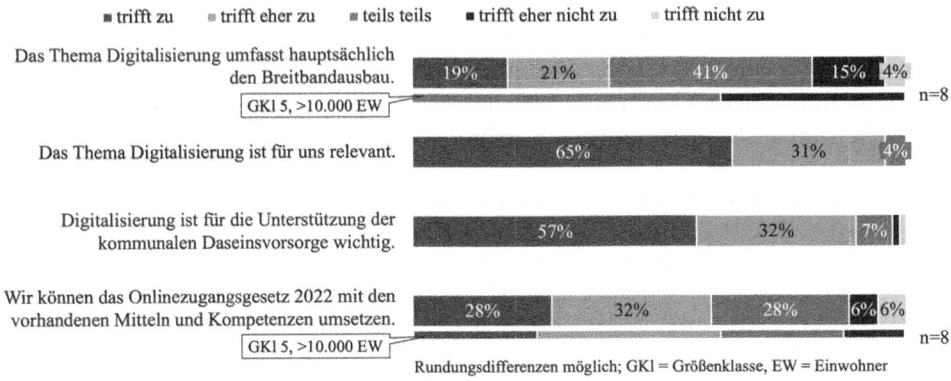

Abb. 6.7 Bedeutung der Digitalisierung in der Gemeindeverwaltung: Zustimmungsraten in %, prozentuiert auf 100 %, n = 68. (Eigene Darstellung)

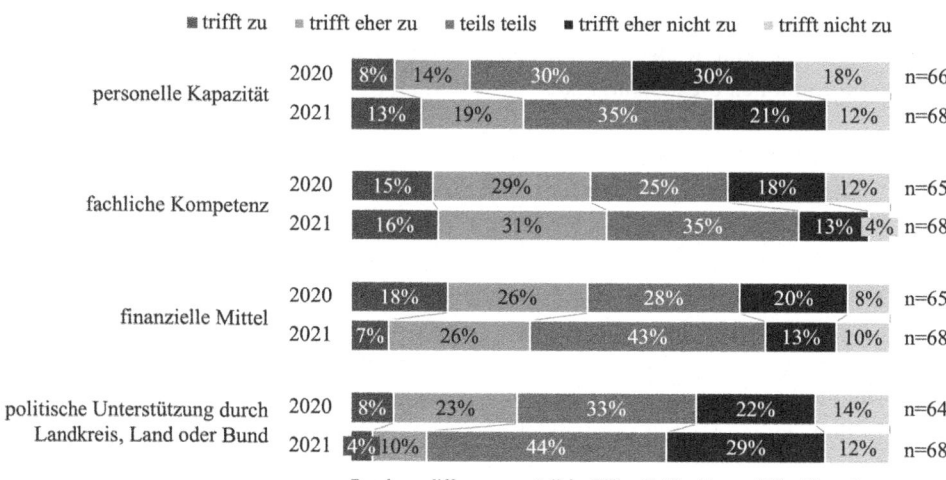

Abb. 6.8 Ressourcen für Digitalisierung in der Gemeindeverwaltung: Zustimmungsraten in %, prozentuiert auf 100 %. (Eigene Darstellung)

Das Wissen um die Bedeutung von Digitalisierung allein ist für eine Umsetzung in der Praxis nicht genügend. Auch ausreichende Ressourcen sind nötig. Abb. 6.8 verdeutlicht den diesbezüglichen Mangel. Tatsächlich bejaht nur etwa ein Drittel (2020: Fünftel) der Auskunftspersonen, ausreichend personelle Kapazitäten zu haben. Fachliche bzw. finanzielle Ressourcen scheinen zumindest bei jeweils 47 % bzw. 33 % aller Befragten (2020: je 44 %) ausreichend vorhanden zu sein. Nur 1 von 7 Befragten (2020: weniger als ein Drittel) stimmen eher oder ganz zu, durch Bund, Land und Landkreis in Sachen Digitalisierung ausreichend unterstützt zu sein. Die Situation hat sich somit im Vorjahresvergleich nicht in allen Dimensionen verbessert: Mehr Kommunen äußern sich positiv zur personellen Kapazität, wobei das Gesamtniveau nach wie vor zu niedrig scheint, um flächendeckende Fortschritte im Bereich Digitalisierung erwarten zu dürfen. Besonders bei den finanziellen Mitteln und der politischen Unterstützung äußern sich weniger Auskunftspersonen zustimmend. Bürgermeister:innen der Größenklassen 3 bzw. 2 verbalisieren ihre Situation in der ersten Umfragewelle dazu folgendermaßen:

„Der politische Wille ist vorhanden, finanziell werden die Gemeinden gefördert. Problematisch ist gerade für kleinere Gemeinden, dass das Personal und dadurch die fachliche Kompetenz für eine optimale Umsetzung oftmals nicht ausreicht." (Größenklasse 3)

„Als kleine Kommune sind wir komplett auf uns allein gestellt – das ist äußerst unbefriedigend!!!" (Größenklasse 2)

Die insbesondere fehlenden personellen Ressourcen sind somit als Hindernis für die Umsetzung digitaler Maßnahmen zu sehen.

In Abb. 6.9 wird ersichtlich, dass kleine Kommunen besonders von personellen Engpässen betroffen sind: Mehr als die Hälfte der Auskunftspersonen in Größenklassen 1 und 2 geben an, dass die personellen Ressourcen bei der Planung und Durchführung von digitalen Maßnahmen nicht bzw. eher nicht ausreichend sind. In Größenklasse 2 stimmt keine Kommune der Aussage „Wir verfügen bei der Planung und Durchführung von digitalen Maßnahmen über ausreichend personelle Kapazität" uneingeschränkt zu.

Die Frage nach Art und Inhalten zur Bevölkerungsinformation offenbart, dass die verschiedenen Kanäle unterschiedlich stark bespielt werden und vom Inhalt abhängen. Vorherrschendes Medium ist die kommunale Webseite. Auch die lokale Presse und sonstige analoge Formen wie Aushang, Gemeindeblatt etc. werden rege genutzt. Selbst soziale Medien dienen der Information von Bürger:innen. Abb. 6.10 zeigt in einer Übersicht Kanäle und Inhalte.

Abb. 6.9 Personelle Ressourcen für Digitalisierung in der Gemeindeverwaltung, 2021, aufgeschlüsselt nach Gemeindegrößenklassen: Zustimmungsraten in %, prozentuiert auf 100 %. (Eigene Darstellung)

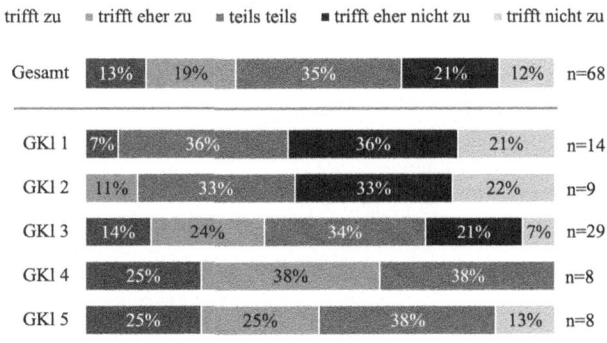

■ trifft zu ■ trifft eher zu ■ teils teils ■ trifft eher nicht zu ■ trifft nicht zu

Gesamt 13% 19% 35% 21% 12% n=68

GKl 1 7% 36% 36% 21% n=14

GKl 2 11% 33% 33% 22% n=9

GKl 3 14% 24% 34% 21% 7% n=29

GKl 4 25% 38% 38% n=8

GKl 5 25% 25% 38% 13% n=8

Rundungsdifferenzen möglich; GKl = Größenklasse, EW = Einwohner

	Öffentliche Bekanntmachungen	Straßensperren	Ratssitzungen: Tagesordnung	Ratssitzungen: Protokolle	Seniorenprogramm	Ferienprogramm	Coronamaßnahmen	Baugebiete	Veranstaltungen	Fundsachen	Wohnangebote	Allg. Gemeindenachrichten (Jubiläen, Ehrungen, etc.)
Analog (Aushang, Gemeindeblatt, Post etc.)	**94%**	47%	**84%**	34%	50%	59%	54%	72%	68%	**54%**	29%	47%
Lokale Presse	69%	76%	76%	25%	**57%**	75%	63%	68%	81%	16%	16%	**56%**
Webseite	90%	**82%**	69%	47%	53%	**84%**	**90%**	**90%**	**91%**	35%	**34%**	43%
App und Webportal	15%	13%	10%	4%	7%	16%	16%	12%	16%	6%	-	6%
Soziale Medien	28%	35%	15%	10%	19%	43%	41%	22%	43%	12%	9%	22%
Bürgerserviceportal, RIS etc.	22%	4%	35%	35%	3%	6%	6%	9%	7%	10%	1%	1%
Sonstiges	3%	4%	4%	-	4%	7%	6%	3%	4%	3%	1%	3%

GKl 5, >10.000 EW: abonnierbarer Newsletter

Rundungsdifferenzen möglich; GKl = Größenklasse, EW = Einwohner

Abb. 6.10 Nutzung unterschiedlicher Kanäle der Bevölkerungsinformation, gesplittet nach Art des Inhalts. Mehrfachauswahl möglich, Anteile auf Basis n = 68. (Eigene Darstellung)

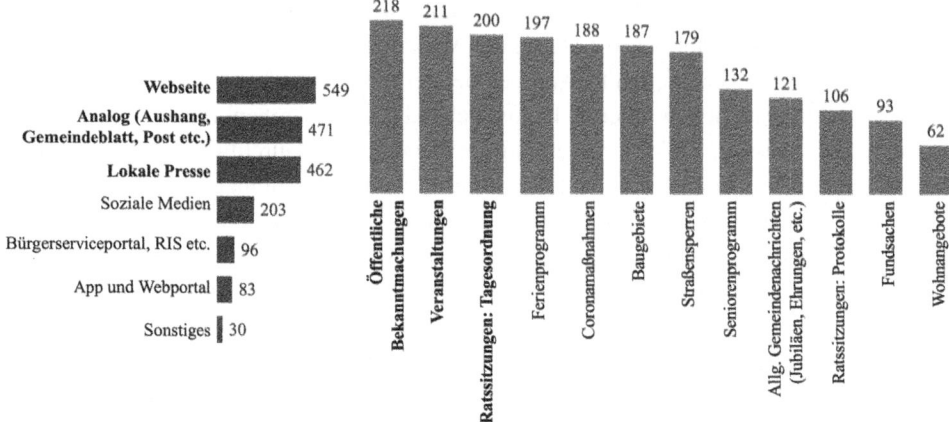

Abb. 6.11 Kanäle und Inhalte der Bevölkerungsinformation, absolute Häufigkeiten. Mehrfachauswahl möglich, n = 68. (Eigene Darstellung)

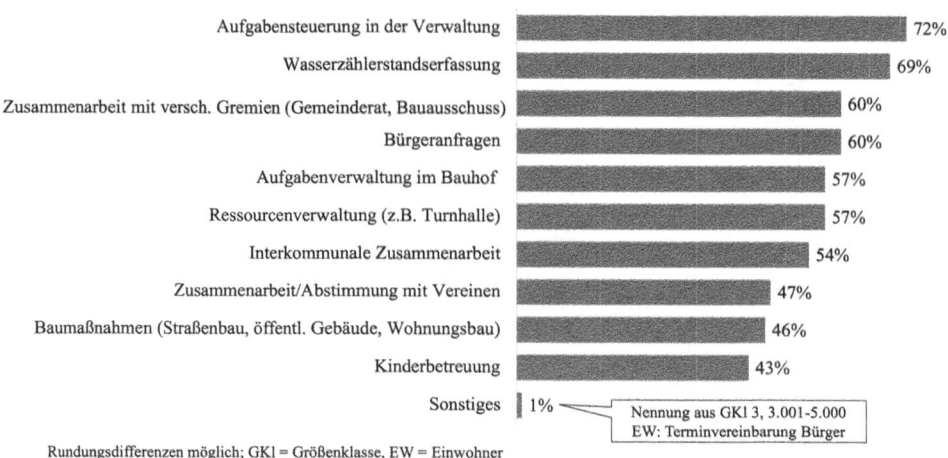

Abb. 6.12 Themenfelder geordnet nach ihrem Effizienzpotenzial durch Digitalisierung: Mehrfachauswahl möglich, Zustimmungsraten in %, n = 68. (Eigene Darstellung)

Das Ranking der absoluten Häufigkeiten, dargestellt in Abb. 6.11, für die Kanäle und Inhalte offenbart, dass Sitzungsprotokolle verglichen mit den Tagesordnungen von Ratssitzungen seltener veröffentlicht werden. Für Bürger:innen dürften die Ergebnisse allerdings interessanter als die Agenda sein.

In der zweiten Umfragewelle wurden die Auskunftspersonen in diesem Themenblock außerdem gebeten, diverse Themenfelder hinsichtlich ihres Effizienzpotenzials durch Digitalisierung einzuschätzen. Abb. 6.12 zeigt, dass Mehrwert vor allem in der digitalen Aufgabensteuerung gesehen wird. Auch die Wasserzählerstanderfassung, die Zusammenarbeit mit verschiedenen Gremien und die Aufnahme bzw. Bearbeitung von Anfragen aus der Bevölkerung stellen aus Sicht der teilnehmenden Auskunftspersonen sinnvolle Themenfelder für Digitalisierungsvorhaben dar.

6.3.3 Digitalisierung in der kommunalen Daseinsvorsorge

Das Bild zur Haltung zu verschiedenen Beispielen für Digitalisierung in der kommunalen Daseinsvorsorge stellt sich je nach betrachtetem Thema sehr differenziert dar. Abb. 6.13 zeigt die Ergebnisse in einer Übersicht.

Die Ergebnisse zeigen auf zwei Ebenen ein sehr differenziertes Bild. Einerseits variieren die Rückmeldungen sehr für die verschiedenen abgefragten Themen, andererseits nehmen die Befragten für die verschiedenen Beispiele unterschiedliche Haltungen ein. Ein Großteil der Befragten zeigt sich selbstbewusst und benötigt nach eigenen Angaben für bestimmte Themen keine Unterstützung bzw. erachtet manche als irrelevant: Je ein Viertel der Auskunftspersonen zeigt kein Interesse etwa an den Bereichen Telemedizin und Online-Ausleihe. Mit manchen Digitalisierungsthemen haben sich viele Gemeindeoberhäupter noch nicht mal befasst, etwa Online-Ausleihe (21 %), digitale Bürgerpartizipation (29 %), digitale ÖPNV-Informationen (45 %), digital unterstützte Nachbarschaftshilfe (57 %) oder Telemedizin (58 %). Andererseits äußern viele Kommunen Hilfebedarf selbst bei grundlegenden Themen wie der digitalen Bereitstellung gemeindlicher Informationen (40 %). Verglichen mit der Vorjahresbefragung sind hier kaum Unterschiede festzustellen, es herrscht nach wie vor Aufholbedarf in Sachen Unterstützung und Umsetzung für Digitalisierung „an der Basis". Trotz Kenntnis um die OZG-Umsetzung zeigen sich ferner beim Thema „Online Dienste der Verwaltung" kaum Veränderungen in den Umfragewerten: 2020 gaben 62 % der Kommunen an, sich damit auszukennen, 2021 lag der Wert bei 64 %. Entsprechend schrumpft der Anteil der Auskunftspersonen mit der Angabe „Wichtig, aber hier

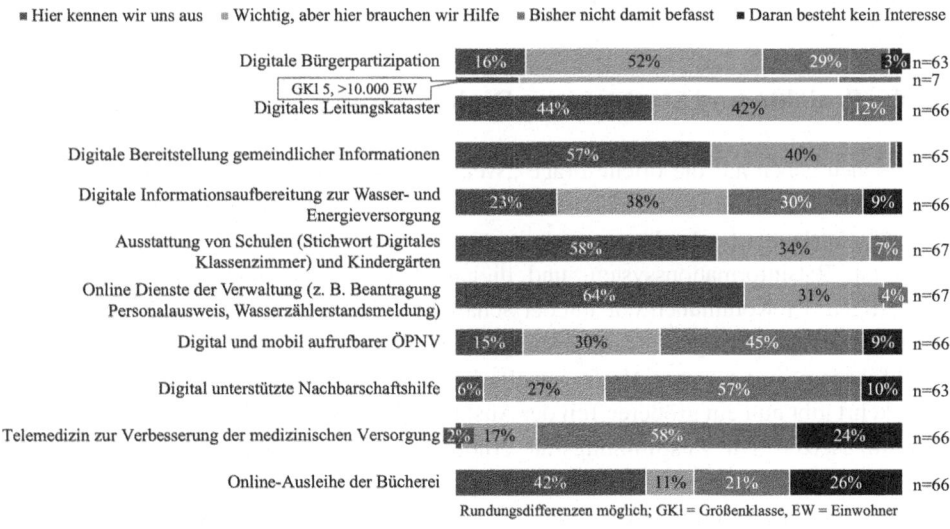

Abb. 6.13 Haltung zu ausgewählten Beispielen der kommunalen Daseinsvorsorge: Zustimmungsraten in %, prozentuiert auf 100 %. (Eigene Darstellung)

brauchen wir Hilfe" nur um 3 %-Punkte von 34 % auf 31 %. Hier stehen die niederbayerischen Kommunen tatsächlich noch vor der eingangs erwähnten „Herkulesaufgabe".[19]

Eine Verbesserung des Bildes zeigt sich beim Thema „Digitales Klassenzimmer". Während im Jahr 2020 etwa ein Drittel der Befragten keinen Unterstützungsbedarf sieht, äußern fast zwei Drittel der Befragten Unterstützungsbedarf; selbst in Größenklasse 5 beträgt dieser Anteil 50 %. In der zweiten Umfragewelle kehrt sich dieses Verhältnis fast um:
58 % der Auskunftspersonen geben an, sich damit auszukennen, nur noch ein Drittel äußert Unterstützungsbedarf. Auch beim Thema Online-Ausleihe der Bücherei scheinen
mehr Kommunen optimistisch: 42 % geben an, sich bei diesem Thema auszukennen; in
der ersten Befragungswelle lag dieser Anteil noch bei 33 %.

Manchmal kommen die Vorteile der Digitalisierung bestimmter Dienste und Services
erst in außergewöhnlichen Situationen wie der aktuellen Corona-Krise zum Vorschein,
etwa bei der digital unterstützten Nachbarschaftshilfe oder telemedizinischen Anwendungen. Diese waren zum Zeitpunkt der ersten Befragung für die Mehrheit (noch) kein Thema,
die Werte der Wiederholungsbefragung zeigen tendenziell mehr Interesse und Hilfebedarf.
So hat sich der Anteil der Befragten, die das Thema Telemedizin als wichtig erachten und
dazu Unterstützungsbedarf äußern, von rund 9 % auf rund 17 % fast verdoppelt. Der Einfluss
der Corona-Pandemie auf Digitalisierungsbestrebungen wird nochmals in Abschn. 6.3.8
genauer betrachtet.

Die digitale Bürgerpartizipation, in der zweiten Befragungswelle erstmalig abgefragt,
scheint großes Potenzial für Unterstützung und Umsetzungsbestrebungen zu haben: 52 %
aller Auskunftspersonen und 71 % der Befragten in Größenklasse 5 äußern zu diesem
Thema Unterstützungsbedarf. In einwohnerstärkeren Kommunen ist der „Weg zum Bürger" für Bürgermeister und Verwaltung weiter, was das größere Interesse an digitalen Bür-
gerpartizipationstools erklären dürfte.

6.3.4 Projekte und Strategie zur Digitalisierung

58 Personen gaben auf die offene Frage „Welche wesentlichen Maßnahmen (außer Breitbandausbau oder Mobilfunkausbau) hat Ihre Gemeinde in Sachen Digitalisierung *zuletzt* umgesetzt?" Auskunft. In der Vergangenheit standen bei vielen Kommunen das Bürgerserviceportal, Ratsinformationssystem und digitale Schule im Vordergrund. Auch aktuell
beschäftigen sich Kommunen v. a. mit der Schaffung einer digitalen Basis und dem OZG.

Ein Viertel der befragten Kommunen hat keine digitalen Maßnahmen in Planung oder
Durchführung; in der ersten Umfragewelle lag dieser Wert noch bei fast einem Drittel.
Umgekehrt gibt nun ein größerer Teil der Auskunftspersonen an, Digitalisierungsmaßnah-
men umzusetzen: Die Zustimmungsrate erhöhte sich von 25 % auf 35 %. Die übrigen
Gemeinden haben Maßnahmen zumindest in Planung (40 %). Unter den letztgenannten
Gruppen beziehen lediglich 38 % bzw. 37 % die Bürger mit ein bzw. haben dies vor. Fast

---

[19] Oswald, B. (28.01.2022).

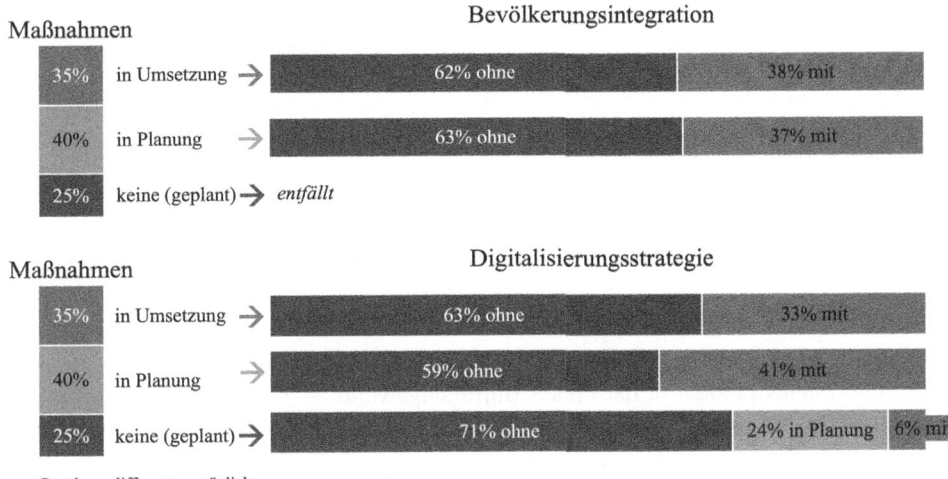

Abb. 6.14 Digitalisierung: Maßnahmen und Strategie in Planung und/oder Umsetzung sowie Einbezug der Bevölkerung, n = 68. (Eigene Darstellung)

zwei Drittel der Auskunftspersonen geben an, in der Kommune keine Digitalisierungsstrategie zu verfolgen. Selbst unter den Kommunen mit Digitalisierungsmaßnahmen in Umsetzung sind bei 63 % diese nicht in eine Digitalisierungsstrategie eingebettet. Zumindest hat sich der Anteil der Kommunen, die ihre Digitalisierungsmaßnahmen im Rahmen einer Strategie umsetzen bzw. dies vorhaben, von 14 % auf 37 % erhöht. Auch scheint die Beteiligung der Bevölkerung wichtiger geworden zu sein: 2020 gaben 24 % der Auskunftspersonen an, die Bürger miteinzubeziehen bzw. dies zu planen, 2021 lag dieser Wert bei 37 %.[20] Eine Übersicht zu allen Ergebnissen bietet Abb. 6.14.

6.3.5 Fördermittel im Bereich „Digitale Transformation"

Obschon es unzählige Förderprogramme für Kommunen auf Bund- und Länderebene gibt, kommen Fördermittel – zumindest im Bereich Digitalisierung – aktuell nur 7 von 10 Kommunen zugute: Dieser Teil der Auskunftspersonen gibt an, regelmäßig (44 %) oder zumindest selten (26 %) Fördermittel zu beantragen. Der Rest beantragt keine Fördermittel, wobei dieser sich wiederum fast paritätisch aufteilt in diejenigen Gemeinden, die Fördermittel beantragen wollen, und diejenigen, die dies nicht planen. Ein Vergleich mit den Antworten aus der ersten Befragungswelle zeigt, dass sich mehr Gemeinden um Fördermittel bemühen; 2020 gaben 59 % der Auskunftspersonen an, Fördermittel zumindest selten zu beantragen.

---

[20] Die Frage nach der Bevölkerungsintegration wurde nur den Kommunen mit Maßnahmen in Planung oder Umsetzung gestellt, nicht aber denjenigen ohne geplante oder umgesetzte Maßnahmen.

Abb. 6.15 Beantragung von
Fördermitteln im Bereich
„Digitale Transformation":
Zustimmungsraten in %,
prozentuiert auf 100 %.
(Eigene Darstellung)

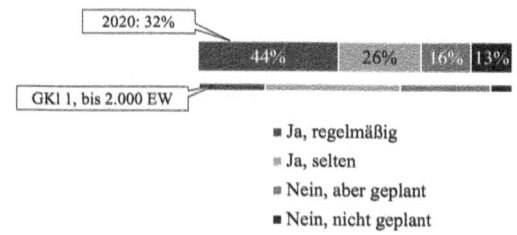

Rundungsdifferenzen möglich; GKl = Größenklasse, EW = Einwohner

Darüber hinaus planten in der ersten Befragungswelle 50 % der kleinen, also in der Regel finanzschwachen, Kommunen nicht, Fördermittel zu beantragen. Dieser Anteil hat sich zwar reduziert, dennoch liegt der Anteil derjenigen Kommunen in Größenklasse 1, der regelmäßig Fördermittel beantragt, nur auf 50 % des Gesamtniveaus. Die Ergebnisse sind in Abb. 6.15 ersichtlich.

Die Befragten wurden gebeten, aus einer Liste die aus ihrer Sicht vorherrschenden Herausforderungen bei der Beantragung von Fördermitteln auszuwählen. Nachfolgende Auflistung zeigt die Häufigkeit der Nennungen in absteigender Reihenfolge, Mehrfachnennung möglich:

- unübersichtliche Förderlandschaft
- Förderungen nicht bekannt
- Antragsstellung zu kompliziert
- keine personelle Kapazität
- sich überschneidende Förderprogramme
- Abruf der Mittel zu aufwendig
- zu geringe Förderquoten
- Sonstige („kein Konzept vorhanden"; „Folgekosten und Personal werden nicht berücksichtigt"; „kleine Kommunen überfordert"; „externe Unterstützung zur Richtlinieneinhaltung notwendig"; „Bearbeitung der Förderanträge dauert sehr lange").

6.3.6 Unterstützung bei der Konzeption & Umsetzung von Digitalisierungsmaßnahmen

Aus Abb. 6.16 geht hervor, dass sehr viele Kommunen (externen) Unterstützungsbedarf äußern. Als besonders und uneingeschränkt hilfreich werden fachliche initiale externe Beratung und Begleitung (65 %) sowie Fördermittelberatung (64 %) angesehen. Weitere 29 % bzw. 28 % empfinden diese Unterstützungsformen als eher hilfreich. Mehr als die Hälfte der Auskunftspersonen schätzt die administrative initiale externe Beratung und Begleitung (55 %) sowie Workshops und Schulungen für das Gemeindepersonal als uneinge-

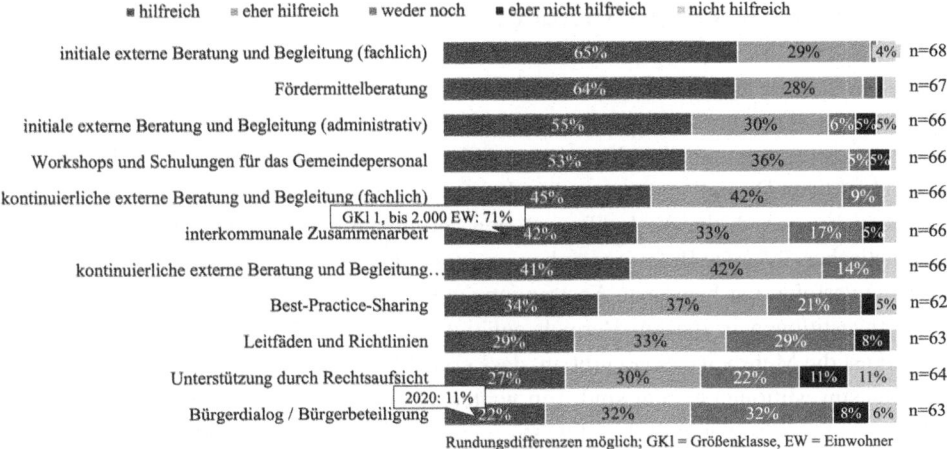

Abb. 6.16 Präferenz für Unterstützungsmöglichkeiten für die Konzeption und Umsetzung von Digitalisierungsmaßnahmen in Kommunen: Zustimmungsraten in %, prozentuiert auf 100 %. (Eigene Darstellung)

schränkt hilfreich (53 %) ein. 45 % der Auskunftspersonen bewerten die fachliche kontinuierliche externe Beratung und Begleitung als uneingeschränkt, weitere 42 % als eher hilfreich. Ähnlich hoch sind die Zustimmungsraten für die administrative kontinuierliche externe Beratung und Begleitung.

Die interkommunale Zusammenarbeit scheint besonders für kleine Kommunen wertvoll zu sein: 71 % der Oberhäupter einer Gemeinde der Größenklasse 1 bestätigen dies (alle: 42 %). Ein weiteres Drittel bestätigt, dass die Kooperation zwischen Gemeinden eher hilfreich ist. Den geringsten Nutzen für die Konzeption und Umsetzung von Digitalisierungsmaßnahmen vermag der Dialog mit bzw. die Beteiligung der Bevölkerung zu vermitteln, obschon sich dieser Anteil der Nennungen im Vergleich zur ersten Umfragewelle verdoppelt hat. Tatsächlich hat sich in den Modellprojekten „Digitales Dorf Bayern" insbesondere dieses unterschätzte Instrument als besonders förderliches Mittel zur Akzeptanzsteigerung und Sicherstellung bedarfsgerechter und entsprechend nachhaltiger Lösungen herausgestellt.

Der Anteil der Auskunftspersonen, welche die abgefragten Unterstützungsformen als nicht bzw. eher nicht hilfreich einschätzt, liegt im einstelligen Bereich. Einzige Ausnahme bilden die Punkte „Bürgerdialog/Bürgerbeteiligung" (kumuliert 14 %) und „Unterstützung durch Rechtsaufsicht" (kumuliert 22 %). Letztgenannter Punkt hat zudem in seiner Bedeutung als Unterstützungsform verloren: 2020 schätzten noch 39 % der Befragten diese Maßnahme als hilfreich ein, in der Widerholungsbefragung liegt der Anteil noch bei 27 %. Die gemäß Befragung insgesamt wertvollste Unterstützungsmaßnahme, fachliche initiale externe Beratung und Begleitung, werden von lediglich 4 % der Auskunftspersonen als nicht hilfreich wahrgenommen.

6.3.7 Subjektiver Digitalisierungsgrad

Digitalisierung ist kein Selbstläufer, und noch lange nicht bei allen Kommunen Bayerns angekommen. Dies bestätigt die Selbsteinschätzung der Gemeindeoberhäupter in Bezug auf ihre Position und auf ihre Kommune. Abb. 6.17 fasst die Ergebnisse zur Frage nach dem subjektiven Digitalisierungsgrad in der eigenen Gemeinde zusammen.

Dabei zeigen sich die Auskunftspersonen verglichen mit der ersten Befragungswelle optimistischer. 7 % der Befragten geben an, dass ihre Kommune keine Digitalisierungsstrategie verfolgt, nur begrenzte Anstrengungen in diesem Bereich unternommen und fast keine Investitionen in diesem Bereich getätigt werden. 2020 lag dieser Wert noch bei 22 %. Fast die Mehrheit (49 %) gibt an, dass erste Pläne für die digitale Zukunft bestehen und Basisinvestitionen erfolgt sind. Ein weiteres gutes Drittel bestätigt, eine Digitalisierungsstrategie zu haben, und dass Investitionen und Innovationen im Bereich Digitalisierung im Gange sind. Lediglich 7 % der Kommunen stimmen der Aussage zu, dass Digitalisierung in der „DNA" ihrer Gemeindeverwaltung fest verankert ist.

In Abb. 6.18 sind die Ergebnisse der Selbsteinschätzung in Bezug auf die Auskunftspersonen zusammengefasst.

4 % der befragten Bürgermeister:innen geben an, absoluter Laie zu sein und sich nicht mit dem Thema Digitalisierung zu beschäftigen. Fast die Hälfte bestätigt, dass sich ihr Wissen in Grenzen hält, aber sie die Arbeit zu dem Thema delegieren. Dass der Wissensstand zu Digitalisierung gut ist und eine ständige Weiterbildung in dem Bereich versucht wird, gibt knapp ein Drittel der Auskunftspersonen an. Nur 13 % postulieren selbstbewusst, dass sie Digitalisierung in der Verwaltung vorleben und das auch von ihrem Personal erwarten.

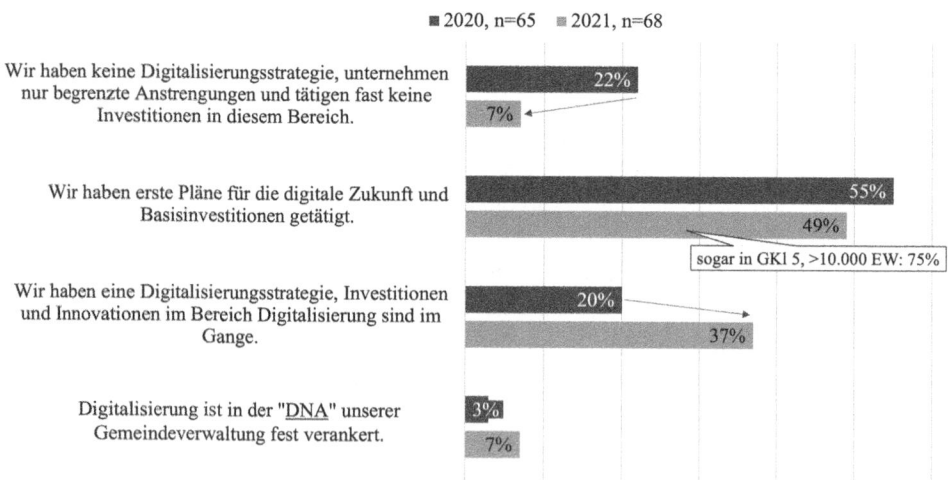

Abb. 6.17 Subjektive Einschätzung zum Digitalisierungsgrad in der Kommune: Zustimmungsraten in %, prozentuiert auf 100 %. (Eigene Darstellung)

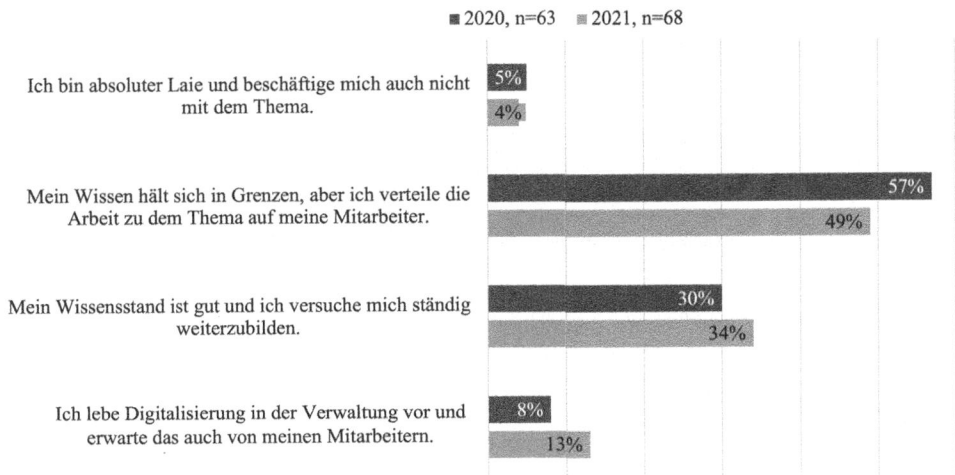

Abb. 6.18 Subjektive Einschätzung zum Digitalisierungsgrad der Auskunftsperson per se: Zustimmungsraten in %, prozentuiert auf 100 %. (Eigene Darstellung)

Insgesamt zeigt diese Selbsteinschätzung den enormen Aufholbedarf in niederbayerischen Kommunen: Für viele Kommunen ist Digitalisierung in der Gemeinde(verwaltung) noch Zukunftsmusik.

6.3.8 Möglicher Einfluss der Corona-Pandemie

Es ist naheliegend, dass die Corona-Pandemie viele Kommunen zum Handeln in Sachen Digitalisierung gezwungen hat und immer noch zwingt. Um diese Vermutung zu überprüfen, wurden den Befragten in der zweiten Befragungswelle entsprechende Statements zur Beurteilung vorgelegt. 88 % der Auskunftspersonen bestätigen uneingeschränkt oder eher, dass die Corona-Pandemie den Stellenwert von Digitalisierung erhöht(e), 84 %, dass Defizite in Sachen Digitalisierung deutlich wurden. Weitere 47 % stimmen uneingeschränkt oder eher zu, dass die Kommune aufgrund der Corona-Pandemie gezwungen war, Digitalisierungsmaßnahmen einzuleiten. Auffallend ist, dass besonders die großen Kommunen der Größenklasse 5 diesen Statements zustimmen. Eine Auskunftsperson aus der Größenklasse 3 merkte an: „Die Corona-Pandemie hat begonnene Prozesse rasant beschleunigt […]." Für viele Kommunen war Corona tatsächlich ein Digitalisierungs-Katalysator. Die quantitativen Ergebnisse sind in nachfolgender Abb. 6.19 veranschaulicht.

Gefragt nach den aufgrund der Corona-Pandemie eingeleiteten Digitalisierungsmaßnahmen gaben 42 Auskunftspersonen mindestens eine Nennung ab. Aus diesen wird deutlich, dass besonders Schulen von der Corona-Pandemie profitier(t)en. Daneben haben die Verantwortlichen in den Verwaltungen besonders in Videokonferenztechnik und Maßnahmen investiert, um Homeoffice zu ermöglichen sowie Zusammenarbeit, Prozesse und Dienste zu digitalisieren.

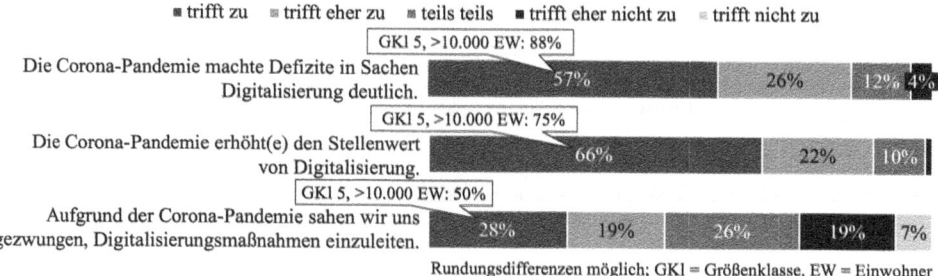

Abb. 6.19 Möglicher Einfluss der Corona-Pandemie auf Digitalisierungsmaßnahmen: Zustimmungsraten in %, prozentuiert auf 100 %. (Eigene Darstellung)

6.4 Schlussbetrachtung: Digitalisierung muss langfristig gedacht werden

6.4.1 Vergleich der Befragungen 2020 und 2021

Ein Vergleich der beiden Befragungswellen offenbart an manchen Stellen Unterschiede und damit Entwicklungen im Bereich Digitalisierung. Im Hinblick auf die Erfüllung des OZG zeigen sich die Auskunftspersonen tendenziell optimistischer (Zustimmungsrate kumuliert 43 % → 60 %).

Was die Ressourcen betrifft, so schätzen die teilnehmenden Gemeindeoberhäupter die Lage in Bezug auf personelle Kapazität und fachliche Kompetenz leicht besser ein (kumuliert 22 % → 32 % bzw. 44 % → 47 %). Die Ausstattung mit finanziellen Mitteln und die politische Unterstützung hingegen werden von weniger Teilnehmenden positiv beurteilt (kumuliert 44 % → 33 % bzw. 31 % → 14 %).

Verbesserungen – zumindest im Bewusstsein der Kommunen – gab es besonders bei den Themen IT-Ausstattung in Schulen/Kindergärten, Online-Ausleihe der Bücherei und Telemedizin. Ein leicht größerer Anteil gibt an, Digitalisierungsmaßnahmen umzusetzen (25 % → 35 %). Auch die Themen Einbindung der ggf. geplanten Maßnahmen in eine Digitalisierungsstrategie (14 % → 37 %) und Beteiligung der Bevölkerung sind bei den Gruppen mit Maßnahmen in Durchführung und Planung präsenter (24 % → 37 %).

Verglichen mit der letzten Befragungswelle geben mehr Auskunftspersonen an, Fördermittel – zumindest selten – zu beantragen (59 % → 70 %). Weiterhin ist eine unübersichtliche Förderlandschaft die meistgenannte Herausforderung, diesmal gefolgt von der Tatsache, dass die Förderungen nicht bekannt sind und die Antragstellung zu kompliziert ist. In der Vorjahresbefragung war die fehlende personelle Kapazität die zweithäufigste Nennung.

Bevölkerungsdialog und -beteiligung werden von mehr Auskunftspersonen als hilfreich für eine Konzeption und Umsetzung von Digitalisierungsmaßnahmen angesehen („hilfreich": 11 % → 22 %). An Bedeutung verloren hat das Thema Unterstützung durch

Rechtsaufsicht („hilfreich": 39 % → 27 %). Die Teilnehmenden zeigen sich sowohl als Kommune als auch in ihrer Rolle als Gemeindeoberhaupt selbstbewusster, was das Thema Digitalisierung anbelangt.

6.4.2 Zusammenfassung der Ergebnisse

Die relativ hohe Rücklaufquote der Online-Befragungen zeigt die Präsenz und Dringlichkeit des Themas in bayerischen Kommunen.

Digitalisierung wird von zwei Drittel der Auskunftspersonen uneingeschränkt als wichtiges Thema angesehen, jedoch beschränkt sich für 40 % Digitalisierung gänzlich oder weitgehend auf Breitbandausbau. Die anstehende geforderte Umsetzung des OZG stellt nicht nur kleine Kommunen immer noch vor Herausforderungen, obschon die Antworten verglichen mit der ersten Welle etwas optimistischer ausfielen. Die Zustimmungsrate, das OZG umsetzen zu können, liegt über alle Auskunftspersonen bei 60 % („Trifft zu" und „Trifft eher zu"). Über 50 % glauben uneingeschränkt, dass Digitalisierung bei der Sicherung der kommunalen Daseinsvorsorge unterstützen kann. Noch immer hat ein Viertel der befragten Kommunen keine digitalen Maßnahmen in Planung oder Durchführung. Nur ein Drittel (37 %) aller Kommunen mit Maßnahmen in Planung oder Umsetzung verfolgt eine Digitalisierungsstrategie.

IT-Verantwortlichkeiten sind über alle Verwaltungsstellen verteilt, oftmals kümmern sich auch die Gemeindeoberhäupter und Geschäftsleitende um Digitales: in Ermangelung an (Fach-)Personal müssen sich diese zum Teil auch um grundlegende Dinge wie den kommunalen Internetauftritt und Social-Media-Kanäle kümmern. Andere Kommunen greifen auf externe Dienstleistungsunternehmen zurück. Das Thema soziale Medien wird noch sehr gegensätzlich gehandhabt: Während in vielen Kommunen Bürgermeister:innen für deren Pflege verantwortlich sind, ist ein Großteil der Kommunen nicht in Social-Media vertreten. Themen wie Datenschutz und IT-Sicherheit werden häufig an externe Dienstleistungsunternehmen vergeben. Die meiste Zeit wird für IT-Infrastruktur und Anwendungen aufgewendet (entweder extern oder durch eigene IT-Administration).

Weiterhin bejaht nur ein Drittel uneingeschränkt oder eher (2020, ein Fünftel), ausreichend personelle Kapazitäten zu haben. Lediglich 4 % sehen sich uneingeschränkt durch Bund, Land und Landkreis in Sachen Digitalisierung ausreichend unterstützt. In 3 von 10 Kommunen werden keine Fördermittel im Bereich der digitalen Transformation beantragt. Als hinderlich werden insb. eine unübersichtliche Förderlandschaft sowie die Tatsache, dass Förderungen nicht bekannt sind, aufgeführt. Kommunen äußern vermehrt Hilfebedarf, immer noch bei grundlegenden Themen wie dem Digitalen Klassenzimmer (34 %), dem Angebot von Online-Services in der Verwaltung (31 %) und der digitalen Bereitstellung gemeindlicher Informationen (40 %). Den größten Unterstützungsbedarf sehen die Kommunen in der Digitalen Bevölkerungspartizipation (52 %). Die Mehrheit der Auskunftspersonen äußert externen Unterstützungsbedarf bei Digitalisierungsmaßnahmen, auch in Sachen Fördermittelberatung (64 % „hilfreich", 28 % „eher hilfreich"). Für viele Kommunen und besonders Schulen war Corona ein Digitalisierungs-Katalysator.

6.4.3 Ausblick und Schlussfolgerungen

Die Ergebnisse der Online-Befragung verdeutlichen den hohen Stellenwert von Digitalisierung – gerade für ländliche Kommunen. Neben dem Wissen um die Bedeutung ist es entscheidend, tätig zu werden: Dies geschieht einerseits durch die Erarbeitung einer langfristigen Digitalisierungsstrategie, andererseits durch die Priorisierung und Implementierung entsprechender Maßnahmen. Besonders ländliche Kommunen, in deren Verwaltungen Personal und Fachkräfte fehlen, sind dabei langfristig auf externe Unterstützung angewiesen. Auch die Modellprojekte „Digitales Dorf Bayern" der Bayerischen Staatsregierung haben gezeigt, dass Digitalisierung an der Basis beginnen muss, neben finanzieller vor allem personeller Unterstützung bedarf und über die Projektlaufzeit hinausgedacht werden muss: Initiierte Projekte und Maßnahmen müssen auch nach Förderende weiterbetreut und -entwickelt werden. Oft entsteht durch implementierte Maßnahmen auch langfristiger finanzieller Aufwand, den es für die Kommunen zu stemmen gilt. Zudem ist es wichtig, die erprobten Lösungen in die Fläche zu skalieren, damit weitere Kommunen von den positiven Erfahrungen und dem gewonnenen Nutzen profitieren können. In der Konsequenz bedarf es in der Praxis mehr Umsetzung und Roll-Out. Hier ist die Politik gefragt, neben Förderungen, mit Weiterbildungsangeboten, Standardisierung kommunaler Lösungen sowie Umsetzungsunterstützung insbesondere kleinen Kommunen zu helfen. Eine mögliche Lösung könnte die Installation dezentraler Digitalisierungszentren sein, die Kommunen in ihren Digitalisierungsbemühungen unabhängig, bedarfsgerecht und umsetzungsorientiert unterstützen.

Literatur

Bayerische Staatskanzlei. (o. J.). *Digitales. Bayerische Staatskanzlei.* https://www.bayern.de/politik/digitales/. Zugegriffen am 28.01.2022.

Bayerisches Staatsministerium für Digitales. (o. J.-a). *BayernApp. Bayerisches Staatsministerium für Digitales.* https://www.stmd.bayern.de/themen/digitale-verwaltung/bayernapp/. Zugegriffen am 28.01.2022.

Bayerisches Staatsministerium für Digitales. (o. J.-b). *Bayernportal. Bayerisches Staatsministerium für Digitales.* https://www.stmd.bayern.de/themen/digitale-verwaltung/bayernportal/. Zugegriffen am 28.01.2022.

Bayerisches Staatsministerium für Digitales. (o. J.-c). *Der Mensch im Mittelpunkt. Bayerisches Staatsministerium für Digitales.* https://www.stmd.bayern.de/themen/digitale-verwaltung/der-mensch-im-mittelpunkt/. Zugegriffen am 28.01.2022.

Bayerisches Staatsministerium für Digitales. (o. J.-d). *Digitales Amt.* Bayerisches Staatsministerium für Digitales. https://www.stmd.bayern.de/themen/digitale-verwaltung/digitales-amt/. Zugegriffen am 28.01.2022.

Bayerisches Staatsministerium für Digitales. (o. J.-e). *Digitale Verwaltung.* Bayerisches Staatsministerium für Digitales. https://www.stmd.bayern.de/themen/digitale-verwaltung/. Zugegriffen am 28.01.2022.

Bayerisches Staatsministerium für Digitales. (o. J.-f). *Digitale Verwaltung in Bayern – Rahmenbedingungen*. Bayerisches Staatsministerium für Digitales. https://www.stmd.bayern.de/themen/digitale-verwaltung/digitale-verwaltung-in-bayern-rahmenbedingungen/. Zugegriffen am 28.01.2022.

Bayerisches Staatsministerium für Digitales. (o. J.-g). *Digitales Unternehmenskonto*. Bayerisches Staatsministerium für Digitales. https://www.stmd.bayern.de/themen/digitale-verwaltung/digitales-unternehmenskonto/. Zugegriffen am 28.01.2022.

Bayerisches Staatsministerium für Digitales. (o. J.-h). *IT-Beauftragte der Bayerischen Staatsregierung*. Bayerisches Staatsministerium für Digitales. https://www.stmd.bayern.de/themen/digitale-verwaltung/it-beauftragte-der-bayerischen-staatsregierung/. Zugegriffen am 28.01.2022.

Bayerisches Staatsministerium für Digitales. (o. J.-i). *Mit Bayerns 12-Punkte-Plan zum bürgerorientierten Servicestaat*. Bayerisches Staatsministerium für Digitales. https://www.stmd.bayern.de/themen/digitale-verwaltung/12-punkte-plan/. Zugegriffen am 28.01.2022.

Bayerisches Staatsministerium für Digitales. (o. J.-j). *Onlinezugangsgesetz (OZG)*. Bayerisches Staatsministerium für Digitales. https://www.stmd.bayern.de/themen/digitale-verwaltung/onlinezugangsgesetz/. Zugegriffen am 28.01.2022.

Bayerisches Staatsministerium für Digitales. (o. J.-k). *Registermodernisierung*. Bayerisches Staatsministerium für Digitales. https://www.stmd.bayern.de/themen/digitale-verwaltung/registermodernisierung/. Zugegriffen am 28.01.2022.

Bilger, O. (3. Januar 2020). Behördendienste erledigen sich in Estland künftig von selbst. *Der Tagesspiegel*. https://www.tagesspiegel.de/wirtschaft/digital-vorreiter-im-baltikum-behoerdendienste-erledigen-sich-in-estland-kuenftig-von-selbst/25385494.html. Zugegriffen am 28.01.2022.

Kühn, H. (2021). *Monitor Digitale Verwaltung #6*. Nationaler Normenkontrollrat. https://www.normenkontrollrat.bund.de/resource/blob/72494/1958282/70fdb29d2a322a1e6731e9d92a132162/210908-monitor-6-data.pdf. Zugegriffen am 28.01.2022.

Oswald, B. (2022). *Digitalisierung der Verwaltung: Die Herkulesaufgabe* (28. Januar 2022). BR24. https://www.br.de/nachrichten/netzwelt/digitalisierung-der-verwaltung-die-herkulesaufgabe,SvjPGdQ. Zugegriffen am 28.01.2022.

Teil III

Umsetzungsbeispiele für Digitalisierung im ländlichen Raum

Digitalisierung zum Anfassen: „Digitale Anschlagtafeln"

Jessica Laxa

Zusammenfassung

Die Digitalisierung bietet immer mehr Möglichkeiten, um kommunale Informationen an die Bürger:innen zu verbreiten. Zu diversen volldigitalen Kanälen, die von den Bürger:innen über Gemeindewebsites oder ihr Smartphone abgerufen werden können, kann die Kommune auch auf physisch sichtbare Informationskanäle zurückgreifen. Bisher wurden hierfür Amtstafeln in und an den Rathäusern, sowie im Gemeinderaum verteilt für den Aushang von Bekanntmachungen, Amtsblättern und Plakaten genutzt. Um diese Art der Informationsverbreitung ressourcenschonender und zukunftsfähiger zu gestalten, können diese durch Digital Signage Systeme als digitale Anschlagtafeln ersetzt werden. Hierbei müssen rechtliche Aspekte der Gemeindeordnung für den rechtskonformen Aushang der Amtsblätter und Bekanntmachungen beachtet werden. Die Installation der digitalen Anschlagtafeln im Rahmen des Projekts „Digitales Dorf Spiegelau-Frauenau" zeigt den Prozess für den Umstieg von analogen Anschlagtafeln zu einer digitalen Lösung.

Schlüsselwörter

Digitale Transformation · Digitalisierung · Digitale Anschlagtafeln · Bürgerinformation · Digital Signage · Smart Region

J. Laxa (✉)
Technologie Campus Grafenau der Technischen Hochschule Deggendorf,
Deggendorf, Deutschland
E-Mail: jessica.laxa@th-deg.de

© Der/die Autor(en), exklusiv lizenziert an Springer Fachmedien Wiesbaden
GmbH, ein Teil von Springer Nature 2023
D. Ahrens (Hrsg.), *Smart Region: Angewandte digitale Lösungen für den ländlichen Raum*, https://doi.org/10.1007/978-3-658-38236-0_7

7.1   Digital Signage als Informationsmedium

Die Bereitstellung von Informationen rund um die Uhr sowohl für Bürger:innen als auch für Touristen stellt für Kommunen eine Herausforderung dar. Ein allgemeines Informationsangebot ist keine Pflichtaufgabe der Kommunen, erweist sich in der heutigen Zeit allerdings als eines der wichtigsten Instrumente zur Aufrechterhaltung der Zufriedenheit der Bürger:innen. Neben Gemeindewebsites, Gemeinde-Apps und anderen frei zugänglichen, digitalen Plattformen sind auch stationäre Ausspielpunkte eine nachhaltige und öffentlichkeitswirksame Möglichkeit, um Bürger:innen zu informieren. Wichtige Informationen rund um das kommunale Leben können effizient über sogenannte „Digital Signage" – Systeme zur Verfügung gestellt werden. Hierbei handelt es sich um digitale Anzeigetafeln, die Medieninhalte aus Informationssystemen an bestimmten Point of Sales (PoS) oder Point of Interests (POI) übersichtlich darstellen können. Schwerpunktmäßig sind diese Systeme aus der Handels- und Tourismusbranche bekannt. Es existieren aus den Fachbereichen Informatik und Marketing diverse Definitionen für Digital Signage Systeme. Diese sind jedoch häufig an die Einsatzgebiete gebunden und sind daher nur in geringem Maße allgemeingültig.

7.2   Rechtliche Prämissen für Kommunen

Die Digitalisierung bietet auch im kommunalen Umfeld immer mehr technische Möglichkeiten, die den Bürger:innen als Dienstleistung an die Hand gegeben werden können. Beispielsweise kann diese potenziell bei der Bereitstellung von Informationen aus der Region unterstützen. Neben freiwilligen, allgemeinen Informationen zum Gemeindeleben sind Kommunen durch die Gesetzgebung (§ 26. Abs. 2 Satz 2 GO) verpflichtet, amtliche Bekanntmachungen, Satzungen und Verordnungen zu veröffentlichen.

Der entsprechende Auszug der Gemeindeordnung für den Freistaat Bayern lautet wie folgt (Art. 26 Abs. 2 GO):

> „Satzungen sind auszufertigen und im Amtsblatt der Gemeinde amtlich bekanntzumachen; das Amtsblatt der Verwaltungsgemeinschaft gilt als Amtsblatt der Gemeinde, wenn die Gemeinde, die einer Verwaltungsgemeinschaft angehört, kein eigenes Amtsblatt unterhält. Hat die Gemeinde kein Amtsblatt im Sinn des Satzes 1, so sind die Satzungen im Amtsblatt des Landkreises oder des Landratsamts, sonst in anderen regelmäßig erscheinenden Druckwerken amtlich bekanntzumachen; die amtliche Bekanntmachung kann auch dadurch bewirkt werden, daß die Satzung in der Verwaltung der Gemeinde niedergelegt und die Niederlegung durch Anschlag an den für öffentliche Bekanntmachungen allgemein bestimmten Stellen (Gemeindetafeln) oder durch Mitteilung in einer Tageszeitung bekanntgegeben wird."

Besonders im ländlichen Raum werden Informationen gegenwärtig noch über Amtsblätter, Plakate und Ankündigungen in der regionalen Presse oder Gemeindeblätter übermittelt. Klassische Beispiele sind Anschlagtafeln an Rathäusern, die von Mitarbeiter:innen mit Aushängen in Papierform befüllt werden. Zusätzlich existieren je nach Größe und geografischer Verteilung der Ortsteile weitere Tafeln im Gemeindegebiet, die in der Regel von Gemeindemitarbeiter:innen mit den jeweiligen Druckerzeugnissen bestückt werden. Um den Prozess der Informationsverteilung nachhaltiger und aufwandsärmer zu gestalten und der vorgegebenen Informationspflicht der Kommunen gegenüber der Bevölkerung gerecht zu werden sowie diese technisch und inhaltlich aufzuwerten, wurden in der Modellregion Digital-Signage Lösungen zur digitalen Veröffentlichung kommunaler Informationen umgesetzt.

7.3   Marktsituation Digitale Anschlagtafeln

Zusammenfassend beschreiben Newman et al. (2010, S. 50)[1] Digital Signage als einen in öffentlichen Räumlichkeiten platzierten Bildschirm, der unterschiedliche Inhalte abspielt. Der Zweck einer digitalen Anzeigetafel lässt sich auf die Verwendung elektronischer Displays, die häufig auch über eine Touchfunktion verfügen und zentral über eine logische Datenquelle mit Text, Bild und anderen Medien zur Darstellung befüllt werden, subsummieren.

Digitale Signage Lösungen bieten diverse Möglichkeiten in verschiedenen Einsatzgebieten. Neben sogenannten Kiosksystemen, die zur allgemeinen Informationsdarstellung und Werbeplatzierung[2] dienen, sind digitale Anzeigesysteme vor allem als Guidance Systeme in der Mobilitätsbranche bekannt. Guidance Systeme[3] dienen hauptsächlich zur Wege- und Besucherführung auf Bahnhöfen oder Flughäfen. In Großstädten ersetzen diverse Anzeigesysteme immer häufiger ehemals verwendete Litfaßsäulen und Plakatwände. Besonders der Tourismus profitiert von den digitalen Beschilderungssystemen, indem Sehenswürdigkeiten, Informationen zum Ort, Buchungsmöglichkeiten von Unterkünften, Ortspläne und Veranstaltungen auf den Bildschirmen im gesamten Gemeindebereich für Touristen und Einheimische zugänglich werden. Diverse Anbieter stellen bereits Softwarepakete mit vorgefertigten Layouts in Kombination mit passender Hardware auf dem Markt bereit. Orte wie Balderschwang, Ruhpolding, Cham, Plattling und Perlesreut in Südbayern schöpfen bereits Nutzen von der digitalen Ergänzung zu den bestehenden Touristinformationen. Dennoch fokussiert sich der deutsche Markt aktuell weniger auf Pflichtinformationen, wie Amtsblätter und Bekanntmachungen, als auf Zusatzinformationen aus der Region. Verbreitet sind digitale Anschlagtafeln im kommunalen Zusammenhang im D-A-CH Raum überwiegend in Österreich. Dort werden Tafeln, die vorranging der amtlichen Informationsverbreitung dienen, als digitale Amtstafeln betitelt. Vorreiter für den

---

[1] Vgl. Newman, A. et al. (2010).
[2] Vgl. Rainer, R.C. (2020).
[3] Vgl. OOHLEMON (18. Dezember 2020).

Durchbruch der digitalen Amtstafeln ist die oberösterreichische Gemeinde Kremsmünster,[4] die im Dezember 2019 die erste rechtskonforme digitale Amtstafel in Betrieb nahm.

Die Anzahl der Kommunen, die von dem selben Anbieter mit digitalen Amtstafeln ausgestattet werden, ist mittlerweile auf knapp 70[5] gestiegen. In Deutschland wird unter dem Begriff „digitale Amtstafel" häufig die zusätzliche Veröffentlichung der amtlichen Bekanntmachungen und Verordnungen auf der Gemeindewebsite verstanden.[6] Die verwendete Bezeichnung „Digitale Anschlagtafel" hat sich bei der Implementierung in der Modellregion etabliert, da neben Pflichtinformationen auch zusätzliche Informationen zum Gemeindeleben veröffentlicht werden.

7.4   Methodisches Vorgehen: Konzept digitale Anschlagtafel

Parallel zu einer Recherche zu unterschiedlichen Umsetzungsmöglichkeiten und Anbietern wurden zunächst die Rahmenbedingungen analysiert und in engem Dialog zwischen den Mitarbeiter:innen des Projektteams des Technologie Campus Grafenau und den Verantwortlichen in den Gemeinden die Anforderungen an die digitalen Anzeigetafeln definiert. Die Anforderungen an ein Digital Signage System wurden in zwei Kategorien aufgeteilt: Hardware und Software.

Da die digitalen Anschlagtafeln im Gemeindegebiet im Outdoorbereich aufgestellt wurden, ergaben sich diverse Anforderungen an die Robustheit der Hardware. Durch störungsresistente und moderne Technik mit hoher Widerstandskraft gegenüber mechanischer Beanspruchung oder Umwelteinflüssen sollte der geforderte 24/7-Dauerbetrieb gewährleistet werden. Anforderungen waren unter anderem ein intelligentes Helligkeitssystem bei direktem Lichteinfall, Schutz vor Vandalismus, Temperaturbeständigkeit und stabile Stahlkonstruktion der Standbeine. Viele der genannten Punkte werden erfüllt, wenn die Hardware entsprechende IP-Schutzart[7] (International Protection Codes) abdeckt. In diesen Codes wird definiert, inwieweit ein Gerät gesichert werden muss, um das unerwünschte Einfallen von Fremdkörpern in das Gehäuse zu vermeiden. Je nach Standort der Tafeln ergeben sich noch zusätzliche Ansprüche, wie beispielsweise eine Überdachung im offenen Outdoorbereich. Für eine verbesserte Usability ist insbesondere die Touchfähigkeit ein wichtiger Bestandteil des Gesamtkonstrukts.

Bevor die Installation der digitalen Anschlagtafeln vorgenommen werden konnte, musste die Kommune für die Stromversorgung und die Breitbandanbindung vor Ort sorgen. Die Digital Signage Systeme verfügen in der Regel über einen Slot-PC, der je nach Hersteller der Bildschirme fest verbaut ist, oder separat angebunden werden muss.

---

[4] Gemeinde Kremsmünster (2020).

[5] RIS GmbH (o. J.).

[6] Online Recherche: Suchergebnisse nach „digitale Amtstafel" mündet häufig auf Bekanntmachungen auf Gemeindewebseiten.

[7] Induux Wiki (17. Januar 2022).

Darstellung und Befüllung der Inhalte sind durch die Software des Systems bedingt, zum einen durch die Art des Betriebssystems auf dem Terminal und zum anderen durch die Anwendung zur Informationsbereitstellung. Die Digital Signage Systeme können mit verschiedenen Betriebssystemen ausgestattet sein. Überwiegend werden leichtgewichtige Betriebssysteme verwendet, da die Darstellung der Inhalte wenig Ressourcen benötigt. Es kann beispielsweise ein Androidsystem oder ein spezielles Digital Signage – Betriebssystem verwendet werden, auf welchem entweder eine Anwendung im Kioskmodus (Dauerbetrieb ohne Zugriff auf andere Anwendungen) oder ein Browser mit der Darstellung einer HTML[8]-Seite im Vollbildmodus angezeigt wird. Die Inhalte werden bei diesem Ansatz auf einer Website zur Verfügung gestellt. Dies hat den Vorteil, dass die Ansicht der Anschlagtafel bei Bedarf auch auf anderen Endgeräten abrufbar ist. Die Software zur Darstellung der Inhalte muss so konzipiert sein, dass bei Touchfähigkeit der Anschlagtafel eine Interaktion nur in der Anwendung zur Anzeige der gewünschten Informationen möglich ist. Für die Aufrechterhaltung des 24/7-Betriebs unterliegt die Software der Anforderung nach einer gewissen Ausfallsicherheit. Sofern beispielsweise die Netzwerkverbindung kurzzeitig abbricht, muss das System nach erfolgreichem Herstellen einer Verbindung die Anwendung im Hintergrund neu laden können. Um die Ressourcen der Hardware zu schonen, sollte die Anwendung leichtgewichtig sein, anderenfalls droht die Anwendung schlecht auf Interaktionen oder Aktualisierungen der Inhalte zu reagieren. Zusätzlich ist ein kontinuierlicher Datenabruf der Datenquellen festzulegen. Um die Aktualität der dargestellten Informationen zu garantieren, sollte das Abrufintervall daher kurz gehalten werden. Bei besonders wichtigen Informationen aus der Kommune, die schnellstmöglich für den Bürger:innen zugänglich sein müssen, können kürzere Abrufintervalle definiert werden als für statische Elemente, die ein selteneres Updateintervall benötigen.

Die Pflege der Inhalte auf den digitalen Anschlagtafeln kann durch unterschiedliche Verfahren stattfinden. Einige Systeme erlauben die Übertragung der darzustellenden Daten über den Anschluss eines USB-Sticks direkt an den Slot-PC des Systems. Diese Vorgehensweise ist simpel, erweist sich allerdings schnell als problembehaftet, sofern die digitale Tafel nicht in Reichweite ist, um die Daten direkt an dem Gerät einzuspielen. Weiterhin erhöht sich der Aufwand, sofern mehrere Anschlagtafeln im Ortsgebiet gleichzeitig mit den neuen Daten gespeist werden sollen. Für diese Fälle werden zur Vereinfachung und zur Minderung des Aufwands einfache, benutzerfreundliche Pflegeoberflächen maßgeblich, die die Inhalte für die Anschlagtafeln sammeln und abrufbar machen. Ein Content Management System (CMS), welches als Sammelpunkt der Inhalte notwendig ist, wird der Kommune zur Dateneingabe zur Verfügung gestellt. Das CMS bildet das Herzstück der digitalen Anschlagtafeln. Besonders die Möglichkeit, verschiedene Zugriffsrechte und Rollen der User zu definieren, erlaubt es, Verantwortlichkeiten für die Pflege der Daten zu verteilen. Die meisten Content Management Systeme verlassen sich auf eine relationale Datenbank, die die Daten sichert. Die Anwendung dient zur Anpassung, Planung, Überwachung und Bereitstellung von Inhalten, die über eine definierte

---

[8] Hyper Text Markup Language.

Schnittstelle, genannt API (Application Programming Interface), von der Anschlagtafel dargestellt werden können. Hier können beispielsweise Kalenderdaten, Dokumente, Medien und einfacher Text erfasst werden. Der Zugriff auf das CMS erfolgt meist über eine Website. Existieren mehrere digitale Anschlagtafeln, die verschiedene Inhalte präsentieren, kann bei entsprechender Konfiguration über das CMS entschieden werden, welche individuellen Inhalte auf den Ausspielpunkten wiedergegeben werden soll.

Neben einem CMS als Datenquelle, können auch bereits bestehende Systeme und Datentöpfe direkt über eine API Informationen an die digitale Anschlagtafel senden. Insbesondere touristische Regionen nutzen bereits Systeme, die beispielsweise Unterkünfte oder Veranstaltungen in einer zentralen Datenbank pflegen. Um Doppelpflege zu vermeiden, muss vorab in jeder Kommune separat geprüft werden, welche Datenquellen existieren und ob eine Schnittstelle verfügbar ist, um die Inhalte direkt auf der Anschlagtafel abzurufen und darstellen zu können.

Liegen die Anforderungen der Kommune vor, müssen diese in Form eines Leistungsverzeichnisses zur Ausschreibung der technischen Umsetzung zusammengefasst werden. Die Installation der Hardware und die Umsetzung der Software, sofern diese noch nicht vorhanden ist, erfolgt parallel. In der Umsetzungsphase sollte die Kommune im engen Dialog mit den technischen Ansprechpartnern das Design der Darstellung finalisieren. Bereits vorhandene Schnittstellen werden in dieser Phase vom Anbieter in das System integriert. Die Hardware und Softwarekomponenten der Digital Signage Systeme sind pflegeintensiv, sodass ein Wartungsvertrag über eine bestimmte Laufzeit unabdingbar ist.

7.5   Umsetzung der rechtlichen Rahmenbedingungen

Das Modelldorf Frauenau nahm mit der Installation digitaler Anzeigetafeln eine Vorreiterrolle ein. Eine vorangegangene Anfrage zur Rechtmäßigkeit von Veröffentlichungen von Gemeindeangelegenheiten in digitaler Form beim zuständigen Landratsamt machte deutlich, dass ein solches Vorhaben bisher wenig bekannt war. Hier herrschten zunächst Bedenken zur rechtlichen Gültigkeit dieser Form der Bekanntmachungen. Da eine klare Aussage über die gesetzliche Zulässigkeit der digitalen Bekanntmachungsform bei der Umsetzung weder seitens des Bayerischen Gemeindetages, noch der örtlich zuständigen Rechtsaufsichtsbehörde getroffen werden konnte, musste die Gemeinde Frauenau über das zuständige Landratsamt Regen eine direkte Anfrage an das Bayerische Staatsministerium des Inneren, für Sport und für Integration stellen.[9] Nach eingehender Prüfung wurde die Zustimmung (unter gewissen Voraussetzungen bzgl. Sichtbarkeit, Lesbarkeit und Verfügbarkeit der amtlichen Nachrichten) von offizieller Stelle erteilt. Zwar geht der Gesetzgeber naturgemäß von einem körperlichen Aushang aus, allerdings ist nach Sinn und Zweck der Regelung auch ein digitaler Bildschirm als Anschlagtafel als Aushang gültig.

---

[9] Vgl. hierzu Gleich F. (8.Oktober 2019).

Die in der Bayerischen Bekanntmachungsverordnung gewählte Formulierung des „Anheftens" von Aushängen (§ 1 Abs. 2 Satz 1 BekV) wurde als begünstigend für die Zustimmung zum digitalen Aushang interpretiert. Voraussetzung ist allerdings, dass die Dokumente permanent auf dem Bildschirm sichtbar und für jeden barrierefrei lesbar sind. In der Modellregion werden daher die amtlichen Bekanntmachungen und Satzungen priorisiert auf der Anschlagtafel ausgespielt. Dies erfolgt durch den 24/7 Kioskmodus und die deutlich lesbare Darstellung der Dokumente. Ferner können Dokumente zur genaueren Betrachtung vergrößert werden.

7.6   Zusammenfassende Bewertung

Mit der neuen digitalen Aushangmöglichkeit können z. B. Beschlüsse des Gemeinderats, Veranstaltungshinweise oder auch sonstige aktuelle Informationen aus der Gemeinde digital und für jedermann zugänglich präsentiert werden. Digitale Plakate und Wetterinformationen ergänzen das interaktive Display. Gemeindliche Neuigkeiten und Eilmeldungen finden ebenfalls ihren Platz. Bei Bedarf können durch weitere Inhalte, wie beispielsweise touristische Informationen die Zielgruppen erweitert werden. Die aktuelle Darstellung der Inhalte in der Modellregion sind in Abb. 7.1 sichtbar.

Mit den neuen digitalen Anzeigetafeln ergeben sich für die Gemeinde zahlreiche Vorteile:

• Zeit- und Personaleinsparung durch zentrale Administration der digitalen Anzeigetafeln über ein benutzerfreundliches Administrationspanel
• Vorbeugen unkontrollierten Plakatierens im öffentlichen Raum
• Stets übersichtliche und ordentliche Gestaltung nach Vorgabe der Gemeinde

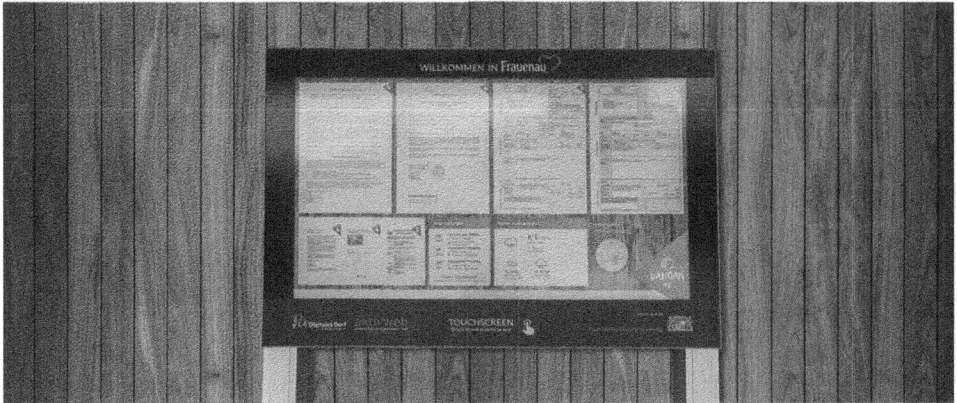

Abb. 7.1 Digitale Anschlagtafel Frauenau

- Mühsames Entfernen von Befestigungsmaterialien und Reinigen analoger Schautafeln entfällt
- Einsparen von Druckerzeugnissen und Vermeidung von Abfall
- Einsparung von Druckkosten der örtlichen Vereine und Veranstalter durch die digitale Einreichung der Veranstaltungsplakate zum Aushang an die Gemeinde

Das Angebot auf dem Markt für Digital Signage Lösungen hat in den letzten Jahren in hohem Umfang zugenommen. Um sich einen besseren Marktüberblick zu verschaffen, ist es hilfreich, die Lösungen der marktführenden Unternehmen zu vergleichen. Ferner ist es empfehlenswert sich bei Kommunen zu informieren, die bereits Erfahrungen mit der Beschaffung und Konzeption einer Digital Signage Lösung gesammelt haben. Um bereits vorhandene, relevante Inhalte auf den Anschlagtafeln ausspielen zu können, müssen Schnittstellen bei vorhandenen Datenanbietern geschaffen oder eingekauft werden. Diese können, trotz bestehender Wartungsverträge und Lizenzen, als einmalige Einrichtungsgebühren oder laufende Nutzungskosten sehr kostenintensiv ausfallen und sollten bei der Beschaffung in der Kalkulation berücksichtigt werden. Um die Aktualität der Informationen zu gewährleisten, sollten die Inhalte stets von den Gemeindemitarbeiter:innen geprüft und ausgebaut werden. Wird der Zweck der digitalen Anschlagtafel frühzeitig im Entscheidungsprozess festgelegt und werden die Grundvoraussetzungen für die dauerhafte Pflege der Inhalte geschaffen, bieten die Anschlagtafeln einen nachhaltigen Mehrwert für das Gemeindeleben.

Insgesamt sind die digitalen Anschlagtafeln neben der Information auch ein Vehikel um kommunale Digitalisierungsaktivitäten dem Bürger gegenüber sichtbarer zu machen, so weisen die Digitalen Tafeln bei einer Bürgerbefragung mit großem Abstand den höchsten Bekanntheitsgrad auf (vgl. Kap. 24). Das Gesamtbild der Gemeinde wird zudem mit den modernen Geräten aufgewertet und gibt einen interaktiven Einblick in das Gemeindeleben. Wichtige Informationen können schnell an die Bürger:innen herausgegeben werden, ohne einen papierreichen Prozess durchlaufen zu müssen.

Die guten Erfahrungen mit den digitalen Anzeigetafeln in der Modellregion, die Akzeptanz der Bürger:innen und Mitarbeiter:innen sowie der Mehrfachnutzen mit weiteren attraktiven Darstellungsmöglichkeiten bieten eine vielversprechende Basis für den Rollout in weiteren Modellregionen.

Literatur

Gemeinde Kremsmünster. (2020). *Die erste rechtskonforme digitale Amtstafel. Kommunalnet* (22. Februar 2020). https://www.kommunalnet.at/2020/03/22/die-erste-rechtskonforme-digitale-amtstafel/. Zugegriffen am 25.01.2022.

Gleich, F. (2019). *Amtliche Bekanntmachungen in digitaler Form?* (8. Oktober 2019). Blog auf der Homepage des Deutschen Städtetags. https://staedtetag.blog/2019/10/08/amtliche-bekanntmachungen-in-digitaler-form/. Zugegriffen am 03.03.2022.

Induux Wiki. (2022). *IP Schutzklassen: IP44 54 68 65 67 65. Induux* (17. Januar 2022). https://wiki.induux.de/IP_Schutzklassen. Zugegriffen am 04.02.2022.

Newman, A., Dennis, C., Wright, L., & King, T. (2010). Shoppers' experiences of digital signage-a cross-national qualitative study. *Journal of Digital Content Technology and its Applications*, 4, 50–57. https://doi.org/10.4156/jdcta.vol4.issue7.5.

OOHLEMON. (2020). *Digital Signage Lösungen – Alles Wichtige im Überblick!* (18. Dezember 2020). OOHLEMON. https://oohlemon.com/digital-signage-loesungen/. Zugegriffen am 25.02.2022.

Rainer, R. C. (2020). *Digital signage am point of sale* (S. 32–33). Springer Gabler.

RIS GmbH. (o. J.). *Die digitale Amtstafel*. RIS GmbH. https://info.riskommunal.net/KIOSK/Referenzen. Zugegriffen am 08.04.2022

Rechtsquellenverzeichnis

Bekanntmachungsverordnung (BekV) vom 19. Januar 1983 (GVBl. S. 14, BayRS 2020-1-1-2-I).

Gemeindeordnung (GO) in der Fassung der Bekanntmachung vom 22. August 1998 (GVBl. S. 796, BayRS 2020-1-1-I), die zuletzt durch § 1 des Gesetzes vom 9. März 2021 (GVBl. S. 74) geändert worden ist.

Projekt „BLADL – Besser Leben im Alter mit Digitalen Lösungen"

8

Senioren digital ertüchtigen, begeistern und unterstützen

Dietmar Jakob

Zusammenfassung

Die Nutzung digitaler Lösungen zur Unterstützung ländlicher Gebiete und insbesondere älterer Menschen ist das Ziel der Forschungsprojekte *„Digitales Dorf Bayern"* und *„BLADL"*. Ältere Menschen fühlen sich im Umgang mit digitalen Technologien oft überfordert. Eine Umfrage in zwei Modellgemeinden ergab, dass die Angst vor Betrügern und mangelndes Wissen die häufigsten Gründe sind, die ältere Menschen von der Nutzung digitaler Technologien abhalten. Auf dieser Grundlage wurde ein kombiniertes Bildungskonzept aus Schulungen und unterstützenden Sprechstunden konzipiert und evaluiert. Die Ergebnisse einer quantitative Studie unter Teilnehmer:innen eines entsprechenden Angebots (N = 100) zeigen, dass Schulungen in Kleingruppen in Kombination mit unterstützenden Sprechstunden sehr gut geeignet sind, die Medienkompetenz bei älteren Menschen langfristig zu fördern. 82 % der Befragten gaben an, dass sich ihre Medienkompetenz nach der Teilnahme an einer Schulung verbessert haben (n = 74).

Schlüsselwörter

Digitale Bildung · Ältere Menschen · Medienkompetenzen · Seniorenschulungen · Digitale Sprechstunden

D. Jakob (✉)
Technische Hochschule Deggendorf, Technologie Campus Grafenau, Grafenau, Deutschland
E-Mail: Dietmar.Jakob@th-deg.de

© Der/die Autor(en), exklusiv lizenziert an Springer Fachmedien Wiesbaden GmbH, ein Teil von Springer Nature 2023
D. Ahrens (Hrsg.), *Smart Region: Angewandte digitale Lösungen für den ländlichen Raum*, https://doi.org/10.1007/978-3-658-38236-0_8

8.1 Einleitung

Der aktuelle Fortschritt der Digitalisierung durchdringt immer mehr alle Lebensbereiche. So werden alltägliche Dinge wie Einkäufe, Bankaufträge oder Gesundheitsdienstleistungen bereits über entsprechende Plattformen im Internet oder Smartphone-Apps digital abgewickelt. Während die jüngere Generation mit der digitalen Entwicklung bereits aufwächst, haben es im Gegensatz dazu die älteren Menschen schwerer, Zugang zu digitalen Diensten zu erhalten.[1] Digitale Technologien sind für viele ältere Menschen oft ein Buch mit „sieben Siegeln". Obwohl Smartphones, Tablets und PCs den Zugang zur digitalen Welt ermöglichen, haben gerade Senior:innen teilweise große Schwierigkeiten, diese Technologien zu nutzen. Ängste und fehlende Kompetenzen im Umgang mit den Geräten und Anwendungen hindern daran, die digitale Welt zu erschließen. Ferner bereiten die komplexen Funktionen und User Interface Gestaltung älteren Menschen oft Schwierigkeiten.[2]

Eine im Jahr 2017 durchgeführte Studie von *Telefónica* in Zusammenarbeit mit der Stiftung Digitale Chancen zeigt auf: Ältere Menschen sind zwar offen für neue Technologien, werden aber durch technologische Hürden abgeschreckt.[3] Zugleich hat der Digital-Index der Initiative D21 herausgefunden, dass es an institutionalisierten Bildungsangeboten weitgehend fehlt – bei einer Gruppe, die sich nur unzureichend selbst ausbilden und bei Problemen helfen kann.[4] Die Ergebnisse der genannten Studie waren Anlass, ein Weiterbildungskonzept zu entwickeln und durchzuführen, das die gewonnen Erkenntnisse bündelt und in ein Gesamtangebot vereint.

Im Projekt *„BLADL – Besser Leben im Alter durch Digitale Lösungen"* des Technologie Campus Grafenau, einer Forschungseinrichtung der Technischen Hochschule Deggendorf, wurde an diesem Punkt angesetzt, um Medienkompetenzen zu vermitteln, um ältere Menschen zur Nutzung digitaler Technologien und Angebote zu ertüchtigen. Die Förderung des Projekts erfolgte durch das Bayerische Staatsministerium für Familie, Arbeit und Soziales und ist als Side-Projekt an das *Digitale Dorf* angegliedert.

Die zentrale Forschungsfrage des Projekts lautete:

Wie können ältere Menschen zur Nutzung digitaler Technologien und Lösungen ertüchtigt und die erforderlichen Medienkompetenzen vermittelt werden?

Die Ergebnisse des Projektes sind in einer Handlungsempfehlung für Gemeinden[5] sowie in zwei wissenschaftlichen Publikationen[6,7] festgehalten. Dieser Artikel stellt eine Gesamtzusammenfassung dieser drei Beiträge dar.

---

[1] Vgl. Bundesministerium für Familie, Senioren, Frauen und Jugend (2017).

[2] Vgl. Sulaiman und Sohaimi (2010).

[3] Vgl. Telefónica Deutschland Holding AG (2017).

[4] Vgl. Müller et al. (2016).

[5] Vgl. Sczogiel et al. (2020).

[6] Vgl. Wilhelm et al. (2019).

[7] Vgl. Jakob und Wilhelm (2021).

Die nachfolgenden Ausführungen beginnen mit einer Analyse der verwandten Literatur in Abschn. 8.2. Im Anschluss werden die Ergebnisse einer Marktanalyse bestehender Schulungskonzepte, die Ergebnisse der Umfrage in den beteiligten Gemeinden, die zugrunde liegende Methodik für die Entwicklung des Weiterbildungskonzepts sowie dessen Implementierung in die Praxis in Abschn. 8.3 vorgestellt. Die Evaluation des Weiterbildungskonzeptes wird in Abschn. 8.4 beschrieben. Der Beitrag schließt mit einer Zusammenfassung in Abschn. 8.5.

8.2 Verwandte Arbeiten/Literaturanalyse

Ältere Menschen stehen der Digitalisierung, digitalen Technologien, wie z. B. Smartphone, Tablets oder PCs, sowie der Anwendung digitaler Dienste per Internet aufgeschlossen gegenüber. Ein Großteil (69 %) betrachtet digitale Technologien sogar als Chance.[8] Dennoch nutzen viele ältere Menschen digitale Technologien oder deren Dienste aus verschiedenen Gründen nicht, die in mehreren Studien untersucht wurden. Eine Studie des *Deutschen Instituts für Vertrauen und Sicherheit im Internet (DIVSI)* zeigt, dass viele ältere Menschen internetfähige Geräte (z. B. Laptops, Smartphones, Tablets) für zu kompliziert halten (33 %). Zum Teil werden ältere Menschen aber auch durch Sicherheitsbedenken oder eine selbst eingeschätzte, geringe Internetkompetenz von der Nutzung des Internets abgehalten.[9] *Berg* stellt in seiner Studie fest, dass 41 % der Befragten über 65 Jahre angeben, mit dem Internet nicht vertraut zu sein.[10] Auch die Angst vor Betrügern (47 %), mangelnde Kenntnisse (46 %), fehlende Unterstützung (41 %) und die schwierige Bedienung (36 %) der Geräte sind weitere von *Wilhelm et al.* genannte Hindernisse.[11] Zu ähnlichen Ergebnisse kommen *Seifert und Schelling* in ihrer Studie aus 2015. Die Autoren stellten fest, dass 64 % der Befragten über 65 Jahre die Angst vor Überwachung und die Angst vor Betrügern an einer Nutzung hindern. Des Weiteren gaben 36 % der Befragten die mangelnde Unterstützung sowie 70 % die schwierige Bedienung der Geräte als Gründe für eine Nicht-Nutzung an.[12] Einer Studie des *Österreichischen Instituts für angewandte Telekommunikation (ÖIAT)* zufolge, hält die Befragten die schlechte Bedienbarkeit („Usability") von Geräten, Anwendungen oder Online-Diensten von einer Nutzung ab.[13]

Tab. 8.1 gibt einen Überblick über die entsprechenden Studien zu den Hauptgründen für die Nichtnutzung digitaler Technologien durch ältere Menschen.

Um diese Barrieren zu überwinden, sind Schulungen und unterstützende Hilfen für ältere Menschen notwendig. Nur wenige Studien haben bisher untersucht, ob Schulungsangebote und deren Konzeption geeignet sind, die Medienkompetenz älterer Menschen zu erhöhen.[14,15]

[8] Vgl. Deutsches Institut für Vertrauen und Sicherheit im Internet (2016).

[9] Vgl. Deutsches Institut für Vertrauen und Sicherheit im Internet (2016).

[10] Vgl. Berg (2020).

[11] Vgl. Wilhelm et al.

[12] Vgl. Seifert und Schelling (2015).

[13] Vgl. Österreichisches Institut für angewandte Telekommunikation (2014).

[14] Vgl. Blažič und Blažič (2020).

[15] Vgl. Sczogiel et al. (2020).

Tab. 8.1 Übersicht von Studien über die Gründe für die Nichtnutzung digitaler Technologien durch ältere Menschen

	Wilhelm (2019)	Berg (2020)	DIVSI (2016)	Seifert (2015)	ÖIAT (2014)
Untersuchte Altersgruppe	55+	65+	60+	65+	60+
	(n = 145)	(n = 553)	(n = 531)	(n = 411)	(n = 1000)
mangelnde Unterstützung	41 %	14 %	n/a	36 %	n/a
mangelnde Kenntnisse	46 %	41 %	n/a	n/a	18 %
Zu schwierig	36 %	n/a	33 %	70 %	n/a
Angst, überwacht zu werden	47 %	30 %	28 %	64 %	n/a
Angst vor Betrügern		24 %			n/a
Keine Geräte	18 %	49 %	n/a	n/a	n/a
Zu teuer	13 %	13 %	n/a	38 %	n/a
überflüssig	15 %	52 %	48 %	n/a	41 %
Kein Interesse	n/a	30 %	50 %	63 %	n/a

Die Konzeption solcher Bildungsmaßnahmen setzt jedoch ein grundlegendes Verständnis darüber voraus, wie ältere Menschen lernen. *Seifert und Schelling* kommen in ihrer Arbeit zu dem Schluss, dass die inhaltsunabhängige, formale Lernfähigkeit im Alter kaum noch verbessert werden kann. Sinnvolles und bedeutsames Wissen wird im Alter leichter erlernt als unwichtiges Wissen, und die Lernprozesse benötigen mehr Zeit (Verlangsamungsfaktor).[16] *Wiest et al.* weisen in ihrer Arbeit darauf hin, dass es bedeutsam ist, ältere Menschen als heterogene Gruppe wahrzunehmen und nach Bildungsbedürfnissen zu differenzieren.[17] Dies stellt eine besondere Herausforderung für Bildungsanbieter dar, Bildungsprogramme für heterogene Zielgruppen zu erstellen, die nicht in isolierten, altershomogenen Gruppen lernen wollen.[18] *Witt* kommt zu dem Schluss, dass für bildungsferne ältere Menschen instrumentell organisierte Bildungsakteure und lehrerzentrierte Settings das ideale Lernkonzept sein können.[19]

Ältere Menschen benötigen Angebote, die Barrieren abbauen und geeignete Wege zur Vermittlung von Medienkompetenz.[20] Die *Initiative D21* hat festgestellt, dass institutionalisierte Bildungsangebote weitgehend fehlen und ein Gesamtkonzept erforderlich ist.[21] Ergebnisse aus praktischen Studien fehlen daher. *Szogiel et al.* untersuchten ein Multiplikatorenkonzept zur Förderung der Medienkompetenz bei älteren Menschen. Sie kamen zu dem Schluss, dass pädagogische Fachkräfte mit pädagogischen Grundkenntnissen hilfreich und geeignet sind, dass aber eine zusätzliche informelle Unterstützung mithilfe von Sprechstunden notwendig ist.[22] Insgesamt zeigt sich, dass zwar zahlreiche Konzepte zur

---

[16] Vgl. Seifert und Schelling (2015).

[17] Vgl. Wiest et al. (2018).

[18] Vgl. Tippelt et al. (2009).

[19] Vgl. Witt (2017).

[20] Vgl. Telefónica Deutschland Holding AG (2017).

[21] Vgl. Müller et al. (2016).

[22] Vgl. Sczogiel et al. (2020).

Förderung der Medienkompetenz älterer Menschen entwickelt wurden, es aber an Studien zur Evaluation dieser Ansätze und ihres Erfolgs mangelt.[23]

Im Rahmen des Projekts „*BLADL*" wurde ein Trainingskonzept entwickelt, um Bürger:innen 55+ gezielt Medienkompetenz zu vermitteln. Das Konzept wurde in zwei ländlichen Gemeinden im Bayerischen Wald, Frauenau[24] und Mauth-Finsterau,[25] erprobt und evaluiert.

8.3   Entwicklung von Weiterbildungs- und Unterstützungsangeboten zur Erhöhung der digitalen Medienkompetenz älterer Menschen

In einem ersten Schritt wurde eine Marktanalyse der bestehenden Bildungsangebote erstellt. In einer anschließenden Befragung in den Gemeinden Frauenau und Mauth-Finsterau wurden die Bürger:innen (55+) zur Nutzung digitaler Technologien, ihren Bedürfnissen, Hindernissen und Wünschen befragt. Darauf aufbauend wurden Weiterbildungs- und Unterstützungsangebote entwickelt, mit dem Ziel, die Medienkompetenz von Senior:innen zu verbessern.

8.3.1   Marktanalyse bestehender Bildungsangebote für Senioren

In einer Internetrecherche der bestehenden Bildungsangebote zu digitalen Technologien, wie z. B. Smartphone, Tablets und PCs, und digitalen Anwendungen und Diensten für Senior:innen, wurden insgesamt 40 Bildungsangebote von 31 verschiedenen Anbietern in Deutschland und Österreich untersucht. Bei den Anbietern handelt es sich überwiegend um Bildungseinrichtungen, Vereine oder private Unternehmen.

Je nach Angebot variiert die Gruppengröße der Teilnehmer zwischen 5 und 15 Personen und das Angebot reicht von minimal einer zweistündigen bis maximal zu sechs dreistündigen Einheiten. Die Hauptthemen sind Kommunikation per WhatsApp, E-Mail oder Skype, Fotos speichern und bearbeiten mit dem Smartphone/Tablet, oder Herunterladen und Installieren von Apps.

Die Bildungsanbieter nutzen als Lern-Methoden Vorträge und Übungen, Einzelberatungen, Gruppenarbeit, Online-Training, Selbstlernkurse oder Lern-Videos.[26]

---

[23] Vgl. Rasi et al. (2021).

[24] Gemeinde im Landkreis Regen, Niederbayern mit 2.665 Einwohnern von denen 686 Personen 65 Jahre und älter sind. Bayerisches Landesamt für Statistik (2021a).

[25] Gemeinde im Landkreis Freyung-Grafenau, Niederbayern mit 2.279 Einwohnern von denen 479 Personen 65 Jahre und älter sind. Bayerisches Landesamt für Statistik (2021b).

[26] Vgl. Telefónica Deutschland Holding AG (2017).

8.3.2 Umfrage zur Ermittlung der vorhandenen Medienkompetenz

Konzeptionierung der Umfrage

Damit genauere Erkenntnisse zur vorhandenen Medienkompetenz älterer Menschen gewonnen werden konnten, wurden im Jahr 2018 insgesamt an alle 681 Bürger:innen 55+,
mit Erstwohnsitz in der Gemeinde Mauth-Finsterau, per Post Fragebögen gesandt. Die
Bürger:innen wurden zur Nutzung digitaler Technologien, zu Bedürfnissen, Hindernissen
und Wünschen befragt, um passgenaue Unterstützungsangebote entwickeln zu können.

Am Ende des Erhebungszeitraums lagen 145 Fragebögen mit verwertbaren Antworten
aus Mauth-Finsterau vor (Rücklaufquote 21 %).

In der Gemeinde Frauenau wurden, im Rahmen einer Stichprobe, über die örtlichen
Vereinsverantwortlichen 89 Fragebögen gezielt an Bürger:innen 55+ verteilt und ausgefüllt zurückgesandt. Tab. 8.2 zeigt die Verteilung der Umfrageteilnehmer nach Altersgruppen.

Im Folgenden werden einige Ergebnisse dieser Umfrage vorgestellt.

Ergebnisse zur Nutzung von digitalen Technologien

Im ersten Teil der Befragung wurde die Häufigkeit der Nutzung digitaler Technologien
wie Mobiltelefone, Smartphones, Tablets und Computer (PCs, Laptops, Notebooks) abgefragt. Eine Mehrfachauswahl war möglich. Tab. 8.3 zeigt die detaillierten Ergebnisse.

Wurde bei der Häufigkeit der Verwendung *Nie* ausgewählt oder wurde *keine Antwort*
abgegeben, kann davon ausgegangen werden, dass keine entsprechenden Geräte im Haushalt vorhanden sind. Die Antworten *Täglich, Wöchentlich* und *Seltener* wurde in der
Kategorie *Regelmäßig* subsummiert. Tab. 8.4 zeigt daher die bereinigten Ergebnisse. Eine
Mehrfachauswahl war möglich.

Tab. 8.2 Verteilung der Umfrageteilnehmer nach Altersgruppen (N = 234)

Altersgruppe	Anzahl	Anteil aus N = 234
55–64 Jahre	112	48 %
65–74 Jahre	90	38 %
75–84 Jahre	22	9 %
unbekannt	10	4 %

Tab. 8.3 Nutzung digitaler Technologien nach Häufigkeit und Gerätetyp (N = 234)

Häufigkeit	Mobiltelefon	Smartphone	Computer	Tablet
Täglich	19 %	41 %	39 %	18 %
Wöchentlich	6 %	3 %	12 %	6 %
Seltener	16 %	2 %	13 %	5 %
Nie	12 %	24 %	18 %	36 %
Keine Antwort	47 %	30 %	18 %	35 %

Tab. 8.4 Häufigkeit der Nutzung digitaler Technologien (bereinigte Ergebnisse) (N = 234)

	Mobiltelefon	Smartphone	Computer	Tablet
Regelmäßig	41 %	46 %	64 %	29 %
Nie	59 %	54 %	36 %	71 %

Es kann nicht ausgeschlossen werden, dass der Unterschied zwischen Mobiltelefonen und Smartphones nicht jedem Befragten klar war. Insgesamt gaben jedoch 216 Befragte (» 92 %) an, dass sie zumindest ein Mobiltelefon oder ein Smartphone benutzen. Nur 6 Personen (» 3 %) gaben an, keines der genannten Geräte zu nutzen oder beantworteten die Frage nicht.

Ergebnisse zur Nutzung von Anwendungen und Diensten
Im Fragebogen wurde auch gefragt, welche digitalen Anwendungen und Dienste die Bürger:innen bereits nutzen. Eine Mehrfachauswahl war möglich.

Abb. 8.1 zeigt eine Liste der von den Bürger:innen genutzten Dienste und Anwendungen, sortiert nach Häufigkeit (N = 234).

Die Bürger:innen erklärten vor allem, dass sie Telefonie (76 %), Senden und Empfangen von E-Mails (55 %), Nachrichtenversand per WhatsApp (53 %), sonstige Messenger-

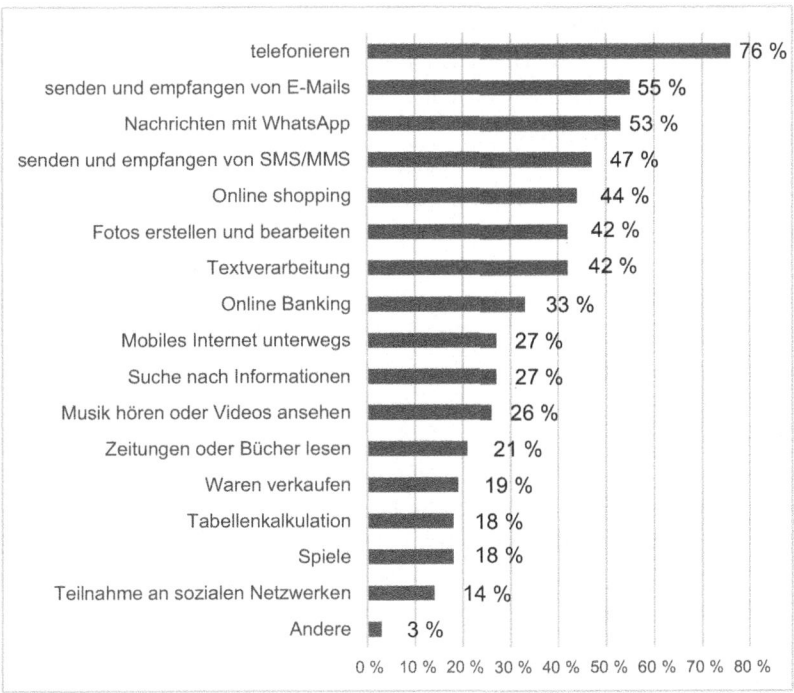

Abb. 8.1 Umfrageergebnisse zur Nutzung digitaler Anwendungen und Dienste, eigene Darstellung

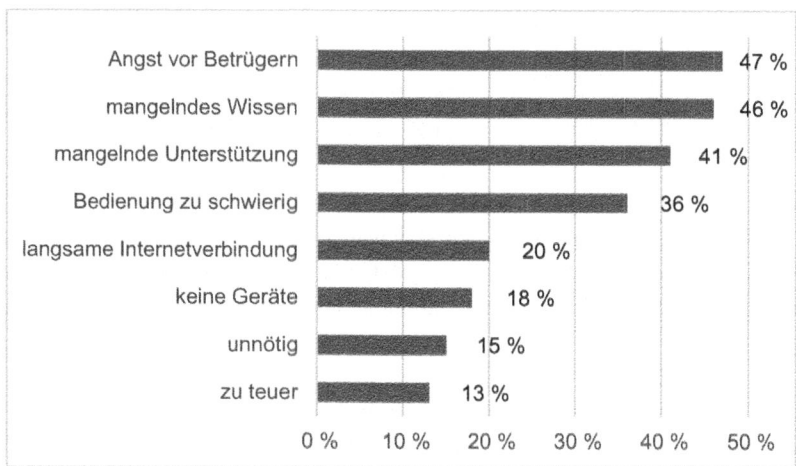

Abb. 8.2 Umfrageergebnisse zu der Frage, welche Gründe die Bürger:innen an der Nutzung digitaler Technologien hindern (N = 234), eigene Darstellung

Dienste wie SMS/MMS (47 %) sowie Such- und Bestellmöglichkeiten im Internet (44 %) nutzen würden. Ein weiterer Hauptanwendungsbereich ist die Textverarbeitung am PC/Computer (42 %). Das Fotografieren sowie das Bearbeiten und Versenden von Fotos ist ebenfalls eine der Hauptanwendungen (42 %).

Eher weniger nutzen die Befragten Online-Banking. Eine Erklärung dafür ist in Abb. 8.2 ersichtlich, da fast die Hälfte der Befragten angibt, Angst zu haben, von Betrügern missbraucht zu werden. Spiele oder auch Dienste wie eBay und Facebook spielen mit 14 % eine untergeordnete Rolle.

Ein Vergleich mit ähnlichen Studien kann nur anhand der verschiedenen untersuchten Altersgruppen differenziert werden. Darüber hinaus ist auch der untersuchte geografische Standort entscheidend für die Bewertung. In dieser Hinsicht sind die Ergebnisse nur bedingt vergleichbar.

Betrachtet man andere Studien zur Nutzung der Anwendungen und Dienste, so ergeben sich sowohl Parallelen als auch Widersprüche. Die Studie über Menschen über 50 Jahre, „Technology use in everyday life: implications for older users (2012)",[27] zeigt, dass 65 % der Befragten E-Mail-Dienste nutzen. In dieser Studie wird auch die Altersgruppe der 50- bis 55-Jährigen betrachtet, die in der vorliegenden Studie nicht berücksichtigt wurde. Diese Altersgruppe ist jedoch aufgrund der Nutzung moderner Technologien im Berufsleben bereits stärker technikorientiert und erklärt die Diskrepanz der Ergebnisse. Bei der Nutzung von Messaging-Diensten (z. B. WhatsApp) sind die Ergebnisse nahezu identisch mit den Erhebungen im Projekt *mobi.Senior.A*.[28] Interessanterweise unterscheidet sich die Nutzungsrate von Online-Banking-Diensten, Musik- und Video-Streaming sowie der Erstellung und

---

[27] Vgl. Caprani et al. (2012).

[28] Vgl. Amann-Hechenberger et al. (2015).

Tab. 8.5 Vergleich von Umfrageergebnisse zu den in Anspruch genommenen Diensten

Dienste	THD (2019)	Mobi. senior. A (2015)	Telefonica (2015)	A1 (2014)	DIVSI (2016)	Caprani (2012)
Telefonieren	76 %	n/a	n/a	n/a	n/a	90 %
Senden und empfangen von E-Mails	55 %	77 %	78 %	21 %	87 %	65 %
Messengerdienste	53 %	55 %	28 %	n/a	26 %	n/a
Senden und empfangen von SMS	47 %	88 %	n/a	38 %	n/a	n/a
Online shopping	44 %	n/a	29 %	n/a	41 %	n/a
Fotos erstellen und bearbeiten	42 %	96 %	n/a	n/a	n/a	47 %
Online Banking	33 %	n/a	30 %	n/a	n/a	32 %
Suche nach Informationen	27 %	n/a	41 %	21 %	86 %	63 %
Musik hören/Videos ansehen	26 %	62 %	23 %	n/a	6 %	28 %
Zeitungen/Bücher lesen	21 %	n/a	50 %	n/a	9 %	n/a
Spiele	18 %	n/a	45 %	n/a	9 %	n/a
Teilnahme in sozialen Netzwerken	14 %	22 %	18 %	n/a	n/a	n/a

Bearbeitung von Fotos mit den Erhebungen von *Caprani*[29] nur geringfügig. Laut einer Studie von *DIVSI* wird Online-Shopping von 41 % der über 60-Jährigen genutzt und ist fast identisch mit den vorliegenden Zahlen (44 %).[30] Von geringerer Bedeutung bei der Nutzung sind Dienste wie das Lesen von Zeitungen, Spiele und soziale Netzwerke (Facebook).

Ein Vergleich der Ergebnisse verschiedener Studien über die Nutzung digitaler Dienste ist in Tab. 8.5 dargestellt.

Ergebnisse zu den Gründen, die an der Nutzung digitaler Technologien hindern
Ein wesentlicher Grund, warum Senior:innen digitale Technologien nicht nutzen, sind die subjektiv empfundenen Schwierigkeiten. Auch *DIVSI* kommt zu diesem Schluss.[31] Im Projekt *mobi.senior.A* wurde festgestellt, dass Usability-Probleme Hürden sind, an denen ältere Menschen scheitern, wenn es niemanden gibt, der ihnen zeigt wie sie vorgehen sollen.[32]

Im Rahmen unserer Umfrage wurden die Bürger:innen auch nach Gründen gefragt, die sie von der Nutzung digitaler Technologien abhalten.

Der am häufigsten genannte Grund war die Angst vor Betrügern (47 %). Dieses Ergebnis wird in keiner der untersuchten Studien genannt. Die Ergebnisse der Studien beziehen sich im Allgemeinen auf Datenschutz- und Datensicherheitsaspekte, die an der Nutzung hindern.

---

[29] Vgl. Caprani et al. (2012).
[30] Vgl. Deutsches Institut für Vertrauen und Sicherheit im Internet (2016).
[31] Vgl. Deutsches Institut für Vertrauen und Sicherheit im Internet (2016).
[32] Vgl. Amann-Hechenberger et al. (2015).

Weitere wichtige Gründe für Nichtnutzung sind mangelndes Wissen (46 %), fehlende Unterstützung im Umgang mit digitalen Technologien (41 %) sowie deren schwierige Bedienung. Ein langsamer Internetzugang oder zu hohe Investitionen werden nicht als relevant angesehen.

Die detaillierten Ergebnisse sind in Abb. 8.2 dargestellt. Eine Mehrfachauswahl war möglich.

Ergebnisse zu gewünschter, zusätzlicher Unterstützung

In der Umfrage wurde auch der Frage nachgegangen, wo Senior:innen Unterstützung im Umgang mit digitalen Technologien suchen. In Abb. 8.3 sind die Ergebnisse aufgeführt. Mehrfachnennungen waren möglich.

Die Umfrage hat gezeigt, dass die Mehrheit der Nutzer:innen digitaler Technologien (80 %) Hilfe und Unterstützung von der eigenen Familie, wie Partner und Kindern, erhält. Wesentlich weniger gaben an, Hilfe bei Nachbarn oder Bekannten (35 %), im Internet selbst (30 %) und bei kommerziellen Anbietern zu suchen. Auch die eigene Problemlösung hat mit 27 % nur einen geringen Stellenwert. Manche suchen gar keine Unterstützung, sondern brechen die Nutzung ab (26 %).

Häufig reicht die Unterstützung innerhalb der Familie nicht aus und es wird zusätzliche Hilfe benötigt. Die Umfrage zeigt, dass die Bürger:innen Übungen mit einem Coach bevorzugen würden, sowie die Möglichkeit zum Besuch von digitalen Sprechstunden hätten.

Bedarf besteht auch an traditionellen Angeboten wie Kursen oder Seminaren in Bildungseinrichtungen. Das Interesse an digitalen Arbeitsblättern für Tablets, PCs oder Bücher ist eher gering. Auch Videokurse scheinen von geringerer Bedeutung zu sein.

Die Ergebnisse für die Frage, welche Unterstützungsangebote die Bürger:innen suchen, sind in Abb. 8.4 dargestellt. Eine Mehrnennungen waren möglich.

Die Auswertung der Ergebnisse zeigt, dass Schulungen oder Seminare zu digitalen Themen allein nicht ausreichen. Es müssen zusätzliche Unterstützungsformate angeboten

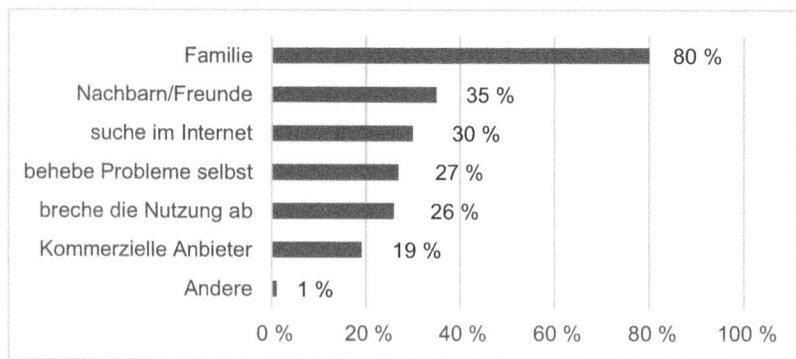

Abb. 8.3 Umfrageergebnisse zur Unterstützungsart bei der Nutzung digitaler Technologien (n = 195), eigene Darstellung

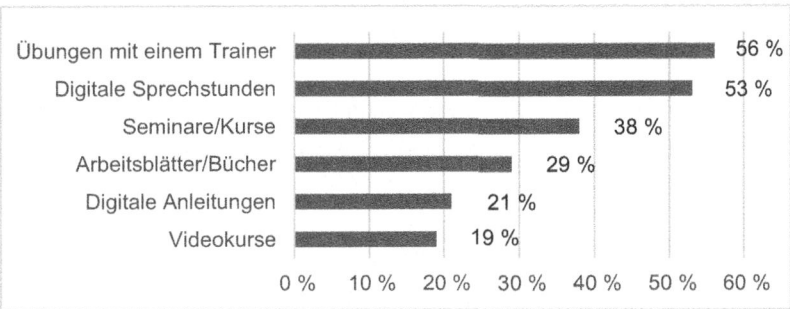

Abb. 8.4 Umfrageergebnisse zur Frage, nach welchen Unterstützungsangeboten die Bürger:innen suchen (n = 111), eigene Darstellung

werden, um das Gelernte vertiefen oder auftretende Probleme lösen zu können. Die *Telefonica-Studie* und *mobi.senior.A* kommen zu den gleichen Ergebnissen.[33,34] Ältere Menschen brauchen nicht nur jemanden, der ihnen die wichtigsten Funktionen und Bedienmöglichkeiten zeigt, sondern der auch relativ schnell helfen kann, wenn sie nicht weiter wissen, so die Ergebnisse des Projekts *mobi.senior.A*.[35] Noch deutlicher wird dies in der Studie von *Telefonica*.[36] Die Autoren kommen zu dem Schluss, dass Unterstützungsdienste für Menschen benötigt werden, die keinen Kurs besuchen oder niemanden in ihrer Nähe haben, an den sie sich wenden können, wenn sie Hilfe suchen.

8.3.3 Umsetzung des Weiterbildungsangebotes in die Praxis

Unter Berücksichtigung der Analyse der bestehenden Bildungsangebote (Abschn. 8.3.1) und der Ergebnisse der vorangegangenen Bürgerbefragung (Abschn. 8.3.2) wurde ein Weiterbildungskonzept entwickelt, das aus zwei Komponenten besteht. Zum einen finden die Schulungen in kleinen Gruppen mit einem professionellen Trainer statt, zum anderen wurde eine regelmäßige digitale Sprechstunde eingerichtet.

Die Konzeption der Schulungsmaßnahmen orientierte sich dabei an folgenden Rahmenbedingungen:

- kurze Kurszeiten (maximal 2–3 Stunden)
- ausreichend Pausen einplanen
- in sich abgeschlossene Themen – kein modularer Aufbau
- ausreichend Zeit für Fragen und Übungen

---

[33] Vgl. Telefónica Deutschland Holding AG (2017).
[34] Vgl. Amann-Hechenberger et al. (2015).
[35] Vgl. Amann-Hechenberger et al. (2015).
[36] Vgl. Telefónica Deutschland Holding AG (2017).

- Lernen am Wohnort des Seniors
- kleine Gruppen mit individueller Betreuung.

Dabei wurde besonders darauf geachtet, dass alle Angebote seniorengerecht sind. Unter anderem musste auf Barrierefreiheit der Schulungsräume geachtet oder die altersgerechte grafische Gestaltung der Schulungsunterlagen (z. B. in Bezug zu Schriftgröße/Kontrast) gewährleistet werden.

Alle Angebote waren für die Bürger:innen kostenlos und unverbindlich. Um auch Menschen anzusprechen, die derzeit nicht über ein geeignetes Gerät verfügen, wurde ein Pool von Trainingsgeräten (Smartphones, Tablets und Laptops) eingerichtet, die den Teilnehmer:innen für die Schulungen zur Verfügung gestellt werden konnten.

Im Folgenden werden die beiden umgesetzten Unterstützungsangebote näher beschrieben.

Schulungen

Die wesentliche Wissensvermittlung fand im Rahmen von Schulungen in kleinen Gruppen (6–8 Teilnehmer:innen) statt, wobei jede Sitzung einen in sich abgeschlossenen Themenblock[37] behandelt. Außerdem fanden die Kurse lokal (in den Gemeinden) statt, sodass längere Fahrstrecken vermieden wurden.

Der Inhalt der Schulungen konzentriert sich auf die Funktionalität; technologiespezifisches Hintergrundwissen (z. B. die Beschreibung der Ende-zu-Ende-Verschlüsselung) wird nur dann behandelt, wenn es zwingend notwendig ist. Dementsprechend werden die Kursthemen immer zielgerichtet beschrieben, z. B. „Kurznachrichten von und an Kinder, Enkelkinder und Freunde über WhatsApp". Damit soll die erste Hemmschwelle für die direkte Nutzung der neuen Technologien überwunden werden. Die Teilnehmer:innen sollten einen unmittelbaren Mehrwert aus der Teilnahme erzielen können.

Während der Schulung wurden die Teilnehmer:innen Schritt für Schritt an ein praktisches Ziel herangeführt (z. B. das Versenden eines Bildes über WhatsApp). Dies wurde unter anderem mit Übungen erreicht, die selbstständig auf dem eigenen Gerät umgesetzt werden können, um das Wissen zu vertiefen. Für einen einzelnen Kurs waren regelmäßig nicht mehr als zwei Stunden vorgesehen, um einen nachhaltigen Wissenserwerb zu fördern und die Teilnehmer:innen nicht zu überfordern.

Um weitere Informationen zu erhalten oder alle Lerninhalte kompakter nachschlagen zu können, erhielten alle Teilnehmer:innen ein Kursheft, das die Inhalte der Schulung und teilweise weitere gedruckte (auch technische) Informationen enthält.

> **„Ältere Menschen bevorzugen ein schriftliches Kursheft, damit sie in Ruhe nachlesen können, was sie unter Anleitung gesehen und getan haben."[38]**

---

[37] Keine hierarchische Kursstruktur. Jeder Themenblock kann unabhängig von der Teilnahme an den anderen Kursen besucht werden.

[38] Vgl. Kubicek (2019).

Im Projekt „*BLADL*" wurden Schulungen zu folgenden Themen angeboten:

- Wie funktionieren Smartphones, Tablets & Co.?
- Kurznachrichten von und an Kinder, Enkelkinder und Freunde über WhatsApp
- Kurznachrichten von und an Kinder, Enkelkinder und Freunde per E-Mail
- Informationen über Ärzte, Medizin und Urlaub – mit dem Tablet im Internet
- Grundlagen der Textverarbeitung mit Microsoft Word
- Schöne Fotos mit dem Smartphone machen, bearbeiten und speichern
- Keine Angst vor Onlinebanking
- Sicheres Einkaufen im Internet

Bei der Durchführung der Kurse stellte die Heterogenität der Endgeräte (insbesondere bei Smartphones und Tablets) eine besondere Herausforderung dar. Oft sind Menüs, Funktionen oder Beschriftungen sehr unterschiedlich, was es den Teilnehmenden teils schwer macht, zu folgen. Die Trainer:innen musste daher besonders darauf achten, die Logik eines Systems zu vermitteln und keine starren Schritt-für-Schritt-Einführungen zu geben, die auf manchen Endgeräten nicht funktionieren. Technisch gesehen kann die Spiegelung des Bildschirms mit einem Lerngerät auf dem Projektor sehr hilfreich sein, um diese Schwierigkeiten zu lösen. Außerdem mussten die Trainer:innen einige Teilnehmer:innen während der Schulung auf ihren eigenen Geräten unterstützen, damit alle dem Kurs folgen konnten. Daher ist insbesondere bei Smartphone- und Tablet-Kursen ein sehr hohes Maß an (vor allem technischer) Affinität der Lehrkraft erforderlich, um den Teilnehmer:innen bei Bedarf auf ihrem eigenen Gerät helfen zu können.

Für die Teilnahme an den Schulungen war eine Anmeldung erforderlich, um kleine Gruppengrößen gewährleisten zu können. Diese Gelegenheit wurde u. a. auch dazu genutzt, um einige kursrelevante Informationen im Vorfeld abzufragen (z. B. ist ein Google-Account vorhanden?) und die Schulungen entsprechend vorzubereiten.

Digitale Sprechstunden
Zusätzlich zu den Schulungen wurden digitale Sprechstunden eingerichtet, die ergänzend eingesetzt wurden, sodass die Bürger:innen die Möglichkeit hatten, bei Fragen und Problemen rund um digitale Technologien weitere Unterstützung zu erhalten.

Das Angebot sollte detailliertere Informationen zu Besonderheiten und individuellen technischen Fragen und Problemen enthalten. Darüber hinaus sollte das Gefühl der Sicherheit vermittelt werden, bei Problemen mit einem Gerät einen Ansprechpartner zu haben. So sollten die Bürger:innen ermutigt werden, selbst mit den Geräten zu experimentieren.

Die digitale Sprechstunde im Rahmen des Projekts „*BLADL*" fand im wöchentlichen Rhythmus für zwei Stunden pro Gemeinde statt. Die Bürger:innen konnten dieses Angebot auch ohne Anmeldung wahrnehmen und hatten so die Möglichkeit, sich kostenlos von erfahrenen Mitarbeiter:innen helfen zu lassen.

Interessant ist in diesem Zusammenhang, dass das Angebot in Frauenau mit durchschnittlich 6 Personen pro Woche sehr gut angenommen wurde, während in Mauth-

Finsterau im Schnitt nur eine Person das Angebot nutzte, was durch die deutlich geringere
Einwohnerzahl erklärt werden kann.

Langfristiges Ziel der digitalen Sprechstunde war es, den Austausch zwischen den Bür-
ger:innen untereinander zu fördern und die Senior:innen zu ermutigen, sich gegenseitig in
technischen Fragen zu unterstützen.

In der Gemeinde Frauenau wurden hier bereits erste Erfolge erzielt. Schon während der
regelmäßigen digitalen Sprechstunde halfen sich die Senior:innen gegenseitig bei kleineren
Problemen. Das Angebot wurde auch dazu genutzt, im Rahmen eines *digitalen Stammti-
sches*, neue Kontakte zu knüpfen und sich bei Kaffee und Kuchen auch privat auszutauschen.

8.3.4 Zusammenfassung

Im Rahmen des Forschungsprojekts „*BLADL*" wurden bestehende Schulungsangebote
für Senior:innen evaluiert (Abschn. 8.3.1) und Bürger:innen 55+ in den Gemeinden Frauenau und Mauth-Finsterau nach ihren Präferenzen und Wünschen für (zusätzliche) Schulungen im Bereich digitaler Technologien befragt (Abschn. 8.3.2). Auf Basis dieser Ergebnisse wurde ein zweiteiliges Schulungskonzept, bestehend aus Schulungen einerseits und
einer regelmäßigen digitalen Sprechstunde andererseits, entwickelt und durchgeführt

Bis September 2019 wurden insgesamt 51 Tutorien mit 389 Teilnehmenden und 46
digitale Sprechstunden mit 227 Teilnehmer:innen erfolgreich durchgeführt und initial evaluiert. Es ist festzustellen, dass das zweiteilige Konzept von den Bürger:innen sehr gut
angenommen und bewertet wurde.

Die in der digitalen Sprechstunde gemeldeten Probleme wurden immer komplexer, was
darauf hindeutete, dass die Bürger:innen neue digitale Technologien für sich nutzten und
damit experimentierten. Die Bürger:innen begannen sogar, das Angebot anderen Seni-
or:innen weiterzuempfehlen.

Ab September 2019 wurden die Sprechstunden zur Verstetigung an lokale Dorfinitiati-
ven in beiden Gemeinden überführt.

8.4   Evaluation des Weiterbildungskonzeptes

In einem nächsten Schritt wurde eine Langzeitevaluation des zweiteiligen Schulungskonzepts durchgeführt, um die Nachhaltigkeit und den Wissenstransfer bewerten zu können.

8.4.1 Durchführung einer quantitativen Querschnittsstudie

Um zu evaluieren, ob das seniorengerechte Schulungskonzept des Projekts „*BLADL*"
zur Vermittlung von Medienkompetenz geeignet ist, Menschen im Alter von 55+ einen
nachhaltigen Umgang mit digitalen Technologien zu vermitteln und Nutzungsängste ab-

zubauen, wurde eine quantitative Querschnittsstudie mit einem teilstandardisierten Fragebogen mit offenen und geschlossenen Fragen unter allen Teilnehmer:innen der durchgeführten Seminare und Sprechstunden durchgeführt. Die Fragebogenmethode wurde gewählt, da sie zuverlässige, objektive und valide Daten gewährleistet.[39]

Der Fragebogen ist in sechs Abschnitte unterteilt. In Abschn. 1 wurde nach dem persönlichen Lernerfolg gefragt, in Abschn. 2 wurde die persönliche Medienkompetenz der Teilnehmer:innen erhoben. In den Abschn. 3, 4 und 5 wurden die Teilnehmer:innen nach ihrer Zufriedenheit und ihrer Einschätzung des Gesamtkonzepts der Seminare und Sprechstunden gefragt, bevor schließlich in Abschn. 6 soziodemografische Daten erhoben wurden.

Der Fragebogen wurde am 11.11.2019 per Post an alle Personen verschickt, die entweder an einem Seminar oder an mindestens einer Sprechstunde teilgenommen und ihr Einverständnis zur Datenverarbeitung gegeben hatten.

Dem Fragebogen lag ein frankierter Rückumschlag bei; die Rückgabe war bis zum 30.11.2019 möglich.

8.4.2 Umfrageergebnisse

In diesem Abschnitt werden die Ergebnisse der Umfrage vorgestellt. Aus Gründen der Vereinfachung wurden alle Werte auf die nächste Ganzzahl gerundet.

Insgesamt wurden exakt 100 Fragebögen an die Teilnehmer:innen der Schulungen bzw. Sprechstunden verschickt. Bis zum Einsendeschluss wurden 76 Fragebögen zurückgesandt (Brutto-Rücklaufquote: 76 %). 2 Personen davon gaben an, jünger als 55 Jahre zu sein und nicht zur definierten Zielpopulation zu gehören. Die Netto-Rücklaufquote betrug entsprechend 74 %.

Sozio-demografische Merkmale
32 % aller Teilnehmer:innen sind zwischen 55 und 64 Jahre alt. Mehr als die Hälfte (55 %) sind zwischen 65 und 74 Jahre alt, 12 % sind 75 Jahre und älter.

Abb. 8.5 zeigt die Altersstruktur in Kombination mit dem Geschlecht der Umfrageteilnehmer:innen, die den Fragebogen zurückgeschickt haben und zur Zielpopulation gehörten.

Alle Befragten stammen aus den Gemeinden Mauth-Finsterau oder Frauenau bzw. den umliegenden Ortschaften.

Bewertung des Lernerfolgs
Zur Einordnung des Lernerfolgs wurden die Teilnehmer:innen zunächst gefragt, inwieweit sie der Aussage *„schon vor dem Seminarbesuch wusste ich viel über digitale Technik und konnte sie bedienen"* zustimmen. 10 % der Teilnehmer:innen gaben an, der Aussage zuzustimmen, 30 % stimmten eher zu, 36 % stimmten eher nicht zu und 25 % stimmten nicht zu (n = 73).

---

[39] Vgl. Döring und Bortz (2016).

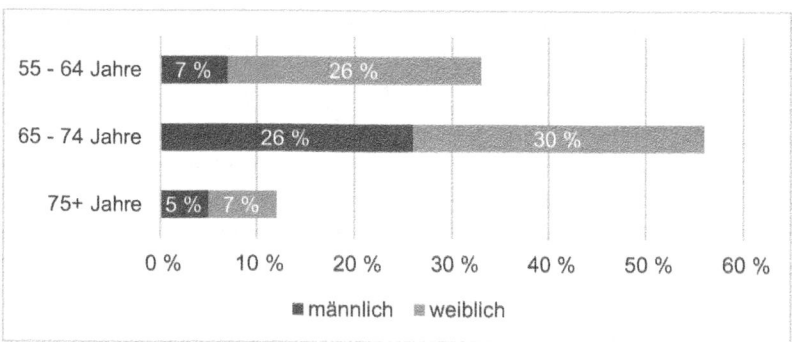

Abb. 8.5 Verteilung der Umfrageteilnehmer:innen nach Alter und Geschlecht (n = 74), eigene Darstellung

Tab. 8.6 Antworten der Teilnehmer:innen auf die Frage, was sich im Hinblick auf die Nutzung digitaler Geräte und Dienste geändert hat, seit sie eine Schulung besucht haben

Durch die Teilnahme an einer Schulung zu digitalen Geräten und Diensten …	Stimme zu	Stimme eher zu	Stimme eher nicht zu	Stimme nicht zu
… haben sich meine Kenntnisse verbessert *(n = 74)*	72 %	22 %	1 %	3 %
… fühle ich mich ermutigt, diese im Alltag alleine zu nutzen *(n = 72)*	67 %	25 %	3 %	3 %
… hat sich meine Angst vor der Nutzung verringert *(n = 74)*	58 %	24 %	7 %	5 %

Darüber hinaus hatten die Teilnehmer:innen die Möglichkeit anzugeben, inwieweit sich ihr Wissen durch die Teilnahme an mindestens einer Schulung über digitale Geräte und Dienste verbessert hat, ob sie sich ermutigt fühlten, diese im Alltag selbst zu nutzen und ob sich ihre Angst vor deren Nutzung verringert hat. Die Ergebnisse sind in Tab. 8.6 dargestellt.

Nach der Teilnahme an mindestens einem Seminar gaben 86 % (n = 74) der Teilnehmer:innen an, mindestens ein digitales Gerät (Smartphone, Computer oder Tablet) häufiger zu nutzen als zuvor. Die Ergebnisse sind in Tab. 8.7, aufgeschlüsselt nach den einzelnen Geräten, dargestellt.

Insgesamt gaben 82 % der Befragten *(n = 74)* an, dass sich ihr Wissen über digitale Technologien nach der Teilnahme an den Schulungen verbessert hat, 15 % gaben an, dass es gleich geblieben ist, und 3 % gaben an, dass es sich verschlechtert hat (*siehe* Abb. 8.6).

Zusammenfassend lässt sich feststellen, dass 84 % der Teilnehmer:innen der Aussage, dass neue Technologien ihren Alltag erleichtern, zumindest eher zustimmen, und 66 % geben sogar an, dass es für sie sehr schwierig oder schwierig wäre, auf die Nutzung neuer Technologien zu verzichten. Nur 8 % gaben an, dass es für sie sehr leicht oder leicht wäre, auf neue Technologien zu verzichten (n = 74).

Tab. 8.7 Antworten der Teilnehmer:innen auf die Frage, ob sie nach der Teilnahme an mindestens einem Seminar ein digitales Gerät häufiger nutzen als zuvor

Häufigkeit der Nutzung	Smartphone (n = 71)	Computer (n = 54)	Tablet (n = 33)
Häufiger	72 %	50 %	45 %
Gleich	25 %	46 %	42 %
Seltener	4 %	4 %	12 %

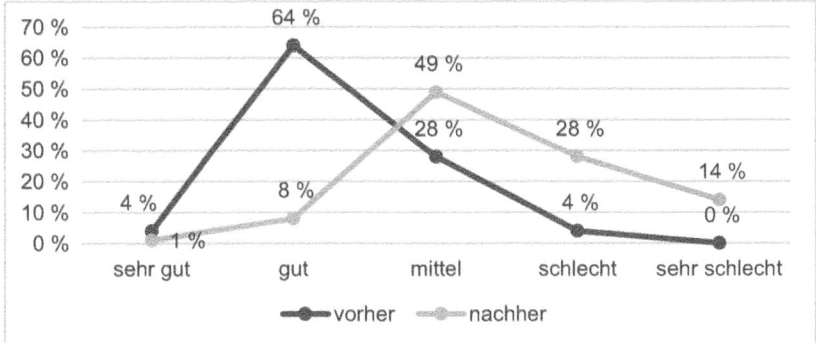

Abb. 8.6 Selbsteinschätzung der Teilnehmer:innen zu ihrer Kompetenz im Umgang mit digitalen Technologien vor und nach der Teilnahme an den Schulungen (n = 74), eigene Darstellung

Bewertung des Schulungskonzepts

Die Teilnehmer:innen wurden nach ihrer Gesamtzufriedenheit mit den Schulungen und/ oder den Sprechstunden befragt. Auf einer Skala von 1–5 Punkten, wobei Punkt 1 für *sehr zufrieden* und Punkt 5 für *unzufrieden* steht, gaben 95 % (*n = 76*) der Befragten an, mindestens *eher zufrieden* mit den Schulungen und 96 % (n = 50) gaben an, mindestens *eher zufrieden* mit den Sprechstunden zu sein. Außerdem gaben 97 % (*n = 74*) an, dass sie die Schulungen eher weiterempfehlen würden, und 96 % (*n = 50*) gaben dasselbe für die Sprechstunden an.

Von den Teilnehmer:innen gaben zudem 81 % (*n = 69*) an, dass sie mit hoher Wahrscheinlichkeit auch an ähnlichen Kursangeboten teilnehmen würden, bzw. 83 % (*n = 48*) an vergleichbaren Sprechstunden.

In einem Freitextfeld hatten die Befragten die Möglichkeit zu beschreiben, was ihnen an den Schulungen bzw. Sprechstunden gefallen hat und konnten Verbesserungsvorschläge äußern. Die qualitative Auswertung der Antworten ergab, dass den Schulungsteilnehmer:innen vor allem die intensive Betreuung mit der Möglichkeit Fragen zu stellen, die kleinen Gruppengrößen und die ausführlichen und praxisnahen Schritt-für-Schritt-Anleitungen gefallen haben. Dennoch wurde häufig der Wunsch nach einer noch intensiveren Betreuung und noch kleineren Gruppen geäußert. Verbesserungsmöglichkeiten bestünden nach Meinung der Teilnehmer:innen darin, den individuellen Wissensstand vorab abzufragen und homogenere Gruppen nach Wissensstand zu bilden. Unterschiedliche Meinungen gab es zum Zeitrahmen der Schulungen von 2–3 Stunden am Nachmittag. Während einige Teilnehmer:innen den Zeitrahmen für geeignet hielten, gaben andere an, dass ein längerer Zeitrahmen von Vorteil wäre und die Kurszeiten besser in die Vormittage passen würden. Auch der Wunsch nach Aufbau- und Folgekursen wurde vielfach geäußert.

Die Frage, ob die Sprechstunde einen entscheidenden Vorteil gegenüber anderen Unterstützungsmöglichkeiten (z. B. Hilfe durch die Familie oder Freunde) hat, bejahten 83 % der Teilnehmer:innen. Im Vergleich dazu verneinten 2 % die Frage und 15 % waren unentschlossen (n = 48). In einem Freitextfeld nannten die Teilnehmer:innen am häufigsten die Kompetenz und Geduld der Betreuer:innen als Vorteile der Sprechstunde. Feste Termine und schnelle Hilfe bei Problemen wurden als weitere Vorteile genannt.

In diesem Zusammenhang wurde oft geäußert, dass man sich schämen würde, in der Familie um Hilfe zu bitten. Zum Beispiel die Aussage eines Teilnehmers: ‚Kinder haben keine Geduld, da heißt es gleich, das habe ich Dir schon gezeigt.‘ Ein weiterer Grund ist, dass sie niemanden (Familie) zur Last fallen möchten.

Außerdem wurden die Teilnehmer:innen nach dem Preis, den sie für ein ähnliches Angebot zahlen würden, gefragt und nach der Entfernung, die sie fahren würden, um an einem ähnlichen Angebot teilzunehmen. Die Ergebnisse sind in Abb. 8.7 und 8.8 dargestellt.

Abb. 8.7 zeigt, dass die meisten bereit sind, bis zu 15 € für Schulungen und/oder Sprechstunden zu zahlen (Schulungen 83 %, Sprechstunden 100 %). Weniger als die Hälfte wäre bereit, für bis zu 25 € zu zahlen (Schulungen 40 %, Sprechstunden 35 %), während nur ein kleiner Teil bereit ist, einen höheren Preis zu zahlen (Schulungen 4 %, Sprechstunden 3 %).

Abb. 8.8 zeigt, dass im Durchschnitt 89 % aller Teilnehmer:innen bereit sind, bis zu 15 km zu fahren, um Schulungen und/oder Sprechstunden zu besuchen.

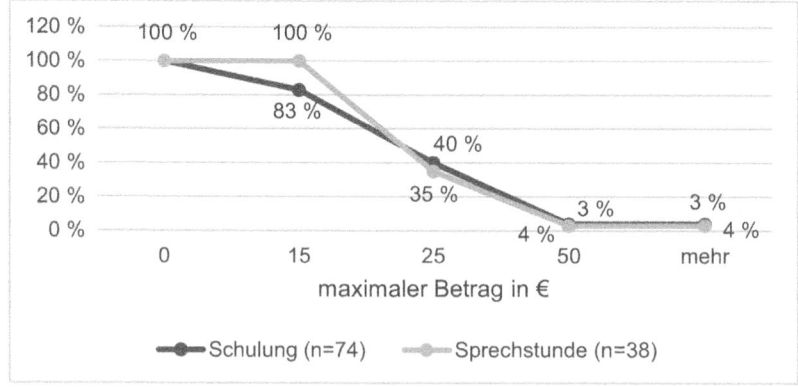

Abb. 8.7 Akzeptierter Preis für die Teilnahme an ähnlichen Angeboten wie den Schulungen/Sprechstunden, eigene Darstellung

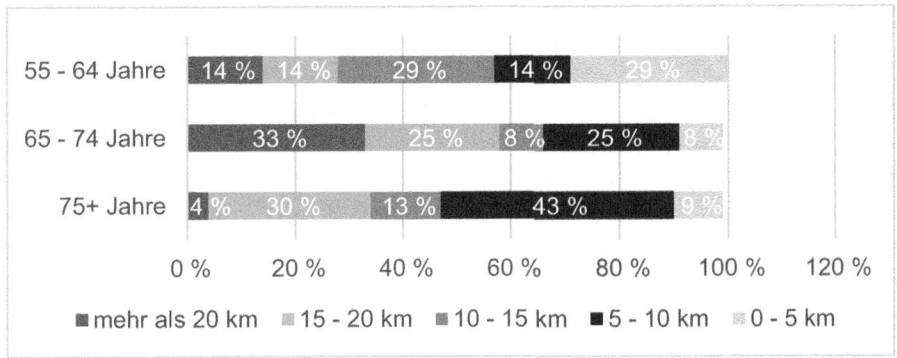

Abb. 8.8 Akzeptierte Entfernung zum Besuch ähnlicher Angebote wie Schulungen/Sprechstunden nach Altersgruppen, eigene Darstellung

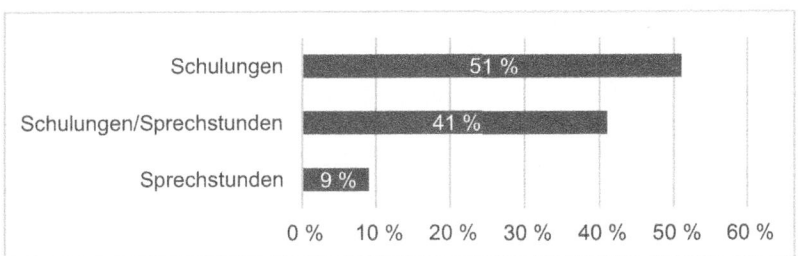

Abb. 8.9 Einschätzung der Teilnehmer:innen über die Nützlichkeit von Schulungen und/oder Sprechstunden im Vergleich, eigene Darstellung

Im Gesamtergebnis lässt sich feststellen, dass 51 % der Teilnehmer:innen angaben, dass ihnen die Schulungen am meisten geholfen haben, und 41 % meinen, dass die Kombination aus Sprechstunden und Schulungen am hilfreichsten war. Nur 9 % gaben an, dass der Besuch der Sprechstunden allein am hilfreichsten war. Keiner (0 %) der Teilnehmer:innen gab an, dass keines der Angebote hilfreich war (n = 69), wie Abb. 8.9 zeigt.

8.5   Zusammenfassung

In diesem Beitrag wurde untersucht, ob das in der Praxis umgesetzte, seniorengerechte Schulungskonzept des Projekts „*BLADL*" zur Vermittlung von Medienkompetenz – wie in Abschn. 8.3.3 beschrieben – geeignet ist, Menschen im Alter von 55+ einen nachhaltigen Umgang mit digitalen Technologien zu vermitteln und Ängste vor deren Nutzung abzubauen. Dazu wurde eine quantitative Querschnittstudie unter allen Personen durchgeführt, die an mindestens einer Schulung oder mindestens einer Sprechstunde teilgenommen und ihr Einverständnis zur Datenverarbeitung gegeben haben.

Dabei gaben 82 % der Befragten an, dass sich ihre Medienkompetenz nach der Teilnahme an einer Schulung verbessert hat und 86 % gaben an, mindestens ein digitales Gerät nun häufiger zu nutzen.

In einer Umfrage von 2018 gaben die meisten Befragten in der Altersgruppe 55+ an, dass sie u. a. aus Angst vor Betrügern, aufgrund mangelndem Wissen oder weil die Bedienung zu schwierig ist, keine digitalen Geräte nutzen. Im Rahmen des Projektes konnte nachgewiesen werden, dass diese Hinderungsgründe zur Nutzung für die Teilnehmer:innen mit Hilfe von Schulungen, wie Tab. 8.6 zeigt, deutlich verringert werden kann (*stimme zu:* 58 %, *stimme eher zu:* 24 %). In der Studie von *Wilhelm et al.* gaben 46 % aller Befragten mangelndes Wissen als Grund für die Nichtnutzung digitaler Technologien an. 72 % der Teilnehmer:innen stimmten voll und ganz zu, dass sich ihre Fähigkeiten durch die Schulungen verbessert haben, 22 % stimmten der Aussage eher zu.[40]

Bei der Evaluation des Gesamtschulungskonzepts, bestehend aus Schulungen und Sprechstunden, bestätigten die Teilnehmer:innen, dass die im Durchführungskonzept vorgesehenen Kleingruppen mit intensiver Betreuung der Schlüssel zum Erfolg waren. Darüber hinaus wurden der Praxisbezug der behandelten Themen sowie die ausführlichen Schritt-für-Schritt-Anleitungen und Übungsblätter positiv bewertet.

Die Meinungen zu den im Konzept angegebenen kurzen Kurszeiten (2–3 Stunden) und dem nicht-modularen Aufbau waren gemischt. Einige Teilnehmer:innen äußerten den Wunsch nach längeren Kurszeiten und weiterführenden und ergänzenden Schulungen zu den behandelten Themen.

Allerdings kann die Evaluierung nicht bestätigen, dass die Seminare direkt am unmittelbaren Wohnort stattfinden müssen. Wie Abb. 8.8 zeigt, sind 89 % der Teilnehmer:innen bereit, bis zu 15 km zu vergleichbaren Veranstaltungen zu fahren.

Zusammenfassend wird deutlich, dass Seminare allein schon gute Erfolge versprechen, aber eine Kombination aus Schulungen und unterstützender Hilfe durch Sprechstunden am wirksamsten sind. Nur 9 % der Befragten halten Sprechstunden allein für hilfreich.

Das im Projekt „*BLADL*" entwickelte zweiteilige Schulungskonzept, bestehend aus Schulungen und ergänzenden Sprechstunden, erwies sich als geeignet, die Medienkompetenzen älterer Menschen 55+ nachhaltig zu vermitteln und zu fördern. Bei der Konzeption wurde vor allem darauf geachtet, Schulungen zu in sich abgeschlossenen Themeninhalten in Kleingruppen durchzuführen. Sprechstunden sollten die in den Schulungen erworbenen Kenntnisse ergänzen, weiter vertiefen und verstetigen, sodass ein nachhaltiger Lernerfolg erreicht wird.

In weiteren Arbeiten sollten alternative Schulungskonzepte (z. B. Multiplikatorenschulungen, generationsübergreifende Lerngruppen) entsprechend evaluiert werden, um den Lernerfolg der einzelnen Teilnehmer:innen vergleichen zu können. Darüber hinaus sollen die Ergebnisse dieses Beitrags als Grundlage dienen, das im Projekt „*BLADL*" entwickelte Schulungskonzept weiter an die Bedürfnisse älterer Menschen 55+ anzupassen.

---

[40] Vgl. Wilhelm et al.

Danksagung Diese Arbeit wurde durch das *Bayerische Staatsministerium für Familie, Arbeit und Soziales* gefördert.

Literatur

Amann-Hechenberger, B., Buchegger, B., Erharter, D., & Felmer, V. (2015). Tablet & Smartphone: Seniorinnen und Senioren in der mobilen digitalen Welt. Forschungsbericht zum Projekt „mobi. senior.A". (Österreichisches Institut für angewandte Telekommunikation (ÖIAT)). http://forschungsbericht.mobiseniora.at/forschungsbericht.pdf. Zugegriffen am 07.04.2022.

Bayerisches Landesamt für Statistik. (2021a). Demographie-Spiegel für Bayern. Gemeinde Frauenau. https://www.statistik.bayern.de/mam/statistik/gebiet_bevoelkerung/demographischer_wandel/demographische_profile/09276121.pdf. Zugegriffen am 07.04.2022.

Bayerisches Landesamt für Statistik. (2021b). Demographie-Spiegel für Bayern. Gemeinde Mauth. https://www.statistik.bayern.de/mam/statistik/gebiet_bevoelkerung/demographischer_wandel/demographische_profile/09272134.pdf. Zugegriffen am 07.04.2022.

Berg, A. (2020). Senioren in der Digitalen Welt. https://www.bitkom.org/sites/default/files/2020-08/bitkom-prasentation-senioren-in-der-digitalen-welt-18-08-2020.pdf. Zugegriffen am 07.04.2022.

Blažič, B. J., & Blažič, A. J. (2020). Overcoming the digital divide with a modern approach to learning digital skills for the elderly adults. *Education and Information Technologies, 25*(1), 259–279. https://doi.org/10.1007/s10639-019-09961-9

Bundesministerium für Familie, Senioren, Frauen und Jugend. (2017). Siebter Altenbericht. https://www.siebter-altenbericht.de/fileadmin/altenbericht/pdf/Der_Siebte_Altenbericht.pdf. Zugegriffen am 07.04.2022.

Caprani, N., Doyle, J., O'Grady, M., Gurrin, C., O'Connor, N. E., Caulfield, B., & O'Hare, G. M. P. (2012). *Technology use in everyday life: Implications for designing for older users.* http://doras.dcu.ie/17097/. Zugegriffen am 07.04.2022.

Deutsches Institut für Vertrauen und Sicherheit im Internet. (2016). DIVSI Ü60-Studie. Die digitalen Lebenswelten der über 60-Jährigen in Deutschland. https://www.divsi.de/wp-content/uploads/2016/10/DIVSI-UE60-Studie.pdf. Zugegriffen am 07.04.2022.

Döring, N., & Bortz, J. (2016). *Forschungsmethoden und Evaluation in den Sozial- und Humanwissenschaften.* Springer.

Jakob, D., & Wilhelm, S. (2021). Imparting media literacy to the elderly evaluating the efficiency and sustainability of a two-part training concept. Unpublished.

Kubicek, H. (2019). Leitfaden „Digitale Kompetenzen für ältere Menschen". https://www.digitale-chancen.de/content/downloads/index.cfm/secid.137/secid2.0/key.1553/lang.1. Zugegriffen am 07.04.2022.

Müller, L.-S., Stecher, B., & Dietrich, S, Wolf, M., & Boberach, M. (2016). D21-Digital-Index. https://initiatived21.de/app/uploads/2017/01/studie-d21-digital-index-2016.pdf. Zugegriffen am 07.04.2022.

Österreichisches Institut für angewandte Telekommunikation. (2014). Studie – Maßnahmen für Senior/innen in der digitalen Welt. https://www.digitaleseniorinnen.at/fileadmin/redakteure/Downloads/studie_massnahmen_fuer_seniorinnen_in_der_digitalen_welt.pdf. Zugegriffen am 07.04.2022.

Rasi, P., Vuojärvi, H., & Rivinen, S. (2021). Promoting media literacy among older people: A systematic review. *Adult Education Quarterly, 71*(1), 37–54. https://doi.org/10.1177/0741713620923755

Sczogiel, S., Busch, A., Göller, A., Gabber, A., Williger, B., Schmitt-Rueth, S., Ahrens, D., Jakob, D., & Wilhelm, S. (2020). *DIGITAL FIT IM ALTER Handlungsempfehlung für Gemeinden zu Bildungsangeboten für Senioren.* Unpublished.

Seifert, A., & Schelling, H. R. (2015). *Digitale Senioren. Nutzung von Informations- und Kommunikationstechnologien (IKT) durch Menschen ab 65 Jahren in der Schweiz im Jahr 2015.* https://doi.org/10.5167/UZH-116078. Zugegriffen am 07.04.2022.

Sulaiman S., & Sohaimi, I. S. (2010). An investigation to obtain a simple mobile phone interface for older adults. In *2010 International Conference on Intelligent and Advanced Systems,* 1–4. https://doi.org/10.1109/ICIAS.2010.5716254

Telefónica Deutschland Holding AG. (2017). Digital mobil im Alter. So nutzen Senioren das Internet. Zentrale Befunde einer Studie. https://www.digitale-chancen.de/assets/includes/sendtext.cfm?aus=11&key=1492&pkey=2&dltype=2. Zugegriffen am 07.04.2022.

Tippelt, R., Theisen, K., Sinner, S., Schnurr, S., & Schmidt, B. (2009). *Bildung Älterer. Chancen im demografischen Wandel.* Bielefeld: Bertelsmann. http://d-nb.info/991821203/04. Zugegriffen am 07.04.2022.

Wiest, M., Hoffmann, M., Widany, S., & Kaufmann, K. (2018). Trends in non-formaler Bildungsbeteiligung in der zweiten Lebenshälfte: Steigende Bildungsbeteiligung im Ruhestand. *Zeitschrift für Gerontologie und Geriatrie, 51*(8), 897–902. https://doi.org/10.1007/s00391-017-1247-x

Wilhelm, S., Jakob, D., & Dietmeier, M. (2019). Development of a senior-friendly training concept for imparting media literacy. https://doi.org/10.18420/INF2019_83

Witt, S. (2017). Geragogik (Altenbildung/Altersbildung). https://www.die-bonn.de/doks/2017-geragogik-01.pdf. Zugegriffen am 07.04.2022.

Digital unterstützte Nachbarschaftshilfe – ein Erfolgsmodell?

9

Sebastian Wilhelm

Zusammenfassung

Die *organisierte, von bürgerschaftlichem Engagement getragene Nachbarschaftshilfe (ONH)* ist eine Form der ehrenamtlichen Nachbarschaftshilfe, in der Hilfeleistungen durch eine zentrale Stelle koordiniert werden. Durch einen festen Organisationsrahmen sollen dadurch zum einen die Helfer geschützt werden und zum anderen auch sozial weniger vernetze Bürgern die Möglichkeit erhalten, Hilfeleistungen aus der Nachbarschaft in Anspruch zu nehmen. Die Administration einer ONH stellt jedoch einen zeit- und ressourcenintensiven Prozess dar. Im Rahmen dieser Arbeit wird daher untersucht, ob der Einsatz einer digitalen Plattform zur Unterstützung der Administration einer ONH in der Praxis erfolgreich eingesetzt werden kann. Dazu wurde in enger Abstimmung mit Experten und Stakeholdern eine Online-Plattform entwickelt und in drei Modellgemeinden eingeführt. Nach Einführung der Online-Plattform zeigte sich jedoch, dass analoge Kommunikation gegenüber der digitalen Abwicklung präferiert wurde.

Schlüsselwörter

Nachbarschaftshilfe · Digitale Vernetzung · Ehrenamtliches Engagement · Nachbarschaft · Digitalisierung

Ergänzende Information Die elektronische Version dieses Kapitels enthält Zusatzmaterial, auf das über folgenden Link zugegriffen werden kann [https://doi.org/10.1007/978-3-658-38236-0_9].

S. Wilhelm (✉)
Technologie Campus Grafenau, Technische Hochschule Deggendorf, Grafenau, Deutschland
E-Mail: sebastian.wilhelm@th-deg.de

9.1   Einleitung

Unter Nachbarschaftshilfe versteht man die gegenseitige Hilfe in der Nachbarschaft oder innerhalb einer Gemeinde bei niedrigschwelligen Dienstleistungen wie Gartenarbeit, Winterdienst, Fahrdienst, Begleitdiensten (z. B. zur Kirche) oder Lieferdiensten.[1] Speziell für ältere Menschen kann eine funktionierende Nachbarschaftshilfe dazu beitragen, möglichst lange in der eigenen Wohnung leben zu können und Sozialkontakte aufrechtzuerhalten.[2]

Eine besondere Form der Nachbarschaftshilfe in Bayern ist die *organisierte, von bürgerschaftlichem Engagement getragene Nachbarschaftshilfe (ONH)*. Bei einer ONH werden die Hilfeleistungen nicht von der Bürgerschaft untereinander selbstständig, sondern von einer zentralen Stelle (Koordinator) koordiniert. Das ehrenamtliche Engagement der Bürgerschaft steht dabei jedoch im Vordergrund.

Eine ONH ist üblicherweise als Verein, in kommunaler oder kirchlicher Trägerschaft organisiert und verfügt über einen festen Organisationsrahmen.[3]

Abb. 9.1 zeigt den vereinfachten Ablauf zur Vermittlung von Hilfeleistungen in einer ONH: Hilfesuchende wenden sich an den Koordinator vor Ort, um einen Hilfebedarf anzumelden, der Koordinator sucht und kontaktiert einen (oder mehrere) geeignete Helfer aus einem bereits vorhandenen Pool Ehrenamtlicher und vermittelt die Ausführung der Hilfeleistung. Der ehrenamtliche Helfer führt die Hilfeleistung anschließend aus.

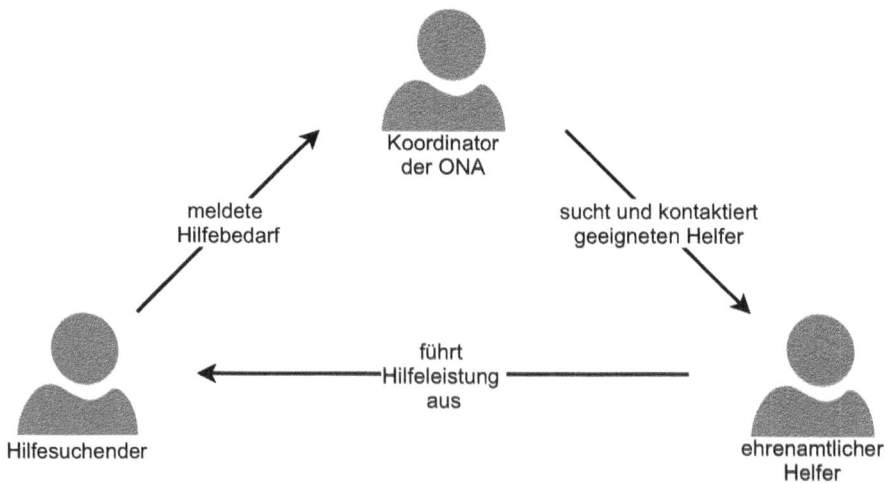

Abb. 9.1 Möglicher Prozess zur Vermittlung einer Hilfeleistung in einer ONH. (Wilhelm und Jakob (2019), Übersetzt durch den Autor)

---

[1]Vgl. Brendebach (2018).

[2]Vgl. Brendebach (2018); Fromm und Rosenkranz (2019).

[3]Vgl. Bayerisches Staatsministerium für Familie, Arbeit und Soziales (2018).

Ein klarer Vorteil der ONH ist, dass auch sozial weniger vernetzte Bürger auf Hilfeleistungen aus der Nachbarschaftshilfe zurückgreifen können. Zudem sind durch die Einhaltung bestimmter Rahmenbedingungen die ehrenamtlichen Helfer in Aspekten wie Versicherungen, Sozialversicherung oder der Aufwandsvergütung abgesichert, während sie Hilfeleistungen ausführen.[4]

Die Koordination und administrative Verwaltung der Hilfeleistungen innerhalb einer ONH stellt jedoch einen zeit- und ressourcenintensiven Prozess dar. Um sicherzustellen, dass eine ONH die prozeduralen Anforderungen auch mit einer steigenden Anzahl von Hilfeleistungen, Helfer und Hilfebedürftigen erfüllen und die Effizienz der Hilfeleistungskoordination gesteigert werden kann, wird im Rahmen dieser Arbeit eine Online-Plattform zur administrativen Verwaltung der Hilfeleistungen entwickelt und in Modell-ONHs eingeführt.

Der Hauptbeitrag dieses Artikels ist es zu untersuchen, ob eine Online-Plattform zur Unterstützung der administrativen Prozesse einer ONH in der Praxis erfolgreich eingesetzt werden kann, um die Hilfeleistungskoordination zu vereinfachen und somit die Verwaltung einer ONH effizienter gestaltet werden kann.

Dazu wird eine digitale Plattform ausgehend von den konkreten Anforderungen der bereits existierenden ONH der Gemeinde *Mauth-Finsterau*[5] entwickelt und in ebendieser ONH eingeführt. Ferner wird die Plattform in zwei weiteren Kommunen erprobt. Zum einen in der Gemeinde *Frauenau*,[6] in welcher strukturiert nach den Leitlinien des *Bayerischen Staatsministeriums für Familien, Arbeit und Soziales*[7] eine ONH neu aufgebaut und initial mit der digitalen Plattform ausgestattet wird und zum anderen in der Gemeinde *Spiegelau*,[8] in der die digitale Plattform im Rahmen der Corona-Pandemie kurzfristig, also ohne den gezielten vorherigen Aufbau einer analogen ONH-Struktur, eingesetzt wird.

Der Rest des Artikels ist wie folgt aufgebaut: Zunächst wird in Abschn. 9.2 der übliche administrative Vorgang zur Vermittlung einer Hilfeleistung in einer ONH vorgestellt, Probleme identifiziert und die konkreten Ziele für diese Arbeit definiert. Anschließend werden verwandte Softwarelösungen in Abschn. 9.3 vorgestellt. Die Methodik dieser Arbeit und die konkrete Umsetzung werden in den Abschn. 9.4 und 9.5 beschrieben, bevor die erzielten Ergebnisse in Abschn. 9.6 vorgestellt und in Abschn. 9.7 diskutiert werden. Die Arbeit endet mit einer Zusammenfassung und einem Ausblick in Abschn. 9.8.

---

[4]Vgl. Bayerisches Staatsministerium für Familie, Arbeit und Soziales (2018); Wilhelm und Jakob (2019).

[5]Gemeinde mit ca. 2200 Einwohnern in Niederbayern, Deutschland (Landkreis Freyung-Grafenau); Vgl. Bayerisches Landesamt für Statistik (2021).

[6]Modellgemeinde im Projekt „*Digitales Dorf Bayern*".

[7]Vgl. Bayerisches Staatsministerium für Familie, Arbeit und Soziales (2018).

[8]Modellgemeinde im Projekt „*Digitales Dorf Bayern*".

9.2   Problemstellung und Zielsetzung

Zur Veranschaulichung des administrativen Prozesses bei der Hilfeleistungskoordination in einer ONH wird im Folgenden zunächst modellhaft die ONH der Gemeinde *Mauth-Finsterau* betrachtet. Diese Modell-ONH wurde 2013 in kommunaler Trägerschaft gegründet und wird von einer koordinierenden Person organisiert.

Die ONH der Gemeinde *Mauth-Finsterau* ist derart umgesetzt, dass Hilfesuchende einen festgelegten Betrag für Hilfeleistungen bezahlen müssen (im Jahr 2019: 8,00 €/Std.), davon erhalten die ehrenamtlichen Helfer einen Teil als Aufwandsentschädigung (6,00 €/ Std.), die Differenz (2,00 €/Std.) dient zur Finanzierung der ONH.

Der übliche administrative Geschäftsprozess für die Vermittlung einer Hilfeleistung in der ONH der Gemeinde *Mauth-Finsterau*, ist in Abb. 9.2 dargestellt, dabei ist die Abwicklung der Bezahlung ausgeschlossen.

Stellt ein Hilfesuchender einen Hilfebedarf fest, so kontaktiert dieser den Koordinator der ONH unter einer zentralen Telefonnummer und teilt den Bedarf mit. Der Koordinator nimmt das Hilfegesuch auf und kontaktiert mögliche Helfer aus einem existierenden Helferpool bis ein geeigneter Helfer gefunden ist, der bereit ist, die Hilfeleistung zu übernehmen. Anschließend nehmen Helfer und Hilfesuchender miteinander Kontakt auf (in der Regel per Telefon) und vereinbaren einen Termin zur Durchführung der Hilfeleistung. Zu Dokumentationszwecken muss dieser Termin dem Koordinator mitgeteilt werden, bevor die eigentliche Hilfeleistung ausgeführt werden kann.

Nachdem der Helfer die Hilfeleistung ausgeführt hat, muss dieser den Kümmerer über die Erledigung informieren. Erst dann ist der Prozess der Hilfeleistungsvermittlung für den Koordinator abgeschlossen und die Hilfeleistung kann in einem separaten Prozess abgerechnet werden.

Der administrative Prozess für die Vermittlung einer Hilfeleistung ist im Wesentlichen in den meisten ONHs ähnlich gestaltet, was durch zahlreiche Gespräche mit Vertretern verschiedener Organisationen festgestellt werden konnte. Unterschiede zwischen den existierend ONHs sind primär in der Umsetzung der möglichen Bezahlung von Hilfeleistungen festzustellen (z. B. feste Aufwandsentschädigung, Tausch-/Punktesystem, keine Bezahlung).[9]

Am Beispiel des in Abb. 9.2 skizzierten Vorgangs zur Vermittlung von Hilfeleistungen in der ONH der Gemeinde *Mauth-Finsterau* ist die prozedurale Komplexität des Vorgangs erkennbar. Die Hilfeleistungsvermittlung ist zum einen von der unmittelbaren Erreichbarkeit des Kümmerers abhängig, zudem sind zahlreiche (meist telefonische) Abstimmungen notwendig, wobei häufig Anrufe rein zur Informationsübermittlung notwendig sind.

Ziel dieser Arbeit ist es, den Prozess zur Vermittlung von Hilfeleistungen zu vereinfachen und digital zu unterstützen, damit der Bearbeitungsaufwand, speziell für den Koordinator einer ONH reduziert wird und dadurch auch bei einer steigenden Anzahl von Hilfeleistungen, Helfern und Hilfebedürftigen die prozeduralen Anforderungen umgesetzt werden können.

---

[9] Vgl. Bayerisches Staatsministerium für Familie, Arbeit und Soziales (2004); Bayerisches Staatsministerium für Familie, Arbeit und Soziales (2018); Wilhelm und Jakob (2019).

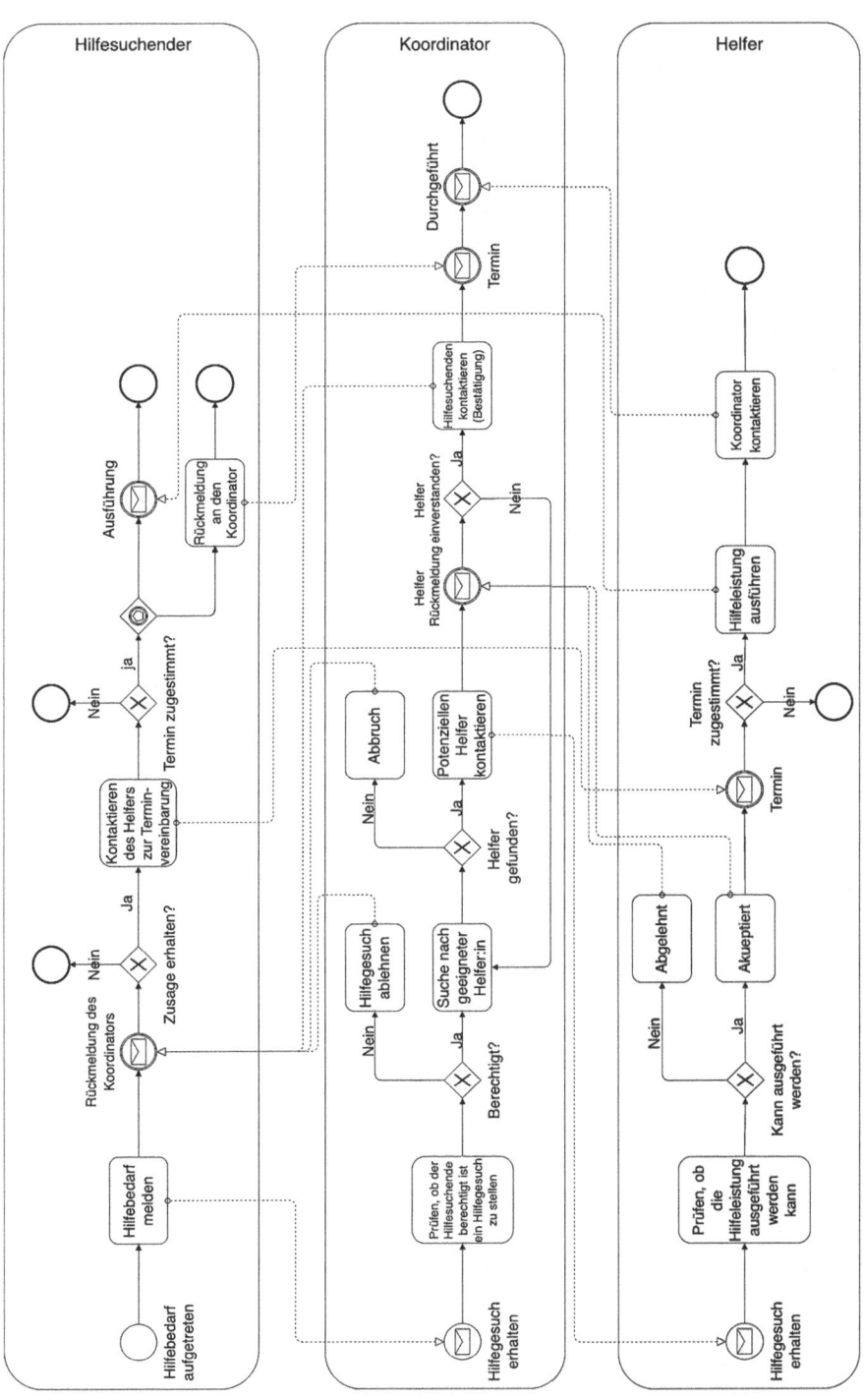

Abb. 9.2 Exemplarischer Geschäftsprozess zur Vermittlung von Hilfeleistungen in einer ONH am Beispiel der ONH der Gemeinde Mauth-Finsterau. (Wilhelm und Jakob (2019), Übersetzt durch den Autor)

Ziel ist dabei nicht den Koordinator zu ersetzen, sondern seine Arbeit zu unterstützen, indem im Kern:

- wo möglich, Prozessschritte parallelisiert und automatisiert werden
- die Möglichkeit geschaffen wird, dass Hilfesuchende das Hilfegesuch unabhängig von der direkten Verfügbarkeit des Koordinators stellen können
- Helfer automatisiert angefragt und benachrichtigt werden können
- die Dokumentation der Hilfeleistungen automatisiert wird.

9.3   Verwandte Arbeiten

Es existieren bereits zahlreiche Apps und Plattformen, die sich auf die Organisation von nachbarschaftlichen Hilfen fokussieren. Im Rahmen einer Marktrecherche können im deutschsprachigen Raum die Apps und Plattformen *DorfFunk, nebenan.de, DoMeAFavour, Croqqer, imachs* und *Ebay Kleinanzeigen* genannt werden.[10]

Die Analyse der existierenden Applikationen und Plattformen zeigt, dass die meisten Anwendungen sich darauf fokussieren, die selbstständige Vernetzung der Hilfesuchenden und Helfer zu stärken (Community-Ansatz). Keine der Anwendungen bietet die Möglichkeit eine dritte, koordinierende Partei in den Hilfevermittlungsprozess zu integrieren. Auch eine Dokumentation der geleisteten Hilfeleistung ist kaum vorhanden.

Existierende Applikationen und Plattformen können daher nur eingeschränkt in einer ONH eigesetzt werden, um den Prozess zur Vermittlung von Hilfeleistungen zu unterstützen.

9.4   Methodik

Nachdem existierende Anwendungen nicht den prozeduralen Anforderungen einer ONH zur Vermittlung von Hilfeleistungen entsprechen, wird im Rahmen dieser Arbeit eine eigene Anwendung zur Vermittlung von Hilfeleistungen entwickelt. Dazu werden zunächst gemeinsam mit Experten und Stakeholdern die genauen funktionalen Anforderungen an die Plattform identifiziert. Anschließend wird der in Abb. 9.2 skizzierte Geschäftsprozesses der Modell-ONH der Gemeinde *Mauth-Finsterau* entsprechend überarbeitet, sodass die Vermittlung von Hilfeleistungen digital unterstützt erfolgen kann.

Basierend auf dem überarbeiteten Geschäftsprozessmodell und den definierten funktionalen Anforderungen wird eine Online-Plattform entwickelt, welche sich in die IT-Infrastruktur der Plattformen des Projekts „*Digitales Dorf Bayern*" integrieren lässt.

Die entwickelte Plattform wird anschließend in Modellgemeinden eingeführt und das Nutzungsverhalten analysiert.

---

[10]Vgl. Wilhelm und Jakob (2019).

9.5 Umsetzung

Der überarbeitete Geschäftsprozess zur Vermittlung von Hilfeleistungen unter Zuhilfenahme einer digitalen Plattform, welcher gemeinsam mit Experten und verschiedenen Stakeholdern entwickelt wurde, ist in Abb. 9.3 dargestellt.

Seitenprozesse werden aus Gründen der Übersichtlichkeit nicht berücksichtigt.

Eine wesentliche Funktion der Plattform ist, dass Hilfesuchenden nach einer Registrierung online Hilfegesuche stellen können. Der Hilfesuchende erhält automatisch geeignete Helfer aus einem bestehenden Helferpool vorgeschlagen, welche die angefragten Hilfeleistungen potenziell ausführen könnten. Dazu wird zu den einzelnen Helfern im Helferpool jeweils abgespeichert, welche Hilfeleistungen diese anbieten. Der Vorschlag der möglichen Helfer beruht anschließend auf der gesuchten Hilfeleistung, der örtlichen Entfernung zwischen Helfer und Hilfesuchenden sowie auf möglichen Ausschlusskriterien (z. B. manuell eingetragenen Sperren). Der Hilfesuchende wählt aus dieser Liste der po-

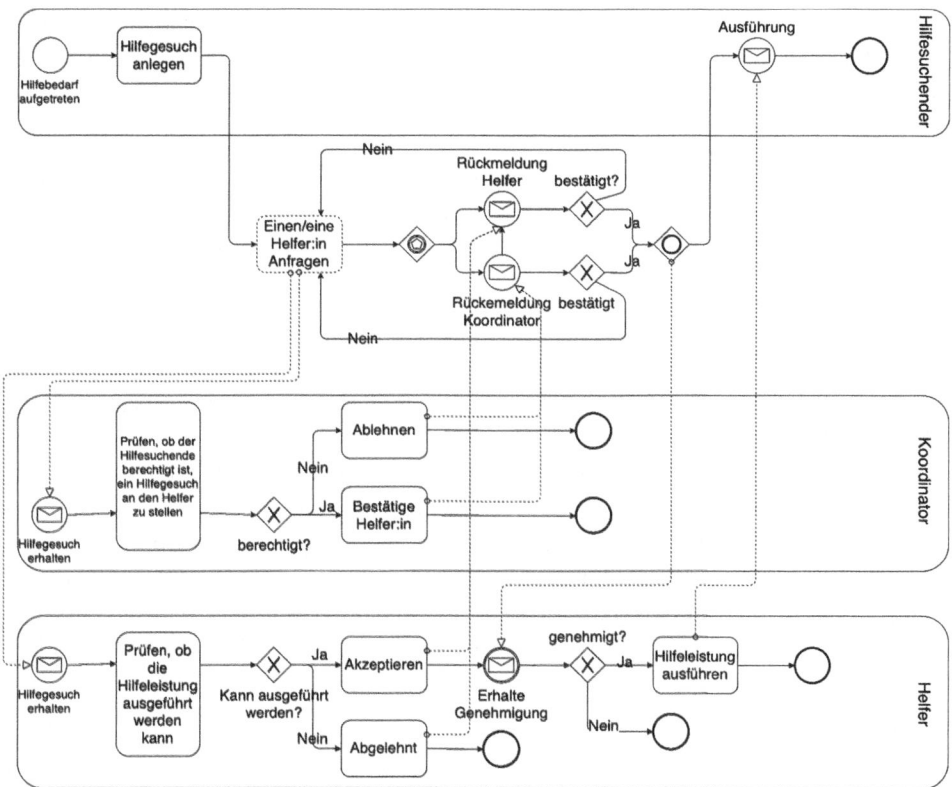

Abb. 9.3 Überarbeitetes Geschäftsprozess zur Vermittlung von Hilfeleistungen in einer ONH unter Zuhilfenahme einer speziellen digitalen Plattform. (Wilhelm und Jakob (2019), Übersetzt durch den Autor)

tenziellen Helfer einen oder mehrere Helfer aus, die dann über die Plattform integriert angefragt werden.

Parallel zur Helferanfrage wird der Koordinator der ONH automatisiert über das Hilfegesuch informiert und aufgefordert, die Anfrage zu genehmigen oder abzulehnen. Dieser Schritt soll insbesondere der Erfüllung rechtlicher Anforderungen an die ONH dienen.

Durch den Einsatz der Plattform können Informationsflüsse automatisiert werden und Anrufe, die lediglich der Informationsübermittlung dienen, entfallen (z. B. die Mitteilung an den Koordinator, dass ein Termin zwischen Hilfesuchenden und Helfer vereinbart wurde).

Bürgern, die nicht die Möglichkeit haben, die digitale Plattform zu benutzen (z. B. Ältere) wird es weiterhin ermöglicht, Hilfegesuche per Telefon an den Koordinator der ONH zu stellen. Der Koordinator kann das Hilfegesuch im Namen des Hilfesuchenden in die Plattform einpflegen.

Ferner hat der lokale Koordinator die Möglichkeit Hilfesuchenden und Helfern jederzeit bei der Bearbeitung des digitalen Workflows zu unterstützen und auch in den digitalen Vermittlungsprozess einzugreifen.[11]

Bei der Entwicklung der Anwendung wurde besonders auf eine einfache Bedienbarkeit Wert gelegt und gängige Design-Richtlinien (auch für die Bedienbarkeit durch Ältere) eingehalten.[12]

Die Anwendung wurde als Responsive Web-Applikation umgesetzt und ist für alle gängigen Endgeräte optimiert.

9.6   Ergebnisse

Die im Rahmen dieser Arbeit entwickelte Online-Plattform wurde zum 01.01.2020 in zunächst zwei Modellgemeinden (*Mauth-Finsterau* und *Frauenau*) eingeführt. Dazu wurde die Plattform initialisiert, personalisiert und auf die Bedürfnisse der entsprechenden ONHs konfiguriert.

Die ONH der Gemeinde *Mauth-Finsterau* existierte zu diesem Zeitpunkt bereits seit sieben Jahren; die ONH der Gemeinde *Frauenau* wurde neu gegründet.

Aufgrund der Corona-Pandemie wurde im Mai 2020 die Online-Plattform zusätzlich, auf Wunsch der Gemeindeverwaltung, auf die Gemeinde *Spiegelau* übertragen, ohne eine analoge Struktur für eine ONH zu schaffen. Die Intention war hier, speziell Einkaufsdienste für ältere Menschen während des pandemiebedingten Lockdowns über die Plattform abzuwickeln.

---

[11] Weiterführende Funktionsbeschreibungen der entwickelten Online-Plattform können aus den Software-Handbüchern entnommen werden, welche als Zusatzmaterial zu diesem Artikel beigefügt sind.

[12] Vgl. Erharter und Xharoa (2016).

Trotz Bewerbung der Online-Plattform über verschiedene Kanäle (v. a. Social Media, Flyer, Plakate) zeigte sich, dass die Anwendung keine Nutzer fand. Es konnten (mit Ausnahme von zwei Ehrenamtlichen in der Gemeinde *Frauenau*) keine Bürger motiviert werden, sich als Helfer oder auch als Hilfesuchende auf der Plattform zu registrieren oder auch Hilfegesuche über die Plattform abzusenden.

Auch die Koordinatoren der ONHs verzichteten darauf, die zur Verfügung gestellte Plattform für ihre administrativen Tätigkeiten in der ONH zu benutzen und telefonische Anfragen über die bereitgestellte Plattform zu dokumentieren.

Als Folge der Nichtnutzung wurde der Betrieb der Plattform zu Beginn des Jahres 2021 wieder eingestellt.

9.7   Diskussion

Obwohl die Online-Plattform in enger Abstimmung mit Experten und verschiedenen Stakeholdern entwickelt wurde, zeigte sich, dass die Anwendung in der Praxis nicht akzeptiert/eingesetzt wurde.

Dies sagt jedoch nichts darüber aus, ob das Angebot der ONHs grundsätzlich angenommen wird. Gespräche mit den Koordinatoren der drei Kommunen, in denen die Plattform eingeführt wurde, zeigten, dass das analoge Hilfeangebot der ONH durch die Bürger regen Zuspruch fand, lediglich das digitale Angebot „nicht benötigt" wird und die analoge Organisation der ONH gut funktionieren würde.

Dass die entwickelte Online-Plattform in der Praxis keine Nutzer findet, deckt sich mit den Erkenntnissen einer Untersuchung ähnlicher Projekte von *Schelisch & Walter*.[13]

Die Gründe der Nicht-Nutzung sowohl bei den Hilfesuchenden und Helfern als auch bei den Koordinatoren wurden im Rahmen dieser Arbeit nicht näher untersucht, was in künftigen Arbeiten nachzuholen ist.

Die Nicht-Nutzung der Plattform könnte womöglich darin begründet sein, dass vor allem ältere Menschen Hilfe über die ONH suchen und diese Zielgruppe oft nicht über ausreichende Medienkompetenz verfügt, um einen so komplexen digitalen Dienst zu bedienen. Dem könnte mit Schulungsangeboten entgegengewirkt werden.[14] Denkbar ist auch, dass der initiale Aufwand für den Koordinator, die Plattform mit Stammdaten der Helfer zu befüllen, einen zu hohen Aufwand darstellt oder dass der überarbeitete Geschäftsprozess für kleine ONHs einen zu hohen Aufwand darstellt.

---

[13] Vgl. Schelisch und Walter (2021).
[14] Vgl. Wilhelm et al. (2019); Sczogiel et al. (2020).

9.8 Zusammenfassung und Ausblick

Im Rahmen dieser Arbeit wurde eine Online-Plattform entwickelt, welche die administrativen Prozesse einer ONH unterstützen sollte und in Modellgemeinden eingeführt wurde. Dazu wurden in enger Abstimmung mit Experten und verschiedenen Stakeholdern existierende Prozesse einer ONH analysiert, funktionale Anforderungen an eine digitale Plattform definiert, Prozesse angepasst und eine entsprechende Online-Plattform entwickelt.

Nach der Einführung der Online-Plattform in drei Modellgemeinden zeigte sich, dass die Plattform keine Nutzer fand. Es konnten weder Helfer noch Hilfesuchende noch die Koordinatoren der ONH überzeugt werden, die Plattform aktiv einzusetzen, obwohl die analogen Strukturen der ONH durchaus Interessenten fand.

Zusammenfassend lässt sich also feststellen, dass eine digitale Lösung zur Unterstützung der administrativen Organisation der Hilfeleistungsvermittlung in einer ONH – zumindest im ländlichen Raum – keinen Zuspruch findet und die analogen Organisationsstrukturen, wenngleich diese als zeit- und ressourcenaufwendig betrachtet werden können, durchaus zweckmäßig sind.

In weiterführenden Arbeiten gilt es zu untersuchen, welche Gründe zur Nicht-Nutzung der Plattform durch die einzelnen Stakeholder führten. Ferner gilt es zu untersuchen, wann analog strukturierte ONH an die organisatorischen Belastungsgrenzen geraten, sodass der Einsatz spezieller Software unabdingbar wird.

Danksagung Diese Arbeit wurde durch das *Bayerische Staatsministerium für Familie, Arbeit und Soziales* gefördert.

Literatur

Bayerisches Landesamt für Statistik. (2021). Demographie-Spiegel für Bayern – Gemeinde Mauth – Berechnungen bis 2033. https://www.statistik.bayern.de/mam/statistik/gebiet_bevoelkerung/demographischer_wandel/demographische_profile/09272134.pdf. Zugegriffen am 18.11.2021. [PDF-Datei].

Bayerisches Staatsministerium für Familie, Arbeit und Soziales. (2004). Eckpunkte von bürgerschaftlichem Engagement getragene Nachbarschaftshilfen: Von der Idee zum Start. https://www.stmas.bayern.de/imperia/md/content/stmas/stmas_inet/wohnen-im-alter/200414_eckpunkte_nachbarschaftshilfe.pdf. Zugegriffen am 18.09.2021. [PDF-Datei].

Bayerisches Staatsministerium für Familie, Arbeit und Soziales. (2018). Organisierte, von bürgerschaftlichem Engagement getragene Nachbarschaftshilfen: Von der Idee zum Start. https://www.stmas.bayern.de/imperia/md/content/stmas/stmas_inet/wohnen-im-alter/180411_eckpunkte_nachbarschaftshilfe.pdf. Zugegriffen am 18.09.2021. [PDF-Datei].

Brendebach, C. (2018). Nachbarschaftshilfe. In *Alternde Gesellschaft gerecht gestalte* (S. 119–132). Barbara Budrich.

Erharter, D., & Xharoa, E. (2016). Developer-Guideline Usability von Apps für Seniorinnen und Senioren. https://www.mobiseniora.at/sites/default/files/files/mobiseniora-guideline-zur-app-entwicklung.pdf. Zugegriffen am 18.11.2021. [PDF-Datei].

Fromm, S., & Rosenkranz, D. (2019). *Unterstützung in der Nachbarschaft*. Springer Fachmedien. https://doi.org/10.1007/978-3-658-22323-6

Schelisch, L., & Walter, R. (2021). Digital networking in home-based support of older adults in rural areas: Requirements for digital solutions. *Sustainability*. https://doi.org/10.3390/su13041946

Sczogiel, S., Busch, A., Göller, A., Gabber, A., Williger, B., Schmitt-Rueth, S., Ahrens, D., Jakob, D., & Wilhelm, S. (2020). DIGITAL FIT IM ALTER Handlungsempfehlung für Gemeinden zu Bildungsangeboten für Senioren. https://doi.org/10.13140/RG.2.2.23245.05609

Wilhelm, S., & Jakob, D. (2019). Digital support for managing organized neighborhood assistance. In *ARC 2019*. Regensburg.

Wilhelm, S., & Jakob, D., & Dietmeier, M. (2019). Development of a senior-friendly training concept for imparting media literacy. In: INFORMATIK 2019: 50 Jahre Gesellschaft für Informatik – Informatik für Gesellschaft. https://doi.org/10.18420/inf2019_83

Übertragung von Gottesdiensten

10

Barbara Kohl

Zusammenfassung

Kirche und Glaube ist in der ländlichen Region ein wichtiger Baustein des gesellschaftlichen Zusammenlebens. Der Besuch des Gottesdienstes wird durch das eingeschränkte Mobilitätsangebot im öffentlichen Nahverkehr und die Ansteckungsgefahr in der Corona Pandemie besonders für ältere Personen erschwert. Im Modellprojekt „Digitales Dorf Spiegelau-Frauenau" wurde in zwei Gemeinden eine digitale Zugangsmöglichkeit geschaffen, um jedem Bürger den Zugang zur heiligen Messe der heimischen Pfarrei live im Internet zu ermöglichen. Durch einfache, schnell beschaffbare technische Ausstattung kann jede Gemeinde die Kirche um ein digitales Messeangebot erweitern. Mit gegebener Infrastruktur und einem vordefinierten Leitfaden für einen Kümmerer vor Ort, kann ein Livestream auf eine bekannte Videoplattform zum Abruf für die Kirchengemeinde gebracht werden.

Schlüsselwörter

Ländlicher Raum · Liveübertragung · Gottesdienste · Religion · Digitalisierung

B. Kohl (✉)
Technische Hochschule Deggendorf, Technologie Campus Grafenau, Grafenau, Deutschland
E-Mail: barbara.kohl@th-deg.de

© Der/die Autor(en), exklusiv lizenziert an Springer Fachmedien Wiesbaden GmbH, ein Teil von Springer Nature 2023
D. Ahrens (Hrsg.), *Smart Region: Angewandte digitale Lösungen für den ländlichen Raum*, https://doi.org/10.1007/978-3-658-38236-0_10

10.1 Einleitung

Westdeutsche ländliche Regionen sind zumeist religiös geprägt und weisen einen hohen Anteil an Kirchenmitgliedern auf. Dies betrifft insbesondere die betrachtete Region. Kirche ist fester Bestandteil des traditionellen Landlebens mit entsprechender Bedeutung insbesondere für die ältere Generation.[1] Dem regelmäßigen Gottesdienstbesuch in der heimischen Pfarrkirche wird hoher Stellenwert beigemessen. Laut Zensus 2011 sind 85,6 % der Bevölkerung im Landkreis Regen römisch-katholisch, im Landkreis Freyung-Grafenau sind es sogar 87,8 %. Allerdings sehen sich aufgrund des demografischen Wandels und fortschreitender Urbanisierung zum einen die Religionsgemeinschaften mit der Aufrechterhaltung hinreichender Präsenz in zunehmend ausgedünnten Regionen konfrontiert.[2] Zum anderen fällt es älteren Menschen mit eingeschränkter Mobilität angesichts des limitierten ÖPNV-Angebots schwerer Kirchen zu erreichen, sofern sie überhaupt noch in der Lage sind, Busse zu benutzen. Dies betrifft insbesondere Bewohner:innen von Seniorenheimen. Hinzu kamen Maßnahmen zur Pandemiebekämpfung, aufgrund derer zeitweise eine Gottesdienstteilnahme untersagt war.

Besonders für ältere Menschen ist es jedoch wichtig, am sozialen Leben weiterhin teilhaben zu können, auch wenn sie zunehmend in ihrer Mobilität eingeschränkt sind. Zudem spielt vor allem für diese Personengruppe der Glaube traditionell eine wichtige Rolle. Viele Bewohner in Alten- und Pflegeheimen pflegten ihr Leben lang die Gewohnheit, an Sonntagen die heilige Messe zu besuchen. Ziel dieses Projektes ist es daher, heimische Gottesdienste in Echtzeit auch virtuell verfügbar zu machen.

Es gibt zahlreiche Gottesdienstübertragungen in TV und Onlineportalen. Diese aufwendigen Produktionen sind mit entsprechend hohen Kosten verbunden und meist für regionale Fernsehsender gemacht. So beschränkt sich dieses Angebot zumeist auf die größeren Gotteshäuser und Diözesen und bezieht sich nicht auf die Übertragung des heimischen Gottesdienstes innerhalb kleiner Pfarreien. Für diesen Anwendungszweck ist eine kostengünstige und einfach zu bedienende Lösung erforderlich, die auch für Bewohner von Seniorenheimen praktikabel ist.

10.2 Umsetzung von Live-Gottesdiensten in Spiegelau/Frauenau

Durch die Übertragung von Live-Gottesdiensten aus den Pfarrkirchen der Gemeinden mithilfe des Einsatzes digitaler Technik wird besonders älteren Menschen eine Teilhabe an der heiligen Messe ermöglicht, wodurch ihnen ein Stück Alltag und Vertrautheit erhalten bleibt. Eine sehr gute Bild- und Tonqualität gewährleistet die einwandfreie Übertragung der vertrauten Stimme des Pfarrers und schafft so auch in anderen Örtlichkeiten eine feierliche Atmosphäre, wie man sie aus der heimischen Pfarrkirche gewohnt war.

---

[1] Vgl. Kaplan und Berkman (Mai 2019).
[2] Vgl. Stahl et al. (18.11.2021).

In enger Zusammenarbeit mit engagierten Akteuren aus den beiden Pilotkommunen erfolgte im Rahmen des Modellprojektes *„Digitales Dorf Spiegelau-Frauenau"* die Einführung digitaler Gottesdienstübertragungen in den Pfarrgemeinden Spiegelau und Frauenau.

Zunächst wurde eine exemplarische Lösung installiert, für die ein wichtiger Gottesdienst, der Pfingstgottesdienst 2018, ausgewählt wurde und speziell die Übertragung in das Seniorenheim in Spiegelau getestet wurde. Mit technischer Unterstützung zweier Studenten des Bachelorstudiengangs Medientechnik der Technischen Hochschule Deggendorf konnte der Gottesdienst in Echtzeit von der Kirche direkt in den Speisesaal des Altenheims übertragen werden (siehe Abb. 10.1). Um das Angebot für die rund 25 teilnehmenden Senioren abzurunden, brachte die Mesnerin der Pfarrkirche Spiegelau die Hostien zur Eucharistiefeier direkt aus der Kirche ins Seniorenheim „Rosenium". Das Angebot wurde sehr gut von den Seniorinnen und Senioren angenommen, so verfolgte rund die Hälfte der Bewohner:innen des Seniorenheims die Messe im Speisesaal live.

Aufgrund des coronabedingten Ausfallens von Gottesdiensten im Frühjahr 2020 wurde besonders seitens der Gemeinde Spiegelau erneut der Ruf nach einer Live-Übertragung der vom Pfarrer zelebrierten Hl. Messe laut.

Der Schwerpunkt lag nun auf einer digitalen Übertragungsmöglichkeit, mit der eine schnelle und für alle Beteiligten unkomplizierte Umsetzung gewährleistet werden kann und die auch dauerhaft zum Einsatz kommen kann. Berücksichtigt wurden folgende Kriterien:

• Die Gemeinde ist zu klein für eine Übertragung im regionalen Fernsehen
• Das Equipment muss von nicht-technikaffiner Person bedient werden können
• Die Übertragung muss auf einer für alle Bürger:innen bekannten Plattform stattfinden
• Eine fehlerfreie Übertragung von Bild und Ton muss durch gute Internetverbindung gewährleistet werden
• Die Installation sollte möglichst ohne bauliche Maßnahmen erfolgen.

Abb. 10.1 Impressionen von der Übertragung des Pfingstgottesdienstes in das Rosenium Spiegelau im Mai 2018. (Foto: TCG)

Als für diesen Anwendungsfall geeignete Technik wurde eine spezielle Webcam mit integriertem Mikrofon und vorkonfigurierter App für das Streamen auf YouTube festgelegt. Die Streaming-Kamera wurde mittels Ethernet-Kabel mit dem Internet verbunden, WLAN- Signal wird durch die dicken Mauern der Kirche zu stark abgeschirmt; ein handelsübliches Smartphone diente sowohl als Monitor, Steuerung als auch zusätzliches Mikrofon der Kamera. Gesteuert wird die Übertragung über eine vom Hersteller entwickelte App, welche für die Betriebssysteme iOS ab Version 11.0 und Android ab Version 7.1.1 verfügbar ist. Die Pfarrgemeinde Spiegelau erhielt von Mitarbeiter:innen des Technologie Campus Grafenau (TCG) eine ausführliche Einführung in die Handhabung der Technik; der Ablauf wurden mehrfach getestet und vor Ort durch das Projektteam begleitet.

Ab Sonntag, 29. März 2020 (Palmsonntag) wurden sämtliche Sonn- und Feiertagsgottesdienste aus der Werktagskapelle der Pfarrkirche Spiegelau per Webcam live auf den YouTube-Kanal „Digitales Dorf" übertragen (siehe Abb. 10.2). Einmal aufgezeichnete Gottesdienste waren dort jederzeit abrufbar, so bestand die Möglichkeit, die Messe auch nachträglich anzusehen.

Abb. 10.2 Live-Übertragung der Osternacht 2020 aus der Werktagskapelle in Spiegelau. (Foto: TCG)

Die Betreuung des YouTube Kanals übernahmen die TCG-Mitarbeiter, die das entsprechende Video nach jedem Livestream für eine dauerhafte Wiedergabe freigegeben, die Länge ggf. noch gekürzt und statistische Zahlen ausgewertet haben.

Im Rahmen der begleitenden Öffentlichkeitsarbeit wurde unter anderem ein Plakat entwickelt, Pressetexte verfasst und das Angebot in den sozialen Netzwerken gestreut. Zudem wurde der Stream auf dem Projekt-Portal www.dahoaminspiegelau.de eingebunden.

Ab April 2020 nutzte auch die evangelische Diakonin der Gemeinde Spiegelau die digitale Videoplattform für ihre Inhalte. Nach dem Erwerb einer eigenen Kamera und eines Mikrofons veröffentlichte sie pro Woche zwei ca. 10-minütige Videoclips, die zunächst auf dem YouTube-Kanal „Digitales Dorf" und später auf dem eigens für die evangelische Gemeinde erstellten YouTube-Kanal „Evangelisch in Spiegelau" veröffentlicht wurden. Auch dieses Angebot erfuhr großen Zuspruch. Bereits mit dem ersten Video konnte die Diakonin rund 415 Klicks verzeichnen. Schwerpunkt ihrer Clips waren kleine Andachten und Ansprachen speziell für Kinder.

Da im Sommer die Corona Maßnahmen so gelockert waren, dass ein Kirchenbesuch wieder möglich war, wurde eine Übertragungspause eingelegt. Nach dieser Pause wurde die Notwendigkeit der Live-Übertragungen erneut eruiert und mit Vertretern der Gemeinde und Kirchen diskutiert. Ergebnis war ein gemeinsamer YouTube-Kanal und die Anschaffung von eigenem Equipment seitens der Gemeinde, welches durch ein Smartphone mit Datenvertrag erweitert wurde, damit zukünftig Live-Streams unabhängig von einem kabelgebunden Internetanschluss übertragen werden können. So können nicht nur Messen aus den Kirchen gestreamt werden, sondern auch Neujahrsansprachen oder Bürgerversammlungen.

Indes beschäftigten sich auch Vertreter der Pfarrgemeinde Frauenau mit den Möglichkeiten für die Übertragung von Gottesdiensten aus der Pfarrkirche Frauenau. Nach der Klärung grundlegender Fragen zur Finanzierung und eingehender externer Beratung zu den technischen Umsetzungsmöglichkeiten beauftragte die Gemeinde Frauenau die Beschaffung von Equipment zur Festinstallation von mehreren Kameras. Aufgrund coronabedingter Lieferverzögerungen konnte eine Installation der Kameras in der Pfarrkirche Frauenau erst im März 2021 und nicht bereits im Dezember 2020 vorgenommen werden. Die Ostermesse 2021 fungierte als Auftakt für die Live-Übertragungen zahlreicher Sonn-, Feiertags- sowie Vorabendgottesdienste aus der Pfarrkirche Frauenau. Zu sehen sind die Messfeiern auf dem YouTube-Kanal „Pfarrei Frauenau" (https://www.youtube.com/channel/UCLJUkhLl1VcxxiNqCd1Rx5Q).

10.3 Technikanforderungen – und auswahl

Die Technikausstattung richtete sich nach den Anwendungs- und Nutzeranforderungen. Aus Sicht der Kirchenvertreter war es wichtig, dass die Ausstattung möglichst einfach und eigenständig durch sie bedient werden kann. In enger Abstimmung mit Vertretern der Pfarrgemeinden in Spiegelau und Frauenau wurden individuell auf die Gegebenheiten der Gemeinden zugeschnittene Ausstattungen angeschafft.

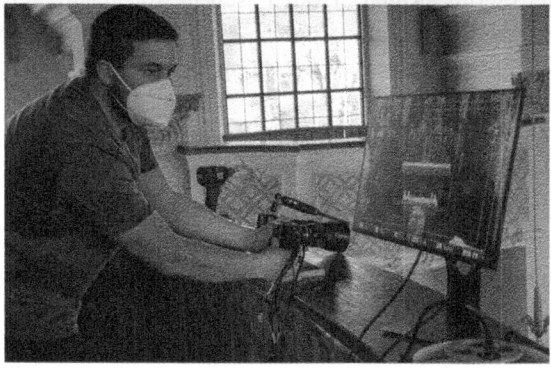

Abb. 10.3 Fest-Installation zur Übertragung von Gottesdiensten aus der Pfarrkirche Frauenau. (Foto: TCG)

In der Pfarrei Frauenau erfolgte, wie in Abb. 10.3 zu sehen, die Installation eines festen Live-Stream-Systems bestehend aus drei stationären Kameras mit verschiedenen Objektiven.

Mit den drei Kameras ergibt sich die Möglichkeit drei verschiedene Perspektiven des Kirchenraums zu zeigen; Die Totale zeigt den gesamten Altarraum, eine Nahaufnahme vom Ambo kann den Lektor bei der Lesung oder beim Evangelium in den Fokus nehmen; eine zweite Nahaufnahme ist auf den Altar gerichtet, wenn der Pfarrer bei der Gabenbereitung oder zum Gebet hinter dem Altar steht. Durch die Verwendung von drei unterschiedlichen Objektiven mit jeweils großer Lichtstärke kann eine optimale Bildqualität auch bei widrigen Lichtverhältnissen gewährleistet werden. Der Wechsel der Perspektiven bringt bei der Übertragung mehr Abwechslung und die Augen des Betrachters ermüden nicht durch einen monotonen Bildausschnitt. Die Auswahl der zu streamenden Kamera erfolgt am Mischpult in der Sakristei und wird von einem Oberministrant der Gemeinde an den Hochfesten der Kirche durchgeführt. Für die wöchentliche Sonntagsmesse wird lediglich das Bild des gesamten Altarraums gestreamt, hierzu startet der Messner oder Pfarrer den Stream einfach per Knopfdruck am Videointerface.

Abb. 10.4 In der Gemeinde Spiegelau angeschaffte Streaming – Ausstattung. (Foto: TCG)

Da der Zuständigkeitsbereich des Pfarrers der Gemeinde Spiegelau die drei Kirchen des Pfarrverbands Spiegelau (Pfarrkirche Spiegelau, Pfarrkirche Klingenbrunn, Pfarrkirche Oberkreuzberg) umfasst, wurde in Spiegelau auf eine mobile Lösung – bestehend aus einer Streaming-Kamera mit Stativ, einem 5G-fähigen Smartphone und einer Prepaid-SIM-Karte – gesetzt (siehe Abb. 10.4). Die Streaming-Kamera benötigt lediglich eine Verbindung zum Internet sowie ein Smartphone oder Tablet zur Steuerung der Kamera. Zusätzlich zur Kamera wurde eine Powerbank, die gleichzeitig als WLAN-Repeater fungiert, angeschafft.

10.4 Nutzung des digitalen Angebots

Mit den digital übertragenen Gottesdiensten und Video-Andachten konnten überraschend viele Menschen erreicht werden. Aus den Facebook-Kommentaren in Abb. 10.5 wird ersichtlich, dass zu den Nutzer:innen nicht nur Gemeindemitglieder zählen, die vor Corona regelmäßig in die Kirche gekommen sind, sondern auch Personen, die aufgrund räumlicher Entfernung oder fehlender Mobilität nicht mehr an Präsenzgottesdiensten teilnehmen können.

Auch folgende Zahlen (Stand 26.05.2021) belegen, wie gut das Angebot in den Pilotgemeinden angenommen wurde. Beispielsweise wurde bei der Übertragung des Palmsonntagsgottesdienstes der Pfarrgemeinde Spiegelau am 29.03.2020 kurzzeitig eine Zuschauer-Zahl von 300 Geräten erreicht, im Vergleich sind zu Hochfesten im Gotteshaus ca. 200 Besucher:innen vor Ort. Durchschnittlich haben während des 45-minütigen Livestreams 130 Zuschauer (Geräte) zugesehen. Die Aufzeichnung der Osternacht verzeichnete sogar knapp 900 Aufrufe. Da pro Gerät mehr als eine Person zuschauen können, dürfte die tatsächliche Zuschauerzahl höher sein. Die Analysen zeigten zudem, dass 20 Prozent der Zuschauer zwischen 25 und 34 Jahre alt waren. Möglicherweise steigt gerade in Krisenzeiten auch bei jungen Personen wieder das Interesse an der Kirche.

Abb. 10.5 Reaktionen auf Facebook auf das Angebot der Gottesdienstübertragung in der Gemeinde Spiegelau. (Bild: TCG)

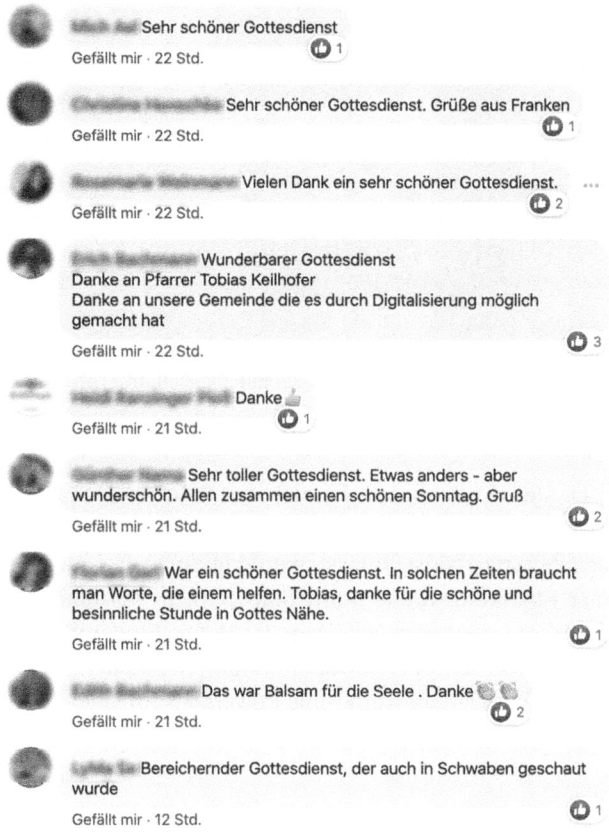

Auch in Frauenau erfuhr das digitale Format großen Zuspruch: Die Osternacht 2021 aus der Pfarrkirche Frauenau wurde von 95 Geräten aufgerufen, der Gottesdienst am Ostersonntag von 120 Geräten. Der YouTube-Kanal der Pfarrgemeinde Frauenau verzeichnet inzwischen 88 Abonnenten (Stand 16.09.2021).

Trotz der positiven Stimmen aus der Bevölkerung, benötigt ein derartiges Projekt die Begeisterung für die Digitalisierung der mitwirkenden Akteure. Die Herausforderungen stellt unter anderem die Infrastruktur der teilweise schlecht ausgebauten Internetleitungen zu den Gotteshäusern dar. Ständige Updates der Streamingplattform YouTube mit neuen Richtlinien erfordern eine kontinuierliche Weiterbildung in diesem Bereich. Ein weiterer kritischer Punkt ist der Datenschutz der personenbezogenen Daten, hierzu ist darauf zu achten, dass keinerlei Besucher von Gottesdiensten im Bildausschnitt sichtbar sind.

Sind die Ängste und Unsicherheiten beseitigt, steht einem erfolgreichen Digitalisierungsprojekt mit geringem finanziellen Aufwand und großem Mehrwert nichts im Wege.

10.5   Zusammenfassung und Ausblick

Die digitale Gottesdienstkultur in den Gemeinden Spiegelau und Frauenau soll das Gemeindeleben ergänzen und Menschen damit neue Zugänge ermöglichen. Aus diesem Grund entschieden sich beide Pfarrgemeinden für die Beschaffung und Einrichtung einer technischen Ausstattung zur Übertragung von Gottesdiensten, um den Gemeindemitgliedern – auch nach Corona – zumindest gelegentlich z. B. bei Hochfesten das digitale Format anbieten zu können.

Besonders hervorzuheben ist die flächendeckende Bereitschaft und der Mut der Kirchenvertreter der beteiligten Pfarrgemeinden sich – trotz zum Teil anfänglicher Zweifel – auf diese neuen Wege einzulassen. In Frauenau engagierten sich beispielsweise vor allem junge, technik-affine Pfarrgemeindemitglieder für die Beschaffung des Equipments, die Einrichtung der Festinstallation sowie die Durchführung der Übertragung. Ebenso hervorzuheben ist die Eigeninitiative der Diakonin der evangelischen Gemeinde in Spiegelau. Diese hat gemeinsam mit ihrem Ehemann und ohne das Zutun des TCG eine eigene Ausrüstung beschafft sowie einen YouTube-Kanal gegründet, über den sie regelmäßig Andachten veröffentlicht.

Die in Spiegelau und Frauenau geschaffenen Lösungen zur Live-Übertragung von Gottesdiensten weckten auch überregional Interesse. So fand im Mai 2021 ein Austauschtreffen mit dem Bischöflichen Beauftragten für Rundfunk- und Fernsehübertragungen und dem Jugendreferenten des Bistums Passau statt. Bei Besuchen in den Pfarrkirchen der Digitales Dorf Bayern – Pilotgemeinden erhielten die beiden Bistums-Vertreter Einblicke in die in den Gemeinden umgesetzten Maßnahmen zur Gottesdienstübertragung. Zudem diskutierte man über eine mögliche Übertragung dieser Lösungen auf andere Pfarrgemeinden im Bistumsgebiet.

Literatur

Kaplan, D., & Berkman B. (2019). Religion und Spiritualität bei älteren Menschen (Mai 2019). Homepage: MSD Manual, Ausgabe für medizinische Fachkreise. https://www.msdmanuals.com/de/profi/geriatrie/soziale-angelegenheiten-bei-%C3%A4lteren/religion-und-spiritualit%C3%A4t-bei-%C3%A4lteren-menschen. Zugegriffen am 24.02.2022.

Stahl, B., Hein, U., & Herbst, M. (2021). Religionsgemeinschaften in ländlichen Räumen. Homepage: Bundeszentrale für politische Bildung (18.11.2021). https://www.bpb.de/themen/stadt-land/laendliche-raeume/335931/religionsgemeinschaften-in-laendlichen-raeumen/. Zugegriffen am 24.2.2022.

Rathaus-App & Co.: Bürgerinformation und Kommunikation

11

Jessica Laxa

Zusammenfassung

Die digitale Abwicklung von Behördengängen, die Informationsbereitstellung für Bürger:innen und der direkte Draht zur Gemeinde über digitale Dienste dienen als eine der vielen Lösungen zur Verbesserung der Lebensqualität im ländlichen Raum. Um den Bürger:innen eine bedarfsgerechte Anwendung an die Hand zu geben, ist eine bevölkerungsnahe Anforderungsermittlung und Entwicklung mittels des Co-Creation Prinzips erfolgsentscheidend. Eine digitale Lösung stellt lediglich einen Mehrwert dar, sofern den Verantwortlichen in der Kommune eine einfache und intuitive Oberfläche zur Pflege von aktuellen Informationen vorliegt. Zudem sind bereits vorhandene Informationskanäle miteinzubeziehen. Innerhalb des Projekts „Digitales Dorf – Spiegelau Frauenau" wurde im Rahmen des Themenfeldes Dienste die Dahoam 4.0® Rathaus App und das Dahoam 4.0® Rathaus Webportal als eine Komponente im Dahoam 4.0® Anwendungsportfolio entwickelt, die zu der Digitalisierungsstrategie in den beiden Pilotregionen beitragen.

Schlüsselwörter

Digitale Transformation · Digitalisierung · Digitale Bürgerinformation · Gemeindeapp · Rathausapp

J. Laxa (✉)
Technische Hochschule Deggendorf, Technologie Campus Grafenau, Grafenau, Deutschland
E-Mail: jessica.laxa@th-deg.de

D. Ahrens (Hrsg.), *Smart Region: Angewandte digitale Lösungen für den ländlichen Raum*, https://doi.org/10.1007/978-3-658-38236-0_11

11.1   Informationsangebote ländlicher Gemeinden

Im urbanen Raum sind digitale Infrastruktur und kommunale Onlineangebote vielfältig und tragen zu einer Erleichterung im Alltag bei. So entlastet etwa die digitale Abwicklung von Behördengängen Bürger:innen und Verwaltungsangestellte gleichermaßen. Die Wege zum Rathaus und eventuelle Wartezeiten werden eingespart und gleichwohl Ressourcen geschont. Im ländlichen Raum hingegen werden diese Vorgänge sowie der Informationsaustausch und die Kommunikation noch weitgehend analog abgebildet. Hemmnisse zur Digitalisierung sind hier im personellen, technischen und auch im finanziellen Bereich auszumachen. Hinzu kommen teils Vorbehalte speziell in der ländlichen Bevölkerung gegenüber digitalen Angeboten. Das Onlineangebot in vielen ruralen Regionen bezieht sich lediglich auf das Bereitstellen einer Homepage, auf der Bürger:innen und Touristen mit relevanten allgemeinen Informationen, z. B. über die Zusammenstellung des Gemeinderats, historische Fakten, Auflistung der Vereine oder einem Behördenwegweiser und Informationen zu den einzelnen Verwaltungsdienstleistungen versorgt werden. Besonders die Corona-Krise hat gezeigt, dass die Kommunikation von aktuellen und verlässlichen Informationen an Bedeutung gewonnen hat. Regelmäßig muss die Bevölkerung über veränderte Beschränkungen und Maßnahmen informiert werden. Bisher eingesetzte Kommunikationskanäle, wie die Gemeinde-Webseite, lokale Presse, E-Mail Newsletter oder Soziale Medien, erfüllen die Bedürfnisse an eine schnelle Versorgung mit seriösen Informationen nicht in hinreichendem Umfang. Um den Wandel in der Bereitstellung kommunaler Informationen nicht zu versäumen, setzen ländliche Kommunen immer häufiger auf Soziale Medien. Über diese Kanäle werden Neuigkeiten aus der Kommune kommuniziert. Eine vom Technologie Campus Grafenau durchgeführte, stichprobenartige Studie zur kommunalen Nutzung sozialer Medien zeigt, dass eine Vielzahl der Gemeinden in der Region Bayerischer Wald Plattformen wie Facebook und Instagram nutzt, um die Bürger:innen zu informieren. Die Nutzung von Instagram und Facebook einiger Gemeinden in der Region südlicher Bayerischer Wald ist aus Abb. 11.1 zu entnehmen. Bei der Studie wurde untersucht, inwieweit die Einwohnerzahlen mit den Likes der jeweiligen Facebookpage der Kommune korrelieren. Exemplarisch veranschaulicht, verzeichnet die Stadt Zwiesel mit einer Einwohnerzahl von 9179 (Stand Dezember 2020) eine Anzahl von 12.108 Likes (Stand Juli 2021), was einer Relation von 132 % entspricht. Dies stellt die Beliebtheit der sozialen Medien als Informationsquelle für die Bürger:innen, sowie auch für andere Zielgruppen außerhalb des Gemeindegebiets heraus. Die Beiträge der Kommunen in den jeweiligen Facebookpages enthalten überwiegend Presseartikel, Veranstaltungen oder Verlinkungen zu bestehenden Inhalten aus Gemeindewebseiten, Nachrichtenportalen und anderen Informationsquellen. Daraus lässt sich ableiten, dass die eigene Planung und Gestaltung der Inhalte eher im geringeren Maße im Vordergrund steht. Zudem erweisen sich soziale Medien als keine vertrauenswürdige Datenplattform, da die Datenhoheit nicht bei der Kommune selbst liegt, sondern an die jeweiligen Betreiber abgetreten wird,

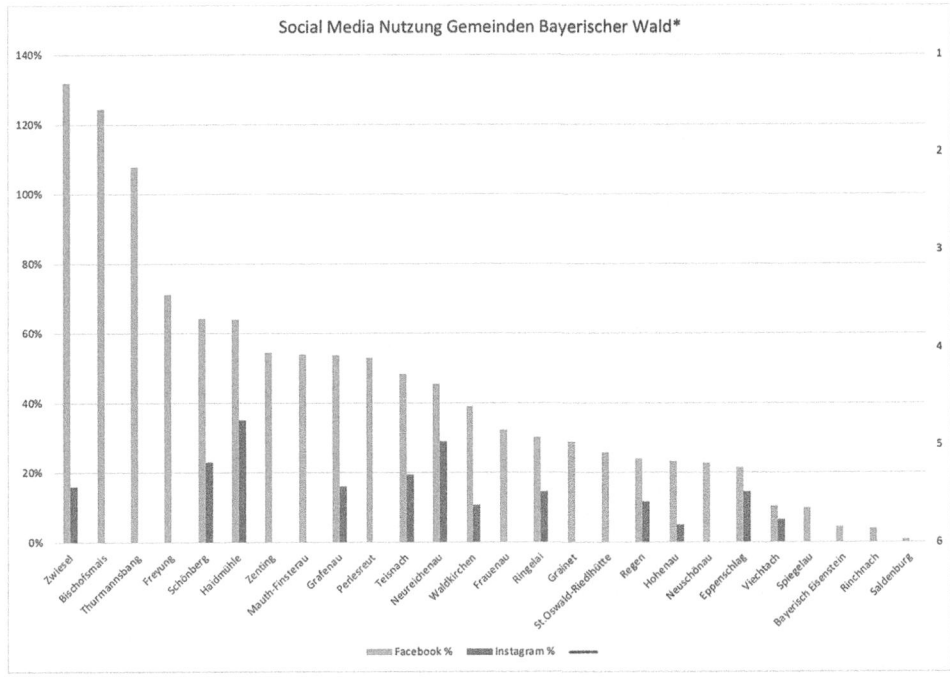

*relevante Orte Region Bayerischer Wald

Abb. 11.1 Überblick Social Media Nutzung im Bayerischen Wald. (Eigene Darstellung)

was besonders im kommunalen Umfeld für rechtliche Komplikationen im Rahmen der DSGVO[1] sorgen kann. Um die funktionellen und datenschutzrechtlichen Lücken zu schließen, werden diverse Gemeinde- und Rathaus-Apps auf dem Markt angeboten. Da diese bezüglich des Funktionsumfangs nicht immer zu den Anforderungen und Rahmenbedingungen einer Kommune passen, muss evaluiert werden, welche Anwendung für den vorgesehenen Einsatz optimal ist.

11.2 Problemstellung und Zielsetzung

Im Rahmen des Projektes „Digitales Dorf Spiegelau-Frauenau" bestand seitens der Pilotgemeinden im Themenfeld „Dienstleistungen" die Anforderung, die Kommunikation zwischen Bürgern und Kommune sowie innerhalb der Kommune durch Nutzung digitaler Technologien zu vereinfachen. Folgende Anforderungen wurden an eine entsprechende Lösung gestellt:

---

[1] Datenschutzgrundverordnung.

- Es sollte ein Angebot zur Verfügung gestellt werden, mit dem die Kommunikation und der Informationsaustausch innerhalb der Heimatgemeinde sowohl für die Bürger:innen, als auch für die Gemeindemitarbeitenden vereinfacht werden kann.
- Darüber hinaus sollten mit der Anwendung bürokratische Hürden abgebaut und ausgewählte Verwaltungprozesse papierlos gestaltet werden.
- Ferner sollten auch Dokumente und Satzungen sowie weitere Gemeindeinformationen wie Öffnungszeiten bereitgestellt werden.
- Zuletzt war auch eine Art „Beschwerdemanagement" bzw. Schadensmelder gewünscht.
- Das Leistungsspektrum sollte von den Bürger:innen ortsunabhängig und zu jeder Tageszeit auf PC, Tablet oder Smartphone abgerufen werden können.
- Zusätzlich sollten Informationen zu Öffnungszeiten, Terminen und Veranstaltungen und Ansprechpartnern zur Verfügung gestellt werden.
- Auch die Integration von Schnittstellen und Verlinkungen zu Bürgerserviceportalen und touristischen Kalendern sollte umgesetzt werden.

Entstanden sind daraus die Dahoam 4.0® Rathaus App für iOS und Android sowie das browserbasierte Dahoam 4.0® Rathausportal. Portal und App ermöglichen den digitalen Austausch zwischen Bürger:innen mit Verantwortlichen im Rathaus. Zu berücksichtigen ist hierbei, dass zu Beginn der Entwicklung (Ende 2017) nur wenige Rathaus-Apps auf dem Markt verfügbar waren, die die nötigen Funktionen abdeckten und deshalb eine eigene Implementierung zweckmäßig war.

11.3 Marktüberblick, Preismodelle und Reichweite

Auf dem Softwaremarkt wird mittlerweile eine Vielzahl an Gemeinde- und Rathaus-Apps angeboten. Die Grundfunktionen der Anwendungen kongruieren bei annähernd allen Anbietern (Push-Nachrichten, Kalenderfunktionen, etc.), jedoch liegen erhebliche Unterschiede in Kosten und Serviceangebot vor. Verwendete Preismodelle sind beispielsweise monatliche Beitragszahlungen, eine Differenzierung der Nutzungs- & Setup-Kosten und nutzerabhängige Preismodelle. Basisfunktionen, die nahezu jede Applikation anbietet, sind:

- News/Aktuelles,
- Events/Veranstaltungen
- Formularwesen als Online-Bürgerservice
- Allgemeine Gemeindeinformationen
- Pushbenachrichtigungen mit aktuellen Informationen.

Beispiele für verfügbare Rathaus-Apps, die besonders durch die Coronapandemie an Reichweite dazugewonnen haben sind: *Heimat24* von Matterhorn Digitalmedien GmbH,[2] *Gemeinde-App* des Anbieters nerdgeschoss GmbH[3] oder *Muni* von Eridu UG.[4]

Die Kosten der Apps lassen sich vorwiegend in drei Preismodelle segmentieren:

- Monatliche oder jährliche Pauschalbeträge: Einige Anbieter erheben monatliche Gebühren, die unter anderem die Nutzungskosten für Hosting und die technische Infrastruktur abdecken.
- Monats- bzw. Jahrespauschalen zuzüglich Installations- und Einrichtegebühren: Zusätzlich zu den wiederkehrenden Gebühren, stellen einige Anbieter den Aufwand für die Entwicklung und das Setup der App in Rechnung.
- Nutzerabhängige Preise: Als weiteres Preismodell wird häufig ein nutzerabhängiger Beitrag angesetzt, der sich vorwiegend an den Einwohnerzahlen der Gemeinde orientiert.

Überdies bieten viele Softwareanbieter eine Auswahl an Paketen mit unterschiedlichem Funktionsumfang (z. B. Einsteiger, Komfort, Premium), welche die Höhe des Preises bestimmen oder werben mit Neukunden-Rabatten und Förderungen. Auch Erweiterungen (zusätzliche Funktionen oder Support) sind bei vielen Anbietern als zusätzliche Dienstleistung erwerbbar.

11.4 Umsetzung der Rathaus-App mittels Co-Creation

Um die Anforderungen der Akteure aus der Modellregion an eine Rathaus-App zu ermitteln, wurden im ersten Schritt Arbeitstreffen organisiert, zu welchen Gemeindevertreter, Gemeindemitarbeiter sowie Bürger:innen eingeladen wurden. Die genannten Zielgruppen werden im Folgenden als Stakeholder bezeichnet. In kleineren Projektgruppen wurden in Zusammenarbeit mit dem Projektteam des Technologie Campus Grafenau die potenziellen Funktionalitäten ermittelt. Sofern konkrete Herausforderungen und Probleme innerhalb der Kommune adressiert werden, hat sich das Co-Creation Prinzip bewährt. Bei dieser Form der Produktgestaltung werden die Stakeholder in den Entstehungsprozess der Anwendung integriert und gestalten aktiv mit.[5] Für die Beteiligten wird die Implementierung der Anwendung transparenter, und die Anforderungen werden im direkten Austausch mit den Akteuren umgesetzt. Dieser Prozess garantiert, dass die Personengruppen, die am häufigsten von den Herausforderungen betroffen sind, in die Lösungsentwicklung aktiv einbezogen werden und entsprechend von den Lösungen profitieren. Dies wirkt sich posi-

---

[2] Heimat 24, Matterhorn Digitalmedien GmbH, verfügbar unter: https://www.heimat24.de/.

[3] Gemeinde-App, nerdgeschoss GmbH, verfügbar unter: https://gemeindeapp.de/de.

[4] Muni, Eridu UG, verfügbar unter: https://www.muni.bayern/.

[5] W. H. Voorberg et al. (2015).

tiv auf die spätere Akzeptanz und Nutzung der Anwendungen aus. In den Gesprächen ist es besonders wichtig die Stakeholder zu sensibilisieren, dass digitale Lösungen, die die Gemeindearbeit vereinfachen sollen, keine „Wunderwaffe" sind, die alle Probleme lösen. Vielmehr setzen diese u. a. solide analoge Prozesse, gutes Datenmanagement und klare Aufgabenverteilung voraus. Sollen neue Anforderungen digital unterstützt werden, wie eine intensive Bürgerinformation, so erfordert dies teils auch neue bzw. zusätzliche Tätigkeiten wie das Erstellen redaktioneller Beiträge.

Zur Sicherung einer nachhaltigen Nutzung sollten Funktionalitäten nicht von den technischen Möglichkeiten determiniert, sondern vielmehr aus dem regionalspezifischen Bedarf abgeleitet werden. Anstelle von allumfassenden Enterprise Lösungen, sind für den Erfolg einer Gemeinde- oder Rathaus-App zudem niederschwellige Lösungen gefragt, die von Personen ohne technisches Know-How einfach bedient werden können und nach bester Möglichkeit keinen Mehraufwand bedeuten.

Die gesammelten Anforderungen wurden im Rahmen des Projektes priorisiert und unter folgenden Prämissen umgesetzt:

- Nach Möglichkeit wurden bereits vorhandene Softwaremodule genutzt, um Zeit und Kosten zu sparen.
- Es wurden existierende Strukturen genutzt und nach Möglichkeit Schnittstellen zu bestehenden Systemen aufgebaut, um Doppelpflege und isolierte Anwendungen zu vermeiden.
- Die Benutzerfreundlichkeit hatte höchste Priorität: Die Implementierung der Funktionen orientierte sich an den Anforderungen und nicht an den technischen Möglichkeiten. Zusätzlich wurde das Userinterface nach dem Prinzip der Einfachheit und Übersichtlichkeit umgesetzt.
- Eine kostenarme Anwendung, die einfache und schnelle Übertragbarkeit auf weitere Kommunen ermöglicht, wurde angestrebt.

Mit Fertigstellung des ersten Prototyps, wurde ein Applikationstest innerhalb eines ausgewählten Kreises der Stakeholdergruppen durchgeführt. Die Einblicke, die innerhalb des Testrahmens gesammelt wurden, wurden in wiederholenden Sprints innerhalb des Entwicklungszyklus diskutiert und umgesetzt, bis die erste Liveversion der Anwendung an die Bevölkerung der Modellregion herausgegeben werden konnte. Im Februar 2019 konnte nach einem Versionsupdate schließlich die Dahoam 4.0® Rathaus App den Bürger:innen aus Frauenau zum Download über die App Stores sowie die Funktionalitäten im allumfassenden Dahoam 4.0® Portal, welches die webbasierte Sammelstelle aller Anwendungen, die im Rahmen des Projektes umgesetzt worden sind, angeboten werden. Diese Portale sind unter den jeweiligen Domains https://www.dahoaminspiegelau.de, sowie unter https://www.dahoaminfrauenau.de abrufbar und enthalten unter anderem die Funktionalitäten der Dahoam 4.0® Schul App, sowie die Dahoam 4.0® Vereins App. Die Portale wurden parallel zu den mobilen Applikationen entwickelt, um die Administration in den Verwaltungen über Desktop-PCs zu vereinfachen. In der Gemeinde Spiegelau standen die Rathaus-Anwendungen ab März 2019 zur Verfügung.

11.5 Inhalte der Dahoam 4.0 Rathaus-App

Mit der Dahoam 4.0® Rathaus-App können Bürger:innen kostenfrei Dokumente, Satzungen und Informationen ihrer Gemeinde abrufen. Darüber hinaus ist es Bürger:innen möglich – ohne Registrierung – über die von den Stakeholdern gewünschte Funktion „Wichtiges Melden" mit der Kommunalverwaltung in Kontakt treten. Die Funktion kann verwendet werden, um auf Probleme, nötige Reparaturarbeiten oder andere Missstände in der Kommune hinzuweisen. Für die Gemeindemitarbeitenden (Verwaltung, Bauhof, Tourismus) ist zur erweiterten Nutzung der Funktionalitäten eine Registrierung erforderlich, wodurch sie Zugriff auf Dokumente, interne Prozesse und Daten erhalten. Benutzer:innen mit Administratorrechten haben die Möglichkeit verschiedene Nutzergruppen mit unterschiedlichen Rechten zu erstellen. Bei der Zugehörigkeit zu einer bestimmten Benutzergruppe wird jedem Verwaltungsangestellten ein individuelles App-Erlebnis dargeboten.

Die Dahoam 4.0® Rathaus App und das Dahoam 4.0® Portal im Menüpunkt Rathaus bieten im Detail folgende allgemeine Funktionen, die auch in den Mockups[6] in Abb. 11.2 ersichtlich sind:

- **Aktuelles:** Gemeindemitarbeitende können aktuelle Informationen für ihre Bürger:innen bereitstellen. Darunter fallen auch offizielle Bekanntmachungen oder Veranstaltungsvorankündigungen und Plakate. Die Gemeindemitarbeitenden können entscheiden, ob eine Push-Benachrichtigung als Broadcast an die Nutzer der App versendet wird.
- **Wichtiges Melden:** Ein Workflow zur Kontaktaufnahme von Bürger:innen mit der Gemeinde. Verbesserungsvorschläge oder Anregungen können mit Hilfe von Standortinformationen und Bilddokumentation direkt an das Rathaus versendet werden. Wird dieser Prozess angestoßen, entsteht eine Aufgabe, die zur Bearbeitung an die jeweiligen berechtigten Gruppen in der Gemeindeverwaltung verteilt werden kann.
- **Dokumente:** Allgemeine Gemeindedokumente können für die Öffentlichkeit zur Verfügung gestellt werden. Gängige Dateiformate werden direkt in der App nutzerfreundlich angezeigt und können via on-board Funktionalitäten geöffnet werden. Bei erweiterten Gruppenzugehörigkeiten können auch versteckte Ordnerstrukturen für interne Zwecke definiert werden.
- **Kalender:** Über den Kalender können sowohl öffentliche Veranstaltungen als auch gemeindeinterne Termine angezeigt und administriert werden. Bereits vorhandene Kalenderschnittstellen der Gemeinden wurden eingebettet.

---

[6] Grafisch gestalteter Entwurf einer Anwendung.

Abb. 11.2 Funktionsübersicht der Dahoam 4.0 Rathaus-App. (Eigene Darstellung)

- **Ansprechpartner:** Die für die Bürger:innen relevanten Ansprechpartner innerhalb der Verwaltung werden aufgelistet. Über eine Click-to-call bzw. eine Click-to-mail-Funktion können die entsprechenden Ansprechpartner direkt kontaktiert werden.
- **Öffnungszeiten:** Veröffentlichung der für die Bürger:innen relevanten Öffnungszeiten der einzelnen Verwaltungsbereiche im Rathaus und in öffentlichen Einrichtungen.
- **Meine Aufgaben:** Für Gemeinde- oder Bauhofmitarbeitende können über das Rathausportal auch Aufgaben definiert und verwaltet werden. Primär handelt es sich dabei um die eingehenden Meldungen der Bürger:innen über die „Wichtiges Melden"-Funktion und interne Aufgaben, die von jeweiligen Bereichsleiter:innen delegiert werden können.
- **Push-Benachrichtigungen:** Die Nutzer der Anwendung erhalten Push-Benachrichtigungen, die in den App-Einstellungen thematisch individuell aktiviert oder deaktiviert werden können.
- **Suchfunktion:** Eine übergreifende Suchfunktion für Dokumente erleichtert den Nutzer:innen die Navigation, und es kann anhand von Schlagworten in der Anwendung gesucht werden.
- **Hilfe:** Hauptfunktionen der Anwendung werden kurz beschrieben.

Ferner wurden folgende Schnittstellen zu bestehenden Systemen realisiert:

- Regionaler Kalender, der die Events und Angebote in und um die jeweilige Kommune enthält
- Übersicht über bestehendes Nahversorgungsangebote in der Region
- News-Feed der regionalen Presse
- Einbettung des Bürgerserviceportals für digitale Services der Verwaltung
- Einbetten vorhandener Webcams in der Region
- Verknüpfung zu den digitalen Anschlagtafeln in der Kommune (vgl. Kap. 7)

Die Dahoam 4.0® Rathaus-App bietet besonders durch die Kommunikation zwischen Bürger:innen und den Gemeindemitarbeitenden einen erheblichen Mehrwert und stärkt den direkten Draht zu der Gemeindeverwaltung. Eine definierte Administratorengruppe innerhalb der Gemeindeverwaltung kann durch die Organisation von Gruppen, die an reale Arbeitsgruppen angelehnt sind (z. B.: Bauhof, Kämmerei, Standesamt), Aufgaben aufwandsarm verteilen und Prozesse optimieren. Sofern die Mitarbeiter:innen den richtigen Gruppen zugewiesen wurden, kann so das Tagesgeschäft der Verwaltung effizienter und papierlos gestaltet werden. Mit wenigen Klicks können die Bürger:innen bei Bedarf schnell mit Informationen versorgt werden, die bisher nur über eine direkte Anfrage an das Rathaus oder die offizielle Amtstafel bereitgestellt werden konnten.

11.6   Empfehlungen für den Einsatz einer Rathaus-App

Besonders die Corona-Pandemie hat gezeigt, wie wichtig digitale Informationskanäle auch für kleine ländliche Kommunen sein können. Die digitalen Lösungen unterstützen hier bei administrativen Tätigkeiten – auch im Homeoffice – und bringen wichtige Inhalte in die Haushalte der Bürger:innen.

Entscheidet sich eine Gemeinde für die Beschaffung oder Umsetzung einer Rathaus-App, sollten vorab die Kriterien an die Anwendung besonders beleuchtet werden. Da viele verschiedene Angebote auf dem Markt existieren, kann es zu einer besonderen Herausforderung werden, das richtige Produkt für die Anwendungsfälle der Kommune zu bestimmen. Hier ist es ratsam, die Anforderungen vorab klar zu definieren, die Angebote auf dem Markt zu vergleichen und gegebenenfalls von einem technischen Experten prüfen zu lassen. Wichtig ist besonders der Aspekt des Nutzens für die Bürger:innen. Soll die Anwendung einen Mehrwert für die Bürger:innen mit sich bringen, sollten auch aus der Perspektive der Bürger:innen Anforderungen gesammelt und evaluiert werden.

Der wichtigste Aspekt, der bei der Inbetriebnahme einer Rathaus-App beleuchtet werden muss, ist die Pflege der Inhalte. Stichproben diverser Rathaus-Apps aus Kommunen in ganz Deutschland haben gezeigt, dass viele Gemeinden zwar eine Rathaus-App einsetzen, die Inhalte aber in der Regel nicht aktuell oder sehr lückenhaft sind. Dies ist meist auf fehlendes Personal in der Verwaltung zurückzuführen. Die Anwendungen sollten als Bürgerinformationssystem fungieren. Dies kann nur erfolgreich funktionieren, sofern die Anwendung von Seiten der Verwaltung permanent gepflegt, mit Inhalten befüllt und beworben wird. Findet der Nutzer trotz mehrmaligen Aufrufs keine aktuellen Informationen, vermindert dies die Attraktivität der Anwendung signifikant. Dies führt unter Umständen dazu, dass der Nutzer die App nicht mehr verwendet oder deinstalliert. Die Notwendigkeit der aktiven Inhaltspflege ist in vielen Kommunen noch nicht hinreichend erkannt. Die wirtschaftliche Rentabilität der Lösung, sofern diese überhaupt angestrebt und nicht als Teil der Daseinsvorsorge angesehen wird, ist abhängig von einer langfristigen Etablierung in der Bürgerschaft und in der Gemeindeverwaltung und einer damit einhergehenden stabilen Nutzeraktivität. Entsprechend müssen in den Kommunen Verwaltungsmitarbeiter:innen für die Verantwortlichkeit der Pflege von Inhalten sensibilisiert und organisatorisch etabliert werden. Angesichts des wachsenden Interesses seitens der Bürger:innen an lokalen, verlässlichen, relevanten und zeitaktuellen Informationen wird das erstellte Angebot bei geeigneter Pflege auf eine steigende Nachfrage treffen.

Neben der manuellen Pflege von Inhalten sollte auch darauf geachtet werden, dass bestehende Systeme, die die Gemeinde bereits für ihr Informationsangebot oder Prozessmanagement nutzt, in die Rathaus-App integriert werden können. Optimal wäre, die Integration der bestehenden Informationen über eine Schnittstelle, fachlich auch API bezeichnet, umsetzen zu können. Hier ist jedoch zu beachten, dass die Anbieter der bestehenden Systeme zum Teil hohe Kosten, abhängig von der Komplexität, für die Bereitstellung der Schnittstellen veranschlagen. Sollte dies durch proprietäre Systeme nicht möglich sein, ist ebenso eine Verlinkung denkbar. Maßgebend in dieser Hinsicht ist die Minimierung der Doppelpflege, um Mehraufwand zu vermeiden.

Mit einer Gemeinde- oder Rathaus-App kann vielen Herausforderungen in den Kommunen wirkungsvoll begegnet werden. Bei der Konzeption wird tendenziell dazu animiert, möglichst viele Funktionen und Inhalte in der Anwendung zu realisieren, um einen größtmöglichen Mehrwert anzubieten. Diese Einstellung führt allerdings dazu, dass die Anwendung schnell überladen und für den Nutzer zu komplex wird. Zudem wird der Pflegeaufwand für die Kommune immer weniger tragbar und gefährdet den Fortbestand der Anwendung. Effektvoller ist ein schlichtes, direkt an die Gegebenheiten der Kommune angepasstes Kommunikations- und Partizipationstool zwischen der Behörde und der Bevölkerung. Bei Bedarf bzw. auf Nachfrage seitens der Bürger:innen können weitere Anforderungen mit dem Anbieter evaluiert und umgesetzt werden. Da der Einsatz einer Anwendung keinen statischen Prozess bedeutet, der mit dem Einkauf der Anwendung abgeschlossen ist, sondern vielmehr einen dauerhaften Optimierungs- und Erweiterungsprozess mit sich bringt, ist es ratsam mit wenigen Funktionen anzufangen und die Anwendung kontinuierlich an die Bedürfnisse anzupassen.

11.7 Zusammenfassung

Die Dahoam 4.0® Rathaus-App, die vom Technologie Campus Grafenau im Rahmen des Projekts „Digitales Dorf" entwickelt wurde, erweist sich als sinnvolle Ergänzung zum Informations- und Kommunikationsportfolio der Modellregionen. Sie unterstützt nicht nur die interne Prozessoptimierung und Kommunikation in der Verwaltung, sondern ermöglicht zudem den direkten Austausch mit den Bürger:innen und schafft einen Mehrwert für die Außenwirkung der Kommune. Die bedarfsgerechten und aktuellen regionalen Informationen sind für jeden Einwohner tagesaktuell auf dem Smartphone, Tablet oder Desktop-PC abrufbar.

Um allerdings eine „lebendige", nachhaltig genutzte App zu schaffen, müssen verschiedene Hürden genommen werden:

* Bedarfsorientierte Anforderungsanalyse aus der Perspektive der Bürger:innen und des Verwaltungspersonals
* Bevorzugung kleiner, ausbaubarer vor zu mächtigen Lösungen
* Schaffung geeigneter Schnittstellen zur Vermeidung redundanter Befüllung
* Aufbau geeigneter Organisationsstrukturen zur Pflege der Anwendung mit aktuellen Informationen
* Sensibilisierung des Personals zur kontinuierlichen Pflege relevanter Inhalte

Werden diese Aspekte in der Einführung einer Rathaus- bzw. Gemeindeapp berücksichtigt, erfreuen sich die Kommunen an einer weiteren Aktivierung des Gemeindelebens und der Erhöhung der Gemeindeattraktivität bei Bürger:innen. Wird die Anwendung von der Gemeinde gelebt, erhöht sich die Zufriedenheit der Bürgerschaft und trägt zu einem nachhaltigen, digitalen Zusammenleben bei.

Literatur

Voorberg, W. H., Bekkers, V. J. J. M., & Tummers, L. G. (2015). A systematic review of co-creation and co-production: Embarking on the social innovation journey. *Public Management Review,* *17*(9), 1333–1357. https://doi.org/10.1080/14719037.2014.930505.

Mobilität auf dem Land: Digital unterstützter Dorfbus

12

Rainer Bomeisl

Zusammenfassung

Aus der Struktur der Gemeinde Spiegelau und aus der Bevölkerungsentwicklung ergibt sich das Erfordernis eines zusätzlichen wohn- und zielortnahen Verkehrsangebotes.

Ziel der Maßnahme ist, eine Ergänzung des bestehenden öffentlichen Personennahverkehrs (ÖPNV) durch Fahrten in dünner besiedelte und bisher nicht angefahrene Teile der Gemeinde, zu schaffen. Das Konzept wurde in enger Abstimmung mit den Beteiligten erarbeitet, um die bestehenden Bedienungs- bzw. Erschließungsdefizite durch Einführung eines Bürgerbusangebotes zu beseitigen. Fahrplan und Haltestellenwahl werden den Wünschen der Bevölkerung gerecht und ergänzen das bisherige Regionalverkehrsangebot.

Die Fahrten finden auf bestehenden Routen statt und bedienen dabei vordefinierte Haltestellen, bedürfen aber einer vorherigen Anmeldung durch die Fahrgäste.

Die Konzeption und die Entwicklung einer APP für den Dorfbus Spiegelau zur Reservierung und zur Information erfolgte durch den Technologie Campus Grafenau.

Schlüsselwörter

Ländlicher Raum · Erschließungsdefizite · Dorfbus · Mobilitäts-App · Zielgruppen

R. Bomeisl (✉)
Technische Hochschule Deggendorf, Technologie Campus Grafenau, Grafenau, Deutschland
E-Mail: Rainer.Bomeisl@th-deg.de

© Der/die Autor(en), exklusiv lizenziert an Springer Fachmedien Wiesbaden GmbH, ein Teil von Springer Nature 2023
D. Ahrens (Hrsg.), *Smart Region: Angewandte digitale Lösungen für den ländlichen Raum*, https://doi.org/10.1007/978-3-658-38236-0_12

12.1   Einleitung

Das Leben im ländlichen Raum bietet gegenüber dem Leben im städtischen Raum zahlreiche Vorteile wie beispielsweise geringere Wohnkosten, ein aktives Vereinsleben und ein
naturnahes und weniger Stress erzeugendes Umfeld. Ein zentraler Nachteil sind jedoch
die gegenüber der Stadt eingeschränkten Mobilitätsangebote.

Mobilität ist für viele Menschen essenziell, um ihre täglichen Bedürfnisse befriedigen
zu können: um zur Arbeit zu gelangen, einkaufen zu gehen oder Arztbesuche zu tätigen.
Besonders ältere Mitmenschen oder Personen mit Einschränkungen sind für ihre Mobilität
auf öffentliche Verkehrsmittel angewiesen. Das ist besonders im dünn besiedelten, ländlichen Raum problematisch. Die langen und verzweigten Routen des ÖPNV in strukturschwachen Regionen steigern die Kosten und vergrößern den ökologischen Fußabdruck,
insbesondere bei dichteren Taktzeiten. In diesem Bereich ist es in der Regel nicht möglich,
kostendeckend einen attraktiven und bedarfsgerechten ÖPNV anzubieten. Bisherige
Mobilitätsangebote, wie z. B. Buslinien mit festen Fahrzeiten, sind zumeist nur gering
ausgelastet, was zu einem erhöhten Aufwand pro Fahrgast führt. Geringe Fallzahlen bzw.
Auslastung und Kostendruck führen häufig zu einer weiteren Ausdünnung des Angebots
und dies wiederum zu einer verringerten Attraktivität und Nutzung.[1]

Ältere Menschen sind daher oft auf private Mitfahrangebote von Nachbarn oder
Familienangehörigen angewiesen. Auch Mütter werden zum Fahrdienst, wenn Kinder
Sport-, Musik- und Freizeitangebote nutzen wollen. Fehlen Verkehrsinfrastrukturen für
einheimische Bürger:innen, sind Touristen davon gleichermaßen negativ beeinflusst.

Die Verbesserung der Mobilitätsangebote unter Beachtung ökologischer, ökonomischer
und sozialer Zielstellungen stellt daher eine zentrale Herausforderung für das Leben auf
dem Land dar.

12.2   Problemstellung und Zielsetzung

Auch die Pilotgemeinde Spiegelau steht vor den genannten Herausforderungen. Die Bevölkerungsentwicklung in der Gemeinde Spiegelau folgt dem für die Region typischen
Trend des demografischen Wandels mit einer steigenden Anzahl älterer Menschen bei
gleichzeitig zurückgehenden Schülerzahlen. Aus diesen Entwicklungen erwächst die Anforderung nach altersgerechten Mobilitätsangeboten mit wohn- bzw. zielortnahen Haltestellen, die zu bedarfsgerechten Zeiten bedient werden. Zudem ist das Gebiet der Gemeinde
Spiegelau gekennzeichnet durch eine eher disperse Siedlungsstruktur mit 83 Einwohnern je
km² mit zudem großen Höhenunterschieden. Die gegenwärtig knapp 4000 Einwohner[2] ver-

---

[1] Vgl. Neidhardt (2021).

[2] Vgl. Bayerisches Landesamt für Statistik (2021).

Abb. 12.1 Luftbildaufnahme Gemeinde Spiegelau mit den drei Gemeindeteilen Spiegelau, Klingenbrunn und Oberkreuzberg. (Quelle: TCG)

teilen sich auf drei Gemeindeorte, darunter der gleichnamige Hauptort Spiegelau (siehe Abb. 12.1), mit insgesamt 33 Ortsteilen, u. a. auch entlegenen Weilern und Einöden.[3]

Für die Bewohner der Gemeinde Spiegelau ergibt sich ein zunehmender Bedarf an Verbindungen zwischen den Ortsteilen zum Gemeindehauptort. Die vormals auch in den Ortsteilen vorhandene Versorgungsstruktur mit Einkaufsgelegenheiten des täglichen Bedarfs, Ärzten, Apotheken und Banken ist inzwischen gänzlich auf den Gemeindehauptort konzentriert. Um die vielfältigen Angebote der Daseinsvorsorge Spiegelaus für alle Bevölkerungsgruppen nutzbar zu machen und um einen Anschluss aus den Ortsteilen zu den Verkehrsangeboten des Regionalverkehrs im ÖPNV und Schienenpersonennahverkehr herzustellen, war ein zusätzliches wohn- und zielortnahes Verkehrsangebot erforderlich.

Ziel dabei war, dass Busse auf Bestellung, also On-Demand fahren. Das bedeutet, Bürger:innen können den Bus per App oder telefonisch anfordern.

Die Digitalisierung ermöglicht vollkommen neue Freiheitsgrade für einen effizienteren und nachfrageorientierteren Betrieb. Die internetbasierte Buchung und Disposition verspricht einerseits eine höhere Effizienz für das Flottenmanagement und schafft andererseits die Grundlage für eine höhere Individualisierbarkeit und Transparenz des Service.[4]

12.3 Methodisches Vorgehen – Konzeptionierung des Dorfbusses

Auf Basis der Ausgangsbedingungen entstand das Konzept für den Dorfbus Spiegelau, um die bestehenden Bedienungs- bzw. Erschließungsdefizite zu beseitigen. Aus fördertechnischen Gründen wurde dabei schnell deutlich, dass der Dorfbus als Linienverkehr in Form eines Bedarfsverkehrs konzeptioniert werden sollte. Für dieses Vorhaben wurde grundsätzlich eine finanzielle Beteiligung des Freistaats Bayern im Rahmen des Förderprogramms zur Verbesserung der Mobilität im ländlichen Raum in Aussicht gestellt.

---

[3] Vgl. Bayerisches Staatsministerium für Digitales (2021).
[4] Vgl. König (2019), S. 4.

Fördernehmer ist der Aufgabenträger für den allgemeinen ÖPNV, also der Landkreis Freyung-Grafenau (FRG).

Für diesen linienbasierten Bedarfsverkehr konnte unter gegebenen Voraussetzungen, das vom kommunalen ÖPNV-Aufgabenträger übernommene Betriebskostendefizit, im Rahmen einer Anschubfinanzierung für fünf Jahre unterstützt werden.

Um den Bedürfnissen der Bevölkerung vor Ort gerecht zu werden wurden Fahrplan und Haltestellenwahl in enger Abstimmung mit den Bürger:innen erarbeitet. Der Dorfbus fährt dabei eine Haltestelle bei Bedarf an oder überspringt sie bei Nicht-Buchung.

Die Linienäste auf ausgewählten Streckenabschnitten verdichten das bestehende Verkehrsangebot der Regionalbusse, schließen hierbei zeitliche Lücken und verbessern durch zusätzliche Halte den wohn- und zielortnahen ÖPNV in der Gemeinde. Fahrplan und Haltestellenwahl entsprechen den Bedürfnissen der Bevölkerung und ergänzen das bisherige Regionalverkehrsangebot.

Im Rahmen der Abstimmungsgespräche mit den Bürgern wurde eine Anforderungsanalyse durchgeführt. Das Ergebnis daraus waren Use Cases und potenzielle Zielgruppen für das Dorfbus-Angebot.

Folgende Zielgruppen wurden definiert:

- Rentner/ältere Menschen
- Patienten der ansässigen Ärzte
- Pendler
- Auszubildende/Schüler/Jugendliche/Heranwachsende ohne eigenes Transportmittel
- Sonst./allg. Benutzer des Busses
- Touristen

Hierbei handelt es sich primär um Personen, die nicht oder nicht mehr eigenständig mobil sind und einen Fahrdienst in Anspruch nehmen möchten.

Als Informations- und Buchungstool wurde die Dorfbus App vom Technologie Campus Grafenau (TCG) entwickelt und implementiert.

12.4 Vergleichbare regionale Lösungsansätze und Schnittstellen

Neben der Umsetzung des digital unterstützten Dorfbuskonzeptes in Spiegelau, das im Rahmen des Projektes „Digitales Dorf Bayern" entwickelt wurde, gibt es in der erweiterten Pilotregion noch weitere Initiativen zur Erprobung von Mobilitätslösungen.

12.4.1 „freyfahrt" im Landkreis Freyung-Grafenau (FRG)

Mit „freyfahrt" startete im Stadtgebiet Freyung im August 2018 der bundesweit erste On-Demand-Ridepooling-Service im ländlichen Raum, der eine Genehmigung als Linienverkehr erhalten hat. Hierbei handelt es sich um eine Bündelung von Fahrtanfragen zur besseren Auslastung von Verkehrsmitteln, zumindest auf Teilstrecken. Die eingesetzten Kleinbusse richten sich bei diesem Angebot nicht nach starren Fahrplänen oder festen Routen, sondern orientieren sich an über 230 virtuellen Haltestellen. Jeder Fahrgast bestimmt Abhol- und Zielort sowie Abholzeit weitgehend individuell, deshalb „on-demand". Durch Konsolidierung von Fahrten auf höher frequentierten Teilstrecken – Fahrgäste steigen also zwischendurch zu und aus – können Transporte sowohl gemäß Kundenwunsch als auch kosteneffizient durchgeführt werden. Die Route ergibt sich entsprechend basierend auf den diversen Wünschen der Fahrgäste.

So ermöglicht der Service von „freyfahrt" den Nutzern im Rahmen des öffentlichen Nahverkehrs nahezu eine Beförderung von Tür-zu-Tür. Kleinbusse (je 8 Plätze) eines lokalen Busunternehmens werden im Gemeindegebiet Freyung (Bediengebiet 48 km^2) eingesetzt. Der Preis beträgt 2,90 Euro pro Fahrgast und Fahrt. Kinder unter 4 Jahren fahren kostenfrei. Die Buchung ist sowohl über eine zugehörige App als auch telefonisch möglich. Die Bezahlung erfolgt direkt über die App via Kreditkarte. Alternativ kann vor Fahrtantritt auch bar im Fahrzeug bezahlt werden.

Der Unterschied zum Dorfbus in Spiegelau besteht in der freien Routenwahl bei „freyfahrt" und im Fahrtpreis von 2,90 Euro bei „freyfahrt" im Gegensatz zu 1 Euro beim Dorfbus.[5]

12.4.2 „Wohin-Du-willst" im Landkreis Regen (REG)

Seit Mai 2016 können im Landkreis Regen Fahrtwünsche online oder telefonisch mit der „Wohin-Du-willst"-App angemeldet werden. Die voraussichtliche Abfahrtszeit an den einzelnen Haltestellen wird bei der Buchung der Fahrt mitgeteilt. Die Abfahrtszeit kann sich in Abhängigkeit von den Fahrtanmeldungen um wenige Minuten verschieben. Der Rufbus kann auf Abfahrt- oder Ankunftszeit gebucht werden. Eine Fahrt ist nur in der angegebenen Reihenfolge möglich und basiert auf den angegebenen Zeiten im Fahrplan. Der Bus fährt nur die Haltestelle an, für die eine Anmeldung vorliegt.

Ein Unterschied des Landkreismodells in Regen zum Gemeindemodell des Dorfbusses in Spiegelau besteht in der flächenmäßigen Größe des Einzugsgebietes und der damit verbundenen, höheren Flexibilität und besseren Übersichtlichkeit des Systems in der Einzelgemeinde. Die „Wohin-Du-willst"-Lösung im Landkreis REG beinhaltet nicht nur das Angebot von Bedarfsfahrten, sondern integriert auch alle anderen ÖPNV-Systeme. Dabei werden den Fahrgästen bei Bedarf Kombinationen aus mehreren Linien vorgeschlagen.

---

[5] Stand 2022.

Bei einer möglichen Einführung der „Wohin-Du-willst"-App im Landkreis FRG ist die Einbindung des Dorfbusses in Spiegelau geplant.

12.4.3 Schnittstellen der Auskunftssysteme als Herausforderung

Aufgrund von Schnittstellenproblemen zwischen verschiedenen Fahrplan-Auskunfts-systemen gestaltet sich die Einbindung der Netz- und Fahrplandaten in der Modellregion in bereits existierende elektronische Fahrplanauskunft-Systeme und -Anwendungen (z. B. Bayern – Fahrplan, „Wohin-Du-willst"-App) als schwierig. Während die von der Regionalbus Ostbayern GmbH (RBO) betriebenen Verbindungen (einschließlich der tou-ristischen Igelbusse[6,7]) schon seit einiger Zeit im Bayern-Fahrplan abgerufen werden kön-nen, werden weitere, im Liniennetzplan enthaltene Verbindungen nur schrittweise in den Bayern-Fahrplan integriert. Noch nicht integriert sind das Angebot des Dorfbus Spiegelau, sowie das Angebot von „freyfahrt". Die Digitalisierung und Bereitstellung aller Fahrplan-daten in bestehende elektronische Fahrplan-Auskunftssysteme ist Grundvoraussetzung für eine vollumfassende Informationsbasis der Bürger:innen.

12.5   Umsetzungsinhalte

Ein separater Förderantrag für den Dorfbus in Spiegelau wurde bei der Regierung von Niederbayern durch das Landratsamt Freyung-Grafenau gestellt und Ende 2017 bewilligt. Die Herausforderung dabei war, Elemente des vorhandenen Linienverkehrs und des neuen Ortsbusangebotes zu einem schlüssigen Gesamtverkehrsangebot zusammenzuführen und so die bestehenden Bedienungs- bzw. Erschließungsdefizite des ÖPNV in der Gemeinde Spiegelau und seinen 33 Ortsteilen zu beseitigen.

Die Konzeption des Dorfshuttles, einschließlich Betreiberkonzept erfolgte auf Basis eines Konzeptvorschlags einer externen Verkehrsplanungs-Agentur.[8]

Eine Abstimmung des Fahrplans mit bestehenden ÖPNV-Systemen (Bahn und Bus) erfolgte durch die Gemeinde Spiegelau. Die bestehenden Bedienungslücken sollten durch die Neueinführung eines Dorfbusses Spiegelau geschlossen werden. Hierzu wurde zu-nächst das gegenwärtige Fahrplanangebot analysiert. Um das bestehende und konzessio-nierte Fahrplanangebot zu stärken, wurden neue Fahrten des Dorfbusses so in das bestehende Fahrplangerüst planerisch eingefügt, dass ein angemessener zeitlicher und räumlicher Abstand zwischen Bestandsfahrten und neuen Fahrten gewahrt bleibt.

Die Festlegung des in Abb. 12.2 abgebildeten Fahrplans, sowie der Haltestellen als Er-gänzung des bisherigen Regionalverkehrsangebots, erfolgte durch die Gemeinde Spiegelau.

---

[6] Vgl. Ostbayern (2022).

[7] Die Igelbusse fahren im Gebiet des Nationalparks Bayerischer Wald.

[8] NahverkehrsBeratung Südwest.

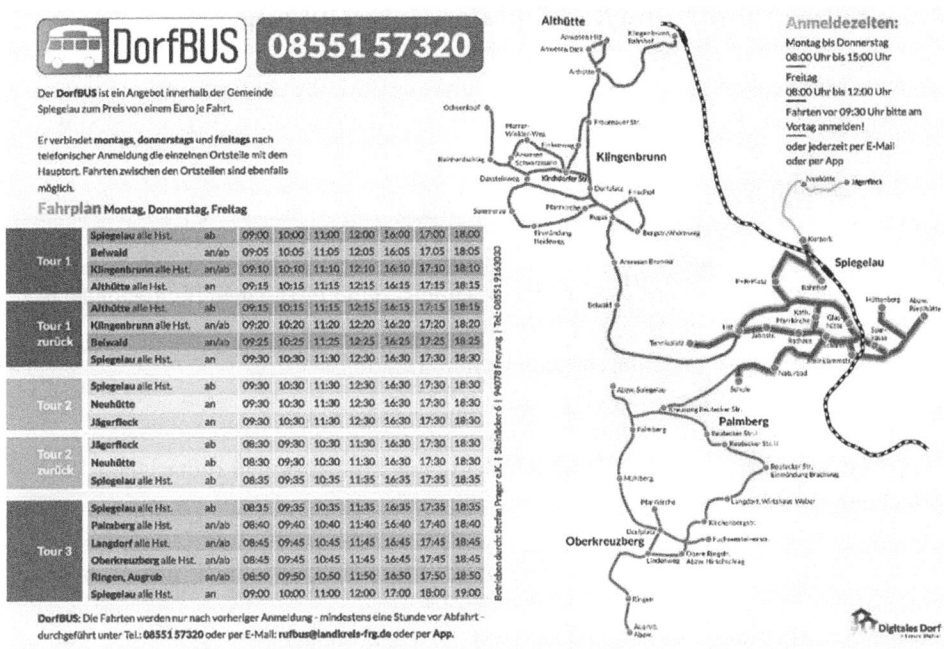

Abb. 12.2 Fahrplan des Dorfbus Spiegelau; Darstellung: TCG

Der Dorfbus Spiegelau hat im September 2018 den Betrieb aufgenommen. Zum Preis von einem Euro je Fahrt und Person verbindet er seither montags, donnerstags und freitags die einzelnen Ortsteile mit dem Hauptort. Fahrten zwischen den Ortsteilen sind ebenfalls möglich.

Gleichzeitig acht Fahrgäste kann der Kleinbus befördern, er ist damit eine Mischung aus Linienbus und Taxi, aber wesentlich günstiger. Betreiber ist ein regionales Bus-Unternehmen aus dem Landkreis Freyung-Grafenau.

Der Dorfbus verkehrt auf den angegebenen Touren nur dann, wenn er von mindestens einem Fahrgast telefonisch, per E-Mail oder per App spätestens eine Stunde vor Fahrtbeginn angefordert wurde.

Buchungsstelle und Anlaufstelle für alle Fragen ist die Mobilitätszentrale am Landratsamt Freyung-Grafenau. Diese Mobilitätszentrale fungiert nicht nur als Telefonzentrale zur Beantwortung von Fahrgastanfragen, sondern bietet auch individuelle Mobilitätsberatung und bearbeitet eingehende Beschwerden. Sie leistet Hilfestellung bei Fragen zu den Fahrplänen oder zum Tarif, sie liefert Informationen über Änderungen im Liniennetz, zu Umleitungen oder Haltestellenverlegungen. Die Mobilitätszentrale ist allerdings nur von Montag bis Donnerstag von 8 bis 15 Uhr und Freitag von 8 bis 12 Uhr erreichbar.[9]

---

[9] Stand 2022.

12.6   Konzeptionierung der digitalen Unterstützung

Neben der Möglichkeit der Buchung per Telefon oder E-Mail steht für die Bürger:innen in Spiegelau eine vom TCG entwickelte Mobilitäts-App, die Dahoam 4.0® Dorfbus App zum Download bereit.

Diese enthält folgende Funktionen:

- Informationen zu Fahrplänen und Haltestellen
- Fahrtensuche mit Start- und Zielort sowie Datums- und Zeitangaben für die Suche nach passenden Routen
- Start- und Zielberechnung durch einen Geoinformationsservice
- Fahrtenauskunft auf Basis der eingegebenen Daten
- Angabe zu Anzahl Reisender und Gepäck
- Anzeige der Fahrten auf einer Übersichtskarte mit den jeweiligen Haltestellen
- Buchung mit und ohne Login
- Bestätigung der Buchung
- Automatischer Versand der Buchungsanfrage per E-Mail durch das System an Mitarbeiter
- Versand der Buchungsbestätigung per E-Mail an den Benutzer
- Versand einer Push-Mitteilung zur Bestätigung und Aktivsetzung im Buchungsverlauf
- Push-Benachrichtigungen bei Änderungen des Fahraufkommens
- Stornierungsmöglichkeit
- Feedback Kanal für Nutzer der Applikation und Rufbusdienste

Ein Onboarding – Prozess führt initial durch die ersten Schritte zur Nutzung der Applikation. In diesem werden grundlegende Funktionen erklärt. Weitere Funktionalitäten, die während der Bedienung sukzessive hervortreten, werden im Verlauf der Nutzung veranschaulicht. Die Buchung erfolgt über ein gängiges Fahrtengesuchsystem, auf welches sich die Nutzer durch die Wahl der jeweiligen Angebote hinzubuchen können. Gespeicherte Fahrten werden in einem digitalen Ticketsystem hinterlegt. Die jeweiligen Haltestellen sind zunächst fest in der Anwendung hinterlegt. Diese können aufgrund eines sehr dynamischen und offenen Aufbaus der Applikation jedoch beliebig erweitert werden.

Zwischen größeren Entwicklungsschritten wurden interne Testszenarien definiert und abgearbeitet, um die bisherigen Ergebnisse zu evaluieren. Aus den Testphasen konnten Anforderungen neu definiert werden.

Die folgenden Screenshots vermitteln einen Eindruck der Dahoam 4.0® Dorfbus App (siehe Abb. 12.3):

Die weitere Ausgestaltung der Dorfbus App erfolgte nach Vorliegen erster Erfahrungen des Fahrbetriebs (z. B. Anzahl gebuchter Fahrten, Charakteristika der Fahrgäste) in Abstimmung mit der Gemeinde Spiegelau und dem Busbetreiber.

So wurde zum Beispiel Ende 2019 vonseiten der Ärzte in Spiegelau ein besonderes Angebot bereitgestellt: Jeweils donnerstags und freitags von 9:30 Uhr – 11:00 Uhr reservieren die Praxisteams Termine für Dorfbus-Nutzer:innen. Die Patient:innen werden ge-

Abb. 12.3 Mock-ups der
Dahoam 4.0® Dorfbus App;
Darstellung: TCG

Abb. 12.4 Flyer zur Bewerbung des Dorfbus-Angebotes in Spiegelau; Darstellung: TCG

beten, zunächst den Termin in der Praxis zu vereinbaren und anschließend den Dorfbus
wie gewohnt telefonisch, per E-Mail oder per App zu buchen. Wartezeiten für die Pa-
tient:innen werden dadurch reduziert.

Durch gezielte Öffentlichkeitsarbeit wurden potenzielle Benutzergruppen angesprochen. Im Fokus standen dabei Senior:innen, aber auch jüngere, IT-affine Fahrgäste
sowie Touristen. Die Bewerbung fand mittels Informationsmaterial wie z. B. Flyer (siehe
Abb. 12.4), über die Social-Media-Kanäle und in der Presse statt. Mit Unterstützung der

Seniorenbeauftragten der Gemeinde wurden das Dorfbus-Angebot und die digitale Anwendung den älteren Gemeindebürger:innen im Rahmen einer Veranstaltung im Oktober
2019 im Café Würzbauer in Spiegelau vorgestellt, bei dem etwa 50 Senior:innen an-
wesend waren.

12.7   Kritische Diskussion und Limitierungen

In der verkehrspolitischen Diskussion werden bedarfsgesteuerte Angebotsformen des
ÖPNV vielfach als geeignete Ergänzung des sich in nachfrageschwachen Räumen aus-
dünnenden traditionellen ÖPNV betrachtet, um auf den Qualitätsnachteil gegenüber dem
motorisierten Individualverkehr (MIV), den demografischen Wandel und die Flexibilisierung der Mobilitätsnachfrage zu reagieren.[10]

Als größtes Hemmnis für die Einführung bedarfsgesteuerter Bedienformen stellt sich
der niedrige Kostendeckungsgrad heraus. Da der Besetzungsgrad pro Fahrt meist kaum
höher als im motorisierten Individualverkehr (MIV) ist, weist diese Form des ÖPNV auch
keinen ökologischen Vorteil auf.[11]

Zur Rechtfertigung bleibt lediglich das sozialstaatliche Ziel der Sicherung der Daseinsvorsorge bzw. der gleichwertigen Lebensverhältnisse bestehen.[12,13]

Grundsätzlich bieten die flexiblen Bedienungsformen die Möglichkeit, den ÖPNV
an die regionsspezifischen Gegebenheiten, wie Siedlungsstruktur, Einwohnerdichte und
Größe des Bedienungsgebietes, anzupassen.[14]

Der Dorfbus in Spiegelau wurde auf die regionsspezifischen Gegebenheiten und auf die
Wünsche und Bedürfnisse der Bürger:innen in Hinblick auf Haltestellen und Fahrlinien
abgestimmt und von Beginn an gut angenommen und an jedem Fahrtag genutzt. Nach
einem Aufwärtstrend im Jahr 2019 kam es allerdings, bedingt durch die Coronapandemie,
zu einem deutlichen Rückgang der Fahrgastzahlen (vgl. Abb. 12.5). Die oben genannten
Marketingmaßnahmen bzw. die Öffentlichkeitsarbeit konnten nicht zu einer Steigerung
der Fahrgastzahlen führen. Neue Zielgruppen, wie Jugendliche, Touristen, etc. konnten
während der Pandemie aufgrund der geltenden Corona-Regeln nicht angesprochen
werden.

Verschiedene Angebote für Kinder und Jugendliche wie Freibadfahrten oder Fahrten
zum Training der Vereine waren geplant. Vor der Pandemie hatte der Dorfbus bereits junge

---

[10] Vgl. Küpper (2010), S. i.
[11] Vgl. Küpper (2010), S. i.
[12] Vgl. Küpper (2010), S. 2.
[13] Vgl. Knauff (2004).
[14] Vgl. Küpper (2010), S. 43.

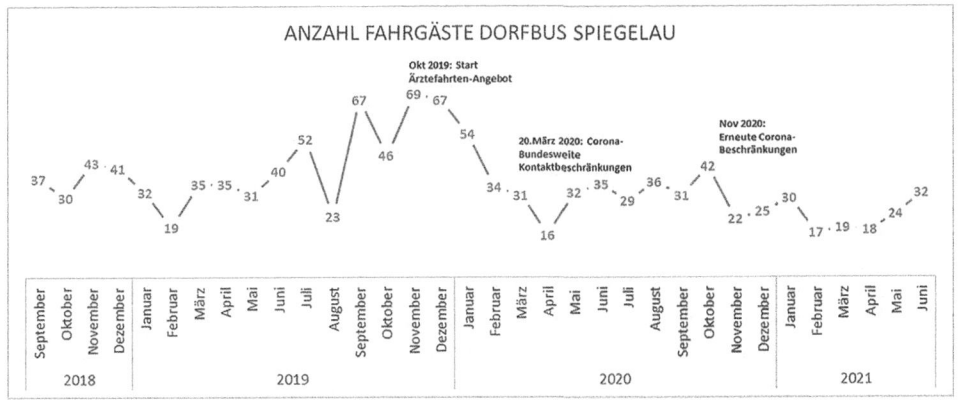

Abb. 12.5 Fahrgastzahlen des Dorfbus Spiegelau von 09/2018 bis 06/2021; Darstellung: TCG

Fahrgäste, so wurde das Angebot doch von einem der umliegenden Kindergärten genutzt, um mit den Kindergartenkindern in die Bücherei nach Spiegelau zu kommen. In den monatlichen Statustreffen der Projektpartner wurde die gezielte Nutzung des Busses für organisierte „Einkaufsfahrten" der Bürger:innen in den Hauptort Spiegelau, analog zu den „Ärztefahrten", diskutiert. Dabei sollten vor allem ältere Menschen beim Transport der eingekauften Waren unterstützt werden. Die Initiativen kamen während der Pandemie allerdings zum Erliegen.

Während sich das Dorfbus-Angebot der Gemeinde Spiegelau grundsätzlich großer Beliebtheit erfreute, wurde die zugehörige App von den Nutzern des Dorfbus-Angebotes weniger angenommen. Die Buchung per Telefon scheint gerade für die älteren Nutzer ein adäquateres Mittel zu sein als die Online-Buchung.

Das Verhältnis der Downloadzahlen der Dorfbus App zu den tatsächlichen Online-Buchungen über die App lässt darauf schließen, dass die App hauptsächlich als Informations- anstatt als Buchungstool genutzt wurde. Durchschnittlich wurden von Einführung der Dorfbus App im Oktober 2019 bis zum Projektende im Juni 2021 ca. 15 Registrierungen (aktive User) über die Dorfbus App erfasst. Insgesamt konnten bis Projektende bei den jeweiligen App-Store – Analysen Downloadzahlen von 137 auf Android-Geräten und 65 auf iOS-Geräten verzeichnet werden.

Die aus diesem Teilprojekt gewonnenen Erkenntnisse zeigen einmal mehr, dass digitale Lösungen nicht immer von allen Zielgruppen angenommen werden. Generell müssen gerade ältere Menschen das Recht auf eine freie Entscheidung zwischen der Nutzung digitaler und analoger Angebote haben. Wichtig ist es, gerade für die Personen, die bislang keine oder wenige Erfahrungen mit digitalen Anwendungen gesammelt haben, auch analoge Alternativen zu bieten. Aus diesem Grund besteht auch weiterhin die Möglichkeit eine Dorfbus-Fahrt telefonisch über die Mobilitätszentrale des Landkreis Freyung-Grafenau zu buchen.

12.8 Zusammenfassung und Ausblick

Lösungen von „oben" (Top-down) sind nicht zielführend. Ländliche Regionen sind sehr heterogen, deshalb ist es wichtig, durch Analyse und Gespräche vor Ort herauszufinden, wo Handlungsbedarf herrscht und wo es sinnvoll ist, Lösungen zu implementieren. Der Bottom-up-Ansatz führt dazu, dass Bürger:innen durch ihr Engagement in einzelnen Arbeitsgruppen Zugang zu dem Thema finden und Lösungen auf die Ansprüche der Nutzer:innen eingehen.

Für die erfolgreiche Umsetzung eines Mobilitätsprojektes braucht es Multiplikatoren, die das Projekt mittragen und effektiv Personen- bzw. Zielgruppen ansprechen können. Erfolgversprechende Multiplikatoren für das Thema Mobilität sind Elternbeirat und Lehrer:innen, Ärzteschaft und die Seniorenbeauftragten der Gemeinden.

Grundsätzlich ist es hilfreich, Kümmerer festzulegen, welche sich des Themas annehmen und es vorantreiben- jemanden, der die Bedeutung des Themas erkannt hat und aufgeschlossenen ist, neue Wege zu gehen und der seine Mitstreiter:innen vom Thema begeistern kann. Mobilität und Digitalisierung generell werden deshalb häufig als „Chefsache" in der Zuständigkeit der Bürgermeister:innen deklariert.

Die Attraktivität und die Akzeptanz von innovativen Mobilitätsangeboten können durch gezielte Öffentlichkeitsarbeit gesteigert werden. Gerade im ländlichen Raum kann die Sichtbarkeit erhöht werden, wenn bei allen sich bietenden Möglichkeiten, mit den potenziellen Zielgruppen, die geplanten Maßnahmen zur Sprache kommen und dabei positiv dargestellt werden.

Des Weiteren kann eine stufenweise Flexibilisierung des Fahrangebots einen zusätzlichen Anreiz für potenzielle Passagiere bieten und zusätzliche Zielgruppen erschließen. Eine Flexibilisierung des ÖPNV-Angebots kann zeitlich und/oder räumlich erfolgen. Die zeitliche Flexibilisierung des Angebotes kann sich auf eine Ausweitung der Fahrtage, z. B. auf das Wochenende beziehen, wogegen die räumliche Flexibilisierung Aussagen über die Zu- und Ausstiege sowie die Route zwischen Quell- und Zielort trifft. Zu- und Ausstiege könnten dabei auch an einem beliebigen Ort erfolgen und nicht an eine Haltestelle gebunden sein.

Auch eine Bezahlfunktion über die App sowie ein Chatbot für die Rufbuszentrale am Wochenende könnten die Zugkraft für ein modernes und bedarfsgerechtes, kommunales Mobilitätsangebot verstärken.

Literatur

Bayerisches Landesamt für Statistik. (2021). *Beiträge zur Statistik Bayerns, Heft 553, Demographie-Spiegel für Bayern, Gemeinde Spiegelau.* https://www.statistik.bayern.de/mam/statistik/gebiet_bevoelkerung/demographischer_wandel/demographische_profile/09272149.pdf. Zuletzt zugegriffen am26.09.2022.
Bayerisches Staatsministerium für Digitales. (2021). *Bayernportal – Gemeinde Spiegelau, Ortsteile.* https://www.freistaat.bayern/dokumente/behoerde/30329971725/ortsteile. Zuletzt zugegriffen am 26.09.2022.

Knauff, M. (2004). *Der Gewährleistungsstaat: Reform der Daseinsvorsorg.e. Eine rechtswissen-schaftliche Untersuchung unter besonderer Berücksichtigung des ÖPNV.* Duncker & Humb-lot GmbH.

König, A. (2019). *Regionalforum Thüringen, Nachhaltige Mobilität im ländlichen Raum, Den länd-lichen Raum bewegen* (S. 4). DLR–Deutsches Zentrum für Luft- und Raumfahrt.

Küpper, B. S. u. P. (2010). *Mobilität in ländlichen Räumen unter besonderer Berücksichtigung be-darfsgesteuerter Bedienformen des ÖPNV.* Institut für Ländliche Räume des Johann Heinrich von Thünen-Instituts (vTI).

Neidhardt, E. (2021). *ACIMobility Summit 2021, Eine Mobilitätsplatform für den bedarfsorientierten Verkehr im ländlichen Raum.*

Ostbayern, T. (2022). *Der Bayerische Wald.* https://www.bayerischer-wald.de/urlaub/nach-haltiger-urlaub/fahrtziel-naturaward/igelbus-mobil-im-nationalpark. Zuletzt zugegriffen am 26.09.2022.

Projekt „MeDiLand" – Medizin Digital zur Verbesserung der Versorgung auf dem Land

13

Unterstützung der Gesundheitsversorgung auf dem Land

Domenic Sommer

Zusammenfassung

Aus der Demografie ländlicher Regionen resultieren u.a. mehr ältere Patient:innen bei begrenzten Pflege- und Arztressourcen. Dies führt zu höherer Belastung von Patienten, Angehörigen und Personal. Ziel des von 2018 bis 2020 durchgeführten Projektes „*MeDiLand*" ist es zu erforschen, inwieweit digitale Anwendungen die ländliche Gesundheitsversorgung verbessern können. Für die sieben Use Cases, u. a. im Bereich der Hausarztversorgung sowie der stationären und ambulanten Pflege wurden Techniken zur Videokonsultation, Vitaldatenübertragung sowie eine Gesundheitsakte eingesetzt. Die Evaluation fand mittels Interviews und Fragebögen statt. Die Technik wird v. a. erfolgreich bei hausärztlichen Visiten zur Wundbegutachtung angewendet. Ferner generiert eine digitale Unterstützung der Intensivpflege sinnvolle Resultate. Wenngleich Telemedizin im ländlichen Raum Vorteile ergibt, ist die Umsetzung von Faktoren wie der Sensibilisierung gegenüber Digitalisierung, Mobilfunkausbau, Schnittstellen und einer anreizgebenden Finanzierung abhängig.

Schlüsselwörter

Digitale Gesundheitsversorgung · Ältere Menschen · Intersektorales Telemedizinnetzwerk · Ländlicher Raum · Hausarztversorgung

D. Sommer (✉)
Technische Hochschule Deggendorf, Technologie Campus Grafenau, Grafenau, Deutschland
E-Mail: domenic.sommer@th-deg.de

© Der/die Autor(en), exklusiv lizenziert an Springer Fachmedien Wiesbaden GmbH, ein Teil von Springer Nature 2023
D. Ahrens (Hrsg.), *Smart Region: Angewandte digitale Lösungen für den ländlichen Raum*, https://doi.org/10.1007/978-3-658-38236-0_13

13.1   Einleitung

Die Digitalisierung weitet sich seit mehreren Jahrzehnten auf sämtliche Lebensbereiche, darunter auch die Gesundheitsversorgung aus und ist heute zunehmend selbstverständlicher Bestandteil in unserem Alltag. Wie bereits in der e-Health-Initiative des Bundesministeriums für Gesundheit vor einigen Jahren formuliert, wird die technologische Entwicklung zum Chancengeber, um die aktuellen Herausforderungen durch immer mehr chronisch kranke Menschen und die Versorgung strukturschwacher ländlicher Gebiete zu lösen.[1] In den letzten fünf Jahren wurde von der Politik sehr viel getan, um digitale Anwendungen in den Bereich der Gesundheitsversorgung einzuführen und die entsprechende Infrastruktur, die sogenannte Telematikinfrastruktur, aufzubauen. Viele der bisher ausschließlich analogen Möglichkeiten, wie die Verordnung von Medikamenten oder die Arbeitsunfähigkeitsbescheinigung, sollen demnächst über elektronische Pendants erfolgen. Zum Zeitpunkt des Projektstarts von „MeDiLand" existierten erste Planungen über mögliche digitale Anwendungen, jedoch gab es kaum Anbieter und technologische Rahmenkriterien. Speziell im ländlichen Raum fehlten Erfahrungswerte über besonders nutzenbringende Anwendungsbereiche und Techniken, welche mit vorliegendem Projekt generiert werden konnten.

Speziell strukturschwachen Regionen bietet der Einsatz von Telemedizinlösungen eine Vielzahl an Möglichkeiten, wenngleich aktuell digitale Anwendungen im ländlichen Raum im Vergleich zur Stadt zurückhaltender genutzt werden.[2] Der Telemedizinbegriff beinhaltet die Nutzung von Informations- und Kommunikationstechnik, um Tätigkeiten, wie Diagnostik, Therapie und Rehabilitation, mithilfe von Hard- und Software über räumliche Entfernungen direkt zu erkrankten Menschen zu bringen. Dazu gehören Telemonitoring, Konsile, die elektronische Gesundheitsakte und weitere sich entwickelnde Anwendungsfelder.[3] Telemedizinanwendungen, übergeordnet die Gesundheitstelematik, sind besonders gut geeignet, die im ländlichen Raum vorhandenen räumlichen Distanzen zu überbrücken.[4]

Es besteht das Potenzial, dass Informationen intersektoral zwischen verschiedenen Einrichtungen digital ausgetauscht werden, anstatt physisch und ggf. fehlerhaft über Patient:innen übermittelt werden. Weiterhin dürfte die Zahl der physischen Arztkontakte und der nicht indizierten (Sicherheits-) Klinikeinweisungen durch Pflegeeinrichtungen, weil keine hausärztliche Einschätzung zeitnah verfügbar ist, durch den Einsatz von Telemedizin reduziert werden.[5] Diese Einweisungsfälle reduzieren unnötig Krankenhauskapazitäten und bedingen bei hochbetagten und multimorbiden Patient:innen zusätzliche Belastungen. Gerade vor

---

[1] Vgl. Bundesministerium für Gesundheit (2022).
[2] Vgl. Meyer (2020).
[3] Vgl. Fitte et al. (2019).
[4] Vgl. Schwab (2020).
[5] Vgl. Koehler et al. (2018).

dem Hintergrund der Pandemiebekämpfung zeigt sich, dass jede unnötige Interaktion mit Personen zu vermeiden ist, da diese ein zusätzliches Infektionsrisiko bedeutet. Telemedizin kann ein sinnvolles Mittel sein, um Infektionsketten zu unterbrechen und das Infektionsrisiko für die Ärzte- und Patientenschaft zu minimieren.[6] Zudem zeigt sich, dass Telemedizin auch dem aktuellen Zeitgeist entspricht. Immer mehr in medizinischer Behandlung befindliche Menschen fordern digitale Möglichkeiten wie Videosprechstunden und auch die Ärzteschaft entwickelt immer stärkere Digitalisierungsbestrebungen.[7] Dieser Wandel ist jedoch durch Unsicherheiten begleitet, bei denen nicht immer die richtigen datenschutzkonformen Medien eingesetzt werden, weil Alternativen oder datenschutzrechtliche Konsequenzen nicht bekannt sind.[8]

Im Projekt *„MeDiLand – Medizin Digital zur Verbesserung der Versorgung auf dem Land"* wurden die genannten Vorteile für die ländliche Gesundheitsversorgung überprüft, indem ein intersektorales Telemedizinnetzwerk mit verschiedenen Anwendungsfällen aufgebaut wurde. Die eingesetzten Telemedizinanwendungen beinhalten eine sichere audiovisuelle Kommunikation, ein Telemonitoring von Vitaldaten und den Einsatz einer elektronischen Gesundheitsakte. Die Projektpartner setzen sich dabei aus verschiedensten Leistungserbringern, wie Arztpraxen oder Pflegeeinrichtungen, zusammen. Das Vorhaben wurde vom Bayerischen Staatsministerium für Gesundheit und Pflege gefördert und vom Technologie Campus Grafenau, einer Forschungseinrichtung für digitale Transformation und Künstliche Intelligenz der Technischen Hochschule Deggendorf, umgesetzt.

Die zentrale Forschungsleitfrage lautete:
Wie können existierende Technologien und eine telemedizinische Vernetzung verschiedener Leistungserbringer zur Verbesserung der medizinischen Versorgung im ländlichen Raum genutzt werden?

Nach Konzeptionierung der Anwendungsfälle, Technikauswahl, Schaffung der organisatorischen Rahmenbedingen und entsprechenden Schulungen war es Projektbestandteil die Implementierung in einem engmaschigen Changemanagement-Prozess zu begleiten. Dieser beinhaltete eine Anpassung der Anwendungsfälle, Nachschulungen, Überzeugungsarbeit und eine Sensibilisierung der Leistungserbringer für die Möglichkeiten der Telemedizin. Neben Workshops, Hospitationen und Zwischenbefragung wurden am Ende die jeweiligen Anwendungsfälle und deren Erfolg mittels Feedbackbögen und Interviews evaluiert. Die Ergebnisse der Gesamtevaluation werden in diesem Beitrag zusammenfassend vorgestellt.

Die nachfolgenden Ausführungen beginnen mit der Erläuterung der Problemstellung und Zielsetzung sowie in Abschn. 13.3 mit der Analyse verwandter Studien. Im Anschluss

---

[6] Vgl. Hagge et al. (2020), S. 433.
[7] Vgl. Paulsen et al. (2020).
[8] Vgl. Gießelmann (2018).

wird in Abschn. 13.4 das methodische Vorgehen für den Aufbau des Telemedizinnetzwerks inklusive der kriterienbasierten Auswahl der Technik erläutert. Der Projektverlauf soll dabei skizziert werden. Abschn. 13.5 widmet sich der Umsetzung und Evaluation der Anwendungsfälle. Nachfolgend werden in Abschn. 13.6 die relevanten Ergebnisse vorgestellt, welche dann in Abschn. 13.7 kritisch diskutiert werden. Abschließend werden die Erkenntnisse in Abschn. 13.8 zusammengefasst.

13.2   Problemstellung und Zielsetzung

In der Projektregion, dem südlichen Bayerischen Wald, wird der Altersdurchschnitt bis zum Jahr 2030 auf etwa 50 Jahre ansteigen, wohingegen in München der Altersdurchschnitt fast zehn Jahre niedriger liegt.[9] Aufgrund fortschreitender Urbanisierung, speziell Abwanderung der jungen Bevölkerung in die Städte, sind ländliche Regionen durch eine ältere Bevölkerung und entsprechend mehr behandlungs- und pflegebedürftige Personen als im Landesdurchschnitt gekennzeichnet. Zwischen ländlichen und städtischen Gebieten bestehen zudem Versorgungsdisparitäten, welche der Erfüllung des im Grundgesetz und in der Regionalentwicklung aufgenommenen Ziels nach gleichwertigen Lebensverhältnissen entgegenwirken. Während in der Stadt eine Vielzahl an Leistungserbringern in der Gesundheitsversorgung verfügbar ist, ist auf dem Land das Angebot häufig begrenzt und konzentriert sich auf den Hausarzt. Die Nachbesetzung der vielen, kurz vor dem Eintritt in den Ruhestand befindlichen Hausärzte ist aufgrund der hohen Arbeitsbelastung durch die zeitaufwendigen Hausbesuche eine weitere Herausforderung.[10] Zudem sind die Inanspruchnahme spezieller Behandlungsformen und Facharztbesuche mit hohen Wegezeiten verbunden, sodass bei einfachen Kontrolluntersuchungen im Bereich der Wundversorgung oder Vitalparameterüberprüfung statt weniger Minuten meist mehrere Stunden aufgebracht werden müssen. Die ländliche Versorgungspraxis ist folglich von hohem Zeitaufwand, begrenzten Kapazitäten und mutmaßlicher Ineffektivität durch Warte- bzw. Transportzeiten geprägt. Insbesondere in ländlichen Regionen steigt der Druck auf die Versorgung durch immer ältere und multimorbide Menschen bei gleichzeitig begrenzten Arzt- und Pflegeressourcen.[11] Weiterhin werden Informationen intersektoral zwischen den Intensivpflege-WGs, Arztpraxen und Kliniken auch aufgrund einer fehlenden gemeinsamen digitalen Informationsbasis häufig nur analog übermittelt. Eine sichere, elektronische Kommunikation zwischen Einrichtungen war zum Projektstart nur selten flächendeckend implementiert.[12] Das Hauptmanko der Telemedizin liegt nicht in der Technik, sondern in der aktuell noch

---

[9] Vgl. Bayerisches Landesamt für Statistik (2019).

[10] Vgl. Meyer (2020).

[11] Vgl. Blüher und Kuhlmey (2016).

[12] Vgl. Zimmermann (2020), S. 52.

ausbaufähigen Verbreitung in der Regelversorgung, insbesondere in ländlichen Gebieten.[13] Häufig werden noch Faxgeräte zur Kommunikation benutzt.

Um genannten Herausforderungen zu begegnen, wurden in *„MeDiLand"* verschiedene Ziele im Aufbau und Betrieb eines intersektoralen Telemedizinnetzwerk im ländlichen Raum angestrebt. Übergeordnet sollten mit sämtlichen Projektinhalten die Versorgung verbessert und Behandelte aber auch Gesundheitspersonal bspw. von unnötigen Wegezeiten entlastet werden. Im Projekt sollte mittels anwendungsorientierter wissenschaftlicher Begleitung eruiert werden, welche telemedizinischen Verfahren die Gesundheitsversorgung nachhaltig unterstützen. Fokus wurde sowohl auf die Anwender als auch auf die Patientenschaft gelegt. Ziel war es, die Perspektive der Telemedizinanwender zu erfassen und subjektive Faktoren zu berücksichtigen. Im Rahmen der Evaluation sollten zudem die Effekte auf die alltägliche Versorgung sowie maßgebliche Erfolgsfaktoren und Herausforderungen in Zusammenhang mit der Einführung und dem Betrieb von Telemedizinlösungen erforscht werden.

13.3 Verwandte Projekte und Telemedizinstudien

Nachweislich bietet Telemedizin seit den ersten großen Studien im Jahr 1997 viele Perspektiven; in bisherigen Studien wurde ein hoher Nutzen im Bereich der Versorgungsqualität, der Versorgungssicherstellung sowie im Bereich der Versorgungskosten attestiert.[14] Aktuellere Forschung kommt zu dem Schluss, dass viele Inhalte, wie Telediagnostik, die Lebensqualität älterer Menschen positiv beeinflussen kann können.[15] Zudem ergeben sich omnipräsente ökonomische Vorteile durch einen Telemedizineinsatz.[16] Der Effekt von Telemedizinanwendungen ist jedoch weit größer, als lediglich Zeit und Kosten in der Gesamtversorgung zu sparen, sondern bietet insbesondere für betagte, multimorbide und mobilitätseingeschränkte Menschen vielseitige Chancen in der Prävention von Komplikationen und Einweisungen.[17] Bisherige Studien zeigen insbesondere im Bereich der Behandlung von Wunden ein zeitsparendes und effektives Anwendungsfeld für Telemedizin.[18]

Aufgrund der aus den vorhergehenden Erläuterungen abgeleiteten hohen Erwartungen wurden in Bayern in der Vergangenheit eine Vielzahl an Telemedizinprojekten durchgeführt, deren Erkenntnisse in das vorliegende Projekt einbezogen wurden. Ein Austausch fand im November und Dezember 2018 mit den Verantwortlichen im Rahmen der eigenen Projektplanung statt. Folgende Projekte sind als verwandte Projekte zu nennen:

---

[13]Vgl. Brauns und Loos (2015).

[14]Vgl. Grohs und Thiess (1997).

[15]Vgl. van den Berg et al. (2009), S. 792.

[16]Vgl. Gensorowsky et al. (2021), S. 492.

[17]Vgl. Bohnet-Joschko und Stahl (2019), S. 52.

[18]Vgl. Eber et al. (2019), S. 348.

- *„Speed"* der Gesundheitsorganisation Ingolstadt e. V.
- *„Gesundheitsversorgung 4.0"* der Stadt Wallenfels und des Landkreises Wunsiedel
- *„eNurse"* der Stadt und des Landkreises Hof.

Inhalt bisheriger Projekte war meistens die Delegation hausärztlicher Aufgaben an quali-
fizierte Fachkräfte im Rahmen der Hausbesuche. Die bisherige Forschung ergibt einen
potenziell positiven Nutzen durch Telemedizin in Form einer Entlastung der Hausärzte-
schaft. Die Studienlage hinsichtlich einer Steigerung der Versorgungsqualität und Sicherheit
ist jedoch nicht abschließend geklärt, da die Indikationsstellung für den Telemedizineinsatz
limitiert ist.[19] Ein überwiegender Anteil an Patient:innen (85,6 %) erachtet den Telemedizineinsatz als sinnvoll und auch bei der Ärzteschaft zeigt sich eine hohe Akzeptanz, wenngleich
bestimmte Bedingungen erfüllt werden müssen.[20] So ergaben die Gespräche mit den Projektverantwortlichen, dass die fehlende oder geringe Abrechnungsmöglichkeit telemedizinischer
Leistungen zum damaligen Zeitpunkt vor allem einen zusätzlichen Kostenfaktor und eine
große Barriere darstellte. Konsens bestand ferner dahingehend, dass im Telemedizinnetzwerk zusätzliches Personal für Koordination und Administration notwendig sei. Diese Erkenntnisse wurden bei der Projektplanung berücksichtigt. In Abgrenzung zu bisherigen Best
Practices, welche häufig einzelne Anwendungen evaluiert haben, sollte in *„MeDiLand"* der
Vernetzungsaspekt und der Bezug zum ländlichen Raum stärker beleuchtet werden.

13.4 Methodisches Vorgehen zum Aufbau des Telemedizinnetzwerkes

Im Rahmen des anwendungsorientierten Projektes, welches am 01.07.2018 startete und
bis 31.10.2020 andauerte, wurden bei verschiedenen Leistungserbringern diverse telemedizinische Anwendungen eingesetzt Zunächst sollen die Partner des Telemedizinnetzwerks, der Aufbau und der Prozess zur Gründung des Netzwerks beschrieben werden.

13.4.1 Projektpartner und Telemedizinnetzwerk

Unter den endgültigen Projektteilnehmern befanden sich zwei Regelkliniken (Kliniken am Gol-
denen Steig Grafenau, Arberlandklinik Zwiesel), eine Fachklinik für Pneumologie (Zentrum für
Pneumologie Donaustauf), zwei Pflegeheime (Rosenium Spiegelau, Rosenium Oberfrauenau),
ein Intensivpflegedienst (Binder Intensivpflege), eine Hausarztpraxis (Praxis Dres Haberer aus
Spiegelau) mit speziell geschulten Versorgungsassistentinnen, sog. VERAHs®, und die Bergschutzhütte (Waldschmidthaus). Die nicht-ärztlichen Fachkräfte, die auch als VERAHs® (Ver-
sorgungsassistent:innen in der Hausarztpraxis) bezeichnet werden, sind speziell ausgebildete
Medizinische Fachangestellte, die bestimmte ärztliche Aufgaben in Delegation ausführen kön-

---

[19]Vgl. Black et al. (2011).
[20]Vgl. van den Berg et al. (2009), S. 791.

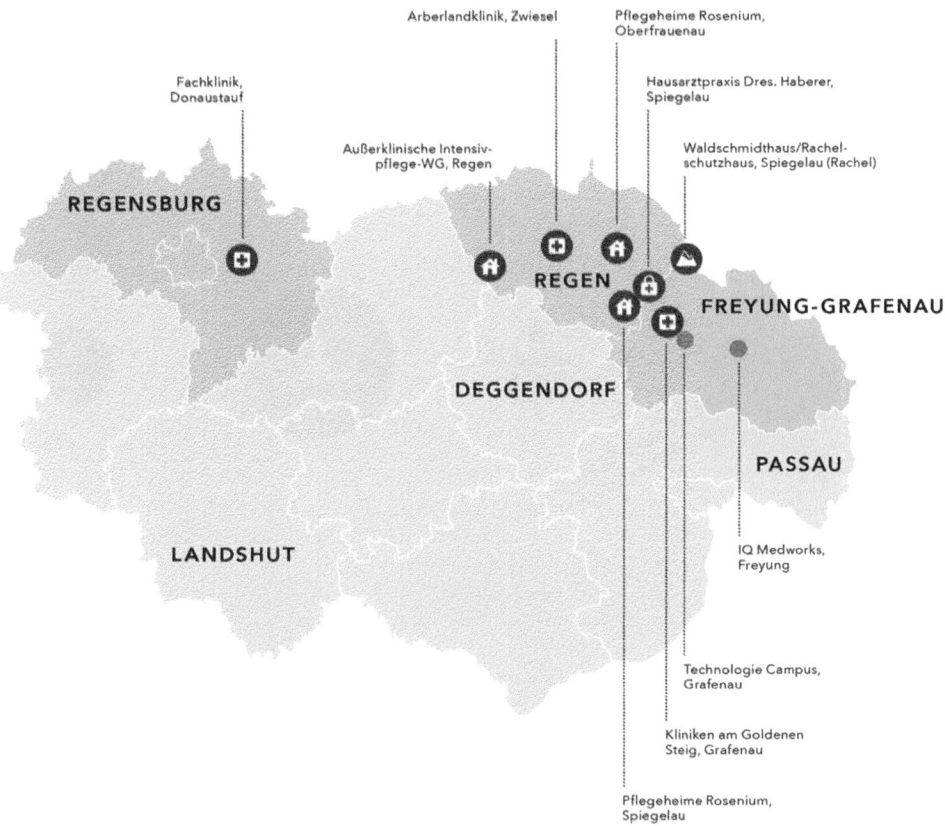

Abb. 13.1 Projektpartner im regionalen Kontext (eigene Darstellung, Technologie Campus Grafenau)

nen und somit den Arzt entlasten.[21] Weitere Arztpraxen und Pflegedienste wurden angefragt und zeigten grundsätzliches Interesse an einer perspektivischen Einführung von Telemedizinanwendungen. Eine Teilnahme scheiterte jedoch aufgrund enger personeller Ressourcen der Einrichtungen. Alle Projektpartner befanden sich in Niederbayern und der Oberpfalz in den Landkreisen, Freyung-Grafenau, Cham, Regen und Regensburg. (vgl. Abb. 13.1)

Der Technologie Campus Grafenau als Projektkoordinator stattete im Projekt „MeDiLand" verschiedenste Leistungserbringer aus der Kuration und Pflege stufenweise mit Telemedizinequipment aus, um eine möglichst breite Basis an Erkenntnissen zu generieren. Die eingesetzte Technik ermöglichte gesicherte audiovisuelle Kommunikation und Vitaldatenübertragung. Um eine einheitliche Informationsbasis zu schaffen, wurde eine elektronische Gesundheitsakte für den Informationsaustausch zwischen den Leistungserbringern ausgewählt. Abb. 13.2 stellt das Netzwerk, die Projektpartner, dar:

Die behandlungsbedürftigen Patienten:innen sind bewusst in den Projektmittelpunkt gestellt, schließlich soll die Patientenversorgung optimiert werden. Das heterogene Konsor-

---

[21] Vgl. Mergenthal et al. (2013), S. 386.

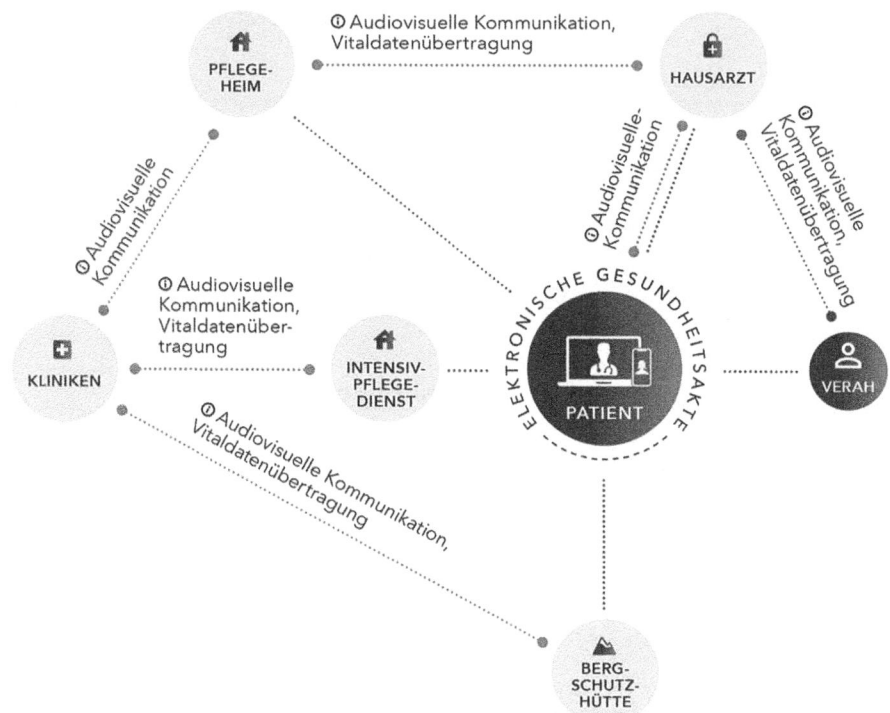

Abb. 13.2 Aufbau des Telemedizinnetzwerks (eigene Darstellung, Technologie Campus Grafenau)

tium bietet eine Vielzahl an Anwendungsmöglichkeiten (Use Cases), die in Abschn. 13.5.1 vorgestellt werden. Technisch fanden, wie in der Abb. 13.2 unter den Verbindungen subsumiert, audiovisuelle Kommunikationstechnik, Vitaldatenübertragungen sowie eine kommerzielle Gesundheitsakte Anwendung.

Im Rahmen des Aufbaus des Telemedizinnetzwerks wurde ab Projektbeginn großer Wert auf eine starke Öffentlichkeitsarbeit gelegt, um die Bevölkerung in der Region für das damals unbekannte Themenfeld zu sensibilisieren. Die Modellgemeinden und die Bürgermeister der Projektregion hatten sich für das Projekt ausgesprochen. Das Projekt erfuhr großen überregionales Interesse und Zuspruch.

13.4.2 Projektverlauf

Die Projektpartner blieben den gesamten Projektverlauf über konstant. Lediglich als sich im Zeitverlauf weiterer Bedarf an digitaler Unterstützung ergab, wurden zusätzlich neue Anwendungsfälle entwickelt und erprobt. Wesentliche Projektschritte waren die Auswahl der zu installierenden Telemedizinanwendungen, deren Implementierung, die Schulung und Betreuung der Akteure sowie die wissenschaftliche Evaluation.

Nach einer, dem Projekt vorgelagerten Konzeptionsphase, in der Anforderungen und Anwendungsmöglichkeiten für Telemedizin festgelegt wurde, basierte der erste Projektschritt auf einer Marktanalyse der bestehenden Technologien unter Einbezug der Projektpartner, um eine adäquate telemedizinische Ausstattung auszuwählen. Die hierfür eingesetzten Bewertungskriterien bezogen sich auf Datensicherheit, Praxistauglichkeit für die behandlungsbedürftigen Personen aber auch die Praktikabilität für die Anwender, die Verfügbarkeit, die Kosten und die Interoperabilität. Die einzelnen Kriterien wurden unterschiedlich gewichtet, wobei die Sicherheit mit 25 % von besonderer Relevanz war. Anzumerken ist, dass der Markt für Telemedizinlösungen zum damaligen Zeitpunkt recht limitiert war und aus dem Portfolio verfügbarer Lösungen das damals Geeignetste gewählt wurde. Heute würde die Wahl aufgrund diverser Weiterentwicklungen in dem Bereich anders ausfallen.

Nach der Auswahl der Telemedizinanwendungen wurde ein stufenweiser Implementierungsprozess gestartet. Datenschutz und IT-Sicherheit waren hierbei zunächst zu klärende Arbeitsfelder. Der Technologie Campus Grafenau entwickelte in Rücksprache mit dem Landesdatenschutzbeauftragten ein Datenschutzkonzept, um die Verfahrensweise und den Verantwortungsrahmen abzubilden. Die Anwendungen beinhalteten zudem Verschlüsselung, Anonymisierung und die Kommunikation über deutsche Serverbetreiber. Neben Datenschutz wurden bestehende Prozesse der Einrichtungen bei der Einführung berücksichtigt und entsprechende Workshops zur Schulung und Einweisung in die Technik durchgeführt. Auch Informationsveranstaltungen für die interessierte Bevölkerung fanden statt. Bezüglich der Implementierung der Telemedizinausstattung wurde auf einen stufenweisen Prozess gesetzt, der im November 2018 zunächst bei den Hausärzten begann und sich dann auf die weiteren Netzwerkpartner ausweitete. Abgeschlossen wurde das Projekt nach ausreichenden Anwendungsphasen im Oktober 2020 mit der wissenschaftlichen Evaluation. Auf die genaue Beschreibung der Anwendungsfälle (Use Cases) wird in Abschn. 13.5.1 näher eingegangen.

13.4.3 Telemedizintechnik

Im Ergebnis der Marktanalyse wurde als digitale Dokumentationsbasis die *kommerzielle Gesundheitsakte* der Vitabook GmbH verwendet, da diese zum Auswahlzeitpunkt die meisten Kriterien im Bereich Sicherheit und Schnittstellen erfüllte.[22] Zu Projektbeginn gab es noch nicht die Verpflichtung nach § 219a SGB V eine Akte als verpflichtende Kassenleistung anzubieten. Auch wenn heute gut funktionierende und datenschutzkonforme Lösungen vorhanden sind, standen erste Betaversionen, wie TK-Safe der Techniker Krankenkasse, noch nicht der Öffentlichkeit zur Verfügung. Zum damaligen Zeitpunkt bot die gewählte Gesundheitsakte eine kostenfreie, interoperable und sichere Möglichkeit Patientendaten zu speichern bzw. anschließend mit anderen Leistungserbringern elektronisch auszutauschen. Leider hat die Vitabook GmbH Anfang November 2020 Insolvenz beantragt. Dies lässt vermuten, dass sich die private Firma mit der eGA nicht durchsetzen konnte oder der Markt, die Patienten, zum damaligen Zeitpunkt nicht zur Nutzung bereit waren.[23]

---

[22] Vgl. Böning (2020).
[23] Vgl. Böning (2020).

Hinsichtlich der *audiovisuellen Kommunikation* wurde die Anwendung MeyDoc ausgewählt. Mit der Lösung konnten Video, Bilder, Snapshots sowie Text auf mobilen und stationären Endgeräten sicher ausgetauscht werden.[24] MeyDoc wurde einerseits auf stationären
Telemedizinarbeitsplätzen genutzt (Arztpraxis, Kliniken Grafenau, Zwiesel und Donaustauf).
Andererseits wurde die App auf den Android und iOS-Tablets für mobile Anwendungen installiert (Pflegeheim, VERAHs, Intensivpflegedienst, Bergschutzhaus). Ausgewählt wurde die
Lösung aufgrund positiver Bewertungen im Funktionsumfang, geringer Kosten, hoher Praxistauglichkeit und vor allem eines besonderen Datenschutzkonzepts, in dem alle Daten verschlüsselt übertragen und nicht auf zentralen Servern gespeichert werden.

Zudem wurde für die *Übertragung von Vitaldaten*, wie EKG-Daten, Atemfrequenz, Blutdruck und Sauerstoffsättigung, das mobile Medizinprodukt DynaVision eingesetzt.[25] Mit dem
Gerät konnten nicht-medizinische Kräfte wie die Pächter der Bergschutzhütte ein EKG über-
mitteln, welches dann mit weiteren Vitaldaten über den auch in abgelegenen Regionen verfügbaren Mobilfunkstandard GPRS am Telemedizinarbeitsplatz der Regelklinik dargestellt wurde.
Gleichzeitig wurde die audiovisuelle Kommunikationslösung eingesetzt, um medizinische Absprachen zu treffen und Ersthelfer anzuleiten. Der Anbieter konnte sich mit seiner sehr vielversprechenden Lösung nicht am hart umkämpften Markt behaupten und musste während der
Projektlaufzeit im Jahr 2019 Insolvenz anmelden.[26] Eine weitere Auswahl und Neuanschaffung
war nicht möglich. Die eingesetzte Technik bzw. deren Umsetzung ist Abb. 13.3 dargestellt.

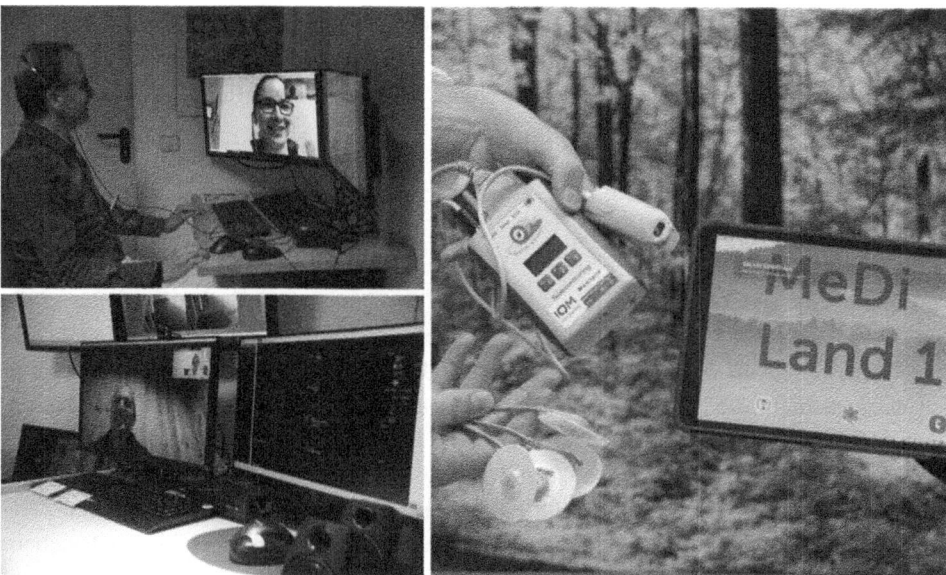

Abb. 13.3 Telemedizinarbeitsplatz in der Hausarztpraxis (links) und Arbeitsplatz in der Klinik
(links unten) sowie mobile Anwendung der Vitaldatenübertragung in der Bergschutzhütte (rechts)

[24]Vgl. Meyer und Meyer (2020).
[25]Vgl. Eurovation GmbH (2019).
[26]Vgl. Eurovation GmbH (2019).

13.5   Umsetzung und Evaluation der Anwendungsfälle (Use Cases)

Nun soll dargestellt werden, wie die jeweiligen Lösungen im Detail in der Versorgungspraxis eingesetzt wurden. Insgesamt konnten im Netzwerk sieben Anwendungsfälle (Use Cases) getestet werden.

13.5.1 Vorstellung der Anwendungsfälle

Die telemedizinische Unterstützung der ärztlichen Hausbesuche stellt wie in Tab. 13.1 dargestellt, das erste Anwendungsfeld dar. Hausbesuche, welche durch die VERAHs® durchgeführt werden, sollten durch die audiovisuelle Rücksprachemöglichkeit mit dem Hausarzt verbessert werden. Ferner wurden diverse Vitaldaten wie EKG, Blutdruck und Sauerstoffsättigung übertragen, die dem Hausarzt in der Ferndiagnostik helfen sollten.

Tab. 13.1 Anwendungsfälle (Use Cases) mit Beschreibung

Nr.	Use Case	Inhalt
1	Hausbesuche	Unterstützung der Hausbesuche: VERAHs (Versorgungsassistent:innen der Hausarztpraxis) können bei Hausbesuchen (z. B. Wund-) Fotos oder Vitaldaten gesichert übertragen und bei Bedarf den Hausarzt per Video zuschalten, Hausarztentlastung durch Delegation
2	Videosprechstunde für Patienten	Hausärzt:innen bieten Videosprechstunden in bestimmten Situationen an, um Infektionsrisiken gering zu halten.
3	Intensivpflege	Ein Intensivpflegedienst kann mit einer Fachklinik Patientenvitaldaten digital austauschen, um die Beatmungsparameter optimal einzustellen und Klinikeinweisungen zu vermeiden.
4	Bergrettung	Nicht-medizinisches Personal auf einer Berghütte kann sich bei einem Bergunfall digital mit einem Krankenhaus vernetzen, um die Rettung bzw. Ersthilfe unter Anleitung zu unterstützen.
5	Wundmanagement	Digital unterstützte Unterweisung des Pflegepersonals beim Wundmanagement (Versorgung, Verbandswechsel) durch erfahrene Wundmanager im Krankenhaus.
6	Digitalsprechstunde Pflegeheim	Einrichtung einer Digitalsprechstunde im Pflegeheim zur Durchsprache kritischer Patienten vor dem Wochenende, um Klinikeinweisungen vorzubeugen.
7	Elektronische Gesundheitsakte	Einführung einer elektronischen Gesundheitsakte mit dem Ziel, dass alle Leistungserbringer mit der gleichen Informationsbasis behandeln.

Der Hausarzt bot im weiteren Projektverlauf zudem Videosprechstunden für Patienten (*Use Case 2*) direkt an, um angesichts der Coronapandemie die Infektionsrisiken zu reduzieren.

Der nächste Anwendungsfall (*Use Case 3*) betrifft die Intensivpflege. Der telemedizinische Kontakt zwischen der Klinik und dem Pflegedienst wurde zur Abstimmung von Beatmungsdaten genutzt, um Optimierungen, z. B. die Atemfrequenzeinstellung am Beatmungsgerät, vorzunehmen und Klinikeinweisungen zu verhindern.

Im *Use Case 4* wurde eine Bergschutzhütte an das Telemedizinnetzwerk angebunden. Durch die Vernetzung mit einer Regelklinik sollte das nicht-medizinische Personal auf der Bergschutzhütte in Notfällen unterstützt und angeleitet werden, um vor Eintreffen der Bergrettung geeignet Hilfe leisten zu können oder einen unnötigen Einsatz der Bergrettung zu vermeiden.

Hinsichtlich der Pflege gab es weitere Anwendungsfälle im Projekt. Im Pflegeheim wurde die audiovisuelle Kommunikation mit dem Wundmanagement der Klinik dafür genutzt, das Pflegepersonal bei der Bewertung und Behandlung chronischer Wunden zu unterstützen (*Use Case 5*). Die Wundvisiten waren vorterminiert, jedoch konnten nach Bedarf auch ad hoc Visiten organisiert werden.

Ferner gab es eine Hausarzt-Digitalsprechstunde im Pflegeheim (*Use Case 6*), welche dazu dienen sollte, Klinikeinweisungen an Wochenenden vorzubeugen. Durch die Verbindung von Hausarzt und Pflegeheim sollte die pflegerische und medizinische Betreuung effektiver gestaltet werden.

Abschließend ist die elektronische Gesundheitsakte (*Use Case 7*) als weiterer Inhalt aufzuführen. Diese sollte für Haus- und Fachärzte eine einheitliche Informationsbasis schaffen, damit uneffektive Behandlungsabläufe sowie Doppeluntersuchungen vermieden werden können.

13.5.2 Implementierung der Use Cases

Die Implementierung der Anwendungsfälle folgt einem stufenweisen Prozess und ist in Abb. 13.4 ersichtlich. Für jeden Use Case sollten die Rahmenbedingungen in Testläufen eruiert werden. Im Rahmen der Gestaltung der Anwendungsfälle wurden die Projektbeteiligten einbezogen und deren Bedürfnisse eruiert. Bei der Implementierung der Use Cases wurde Wert auf Partizipation gelegt, um eine hohe Akzeptanz zu erzeugen und die Erwartungen im Netzwerk zu kennen. Zudem konnten in den Schulungen teils skeptische Mitarbeiter:innen von den Vorteilen überzeugt werden. Die Implementierung der Use Cases erfolgte von September 2018 bis Oktober 2020.

Mit der Implementierung jener Anwendungsfälle, welche audiovisuelle Kommunikationstechnik und die Vitaldatenübertragung benötigten, wurde im November 2018 bei

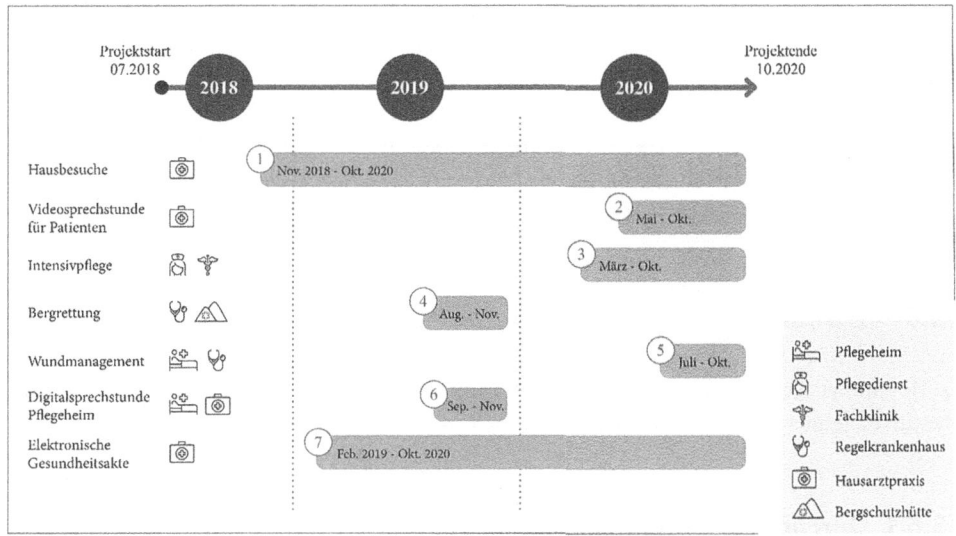

Abb. 13.4 Umsetzungszeiträume der Use Cases und Projektverlauf „MeDiLand"

der Hausarztpraxis begonnen. Nach der digitalen Unterstützung der Hausbesuche folgten das Pflegeheim, die Bergschutzhütte und letztlich die Unterstützung der Intensivpflege.

Hinsichtlich der elektronischen Gesundheitsakte hat im Februar 2019 eine Kick-off-Veranstaltung stattgefunden. Anschließend gab es diverse Schulungen der Ärzte und Veranstaltungen für die Patienten der Praxis. Es gab diverse Bemühungen, vor allem Informationsveranstaltungen zur Gesundheitsakte und individuelle Beratungsgespräche für Patienten, bei denen versucht wurde, eine stärkere Nutzung der Gesundheitsakte zu erzielen. Da bis Ende 2019 keine neuen Nutzer mehr generiert werden konnten, legte das Projektteam den Fokus auf andere Anwendungen.

13.5.3 Evaluationsmethodik

Nach den Anwendungsphasen fand die wissenschaftliche Evaluation mit verschiedenen methodischen Ansätzen (Mixed Methods) statt, um die Forschungsfragen zu beantworten. Es handelt sich dabei um eine Querschnittstudie, in der qualitative Interviews mit Telemedizinanwendern und quantitative Feedbackbögen eingesetzt wurden.

Im quantitativen Ansatz wurden die Fallzahlen, Nutzungsgründe, Anwendungsfälle sowie die Zufriedenheit nach jeder Konsultation mittels analoger Feedbackbögen erfasst. Die dazugehörigen Feedbackhefte wurden in der Hausarztpraxis, in der Intensivpflege und im Pflegeheim von jeweils einem an den Konsultationen beteiligten Projektpartner geführt. Die Datenauswertung erfolgte anschließend überwiegend deskriptiv.

Im qualitativen Ansatz wurden hingegen sieben Leitfadeninterviews geführt, welche transkribiert und mittels qualitativer Inhaltsanalyse nach Mayring ausgewertet wurden.[27] Zur Unterstützung wurde MAXQDA® Vers. 20, eingesetzt. Die Interviews mit Telemedizinanwendern sollten die Ergebnisperspektive erweitern. Inhalt waren der biografische Kontext der Anwender, das Verständnis, die Akzeptanz, die Anwendung der Technik im Versorgungsalltag, mögliche Förderfaktoren und Barrieren sowie die Effekte, die sich durch die Technik ergeben haben.

13.6   Ergebnisse

Zu Beginn wird eine Übersicht über die relevanten Fallzahlen je Anwendungsfall geliefert, ehe die Ergebnisse in der Reihenfolge der Anwendungsfälle vorgestellt werden.

13.6.1 Durchgeführte Televisiten/Fallzahlen

Im Bereich der Hausarztpraxis zeigte sich das größte Anwendungspotenzial. Hier wurde in über 170 Fällen die Notwendigkeit gesehen, eine audiovisuelle Konsultation zu führen. Weitere relevante Fallzahlen ergaben sich insbesondere vor dem Hintergrund der Coronapandemie im Bereich der Videosprechstunde für Patienten (n = 30 Fälle). Zudem wurde die Technik im Bereich der Pflege, insbesondere der Intensivpflege in über 15 Fällen genutzt. Die restlichen Use Cases, darunter auch die elektronische Gesundheitsakte wurden weniger genutzt, wie anhand von Tab. 13.2 ersichtlich wird.

13.6.2 Hausbesuche (Hausarztpraxis und Versorgungsassistent:innen)

Insgesamt wurden im Projektzeitraum 1148 Hausbesuche durchgeführt. Vorab soll erwähnt werden, dass sich in dem Use Case vorwiegend die audiovisuelle Kommunikation

Tab. 13.2 Fallzahlen je Use Case

No.	Use Case	Fallzahlen (inkl. Versuche)
1	Hausbesuche	**170**
2	Videosprechstunde für Patienten	**30**
3	Intensivpflege	**15**
4	Bergrettung	**6**
5	Wundmanagement	**6**
6	Digitalsprechstunden für Pflegekräfte	**3**
7	Elektronische Gesundheitsakte	**10**

[27] Vgl. Mayring (2010).

über MeyDoc durchgesetzt hatte. Die Lösung zur Vitaldatenübertragung (das Medizin-produkt DynaVision zur Ableitung eines EKG) fand in der Hausarztpraxis eher weniger Anklang, da die Indikation ein EKG zu schreiben nur bei einem Teil der Behandlungsfälle gestellt werden kann.

Für die audiovisuellen Visiten mussten im Projektverlauf die Praxisabläufe an die neuen digitalen Möglichkeiten angepasst werden, um eine schnelle Rücksprache mit den Versorgungsassistent:innen zu ermöglichen. Die digitale Rückfrage der Versorgungs-assistentin hatte eine hohe Priorität, sodass der Hausarzt die Patientengespräche kurz unterbrach und die Rückfrage beantwortete. Auf der Seite des Hausarztes wurde ein separater Raum wurde für die Durchführung der Televisiten genutzt.

Bei den Hausbesuchen wurde in 170 Fällen (14,81 % aller Hausbesuche) die Notwendigkeit gesehen, dass sich die Versorgungsassistentin (VERAH®) und der Hausarzt telemedizinisch verbinden. Von diesen 170 Fällen war die audiovisuelle Kommunikation in 44 Fällen bzw. 25,88 % aller Verbindungsversuche nicht möglich (siehe Tab. 13.3). Dies lag vor allem am regional eingeschränkten Mobilfunkempfang.

Im Verlauf der Coronapandemie nahm der Anteil digitaler Konsultationen zu. Im zweiten und dritten Quartal 2020 stieg der Anteil digital unterstützter Hausbesuche auf über 28 % (n = 62) aller Hausbesuche.

In der Analyse der Fallzahlen zeigt sich ferner, dass die Klärung der Wundversorgung mit 38 % (n = 64) einer der wesentlichen Gründe für die Nutzung der audiovisuellen Kommunikation darstellt. Weiterer Inhalt war mit über 26 % (n = 44) das Medikamentenmanagement. Ferner wurde in über knapp 22 % (n = 36) aller Fälle die Technik für unvorhergesehene Symptome eingesetzt, und in 9 % (n = 15) der Fälle forderte der Patient die Telekonsultation mit dem Arzt (vgl. Abb. 13.5).

In der Bewertung durch die Anwender, d. h. Hausärzte und Versorgungsassistent:innen, zeigte sich eine hohe Zufriedenheit mit der eingesetzten audiovisuellen Kommunikationslösung. Die Übertragungsgeschwindigkeit der Videotelefonie und die Qualität der Wundfotos waren gerade wegen der einfachen Technik gut nutzbar und adäquat. Die qualitativen Interviews belegen eine hohe Akzeptanz aller Beteiligten und ein Interesse der Patienten an der Technologie. Moniert werden kann allerdings, dass gerade in abgelegenen Gebieten die Mobilfunkversorgung zu Problemen in der Anwendung führt. Die in der Tab. 13.3 dargestellten nicht erfolgreichen Televisiten waren durch Verbindungsprobleme bedingt. Diese technischen Herausforderungen durch die Internetanbindung sind gerade im ländlichen Raum ein ernst zu nehmendes und vermeidbares Problem, welches bei den Nutzern zu Unmut führt. Weiterhin ergab sich speziell in der Hausarztpraxis bei der Übertragung

Tab. 13.3 Audiovisuelle Kommunikation in der Hausarztpraxis

Verbindung…	n	% zu allen Hausbesuchen	% nur zu Televisiten
erfolgreich	126	11,0	74,12
nicht erfolgreich	44	3,8	25,88
nicht erforderlich	978	85,2	–
	1.148	100,0	100,0

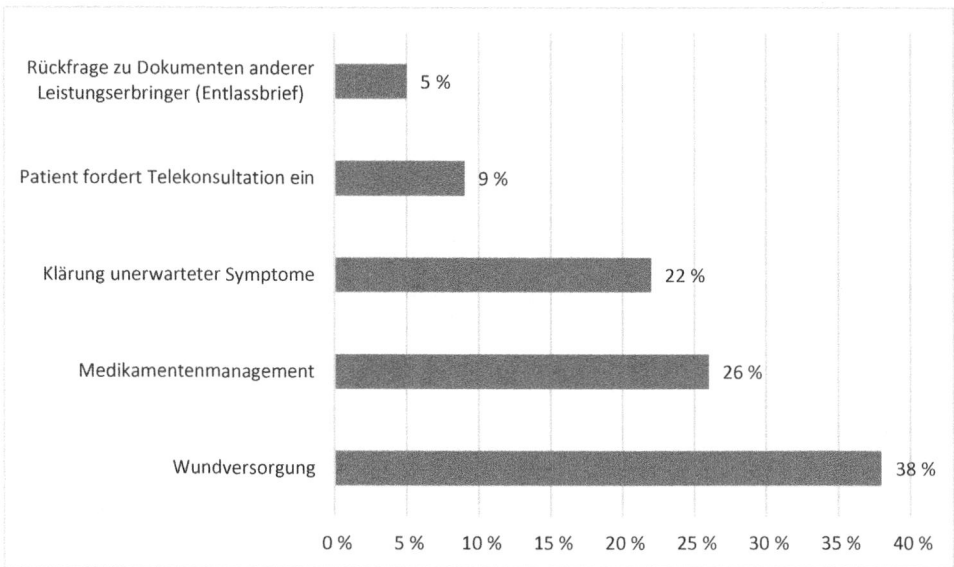

Abb. 13.5 Anwendungsfelder der audiovisuellen Telekonsultationen in der hausärztlichen Versorgung

von Vitaldaten (bspw. ein EKG) mit DynaVision ein begrenztes Nutzenpotenzial. Vielfach reichte das audiovisuelle Gespräch und die Durchgabe der relevanten Parameter durch Versorgungsassistentinnen aus, um adäquate Handlungen abzuleiten.

13.6.3 Videosprechstunden für Patient:innen (Hausarztpraxis)

Neben den Möglichkeiten, die im Rahmen der telemedizinischen Vernetzung von Versorgungsassistenz und Hausarzt bestanden, bot die Arztpraxis auch Videosprechstunden für Patienten an. Dies erfolgte in der Hausarztpraxis am gleichen stationären Telemedizinarbeitsplatz wie für den Use Case der Hausbesuche. Anders als bei den digital unterstützen Hausbesuchen mussten die Videosprechstunden aber vorterminiert werden.

Da MeyDoc jedoch auf Endgeräten eine Freischaltung benötigt und eher für die Kommunikation zwischen Fachkräften gedacht war, verwendete die Hausarztpraxis eine von der kassenärztlichen Vereinigung zertifizierte Lösung der Red Medical Systems GmbH. Hier konnten Patient:innen über einen vorher bspw. per SMS zugeschickten Code und einen auf der Homepage der Arztpraxis ersichtlichen Link sichere Videosprechstunden in Anspruch nehmen. Die Anforderung einer Videosprechstunde erfolgte dabei über das normale Praxistelefon als auch über ein auf der Webseite befindliches Formular. Patient:innen konnten über sämtliche Endgeräte über den Browser teilnehmen, sofern diese ein Mikrofon und eine Kamera aufwiesen. In der Regel wurde eine Nachfrage nach einer Videosprechstunde, wenn sie bis zwölf Uhr einging, noch am gleichen Tag terminiert. Zur Pandemie wurde das Angebot im Projekt MeDiLand eingeführt und bis zum Projektende von 30 Patienten angenommen.

Die Videosprechstunde wird von den Patienten als sinnvolles Zusatzangebot bewertet, wenngleich es eine gewisse Zeit braucht, bis sich Patienten an den für sie meist neuen Umgang mit digitalen Angeboten gewöhnt haben. Das Angebot wird aktuell auch nach dem Projektende von MeDiLand fortgeführt.

13.6.4 Intensivpflege (Pflegedienst und Fachklinik)

Die insgesamt 15 erfolgreichen audiovisuellen Visiten zwischen Intensivpflegedienst und Fachklinik wurden dazu genutzt, um Beatmungsparameter abzustimmen. Von den insgesamt 15 Visiten wurden 11 Visiten in den Wohngemeinschaften und vier im mobilen Pflegedienst geführt. Im mobilen Einsatz der Technik ergab sich eine ähnliche Herausforderung wie bei den Versorgungsassistenten der Hausarztpraxis hinsichtlich des Mobilfunkempfangs in abgelegenen Gebieten (vgl. Tab. 13.4).

Hinsichtlich der Organisation war die vorhergehende Terminierung der Visiten für beide Leistungserbringer praktikabel. Bestimmte Zeitslots für die audiovisuellen Gespräche sicherten einen störungsfreien Behandlungsablauf in den Einrichtungen. Schließlich war es eine Herausforderung die digitalen Visiten in den durchgetakteten Klinikablauf einzubinden. Die Abläufe in den Einrichtungen mussten ferner hinsichtlich der Dokumentation angepasst werden. Hierfür wurde ein gemeinsamer Anamnese- und Dokumentationsbogen entwickelt. Dieser wurde vorab mit relevanten Informationen versehen und anschließend zur Protokollierung der Empfehlungen der Klinik genutzt. Dieser Bogen wurde der Pflegedokumentation zugeführt und an den jeweiligen Hausarzt weitergeleitet.

Die Videokonsile zwischen Fachklinik und Intensivpflege wurden inhaltlich für die Einstellung der Beatmungsparameter, für die Lungenfunktionsmessung, die Blutgasanalyse, für das Sekretmanagement und zur Mobilisation eingesetzt. Sättigungsabfälle und Veränderungen in der Beatmung konnten auf diesem Weg (d. h. die Anwendung MeyDoc) digital mit der Klinik abgestimmt werden. Eine automatisierte, technikgestützte Vitaldatenübertragung fand hierbei keine Anwendung. Es wurde ausschließlich Videokommunikation eingesetzt, bei der sich hinsichtlich Übertragung und Bildqualität eine hohe Zufriedenheit einstellte.

Seitens Intensivpflege zeigte sich in der Evaluation der Bedarf eines eStethoskops zur Auskultation durch die Fachklinik. Gegebenenfalls wäre hier auch die Unterstützung

Tab. 13.4 Audiovisuelle Kommunikation in der Intensivpflege

Verbindung …	n	Wohngemeinschaft	Hausbesuche
erfolgreich	15	11 (Televisiten)	4 (Televisiten)
nicht erfolgreich	1	0	1
nicht erforderlich	59	40	19
	75	51	24

durch Auswertungsalgorithmen, bspw. durch Künstliche Intelligenz sinnvoll. Sowohl Intensivpflegedienst als auch Fachklinik bewerteten den Anwendungsfall jedoch mit der gegebenen Technik bereits als besonders sinnvoll, da vor allem die Belastung der Patienten durch unnötige Transporte sinkt und Routineuntersuchungen auch digital erfolgen können. Nachweislich wurden durch die in dem Use Case eingesetzte Telemedizintechnik Klinikeinweisungen vermieden und der Gesundheitszustand der Patienten verbessert. In dem Use Case zeigt sich das präventive Potenzial von Telemedizin.

13.6.5 Bergrettung (Bergschutzhütte und Regelklinik)

Die in dem Anwendungsfeld sechsmalig eingesetzte audiovisuelle Kommunikation und die Vitaldatenübertragung (DynaVision) wurden von den Anwender:innen als erfolgreich bewertet. Es gab keine technischen Probleme hinsichtlich des Verbindungsaufbaus und der Übertragungsqualität. In der parallellaufenden Videokommunikation mit MeyDoc kam es durch den höheren Datendurchsatz zu gelegentlichen Aussetzern aufgrund der eingeschränkten Mobilfunkabdeckung.

In den ersten Feedbackheften wurde seitens des nicht-medizinischen Personals im Bergschutzhaus geäußert, dass die Benutzerfreundlichkeit gegeben ist. Für das ärztliche Personal der Regelklinik waren die Testläufe erfolgreich, jedoch stellten sie einen Störfaktor im eng getakteten Klinikablauf dar. Gerade für Kliniken stellen zusätzliche Aufgaben wie die telemedizinische Anleitung von Ersthelfern, welche mit den begrenzten Ressourcen gedeckt werden müssen, eine zusätzliche Belastung dar. Hinzu kommt, dass im Untersuchungszeitraum keine echten Notfälle aufgetreten sind, somit keine Notwendigkeit für eine Ausweitung dieses Anwendungsfalls gegeben war.

13.6.6 Wundmanagement (Pflegeheim und Regelklinik)

Bereits im Bereich der hausärztlichen Anwendungsfälle zeichnete sich die Wundversorgung als relevantes telemedizinisch zu unterstützendes Einsatzfeld ab (vgl. Abb. 13.5). In der stationären Langzeitpflege wurde die Wundversorgung mit einer telemedizinischen Wundberatung durch die Regelklinik unterstützt. Wundmanager der Klinik konnten per Videokommunikation das Personal des Pflegeheims beim Wundmanagement ohne zusätzliche Infektionsrisiken beraten. Die im Schnitt circa 10 Minuten dauernden Wundvisiten wurden überwiegend zum Zeitpunkt des Verbandwechsels terminiert, sodass die Wunden direkt vom Experten befundet werden konnten. Insgesamt konnten sechs erfolgreich geführte digitalen Wundberatungen dokumentiert werden.

Der Use Case galt als qualifizierende und empowernde Maßnahme, in der Pflegekräfte sich mit Spezialisten, die täglich mit schweren Wundverläufen konfrontiert sind, austauschen konnten. Von Seiten der Pflegekräfte und Heimbewohner wurde eine äußerst positive Wahrnehmung erzielt. Aus Sicht des Pflegepersonals wird die tägliche Arbeit um eine neue Fachlichkeit erweitert. Die Vernetzung mit der klinischen Wundmanagerin ergab vor allem, dass einfache audiovisuelle Anwendungen mit handelsüblichen Tablets ohne Spezialkameras eine adäquate Einschätzung der Wunde ermöglichen und damit die Versorgung unterstützen können. Die Bildqualität wurde seitens Anwender als zufriedenstellend bewertet. Die digitale Wundberatung mit dem Pflegeheim wurde jedoch nicht ausschließlich geführt. Das Pflegeheim führte parallel in allen Konsultationsfällen zusätzlich eine analoge Vor-Ort-Wundberatung mit dem bereits unter Vertrag stehenden, „Home Care"- Unternehmen durch. Dadurch war es möglich als qualitätssteigernde Maßnahme analoge und digitale Begutachtung zu überprüfen. Sowohl die Videovisiten als auch das analoge Pendant sind in den Outcomes vergleichbar, d. h. sie führten zu identischen Versorgungsvorschlägen.

In diesem Zusammenhang wurde von den Anwendern jedoch die aktuelle emergente Versorgungssituation bestehend aus Hausärzten, externen Dienstleistern, klinischen Strukturen und einrichtungsinternem Fachpersonal im Bereich Wunden moniert. Im Use Case konnte keine Vereinbarung zur Verordnung durch das Klinikum getroffen werden. Die letzte Entscheidungs- und auch Verordnungsinstanz stellte der Hausarzt dar. Dieser konnte sich an die Empfehlungen halten, musste es aber nicht, was generell zu Reibungspunkten führt und einen Informationsaustausch notwendig macht.

13.6.7 Digitalsprechstunden für Pflegekräfte (Pflegeheim und Hausarzt)

Der Use Case ähnelt den digitalen Wundvisiten nur dass hier das Pflegeheim anstatt mit der Klinik mit dem Hausarzt vernetzt. Die Motivation bestand darin, ungeplante Klinikeinweisungen am Wochenende zu vermeiden. Insgesamt wurden drei erfolgreiche Digitalsprechstunden freitags durchgeführt. Es ergab sich jedoch keine häufigere Nutzung und kein weiterer Echtbetrieb. Die gute werktägliche Arztpräsenz im Pflegeheim, aber auch die Unvorhersehbarkeit von Notfällen, wie Stürze, waren Gründe, warum der Anwendungsfall nicht häufiger genutzt wurde bzw. die erwarteten Effekte nicht eingetreten sind. Eine Vernetzung mit dem Bereitschafsdienst am Wochenende wäre zielführender, damit die auftretenden Notfälle abgeklärt und Anfahrten durch die Bereitschaftsärzt:innen reduziert werden können.

13.6.8 Elektronische Gesundheitsakten (gesamtes Telemedizinnetzwerk)

Den letzten Anwendungsfall stellt der Einsatz einer kommerziellen elektronischen Gesundheitsakte dar, um den im Telemedizinnetzwerk Beteiligten eine gemeinsame

Informationsbasis für die Patientenversorgung zu bieten. Die Motivation, den Anwendungsfall großflächig umzusetzen, bestand darin, uneffektive Behandlungsabläufe durch fehlende Informationen und vermeidbare Ausgaben für Doppeluntersuchungen zu minimieren. Die Akte wurde von insgesamt 10 Patient:innen der Hausarztpraxen genutzt. Um eine intensivere Nutzung der Akte zu erreichen, wurden Schulungen der Ärzte, Marketingaktionen in der Hausarztpraxis, Bürgerdialoge, Informationsveranstaltungen und letztlich individuelle Beratungsgespräche für Patient:innen eingesetzt. Eine größere Fallzahl konnte allerdings trotz intensiver Bewerbung, auch mit Unterstützung seitens der Hausärzte, nicht gewonnen werden.

Gespräche mit potenziellen Nutzer:innen haben größtenteils eine fehlende Digitalaffinität ergeben. Die Erwartungen an die elektronische Akte waren groß, wenngleich sich die Akte zum damaligen Zeitpunkt auf das Telemedizinnetzwerk beschränkte. Die Vorteile der Gesundheitsakte wurden nicht immer gesehen und es wurden Datenschutzbedenken geäußert. Diejenigen, die es nutzen wollten, hatten ferner nicht immer adäquate Endgeräte und eine entsprechende Erfahrung, um mit der teils komplizierten Authentifizierung der Akte umzugehen. Da von Februar 2019 bis zum Jahresende 2019 keine neuen Nutzer mehr generiert werden konnten, lag der Fokus auf den anderen Anwendungsbereichen.

13.6.9 Zusammenfassung

Insbesondere im Bereich der Hausarztpraxis und der Intensivpflege wurde die audiovisuelle Kommunikation intensiv genutzt und in der qualitativen Einschätzung von den Anwender:innen als wertvoll bewertet. In der Arztpraxis fand eine digitale Unterstützung in rund 15 % aller Hausbesuche statt. Die Anwendungszahl wäre hier deutlich höher, wenn nicht einige Videoverbindungen aufgrund der im Projektgebiet noch ausbaufähigen Mobilfunkverbindung abgebrochen wären. In der Intensivpflege wurden knapp 20 % aller Behandlungen mit der digitalen Abstimmung von Beatmungsparametern unterstützt. Hinsichtlich der technischen Perspektive wurde das mobile Vitaldatenmonitoring eher weniger und überwiegend in Testversuchen genutzt. Die Tests waren erfolgreich und das übertragene EKG war durch Laien erstellbar und ärztlich gut auszuwerten. Die elektronische Gesundheitsakte konnte sich im Projekt nicht durchsetzen, da nicht genügend Patient:innen für einen umfangreichen Roll-out gewonnen werden konnten.

In der subjektiven Bewertung durch die einzelnen Anwender:innen zeigt sich durchwegs eine hohe Zufriedenheit und eine Akzeptanz in den Anwendungsfeldern. Einige der Patient:innen wünschten sich sogar den audiovisuellen Arztkontakt und seit COVID-19 scheint sich die positive Wahrnehmung digitaler Angebote weiter verstärkt zu haben. Das Ergebnis des Projektes ist laut den Projektteilnehmenden insgesamt als erfolgreich, in näherer Sicht als qualitäts- und effizienzsteigernd zu bewerten. Insbesondere das Empowerment des nicht-ärztlichen Fachpersonals konnte mit der eingesetzten Technik gesteigert werden. Dies stellte für die Hausärzte eine Entlastung dar. Zudem wurden dem Pflegepersonal neue Kompetenzen ermöglicht, welche die tägliche Arbeit bereichern.

13.7 Diskussion und Limitation

Nachdem die wesentlichen Anwendungsfälle und ihre wesentlichen Erkenntnisse vorgestellt wurden, soll eine Diskussion erfolgen. Zunächst ist auf die Reflexion der Ergebnisse einzugehen.

13.7.1 Reflexion der Methodik

Hinsichtlich der Methodik ist herauszustellen, dass sich der Mixed-Methods-Ansatz aus qualitativen Interviews und quantitativen Fragebögen besonders für die Evaluation von Telemedizinprojekten eignet. Die in solchen Projekten wichtige subjektive Wahrnehmung von Telemedizinanwender:innen wurde damit erfasst. In dem Projekt wurde eine Vielzahl an Anwendungsfällen umgesetzt und ein breites Spektrum an Ergebnissen für den ländlichen Raum geliefert. Ähnlich umfangreiche Telemedizinprojekte, mit einem Fokus auf den ländlichen Raum in Bayern, sind nicht bekannt.

Natürlich muss an dieser Stelle auch erwähnt werden, dass gewisse Limitationen bestehen. Das Telemedizinnetzwerk besteht aus bestimmten regionalen Leistungserbringenden, die sich zur Projektteilnahme bereit erklärt hatten. Selbstverständlich würde eine noch größere bayernweite Anzahl an Partnern noch mehr Ergebnisse liefern. Auch die Technik war zum damaligen Zeitpunkt mit Blick auf die Gesundheitsakte noch nicht ausgereift. Weitere anwendungsorientierte Telemedizinforschung mit Fokus auf die Regelversorgung im ländlichen Raum, mit deutlich höheren Fallzahlen und neuen methodischen Überlegung, wie der Integration von Künstlicher Intelligenz, sind wünschenswert.

13.7.2 Reflexion der Ergebnisse

Zusammenfassend können die Erkenntnisse aus dem vorliegenden Pilotprojekt so interpretiert werden, dass insbesondere sichere audiovisuelle Kommunikationslösungen dazu beitragen, die Gesundheitsversorgung im ländlichen Raum auf vielen Ebenen nachhaltig zu verbessern. Vor allem in der hausärztlichen Versorgung ergeben sich aufgrund der Vielzahl an zeitaufwendigen Hausbesuchen mit Telemedizin neue Entlastungspotenziale. Die anfängliche Hypothese und die bisherige Forschung gingen davon aus, dass Telemedizin auch im ländlichen Raum einen positiven Mehrwert bietet. Dies bestätigte sich durch eine Vielzahl an Praxisbeispielen. So wurden nicht indizierte Krankenhauseinweisungen im Projekt nachweislich in zwei Fällen vermieden. Zudem ergab sich eine hohe Akzeptanz und positive Wahrnehmung für telemedizinische Anwendungen. Die aktuelle Studienlage konnte dahingehend erweitert werden, dass audiovisuelle Telemedizinanwendungen bei der Beatmungstherapie und im Wundmanagement mit relativ einfacher Technik adäquate und sichere Ergebnisse erzielen können.

Hinsichtlich der Bewertung durch die Anwender ist festzustellen, dass diese Ergebnisse den Schluss auf wesentliche Erfolgsfaktoren für den Einsatz von Telemedizin zulassen. Die subjektive Wahrnehmung der Leistungserbringer ist generell positiv und die Technik wird als hilfreiche Entlastung mit viel Zukunftspotenzial gesehen. Die Coronapandemie gilt als Katalysator für die Digitalisierung im Gesundheitswesen und dürfte auch im Rahmen des Projektes einen Einfluss ausgeübt haben. Gerade zum Projektende sind die Nutzungszahlen angestiegen, was auf eine gestiegene Relevanz und Akzeptanz derartiger Technologien hinweist.

Im Rahmen der Projektevaluation zeigte sich aber auch schnell, dass vor allem ältere Beschäftigte im Gesundheitswesen Bedarf nach Schulungen äußern. Lebenserfahrene Mitarbeiter sind, auch wenn die Pauschalisierung zu diskutieren ist, häufig eher nicht digitalaffin. Ferner ist die Erfahrung im Umgang mit Telemedizinanwendungen über die meisten Mitarbeiter hinweg schlicht noch nicht vorhanden. Schulung und Sensibilisierung sind daher eine elementare Voraussetzung für den erfolgreichen Telemedizineinsatz. Wenn Telemedizin eingesetzt wird, ist dies zudem ein intersektoraler Arbeitsprozess, der spezifische Arbeitsrichtlinien, gemeinsame Dokumentationsportale, Verständnis sowie Bemühungen auf beiden Seiten erforderlich macht. Von Beginn an ist es daher wichtig, sämtliche am Telemedizinnetzwerk beteiligte Partner einzubeziehen und Change- und Projektmanagement zu inkludieren. Seitens der Studienteilnehmer wurde geäußert, dass es mehr Expertise und Beratungsangebote zur Klärung zu Detailfragestellungen im Bereich Datenschutz, IT-Sicherheit, Haftung und Berufsrecht geben muss. Es ist wegweisend, Anwender entsprechend zu begleiten und ihnen auch bei der Gestaltung ihrer Arbeitsprozesse behilflich zu sein.

Für die Einführung benötigt es auch finanzielle Anreize, welche der Gesetzgeber mittlerweile geschaffen hat. Organisatorisch ist es zudem notwendig, bei gewissen Anwendungsfällen auch eine Rückfallebene zu schaffen. Die ständige telemedizinische Erreichbarkeit von Experten stellt einen wesentlichen Erfolgsfaktor dar, da es in der Versorgungspraxis wichtig ist, zeitnah gewisse Symptome zu behandeln bzw. Fragestellungen zu klären.

Technisch gesehen sind die Störungsfreiheit und Ausfallsicherheit der Technik den Anwendern ein zentrales Anliegen. Insbesondere eine flächendeckende Mobilfunkabdeckung mit ausreichender Bandbreite ist erforderlich, um gerade auch in abgelegenen Gebieten Televisiten durchführen zu können. Es ist zudem wegweisend, entsprechende interoperable Schnittstellen vorweisen zu können. Künftig dürfte hier die Telematikinfrastruktur als standardisierte Basis dienen und sämtliche digitale Anwendungen über die sogenannte Datenautobahn im Gesundheitswesen ermöglichen.

Die Lessons Learned sind in Abb. 13.6 zusammengefasst.

Auf einige Rahmenbedingungen können die die Leitungserbringer Einfluss nehmen und damit zum Erfolg telemedizinischen Anwendungen beitragen. | Grafik: ©Technologiecampus Grafenau

Abb. 13.6   Lessons Learned für den Roll-Out von Telemedizin im ländlichen Raum

13.8   Fazit und Ausblick

In diesem Beitrag wurde die Fragestellung untersucht, ob existierende Technologien und eine telemedizinische Vernetzung verschiedener Leistungserbringer für die medizinische Versorgung im ländlichen Raum eingesetzt werden können. Dieses ist zu bejahen, denn die in Abschn. 13.6 vorgestellten Ergebnisse des Projektes „*MeDiLand*" zeigen, dass ein sektorenübergreifender Telemedizineinsatz auf Ebenen der Patienten und Leistungserbringer zur Verbesserung der Gesundheitsversorgung auf dem Land beitragen kann. Benutzerfreundliche und kostengünstige Telemedizinanwendungen, bei denen über handelsübliche Endgeräte der Kontakt zu Hausärzten, Pflegeeinrichtungen und Kliniken hergestellt werden kann, haben einen mehrdimensionalen Nutzen, da sie die medizinische Versorgung verbessern und gleichzeitig das nicht-ärztliche Personal stärken. Telemedizin kann dem Fachkräftemangel entgegenwirken, da sofortige Konsultationen mit Ärzten möglich sind und der Aufwand für nicht indizierte Klinikeinweisungen vermieden wird.

Insbesondere die audiovisuelle Kommunikationslösung ist in verschiedensten Bereichen eine sinnvolle und akzeptierte Anwendung. Sie führt zu mehr Effizienz, da neben der oben genannten Reduktion von Klinikeinweisungen aufwendige telefonische Absprachen oder gar Postversand reduziert werden. Auch wenn hinsichtlich des Vitaldatenmonitorings Potenzial besteht, ist der Vorbereitungsaufwand im Versorgungsalltag nicht praktikabel genug gewesen. Ferner war die eingesetzte kommerzielle Gesundheitsakte seiner Zeit voraus. Es macht also Sinn sich im ländlichen Raum vor allem auf audiovisuelle Kommunikation unter Ärzten, Pflegekräften, externen Wundexperten und Patienten zu konzentrieren. Die bisherigen technischen Lösungen sind für die gewünschten Anwendungsfelder bereits seit Jahren entwickelt und genügen den relativ niedrigschwelligen Anforderungen.

Bei der Einführung und Umsetzung von Telemedizinanwendungen gilt es einige Faktoren zu berücksichtigen. Zu beachtende Bedingungen sind die Koordination und die Anpassung der Behandlungsprozesse. Auch die Prozesse müssen an die digitalen Möglichkeiten angepasst werden. Der Telemedizineinsatz muss ferner finanziell unterstützt werden, auch personell durch neue „Kümmerer".

Die frühzeitige Sensibilisierung und Information von Patienten und Anwendern aber auch generelle Digitalisierungsschulungen sind wesentlich. Schließlich ist der Faktor Mensch ein entscheidender, denn letztlich interagieren Menschen über die Technik. Im Digitalisierungszeitalter werden die persönlichen und menschlichen Beziehungen zwischen Ärzten, Pflegern, Patienten und externen Anwendern weiterhin eine entscheidende Rolle spielen. Der Erfolg von Telemedizinanwendungen ist auch von weichen Faktoren, wie dem Umsetzungswillen und den Beziehungen der Anwender abhängig.

Das Potenzial von Telemedizin ist gerade vor dem Hintergrund der Pandemie vorhanden und sollte aufgrund der Herausforderungen im ländlichen Raum verstärkt genutzt werden. Tatsächlich wird von verschiedenen Stakeholdern immer mehr in diese Richtung unternommen, und es ist zu erwarten, dass sich mehr Telemedizinanwendungen in der Praxis durchsetzen werden. Empfehlenswert ist, den Telemedizineinsatz im ländlichen Raum besonders zu fördern und weitere Forschung durchzuführen. Regionalentwickler sollten entsprechend Telemedizinanwendungen in ihre Entwicklungsprojekte integrieren. Auch die Kommunalverwaltung könnte zu positiven Rahmenbedingungen beitragen

Literatur

Bayerisches Landesamt für Statistik. (2019). Demographie-Spiegel für Bayern. Berechnungen bis 2031. https://www.statistik.bayern.de/mam/statistik/gebiet_bevoelkerung/demographischer_ wandel/demographische_profile/09272136.pdf. Zugegriffen am 31.07.2020.

van den Berg, N., Meinke, C., & Hoffmann, W. (2009). Möglichkeiten und Grenzen der Telemedizin in der Flächenversorgung. *Der Ophthalmologe: Zeitschrift der Deutschen Ophthalmologischen Gesellschaft, 106*(9), 788–794.

Black, A. D., Car, J., Pagliari, C., Anandan, C., Cresswell, K., Bokun, T., McKinstry, B., Procter, R., Majeed, A., & Sheikh, A. (2011). The impact of eHealth on the quality and safety of health care: A systematic overview. *PLoS Medicine, 8*(1), e1000387.

Blüher, S., & Kuhlmey, A. (2016). Demographischer Wandel, Altern und Gesundheit. In M. Richter & K. Hurrelmann (Hrsg.), *Soziologie von Gesundheit und Krankheit* (S. 313–324). Springer VS

Bohnet-Joschko, S., & Stahl, T. (2019). Telegeriatrische Modelle: Einblick in die Zukunft der Versorgung. *Pflegezeitschrift, 72*(1–2), 50–53.

Böning, M. (2020). Patient Plus von Vitabook. Immer an deiner Seite. www.vitabook.de. Zugegriffen am 28.11.2020.

Brauns, H.-J., & Loos, W. (2015). Telemedizin in Deutschland. Stand – Hemmnisse – Perspektiven. *Bundesgesundheitsblatt, Gesundheitsforschung, Gesundheitsschutz, 58*(10), 1068–1073.

Bundesministerium für Gesundheit. (2022). E-Health – Digitalisierung im Gesundheitswesen. Für die erfolgreiche Weiterentwicklung unserer Gesundheitsversorgung ist das Vorantreiben der

Digitalisierung die zentrale Voraussetzung. https://www.bundesgesundheitsministerium.de/e-health-initiative.html. Zugegriffen am 09.01.2022.

Eber, E. L., Arzberger, E., Michor, C., Hofmann-Wellenhof, R., & Salmhofer, W. (2019). Mobile Teledermatologie in der Behandlung chronischer Ulzera. *Der Hautarzt; Zeitschrift für Dermatologie, Venerologie, und verwandte Gebiete, 70*(5), 346–353.

Eurovation GmbH. (2019). Dyna-Vision. Der neue Maßstab in Telemedizin, Früherkennung von Herzerkrankungen kann Leben retten. www.dyna-vision.info. Zugegriffen am 28.11.2020.

Fitte, C., Meier, P., Behne, A., Miftari, D., & Teuteber, F. (2019). Die elektronische Gesundheitsakte als Vernetzungsinstrument im Internet of Health. In Gesellschaft für Informatik e. V. (Hrsg.), *Informatik 2019. 50 Jahre Gesellschaft für Informatik* (S. 111–124). Gesellschaft für Informatik.

Gensorowsky, D., Dörries, M., & Greiner, W. (2021). Telemedizin – Bewertung des Nutzens. In G. Marx, R. Rossaint & N. Marx (Hrsg.), *Telemedizin* (S. 483–496). Springer. https://doi.org/10.1007/978-3-662-60611-7_43

Gießelmann, K. (2018). Datenschutzgrundverordnung: Ärzte sollten sichere. https://www.aerzteblatt.de/nachrichten/95118/Datenschutzgrundverordnung-Aerzte-sollten-sichere-WhatsApp-Alternativen-nutzen. Zugegriffen am 18.11.2020.

Grohs, B., & Thiess, M. (1997). Telematik im Gesundheitswesen. Perspektiven der Telemedizin in Deutschland. http://e-glue.de/downloads/Inh_ZussFass.pdf. Zugegriffen am 18.11.2020.

Hagge, D., Knopf, A., & Hofauer, B. (2020). Chancen und Einsatzmöglichkeiten von Telemedizin in der Hals-, Nasen- und Ohrenheilkunde bei der Bekämpfung von SARS-COV-2: Narratives Review. *HNO, 68*(6), 433–439.

Koehler, F., Koehler, K., Deckwart, O., Prescher, S., Wegscheider, K., Kirwan, B.-A., Winkler, S., Vettorazzi, E., Bruch, L., Oeff, M., Zugck, C., Doerr, G., Naegele, H., Störk, S., Butter, C., Sechtem, U., Angermann, C., Gola, G., Prondzinsky, R., Edelmann, F., Spethmann, S., Schellong, S. M., Schulze, P. C., Bauersachs, J., Wellge, B., Schoebel, C., Tajsic, M., Dreger, H., Anker, S. D., & Stangl, K. (2018). Efficacy of telemedical interventional management in patients with heart failure (TIM-HF2): A randomised, controlled, parallel-group, unmasked trial. *The Lancet, 392*(10152), 1047–1057.

Mayring, P. (2010). *Qualitative Inhaltsanalyse. Grundlagen und Techniken* (11. Aufl.). Beltz Verlag.

Mergenthal, K., Beyer, M., Güthlin, C., & Gerlach, F. M. (2013). Evaluation des VERAH-Einsatzes in der Hausarztzentrierten Versorgung in Baden-Württemberg. *Zeitschrift für Evidenz, Fortbildung und Qualität im Gesundheitswesen, 107*(6), 386–393.

Meyer, G., & Meyer, S. (2020). Mobile Videokonsultation für Medizin und Pflege. www.meydoc.de. Zugegriffen am 28.11.2020.

Meyer, N. (2020). Sicherung der medizinischen Versorgung in ländlichen Regionen. In *Eine empirische Untersuchung im rheinland-pfälzischen Gillenfeld und Umgebung.* LIT Verlag.

Paulsen, N., Schenk, A., & Hesse, A. (2020). Deutschlands Patienten fordern mehr digitale Gesundheitsangebote. https://www.bitkom.org/Presse/Presseinformation/Deutschlands-Patienten-fordern-mehr-digitale-Gesundheitsangebote. Zugegriffen am 18.11.2020.

Schwab, T. (2020). Pilotprojekt Telearzt, Gesundheitstelematik. *KVB Forum, 3*, 28–29.

Zimmermann, G. W. (2020). Die eArztbriefe kommen! *hautnah dermatologie, 36*(4), 52–53.

Digitale Unterstützung der Kommunikation und Zusammenarbeit im Verein

14

Hanna Schürzinger

Zusammenfassung

Vereine und ehrenamtliche Organisationen stehen gerade in ländlichen Kommunen vor immensen Herausforderungen. Viele Vereine kämpfen damit, neue Engagierte zu finden und an sich zu binden. Dies gefährdet die Existenz der Vereine, die meist auf ehrenamtlichen Strukturen basieren. Die Nutzung digitaler Technologien kann dazu beitragen, die Probleme, mit denen Vereine in ihrer täglichen Praxis konfrontiert sind, zu überwinden. Um Vereinen digitale Anwendungen zur Verfügung stellen zu können, die deren spezifische Bedürfnisse erfüllen sowie die Akzeptanz einer breiten Nutzerschaft erfahren, eignet sich der Co-Creation-Ansatz. Nach dieser partizipativen Methodik wurde zur Unterstützung des Vereinswesens in Spiegelau und Frauenau im Pilotprojekt „Digitales Dorf Spiegelau – Frauenau" in enger Zusammenarbeit mit zwei Test-Vereinen eine Vereins App konzipiert, entwickelt und erprobt, die die vereinsinterne Information und Kommunikation als auch organisatorische Prozesse unterstützt.

Schlüsselwörter

Digitalisierung · Ehrenamt · Vereine · Ländlicher Raum · Technologie

H. Schürzinger (✉)
Technische Hochschule Deggendorf, Technologie Campus Grafenau, Grafenau, Deutschland
E-Mail: hanna.schuerzinger@th-deg.de

14.1   Digitalisierung als Perspektive für Vereine und Ehrenamt

Vereine und andere gemeinnützige Organisationen fungieren als Orte von Partizipation und Integration, als Orte gelebter Demokratie. Insbesondere in ländlichen Regionen, die unter den Folgen des demografischen Wandels leiden und in denen die Leistungen der Daseinsvorsorge nicht mehr vollumfänglich erbracht werden können, leisten Vereine und ehrenamtliche Organisationen einen wesentlichen Beitrag zur Festigung des gesellschaftlichen Zusammenhalts.

Jedoch ist der Bestand an Vereinen in vielen ländlichen Regionen bedroht. So belegt eine 2017 veröffentlichten Studie von ZiviZ – Zivilgesellschaft in Zahlen, einer Tochtergesellschaft des Stifterverbandes, dass sich zwischen 2006 und 2016 in ländlichen Regionen über 15.500 Vereine aufgelöst haben.[1] Dabei ist zu erkennen, dass es sich bei der Löschung von Vereinen aus Vereinsregistern vorrangig um ein ländliches Phänomen handelt. Vor allem in Dörfern, Gemeinden und Kleinstädten, die eine alternde, schrumpfende, abwandernde Bevölkerung zu verzeichnen haben, wird es zunehmend schwieriger ein lebendiges Vereinsleben aufrecht zu erhalten. Vereine im ländlichen Raum stehen vor der großen Herausforderung Mitglieder und Engagierte für dauerhaftes Engagement zu finden. Für die noch im Verein aktiven Mitglieder bedeutet dies, immer mehr Aufgaben bei sinkenden Kapazitäten übernehmen zu müssen. Dies schmälert die Motivation, sich ehrenamtlich zu engagieren. Funktionen wie Vorstandspositionen oder Kassenwart sind dort meist schwer zu besetzen.[2] Laut der ZiviZ-Studie verzeichnet fast jeder vierte Verein in Dörfern und kleinen Gemeinden Rückgänge bei den Mitgliederzahlen, während dies in Städten nur etwas mehr als einen von zehn Vereinen betrifft.[3] Dies gefährdet die Existenz der Vereine, die meist auf ehrenamtlichen Strukturen basieren.

Zivilgesellschaftliches Engagement und das Vereinswesen sind von großer Relevanz für unsere Gesellschaft, dementsprechend bedarf es zu untersuchen, mit welchen Instrumenten, das Engagement ehrenamtlich tätiger Personen optimal unterstützt werden kann.[4] Die Existenz diverser Studien und Abhandlungen zur Digitalisierung in Ehrenamt und Vereinswesen verdeutlicht, dass das Thema „Digitalisierung" einen hohen Stellenwert einnimmt und als ein probates Mittel gesehen wird, um freiwilliges Engagement zu unterstützen und die Organisation des Vereinswesens zu erleichtern. Das Kompetenzzentrum Öffentliche Informationstechnologie vertritt beispielsweise die These, dass der Einsatz von IT[5] bürgerschaftliches Engagement stärkt sowie auch neue Formen des bürgerschaftlichen Engagements hervorbringen kann.[6] Zudem kommt die aktuelle Forschung zu dem

---

[1] Vgl.Gilroy et al. (2018), S. 3.

[2] Vgl.Gilroy et al. (2018), S. 10.

[3] Vgl.Gilroy et al. (2018), S. 7.

[4] Vgl.Erbstößer (2020), S. 6.

[5] Abk. für Informationstechnologie.

[6] Vgl.Hinz et al. (2014), S. 5.

Schluss, dass die Nutzung digitaler Technologien erhebliches Potenzial bietet, um dem Vereinssterben in ländlichen Regionen entgegenzuwirken.[7]

Erleichterung für Vereine in ländlichen Regionen, in denen das Einzugsgebiet der Mitglieder sehr groß ist und weite Distanzen zu überbrücken sind, bringen beispielsweise Videokonferenz- und Cloud-Lösungen zum Abhalten von Mitgliederversammlungen oder Vorstandssitzungen. Auch der Einsatz von Technologien zur Vereinfachung von Arbeitsprozessen, wie Buchungstools oder neue Formen der Kommunikation zur Akquise von Engagierten, bringt Erleichterung in den Vereinsalltag. Digitalisierung eröffnet nicht nur die Möglichkeit, die vereinsinterne Zusammenarbeit in Formen zu lenken, die für die jüngeren Mitglieder längst zur Gewohnheit geworden sind, sondern fördert gleichermaßen die Teilhabe älterer, in ihrer Mobilität eingeschränkter Mitglieder.

Allerdings soll es bei der Digitalisierung des Vereinslebens nicht darum gehen, „analoges in digitales Engagement" zu wandeln und das „gemeinschaftsbildende Engagement im Hier und Jetzt" verschwinden zu lassen, sondern darum, bereits bestehende analoge Prozesse digital sinnvoll anzureichern und damit die Grundlagen des gesellschaftlichen Zusammenhalts im Verein zu stärken.[8]

14.2 Unterstützungsbedarf in Vereinen: Problemstellung und Zielsetzung

Vereine profitieren vielerorts von einer Modernisierung der vereinsinternen Kommunikation oder einer Automatisierung administrativer Prozesse. Die digitalen Möglichkeiten für Vereine sind vielseitig und reichen von der Vereinsverwaltung über Online-Buchungstools für Kurse und Trainingszeiten, einer zielgruppenspezifischen Nutzung von Social-Media-Kanälen, der Entwicklung von Vereins-Apps bis hin zum Einsatz neuer Trainings- und Wettkampftechnologien.[9]

Nicht selten jedoch sind kleinere Vereine in ländlichen Regionen nicht in der Lage, die Möglichkeiten, die die Digitalisierung mit sich bringt, systematisch zu nutzen. Finanzielle und in erster Linie personelle Ressourcen sowie IT-Erfahrung sind in vielen Vereinen nicht hinreichend gegeben, sodass das Thema Digitalisierung nicht priorisiert behandelt werden kann. Häufig sind es einige wenige Engagierte im Verein, die die Einführung digitaler Lösungen initiieren. Strategische Planungen oder systematische Ansätze im Vorfeld werden dabei in der Regel nicht durchgeführt. Der Unterstützungsbedarf in Vereinen besteht damit nicht nur bei der Finanzierung digitaler Maßnahmen,

---

[7] Vgl. Gilroy et al. (2018), S. 4.

[8] Vgl. Gilroy et al. (2018), S. 12 f.

[9] Vgl. Barmscheidt et al. (2018), S. 10.

sondern auch bei der Beratung zu bestehenden Möglichkeiten sowie der Umsetzung konkreter Maßnahmen.[10]

Im Rahmen des *Digitalen Dorfs Spiegelau-Frauenau* bot der Technologie Campus Grafenau daher Unterstützung zur Einführung digitaler Maßnahmen in den Vereinen in den Pilotgemeinden Spiegelau und Frauenau. Vorab-Befragungen in den Pilotgemeinden zeigten, dass der Bedarf der Vereine bei einer Anwendung liegt, die sowohl die vereinsinterne Information und Kommunikation als auch organisatorische Prozesse erleichtert. Die Handhabung der Platz- oder Hallenbelegung im Sportverein oder Terminabstimmungen wurde bisher meist über einen der herkömmlichen Messenger-Dienste geregelt, die nicht unbedingt für die Nutzung in Vereinen geeignet sind. Der Einsatz dieser Anwendungen ist sehr intransparent, sind doch die relevanten Informationen häufig in unzähligen WhatsApp-Gruppen verteilt, und daher mühsam oder nicht zu finden. Auch datenschutzrechtlich ist der Einsatz dieser Apps im Vereinsalltag äußerst fragwürdig. Homepages der Vereine, die lange Zeit über aktuelle Neuigkeiten, anstehende Veranstaltungen oder vergangene Events informierten, wurden in den meisten Fällen aufgrund datenschutzrechtlicher Vorgaben kaum mehr befüllt. Dementsprechend äußerten die Vereine den Wunsch nach einer geeigneten Alternative zu Messenger-Diensten und Vereins-Website. Folglich wurde im Rahmen des Projektes „Digitales Dorf" zur Unterstützung der Vereinsarbeit in den Pilotgemeinden unter Einbindung lokaler Vereine eine digitale Anwendung konzipiert und entwickelt, die die vereinsinterne Information und Kommunikation erleichtert und mit geringem Aufwand auf unterschiedliche Vereine übertragen werden kann.

14.3   Digitale Lösungen für Vereine und Ehrenamt

Die zur Verfügung stehenden digitalen Lösungen für Vereine und ehrenamtliche Organisationen können in den verschiedensten Bereichen des Vereinsalltags eingesetzt werden. Zu nennen ist hier beispielsweise die „zielgruppenspezifische Nutzung von Social-Media-Kanälen bei intelligenter Verknüpfung mit bestehenden Offline-Medien, Online-Buchungssysteme für Kurse und Trainingszeiten, die Entwicklung von Vereins-Apps, den Einsatz neuer Trainings- und Wettkampftechnologien oder die Vereinfachung von Verwaltungsprozessen."[11]

Auf dem Markt existiert eine Vielzahl an Apps, Plattformen und Beratungsangeboten, die sich der Organisation von Gruppen und Vereinen widmen. Im Rahmen einer Marktrecherche ließen sich für den deutschsprachigen Raum unter anderem folgende An-

---

[10]Vgl. Erbstößer (2020), S. 6.

[11]Barmscheidt et al. (2018), S. 10.

wendungen identifizieren: *Sportdeutschland – die Vereinsapp,*[12] *SportMember.de,*[13] *ehrenamt 24,*[14] *Klubraum,*[15] *Vereinsorganisator.de,*[16] *Vereinsplaner.at,*[17] *VereinsApp.net.*[18]

Zwar lassen sich bei Grundmodulen- und funktionen der Anwendungen annähernd aller Anbietern Ähnlichkeiten erkennen (Aktuelles, Kalender, Push-Benachrichtigungen etc.), doch die fundierte Analyse der genannten Apps und Plattformen ergab, dass jede der Lösungen ihren eigenen Fokus legt. Während sich einige Lösungen einer leichteren digitalen Kommunikation zur verbesserten Mitgliedervernetzung verschrieben haben, widmen sich andere Anwendungen vermehrt dem Thema „Organisation". So existieren auf dem Markt zum einen Anwendungen, die zwischen diesen beiden Bereichen differenzieren und den Fokus auf eine Kategorie legen. Zum anderen finden sich vermehrt speziell für Vereine entwickelte Apps, die beide Bereiche miteinander vereinen. Ebenso unterschieden werden kann nach Anwendungen, die für Vereine jeglicher Art geeignet sind und jenen, die speziell für Vereine im Mannschaftssport entwickelt wurden.

14.4   Entwicklung einer digitalen Anwendung zur Unterstützung der vereinsinternen Kommunikation

Auch in den Pilotkommunen Spiegelau und Frauenau sehen sich die Vereine den bereits aufgezeigten Herausforderungen gegenüber. Nichtsdestotrotz zeichnen sich die beiden Kommunen nach wie vor aus durch ein sehr lebendiges und facettenreiches Vereinsleben aus. In beiden Kommunen bieten je rund 60 Vereine aller Art den Bürger:innen Möglichkeiten, ihre Freizeit aktiv zu gestalten.[19,20] Dabei sind die verschiedenen Vereine in den Kommunen eng vernetzt. Vor allem die Planung und Organisation von Festveranstaltungen (Faschingsumzüge, Weihnachtsmarkt, Christbaumversteigerung etc.) in den Gemeinden basieren auf einer engen Zusammenarbeit der Vereine. Auch die terminliche Abstimmung der Vereinsaktivitäten erfolgt vereinsübergreifend. Dementsprechend äußerten die Pilotkommunen den Wunsch nach einer Anwendung zur Unterstützung der bereits bestehenden Vereinskooperation. Mit nur einer App, die alle Vereine einer Kommune bündelt, soll zum einen die Vereinsarbeit in den einzelnen Vereinen unterstützt, zum anderen aber auch ein

---

[12] Sportdeutschland -Die Vereinsapp, Deutscher Olympischer Sportbund e. V., verfügbar unter https://vereinsapp.sportdeutschland.de/.

[13] Vereinssoftware, SportMember.de, verfügbar unter https://www.sportmember.de/.

[14] Beratung und Digitalisierung für Vereine, ehrenamt24 Benefits GmbH & Co. KG, verfügbar unter https://www.ehrenamt24.de/.

[15] Klubraum App, aucentiq solutions GmbH, verfügbar unter https://klubraum.com/.

[16] Vereinsorganisator, Siemssen Consulting GmbH, verfügbar unter https://www.vereinsorganisator.de/.

[17] Vereinsplaner, Lmnop group GmbH, verfügbar unter https://vereinsplaner.at/.

[18] VereinsApp, Rippstein Informatik, verfügbar unter https://www.vereinsapp.net/.

[19] Gemeinde Spiegelau (2020).

[20] Gemeinde Frauenau (o. A.).

Beitrag zur vereinsübergreifenden Kommunikation und Information geleistet werden. Ist eine Person Mitglied in mehreren Vereinen einer Kommune, so soll sie die Möglichkeit haben innerhalb der App zwischen den verschiedenen Vereinen zu wechseln. Ein vereins-übergreifendes Kalender – und Informationssystem optimiert den Abstimmungsprozess zwischen den Vereinen.

Ziel im Handlungsfeld „Dienste" war es also, eine Anwendung zu entwickeln, die spe-ziell auf das Vereinswesen in den Pilotkommunen zugeschnitten ist. Zu Beginn des Pro-jektes trafen die Projektpartner daher die Entscheidung, eine eigene Applikation zu entwickeln. Zum einen, da sich der Großteil der auf dem App-Markt angebotenen Ver-eins-Anwendungen aufgrund der umfangreichen Funktionalitäten als ungeeignet für die Vereine in den Pilotgemeinden erwies, da viele Funktionen vermutlich ungenutzt ge-blieben wären bzw. ein Übermaß an Funktionalitäten unter Umständen überfordert oder sogar von einer Nutzung ganz abgehalten hätte. Zum anderen, weil mit keiner der bereits auf dem Markt existierenden Lösungen dem Wunsch der Pilot-Kommunen nach einer Applikation, in die sich sämtliche Vereine einer Kommune integrieren lassen, entsprochen werden kann.

Zudem spricht der analog zu Rathaus- und Schul-App (siehe Kap. 11 und 15) in der App integrierte Authentifizierungsprozess, der die Möglichkeit bietet, mit nur einem Zu-gang Zugriff auf alle im Rahmen des Projektes „Digitales Dorf Bayern" entwickelten Anwendungen zu erhalten, für eine Eigenentwicklung der App. Auf diese Weise kann dem ganzheitlichen Ansatz im Projekt „Digitales Dorf Spiegelau- Frauenau" durch eine sinn-volle Verknüpfung der digitalen Anwendungen Rechnung getragen werden.

Bei Umsetzung und Entwicklung der Anwendung wurde stets darauf geachtet, eine digitale Lösung zu schaffen, die nicht nur auf die spezifischen Bedürfnisse der Pilot-Vereine zugeschnitten ist, sondern aufgrund ihrer generischen Struktur eine unkomplizierte Übertragung auf unterschiedliche Vereine gewährleistet. Aus diesem Grund wurden die entsprechenden Akteure vor Ort von Beginn an in den Konzeptionierungs- und Um-setzungsprozess miteinbezogen. So wurden beispielsweise vorab in beiden Modelldörfern Informationsveranstaltungen abgehalten, zu denen alle interessierten Vereinsvorstände, Vereinsausschussmitglieder, Spartenleiter:innen, Trainer:innen, Vereinsmitglieder sowie die Gemeindevertretungen eingeladen wurden. Ziel war es, den Teilnehmenden die Poten-ziale der Digitalisierung für die Vereinsarbeit sowie die Vorteile einer auf den Verein zu-geschnittenen Anwendung aufzuzeigen und je einen Pilotverein pro Gemeinde zu gewin-nen, mit dem in den darauffolgenden Monaten gemeinsam an einer auf die Bedarfe des Vereins zugeschnittenen Vereins App gearbeitet wurde. In beiden Gemeinden war die Bereitschaft der Vereine, sich als Pilotverein am Projekt zu beteiligen, groß. Um der Viel-falt des Vereinswesens Rechnung zu tragen, fiel die Entscheidung schlussendlich auf einen Tennisclub (Sportverein) und eine Freiwillige Feuerwehr.

Bewährt hat sich hier abermals das Co-Creation-Prinzip, welches bereits bei der Ent-wicklung anderer im Rahmen des Projektes „Digitales Dorf Bayern" entstandener digita-ler Lösungen Anwendung fand (siehe Kap. 11). So wurden die Stakeholder der Test-Vereine von Beginn an direkt in den Entwicklungsprozess der App involviert und zur aktiven Teilhabe an der Produktgestaltung eingeladen, um eine Anwendung zu schaffen, die den Vereins-Alltag erleichtert sowie Nutzen und Mehrwert für alle Beteiligten bietet. Die Implementierung der Anwendung wird so für alle Beteiligten transparenter und die Anforderungen werden im engen Austausch mit den Akteuren definiert.[21]

Im Rahmen des Anforderungsmanagements wurde dementsprechend zunächst in kleineren Projektgruppen in Zusammenarbeit mit dem Projektteam des Technologie Campus Grafenau die Anforderungserhebung vorgenommen. Die Vereinsvertreter der Pilotvereine brachten ihre Sicht auf die Herausforderungen und die spezifischen Bedürfnisse des Vereins und die daraus resultierenden relevanten Funktionalitäten ein.

Herauskristallisiert hat sich hier, dass der Bedarf der Vereine nicht bei einer allumfassenden Enterprise-Lösung liegt, sondern bei einer niederschwelligen Lösung, die keinen erheblichen Mehraufwand für die Vereine bedeutet sowie eine einfache Bedienbarkeit auch für weniger technik-affine Mitglieder garantiert. Die Funktionspalette der bereits mit den Pilotgemeinden entwickelten und erprobten Rathaus App (siehe Kap. 11) bietet sich nach Meinung aller Beteiligten damit als Basis für die Vereins-Anwendung an. Die darin enthaltenen Grundfunktionen wurden um auf Vereine zugeschnittene Funktionalitäten ergänzt.

Die definierten Anforderungen und Wünsche der beiden Test-Vereine unterschieden sich unerheblich und konnten problemlos miteinander in Einklang gebracht werden. Sowohl Tennisclub als auch Freiwillige Feuerwehr äußerten beispielsweise den Wunsch nach einer Funktionalität, um vereinsinterne Entscheidungsfindungen und Abstimmungen (z. B. Termin für Vorstandssitzung, Ziel für den nächsten Vereinsausflug) zu erleichtern sowie Arbeitseinsätze oder Übungen zu organisieren. Auch eine Bildergalerie zur geschützten und datenschutzkonformen Organisation von Bildern aus dem Vereinsleben erscheint für die Vereinsvertreter beider Testvereine wichtig. Ebenso als relevant erachtet, wird ein Instrument zur Buchung und Reservierung von Ressourcen. Im Falle des Tennisvereins bezieht sich dies beispielsweise auf die Belegung der Außen-Tennisplätze oder der Tennishalle, bei der Feuerwehr auf Gerätschaften oder Fahrzeuge. Zusätzlich sollte die Möglichkeit, Schnittstellen zu bereits bestehenden Systemen zu schaffen, in der App enthalten sein, um Doppelpflege und eine isolierte Anwendung zu vermeiden. Der Tennisverein wünschte sich in diesem Zusammenhang beispielsweise eine Verlinkung zum Portal des Bayerischen Tennisverbands (BTV), welches aktuelle Informationen zum Wettspielbetrieb, zu Turnieren, zur Trainer- und Schiedsrichterausbildung, zur Vereinsberatung etc. bietet.

Durch ein in die App integriertes Gruppenmanagement-System erhoffen sich die Pilot-Vereine die Möglichkeit Personengruppen anzulegen, um bestimmte Informationen nur einem bestimmten Nutzerkreis (z. B. Vorstandschaft, Mitglieder, Jugendabteilung etc.) zugänglich zu machen. Damit soll eine umfängliche Flexibilität bei Bereitstellung von Informationen und der Kommunikation im Verein gewährleistet sein. Wesentlich im Bereich

---

[21] Vgl. Voorberg et al. (2015).

der Kommunikation ist es für die Vereine auch, die Möglichkeit zu haben Push-Nachrichten zu versenden, die die Vereins-Mitgliedschaft in Echtzeit über wichtige Neuigkeiten informieren und vom Nutzenden individuell abonnierbar sind. Eine Chat-Funktion wiederum hatte für die Vereins-Vertreterschaft in der ersten Implementierungsphase keine Priorität, erhoffte man sich doch die Bedeutung einer solchen durch andere Funktionen wie das geplante Abstimmungs-Tool oder den Ressourcenplaner zu schmälern.

Durch Anpassung der App mit den jeweiligen Vereinsfarben sowie dem entsprechenden Vereinslogo soll die App ein personalisiertes Erscheinungsbild erhalten. Dies soll zu einer Steigerung der späteren Nutzungsakzeptanz sowie einer verbesserten Identifikation der Vereine mit der App beitragen.

Nach dem co-kreativen Ausgestaltungsprozess des Anforderungsprofils für die Lösung wurde die Vereins App am Technologie Campus Grafenau konzipiert und entwickelt. Die Applikation setzt, wie bereits erwähnt, auf den Basis- Funktionalitäten sowie der Architektur der bereits bestehenden Rathaus App auf und nutzt deren technische Möglichkeiten vollumfänglich aus.

Mit Fertigstellung des ersten Prototyps wurden mehrere interne Applikationstests durchgeführt. Die Erkenntnisse, die innerhalb des abgesteckten Testrahmens gewonnen wurden, wurden in wiederholenden Sprints innerhalb des Entwicklungszyklus diskutiert und umgesetzt, bis den Vereinen eine erste Testversion der Anwendung zur Verfügung gestellt werden konnte. Im Rahmen zweier Testing-Workshops wurden die Vereinsvertreter mit den Funktionalitäten und dem Registrierungsprozess der Vereins App vertraut gemacht. In einem nachfolgenden Zeitraum von zwei mal zwei Wochen testete eine von den Vereinen selbst definierte Nutzergruppe die App eigenständig. Unter Simulation des normalen Vereinsbetriebs, der Corona-bedingt zum damaligen Zeitpunkt nicht möglich war, wurden realistische Use-Cases durchgetestet. Die Rückmeldungen, Hinweise und Anregungen zur App, die während dieser Testphase gesammelt werden konnten, wurden in der Folge ausgewertet und die App dementsprechend optimiert, bis die erste Live-Version der Anwendung an die Test-Vereine herausgegeben werden konnte.

Die Vereins App steht den Pilotvereinen in den Modelldörfern seit Mai 2021 zur Verfügung. Die Funktionen der Vereins App werden im Folgenden aufgelistet. Entsprechende Screenshots der App sind in Abb. 14.1 dargestellt.

- **Aktuelles:** Unter diesem Menüpunkt kann der Verein aktuelle Informationen für die Vereinsmitglieder bereitstellen. Darunter fallen unter anderem Veranstaltungsvorankündigungen/-plakate.
- **Kalender:** Über den Kalender können Vereins-Veranstaltungen oder andere den Verein betreffende Termine angezeigt werden.
- **Dokumente:** Über die App können den Vereinsmitgliedern Dokumente zur Verfügung gestellt werden. Gängige Dateiformate werden direkt in der App nutzerfreundlich (also mit Scroll- und Zoom-Funktion) angezeigt und können mittels eines In-App Dokumentenviewers geöffnet werden.

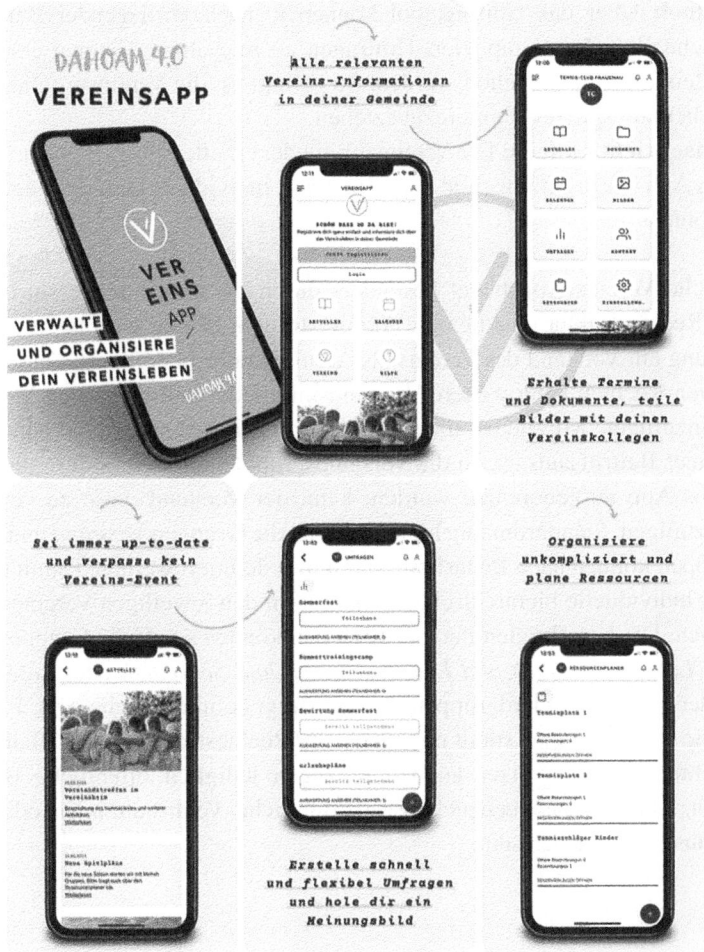

Abb. 14.1 Screenshots zur Dahoam 4.0® Vereins App; Darstellung: Technologie Campus Grafenau

- **Bildergalerie:** In der Galerie können gemäß der vergebenen Berechtigungen Bilder von Veranstaltungen des Vereins hochgeladen bzw. eingesehen werden.
- **Kontakt:** Die relevanten Ansprechpartner:innen des Vereins sind hier aufgelistet. Über eine Click-to-call bzw. Click-to-mail-Funktion können die entsprechenden Ansprechpartner direkt kontaktiert werden.
- **Ressourcenplaner:** Über den Ressourcenplaner können Vereinsmitglieder zuvor von den Administratoren erstellte Ressourcen jeglicher Art (z. B. Räume, Plätze, Hallen, Geräte, Ausstattung etc.) reservieren.

- **Umfragetool:** Über das Umfragetool können je nach vorliegender Berechtigungs-struktur schnell und unkompliziert Umfragen zu relevanten Themen erstellt werden und ein Meinungsbild eingeholt werden. So gelingt es, die Vereinsmitglieder in wichtige Entscheidungsprozesse miteinzubeziehen.
- **Push-Benachrichtigungen:** Die Vereinsmitglieder erhalten Push-Benachrichtigungen, die in den App – Einstellungen je nach Interesse individuell aktiviert oder deaktiviert werden können.

Die entwickelte Vereins App bietet besonders durch die von dem Verein eigenständig definierbare Rechtestruktur eine flexible Administration. Primär wird bei der Einführung der Anwendung ein Vorstand des Vereins als Administrator:in definiert. Diese Person mit administrativen Rechten kann weitere Vorstandsmitglieder definieren und Mitglieder per Einladung hinzufügen. Mitglieder, die sich selbst registrieren möchten, können dem Verein mittels einer Beitrittsanfrage an die Vorstandsgruppe beitreten. Sofern die Mitglieder in die Vereins App aufgenommen wurden, kann der Vorstand diese zu verschiedenen Gruppen hinzufügen. Standardmäßig hinterlegt sind die Gruppen *Vorstand* und *Mitglieder*. Weitere Gruppen können nach Bedarf pro Verein frei definiert werden. Damit wird sichergestellt, dass individuelle hierarchische Strukturen in den jeweiligen Vereinen abgedeckt werden können. Die berechtigten Personengruppen können somit die Gruppennamen mit den Rechten *Lesen, Schreiben und Löschen, Lesen und Schreiben* oder *Lesen* versehen. Die Rechte der beiden Standardgruppen sind wie folgt definiert (siehe Abb. 14.2):

Registrierte Nutzer können somit mit gegebener Rechtestruktur innerhalb ihrer Vereine agieren. Nichtregistrierte Nutzer können hingegen lediglich öffentliche Beiträge der Vereine lesen. Dies können beispielsweise öffentliche Veranstaltungen oder Bekanntmachungen aus den Vereinen sein.

Gruppe	Rechte		
	Lesen, Schreiben und Löschen	**Lesen und Schreiben**	**Lesen**
Vorstand	✓	✓	✓
Mitglieder	✗	✗	✓

Abb. 14.2 Rechtevergabe in der Dahoam 4.0® Vereins App; Darstellung: Technologie Campus Grafenau

14.5   Ergebnisse und kritische Diskussion

Die Coronapandemie hat sämtliche Bereiche des gesellschaftlichen Lebens beeinträchtigt. So auch das Vereinsleben in den Testvereinen in den Pilotkommunen Spiegelau und Frauenau. In beiden Vereinen lag das Vereinsleben monatelang brach – beim Tennisverein fand weder Spielbetrieb noch Training statt, bei der Freiwilligen Feuerwehr durften Übungen nicht oder nur in sehr beschränktem Umfang durchgeführt werden. Auch jegliche Vereins-Festivitäten und Zusammenkünfte fielen aus. Vereinssitzungen fanden weitestgehend online statt.

In der Folge war der Prozess der Entwicklung und Einführung der Vereins App mit einigen Verzögerungen und Limitationen behaftet. Auch nach Einführung der Live-Version der App fand der Vereinsbetrieb weiterhin unter Corona-Bedingungen statt. Somit war die geplante Übertragung der App auf weitere Vereine in den beiden Pilotkommunen im Rahmen des Projektes „Digitales Dorf Spiegelau-Frauenau" nicht mehr möglich. Die vereinsübergreifenden Funktionalitäten der App konnten dementsprechend in Spiegelau und Frauenau bisher noch nicht erprobt werden. Angedacht ist allerdings eine Übertragung der Vereins App auf mehrere Vereine in den Kommunen der ILE „Zukunftsregion Rupertiwinkel" im Rahmen des „Digitalen Alpendorfes", um die Vereinszusammenarbeit innerhalb der ILE zu unterstützen.

Auch wenn die Vereins App während der vorgelagerten Testphase im „Digitalen Dorf Spiegelau-Frauenau" nicht unter realen Bedingungen getestet werden konnte, lassen sich einige Schlüsse aus dieser Maßnahme ziehen, die auch für die Umsetzung von weiteren Projekten zur Digitalisierung der Vereinsarbeit von Relevanz sein können.

Damit Digitalisierung im Verein gelingen kann, bedarf es einer generellen Offenheit der Vereinsakteure für Veränderungen. Digitalisierung muss von den Verantwortlichen im Verein als notwendige Entwicklung und als hilfreiche Unterstützung in der Vereinsarbeit begriffen werden. Die Akzeptanz und Beteiligung sämtlicher Interessengruppen sind entscheidend, um kurz- und langfristige Erfolge im Projekt zu erzielen. Zudem hat es sich für eine erfolgreiche Einbindung digitaler Technologien in die Vereinsarbeit als wesentlich erwiesen, engagierte Schlüsselfiguren zu identifizieren, die den Digitalisierungsprozess im Verein aus eigener Überzeugung maßgeblich vorantreiben und als Multiplikatoren fungieren sowie Begeisterung bei den anderen Vereinsmitgliedern wecken. Auch eine aktive, zuverlässige Inhaltspflege steigert die Attraktivität der Anwendung und schafft Akzeptanz sowie Nutzungsbereitschaft bei den Vereinsmitgliedern. Entsprechend wichtig ist es bei Einführung digitaler Lösungen bereits vorab einen „Kümmerer" zu bestimmen, der maßgeblich für die Administration sowie die regelmäßige Befüllung der Anwendung mit verlässlichen, zeitaktuellen Vereinsinformationen verantwortlich ist.

Jedoch zeigen die aus diesem Teilprojekt gewonnenen Erkenntnisse einmal mehr, dass digitale Lösungen nicht immer von allen Zielgruppen angenommen werden. Gerade ältere, weniger technik-affine Vereinsmitglieder, die weder Smartphone noch Computer besitzen, nutzen die App nicht. Wichtig ist es deshalb, dass die Möglichkeiten der analogen vereinsinternen Kommunikation und Information auch nach wie vor bestehen und frei entschieden werden kann zwischen der Nutzung digitaler und analoger Angebote.

14.6 Zusammenfassung und Ausblick

Die Vereins App, die vom Technologie Campus Grafenau im Rahmen des Projekts „Digitales Dorf Bayern" entwickelte wurde, stellt eine geeignete Ergänzung zu Messenger-Diensten und Vereins-Website dar. Sie unterstützt die vereinsinterne Kommunikation, ermöglicht es relevante Dokumente oder Fotos auszutauschen und jederzeit mobil und bedarfsgerecht auf alle essenziellen Informationen zugreifen zu können. Jede wichtige Neuigkeit kann tagesaktuell auf dem Smartphone oder Tablet abgerufen werden.

Nicht nur bedingt durch die Corona-Pandemie setzen inzwischen viele Vereine auf solch innovative digitale Kommunikations- und Informationstools. Digitale Lösungen unterstützen Vereine bei administrativen Tätigkeiten und bei der Information ihrer Mitglieder in Echtzeit und können ein Instrument sein, um Mitglieder zu halten, neue Mitglieder anzusprechen und vermehrt Teilhabe zu ermöglichen. Zudem können durch den Einsatz der Digitalisierung im Vereinsalltag menschliche Ressourcen schonender und effizienter eingesetzt werden und so zu einer Entlastung der meist stark beanspruchten Engagierten beitragen.[22]

Häufig wird der Digitalisierung in Vereinen allerdings noch zu wenig Priorität beigemessen. Zudem mangelt es an ausreichend finanziellen, personellen und zeitlichen Ressourcen, um Anfangsinvestitionen zu tätigen und den Verein zukunftsfähig aufzustellen. Auch fehlt häufig das Bewusstsein dafür, dass Digitalisierung mehr ist als ein Investment in Technologie. Der Prozess der digitalen Transformation im Verein besteht aus umfassenden Adaptionen in der Vereinsstrategie, -organisation, -kultur sowie Prozessen und muss von sämtlichen Akteuren gewollt und gelebt werden. Viel zu oft sind es jedoch einige wenige Engagierte, die den Prozess der Einführung digitaler Lösungen in ihrem Verein initiieren und schultern. Dementsprechend benötigen Vereine und ehrenamtliche Organisationen nicht nur finanzielle Unterstützung in Form von Förderprogrammen, sondern auch vermehrt Beratung inkl. Sensibilisierung und Aufklärungsarbeit zu den Potenzialen der Digitalisierung und einen aufbereiteten Überblick über das unübersichtliche und große Angebot digitaler Lösungen für die Vereinsarbeit.

Es gilt Ängste und Vorbehalte gegenüber der Digitalisierung des Vereinswesens auszuräumen und herauszustellen, dass damit nicht analoges in digitales Engagement gewandelt werden soll, sondern dass mit der Digitalisierung das analoge Ziel verfolgt werden soll, den physischen Begegnungsort Verein am Leben zu erhalten.

---

[22] Erbstößer (2020), S. 6.

Literatur

Barmscheidt, S., Ebert, M., Hoppe, P., Kelmes, S., & Röthemeier, J. (2018). Wie wird mein Sportverein digital? Ein Praxishandbuch zur Digitalisierung des Vereinssports. Hrsg von Alexander Otto Sportstiftung. http://www.alexander-otto-sportstiftung.de/wp-content/uploads/2018/10/Handbuch_Alexander-Otto-Sportstiftung_Download.pdf. Zugegriffen am 20.12.2021.

Erbstößer, A.-C. (2020). Digital im Verein. Digitalisierung und bürgerschaftliches Engagement. Technologiestiftung Berlin (Hrsg.). https://www.technologiestiftung-berlin.de/fileadmin/Redaktion/PDFs/Bibliothek/Studien/2021/270127_Studie_Digitales-Ehrenamt.pdf. Zugegriffen am 21.12.2021.

Gemeinde Frauenau. (o. A.). Vereine. https://www.frauenau.de/buerger/vereine.html. Zugegriffen am 07.03.2022.

Gemeinde Spiegelau. (2020). Vereine in der Gemeinde Spiegelau. https://www.spiegelau.de/vereine.html. Zugegriffen am 07.03.2022.

Gilroy, P., Krimmer, H., Priemer, J., Kononykhina, O., Pereira Robledo, M., & Stratenwerth-Neunzig, F. (2018). Vereinssterben in ländlichen Regionen: Digitalisierung als Chance. In *Stifterverband*. https://www.stifterverband.org/download/file/fid/6340. Zugegriffen am 29.09.2022.

Hinz, U., Wegener, N., Weber, M., & Fromm, J. (2014). Digitales bürgerschaftliches Engagement. In *Fraunhofer-Institut für Offene Kommunikationssysteme*. FOKUS.

Voorberg, W. H., Bekkers, V. J. J. M., & Tummers, L. G. (2015). A systematic review of co-creation and co-production: Embarking on the social innovation journey. *Public Management Review, 17*(9), 1333–1357. https://doi.org/10.1080/14719037.2014.930505.

Digitale Grundschulen – vor, während und nach Corona

15

Sandra Gabert

Zusammenfassung

Im Arbeitspaket Schule und Bildung im Projekt „Digitales Dorf Bayern" hatte der Technologie Campus Grafenau (TCG) für die Pilotgrundschulen verschiedene Digitalisierungsmaßnahmen initiiert. Hauptaugenmerk lag auf der Implementierung einer schulischen Kommunikationsplattform, der Dahoam 4.0® Schul Anwendung. Darüber hinaus stand der TCG den Schulen in den Bereichen Fördermittel, Fortbildungen und digitale Ausstattung beratend zur Seite.

Die Pilotschulen profitierten während der Coronapandemie von der Dahoam 4.0® Schul Anwendung. Jedoch veränderten sich mit dem Fortschreiten des Distanzunterrichts auch die Anforderungen an die Anwendung. Videokonferenzsysteme wurden zunehmend wichtiger. Da sich infolge der massiven Homeschooling-Anforderungen das Marktangebot von entsprechenden Lösungen zusehends entwickelt hat und die Anwender in den Pilotgemeinden versierter im Umgang mit digitalen Lösungen wurden, konnte zu Projektende ein Umstieg auf gewerbliche Lösungen initiiert werden.

Schlüsselwörter

Schule · Grundschule · Digitalisierung · Digitales Klassenzimmer · DigitalPakt Schule

S. Gabert (✉)
Technische Hochschule Deggendorf, Technologie Campus Grafenau, Grafenau, Deutschland
E-Mail: sandra.gabert@th-deg.de

D. Ahrens (Hrsg.), *Smart Region: Angewandte digitale Lösungen für den ländlichen Raum*, https://doi.org/10.1007/978-3-658-38236-0_15

15.1   Einleitung

Die Coronapandemie ist für die Digitalisierung zu einer Art Katalysator geworden. Insbesondere bei den Schulen offenbarte sie, wie es um die Digitalisierung bestellt war. In vielen Schulen wurde es in den vergangenen Jahren versäumt, einen soliden Grundstock an digitaler Ausstattung aufzubauen und Lehrkräfte in deren Nutzung hinreichend weiterzubilden. Die Schulschließungen und der damit einhergehende Distanzunterricht verliehen der Digitalisierung in den meisten Schulen einen regelrechten Schub. Zu beobachten war, dass denjenigen Schulen, die schon vor der Pandemie auf eine digitale Ausstattung gesetzt und mitunter Kommunikationsplattformen eingeführt hatten, der Übergang vom Präsenzunterricht in das Distanzlernen weit weniger schwergefallen ist als solchen, die dies zuvor nicht gemacht hatten.

Den Pilotgrundschulen Spiegelau und Frauenau im Teilprojekt „Bildung und Lernen" ist der Einstieg in das Homeschooling verhältnismäßig gut gelungen. Seit dem Start des Projekts „Digitales Dorf Bayern" im Jahr 2017 konnten die beiden Schulen ihre digitale Ausstattung sukzessive ausbauen. Fachliche Betreuung durch den Technologie Campus Grafenau (TCG) auf der einen und staatliche Fördergelder auf der anderen Seite machten es möglich, analoge Räumlichkeiten in digitale Klassenzimmer zu verwandeln. Beamer und Laptops hielten Einzug in die Klassenräume, in denen bislang nur Overheadprojektoren waren. Zudem versorgten die Gemeinden als Sachaufwandsträger ihre Schulgebäude mit Breitbandanschluss und WLAN. Lehrkräfte bekamen eigene Arbeitsnotebooks und bildeten sich auf entsprechenden Fortbildungen weiter.

15.2   Digitalisierungsschub durch Coronakrise

In den Schulen in Deutschland hat sich aufgrund der Coronapandemie beim Einsatz digitaler Medien und Technik vieles verändert. Die Ergebnisse der Studie „Digitalisierung im Schulsystem 2021" verweisen darauf, dass die größte Veränderung besonders bei den schuleigenen Endgeräten zu verzeichnen gewesen ist. Nutzten im Jahr 2020 nur etwa 36 Prozent der Schülerinnen und Schüler ein schuleigenes Endgerät (das zum Lernen mit nach Hause genommen werden konnte), waren dies Anfang 2021 sogar 65 Prozent. Relativ starke Zuwächse gab es auch bei der Verfügbarkeit digitaler Infrastruktur. Die Zustimmung, dass es unterstützende digitale Infrastrukturen an der Schule gibt, verdoppelte sich von 26 Prozent auf 50 Prozent.[1] Die Autoren der Studie erkannten jedoch auch, dass sich eine Kluft zwischen digitalen Vorreiter-Schulen, digital orientierten Schulen, Durchschnitt-Schulen und Nachzügler-Schulen abgezeichnet hat. Bei Nachzügler-Schulen verfügten etwa nur 37 Prozent über eine digitale Schulstrategie und nur

---

[1]Vgl. Mußmann et al. (2021), S. 146.

39 Prozent der Lehrkräfte wurden in die Entwicklung der Strategie miteingebunden. Bei digitalen Vorreiter-Schulen waren es 90 Prozent bei der Strategie bzw. 80 Prozent bei der Einbindung der Lehrkräfte.[2] Wo eine ausgeprägte digitale Strategie und Infrastruktur vorhanden waren, verfügten die Lehrkräfte auch über bessere digitale Kompetenzen.[3] Digital affinere Lehrkräfte setzten die Technik auch intensiver im Unterricht ein, was wiederum den Schüler:innen zugutekam.[4] Im Unterschied zu den Zeiten vor der Pandemie wurden digitale Techniken für die schulbezogene Kommunikation stärker genutzt (von 52 auf 90 Prozent).[5]

Die forsa Politik- und Sozialforschung GmbH hat im Auftrag der Robert Bosch Stiftung 1001 Lehrkräfte an allgemeinbildenden Schulen online befragt (Erhebungszeitraum 23. bis 30. September 2021). Inhalt war der Umgang der Schulen mit der Coronakrise. „86 Prozent der Lehrkräfte (gegenüber 59 Prozent im April 2020 und 78 Prozent im Dezember 2020) sind der Meinung, dass an ihrer Schule seit März 2020 einige Dinge im Hinblick auf digitale Lernformate oder die digitale Kommunikation umgesetzt wurden, die ohne die Schulschließungen vermutlich erst später oder gar nicht umgesetzt worden wären. […] 71 Prozent geben an, dass die Kommunikation zwischen Lehrkräften, Eltern und Schüler/innen auch im Präsenzbetrieb nun stärker über digitale Kanäle läuft als vor März 2020.“[6]

Die Situation an den Pilotgrundschulen in Frauenau und Spiegelau ähnelte in etwa den Erkenntnissen der beiden Studien: Die Grundschulen konnten den coronabedingten Übergang vom Präsenzunterricht in den Distanzunterricht im März 2020 relativ reibungslos vollziehen. Grund war die im Schuljahr 2019/2020 eingeführte Dahoam 4.0® Schul Anwendung. Damit konnten die Lehrkräfte ohne Umschweife alle notwendigen Informationen und Unterrichtsmaterialien an die Eltern senden. Hinzu kam, dass sich das digitale Knowhow der Lehrkräfte seit Beginn des Projekts „Digitales Dorf Bayern" im Jahr 2017 verbessert hatte, ebenso wie die Ausstattung der Schulen mit digitalen Endgeräten, Breitband und WLAN. Doch der Weg dahin war nicht einfach gewesen. Um dem Ziel der Digitalisierung näher zu kommen, mussten die Pilotschulen einige Unwägbarkeiten aus dem Weg räumen, wie nachfolgend näher beschrieben wird.

---

[2] Vgl. Mußmann et al. (2021), S. 90.

[3] Vgl. Mußmann et al. (2021), S. 242 f.

[4] Vgl. Mußmann et al. (2021), S. 132.

[5] Vgl. Mußmann et al. (2021)· S. 152; 241.

[6] forsa (2021), S. 41.

15.3   Situation in den Projektschulen vor Corona

Wie bei einem Großteil der unter kommunaler Trägerschaft stehenden bayerischen Grund-
und Mittelschulen befand sich auch in den Pilotgrundschulen Spiegelau und Frauenau der
Stand der Digitalisierung vor der Coronapandemie auf einem ausbaufähigen Niveau.
Gleich zu Projektbeginn überprüfte der TCG den Stand der technischen Ausstattung der
Schulen. In den Schulen hatten die Schulleiter:innen sowie Sekretär:innen Laptop bzw.
PC nebst Drucker und LAN-Kabel. In den vier Klassenräumen in Frauenau gab es seit
2017 zudem einen Lehrerlaptop sowie einen Beamer.

Beide Grundschulen verfügten über einen eigenen Computerraum mit mehreren Schü-
lerarbeitsplätzen und jeweils einem Lehrerarbeitsplatz mit Rechner. Es handelte sich hier
um gebrauchte Firmencomputer. Mindestens 15 Jahre alt (Stand 2017), befand sich die
Technik in einem altersentsprechenden Zustand. In den Computerräumen war Internet
zwar vorhanden, jedoch mit unzureichender Geschwindigkeit, weshalb die Lehrkräfte die
Computer kaum genutzt hatten (siehe Abb. 15.1 und 15.2).

Die Kommunikation innerhalb der Kollegien in Frauenau und Spiegelau fand 2017
analog bzw. per E-Mail statt, der Kontakt zu den Eltern basierte auf einem klassischen
Elternbrief auf Papier.

Abb. 15.1 Computerraum der Grundschule Frauenau (2018); Darstellung: TCG

Abb. 15.2 Computerraum der Grundschule Spiegelau (2017); Darstellung: TCG

15.4 Digitalisierung an Grundschulen: Herausforderungen und Lösungswege

Diese erste Bestandsaufnahme in den Grundschulen in Frauenau und Spiegelau offenbarte einen dringenden Handlungsbedarf bei der technischen Ausstattung, den Internetverbindungen und der Kommunikation. Doch woran hatte es gelegen, dass die technische Ausstattung viele Jahre unzureichend gewesen ist und die Lehrkräfte den Schüler:innen kaum digitale Medienkompetenz vermittelt hatten? Um die Gründe nachzeichnen zu können, muss die Ausgangslage von verschiedenen Seiten beleuchtet werden.

15.4.1 Finanzierung

Die Finanzierung des Betriebs und des Unterhalts öffentlicher Schulen teilen sich Staat und kommunale Körperschaften. Der Personalaufwand wird vom Staat getragen, die Kommunen kümmern sich um den Sachaufwand. Letzter umfasst neben der Bereitstellung, Einrichtung, Ausstattung und Bewirtschaftung der Schulanlage auch die Einrichtung und Administration der IT-Infrastruktur.

In früheren Jahren gab es für die kommunalen Sachaufwandsträger nur begrenzte Möglichkeiten, staatliche Fördergelder für die Digitalisierung ihrer Schulen abzurufen. Gerade Gemeinden in strukturschwachen Regionen waren diesbezüglich stark unterfinanziert. Mit dem Masterplan BAYERN DIGITAL II rief der Freistaat jedoch ein Investitionsprogramm ins Leben, das auch die Digitalisierung der Schulen miteinbezogen hatte. In diesem Zusammenhang stellte die Staatsregierung im Zeitraum 2018 bis 2022 mit dem „Digitalbudget für das digitale Klassenzimmer" 212,5 Millionen Euro bereit. Dieses Förderprogramm diente der Unterstützung der Sachaufwandsträger bei der Verbesserung der IT-Ausstattung innerhalb der Klassenzimmer ihrer Schulen mit votumskonformen[7] digitalen Geräten.[8]

Ungefähr ein Jahr nach dem Landesprogramm BAYERN DIGITAL II startete der „DigitalPakt Schule 2019 bis 2024" am 17. Mai 2019. Dieses von Bund und Ländern gemeinsam initiierte Förderprogramm umfasste zunächst fünf Milliarden Euro. Umsetzung und Programmsteuerung lag jeweils bei den Ländern. Für den Freistaat Bayern stellte der Bund insgesamt 778.245.500 Euro bereit. Antragsvoraussetzung für den „DigitalPakt Schule" war die Einreichung eines Medienkonzepts durch die Schulen. Zu diesem waren die Schulen bereits im Kontext des Masterplans BAYERN DIGITAL II aufgefordert worden. Eine weitere Voraussetzung war die Teilnahme an der Umfrage zur IT-Ausstattung an Schulen, die jährlich von der Akademie für Lehrerfortbildung und Personalführung in Dillingen (ALP) erhoben wird. Während der Coronapandemie wurde der „DigitalPakt" Schule durch drei weitere Förderprogramme um 1,5 Milliarden Euro aufgestockt: Förderung von Content, also der Erstellung digitaler Inhalte (Corona-Hilfe I), mobile Endgeräte für Schülerinnen und Schüler (Corona-Hilfe II) und Leihgeräte für Lehrkräfte (Corona-Hilfe III).[9] Insgesamt umfasste das Förderprogramm „DigitalPakt Schule" schließlich 6,5 Milliarden Euro.

Für die Anbindung an das Internet mit Glasfaseranschlüssen, schnellerem Internet und WLAN gab es separate Förderprogramme. In Bayern konnten Gelder über die Glasfaser/WLAN-Richtlinie (GWLANR) und deutschlandweit über die Bundesförderung Breitband (Sonderaufruf Schulen und Krankenhäuser) beantragt werden.

15.4.2 Förderantragstellung

Bundesregierung und Freistaat hatten mit den Förderprogrammen „DigitalPakt Schule 2019 bis 2024" und „Digitalbudget für das digitale Klassenzimmer" die Basis geschaffen, mit denen die Schulen die digitalen Klassenzimmer sowie ihre digitale Infrastruktur mo-

---

[7] „Votumskonform": Empfehlung für Mindestanforderungen an die IT-Ausstattung an bayerischen Schulen. Jährlich veröffentlicht durch den Beraterkreis zur IT-Ausstattung von Schulen.

[8] Kultusministerium Bayern: Förderprogramme zur Digitalisierung in Schulen. Online verfügbar unter https://www.km.bayern.de/lehrer/foerderprogramm.html, zuletzt geprüft am 31.3.2022.

[9] Bundesministerium für Bildung und Forschung: Der DigitalPakt und die Corona-Krise. Online verfügbar unter: https://www.digitalpaktschule.de/de/der-digitalpakt-und-die-corona-krise-1784.html, zuletzt geprüft am 05.04.2022.

dernisieren und sukzessive ausbauen konnten. Doch der Abruf der Mittel verzögerte sich, die Gelder kamen nur langsam bei den Schulen an. Bis zum 31.12.2021 waren nur 1,227 Milliarden Euro von den insgesamt 6,5 Milliarden Euro abgeflossen.[10]

Die Ursachen für die Verzögerungen im Mittelabfluss sah Bundesbildungsministerin Bettina Stark-Watzinger in den komplizierten Förderverfahren: „Auch wenn der „Digital-Pakt" Fahrt aufnimmt, bleiben die Zahlen hinter unseren Erwartungen zurück. Eine weitere Beschleunigung ist dringend nötig. Gemeinsam mit den Ländern will ich daher Hürden abbauen. […] Ein Weg sind die unkomplizierten Verfahren, die manche Länder aufgelegt haben. Denn: Bewilligt ist noch nicht verbaut. Bis bewilligte Gelder in den Schulen digitalen Unterricht ermöglichen, vergeht weitere Zeit. Als Bund wollen wir die Länder und Kommunen unterstützen."[11]

Karin Prien, die Präsidentin der Kultusministerkonferenz und Ministerin für Bildung, Wissenschaft und Kultur des Landes Schleswig-Holstein, meldete sich ebenfalls zu Wort. Sie machte neben bürokratischen Hürden auch fehlendes Personal als Grund für den schleppenden Abruf der Gelder aus: „[…] Wir müssen bei der Umsetzung des aktuellen „Digital-Paktes" ein besonderes Augenmerk darauf legen, um die bürokratischen Hürden gerade für kleine Schulträger zu minimieren. Denn sie verfügen oft nicht über ausreichendes und hinreichend qualifiziertes Personal, um zügig die Mittel beantragen zu können. Hier braucht es unkomplizierte Verfahren und eine Finanzierung externer Beratungskosten. […]"[12]

Für die Projektschulen in Frauenau und Spiegelau stellte die Förderantragstellung ebenfalls eine Hürde dar. Dies lag zum einen daran, dass die Kollegien bzw. Schulleitungen keinen Überblick über die möglichen Fördermaßnahmen hatten. Darüber hinaus trauten sich Lehrkräfte und Schulleitungen nicht zu, ein Medienkonzept – bestehend aus Mediencurriculum, Fortbildungsplanung und Ausstattungsplan – zu erstellen, das für die Förderanträge zwingend notwendig gewesen war. Um den Grundschulen Spiegelau und Frauenau eine Entscheidungshilfe für die Antragstellung der Fördergelder, die Beschaffung der IT- und Medienausstattung sowie die Feststellung des Fortbildungsbedarfs des Kollegiums an die Hand geben zu können, erstellte das Projektteam für die Lehrkräfte ein „Compendium Medienkonzept" (Oktober 2019). Dabei handelte es sich um eine Zusammenfassung der bayerischen Förderrichtline „Digitale Bildungsinfrastruktur an bayeri-

---

[10] Vgl. Bundesministerium Bildung und Forschung: Stark-Watzinger/Prien: Weitere Beschleunigung des Digitalpakts nötig, Pressemitteilung: 16/2022 (04.03.2022). Online verfügbar unter https://www.bmbf.de/bmbf/shareddocs/pressemitteilungen/de/2022/02/040322-digitalpakt.html;jsessionid=49571CFABF285960C944004A41A49023.live471, zuletzt geprüft am 11.04.2022.

[11] Bundesministerium Bildung und Forschung: Stark-Watzinger/Prien: Weitere Beschleunigung des Digitalpakts nötig, Pressemitteilung: 16/2022 (04.03.2022). Online verfügbar unter https://www.bmbf.de/bmbf/shareddocs/pressemitteilungen/de/2022/02/040322-digitalpakt.html;jsessionid=49571CFABF285960C944004A41A49023.live471, zuletzt geprüft am 11.04.2022.

[12] Bundesministerium Bildung und Forschung: Stark-Watzinger/Prien: Weitere Beschleunigung des Digitalpakts nötig, Pressemitteilung: 16/2022 (04.03.2022). Online verfügbar unter https://www.bmbf.de/bmbf/shareddocs/pressemitteilungen/de/2022/02/040322-digitalpakt.html;jsessionid=49571CFABF285960C944004A41A49023.live471, zuletzt geprüft am 11.04.2022.

schen Schulen" (dBIR), die die rechtliche Grundlage bildete für den bundesdeutschen „DigitalPakt Schule". Und bereits im Dezember 2018 hatte der TCG im kleinen Ratgeber „Digitales Klassenzimmer" alle – zum Zeitpunkt der Erstellung aktuellen und relevanten – Informationen zum Digitalen Klassenzimmer und den verschiedenen Fördermöglichkeiten für Sachaufwandsträger und Schulen zusammengefasst.

15.4.3 Systemadministration

Die Digitalisierung nahm an bayerischen Schulen in den vergangenen Jahren langsam, aber stetig an Fahrt auf. Zum einen aufgrund der finanziellen Fördermöglichkeiten, aber auch durch fachliche Unterstützung, Beratungs- und Fortbildungsangebote für Kollegien und Schulleitungen von Seiten des Freistaats und des Bundes.

Selbst wenn die Hürden der Förderantragsstellung beseitigt und die Gelder endlich bewilligt worden sind, blickten insbesondere kleinere Grundschulen auf dem Land weiterhin einer großen Herausforderung entgegen: Wie sollten die Schulen die Betreuung ihrer schulischen IT-Ausstattung schultern? Gerade in Dorfschulen mit kleinen, nur wenige Lehrkräfte umfassenden Kollegien fehlt es an Personal, die bei der Wartung und Pflege der Hard- und Software-Infrastruktur unterstützen können. In den Pilotschulen Frauenau und Spiegelau gab es immerhin eine mit der Systemadministration beauftragte Lehrkraft, doch war diese nur für eine Wochenarbeitsstunde für diese Tätigkeit freigestellt, in der sie gerade das Notwendigste erledigen konnte. Eine ganzheitliche Betreuung der IT war nicht möglich.

Zwar vereinbarten die Koalitionspartner im Koalitionsvertrag für die 18. Legislaturperiode des Bayerischen Landtags 2018–2023, dass in Zukunft Konzepte zur Wartung und Pflege der IT-Infrastrukturen erstellt werden würden: „Im Dialog mit den kommunalen Spitzenverbänden wollen wir Lösungsansätze für Konzepte zur Wartung und Pflege der IT-Infrastrukturen an den Schulen erarbeiten und umsetzen. Ziel ist im Idealfall ein zentrales, landesweit verfügbares Angebot für Wartung und Pflege, (um pädagogische) Systembetreuer und Schulleitungen von diesen zusätzlichen technischen Aufgaben zu entlasten."[13]

Jedoch sollten noch zwei Jahre vergehen, bis es einen konkreten Beschluss in diese Richtung geben sollte. Auf dem Schul-Digitalisierungsgipfel der Bayerischen Staatsregierung am 23. Juli 2020 wurde entschieden, den Sachaufwandsträgern für die technische IT-Administration an ihren Schulen zwischen Mitte 2020 und Ende 2024 insgesamt rund 160 Mio. € Fördergelder (aus den Mitteln des „DigitalPakts Schule": 77,8 Mio. € und des Landes: 78,4 Mio. €) zur Verfügung zu stellen. Mit diesen Mitteln können sowohl eigenes Personal (angestellte IT-Administrator:innen) als auch Administrations- und Supportverträge mit externen Dienstleistern finanziert werden. Darüber hinaus wurde die Vereinbarung

---

[13] Koalitionsvertrag zwischen CSU und Freie Wähler für die Legislaturperiode 2018–2023 (2018): „Für ein bürgernahes Bayern – menschlich, nachhaltig, modern" vom 2.11.2018, S. 37. Online verfügbar unter: https://www.csu.de/common/csu/content/csu/hauptnavigation/dokumente/2018/Koalitionsvertrag__Gesamtfassung_final_2018-11-02.pdf, zuletzt geprüft am 11.04.2022.

getroffen, dass sich der Freistaat ab 2025 zur Hälfte an den Kosten für die technische IT-Administration der Schul-IT beteiligen werde.[14]

Trotz der vom Staat in Aussicht gestellten finanziellen Förderung der IT-Administration waren in den Pilotschulen in Frauenau und Spiegelau bis Projektende im Juni 2021 keine externe Systemadministration installiert worden. Zwar standen die Schulen diesbezüglich im Austausch mit den Sachaufwandsträgern, und auch von Seiten der Träger sind Überlegungen angestellt worden, die Systemadministration möglicherweise kooperativ – zum Beispiel innerhalb der ILE – zu organisieren. Entsprechende Beschlüsse müssen jedoch erst noch gefasst bzw. konkrete Konzepte erstellt werden.

15.4.4 Digitale Kompetenzen

Hinsichtlich digitaler Kompetenzen klafften Wille und Wirklichkeit bei den Lehrkräften häufig auseinander. Generell standen die Lehrer:innen der Pilotschulen – so der O-Ton in den zahlreichen Gesprächen mit den Kollegien – der Digitalisierung offen gegenüber. Ebenfalls betrachten die Lehrkräfte das Prinzip des lebenslangen Lernens als eine Säule ihres Arbeitsalltags. Die Realität sah jedoch anders aus. Die Lehrkräfte standen – zumindest zu Beginn des Projekts „Digitales Dorf Bayern" – dem Einsatz digitaler Geräte und Anwendungen im Schulalltag eher verhalten gegenüber. Viele hatten nur rudimentäre Kenntnisse im Bereich digitaler Medien vorzuweisen, kaum jemand nutzte im privaten Alltag ein Tablet oder eine App.

Mit dem Masterplan BAYERN DIGITAL II wurde schließlich für alle bayerischen Lehrkräfte die Teilnahme an der Fortbildungsoffensive verpflichtend. Insbesondere in den Schuljahren 2018/19 bzw. 2019/20 hatte das Kultusministerium Fortbildungen zum Thema Digitalisierung verstärkt angeboten. Neben den staatlichen Maßnahmen unterstützte der Technologie Campus Grafenau die Pilotschulen ebenfalls hinsichtlich der Fortbildung im Bereich Digitaler Kompetenzen und organisierte für Lehrkräfte und Eltern verschiedene Formate. Es fand ein „Lehrer Digi Camp" statt, eine eintägige Lehrerfortbildung. Das Start-Up „BG 3000" aus Bonn führte die Fortbildungsveranstaltung durch, die finanziell von der Barmer Krankenkasse gefördert worden ist. Alle Lehrkräfte der Grund- und Mittelschulen in den Landkreisen Freyung-Grafenau und Regen hatten die Möglichkeit daran teilzunehmen. Inhaltlich wurden Workshops zu den Themen Cybermobbing, Social Hacking, Social Media oder etwa digitaler Stress angeboten.

Für die Eltern ermöglichte der TCG ein Mediensicherheitstraining. Dieses fand an der Grundschule Spiegelau im Jahr 2019 in Präsenz statt und an der Grundschule Frauenau

---

[14] Vereinbarung auf dem Schul-Digitalisierungsgipfel vom 23. Juli 2020: Schulaufwandsträger sollen in einer Förderperiode im Zeitraum von Mitte 2020 bis Ende 2024 aus den Mitteln des Digital-Pakts Schule (77,8 Mio. €) und des Landes (78,4 Mio. €) im Auf- und Ausbau der IT-Administration unterstützt werden. Online verfügbar unter: https://www.km.bayern.de/allgemein/meldung/7370/professionelle-administration-fuer-it-an-bayerns-schulen.html, zuletzt geprüft am 11.04.2022.

2020 in virtueller Form. Der Referent klärte die Eltern über Bildschirmzeiten, Online-Spiele und Gefahren aus dem Internet und den Sozialen Medien auf.

15.4.5 Erwartungen an digitale Lösungen

Um herausfinden zu können, wo der Bedarf für die Schulfamilien bei Software und Hardware lag, und um feststellen zu können, welche Erwartungen die Eltern und Lehrkräfte hatten, wendete der TCG verschiedene Methoden an. In den Arbeitskreisen und Arbeitstreffen diskutierte der TCG mit Lehrkräften, Eltern und politischen Vertretern. Schnell wurde deutlich, wo „der Schuh drückte", was etwa die technische Ausstattung anbelangt hatte. Die Gesprächspartner verrieten, dass sie sich eine modernere Ausstattung mit Lehrer-Laptop, Beamer und Dokumentenkamera in den Klassenräumen wünschen würden, darüber hinaus Tablets für die Schüler und Laptops für die Lehrkräfte. Und vor allem ein funktionierendes, schnelles Internet auf Grundlage von Breitbandanschluss und WLAN im gesamten Schulhaus, um überhaupt mit den Geräten sinnvoll arbeiten zu können.

Zur detaillierten Ermittlung, welche digitalen Lösungen und Funktionen Lehrkräfte und Eltern sich wünschten bzw. wie fit Eltern und Lehrkräfte im Umgang mit Tablet und Smartphone sowie Apps und Internet waren, initiierte das Projektteam im März 2018 eine Umfrage zur Medienkompetenz für Eltern, Grundschullehrer und Kindergartenmitarbeiter in den Pilotgemeinden (n = 187; Beteiligung: 38,56 Prozent). Die Ergebnisse sind in Abb. 15.3 dargestellt. Der Großteil der Eltern und Lehrkräfte forderten unter anderem einen schnelleren und unkomplizierteren Informationsaustausch in Form von digitalen Elternbriefen und digitalen Terminen.

15.5   Dahoam 4.0® Schul App/das Dahoam 4.0® Schul Portal

15.5.1 Plattformen mit vielen Funktionen: Ideal für weiterführende Schulen

Die Lehrkräfte und Eltern der Pilotgrundschulen wünschten sich also eine Schulplattform, mit der sie in Zukunft ihre schulinterne Kommunikation – den Austausch von Elternbriefen, Terminen und Informationen – abwickeln konnten. Aufgrund ihrer geringen Schüler- und Lehrerzahlen sowie den überschaubaren Stundenplänen und Fächern sahen die Schulen in den Jahren vor der Coronapandemie noch keinen Bedarf an einer Lösung, deren Funktionsangebot über eine Kommunikationsmöglichkeit hinausgehen würde. Um herauszufinden, ob und in welchem Umfang hier vielleicht eine bereits auf dem Markt angebotene Lösung adaptiert werden könnte, unternahm der TCG eine entsprechende Marktrecherche. Die Recherche machte deutlich, dass die auf dem App-Markt angebotenen Schulplattformen mit ihrem umfangreichen Funktionsangebot ungeeignet gewesen waren

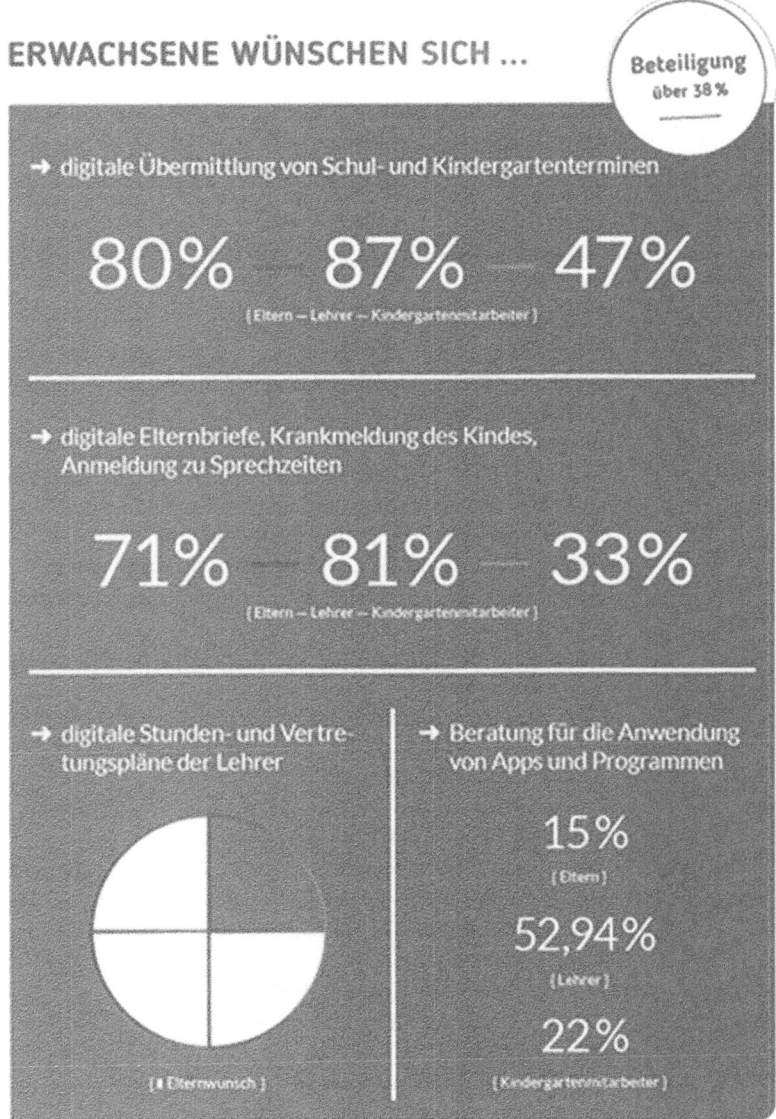

Abb. 15.3 Ergebnisse zur Befragung von Eltern, Lehrkräften und Mitarbeitenden in Kindergärten (2018); Darstellung: TCG

für den Bedarf der Pilotschulen. Vielmehr adressierten diese Plattformen weiterführende Schulen wie Realschulen und Gymnasium.

Um den Anforderungen der Pilotschulen gerecht zu werden, trafen die Projektpartner die Entscheidung, dass der TCG für Spiegelau und Frauenau eine eigene Schulanwendung zur Kommunikation entwickeln soll.

15.5.2 Für Dorfschulen: Konzentrierte Funktionspalette, große Übersichtlichkeit

Entstanden sind die Dahoam 4.0® Schul App für iOS und Android sowie das browserbasierte Dahoam 4.0® Schulportal. Die Funktionspalette (siehe Tab. 15.1) war auf die Bedürfnisse der Lehrkräfte und Eltern der kleinen Pilotschulen zugeschnitten und diente in

Tab. 15.1 Auflistung und Erläuterung der Funktionen der Dahoam 4.0® Schul App/des Dahoam 4.0® Schul Portals; Darstellung: TCG

Funktionen Dahoam 4.0® Schul App/das Dahoam 4.0® Schul Portal	
Aktuelles	Bereitstellung aktueller Informationen, beispielsweise den Schulalltag betreffende Mitteilungen, Terminankündigungen oder Informationen des Kultusministeriums
Kalender	Anzeige aller die Schule betreffende Termine
Dokumente	Nutzerfreundliche Anzeige von Dokumenten gängiger Dateiformate (mit Scroll- und Zoom-Funktion) und Öffnen mithilfe eines In-App Dokumentenviewers. Definition versteckter Ordnerstrukturen für interne Zwecke für die Gruppe der Lehrkräfte/des Rektorats
Elternbriefe	Bereitstellen von Elternbriefen für die Eltern – klassenspezifisch oder für die gesamte Schule
Push-Benachrichtigungen	Ankündigung eines neuen Elternbriefs per Push-Benachrichtigung für registrierte Eltern
Gelesen-Funktion	Möglichkeit der Markierung der zur Kenntnis genommene Elternbriefe als „gelesen". Sichtbarkeit der „gelesenen" Elternbriefe im Anwenderprofil der Lehrkräfte
Elternbeirat	Abruf der Kontaktdaten der Elternbeiräte und direkter Kontakt zu diesen über Click-to-call bzw. Click-to-mail-Funktion
Klassen-/Schülerlisten	Klassenlisten mit Schülernamen erstellen, verwalten und löschen
Absenzenverwaltung[a]	Nach telefonischer Krankmeldung des Schülers erfolgte der Vermerk der Abwesenheit über das Sekretariat in der entsprechenden digitalen Klassenliste vermerken
Sprechzeiten	Abruf der Sprechzeiten der Lehrkräfte
Notfalltelefonnummern	Direkter Kontakt der Eltern über Click-to-call bzw. Click-to-mail-Funktion im Notfall
Kontakt	Abruf der Kontaktinformationen der Schule, der Schulleitung und des Datenschutzbeauftragten (Adresse, Telefonnummer und E-Mail-Adresse)
Hilfe	Beschreibung der Hauptfunktionen der Anwendung

[a]Mittlerweile hat das Bayerische Staatsministerium für Unterricht und Kultus mit dem Schreiben vom 9. Juni 2020 die digitale Verwaltung von Fehlzeiten von Schülerinnen und Schülern über ein passwortgestütztes Portal ermöglicht, sofern u. a. folgende Voraussetzungen erfüllt werden: Die Schule nutzt ein passwortgeschütztes Portal, welches über das notwendige Modul für die digitale Verwaltung von Fehlzeiten verfügt. Darüber hinaus müssen die allgemeinen formellen Bestimmungen des Datenschutzes eingehalten werden. Für die entsprechende Erweiterung der Dahoam 4.0® Anwendung kam diese Legitimation allerdings zu spät, da der Implementierungsprozess der Grundfunktionalitäten zu diesem Zeitpunkt bereits abgeschlossen war. Vgl. Kultusministerium Bayern: Digitale Fehlzeiten von Schülerinnen und Schülern über ein passwortgeschütztes Portal; Schreiben vom 09.06.2020. Online verfügbar unter: https://digitaleschule2020.de/download/KMS-Fehlzeiten.pdf, zuletzt geprüft am 11.04.2022

erster Linie zum kommunikativen Austausch von Elternbriefen, Schulinformationen, Terminen und Kontaktdaten. Ergänzend zur Nutzung der analogen Klassenbücher implementierte das Entwicklerteam auf Wunsch der Lehrkräfte die Funktionen Klassen- und Schülerlisten sowie Absenzenverwaltung.

15.5.3 Coronakrise: Downloadzahlen und Nutzungsaktivitäten steigen

Der TCG führte die Dahoam 4.0® Schul App und das Dahoam 4.0® Portal im Herbst 2019 in den Pilotschulen ein. Bis Projektende im Juni 2021 unterstützte die Anwendung die Schulen in ihrer Kommunikation mit den Eltern. Für alle teilnehmenden Eltern und Lehrkräfte war dieser Service kostenlos und die Nutzung freiwillig. Wer App oder Portal nicht anwenden wollte oder konnte, erhielt die Mitteilungen der Schule weiterhin in Papierform.

Alle öffentlich zugänglichen Schulinformationen konnten auch ohne vorherige Registrierung über die Dahoam 4.0® Schul App (siehe Abb. 15.4) oder über das Dahoam 4.0® Portal (unter www.dahoaminspiegelau.de bzw. www.dahoaminfrauenau.de) abgerufen werden. Aktiv konnten Portal und App sowie deren interne Funktionen jedoch nur Eltern nutzen, deren Kind eine Schülerin bzw. Schüler an der jeweiligen Schule war.

Zögerten manche Eltern zu Einführungsbeginn noch mit ihrer Registrierung, verwendeten im März 2020 fast alle die Anwendung. Die Coronakrise ließ die Downloadzahlen steigen. Gleichzeitig erhöhte sich die Nutzungsaktivität der Dahoam 4.0® Anwendung deutlich. Alle Eltern der damals 87 Schüler in Frauenau und ca. Dreiviertel der Eltern in Spiegelau (bei 150 Schülern) nutzten schließlich die Anwendung.

15.6   Bewertung der Dahoam 4.0® Schul Anwendung

Zum Projektende wurde die Nutzung der Lösung evaluiert. Um mehr über die Zufriedenheit herausfinden zu können, wendete das TCG-Projektteam eine Kombination qualitativer und quantitativer Methoden (Mixed-Methods) an. In der qualitativen Methodik führte das Projektteam Leitfadeninterviews mit Lehrkräften der Testschulen durch. Der quantitative Teil bezog sich auf eine Befragung der Eltern und Lehrkräfte, welche Dahoam 4.0® Schul App und Plattform im Zeitraum von September 2019 bis Februar 2021 genutzt hatten. Jeder Nutzergruppe (Lehrkräfte/Eltern) wurde eine Umfrage zugewiesen, die sich nur in wenigen Fragen bzw. Antworten unterschieden hatte. Die Nutzerbefragung erfolgte online per Umfrage-Tool LimeSurvey (Lehrkräfte: n = 18; Quote: 78,26 %; Eltern: n = 62; Quote: 29,38 %).

Der Großteil der Nutzer:innen zeigte sich zufrieden mit der Anwendung und wollte sie weiterhin nutzen. Zusätzlich wünschten die Eltern zukünftig eine Online-Buchungsmöglichkeit von Terminen. Lehrkräfte hofften auf eine Videokonferenz-Funktion. Einigkeit herrschte darüber, dass die Dahoam 4.0® Schul Anwendung genau zum richtigen Zeitpunkt eingeführt worden war. Im Interview bezeichnete eine befragte Lehrkraft die

Abb. 15.4 Mockup der
Dahoam 4.0® Schul App;
Darstellung: TCG

Anwendung sogar als „Rettungsanker" während der Coronapandemie, weil sie über diesen Kanal die Familien von Anfang an mit Informationen und Hausaufgaben unkompliziert versorgen hat können.

15.7 Bedarf an digitalen Tools zu Projektende

Durch das Zusammenspiel staatlicher Förderprogramme und Corona als Digitalisierungs-
beschleuniger sowie die Beratertätigkeit des Technologie Campus Grafenau konnte bis
Juni 2021 die digitale Ausstattung an der Grundschule Frauenau und Spiegelau ausgebaut
werden. Mittlerweile sind beide Schulhäuser mit Glasfaser, WLAN sowie mit
entsprechenden Access-Points ausgestattet. Alle Klassenzimmer verfügen über Beamer,
Dokumentenkamera, Drucker und Lehrerlaptop. Einen Klassensatz iPads (16 Stück im
Ladekoffer) haben beide Schulen nun in Verwendung. Und dank der Coronahilfen gab es
für die Schüler auch Notebooks als Leihgeräte.

Allerdings brachte Corona mit dem Lockdown im Frühling 2020 und im Winter/Frühling 2021 neuartige schulische Aufgaben mit sich. Neben den erweiterten Ansprüchen an technischen Geräten hatten sich zudem die Anforderungen an Schulplattformen grundlegend verändert. War in der ersten Corona-Welle eine funktionierende digitale Kommunikation zwischen den schulischen Akteuren an den Grundschulen noch ausreichend gewesen, erforderte der Distanzunterricht in der zweiten Corona-Welle Möglichkeiten zur Videokonferenz. Auch an den Pilotschulen veränderten sich die Anforderung. Mit fortschreitendem Lockdown war ein Videokonferenz-Tool oder eine Chat-Funktion unverzichtbar geworden.

Unterstützung bekamen die bayerischen Schulen vom Kultusministerium, indem es für Schulen, die kein Videokonferenztool hatten, kurzfristig MS Teams zur Verfügung gestellt hat (Nutzung bis Ende Juli 2021). Allerdings setzte keine der Digitalen-Dorf-Schulen auf MS Teams. Diese Videokonferenzmöglichkeit war nach Meinung der Kollegien zu komplex und deshalb ungeeignet für Grundschulen. Wegen der vereinfachten Handhabung und der überschaubaren Funktionen nutzten die Pilotschulen schließlich das Videokonferenzsystem Big Blue Button sowie ab Frühjahr 2021 Visavid, welches das Kultusministerium bereitgestellt hatte. Kultusminister Michael Piazolo bezeichnete es als benutzerfreundliches, maßgeschneidertes und datenschutzkonformes Videokonferenztool, das sich insbesondere für Grundschulen eignen würde.[15]

Die Dahoam 4.0® Schul Anwendung war für die „Vor-Corona-Zeit" mit ihrer überschaubaren und niederschwelligen Funktionspalette ideal. Sie war somit exakt auf die Bedürfnisse der kleinen Dorfgrundschulen zugeschnitten gewesen. Doch weil sich infolge der massiven Homeschooling-Aktivitäten im Laufe der Jahre 2021 und 2022 die Anforderungen an die Schulanwendung verändert hatten, reichte die reine Lehrer-Eltern-Kommunikation schließlich nicht mehr aus. Die Kommunikation zwischen den Schülern und Lehrern in Form von Videokonferenz-Systemen oder Chat-Modulen nahm immer mehr an Bedeutung zu. Um diesen Anforderungen und Wünschen von Kindern, Eltern und Lehrkräften entsprechen zu können, wurde am Projektende die Überführung der schulischen Kommunikationsplattform Dahoam 4.0® in eine gewerbliche Lösung vollzogen.

15.8 Zusammenfassende Empfehlungen

Im Projekt „Digitales Dorf" hat sich gezeigt, wie sich der Prozess der schulischen Digitalisierung vollziehen kann, wenn Staat, Träger, Schulen und externe Stellen Hand in Hand arbeiten. Im Falle der Pilotgrundschulen Spiegelau und Frauenau konnte die technische

---

[15] Kultusministerium Bayern: Neues Videokonferenztool „Visavid" für alle Schulen in Bayern und Verlängerung von „MS Teams", Pressemitteilung: Nr. 041 (16.04.2021). Online verfügbar unter: https://www.km.bayern.de/pressemitteilung/11948/neues-videokonferenztool-visavid-fuer-alle--schulen-in-bayern-und-verlaengerung-von-ms-teams.html, zuletzt geprüft am 11.04.2022.

Ausstattung der Klassenzimmer ausgebaut und die Kommunikation innerhalb der Schulfamilie in eine digitale Form überführt werden. Ohne die Dahoam 4.0® Schul Anwendung hätte der Übergang vom Präsenzunterricht in den Distanzunterricht während der Coronakrise wohl nicht so reibungslos ablaufen können. Trotz der in Aussicht gestellten Fördergelder, Coronahilfen und Projektmittel gibt es an den Schulen immer noch Verbesserungsbedarf. Zwar hat die Bayerische Staatsregierung den Sachaufwandsträgern für die schulische IT-Administration insgesamt rund 160 Mio. € Fördergelder in Aussicht gestellt. Doch bleiben die Hürden der Antragstellung bestehen. Aufgrund der zweigeteilten Förderung (Bund und Freistaat, vgl. Abschn. 15.4.2) müssen zwei digitale Antragsmappen von den Sachaufwandsträgern ausgefüllt werden. Im Vollzug muss der Sachaufwandsträger darüber hinaus streng darauf achten, die Mittel ausschließlich für die Wartung und Pflege, der im „DigitalPakt Schule" beschafften IT-Infrastruktur zu verwenden. Bestands-IT oder Neuanschaffungen ohne Bezug zum „DigitalPakt" werden nicht gefördert, weshalb der Träger für die Administration Eigenmittel aufwenden muss.[16]

Wie hoch das tatsächliche Budget für die Schulen ist, wird von staatlicher Seite ermittelt. Doch schon eine überschlagsmäßige Berechnung der durchschnittlichen Mittel lässt vermuten, dass das Budget knapp bemessen ist. Bei 6356 Schulen in Bayern (Stand Dezember 2021 für Schuljahr 2020/2021)[17] würde jede Schule in den vier Förderjahren durchschnittlich knapp über 500 € pro Monat erhalten. Damit lassen sich vielleicht kleinere Gewerke finanzieren. Eine umfassende, nachhaltige IT-Systemadministration wird für einen einzelnen Träger jedoch kaum realisierbar sein, vor allem, wenn die Einstellung einer mit der Schul-IT betrauten Person beabsichtigt wird. An dieser Stelle empfiehlt das Kultusministerium die interkommunale Zusammenarbeit, also den Zusammenschluss von kommunalen Schulaufwandsträgern bzw. Arbeitsgemeinschaften, um die Strukturen für eine professionelle Administration gemeinsam aufbauen zu können. Hier bietet sich beispielsweise die Zusammenarbeit innerhalb von ILE-Kommunen an.[18] Die Kooperationen könnten eigene Wartungs- und Betriebskonzepte entwickeln und sich eine Administrations-Stelle teilen. Eine Alternative wäre auch, dass von Seiten der Staatsregierung ein zentrales, landesweit verfügbares Angebot für die Wartung und Pflege der digitalen Ausstattung installiert wird, um die Schulkollegien und Träger in der Frage nach der langfristigen und nachhaltigen Organisation und Finanzierung der IT-Administration zu entlasten.

---

[16]Kultusministerium Bayern: Professionelle Administration für die IT-Infrastruktur an Bayerns Schulen (31.08.2021). Online verfügbar unter: https://www.km.bayern.de/allgemein/meldung/7370/professionelle-administration-fuer-it-an-bayerns-schulen.html, zuletzt geprüft am 11.04.2022.

[17]Kultusministerium Bayern (2021): Bayerns Schulen in Zahlen 2020/2021; in: Schriften des Bayerischen Staatsministeriums für Unterricht und Kultus, Reihe A, Bildungsstatistik, Heft 71, S. 6. Online verfügbar unter: https://www.km.bayern.de/download/4051_Bayerns_Schulen_in_Zahlen_2020-2021_Onlineausgabe.pdf, zuletzt geprüft am 11.04.2022.

[18]Kultusministerium Bayern: Professionelle Administration für die IT-Infrastruktur an Bayerns Schulen (31.08.2021). Online verfügbar unter: https://www.km.bayern.de/allgemein/meldung/7370/professionelle-administration-fuer-it-an-bayerns-schulen.html, zuletzt geprüft am 11.04.2022.

Ist die Organisation der IT-Administration von Seiten der Träger geklärt, brauchen die Schulen nichtsdestotrotz in ihren Reihen weiterhin eine Lehrkraft für ihre technische Ausstattung. Diese Ansprechperson kümmert sich um organisatorische und verwaltungsmäßige Aufgaben und übernimmt etwa die Anmeldung der Eltern in einem Schulportal oder koordiniert die Ausgabe und den Rücklauf dafür notwendiger Einverständniserklärungen. Die aktuell dafür vorgesehenen Anrechnungsstunden dürften für diese sehr zeitintensive Art der Systembetreuung nicht ausreichend sein. Insbesondere weil sich der Bedarf an digitalen Lösungen und Endgeräten in Zukunft noch um ein Vielfaches erhöhen dürfte. Hier müsste der Staat nachbessern, indem er etwa das Kontingent der Anrechnungsstunden aufstockt oder sogar eine eigene Stelle in den Schulen schafft, die diese administrativen Aufgaben übernimmt.

Literatur

Bundesministerium Bildung und Forschung: Stark-Watzinger/Prien: Weitere Beschleunigung des Digitalpakts nötig, Pressemitteilung: 16/2022 (04.03.2022). https://www.bmbf.de/bmbf/shareddocs/pressemitteilungen/de/2022/02/040322-digitalpakt.html;jsessionid=49571CFAB-F285960C944004A41A49023.live471. Zugegriffen am 11.04.2022.

Bundesministerium für Bildung und Forschung: Der DigitalPakt und die Corona-Krise. https://www.digitalpaktschule.de/de/der-digitalpakt-und-die-corona-krise-1784.html. Zugegriffen am 05.04.2022.

forsa. (2021). Das Deutsche Schulbarometer Spezial: Zweite Folgebefragung. Ergebnisse einer Befragung von Lehrerinnen und Lehrern an allgemeinbildenden Schulen. Im Auftrag der Robert Bosch Stiftung in Kooperation mit der ZEIT. Durchgeführt von forsa Politik- und Sozialforschung GmbH, S. 41.

Koalitionsvertrag zwischen CSU und Freie Wähler für die Legislaturperiode 2018–2023. (2018). „Für ein bürgernahes Bayern – menschlich, nachhaltig, modern" vom 02.11.2018. https://www.csu.de/common/csu/content/csu/hauptnavigation/dokumente/2018/Koalitionsvertrag__Gesamtfassung_final_2018-11-02.pdf. Zugegriffen am 09.05.2019.

Kultusministerium Bayern. (2021). Bayerns Schulen in Zahlen 2020/2021; in: Schriften des Bayerischen Staatsministeriums für Unterricht und Kultus, Reihe A, Bildungsstatistik, Heft 71. https://www.km.bayern.de/download/4051_Bayerns_Schulen_in_Zahlen_2020-2021_Onlineausgabe.pdf. Zugegriffen am 11.04.2022.

Kultusministerium Bayern: Förderprogramme zur Digitalisierung in Schulen. https://www.km.bayern.de/lehrer/foerderprogramm.html. Zugegriffen am 31.03.2022.

Kultusministerium Bayern: Digitale Fehlzeiten von Schülerinnen und Schülern über ein passwortgeschütztes Portal; Schreiben vom 09.06.2020. https://digitaleschule2020.de/download/KMS-Fehlzeiten.pdf. Zugegriffen am 11.04.2022.

Kultusministerium Bayern: Neues Videokonferenztool „Visavid" für alle Schulen in Bayern und Verlängerung von „MS Teams", Pressemitteilung: Nr. 041 (16.04.2021). https://www.km.bayern.de/pressemitteilung/11948/neues-videokonferenztool-visavid-fuer-alle-schulen-in-bayern-und-verlaengerung-von-ms-teams.html. Zugegriffen am 11.04.2022.

Kultusministerium Bayern: Professionelle Administration für die IT-Infrastruktur an Bayerns Schulen (31.08.2021). https://www.km.bayern.de/allgemein/meldung/7370/professionelle-administration-fuer-it-an-bayerns-schulen.html. Zugegriffen am 11.04.2022.

Mußmann, F., Hardwig, T., et al. (2021). Ergebnisbericht: Digitalisierung im Schulsystem 2021. Arbeitszeit, Arbeitsbedingungen, Rahmenbedingungen und Perspektiven von Lehrkräften in Deutschland. Göttingen: Kooperationsstelle Hochschulen und Gewerkschaften der Georg-August-Universität Göttingen. https://kooperationsstelle.uni-goettingen.de/fileadmin/digitalisierung_im_schulsystem_2021/projekte/kooperationsstelle/Digitalisierung_im_Schulsystem_2021_Gesamtbericht.pdf. Zugegriffen am 11.04.2022.

Die Arbeit im Dorf lassen – Coworking als Perspektive für ländliche Regionen

16

Hanna Schürzinger

Zusammenfassung

Die digitale Transformation und die damit verbundene Flexibilisierung der Arbeit eröffnet neue Arbeitsplatzkonzepte, die für die Entwicklung ländlicher Regionen von großer Relevanz sind. Gerade das Konzept des Coworking gewinnt im ländlichen Raum immer mehr an Bedeutung, scheint es doch enormes Potenzial für eine nachhaltige Belebung strukturschwacher ländlicher Regionen zu bergen. Im Pilotprojekt „Digitales Dorf Bayern" wurde untersucht welche Chancen das Konzept des Coworking für die Modellregion im Bayerischen Wald bieten kann. Im Rahmen des Themenfeldes „Arbeiten" hat der Technologie Campus Grafenau sowohl die konzeptionelle Vorarbeit zur Realisierung eines Coworking Space-Angebotes in der Modellregion als auch die konkrete Umsetzung eines Coworking Space in Spiegelau übernommen. Eine einjährigen Testphase, in der der Technologie Campus Grafenau als Betreiber fungierte und die Nutzung des Coworking Space kostenlos war, hat aufschlussreiche Erkenntnisse zur Etablierung eines Coworking Space in ländlichen Regionen geliefert und gezeigt, dass das Interesse und der Bedarf an Coworking-Angeboten in der Modellregion gegeben ist.

Schlüsselwörter

Digitalisierung · Dezentrales Arbeiten · Coworking · Ländlicher Raum ·
Daseinsfürsorge

H. Schürzinger (✉)
Technische Hochschule Deggendorf, Technologie Campus Grafenau, Grafenau, Deutschland
E-Mail: hanna.schuerzinger@th-deg.de

D. Ahrens (Hrsg.), *Smart Region: Angewandte digitale Lösungen für den ländlichen Raum*, https://doi.org/10.1007/978-3-658-38236-0_16

16.1 Arbeit 4.0 – Digitalisierung der Arbeitswelt als Chance für den ländlichen Raum

Seit Ausgang des 20. Jh. ist unser Zeitalter geprägt von der Digitalen Revolution. Laut ERNST war es die Ausbreitung neuer Medien in Verbindung mit einer „nie zuvor dagewesenen Schnelllebigkeit begründet durch die rasante Entwicklung neuer Technologien [, die einen] „weitreichenden Wandel in unsere Gesellschaft und Kultur" auslöste".[1] Diese gesellschaftlichen, technologischen und wirtschaftlichen Veränderungen korrelieren mit einem Wandel der Arbeitswelten. Rapide fortschreitende Entwicklungen in den Informations- und Kommunikationstechnologien definieren das Arbeiten neu. Sie ermöglichen den immerwährenden Zugriff auf entfernt gespeicherte Daten, bieten die Möglichkeit der unbegrenzten Kommunikation mit Partnern in aller Welt, gestalten mit zahlreichen digitalen im Netz verfügbaren Werkzeugen Arbeit zunehmend dezentral und mobil.[2]

Diese Veränderungen in der Arbeitskultur, insbesondere das Phänomen der räumlichen und zeitlichen Entgrenzung der Erwerbsarbeit wirken direkt auf den Raum und seine Akteure ein und verändern die Zugänge zu Arbeit.[3] Die Entwicklung schlägt sich nicht nur auf die Art, wie, wann und mit wem Menschen arbeiten, sondern auch wo sie dies tun, also auf den Arbeitsort, nieder. Die Prämisse, zum Arbeiten einen festen Arbeitsplatz zu benötigen, ist in vielen Berufsfeldern nicht mehr zeitgemäß. Telepräsenzmöglichkeit erlauben räumliche Distanzen digital zu überbrücken, und es entstehen neue Formen der Arbeitsorganisation. Auf diese Weise lässt sich die Bedeutung der beschriebenen Entwicklung des Wandels in der Arbeitswelt mit der Entwicklung ländlicher Regionen verknüpfen.

Bisher war es der Mensch, der zur Arbeit kam. Die hohen Pendlerzahlen der vergangenen Jahre belegen dies eindrucksvoll. Eine Auswertung des Bundesinstituts für Bau-, Stadt- und Raumforschung auf Basis der Pendlerstatistiken der Bundesagentur für Arbeit (Stand 30.06.2020) zeigt, dass im Jahr 2018 19,3 Millionen Beschäftigte pendelten, im Jahr 2020 lag der Wert noch bei 14,9 Millionen.[4]

Die Digitalisierung kann den Raum als Distanz fast überflüssig machen. Arbeiten ist also nicht länger an die klassischen Büroräumlichkeiten eines Unternehmens gebunden. Mit den Möglichkeiten der Telearbeit kommt die Arbeit nun zu den Menschen. Zunehmend entstehen in diesem Zusammenhang neue flexibel nutzbare Arbeitsräume und -orte, sogenannte „Shared Workspaces". Dabei handelt es sich nicht nur um büroähnliche Angebote, sondern auch um Werkstätten (sog. Makerspaces), Arbeitsflächen im halböffentli-

---

[1] Ernst (2014), S. 8.
[2] Vgl. Lobeck (2017), S. 15.
[3] Vgl. Ernst (2014), S. 36.
[4] Vgl. Bundesinstitut für Bau-, Stadt-, und Raumforschung (BBSR) 15.06.2021.

chen Raum, beispielsweise in Cafés oder um Angebote in Einkaufszentren, Bahnhöfen oder Flughäfen.[5] Die bekannteste Form des Shared Workspace ist die des Coworking Space. Ein Coworking Space ist laut einer Studie der Bertelsmann Stiftung als ein Ort zu verstehen, „an dem Menschen zusammenkommen, um gemeinsam, aber nicht unbedingt miteinander zu arbeiten.“[6] Meist handelt es sich dabei um gut ausgestattete Arbeitsplätze plus zugehöriger Infrastruktur (Drucker, Besprechungsräume, Kaffeeküche etc.), die regelmäßig oder über einen längeren Zeitraum von Privatpersonen oder Firmen angemietet werden können.

Bereits der rasante Anstieg der absoluten Anzahl an Coworking Spaces zeigt deren wachsende Beliebtheit und Relevanz. Laut einer Studie des Bundesverbands Coworking Spaces Deutschland stieg die Zahl von knapp über 300 Anfang 2018 hin zu mindestens 1268 im Mai 2020, was die wachsende Bedeutung derartiger Arbeitsmodelle aufzeigt.[7]

Waren Coworking Spaces lange Zeit den Metropolen vorenthalten, drängen seit einigen Jahren immer mehr Anbieter in Klein- und Mittelstädte, aber auch zunehmend in den ländlichen Raum. Gerade dort können diese neuen Arbeitsräume eine große Bereicherung darstellen und zu einer positiven Strukturentwicklung beitragen.

Basierend auf diesen Vorüberlegungen wurde im Rahmen des Projekts „*Digitales Dorf Bayern*" im Modellgemeindeverbund Spiegelau-Frauenau erprobt, welche Chancen das Konzept des Coworking für die Region bieten kann. Ziel waren Erkenntnisgewinne über Zielgruppen, Bedarfe, Ausstattung, Betriebsmodelle von Coworking Spaces in strukturschwachen ländlichen Regionen generell und speziell in der Modellregion *Digitales Dorf Spiegelau – Frauenau.*

16.2   Problemstellung und Ausgangslage

Große Entfernungen zwischen Wohnort und Arbeitsplatz und erhöhte Auspendlerquoten sind ein Charakteristikum ländlicher Räume. Auf der Suche nach einem in der Regel vielseitigeren Angebot zur Daseinsvorsorge (Arbeits- und Ausbildungsplätze, bessere Verdienstmöglichkeiten, Dienstleistungen, Freizeitangebote, kulturelle Veranstaltungen, Bildungseinrichtungen, Verkehrsinfrastruktur etc.) zieht es die Menschen vermehrt in die Agglomerationsräume und Städte.[8]

In der Konsequenz sehen sich die ländlichen Regionen mit vielfachen wirtschaftlichen, sozialen und ökologischen Herausforderungen konfrontiert: Für die betroffene Arbeitnehmerschaft bedeuten die großen Entfernungen zwischen Wohnort und Arbeitsstelle hohe

---

[5] Vgl. Bähr et al. (2020), S. 6.
[6] Bähr et al. (2020), S. 6.
[7] Vgl. Bundesverband Coworking Spaces Deutschland e. V. (BVCS) 16.06.2020.
[8] Schön et al. (2015), S. 21.

Pendelkosten und -zeiten und dementsprechend eine schlechtere Vereinbarkeit von Beruf und Familie. Außerdem zieht tägliches Pendeln vom Wohn- zum Arbeitsort unterschiedliche gesundheitliche und psychische Belastungen nach sich.[9] Ein langfristiger Wegzug aus den ländlichen Regionen scheint für viele Pendelnde die einzige Alternative zu sein. Die Abwanderung der qualifizierten Arbeitskräfte führt in der Region selbst zu einem Ausdünnen öffentlicher und privater Dienstleistungen sowie zum Abbau sowohl technischer als auch sozialer Infrastruktur. Auch die Ballungszentren bleiben von den Auswirkungen der Arbeitssituation im ländlichen Raum nicht unberührt. Der steigende Zuzug bzw. die erhöhten Einpendelquoten der ländlichen Bevölkerung führt in den Ballungsräumen zu Raumknappheit und einem damit verbundenen angespannten Wohnungsmarkt mit stetig ansteigenden Mietpreisen, einer erhöhte Lärm- und Luftbelastung und einer angespannten Verkehrssituation.

Diese Problemstellung kennen auch die Pilotkommunen in der Modellregion *Digitales Dorf Spiegelau-Frauenau*. Denn trotz einer Vielfalt an Branchen und potenziellen Arbeitgebern haben die Landkreise Freyung-Grafenau und Regen, in denen sich die Pilotkommunen Spiegelau und Frauenau befinden, ein hohes Pendleraufkommen in die angrenzenden Verdichtungsräume (Auspendlerquote) zu verzeichnen: Über 11.000 der sozialversicherungspflichtigen Beschäftigten verlassen den Landkreis Freyung-Grafenau für ihre Arbeit (Auspendlerquote von 36,6 %), im Landkreis Regen sind es 9304 Personen, die den Landkreis verlassen, um zu ihren Arbeitsstellen zu gelangen (Auspendlerquote von 29,6 %).[10]

16.3 Coworking Spaces als neue Orte der Arbeit im ländlichen Raum

Lange Zeit lagen die Standorte erfolgreicher Coworking Spaces in den Szene- Vierteln der Großstädte. Zunehmend rücken Coworking Spaces aber auch in den Fokus der Regionalentwicklung und entstehen vermehrt in Klein- und Mittelzentren sowie in ländlichen Regionen. In Deutschland hat sich das Coworking-Angebot außerhalb der Ballungszentren in den vergangenen drei Jahren sehr dynamisch entwickelt – von fünf Spaces auf über 140.[11] Denn auch für strukturell schwächere Regionen ergeben sich durch Coworking neue Entwicklungschancen, um negativen Urbanisierungstrends entgegenzuhalten.[12]

---

[9] Vgl. Rüger (o. J.), S. 18–20.
[10] Vgl. IHK Niederbayern (2020).
[11] Vgl. Bundesministerium für Ernährung und Landwirtschaft (BMEL) (2021), S. 6.
[12] Dähner et al. (2021), S. 7.

Mit Coworking Spaces lassen sich Themen der Regionalentwicklung und neue Arbeitsformen verknüpfen. Für *Stiefel* leisten Coworking Spaces vor allem einen Beitrag zur Innenentwicklung einer Kommune, bieten sie doch innovative Revitalisierungsmöglichkeiten für leerstehende Gebäude und werten so Flächen und Orten auf.[13]

Auch für *Engstler* verbinden Coworking Spaces „individuelle Nutzersituationen als Teil eines modernen Arbeitsmodells", das nicht nur für den urbanen Raum von zunehmender Relevanz ist. Die Interaktion verschiedener Menschen mit unterschiedlichem beruflichem Hintergrund in einem Coworking Space fördert die Entstehung von kreativem Potenzial, das für eine positive Entwicklung des ländlichen Raumes unabdingbar ist.[14]

Die Etablierung eines Coworking Spaces kann durch neue Impulse zur Belebung der lokalen Wirtschaft in einer Region beitragen und so zum einen bereits vorhandenes endogenes Wirtschaftspotenzial stärken, als auch durch Entstehung neuer Geschäfte, Initiativen oder Unternehmen neue Arbeitsplätze vor Ort schaffen. Durch neue Perspektiven auf dem Arbeitsmarkt in der Region wächst wiederum die Motivation aufs Land zu ziehen, in der Heimatregion zu bleiben oder gar dahin zurückzukehren. Coworking Spaces können außerdem einen Beitrag in Kommunen leisten Nachhaltigkeitsziele zu erreichen, wozu auch die Reduktion der Pendlerströme gezählt werden kann.

Zahlreiche Beispiele belegen, dass auch abseits von Metropolen Coworking- Initiativen entstehen und Orte geschaffen werden, die zur Aktivierung und Gründung lokaler Ökonomien beitragen und unterstützt durch die Vernetzung und Kooperation mit der Kommune, mit Unternehmen oder der Politik zur Stärkung und Attraktivität der jeweiligen Region beitragen. Das KoDorf Wiesenburg,[15] das Denkerhaus in Dießen am Ammersee,[16] die Dorfbüros Rheinland-Pfalz[17] oder die norddeutsche CoWorkLand-Genossenschaft, die mit dem Digitalisierungspreis des Landes Schleswig-Holstein ausgezeichnet wurde,[18] zeigen durch ihre Erfolgsgeschichten, dass diese neuen Arbeitsmodelle eine Zukunft in den ruralen Regionen Deutschlands haben.

Die Betrachtung der diversen Best- Practice- Beispiele macht deutlich, wie vielfältig das Konzept des Coworking im ländlichen Kontext umgesetzt wird. Zwar fungiert das urbane Konzept des Coworking als Basis für Coworking Spaces in ländlichen Regionen,

---

[13] Vgl. Stiefel (2018).

[14] Vgl. Engstler (2018), 88 f.

[15] KoDorf Wiesenburg: Neues Leben und Arbeiten auf dem Land, VielLeben eG, verfügbar unter https://www.kodorf-wiesenburg.de/.

[16] Ammersee Denkerhaus-Der Coworking Space am Ammersee, Ammersee Denkerhaus eG, verfügbar unter https://ammersee-denkerhaus.de/.

[17] Dorf-Büros Rheinland-Pfalz, Entwicklungsagentur Rheinland-Pfalz e.V., verfügbar unter https://dorfbueros-rlp.de/.

[18] CoWorkLand, CoWorkLand e.G, verfügbar unter https://coworkland.de/de.

lässt sich aber nicht eins zu eins auf kleinere, ländliche Kommunen übertragen. Die ländliche Coworking- Landschaft ist als äußerst divers zu beschreiben und weist „unterschiedliche Gründerinnen und Gründer, vielfältige Zielgruppen sowie Geschäftsmodelle" auf.[19] Laut einer Untersuchung der Bertelsmann Stiftung, die im Rahmen des Projektes „Betriebliche Arbeitswelt in der Digitalisierung" entstanden ist, bedient sich Coworking auf dem Land „abgrenzbarer, in sich wirtschaftlicher Geschäftsmodelle, die sich vom städtischen Coworking klar unterscheiden."[20]

Ländliche Coworking-Angebote richten sich am lokalen Bedarf sowie den vorherrschenden spezifischen Rahmenbedingungen und Herausforderungen der Kommune und Region aus. Meist geht ländliches Coworking über die bloße Bereitstellung und das Teilen von Infrastruktur hinaus und wirkt vielmehr als Teil der Grundversorgung einer Kommune, indem alltägliche Serviceangebote der Daseinsvorsorge (Kinderbetreuung, Postannahmestelle, Kulturveranstaltungen etc.) ins Coworking- Angebot integriert werden.[21]

Ein Coworking Space kann sich in ländlichen Kommunen zu einem sozialen Treffpunkt für die Dorfgemeinschaft entwickeln. Gegeben ist dabei häufig eine multifunktionale Nutzbarkeit der Räumlichkeiten. Beispielsweise werden sie ebenfalls von Vereinen oder ehrenamtlichen Gruppen genutzt.[22] In touristischen Regionen bietet es sich an, das Angebot speziell auf die Bedürfnisse von Urlaubern anzupassen (Coworkation[23]), die während ihres Urlaubs gelegentlich einen Platz zum Arbeiten suchen oder fokussiertes Arbeiten verbunden mit hohem Freizeitwert wünschen.[24]

Laut einer 2020 veröffentlichten Trendstudie der Bertelsmann Stiftung erweist sich die Nutzergruppe von ländlichen Coworking Spaces als heterogener als im städtischen Raum.[25] Ebenso wie in den Ballungszentren werden ländliche Coworking Spaces zwar von „Vertreter:innen des Ursprungsmilieus" d. h. von Freiberufler:innen, Selbstständigen, Beschäftigten im Bereich der Kreativ-, Wissens- und Medienbranche, Unternehmensgründer:innen oder Start-ups genutzt.[26] Darüber hinaus zählen zu den Zielgruppen für Coworking auf dem Land aber auch vermehrt angestellte Arbeitnehmer:innen und Pendler:innen, denn gerade für diese Stakeholdergruppen ergeben sich durch Nutzung eines Coworking Space zahlreiche Vorteile:[27]

---

[19] Bundesministerium für Ernährung und Landwirtschaft (BMEL) (2021), S. 8.

[20] Bähr et al. (2020), S. 7.

[21] Vgl. Bundesministerium für Ernährung und Landwirtschaft (BMEL) (2021), S. 8.

[22] Vgl. Bundesministerium für Ernährung und Landwirtschaft (BMEL) (2021), S. 14.

[23] „Coworkation": Zusammensetzung aus den Wörtern „Coworking" und „Vacation" (= engl. Urlaub, Ferien).

[24] Vgl. Dähner et al. (2021), S. 30.

[25] Vgl. Bähr et al. (2020), S. 7.

[26] Vgl. Bundesministerium für Ernährung und Landwirtschaft (BMEL) (2021), S. 8.

[27] Vgl. Bähr et al. (2020), S. 15.

a) **Reduktion der Pendelzeit**

Lange Pendelzeiten vom Wohn- zum Arbeitsort beeinflussen unmittelbar die persönliche Lebenssituation, das soziale Umfeld und die Vereinbarkeit von Beruf und Familie sowie das Freizeitverhalten und die Gesundheit und Psyche. Die eingesparte Zeit kann reinvestiert werden und sowohl positiv in Freizeit und Arbeitszeit einfließen. Außerdem trägt die Reduktion der Pendelzeiten durch Arbeiten im Coworking Space zu Gesundheitsprävention und Kosteneinsparung bei Sprit und Instandhaltung des Autos bei.

b) **Alternative zu Homeoffice**

Das Modell des Homeoffice bringt diverse Herausforderungen mit sich und ist nicht für jede Person geeignet. Wer langfristig von zu Hause arbeitet, stellt schnell fest, dass die Vorstellung, Arbeit könne entspannt und mühelos vom heimischen Schreibtisch aus erledigt werden, nicht immer zutrifft. Zum einen können Ablenkung und Mangel an festen Strukturen eine produktive Arbeitsweise verhindern. Zum anderen fehlt es im Home-Office an der Möglichkeit sich mit anderen auszutauschen. Zwar sind Arbeitnehmer:innen durch das Angebot zahlreicher Web-und Videotools auch im Home-Office digital miteinander vernetzt, doch kann der fehlende direkte Austausch mit Kolleg:innen langfristig zum Verlust essenzieller Sozialkontakte und zum Gefühl des Isoliertseins führen. Auch eine klare Abgrenzung von Berufs- und Privatleben, die für Arbeits- und Lebensqualität gleichermaßen wichtig ist, ist im Homeoffice nur schwer möglich. Darber hinaus mangelt es im Homeoffice häufig auch an adäquater Büro-Ausstattung (ergonomischer Arbeitsplatz) sowie ausreichend technischer Infrastruktur (schneller Internetzugang, Drucker), wodurch produktives Arbeiten erschwert wird.[28]

Die Nutzung eines Coworking Spaces als Alternative zur Arbeit zuhause bietet die Möglichkeit, trotz Wohnortnähe des Coworking Spaces, eine klare Trennung zwischen Arbeits- und Berufsleben zu ziehen. Ebenso kann der Austausch mit anderen Nutzer:innen in der Kaffeeküche oder bei einer gemeinsamen Mittagspause erheblich zur Arbeitszufriedenheit beitragen.[29] Auch lässt sich in einem Coworking Space die Produktivität steigern. Während das private Umfeld bei der Arbeit im Homeoffice vielfältige Quellen für Ablenkung mit sich bringen kann, gelingt es im Coworking Space sich auf die eigentliche Arbeit zu konzentrieren.

c) **Verbesserung der Vereinbarkeit von Beruf und Privatleben**

Die Möglichkeit wohnortnah im Coworking Space zu arbeiten, erlaubt den Balanceakt zwischen Berufsleben und Privatem zu meistern. Die Nutzung eines Coworking Spaces führt für viele Pendler:innen zu einer erheblichen Zeitersparnis. Die Wege zwischen den für die Arbeitnehmer:innen wichtigen Orten werden verkürzt. Dementsprechend wird es auch leichter die Betreuung von Kindern oder pflegebedürftigen Familienmitgliedern zu organisieren, soziale Kontakte zu pflegen oder Freizeitaktivitäten wie z. B. Sport oder Vereinsleben in den Alltag zu integrieren. Dieser Zugewinn an

---

[28] Vgl. Ernst (2014), S. 34.
[29] Vgl. Knapp und Disho (2017), S. 17–20.

Unabhängigkeit und Ausgeglichenheit trägt wiederum zu einer höheren beruflichen Produktivität und Innovationskraft bei.[30]

d) **Beitrag zu Umweltschutz und Nachhaltigkeit**

Durch die wohnortnahe Lage eines Coworking Space ergeben sich für die Nutzer:innen kürzere Anfahrtswege als zum Unternehmensstandort. Im besten Fall kann der Coworking Space sogar zu Fuß, mit dem Fahrrad oder mit öffentlichen Verkehrsmitteln erreicht werden. So ergibt sich einhergehend mit der Reduktion der Pendlerströme eine Verminderung der Umweltbelastungen (Feinstaub, Lärm, Ressourcenverbrauch). Auch durch die gemeinsame Nutzung der (technologischen) Infrastruktur und den schonenden Umgang mit Ressourcen (z. B. Recycling) wird ein Beitrag zu Nachhaltigkeit und Umweltschutz geleistet.

Für Unternehmen ergibt sich der Vorteil, dass für ihre Mitarbeiter:innen im Coworking Space fokussiertes Arbeiten ohne Ablenkung möglich ist. Zudem schaffen moderne Arbeitsbedingungen in Zeiten des Fachkräftemangels gezielt Anreize für hochqualifiziertes Personal und erhöhen so die Unternehmensattraktivität. Fachkräfte zu werben und dynamische Mitarbeiter zu finden bzw. zu halten, wird für Unternehmen zunehmend zur Herausforderung. Für viele Beschäftigte in ländlichen Regionen besteht der Wunsch nach der Einsparung von Wegezeiten und -kosten und der damit verbundenen besseren Vereinbarkeit von Familie und Beruf bzw. einer positiven Work-Life-Balance. Gewährt ein Unternehmen den Mitarbeiter:innen die Möglichkeit im wohnortnahen Coworking Space zu arbeiten, kann diesen Wünschen Folge geleistet werden. Gleichzeitig stellt sich das Unternehmen als modern und nachhaltig dar. Die dadurch entstehende Imageaufwertung und Attraktivitätssteigerung des Unternehmens dient der Zielsetzung, vermehrt hochqualifizierte, heimatverbundene Fachkräfte anzuwerben, die ihren bisherigen Wohnort nicht aufgeben möchten oder den Wunsch haben in ihre Heimatregion zurückzukehren.

16.4   Umsetzung und methodisches Vorgehen

Im Rahmen des Themenfeldes „Arbeiten" hat der Technologie Campus Grafenau (TCG) im Modellprojekt „Digitales Dorf Bayern" sowohl die konzeptionelle Vorarbeit zur Realisierung eines Coworking Space-Angebotes in der Modellregion *Digitales Dorf Spiegelau-Frauenau* als auch die konkrete Umsetzung der Maßnahmen übernommen.

Die methodische Vorgehensweise im Rahmen der theoretisch-konzeptionellen Betrachtung der Thematik setzte sich dabei aus vier aufeinander aufbauenden Schritten zusammen:

- die definitorische Abgrenzung des Coworking-Konzeptes als urbanes Phänomen,
- die Analyse von Coworking Spaces als neue Orte der Arbeit im ländlichen Raum,

---

[30]Vgl. Döring (2010), S. 27.

- die Evaluierung des Bedarfs und der Anforderungen an einen Coworking Space in der Modellregion und
- die Erstellung eines Konzeptes zur Etablierung eines Coworking Spaces in der Modellregion „Digitales Dorf Spiegelau-Frauenau".

Nach einer umfassenden Literaturrecherche zum Thema Digitale Arbeitswelten und Coworking Spaces wurden im Rahmen einer Onlinerecherche bereits etablierte Coworking Spaces im ländlichen Raum identifiziert, die als Best-Practice Beispiele dienen können. Anschließend wurden mit den Betreiber:innen oder Initiator:innen sechs verschiedener Coworking Spaces aus dem ländlichen Raum Deutschlands und Österreichs leitfadenge-stützte Experteninterviews geführt. Die hierauf folgende Bedarfs- und Anforderungsana-lyse in der Modellregion *Digitales Dorf Spiegelau-Frauenau* erfolgte sowohl mittels einer standardisierten Onlinebefragung als auch durch eine exemplarische Zielgruppenbefra-gung in Form leitfadengestützter Interviews.

Die gesammelten Erkenntnisse aus der theoretisch-konzeptionellen Vorarbeit sowie die Ergebnisse der Bedarfsermittlung flossen in die darauffolgende Umsetzung des Cowor-king Space ein.

Als Hauptzielgruppe des geplanten Coworking Space wurden Personen aus der Mo-dellregion, die täglich weite Pendelstrecken von ihren Wohn- zu ihren Arbeitsorten zurücklegen, definiert. Auch Wochenendpendler:innen, die aufgrund sehr großer Distan-zen zwischen dem Arbeits- und Wohnort meist nur am Wochenende an ihren Wohnort in der Modellregion zurückkehren, soll die Möglichkeit geboten werden, ein bis zwei Tage im Coworking Space zu arbeiten und so mehr Zeit in ihrer Heimat zu verbringen. Als weitere Zielgruppe sind potenzielle Rückkehrer, also Personen, die für Ausbildung, Stu-dium oder Job ihre Heimatregion für längere Zeit verlassen haben und die planen, langfris-tig ihren Lebensmittelpunkt dorthin zurückzuverlegen, zu nennen. Daneben sollten mit der Einrichtung eines Coworking Space Unternehmen oder Einrichtungen der öffentlichen Verwaltung (Ämter/Behörden) aus den Ballungszentren angesprochen werden, die dort Flächenkontingente anmieten, von wo aus Beschäftigte aus der Region nach Vereinbarung entsprechender Arbeitszeitmodelle an, z. B. zwei Tagen pro Woche, arbeiten, anstatt täglich weite Strecken zu ihren Arbeitsorten auf sich nehmen zu müssen

Für die Realisierung des Coworking Space erfolgte in einem ersten Schritt die Suche nach geeigneten Räumlichkeiten in der Modellregion. Sowohl in Spiegelau als auch in Frauenau unterstützten dabei lokale Mitstreiter:innen (Bürgermeister, Mitglieder aus den Arbeitskreisen), die die Gegebenheiten in den Gemeinden kennen. In beiden Kommunen wurden leerstehende Immobilien ermittelt, die sich für die Umnutzung zu einem Cowor-king Space eignen. Nach Besichtigung verschiedener potenzieller Standorte fiel die Ent-scheidung auf Räumlichkeiten des KuBiS („Kultur und Bildung in Spiegelau") in Spiege-lau, die sämtliche Standortanforderungen erfüllen. Die Analyse der Pendlerströme in der Modellregion zeigte, dass es sich empfiehlt darauf zu achten, den Coworking Space an einem Standort zu platzieren, an dem der Einzugsbereich der potenziellen Nutzer:innen des Coworking Space einen Radius von ca. 15–20 km hat. Durch Spiegelaus zentrale Lage in der Modellregion wird diesem Aspekt Rechnung getragen. Ebenso ist eine gute Erreichbarkeit des Coworking Space mit dem Auto und auch dem ÖPNV (Bus, Waldbahn) gewährleistet. Kostenlose Parkmöglichkeiten vor oder in unmittelbarer Nähe des Coworking Space sind vorhanden. Der ausgewählte Standort verfügt zudem über den für ausfallsichere Sprach- und schnelle Datenübertragung erforderlichen Mobilfunkempfang. Durch die Lage des Coworking Space mitten in Spiegelau ist außerdem die Versorgung durch ein geeignetes gastronomisches Angebot, Einkaufsmöglichkeiten und öffentliche Infrastruktur (Post, Bank etc.) gewährleistet. Darüber hinaus war die Größe der Räumlichkeiten sowie deren Barrierefreiheit ausschlaggebend für die Wahl dieses Standortes.

Bei der darauffolgenden räumlichen Ausgestaltung des Coworking Space wurde darauf geachtet ein ganzheitliches Raumkonzept zu kreieren, das den Bedürfnissen aller Zielgruppen gerecht wird. Die Ergebnisse der empirischen Befragung haben gezeigt, wie wichtig es ist, in das Raumkonzept neben einer offenen Bürofläche, die zu offenem Umgang und Austausch einlädt, auch abgeschlossene Büroräume aufzunehmen. Nur so kann den Anforderungen von Unternehmen Rechnung getragen werden, die hohen Wert auf den Schutz von firmeninternem Wissen legen. Der Coworking Space in Spiegelau besteht aus einem Büro mit zwei Arbeitsplätzen und einem großen Raum, der flexibel als Open Space-Fläche mit weiteren drei bis vier Arbeitsplätzen oder als Besprechungsraum genutzt werden kann. Daneben steht eine Kaffeeküche mit Basisausstattung und Kaffeemaschine zur Verfügung, die auch als Pausenraum genutzt werden kann.

Die Bereitstellung einer leistungsstarken, technischen Infrastruktur ist eine Grundvoraussetzung, damit reibungsloses und produktives Arbeiten vom Coworking Space aus möglich ist. Dementsprechend wurde für die Coworking-Räumlichkeiten in Spiegelau ein geeigneter Internetanschluss (>= 50 Mbit/s symmetrische Leistung, Up- + Download) eingerichtet sowie ein Kombigerät mit Farbdrucker, Kopierer, Scanner und ausreichend Steckdosen für die Laptops der Nutzerschaft angeschafft.

Die Ausstattung der Arbeitsplätze erfolgte gemäß den gängigen Arbeitsschutzbestimmungen, d. h. es wurden bestimmte Vorgaben hinsichtlich des Mobiliars (z. B. 160 * 80 cm großer, höhenverstellbarer Schreibtisch und ergonomischer Schreibtischstuhl), der Raumgröße, der Größe je Arbeitsplatz (Mindestgröße von acht bis zehn m^2), einer angemessenen Beleuchtung, einem angenehmen Raumklima und geeigneter Akustik eingehalten. Durch atmosphärische Gestaltungselemente wie Pflanzen oder Naturbilder (Motive aus dem Bayerischen Wald) wurde eine angenehme Raumatmosphäre geschaffen. In abschließbaren Rollcontainern oder Schränken können persönliche Gegenstände, sowie Arbeitsmittel und Unterlagen der Nutzer untergebracht werden.

Um dem Wunsch der Nutzerschaft nach Flexibilität zu entsprechen, wurde außerdem ein elektronisches Schließsystem eingerichtet, das den Zugang zum Coworking Space mit einem Chip ermöglicht. So ist es möglich allen Nutzer:innen flexiblen Zugang innerhalb der Öffnungszeiten von 07:00–19:00 Uhr zu gewähren. Daneben wurde am TCG ein Online-Buchungstool entwickelt und in das Gemeindeportal www.dahoaminspiegelau.de integriert, welches einerseits die Einbuchung für die Coworker:innen und andererseits die

Arbeitsplatzzuweisung und Koordinierung seitens der Betreiber erleichtert. Ein Platz im Coworking Space in Spiegelau kann tage-, wochen- oder monatsweise einen Platz im Coworking Space angemietet werden. Die Nutzungsverträge sind kurzfristig kündbar.

Nach Einrichtung und Ausstattung des Coworking Space wurde in einem nächsten Schritt die Bewerbung des Angebotes forciert, um die Existenz des Coworking Space in der Region publik zu machen und gleichzeitig privatwirtschaftliche oder öffentliche Partner zu akquirieren. Verschiedene mediale Kanäle (z. B. die regionale und überregionale Presse, regionale Radiosender, woid-njus-Newsletter des Regionalmanagements Freyung-Grafenau etc.) wurden genutzt, um über das Angebot zu informieren. Aktuelle Informationen zum Coworking-Angebot wurden auf Web-Kanälen (z. B. Facebook-Page etc.) mit wenig Text und viel Bild kommuniziert. Ebenso erfolgte, wie Abb. 16.1 ersichtlich macht, eine Integration des Coworking-Angebotes auf dem Gemeindeportal der Gemeinde Spiegelau (https://www.dahoaminspiegelau.de/angebote/coworking). Daneben wurde auf klassische Werbemittel wie z. B. Flyer, Broschüren und Plakate zur Bekanntmachung des Coworking-Angebotes gesetzt.

Im Januar 2020 wurde schließlich der erste Coworking Space in der Modellregion *Digitales Dorf Spiegelau-Frauenau* eröffnet. Um eine Verbindung zu den anderen im Rahmen des Modellprojektes „Digitales Dorf Bayern" entstandenen Lösungen herzustellen, entschieden sich die Projektbeteiligten für den Namen „Coworking Dahoam 4.0®".

Als Betreiber des „Coworking Dahoam 4.0®" fungierte während einer ersten Testphase der Technologie Campus Grafenau. Die ursprünglich für sechs Monate (01.01.2020–30.06.2020) angesetzte Coworking-Testphase, wurde aufgrund der Coronapandemie um weitere sechs Monate (01.07.2020–31.12.2020) verlängert. Die Nutzung eines Arbeitsplatzes im „Coworking Dahoam 4.0®" war in dieser Zeit kostenfrei. Im Leistungsumfang enthalten war die Nutzung des Besprechungs- bzw. Kreativraums, der Kaffeeküche (inkl. Kaffeemaschine und Wasser) als Aufenthalts-/Pausenbereich, der geschlechtergetrennten sanitären Anlagen, sowie des Multifunktionsdruckers. Impressionen aus dem „Coworking Dahoam 4.0®" zeigt Abb. 16.2.

16.5   Coworking Dahoam 4.0® – Fazit nach einem Jahr Testphase

Bereits im November 2019, d. h. zwei Monate vor Eröffnung des Coworking Space im Januar 2020, wurde mit der Nutzer-Akquise begonnen. Dabei wurde auf die direkte Ansprache von Unternehmen in angrenzenden bzw. weiter entfernten Landkreisen gesetzt (über E-Mail bzw. telefonisch). Die Resonanz darauf fiel eher verhalten aus. Viele Arbeitgebende scheuten davor zurück, ihren Mitarbeiter:innen die Möglichkeit des Homeoffice oder gar anderer flexibler Arbeitsformen zu gewähren. Aus diesem Grund erwiesen sich persönliche Gespräche mit den Interessengruppen vor Ort oder mit Personen (z. B. Pendler, potenzielle Rückkehrer), die zu den Zielgruppen gehören als sinnvoller, um potenzielle Nutzende zu akquirieren.

Abb. 16.1 Print-Produkte (Exposé, Anzeige) zur Bewerbung des Coworking-Angebotes in Spiegelau; Darstellung: Technologie Campus Grafenau

Abb. 16.2 Impressionen aus dem Coworking Dahoam 4.0® in Spiegelau; Foto: Technologie Campus Grafenau

Ab Mitte Februar 2020 sorgte die Coronapandemie für einschneidende Veränderungen in der Arbeitswelt. Wo immer es möglich war, wurden Angestellte in das Homeoffice geschickt, um eine bestmögliche Fortsetzung der Arbeit trotz zahlreicher Beschränkungen im öffentlichen Leben sicherzustellen. Positive Konsequenz daraus war die steigende Nachfrage nach Arbeitsplätzen im „Coworking Dahoam 4.0®". Als Alternative zum Homeoffice, nutzten von Februar 2020 bis Dezember 2020 bis zu fünf Personen an zwei bis drei Tagen pro Woche das Coworking-Angebot in Spiegelau. Während Coworking Spaces im urbanen Raum von einer hohen Nutzerfluktuation leben, bestand im „Coworking Dahoam 4.0®" vermehrt das Interesse an einer langfristigen Nutzung eines Arbeitsplatzes.

Die Nutzenden des „Coworking Dahoam 4.0®" haben unterschiedliche berufliche Hintergründe z. B.:

- Bauingenieur mit Wohnort Frauenau und Arbeitsort Passau (Distanz: ca. 60 km)
- Informationsmanager mit Arbeits- und Wohnort München, ursprünglich aus Spiegelau → Besuch bei Eltern (Distanz: ca. 200 km)
- Sozialpädagogin mit freiberuflicher Tätigkeit in der Projektarbeit
- Umweltpraktikantin beim Nationalpark Bayerischer Wald
- Arbeitnehmer mit Wohnort Spiegelau und Arbeitsort Deggendorf (ca. 45 km)
- Anwalt mit Kanzlei in Würzburg, temporäre Betreuung pflegebedürftiger Familienangehöriger in der Region
- Geschäftsführer einer IT-Dienstleister-Firma auf der Durchreise

Eine Beschränkung auf eine bestimmte Altersgruppe war bei der Nutzerschaft im „Coworking Dahoam 4.0®" nicht feststellbar. Die Altersspanne reichte von ca. 20 bis 59 Jahren. Zu beobachten war, dass der Einzugsbereich der Nutzerschaft des „Coworking Dahoam 4.0®" einen Radius von ca. 15–20 km einschließt.

Ursprünglich war die kostenlose Testphase für das Coworking-Angebot in Spiegelau für sechs Monate anberaumt (01.01.20–30.06.20). Aufgrund beständiger Nachfrage wurde die Testphase um weitere sechs Monate verlängert. Erfreulicherweise hat sich die Katholischen Pfarrkirchenstiftung Spiegelau dazu entschlossen die Rolle des Betreibers zu übernehmen und den Coworking Space auch künftig weiterzuführen.

16.6 Erkenntnisse aus der Einrichtung eines Coworking Space in der Modellregion Digitales Dorf – Spiegelau-Frauenau

Die im Rahmen des Modellprojektes Digitales Dorf Bayern gesammelten Erfahrungen beim Thema Coworking haben gezeigt, dass das urbane Konzept des Coworking zwar als Basis für einen Coworking Space in der Modellregion fungieren kann, aber nicht ohne weiteres übertragbar ist. Folgende in der Testphase des „Coworking Dahoam 4.0®" gesammelten Erkenntnisse sollten bei der Einrichtung eines Coworking Space berücksichtigt werden:

Raumkonzept: Verstärkte Nachfrage nach Einzelbüros
In der Testphase des im Rahmen des Modellprojektes Digitales Dorf initiierten „Coworking Dahoam 4.0®" ließ sich eine verstärkte Nachfrage nach Einzelbüros feststellen. Zwar tragen offen konzipierte Räumlichkeiten in einem Coworking Space zur Entstehung einer Gemeinschaft, zu Austausch und Kooperation bei, doch für Personen, die es gewöhnt sind in einem Einzelbüro zu arbeiten, kann es eine große Umstellung sein in einem Gemeinschaftsbüro zu arbeiten. Die offenen, räumlichen Verhältnisse führen naturgemäß zu einer latenten Geräusch-Kulisse, was für die Konzentration abträglich sein kann. Zudem wird diese räum-

liche Offenheit häufig als kritisch in Bezug auf Datenschutz gesehen, erfordern doch viele Tätigkeiten Vertraulichkeit und Geheimhaltung. Ein Angebot an unterschiedlichen Raumwidmungen kann eine Maßnahme sein, um diese Hürde zu überwinden. Ein Mix aus offenen und geschlossenen Arbeitsplätzen macht die Nutzung des Coworking Space auch für diejenigen möglich, die viel telefonieren oder mit sensiblen Kundendaten arbeiten.

Der Community-Aspekt und die Rolle des „Kümmerers"
Eine lebendige „Community" gilt als Erfolgsfaktor für einen Coworking Space. In Coworking Spaces in urbanen Räumen spielt der Gemeinschaftsaspekt eine übergeordnete Rolle. Im „Coworking Dahoam 4.0®" hingegen schien während der Testphase das Bedürfnis, sich durch Nutzung eines Coworking Space ein Netzwerk aufzubauen, weniger gegeben. Stattdessen liegt der Fokus verstärkt auf konzentriertem und produktivem Arbeiten. Nichtsdestotrotz können Coworking Spaces einen entsprechenden Interaktions- bzw. Vernetzungsraum schaffen. Das Entstehen einer Gemeinschaft ergibt sich aus der Eigeninitiative von Einzelnen, schließlich ist der Wunsch nach Gemeinschaft individuell von der Art des Menschen abhängig. Die Tatsache, dass in einem Coworking Space im ländlichen Raum weniger Nutzerfluktuation herrscht, begünstigt die natürliche Entstehung einer Community.

Große Bedeutung spielt bei der Entstehung einer Community die Rolle des sogenannte „Community-Managers" d. h des Kümmerers vor Ort. Laut *Ernst*, die sich mit dem Nutzen und den Erfolgsfaktoren von Coworking beschäftigt hat, entwickelt sich die „Seele des Raums" nämlich nicht nur „durch seine Einrichtung, seine Nutzer oder Nutzungsarten, sondern auch mit dem Einfluss der Persönlichkeit des Betreibers".[31] Die Autorin vergleicht die Funktion eines/einer Coworking Space-Betreiber:in respektive Kümmerers/Kümmerin mit der eines Wirtes. Zwar ist dieser zum einen verantwortlich für die Bereitstellung verschiedener Ressourcen, die Herstellung einer entsprechenden Infrastruktur, das Angebot an verschiedenen Service-Leistungen oder das Akquirieren potenzieller Nutzer.[32] Zum anderen sorgt er aber auch dafür, dass eine gewisse Wohlfühlatmosphäre für die Nutzer entsteht und der Coworking Space Gastfreundlichkeit ausstrahlt. Somit hat der Kümmerer/ die Kümmerin die Möglichkeit je nach Raum- und Führungskonzept den Charakter des Coworking Space zu definieren und zu beeinflussen.[33]

Mit eine der größten Herausforderungen stellt die Kommunikation des Coworking-Angebotes gegenüber der Zielgruppe dar. Vielen Menschen in ländlichen Regionen ist das Konzept des Coworking gänzlich unbekannt. In diesem Zusammenhang sollte die sich kümmernde Person als Multiplikator fungieren und die Idee des Coworking sowie die Begeisterung für das Projekt in die Ortsgemeinschaft tragen und die Zielgruppe auf einer persönlichen Ebene ansprechen.

---

[31] Ernst (2014), S. 36.

[32] Vgl. Ernst (2014), S. 11.

[33] Vgl. Ernst (2014), S. 23.

Öffnungszeiten und Zugänglichkeit

Die Verfügbarkeit des Coworking Space zu geregelten Öffnungszeiten trägt zu einer Reduzierung des bürokratischen Aufwands für den Betreibenden bei. Allerdings sollten die Öffnungszeiten des Coworking Space flexibel und nach Bedarf der Nutzerschaft festgelegt werden. Es empfiehlt sich deshalb, bei der Gestaltung der Öffnungszeiten verstärkt die Frequentierung des Coworking Space durch die Nutzenden zu beachten. Das Anbringen einer Schließanlage, die den Zugang zum Coworking Space mit einem Chip ermöglicht, wird als sinnvoll erachtet. So können die Nutzenden selbstständigen Zugang zum Coworking Space erhalten und diesen damit auch außerhalb der regulären Öffnungszeiten nutzen. Dies entspricht dem Wunsch der Nutzenden nach mehr Flexibilität im Alltag. Für Betreiber:innen eines Coworking Space sind elektronische Schließsysteme vor allem deswegen interessant, weil sie einen guten Überblick über die Nutzung ihrer Räumlichkeiten behalten.

Auch die Anmeldung bzw. die Registrierung im Coworking Space soll so beschaffen sein, dass auf Anfragen schnell und unkompliziert reagiert werden kann und nicht gezwungenermaßen immer eine Ansprechperson vor Ort sein muss. Ein Online-Buchungstool erleichtert einerseits die Einbuchung für die Nutzer:innen und andererseits die Arbeitsplatzzuweisung und Koordinierung für die Betreiber:innen. Neue Nutzer:innen sollten im Idealfall immer persönlich vor Ort empfangen werden und eine Führung durch die Räumlichkeiten, Hinweise zu den Nutzungsbedingungen sowie den persönlichen Zugangs-Chip erhalten. Auch unverbindliche Vorab-Besichtigungen sollten möglich sein.

Tarifsystem

Es scheint sinnvoll das Angebot verstärkt auf dauerhafte Nutzer:innen auszurichten, die über einen längeren Zeitraum regelmäßig und meist an festen Tagen den Coworking Space nutzen. Nichtsdestotrotz sollte der Coworking Space auch Personen zur Verfügung stehen, die ihn eher kurzfristig nutzen wollen. Somit bietet sich eine flexible Tarifgestaltung an (z. B. Tagesticket, Wochenticket und Monatsticket). Die Nutzungsverträge sollten kurzfristig bis zum Ende eines Monats kündbar sein.

Begriff „Coworking"

Während das Coworking-Konzept in den urbanen Räumen großen Anklang zu finden scheint, bedarf es im ländlichen Raum einiges an Erklärungsarbeit. Das liegt vor allem an der Begrifflichkeit. Der Anglizismus „Coworking" ist schwer greifbar und führt dazu, dass viele Personen das Konzept nicht mit sich in Verbindung bringen. Weil das Konzept so fremd erscheint, ist es essenziell, die Leute wiederholt damit zu konfrontieren. Es gilt, die Vorteile für die verschiedenen Nutzergruppen klar zu definieren und herunterzubrechen, um den persönlichen Bezug einer Person zum Coworking-Konzept herzustellen. Unter Umständen bietet es sich an, bei der Namensgebung eines Coworking Space auf alltagsnähere Sprache zurückzugreifen.

Wirtschaftlichkeit

Coworking auf dem Land benötigt Zeit und langen Atem, um eigenständig wirtschaftlich zu funktionieren. Es empfiehlt sich, Coworking Spaces im ländlichen Raum zunächst nicht als lukratives Geschäftsmodell zu verstehen. Meist stellt das Erreichen einer kritischen Masse an Nutzer:innen vor allem in dünn besiedelten Regionen außerhalb der Speckgürtel größerer Städte eine Herausforderung dar. Aus diesem Grund bietet es sich an, das Coworking- Angebot in bereits bestehende kommunale Strukturen zu integrieren, wie z. B. Hotels, Gastronomie oder bestehende Dorfgemeinschaftshäuser.[34] Dort wo aufgrund fehlender Nachfolge im Einzelhandel, untragfähiger Geschäftsmodelle und sinkender Nachfrage, Geschäfte, Cafés, Gasthäuser sowie soziale Treffpunkte nicht mehr existieren, kann ein Coworking Space aber auch als Basisstruktur für den Ausbau weiterer Serviceangebote in einer Kommune fungieren. Beispielsweise kann das Coworking-Angebot ergänzt werden durch ein Café, Seminar- oder Veranstaltungsräume, eine Poststelle, einen Kopierladen, einen Seniorentreff etc.[35] Durch den Einsatz solcher multifunktionaler Nutzungskonzepte kann ein Coworking Space Lücken schließen, „als Keimzelle oder Katalysator" funktionieren und eine tragende Rolle in der Dorfentwicklung einnehmen.[36]

Zwar existieren in der Regel keine Fördertöpfe, die ausschließlich für die Einrichtung eines Coworking Space gedacht sind, doch bietet sich die Option der teilweisen Förderung als Bestandteil eines anderen Projekts oder als Leuchtturmmaßnahme. In ländlichen Regionen besteht meist die Möglichkeit über das LEADER-Programm, die regionale Wirtschaftsförderung oder im Rahmen unterschiedlicher Förderprogramme aus den Bereichen Digitalisierung, Ländliche Entwicklung, Wirtschaft, Existenzgründung, Strukturwandel Anschub- oder Teilfinanzierung für den Aufbau eines Coworking Space zu erhalten.

16.7   Corona als Katalysator für Coworking im ländlichen Raum

Aus den Ergebnissen der im Februar/März 2019 seitens des TCG durchgeführten Befragung zur Evaluierung des Bedarfs und der Anforderungen an einen Coworking Space in der Modellregion ließ sich folgern, dass das Konzept des Coworking bei der überwiegenden Bevölkerung in der Modellregion bisher wenig bekannt war oder nicht mit der eigenen Person in Verbindung gebracht wurde. Die Notwendigkeit der Nutzung eines Coworking Space wurde oft nicht gesehen. Auch war das Thema Coworking und dezentrales Arbeiten bislang in wenigen der befragten Unternehmen von großer Relevanz.

---

[34] Vgl. Voll et al. (2021), S. 20.

[35] Vgl. Bundesministerium für Ernährung und Landwirtschaft (BMEL) (2021), S. 13.

[36] Voll et al. (2021), S. 20.

Seit Ausbruch der Corona-Pandemie ist allerdings ein unerwarteter und umfassender Wandel der Arbeitswelt zu beobachten. Quasi über Nacht mussten alle Prozesse auf Homeoffice und dezentrales Arbeiten umgestellt werden. Arbeitsmodelle, die schon lange existieren, in vielen Unternehmen lange Zeit allerdings nicht konsequent umgesetzt wurden, haben durch Corona Aufschwung erfahren und sich bewährt. Zwar stellte die durch die Corona -Pandemie erzeugte Situation Arbeitgebende und Arbeitnehmende gleichermaßen vor große Herausforderungen, doch könnte sie nun als Katalysator zu einer dauerhaften Veränderung von Arbeitskulturen führen und die Akzeptanz für ortsunabhängiges Arbeiten steigern. Aufgrund der Tatsache, dass Flexibilität am Arbeitsplatz aus der Not heraus breitflächig ermöglicht werden musste, könnten sich Vorbehalte gegen Formen des dezentralen Arbeitens nachhaltig auflösen und neue, flexiblere Arbeitsroutinen herausbilden. Das Konzept des Coworking und andere Formen von flexiblem Arbeiten könnten so zu einem essenziellen Bestandteil der Unternehmenskultur bzw. der Gesellschaft werden. Die stetige Akkumulation von Wissen darüber, wie ortsunabhängiges Arbeiten in der Praxis erfolgreich funktionieren kann, bedeutet gerade für ländliche Regionen große Chancen:[37] Arbeitnehmer:innen müssen nicht mehr täglich weite Pendelstrecken zu ihren Arbeitsorten in Kauf nehmen, was Zeit und Geld spart sowie Umweltbelastungen reduziert. Weniger pendeln bedeutet zudem mehr freie Zeit, eine bessere Vereinbarkeit von Familie und Beruf und damit mehr Lebensqualität. Für Arbeitgebende ergibt sich der Vorteil, dass für ihre Mitarbeiter:innen im Coworking Space fokussiertes Arbeiten ohne Ablenkung möglich ist. Zudem schaffen moderne Arbeitsbedingungen in Zeiten des Fachkräftemangels gezielt Anreize für hochqualifiziertes Personal und erhöhen so die Unternehmensattraktivität. Aus gesellschaftspolitischer Sicht trägt ein Coworking Space zur Verkehrsreduzierung in den Ballungszentren, zu CO_2-Einsparung durch reduzierte Pendelverkehre und zur Verlagerung der Wertschöpfung in die Modellregion bei, da beispielsweise die mittägliche Leberkässemmel vom heimischen Metzger gekauft wird.

Durch das Erkennen und Nutzen der Potenziale, die der digitale Wandel für den Themenbereich „Arbeiten" birgt, bekommen ländliche Regionen eine neue Perspektive. Denn „nur dort, wo Menschen eine Arbeit finden, wo sie für ihre Familie sorgen können, nur dort hat das Leben auf dem Land gegen den demografischen Wandel eine Chance. Wo es Arbeit gibt, lebt eine Region. Wo es Arbeit gibt, ziehen nicht so viele junge Menschen weg oder sie kommen nach ihrer Ausbildung wieder zurück. Dann entstehen soziales Leben, neue Kulturvereine, Kitas oder der Sportverein bleibt."[38]

Zwar ist ein Coworking Space nicht die alleinige Antwort auf die Herausforderungen in ländlichen Regionen, kann aber durch eine erfolgreiche Integration in bestehende Strukturen als physisch analoger Ort für Innovation und Gemeinschaft fungieren und einen wichtigen Beitrag zur Daseinsvorsorge leisten.

---

[37] Vgl. Senft und Tober (2020).

[38] Steinmeier (2019), S. 4.

Literatur

Bähr, U., Biemann, J., Lietzau, J., & Hentschel, P. (2020). *Coworking im ländlichen Raum: Menschen, Modelle, Trends.* Bertelsmann Stiftung.

Bundesinstitut für Bau-, Stadt-, und Raumforschung (BBSR). (15.06.2021). 19,6 Millionen Beschäftigte arbeiten in anderen Gemeinden. https://www.bbsr.bund.de/BBSR/DE/startseite/topmeldungen/2021-pendeln.html. Zugegriffen am 14.01.2022.

Bundesministerium für Ernährung und Landwirtschaft (BMEL). (2021). Coworking auf dem Land. Wie es gelingt und was es dafür braucht. https://www.bmel.de/SharedDocs/Downloads/DE/Broschueren/coworking-land-bule.pdf?__blob=publicationFile&v=7. Zugegriffen am 13.01.2022.

Bundesverband Coworking Spaces Deutschland e. V. (BVCS). (16.06.2020). Zahl der Coworking Spaces hat sich vervierfacht. Frank Bärmann, baermann@conpublica.de. https://www.bundesverband-coworking.de/2020/06/zahl-der-coworking-spaces-hat-sich-vervierfacht/. Zugegriffen am 12.01.2022.

Dähner, S., Reibstein, L., Amberger, J., Sütterlin, S., Slupina, M., & Hinz, C. (2021). *Digital aufs Land. Wie kreative Menschen das Leben in Dörfern und Kleinstädten neu gestalten.* Berlin-Institut für Bevölkerung und Entwicklung & Wüstenrot Stiftung Berlin. https://www.berlin-institut.org/fileadmin/Redaktion/Publikationen/153_Digital_aufs_Land/Digital_aufs_Land_Online.pdf. Zugegriffen am 29.09.2022.

Döring, S. (2010). Zusammen flexibel ist man weniger allein? Eine empirische Analyse der neuen Arbeitsform Coworking als Möglichkeit der Wissensgenerierung. (1). In *Wirtschaftswissenschaftliche Schriften No. 01/2010. Ernst-Abbe-Fachhochschule, Fachbereich Betriebswirtschaft, Jena.* https://www.econstor.eu/bitstream/10419/43699/1/643787631.pdf. Zugegriffen am 29.09.2022.

Engstler, M. (2018). Coworking im ländlichen Raum: Moderne Arbeitsorte nicht nur für Kreative. In Agrarsoziale Gesellschaft e. V. (Hrsg.), *Ländlicher Raum. Dorf- und Regionalentwicklung, 69(03),* 88–91. https://www.asg-goe.de/pdf/LR0318.pdf. Zugegriffen am 13.04.2019.

Ernst, C. (2014). *Nutzen und Erfolgsfaktoren von Coworking Spaces.* Bachelorarbeit, Hochschule Merseburg.

IHK Niederbayern. (2020). Pendlerströme 2020. Mobilität in der Arbeitswelt, 2020. https://www.ihk-niederbayern.de/share/flipping-book/4860478/flippingbook.pdf. Zugegriffen am 12.01.2022.

Knapp, M., & Disho, S. (2017). Coworking Spaces und berufliche Mikro-Selbstständigkeit. Empirische Ergebnisse zu den Nutzungsmotiven bei Solo-Selbstständigen und Selbstständigen mit Mitarbeitern. In *lfs Discussion Paper* (1).

Lobeck, M. (2017). *Digitale Zukunft auf dem Land. Wie ländliche Regionen durch die Digitalisierung profitieren können.* Bertelsmann Stiftung. https://d-nb.info/113907217X/34. Zugegriffen am 29.09.2022.

Rüger, H. (o. J.). Was das Pendeln mit unserer Gesundheit macht. Ergebnisse aus der Stress- und Mobilitätsforschung. In: Mobilität gestalten, Stillstand verhindern. Analysen, Praxisberichte und Aktuelles zum betrieblichen Mobilitätsmanagement in Deutschland, S. 18–21. https://s3.eu-central-1.amazonaws.com/www.ace.de/dokumente/presse/Broschuere-Mobilitaet-gestalten-Stillstand-verhindern.pdf. Zugegriffen am 14.01.2022.

Schön, S., Horlemann, L., & Westenberg, D. (2015). MORO Praxis Heft 1. *Sicherung des Fachkräfteangebotes im ländlichen Raum.* BMVI. https://www.bbsr.bund.de/BBSR/DE/veroeffentlichungen/ministerien/moropraxis/2015/DL_MORO_Praxis_1_15.pdf?__blob=publicationFile&v=1. Zugegriffen am 29.09.2022.

Senft, J., & Tober, I. (2020). Digitale Arbeit auf dem Land – wie Corona neue Zukunftschancen eröffnet. https://dorf-macht-zukunft.de/digitale-arbeit-auf-dem-land-wie-corona-neue-zukunftschancen-eroeffnet/. Zugegriffen am 17.01.2022.

Steinmeier, F.-W. (2019). Bundespräsident Frank-Walter Steinmeier beim „Zukunftsforum Ländliche Entwicklung" auf der Internationalen Grünen Woche am 23. Januar 2019 in Berlin. https://www.bundespraesident.de/SharedDocs/Downloads/DE/Reden/2019/01/190123-Gruene-Woche-Zukunftsforum.pdf?__blob=publicationFile. Zugegriffen am 12.04.2019.

Stiefel, K.-P. (2018). „It's just about fun": Was ist so faszinierend am Coworking? https://blog.iao.fraunhofer.de/its-just-about-fun-was-ist-so-faszinierend-am-coworking/. Zugegriffen am 08.01.2019.

Voll, J., Cordes, C., & Henkels, W.-N. (2021). Coworking-Kultur im ländlichen und urbanen Raum. Hrsg von German Coworking Federation e. V. https://www.coworking-germany.org/wp-content/uploads/2021/05/Expertise-GCF-2021-CW-SatdtLand.pdf. Zugegriffen am 17.01.2022.

Digitaler Anmeldeprozess für Saisonarbeitskräfte „Dahuim Anmelden"

Lisa-Marie Hanninger und Jessica Laxa

Zusammenfassung

Das deutsche Meldewesen und das europäische Freizügigkeitsgesetz erfordern im Status quo einen bürokratischen Prozess der Wohnsitzanmeldung und Aufenthaltsanzeige für ausländische Saisonarbeitskräfte. Zum komplizierten Behördendeutsch und den Sprachbarrieren kommt die schlechte Erreichbarkeit des nächsten Meldeamtes im ländlichen Raum erschwerend hinzu. Ziel dieser Arbeit ist es, die Problematik des Meldewesens für ausländische Mitbürger:innen herauszustellen und den Weg zu einer Neuumsetzung auf digitaler Basis zu erläutern. Mittels des digitalen, nutzerfreundlichen und mehrsprachigen Meldesystems „Dahuim Anmelden" gestaltet sich seit Sommer 2021 der Anmeldeprozess für Saisonarbeitskräfte effizienter und einfacher. Durch die digitale Durchführung wird eine höhere Datenqualität und Zeitersparnis im gesamten Meldeprozess erreicht. „Dahuim Anmelden" wurde im Rahmen des von der Bayerischen Staatsregierung geförderten Projekts „Digitale Hörnerdörfer Allgäu" entwickelt und umgesetzt.

Schlüsselwörter

Digitale Transformation · Wohnsitzanmeldung · Meldewesen · Onlinedienste · Freizügigkeitsgesetz

L.-M. Hanninger · J. Laxa (✉)
Technische Hochschule Deggendorf, Technologie Campus Grafenau, Grafenau, Deutschland
E-Mail: Lisa-Marie.Hanninger@th-deg.de; Jessica.Laxa@th-deg.de

D. Ahrens (Hrsg.), *Smart Region: Angewandte digitale Lösungen für den ländlichen Raum*, https://doi.org/10.1007/978-3-658-38236-0_17

17.1   Einführung

In Deutschland gilt, wie in vielen anderen Staaten, die Meldepflicht. Die erhobenen Meldedaten dienen den Behörden unter anderem als Planungsgrundlage für Kita- und Schulplätze oder zur Vorbereitung von Wahlen.[1] Doch nicht nur deutsche Staatsbürger:innen sind davon betroffen: Auch ausländische Staatsangehörige müssen, sofern sie als Arbeitskraft eine Wohnung in Deutschland beziehen, diese anmelden bzw. ihren Aufenthaltsort anzeigen. Neben Sprachbarrieren erschweren auch das schwer verständliche Behördendeutsch und die komplexen Prozesse innerhalb und zwischen den Behörden die Erfüllung der Meldepflicht. Aus diesen Rahmenbedingungen gehen oft fehler- oder lückenbehaftete Meldeformulare hervor, die einen zeitintensiven Kommunikations- und Klärungsaufwand für die Angestellten in den Behörden darstellen. Dieser Prozess kann im Zuge der Digitalisierung effizienter und barrierefreier gestaltet werden.

Folgender Beitrag beschreibt die Herausforderungen, die rechtlichen Rahmenbedingungen, sowie den Entwicklungszyklus zur Implementierung der digitalen Lösung „Dahuim Anmelden" sowie erste Erfahrungen im Pilotbetrieb. Die Konzeption und Umsetzung wurde vom Technologie Campus Grafenau (TCG), einer Forschungseinrichtung der Technischen Hochschule Deggendorf, durchgeführt. Diese Innovation ist Teil des Projekts „Digitale Hörnerdörfer Allgäu", als einem von fünf bayerischen digitalen Modelldörfern, welches von der Bayerischen Staatsregierung gefördert und vom Bayerischen Staatsministerium für Wirtschaft, Landesentwicklung und Energie (StMWi) koordiniert wird.

Nach einer Übersicht über die Problemstellung und die rechtlichen Vorgaben im deutschen Meldewesen, werden der Status quo in den Verwaltungsdienstleistungen dargestellt und darauf aufbauend die Anforderungen an eine digitale Lösung zur Wohnsitzanmeldung entwickelt. Der Beitrag schließt mit der Darstellung der Entwicklung des neuen Vorgehens, beleuchtet erste Erfahrungen aus der Praxis sowie Limitationen und gibt einen Ausblick zum weiteren Projektverlauf.

17.2   Analyse des derzeitigen Anmeldeprozesses für Saisonarbeitskräfte

17.2.1 Rechtliche Lage zum Meldewesen und zur Aufenthaltsanzeige für EU-Bürger:innen

Das Meldewesen ist im Bundesmeldegesetz (BMG) geregelt und findet Umsetzung in den Kommunen. § 17 (1) BMG erklärt:

Wer eine Wohnung bezieht, hat sich innerhalb von zwei Wochen nach dem Einzug bei der Meldebehörde anzumelden.

---

[1] Vgl. Bundesministerium des Innern und für Heimat (17. Juni 2021).

Um Scheinanmeldungen vorzubeugen, sind Wohnungsgebende gem. § 19 BMG seit 2015 wieder verpflichtet, der meldepflichtigen Person den Einzug zu bescheinigen. Diese Wohnungsgeberbestätigung muss ausgefüllt in Papierform vorgelegt werden. Alternativ kann der Wohnungsgebende der Meldebehörde den Einzug über spezielle Programmdienste elektronisch melden und das dadurch generierte Zuordnungsmerkmal der meldepflichtigen Person mitteilen, damit das Meldeamt einen Abgleich vornehmen kann. Die digitale Funktion muss jedoch von der betroffenen Kommune bei einem Dienstleister eingekauft werden.

Es gibt allerdings Ausnahmen von der Meldepflicht. Nach § 27 Abs. 2 BMG müssen Personen, die sonst im Ausland wohnen, ihre Wohnung in Deutschland bei der Meldebehörde erst dann anmelden, wenn der neue deutsche Wohnsitz nach drei Monaten immer noch besteht.

Neue Wohnsitzdaten betreffen auch ausgestellte deutsche Ausweisdokumente. Nach § 5 Personalausweisgesetz (PAuswG) bzw. § 4 Paßgesetz (PaßG) sind die Anschrift bzw. der Wohnort Bestandteil des Personalausweises bzw. Reisepasses. Änderungen müssen entsprechend von der Meldebehörde vor Ort im Ausweisdokument eingetragen werden. Daher ist eine reine Online-Ummeldung für deutsche Staatsangehörige bislang nicht möglich.

Die Einreise und der Aufenthalt von EU- und EWR-Bürger:innen sind im Gesetz über die allgemeine Freizügigkeit von Unionsbürger:innen (FreizügG/EU) geregelt. Der Begriff Freizügigkeit beschreibt das Recht zur freien Wahl des Wohn- und Aufenthaltsorts innerhalb der EU-/EWR-Staaten.[2] Die Freizügigkeit wiederum begründet gemäß § 2 Abs. 1 FreizügG/EU das Recht auf Einreise und Aufenthalt innerhalb der EU-/EWR-Staaten:

Freizügigkeitsberechtigte Unionsbürger und ihre Familienangehörigen haben das Recht auf Einreise und Aufenthalt nach Maßgabe dieses Gesetzes.

Dabei reicht für einen Aufenthalt von bis zu drei Monaten gemäß § 2 Abs. 5 FreizügG/EU der Besitz eines gültigen Personalausweises oder Reisepasses aus. Bei einem Aufenthalt von mehr als drei Monaten kann die zuständige Ausländerbehörde verlangen, „dass die Voraussetzungen des Rechts nach § 2 Abs. 1 […] glaubhaft gemacht werden." Dies fällt in den Zuständigkeitsbereich der betroffenen Landratsämter. EU-Bürger:innen müssen demnach im dort zuständigen Amt ihren Aufenthalt anzeigen und Angaben dazu, speziell zur Bestreitung ihres Lebensunterhalts, machen. Diese Aufenthaltsanzeige soll sicherstellen, dass die in diesem Fall deutschen Sozialsysteme nicht belastet werden. Das Aufenthaltsrecht ist damit nicht absolut, sondern an Bedingungen geknüpft.

Folglich müssen ausländische Staatsbürger:innen aus der Europäischen Union bei einem Aufenthalt von über drei Monaten einerseits bei der Meldebehörde ihren Wohnsitz anmelden und andererseits beim Ausländeramt ihren Aufenthalt anzeigen müssen.

---

[2] Vgl. Europäische Kommission (1. August 2018).

17.2.2 Der Anmeldeprozess für ausländische Saisonarbeitskräfte in Balderschwang

Der 366-Seelen-Ort[3] Balderschwang im südlichen Allgäu erfreut sich bei Urlaubsgästen großer Beliebtheit. Die hohe Nachfrage wird von vielen Herbergsbetrieben, u. a. 27 Beherbergungsstätten mit zehn oder mehr Gästebetten,[4] davon fünf Hotels, bedient. Unterstützung finden diese in zahlreichen Saisonarbeitskräften vornehmlich aus Osteuropa, welche gewöhnlich mehr als drei Monate in Balderschwang bleiben. Dies erfordert aus rechtlicher Sicht für die Personen aus dem EU-Ausland zwei grundsätzlich voneinander unabhängige, parallele Anmeldevorgänge bei zwei unterschiedlichen Behörden, für die allerdings teilweise dieselben Daten gemeldet werden müssen:

- Unionsbürger:innen, also Staatsangehörige der jeweils anderen Mitgliedstaaten der Europäischen Union, müssen gemäß Gesetz über die allgemeine Freizügigkeit von Unionsbürgern (FreizügG/EU), wenn sie länger als drei Monate als Saisonarbeitskräfte in Balderschwang arbeiten möchten, eine **Anzeige des Aufenthalts im Ausländeramt (A)** beim jeweils zuständigen Landratsamt, hier im Landratsamt Oberallgäu in Sonthofen, machen. Schwerpunkt dieser Datenerfassung liegt auf den Angaben zum Zweck des Aufenthalts und zum Recht auf Freizügigkeit.
- Das Bundesmeldegesetz (BMG) bedingt unabhängig von der Staatsbürgerschaft die **Meldung des neuen Wohnsitzes** im Einwohnermeldeamt der Gemeinde, auch Meldebehörde genannt. Im vorliegenden Fall betrifft dies das **Bürgerbüro (B)** der Verwaltungsgemeinschaft Hörnergruppe in Fischen im Allgäu. Ziel ist die lückenlose Erfassung der relevanten persönlichen Daten, der Meldedaten zu den vorhandenen Wohnsitzen in Deutschland sowie amtlicher Urkunden zum Familienstand.

Die einfache Fahrtstrecke von Balderschwang zu diesen beiden Ämtern beträgt 23 bzw. 18 km. Da die Saisonarbeitskräfte zumeist nicht mit eigenen Kraftfahrzeugen anreisen, bleibt im ÖPNV nur der Bus als Alternative. Die Strecke zum Bürgerbüro in Fischen dauert allein je nach gewählter Verbindung zwischen 00:39 und 02:09 Std. und erfordert gemäß einer durchgeführten Stichprobenrecherche bei mona, der Mobilitätsgesellschaft für den Nahverkehr im Allgäu,[5] bis zu drei Umstiege. Darüber hinaus kollidieren für die Saisonarbeitskräfte im Gastgewerbe meist ihre Arbeitszeiten mit den Öffnungszeiten des Bürgerbüros (B) bzw. Ausländeramts (A).

Der Prozess der Wohnsitzanmeldung bzw. Aufenthaltsanzeige gestaltete sich für die Saisonarbeitskräfte bislang wie folgt: Die ausländische Saisonarbeitskraft erhält von Beschäftigten der Gästeinformation, die im sog. „Dorfhaus" in Balderschwang untergebracht ist, die notwendigen Formulare: Anmeldung (B), Beiblatt zur Anmeldung (B),

---

[3] Vgl. Bayerisches Landesamt für Statistik (31. Mai 2021), S. 6.

[4] Vgl. Bayerisches Landesamt für Statistik (31. Mai 2021), S. 16.

[5] Erreichbar unter https://www.mona-allgaeu.de/.

Aufenthaltsanzeige (A). Die Antragsteller:innen füllen diese entweder noch vor Ort im Dorfhaus, zumeist mit dem Gemeindepersonal, oder im anstellenden Hotel, zumeist mit einem anderen, deutschsprachigen Hotelbeschäftigten, aus. Sprachbarrieren und komplizierte amtliche Begriffe auf den Formularen verhindern regelmäßig das selbstständige Ausfüllen. Ein Ausschnitt aus dem Wohnsitzanmeldeformular in Papierformular (für B) ist in Abb. 17.1 aufgeführt. Darüber hinaus müssen die antragstellenden Saisonarbeitskräfte manche Angaben zu ihrer Person und ihrem Aufenthalt doppelt, angesichts der Formulare von zwei unterschiedlichen Ämtern (A+B) eintragen.

Im Dorfhaus erfolgt bei der Abgabe der Formulare der Abgleich des Antragstellenden mit dem Ausweisdokument durch die Verwaltungsmitarbeiter:innen. Die Beschäftigten der Gästeinformation fertigen Farbkopien von demselben sowie sonstigen Nachweisen an, etwa der verpflichtenden Wohnungsgeberbestätigung (für B) oder freiwilligen Statusnachweisen wie Heiratsurkunden oder Geburtsurkunden von minderjährigen Kindern (für B). Die ausgefüllten Formulare werden mit den Farbkopien per Hauspost von Balderschwang aus verschickt: Die Wohnsitzanmeldung nach Fischen im Allgäu ins Bürgerbüro (B) und die Aufenthaltsanzeige nach Sonthofen ins Ausländeramt (A). Angestellte des Bürgerbüros (B) pflegen die Anträge händisch in die kommunale Meldesoftware ein. Das dort zuständige Personal stößt nicht selten auf lückenhaft ausgefüllte Anträge, die Nachfragen beim Antragstellenden erfordern und entsprechend den Anmeldeprozess verlängern. Liegen alle Angaben vor, stellt das Personal des Bürgerbüros eine Meldebestätigung aus, die postalisch zurück nach Balderschwang an die neu angemeldete Adresse versandt wird. Im Ausländeramt (A) wird der Antrag der Aufenthaltsanzeige nach Prüfung und ggf. Vervollständigung der Daten eingescannt und als eAkte abgelegt.

Nachfolgende Abb. 17.2 verdeutlicht den schematischen Prozess im Status quo und die involvierten Anspruchsgruppen grafisch.

Tagesstempel	Amtl. Vermerke	**Anmeldung**	
Neue Wohnung		**Bisherige Wohnung**	
Gemeindekennzahl		**Gemeindekennzahl**	

Abb. 17.1 zeigt einen Ausschnitt des Anmeldeformulars mit Feldern für neue und bisherige Wohnung.

Abb. 17.1 Ausschnitt aus dem Formular für die Wohnsitzanmeldung. (Quelle: VGem. Hörnergruppe – Bürgerbüro)

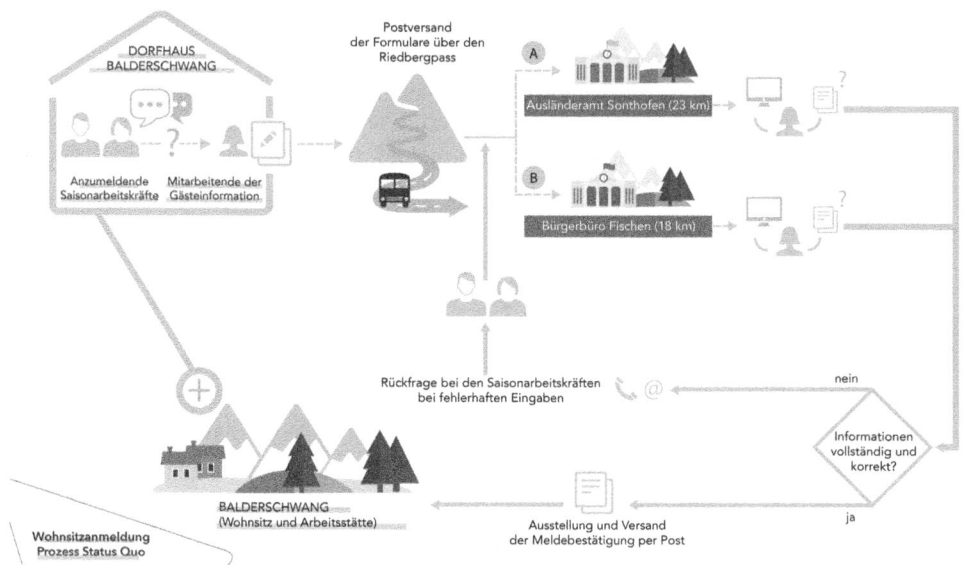

Abb. 17.2 Status quo Prozess der Wohnsitzanmeldung (B) und Aufenthaltsanzeige (A) für Saison-arbeitskräfte in Balderschwang (EU-Bürger:innen). Eigene Darstellung

17.2.3 Prozessanalyse

Zur Erhebung des Status quo und zur Erstellung einer Vergleichsbasis für eine optimierte digitale Lösung wurden die Mitarbeitenden im Dorfhaus und im Bürgerbüro (B) gebeten, die Zeitdauern und Besonderheiten der Anmeldungen in einem Tabellenkalkulationspro-gramm zu dokumentieren. Die Datenerfassung erfolgte im Zeitraum Dezember 2019 bis November 2020. Im Dorfhaus erfasste das Personal die benötigte Zeitdauer für die Erklä-rung der Formulare, die Anzahl der angefertigten Kopien sowie sonstige qualitative Be-sonderheiten. Vom 3. Dezember 2019 bis 8. Februar 2020 wurden lediglich 16 Vorgänge erfasst, deren Analyse aufgrund der geringen Anzahl keine verallgemeinerbaren Ergeb-nisse erlaubt. Durch die personellen Engpässe in der Gästeinformation besonders in der Hochsaison konnten nicht alle Vorgänge dokumentiert werden. Im Mittel benötigen die Mitarbeitenden der Gästeinformation je Saisonarbeitskraft zehn Minuten, um die Unterla-gen auszuhändigen, die Vorgehensweise zu erklären und Kopien der Ausweisdokumente anzufertigen. Das betroffene Personal bewertete dies aufgrund des übrigen Arbeitspen-sums als nicht unerheblichen Aufwand. Viele Saisonarbeitskräfte erhalten die Blankofor-mulare inkl. Einweisung direkt bei ihrer Arbeitsstelle im Hotel, die dort angefallenen Auf-wände wurden nicht erfasst.

Auch die Mitarbeitenden im Bürgerbüro (B) zeichneten die eingehenden Vorgänge tabellarisch auf. Sie dokumentierten etwa die benötigte Zeit für die Kontrolle der For-

Zeit für Kontrolle des Formulars [Min.]		Qualität der Anträge		Zeit für Eingabe in Meldesoftware + Scannen Unterlagen + Versand Meldebestätigung [Min.]		Anzahl Tage bis Bearbeitungsende, falls nicht am Tag des Bearbeitungsbeginns		Anzahl beigelegte Unterlagen	
Ø	2,04	Anteil lückenhaft		Ø	6,56	Ø	16,11	Ø	3,72
Median	2	51 %		Median	6			Median	4
Min	1	Anteil klärungsbedürftig		Min	1	Min	1	Min	2
Max	6	51 %		Max	15	Max	106	Max	5

Abb. 17.3 Tabellarische Übersicht der Status quo Erfassung im Bürgerbüro. Eigene Darstellung

mulare, für die händische Eingabe der Daten in die Meldesoftware, das Einscannen der Unterlagen sowie das Versenden der Meldebestätigung. Im Zeitraum vom 5. Dezember 2019 bis 17. November 2020 wurden Daten zu 80 Anmeldungen gesammelt. Die Ergebnisse der Auswertung sind in Abb. 17.3 dargestellt und werden im darauffolgenden Absatz erläutert.

Es wird ersichtlich, dass die Gemeindemitarbeitenden im Bürgerbüro im Schnitt gut zwei Minuten für die Kontrolle der Formulare benötigen. Mehr als die Hälfte der Anträge ist lückenhaft, was für das Personal Mehraufwand durch Nachfassen und Einholen der fehlenden Daten bedeutet. Kann, wie in 44 % der Fälle, ein lückenhafter Vorgang nicht am selben Tag abgeschlossen werden, dauert es im Schnitt 16 Kalendertage, bis die fehlenden Informationen per Telefonat oder E-Mail eingeholt sind und der Vorgang vollendet werden kann. Die Antragstellenden legen durchschnittlich fast vier Dokumente und Nachweise wie standesamtliche Urkunden als Kopien bei. Für die lückenhaften Fälle sind entweder mindestens ein Telefonat und/oder mindestens eine E-Mail nötig, um die fehlenden Informationen einzuholen. Sind alle Informationen verfügbar bzw. eingeholt, fallen für die Eingabe in die Meldesoftware, das Scannen der Unterlagen und den postalischen Versand der Meldebestätigung rund 6,6 Minuten je Vorgang an.

17.3 Überblick über bestehende relevante Onlinedienste

Der Freistaat Bayern ist in 2056[6] Kommunen (d. h. Gemeinden, Märkte und Städte) gegliedert. Grundsätzlich gilt gemäß Art. 1 des Bayerischen Gesetzes zur Ausführung des Bundesmeldegesetzes (BayAGBMG), dass Meldebehörden die bayerischen Gemeinden

---

[6] Bayerische Staatsregierung (o. J.).

sind. Da sich manche Gemeinden über Verwaltungsgemeinschaften organisieren, ist die Anzahl der Meldebehörden kleiner als die der Gemeinden in Bayern (1385 vs. 2056[7]). Auch die Verwaltungsgemeinschaft Hörnergruppe mit den Gemeinden Fischen im Allgäu, Ofterschwang, Bolsterlang, Obermaiselstein und Balderschwang führt ein gemeinsames Rathaus mit den entsprechenden Ämtern, wobei jede Kommune ihr eigenes Oberhaupt stellt. Zur Erinnerung: Die beiden letztgenannten Kommunen bilden die Pilotregion „Digitale Hörnerdörfer Allgäu".

Eine stärkere Digitalisierung von kommunalen Verwaltungsleistungen soll durch das bundesweite Gesetz zur Verbesserung des Onlinezugangs zu Verwaltungsleistungen, kurz Onlinezugangsgesetz (OZG), vorangetrieben werden. Hiernach wird in § 1 (1) OZG bis spätestens 2022 folgendes gefordert:

> *Bund und Länder sind verpflichtet, bis spätestens zum Ablauf des fünften auf die Verkündung dieses Gesetzes folgenden Kalenderjahres ihre Verwaltungsleistungen auch elektronisch über Verwaltungsportale anzubieten.*

Das Gesetz verpflichtet öffentliche Verwaltungen gemäß §§ 1 und 3 OZG zum Online-Angebot aller Verwaltungsleistungen, zum Bereitstellen von Nutzerkonten und zu deren Verknüpfung zum Portalverbund. Seitens des Freistaats Bayern sind über das BayernPortal Informationen und Services zu staatlichen und kommunalen Verwaltungsleistungen gebündelt.[8] Unter https://www.freistaat.bayern/suche/onlineservice ist zudem einsehbar, welche Onlinedienste eine Kommune derzeit anbietet. Zugänglich sind diese für die Bürger:innen auf den kommunalen Webseiten bzw. über Anbietende von kommunalen Softwarelösungen, die von Kommune zu Kommune verschieden sind. Die AKDB,[9] nach eigenen Angaben mit etwa 60 % Marktanteil[10] marktführend in Bayern, stellt das sogenannte Bürgerserviceportal zur Verfügung. Einen weiteren großen Marktanteil, etwa 40 %,[11] besetzt die komuna GmbH. Zum Thema Wohnsitz können Bürger:innen, ggf. in ihrer Rolle als Vermietende, in Bayern aktuell folgende Dienste, ggf. in Teilen online erledigen, sofern ihre Gemeinde den Service digital anbietet:

- Wohnungsgeberbestätigung online einreichen[12]
- Umzug in eine andere Gemeinde online voranzeigen[13]

---

[7] Vgl. Bayerisches Ministerialblatt (25. August 2021).

[8] Vgl. Bayerisches Staatsministerium für Digitales (o. J.).

[9] Anstalt für Kommunale Datenverarbeitung in Bayern.

[10] Vgl. Anstalt für Kommunale Datenverarbeitung in Bayern (AKDB) (1. Juni 2016).

[11] Vgl. komuna GmbH (o. J.).

[12] Erreichbar unter: https://www.freistaat.bayern/dokumente/onlineservice/6888654506.

[13] Erreichbar unter: https://www.freistaat.bayern/dokumente/onlineservice/1111010218.

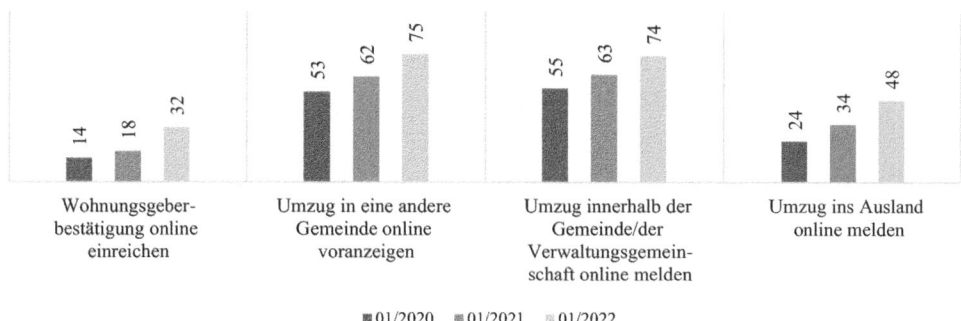

Abb. 17.4 Anteil der Meldebehörden mit angebotenem Online-Dienst [%]. Eigene Darstellung

- Umzug innerhalb der Gemeinde/der Verwaltungsgemeinschaft online melden[14]
- Umzug ins Ausland online melden.[15]

Abb. 17.4 zeigt, wie viele der 1385 Meldebehörden diese Dienste online anbieten und verdeutlicht den Aufholbedarf in Sachen Digitalisierung von Verwaltungsdiensten in bayerischen Kommunen. Ein Vergleich der Zahlen von 2020 bis 2022 zeigt zwar eine zunehmende Wachstumsrate der Online-Angebote, diese liegt aber immer noch auf viel zu niedrigem Niveau.

Als Vorreiter in Sachen Digitalisierung dient Estland: Der baltische Staat bietet mit Ausnahme von Eheschließungen, Scheidungen und Immobilienkäufen insgesamt 99 Prozent aller staatlichen Verwaltungsleistungen online an.[16]

Um den Unterstützungsbedarf der Verwaltungen zu eruieren, wurde vom TCG im Januar 2020 und Mai 2021 je eine Online-Umfrage mit Bürgermeister:innen in Niederbayern zum Stellenwert der Digitalisierung in ländlichen Kommunen durchgeführt. Alle Ergebnisse sind in Kap. 6 dieses Sammelbands dargestellt. Die Rückmeldungen zum Statement „Wir können das Onlinezugangsgesetz 2022 mit den vorhandenen Mitteln und Kompetenzen umsetzen" sind in folgender Abb. 17.5 dargestellt:

Demnach stimmten 2021 nur 60 % (2020: 43 %) der Auskunftspersonen zu bzw. eher zu, dass ihre Gemeinde das OZG bis 2022 umsetzen kann. Nur eine von acht Kommunen (2020: ein Viertel) gibt an, dass dies nicht bzw. eher nicht zutrifft. Das letzte Viertel (2020: Drittel) stimmt der Aussage nur teilweise zu.

---

[14] Erreichbar unter: https://www.freistaat.bayern/dokumente/onlineservice/4333233216.

[15] Erreichbar unter: https://www.freistaat.bayern/dokumente/onlineservice/7999734573.

[16] Vgl. Bilger, O. (3. Januar 2020).

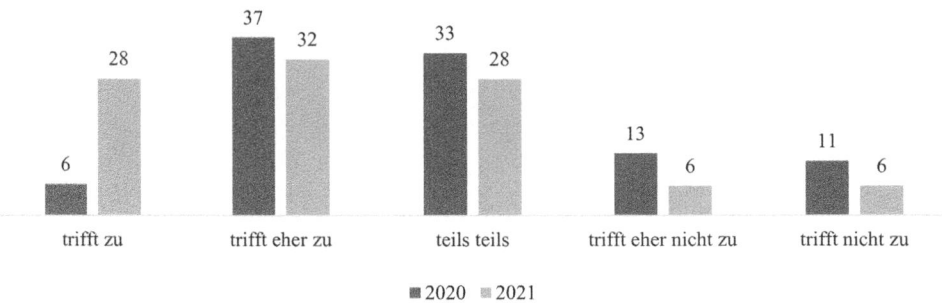

Abb. 17.5 Antworten zum Statement „Wir können das Onlinezugangsgesetz 2022 mit den vorhandenen Mitteln und Kompetenzen umsetzen", Zustimmungsraten in %. Eigene Darstellung

17.4   Entwicklung eines digitalen Meldeprozesses „Dahuim Anmelden"

Der beschriebene Anmeldeprozess für Saisonarbeitskräfte aus Osteuropa sollte im Rahmen des Projekts „Digitale Hörnerdörfer Allgäu" im Zuge der Handlungsfelder „Tourismus" und „Dienste" optimiert werden.

17.4.1 Anforderungen der beteiligten Anspruchsgruppen an die digitale Lösung

Um die Anforderungen zu erheben, wurde ein Arbeitskreis initiiert, der sich aus Mitarbeitenden der Gästeinformation, des Bürgerbüros (B), des Ausländeramts (A), der kommunalen IT-Abteilung, dem Bürgermeister der betroffenen Kommune, dem Projekt-Kümmerer vor Ort sowie wissenschaftlichem Personal des TCG zusammensetzte. In sieben Arbeitskreistreffen wurden alle Interessen und Anforderungen für die direkt am Prozess beteiligten Personengruppen – Mitarbeitende der Gästeinformation, des Bürgerbüros und des Ausländeramts sowie die Saisonarbeitskräfte – definiert und daraus der neue Prozess abgeleitet. Das IT-Personal der Verwaltungsgemeinschaft übernahm eine beratende Funktion in Sachen Datenschutz, Datensicherheit und IT-Struktur. Der Bürgermeister und Kümmerer vor Ort unterstützten mit ihrem neutralen Blick, das wissenschaftliche Kollegium brachte seine Erfahrung im Bereich Digitalisierung sowie Umsetzungsprojekten ein, begleitete den Bau des Arbeitsplatzes und programmierte die Anwendung gemäß den definierten Anforderungen.

Das Personal der Gästeinformation, des Bürgerbüros (B) und des Ausländeramts (A) erhoffte sich folgende Effizienzsteigerungen: Im Dorfhaus sollte der Aufwand für Erläuterungen und Übersetzungsversuche sowie der Papierverbrauch für die Anträge an sich und Farbkopien reduziert werden. Im Bürgerbüro und im Ausländeramt sollten lückenlos ausgefüllte Anträge eine zügige Bearbeitung garantieren sowie eine papierlose Übertragung das Prinzip der eAkte stärken.

Aus Sicht der Saisonarbeitskräfte bzw. Nutzenden stehen zwei Aspekte im Vordergrund: Bedienfreundlichkeit und Sprache. Diese Anforderungen ergaben sich aus den Gesprächen der Saisonarbeitskräfte mit den Mitarbeitenden der Gästeinformation und ihren Arbeitgebenden. Letztere trugen die Problematik verstärkt an das Personal im Bürgerbüro heran, das die Auswirkungen in Form von lückenhaft ausgefüllten Anträgen erfuhr. Bislang mussten die Antragstellenden manche Angaben zu ihrer Person und ihrem Aufenthalt doppelt, nämlich für Formulare zwei unterschiedlicher Ämter (A+B), ausfüllen. Diesen Doppelaufwand galt es künftig zu vermeiden. Schließlich sollten die Formulare in verschiedenen Sprachen zur Verfügung stehen. Dazu wurden im Bürgerbüro in Fischen im Allgäu die am häufigsten registrierten, nicht-deutschen EU-Staatsbürgerschaften ausgewertet. Dies führte zu folgender Sprachenauswahl: Bulgarisch, Kroatisch, Niederländisch, Polnisch, Rumänisch, Slowakisch, Tschechisch, Ungarisch. Daneben wurden Englisch, Französisch, Italienisch, Portugiesisch und Spanisch aufgenommen.

Neben der Einhaltung der Meldegesetze ist die Datensicherheit bei der Datenübermittlung und Speicherung oberstes Gebot. Die Datensicherheit während der Übertragung wird auf folgendem Wege garantiert: Für den Dokumentenversand von Balderschwang ins Bürgerbüro (B) durch Nutzung des verschlüsselten behördeninternen Netzwerks bzw. eines darin befindlichen Dokumentenablagesystems. Das IT-Personal des Landratsamts forderte den Versand der Dokumente ins Ausländeramt (A) über eine verschlüsselte E-Mail mit digitaler Signatur. Details zur IT-Struktur sind in Abschn. 17.4.4 dargestellt. Die Anwendungsnutzenden müssen aktiv den Datenschutzerklärungen der Verwaltungsgemeinschaft Hörnergruppe bzw. des Landratsamts Oberallgäu zustimmen. Der Umfang der Datenerfassung und die Datenspeicherung sind über das deutsche Bundesmeldegesetz geregelt. Letzteres bestimmt, welche konkreten personenbezogenen Daten erhoben werden dürfen. Das Personal im Ausländeramt erhebt gemäß § 2 (5) FreizügG/EU Informationen bzgl. der Sicherstellung der Bestreitung des Lebensunterhalts. Im Falle der Saisonarbeitskräfte sind es in erster Linie Angaben zum Arbeitgeberbetrieb und zur Krankenversicherung. Weiterhin muss sichergestellt werden, dass der Antragstellende die auf dem Ausweisdokument abgebildete Person ist. Die beteiligten Projektpersonen äußerten zudem den Wunsch nach einer Evaluierung des neuen Prozesses und Abgleich der neuen Leistungskennzahlen mit den oben erwähnten erhobenen Daten.

Hauptursächlich für die unvollständigen Anträge sind neben fehlenden Nachweisen die komplizierten, nicht intuitiv ausfüllbaren Antragsformulare sowie die sprachlichen Hürden. Der neue Prozess sollte beide Probleme lösen und zusätzlich den oben skizzierten Anforderungen genügen. Die übergeordnete Anforderung an die Neudefinition des Prozesses stellt das Projekt „Digitale Hörnerdörfer Allgäu" namensgebend selbst: eine, soweit sinnvolle, Digitalisierung des Prozesses, d. h. in diesem Fall die möglichst medien- und systembruchfreie Darstellung, Erfassung und Übermittlung der Daten mithilfe neuer Technologien. Nicht nur der Bedarf, auch die neue Lösung wurde zusammen mit den Anspruchsgruppen in verschiedenen Arbeitskreissitzungen entwickelt und optimiert.

17.4.2 Kurzbeschreibung des neuen Prozesses

Seit Sommer 2021 steht den Saisonarbeitskräften zur Wohnsitzanmeldung (für B) und Aufenthaltsanzeige (für A) zu den Öffnungszeiten der Gästeinformation Balderschwang im Lesezimmer des Dorfhauses ein eigens entwickelter Arbeitsplatz zur Verfügung. Hier kann ohne medialen Bruch der durchgehend digitale Prozess angestoßen werden, indem die Angaben direkt auf einem handelsüblichen Tablet eingegeben werden. Das Tablet ist in ein von einem örtlichen Schreiner speziell angefertigtes Pult eingelassen, um einen Platz für Ablage zu haben und das Gerät vor Diebstahl zu schützen. Weitere Hilfsmittel sind eine eingelassene Tastatur und ein Touchpen. Das Personal der Gästeinformation gleicht die Identität des Antragsstellers mit dem Ausweisdokument ab. Um die Echtheit der Ausweisdokumente zu prüfen, wurde das Passprüfsystem VISOCORE® der Bundesdruckerei beschafft. Auf dem Tablet-Computer ist eine eigens programmierte hybride Applikation installiert. Die sogenannte „Dahuim Anmelden"-App führt die Saisonarbeitskraft in der ausgewählten Landessprache durch den Anmeldeprozess.

Persönliche Angaben, die beide Ämter benötigen, müssen nur einmal eingegeben werden. Eine Entscheidungslogik im Hintergrund weist dem Antragstellenden nur diejenigen Ansichten, sog. Screens bzw. Views zu, die für ihn relevant sind. Parameter sind beispielsweise Staatsangehörigkeit, Familienstand und die Tatsache, ob in der Vergangenheit schon einmal ein Wohnsitz in Deutschland bestand. Erforderliche Nachweise werden mithilfe der im Tablet integrierten Kamera abfotografiert. Eine ausziehbare Schublade mit Markierungen und Fixierungen hilft, Fotos in optimaler Qualität und mit idealem Ausschnitt anzufertigen. Nach Eingabe aller Daten werden die Angaben mittels Unterschrift auf dem Tablet bestätigt. Mit Absenden der Daten an die zuständigen Behörden werden diese in der Applikation gelöscht und sind nicht mehr auf dem Tablet reproduzierbar, um den Datenschutz der personenbezogenen Informationen zu gewährleisten.

Im Hintergrund erzeugt das System PDF-Dateien, die auf einem im internen Gemeindenetzwerk befindlichen Datenspeicher abgelegt werden. Die Mitarbeitenden des Bürgerbüros (B) werden per E-Mail über den neuen Anmeldevorgang informiert und können direkt über das Dokumentablagesystem auf die Dokumente zugreifen. Diejenigen im Ausländeramt (A) erhalten die Dokumente als Anhang einer E-Mail, die verschlüsselt vom Personal des Bürgerbüros versendet wird. Die elektronisch vorliegenden Dokumente werden vom Personal beider Ämter eigenständig als eAkte archiviert, was nichts anderem als der systematischen elektronischen Speicherung, allerdings nun ohne vorheriges Einscannen der Papierdokumente, entspricht. Im Bürgerbüro wird nach Übertragung der Daten in die Meldesoftware die Meldebestätigung erstellt und an den Antragstellenden per Post versandt. Einen plastischen Eindruck der Anwendung geben Abb. 17.6 und 17.7.

Zunächst fand der Prozess nur für ausländische Saisonarbeitskräfte aus der Europäischen Union Anwendung, was den Präzedenzfall bildet. Der Nutzerkreis wurde sukzessive erweitert: Auch freizügigkeitsberechtigte Personen aus Nicht-EU-Ländern, ergo Familienangehörige von EU-Bürger:innen, können die Applikation nutzen. Nicht-EU-Bürger:innen

Abb. 17.6   Balderschwangs Bürgermeister Konrad Kienle vor dem neuen „Dahuim Anmelden"-Arbeitsplatz. (Foto: TCG)

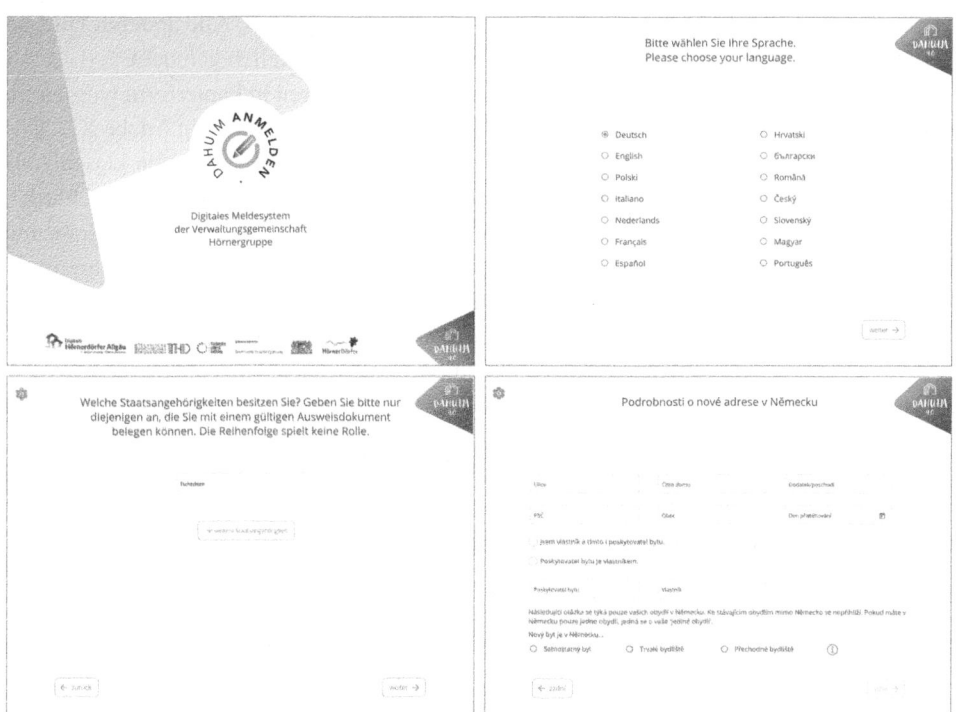

Abb. 17.7   Ausgewählte Nutzeransichten bzw. Views aus der „Dahuim Anmelden"-Applikation, davon einmal in übersetzter Version (Screenshots). (Quelle: TCG)

ohne Freizügigkeitsberechtigung können „Dahuim Anmelden" ebenso verwenden, müssen aber noch zusätzlich im Ausländeramt (A) persönlich vorstellig werden, um Visumsfragen abzuklären.

17.4.3 Hard- und Softwareanforderungen

Die digitale Umsetzung des neuen Anmeldevorgangs wird auf einem Endgerät, welches in einem Pult fest integriert wird, zur Verfügung gestellt. Da auf diesem Gerät personenbezogene Daten erfasst werden, ist der Sicherheitsaspekt von besonderer Bedeutung. Der Roll-out der Applikation erfolgt daher auf einem iPad Pro der 3. Generation in der Größe 12,9″. Diese Hardwareauswahl hat zwei Gründe: Einerseits verhindert das von Apple eingesetzte mobile Betriebssystem iOS durch den proprietären Aufbau mögliche externe Eingriffe besser als andere Betriebssysteme. Andererseits betreibt Apple das Betriebssystem lediglich auf eigenen Geräten, was das Zusammenspiel zwischen Hardware und Software kontrollierbarer macht, als es bei Open Source Betriebssystemen wie Android möglich ist. Die App wird im Rahmen eines ausschließlich geführten Zugriffs auf dem Endgerät bedient. Dadurch können keine weiteren Applikationen, zum Beispiel ein Internetbrowser, ohne den Eingriff des technischen Servicepersonals der Verwaltungsgemeinschaft Hörnergruppe gestartet werden. Die „Dahuim Anmelden"-App läuft damit im Dauerbetrieb. Die Applikation wird als Hauptprozess nach Start des iPad konfiguriert. Alle anderen Dienste werden gesperrt und nur für das Administrationspersonal zugänglich gemacht.

Die Angaben auf den bisher verwendeten Anmeldeformularen in Papierform wurden im Zuge der Umsetzung des „Dahuim Anmelden"-Prozesses zunächst über ein Adobe XD-Mockup nachgebildet. Benötigte Informationen aus den Formularfeldern wurden klassifiziert und auf einzelne Ansichten verteilt, um eine distinktive Abfrage der von beiden Behörden benötigten Informationen zu ermöglichen. Der aus dem Mockup resultierende sogenannte Applikationssketch wurde in Form einer Webapplikation umgesetzt. Die Bündelung in einem App-Container ermöglicht ein nativ-ähnliches Look-and-feel und damit die Nutzung als gängige iOS-App sowie die eventuelle Ausweitung auf weitere Betriebssysteme. Die App kann nicht nur als progressive Webapplikation, sondern u. a. auch als Desktopanwendung zur Verfügung gestellt werden, um prinzipiell unabhängig von Apple-Endgeräten zu sein. Aktuell wird der Roll-out jedoch auf das iPad Pro im Gemeindehaus beschränkt, da die hardwarenahen Funktionalitäten, u. a. die integrierte Kamera und der im Bildschirm integrierte Digitizer für Unterschriften benötigt werden. Eine Ausweitung auf andere Herstellfirmen ist durch die gegebene Softwarearchitektur jedoch jederzeit möglich.

17.4.4 Detaillierte Beschreibung des neuen Workflows

Der digitalisierte Prozess des Anmeldeformulars wird mit dem Start eines neuen Prozesses in der „Dahuim Anmelden"-App angestoßen. Die App ist auf diverse Views verteilt, die die spezifischen Informationen der anzumeldenden Person abfragt. Der erste Schritt zur benutzerfreundlichen Bedienung der Applikation ist die Abfrage der Sprache der benutzenden Person. Durch die Internationalisierung der App mittels der i18n-Funktionalität (Numeronym für die Internationalisierung)[17] wird der sprachliche Gesamtinhalt der Anwendung übersetzt, sodass das Problem der sprachlichen Barriere eines statischen Dokuments in Papierform umgangen wird. Die Übersetzungen befinden sich innerhalb des Quellcodes in JSON-Sprachdateien, die mittels Key-Value Prinzip[18] während der Laufzeit ausgetauscht werden können.

Während der Nutzung der Applikation werden die Angaben der Anmeldeperson mittels Formularfeldern abgefragt. Je nach bestimmter Auswahl der gegebenen Kriterien, wie zum Beispiel die Staatsangehörigkeiten oder die Anzahl der mitziehenden Familienmitglieder, werden dynamisch die nächsten Views ausgewählt, die dem Anwendenden dargeboten werden. Daten und Werte, die sich logisch schlussfolgern lassen, werden in den fortfolgenden Feldern und bei Bedarf auch in beiden Formularen bereits vorausgefüllt. Um Unstimmigkeiten zu vermeiden, sind diese allerdings les- sowie überschreibbar. Dieser Prozess wird mittels eines Entscheidungsbaumes logisch umgesetzt. In Abhängigkeit der getroffenen Entscheidungen wird folglich eine Klassifikation zurückgegeben, die den weiteren Verlauf der Anwendung bestimmt. Ein Ausschnitt des Entscheidungsbaumes ist exemplarisch der folgenden Abb. 17.8 zu entnehmen.

Die von der Anmeldeperson angegebenen Daten werden über einen sogenannten Decision-Service direkt in der App analysiert und gespeichert. Eigenschaften, die mit einem bestimmten Wert erfüllt werden, stoßen an einem Knotenpunkt des Baumes eine darauffolgende Entscheidung oder eine weitere Verzweigung, einfacher gesagt einen Ast, an. Dadurch kann differenziert werden, welche Abfragen im Prozess noch zu durchlaufen sind. Bei diesem Vorgang baut sich sukzessive ein JSON-Dokument auf, welches neben der Speicherung der Daten gleichermaßen die Datenquelle für die Generation der PDF-Dokumente darstellt. Jeder Anmeldevorgang resultiert in einem solchen JSON-Dokument in der Datenbank.

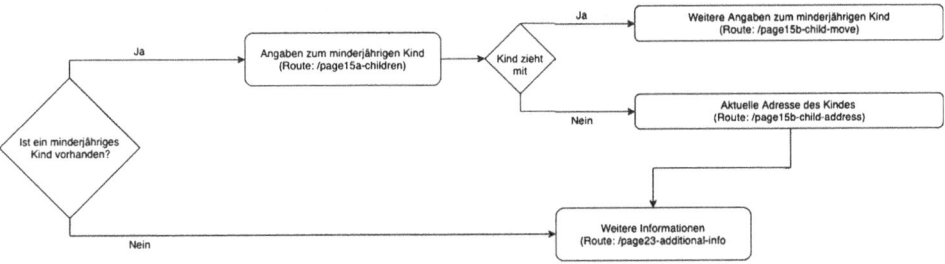

Abb. 17.8 Vereinfachter Auszug aus dem Entscheidungsbaum der Anwendung „Dahuim Anmelden". Eigene Darstellung

---

[17] Erreichbar unter: https://angular.io/guide/i18n.
[18] IONOS SE. (6. Oktober 2020).

Im obigen Beispiel wird mittels der Prüfung der Angaben entschieden, ob die Anmeldeperson minderjährige Kinder hat und ob diese mitziehen. Je nach Entscheidung wird die Logik der Anwendung bedingt: Der Entscheidungsbaum kann im Folgenden differenzieren, um welche Variante es sich handelt und im weiteren Verlauf die zugehörigen Eingabefelder und Views dynamisch an die Benutzeroberfläche weitergeben. Ferner werden die eingegebenen Daten über die reaktiven Formularfelder auf ihre Validität geprüft und werden lediglich dann akzeptiert, wenn sie logisch erscheinen, also mit vorherigen Eingaben übereinstimmen und den Fluss der Anwendung nicht brechen. Das bedeutet, dass das Fortfahren zum nächsten Screen erst dann erlaubt wird, wenn alle erforderlichen Daten für die Übertragung in das PDF-Dokument vollständig und logisch richtig angegeben wurden. Im Anschluss kann die Anwendung die einzelnen Key-Value Paare aus dem zwischengespeicherten JSON entnehmen und in das Dokument überführen. Ist diese asynchrone Funktion durchgeführt, kümmert sich das Backend um die Verteilung der Informationen an die Behörden. Es folgt der Schritt der Speicherung aller Daten in der Datenbank, sowie der Übermittlung der PDF-Dokumente an die Behörden.

Hier muss zwischen zwei Arten der Verteilung an die zwei Behörden (A+B) unterschieden werden:

- Einerseits erhält das Personal im Bürgerbüro (B) eine Benachrichtigung per E-Mail, sobald ein neuer Vorgang eingegangen ist. Darin befindet sich die individuell generierte Vorgangsnummer sowie eine Verknüpfung zu einer Samba-Share Instanz, auf welche die PDF-Dateien sowie mitgelieferte Kopien von Ausweisdokumenten, der Wohnungsgeberbestätigung und ggf. sonstigen Nachweisen chronologisch nach Datum des Vorgangseingangs abgelegt werden. Die Nutzung von Samba-Share in dieser Umgebung ist sinnvoll, da die Mitarbeitenden der Verwaltungsgemeinschaft Hörnergruppe bereits auf diese Art der Datenablage zugreifen. Damit wird das bestehende System für die Ablage der generierten Dokumente genutzt und übernommen. Das zuständige Personal kann über den Dateipfad direkt auf die Dokumente zugreifen.
- Andererseits muss aufgrund der geschützten Infrastruktur der Versand des für das Ausländeramt (A) im Landratsamt Oberallgäu bestimmten PDF-Dokuments manuell vom Gemeindepersonal des Bürgerbüros angestoßen werden. Initial war geplant, dass beide Behörden die Benachrichtigung bzw. Dokumente auf direktem Weg systemseitig per E-Mail zugesendet bekommen. Das Ausländeramt betreffend war dies nicht möglich, da die vorgegebene Art der E-Mail-Verschlüsselung nicht automatisiert vorgenommen werden konnte. Dies bedingt den manuellen E-Mail-Versand der Dokumente seitens der Mitarbeitenden des Bürgerbüros in Fischen im Allgäu (B) an das Ausländeramt in Sonthofen (A). Der E-Mail-Versand an das Ausländeramt (A) erfolgt über eine interne E-Mail-Adresse der Verwaltungsgemeinschaft Hörnergruppe. Der verschlüsselte Mailversand an das Landratsamt wird von der genutzten PKI (Public Key Infrastructure) der Verwaltungsgemeinschaft unterstützt.

Die reibungslose Interaktion dieser einzelnen Module zieht eine geringfügige Abhängigkeit von einem stabilen Netzwerk innerhalb der Verwaltungsgemeinschaft mit sich. Da die

App lediglich auf einem im Pult fest verbauten iPad Pro in Betrieb genommen wird und die steuernde Serverapplikation in einer virtuellen Maschine innerhalb des Netzes der Verwaltungsgemeinschaft läuft, liegen alle wichtigen Komponenten in der Hand der Behörde und sind daher auch gut von unautorisierten Außeneingriffen geschützt. Der verschlüsselte E-Mail-Versand trägt zu dieser Sicherheitsspezifikation bei. Auf dem iPad selbst werden keine Daten zwischengespeichert. Nach Abschluss der Applikation, welcher mit der Ablage der finalen Dokumente und Daten erfolgt, wird die App zurückgesetzt und hält keine Daten mehr aus dem vorhergehenden Vorgang, um den Schutz personenbezogener Daten zu maximieren.

17.4.5 Prozessnutzung und -evaluation

Der Praxiseinsatz zeigt vielerlei positive Effekte. Der abgesehen vom rechtlich notwendigen postalischen Versand der Meldebestätigung papierlose Prozess ermöglicht die einfache Ablage als eAkte in den Behörden. Die Verwendung einfacherer Begriffe und Erläuterungen in der Anwendung verbessern das Verständnis, wodurch menschliche Fehler minimiert und die Datenqualität maximiert wird. Unterstützt wird dieser positive Effekt mittels der Elimination der Sprachbarrieren durch die Bereitstellung in weiteren 13 Landessprachen.

In den ersten sieben Monaten des Praxisbetriebs erfolgten 45 Anmeldungen über die digitale Lösung „Dahuim Anmelden". Aufgrund der behördlich angeordneten Beherbergungsverbote angesichts der Coronapandemie ist diese Zahl nicht als Maßstab zu werten. Im Schnitt benötigten die Anmeldenden 15,5 Minuten für den digitalen Anmeldeprozess. Das Personal der Gästeinformationen bewertet letzteren sehr positiv und begrüßt den geringeren Arbeitsaufwand. Nach Abschluss des Prozesses werden die Benutzer:innen um Feedback gebeten. Abb. 17.9 zeigt dessen Dimensionen und Ausprägungen. Es können ganzzahlige Punkte bzw. Sterne im Intervall 1 bis 5 vergeben werden.

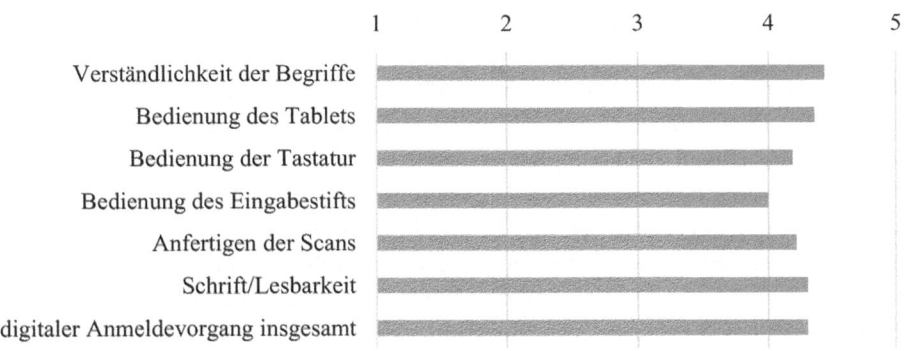

Abb. 17.9 Evaluation von „Dahuim Anmelden" durch die Anmeldepersonen (Mittelwert), n = 36. Eigene Darstellung

Zeit für Kontrolle des Formulars [Min.]	Qualität der Anträge	Zeit für Eingabe in Meldesoftware + Scannen Unterlagen + Versand Meldebestätigung [Min.]	Anzahl Tage bis Bearbeitungsende, falls nicht am Tag des Bearbeitungsbeginns	Anzahl beigelegte Unterlagen
∅ 2,13 [2,04]	Anteil lückenhaft	∅ 5,38 [6,56]	∅ 6,00 [16,11]	∅ 3,24 [3,72]
Median 2 [2]	0 % [51 %]	**Median** 5 [6]		**Median** 3 [4]
Min 1 [1]	Anteil klärungsbedürftig	**Min** 2 [1]	**Min** 1 [1]	**Min** 2 [2]
Max 4 [6]	35 % [51 %]	**Max** 8 [15]	**Max** 12 [106]	**Max** 5 [5]

Abb. 17.10 Tabellarische Übersicht der Ex-Post Erfassung durch das Bürgerbüropersonal, Werte des analogen Prozesses in Klammern, n = 40; Verbesserungen sind in grün-fetter Schrift hervorgehoben. Eigene Darstellung

Die Mitarbeitenden im Landratsamt (A) begrüßen die neuen Formulare sehr aufgrund der vollständigen Angaben, der Leserlichkeit und den freiwilligen Angaben zu Telefonnummer und E-Mail-Adresse, um die Anmeldeperson im Bedarfsfall schnell erreichen zu können. Ebenso lobt das Personal des Bürgerbüros (B) die sich resultierende Zeitersparnis: Diese ergibt sich insbesondere durch die Möglichkeit, die Daten per Copy-Paste in die Meldesoftware eintragen zu können. In Abb. 17.10 sind die quantitativen Verbesserungen verdeutlicht. Der Referenzwert vor Einführung der digitalen Lösung aus Abschn. 17.2.3 ist in eckigen Klammern angegeben. Anzumerken ist, dass die Datenbasis aufgrund der noch geringen Fallzahlen deutlich kleiner ist als jene der Status quo-Erfassung. Durch Lerneffekte sollten die Zeiteinsparungen künftig noch deutlicher ausfallen.

Nur 10 % [früher: 44 %] der Fälle können nicht am selben Tag abgeschlossen werden; unter dieser Bedingung ist ein Vorgang im Schnitt nach fast 6 [16] Kalendertagen fertig bearbeitet. Nachfragen seitens der Antragsbearbeitenden ergeben sich z. B. durch unplausible Angaben und/oder fehlende Nachweise.

17.5   Kritische Diskussion und Limitierungen

Unbestritten hat der Prozess von „Dahuim Anmelden" mit Limitationen zu kämpfen, welche besonders auf gesetzliche Vorgaben zurückzuführen sind: Aufgrund der Gesetzeslage kann der Prozess aktuell nicht komplett medienbruchfrei abgebildet werden. Dem Antragstellenden muss am Ende des Anmeldevorgangs eine schriftliche Meldebestätigung ausgehändigt werden, die nach wie vor vom Personal des Bürgerbüros (B) per Post versendet wird. Aus demselben Grund ist noch keine zufriedenstellende Anwendbarkeit auf deutsche Staatsangehörige und deren Wohnsitzanmeldung möglich: Wohnsitzänderungen müssen, wie in 17.2.1 erläutert, von Mitarbeitenden der Meldebehörde in deutsche Ausweisdokumente eingetragen werden. Insofern müssten deutsche Staatsangehörige trotzdem noch in der Meldebehörde vorstellig werden, um die Eintragung in die Ausweisdokumente vornehmen lassen zu können. Für eine sinnvolle und erfolgreiche Umsetzung des OZG für diesen Anwendungsfall müssen damit noch die rechtlichen Rahmenbedingungen seitens der Legislative geschaffen werden. Darüber hinaus ist „Dahuim Anmelden" in dieser Umsetzungsvariante nicht zeit- und ortsunabhängig, sondern nur zu den Öffnungszeiten der Gästeinformation im Dorfhaus in Balderschwang verfügbar. So kann das Personal der Gästeinformation die Identität des Antragstellenden sowie die Echtheit der Ausweisdokumente persönlich überprüfen. Dies garantiert, dass keine Scheinanmeldungen vorgenommen werden.

Darüber hinaus war es zunächst erklärtes Ziel, dass die Inputdaten aus „Dahuim Anmelden" automatisch in die vom Bürgerbüro verwendete Meldesoftware importiert werden können, etwa durch den Einsatz von Extensible Markup Language, kurz XML, für den plattform- und implementationsunabhängigen Austausch von Daten. Die aktuell im Bürgerbüro in Fischen im Allgäu verwendete Meldesoftware VOIS|MESO erlaubt den automatisierten Datenimport allerdings nicht, sodass die Mitarbeiter die Daten händisch bzw. per Copy-Paste-Verfahren übertragen müssen. Dies stellt zumindest eine Verbesserung insofern dar, als dass das Personal die Angaben früher vom händisch ausgefüllten Formular abtippen musste, was aufgrund unterschiedlicher Handschriften-Qualitäten teils schwierig war.

Des Weiteren kümmert sich während der verbleibenden Projektlaufzeit das wissenschaftliche Projektteam des TCG um die infrastrukturelle IT-Pflege. Werden z. B. seitens der Gesetzgebung weitere bzw. andere Informationen oder Dokumentkopien der Antragssteller angefordert, muss der Entscheidungsbaum so angepasst werden, dass die Daten abgefragt, gespeichert und für die Logik der Entscheidungen analysiert werden. Weiterhin ist darauf zu achten, dass Softwareupdates bestmöglich mit dem Personal der betroffenen Ämter abgesprochen werden, um nicht in den Livebetrieb eingreifen zu müssen. Das Betreibermodell nach der Projektlaufzeit soll noch festgelegt werden.

17.6 Zusammenfassung und Ausblick

Das deutsche Meldewesen und das europäische Freizügigkeitsgesetz erfordern derzeit einen bürokratischen Prozess der Wohnsitzanmeldung und Aufenthaltsanzeige für ausländische Saisonarbeitskräfte. Zusätzlich zum komplizierten Behördendeutsch und den Sprachbarrieren kommt die schlechte Erreichbarkeit des nächsten Meldeamtes im ländlichen Raum durch die weiten Wege und mäßiger ÖPNV-Anbindung erschwerend hinzu. Ziel dieses Beitrags war es, die Problematik des Formularwesens herauszustellen und den Weg zu einer Neuumsetzung auf digitaler Basis aufzuzeigen. „Dahuim Anmelden" ist eine in einem bottom up-Prozess kreierte Lösung. Ihre Entwicklung wurde an die Anforderungen der nutzenden Zielgruppe und den weiteren Anspruchsgruppen angepasst. Mit dem digitalen Meldesystem steht in der Gemeinde Balderschwang seit Sommer 2021 eine digitale Lösung zur Verfügung, die den Anmeldeprozess für die Saisonarbeitskräfte effizienter und einfacher gestaltet. Dies geschieht mittels dynamischer Formulare in Form einer hybriden

Anwendung, die auf einem fest verbauten Tablet installiert wird. Durch die digitale Durchführung profitieren die direkt und indirekt Beteiligten, also die Meldebehörden bzw. Arbeitgebende der Hotels und Gastrobetriebe von einer höheren Datenqualität und Zeitersparnis im gesamten Meldeprozess. Die Saisonarbeitskräfte begrüßen die nutzungsfreundliche und in 14 Sprachen angebotene Lösung. Neben der Internationalisierung erleichtert die barrierefreie Gestaltung der Applikation den Anmeldeprozess für die Saisonarbeitskräfte in der Gemeinde Balderschwang.

Die Anwendung ist aufgrund weiterer Anforderungen und möglicher Veränderungen der Gesetzgebung nicht statisch und wird damit inhaltliche Updates erhalten. Um den Prozess für die Anmeldepersonen, sowie auch für das Personal im Bürgerbüro und Ausländeramt darüber hinaus zu vereinfachen, werden weitere Features geprüft und ggf. implementiert.

Grundsätzliches Paradigma bei aktuellen und künftigen Entwicklungen für die Lösung „Dahuim Anmelden" ist die Übertragbarkeit auf andere Kommunen mit ähnlich gelagerten Herausforderungen. Trotz bislang nur exemplarischer Implementierung in der Gemeinde Balderschwang ist die Anwendung auf andere Kommunen übertragbar. Nach Angaben des Ausländeramts in Sonthofen hatten sich 2019, also im letzten regulären Jahr vor der Coronapandemie, in Balderschwang 43 und im gesamten Landkreis Oberallgäu 602 Saisonarbeitskräfte angemeldet. Diese Zahlen zeigen deutliches Potenzial für die Lösung „Dahuim Anmelden". Die Prüfung eines Roll-outs soll im Herbst 2022 stattfinden.

Literatur

Anstalt für Kommunale Datenverarbeitung in Bayern (AKDB). (1. Juni 2016). 45 Jahre erfolgreicher Einsatz für Kommunen. Anstalt für Kommunale Datenverarbeitung in Bayern (AKDB). https://www.akdb.de/aktuelles/neuigkeiten/news-der-akdb/news/detail/45-jahre-erfolgreicher-einsatz-fuer-kommunen/. Zugegriffen am 25.01.2022.
Bayerische Staatsregierung. (o. J.). Der Freistaat. Bayerische Staatsregierung. https://www.bayern.de/der-freistaat. Zugegriffen am 25.01.2022.
Bayerisches Landesamt für Statistik. (31. Mai 2021). Statistik kommunal 2020. Gemeinde Balderschwang. Bayerisches Landesamt für Statistik. https://www.statistik.bayern.de/mam/produkte/statistik_kommunal/2020/09780113.pdf. Zugegriffen am 25.01.2022.
Bayerisches Ministerialblatt. (25. August 2021). BayMBl. 2021 Nr. 598. Verzeichnis der Gemeinden, Verwaltungsgemeinschaften und gemeindefreie Gebiete in Bayern nach dem Stand am 1. Juli 2021. Bayerische Staatskanzlei. https://www.verkuendung-bayern.de/files/baymbl/2021/598/baymbl-2021-598.pdf. Zugegriffen am 01.02.2022.
Bayerisches Staatsministerium für Digitales. (o. J.). Bayernportal. Bayerisches Staatsministerium für Digitales. https://www.stmd.bayern.de/themen/digitale-verwaltung/bayernportal/. Zugegriffen am 28.01.2022.
Bilger, O. (3. Januar 2020). Behördendienste erledigen sich in Estland künftig von selbst. Der Tagesspiegel. https://www.komunaweb.de/ueberuns/ueberblick/ueberblick.php. Zugegriffen am 25.01.2022.
Bundesministerium des Innern und für Heimat. (2021). Meldewesen (17. Juni 2021). Bundesministerium des Innern und für Heimat. https://www.bmi.bund.de/DE/themen/moderne-verwaltung/verwaltungsrecht/meldewesen/meldewesen-node.html. Zugegriffen am 25.01.2022.

Europäische Kommission. (2018). Freizügigkeit und Aufenthaltsfreiheit (1. August 2018). Europäische Kommission. https://ec.europa.eu/info/aid-development-cooperation-fundamental-rights/your-rights-eu/know-your-rights/citizens-rights/freedom-movement-and-residence_de. Zugegriffen am 25.01.2022.

IONOS SE. (2020). Key-Value-Store: Wie funktionieren Schlüssel-Werte-Datenbanken? (6. Oktober 2020). IONOS SE. https://www.ionos.de/digitalguide/hosting/hosting-technik/key-value-store/. Zugegriffen am 25.01.2022.

komuna GmbH. (o. J.). Über uns, Überblick. komuna GmbH. https://www.komunaweb.de/ueberuns/ueberblick/ueberblick.php. Zugegriffen am 25.01.2022.

Rechtsquellenverzeichnis

Bayerisches Gesetz zur Ausführung des Bundesmeldegesetzes (BayAGBMG) vom 23. Juni 2015 (GVBl. S. 178, BayRS 210-3-I), das zuletzt durch § 1 Abs. 141 der Verordnung vom 26. März 2019 (GVBl. S. 98) geändert worden ist.

Bundesmeldegesetz (BMG) vom 3. Mai 2013 (BGBl. I S. 1084), das zuletzt durch Artikel 4 des Gesetzes vom 28. März 2021 (BGBl. I S. 591) geändert worden ist.

Freizügigkeitsgesetz/EU (FreizügG/EU) vom 30. Juli 2004 (BGBl. I S. 1950, 1986), das zuletzt durch Artikel 4 des Gesetzes vom 9. Juli 2021 (BGBl. I S. 2467) geändert worden ist.

Onlinezugangsgesetz (OZG) vom 14. August 2017 (BGBl. I S. 3122, 3138), das zuletzt durch Artikel 16 des Gesetzes vom 28. Juni 2021 (BGBl. I S. 2250) geändert worden ist.

Paßgesetz (PaßG) vom 19. April 1986 (BGBl. I S. 537), das zuletzt durch Artikel 1 des Gesetzes vom 5. Juli 2021 (BGBl. I S. 2281) geändert worden ist.

Personalausweisgesetz (PAuswG) vom 18. Juni 2009 (BGBl. I S. 1346), das zuletzt durch Artikel 2 des Gesetzes vom 5. Juli 2021 (BGBl. I S. 2281) geändert worden ist.

Der digitale Pflegekompass. Ein kommunales Unterstützungsangebot für Senior:innen in ländlichen Regionen

Frank Edenharter

Zusammenfassung

Im Hinblick auf steigende Bevölkerungszahlen der Altersgruppe 65+ bei gleichzeitigem Fachkräftemangel im Pflegebereich ergreifen Kommunen Maßnahmen, um älteren Mitbürger:innen ein eigenständiges Leben in den eigenen vier Wänden oder bei der Familie zu ermöglichen. Um Informationen zur Pflege und pflegeunterstützenden Angebote weiterzugeben, haben die Kommunen der Integrierten Ländlichen Entwicklung (ILE) Zukunftsregion Rupertiwinkel im Projekt „Digitales Alpendorf" einen digitalen Pflegekompass mit Fokus auf lokalen Angeboten entwickelt und umgesetzt. Der digitale Pflegekompass dient als einfach zu bedienende digitale Anwendung, mit deren Hilfe sich Nutzerinnen und Nutzer über in der Region oder der eigenen Kommune angebotene Hilfsleistungen informieren, Leitfäden herunterladen und Kontakt zum Pflegestützpunkt Traunstein herstellen können. Zur Anpassung an des digitalen Pflegekompass an die realen Bedürfnisse wurden relevante lokale Akteure in einem Arbeitskreis eingebunden.

Schlüsselwörter

Pflege · Pflegekompass · Digitalisierung · Regionalentwicklung · Demografischer Wandel · Teilhabe

F. Edenharter (✉)
Technische Hochschule Deggendorf, Technologie Campus Grafenau, Grafenau, Deutschland
E-Mail: frank.edenharter@th-deg.de

D. Ahrens (Hrsg.), *Smart Region: Angewandte digitale Lösungen für den ländlichen Raum*, https://doi.org/10.1007/978-3-658-38236-0_18

18.1   Altersruhesitze in ländlichen Räumen

Die Zukunftsregion Rupertiwinkel ist in eine landschaftlich reizvolle Gegend im ober-
bayerischen Alpenvorland eingebettet. Zwischen Chiemsee und Salzburg gelegen, bietet
die Region eine attraktive Hügellandschaft und besitzt mit den landschaftsprägenden
Alpenrandseen Waginger See und Tachinger See wichtige Naherholungsgebiete. Durch
umfangreiche Übernachtungs- und Freizeitangebote wird in der Region das touristische
Potenzial genutzt und Wertschöpfung generiert. Die Region bietet allerdings nicht nur
für Touristen, sondern auch als Altersruhesitz eine Anziehungskraft für Menschen, die,
meist aus urbanen Regionen stammend, für ihre Rentenzeit eine ruhige, landschaftlich
reizvolle neue Heimat suchen und diese in den sieben Kommunen der Zukunftsregion
Rupertiwinkel finden.

Zuzügler, gerade im Rentenalter, stellen die Kommunen vor verschiedene Aufgaben.
Neben der Schaffung entsprechender Infrastruktur müssen die zugezogenen Bürgerinnen
und Bürger auch in funktionierende Dorfgemeinschaften integriert werden. Gelingt das
nicht, sind diejenigen von zahlreichen Aktivitäten und Angeboten ausgeschlossen, beziehungsweise haben keine Kenntnisse von deren Existenz. Dies führt dazu, dass diese Bürgerinnen und Bürger bei Fragen oder Hilfsgesuchen unweigerlich die Beratungsangebote
der Kommunen aufsuchen, was zu einem Mehraufwand und Überlastung dieser führen
kann. Die Schaffung einer Beratungs- und Unterstützungsinfrastruktur, die keine Einwoh-
ner:innen ausschließt, sowie die Entlastung der meist ehrenamtlichen kommunalen Seni-
or:innenbeauftragten sind somit Beiträge zum Leben im Alter in den Kommunen. Ein
wichtiger Baustein dafür ist der Digitale Pflegekompass der Zukunftsregion Rupertiwinkel.

18.2   Herausforderungen im Pflegebereich und Lösungsansätze
für ländliche Kommunen

In Deutschland ist wie in vielen Industrienationen in den kommenden Jahrzehnten von
einem fortlaufend steigenden Durchschnittsalter der Bevölkerung auszugehen. Der Anteil der Menschen, die 60 Jahre oder älter sind, hat sich in der Bundesrepublik von 21,4
Millionen Menschen im Jahr 2011 auf 24,1 Millionen Einwohner:innen im Jahr 2020
erhöht. Das entspricht in nur neun Jahren einer Steigerung von 12,6 % bei einem Ge-
samtbevölkerungsanstieg um 3,6 %.[1] Dieser Trend wird sich Prognosen des Statistischen Bundesamts zufolge bis mindestens 2035 fortsetzen.[2] Eine relative Alterung der
Gesellschaft stellt den Staat und die Kommunen vor Herausforderungen, da Infrastruk-

---

[1] Statistisches Bundesamt (o. J.-a).
[2] Statistisches Bundesamt (2021).

turen ausgebaut und geschaffen werden müssen, um die Anforderungen älterer Menschen erfüllen zu können.

Parallel zu einer zunehmend alternden Bevölkerung wird auch das Thema Pflege eines der dringendsten Themen werden, da eine alte Bevölkerung auch eine steigende Zahl an zu pflegenden Menschen bedeutet. Dies lässt sich in veröffentlichten Zahlen des Statistischen Bundesamts schon nachverfolgen:

Von 1999 bis 2019 verdoppelte sich die Anzahl an Pflegebedürftigen in der Bundesrepublik von 2,02 Millionen auf über 4,13 Millionen Menschen.[3] Noch werden die Pflegebedürftigen in 56 % der Fälle überwiegend von Angehörigen zu Hause gepflegt, während 20 % vollstationär in Heimen und anderen Pflegeeinrichtungen leben und umfassende professionelle Hilfe benötigen.[4] Die Zahl der Pflegebedürftigen in vollstationärer Behandlung in Pflegeheimen stieg von gerundet 573.000 Patienten 1999[5] auf circa 818.000 Menschen im Jahr 2019.[6] In diesem Zeitraum verzeichneten die Beschäftigungszahlen in den Pflegeheimen ebenfalls einen Anstieg um 80 % auf 796.000 Beschäftigte und konnten somit dem Trend folgen.[7] Allerdings warnten bereits 2012 Forscher der Bertelsmann Stiftung vor einem Fachkräftemangel im Pflegebereich und gingen von bis zu 317.000 fehlenden Fachkräften in stationären Pflegeeinrichtungen im Jahr 2030 aus.[8] Auch aktuellere Hochrechnungen deuten auf einen Bedarf von 278.000 bis 286.000 Beschäftigten[9] hin, was rund 51.000 Vollzeitkräften entspräche. Diese Zahlen würden einen weiteren Anstieg an qualifiziertem Personal um 21 % bedeuten.[10]

Um den Bedarf an zusätzlichem Personal im Pflegebereich möglichst gering zu halten, sind die Pflege durch Familienangehörige oder ein möglichst langes eigenständiges Leben der Seniorinnen und Senioren unabdingbar. Daher spielen gerade in ländlichen Kommunen mit fehlendem flächendeckenden ÖPNV und weiten Strecken zwischen Versorgungsdienstleistungen pflegeunterstützende Angebote[11] eine entscheidende Rolle. Diese Leistungen, die von ehrenamtlichen, kommunalen oder privatwirtschaftlichen Akteuren betreut werden, reichen von Essenslieferdiensten für Senior:innen über ein kommunal unterstütztes Arzttaxi oder einem Rufbus bis hin zu Beratungsdienstleistungen.

---

[3] Statistisches Bundesamt (o. J.-b).

[4] Statistisches Bundesamt (o. J.-b).

[5] Statistisches Bundesamt (1999).

[6] Statistisches Bundesamt (2020).

[7] Statistisches Bundesamt (2020).

[8] Rothgang et al. (2012).

[9] Flake et al. (2018).

[10] Blum et al. (2019).

[11] Als pflegeunterstützende Angebote werden im Folgenden ehrenamtliche und privatwirtschaftliche Leistungen verstanden, die ältere Menschen im alltäglichen Leben unterstützen oder in besonderen Lebenslagen Beratungsdienstleistungen vermitteln

Besonders in Gegenden wie der Zukunftsregion Rupertiwinkel, die durch einen hohen
Zuzug von älteren Menschen geprägt werden, sind derartige pflegeunterstützende Angebote wertvoll. Die Angehörigen der hilfesuchenden Personen wohnen mitunter in anderen
Landkreisen oder Bundesländern und können dadurch viele Erledigungen und Hilfsleistungen nicht selbst übernehmen. Der Zugriff auf eine Datenbank, die alle lokalen und regionalen pflegeunterstützenden Angebote auflistet und Ansprechpersonen vermittelt, kann
daher eine Stütze für diese Personen sein.

Teilhabe im Alter am gesellschaftlichen Leben im Wohnort kann dabei auch für die
körperliche und geistige Gesundheit bedeutend sein. Neben kulturellen Aktivitäten wie
Besuchen von Konzerten oder Theatern zählen zu den Freizeitangeboten, die Seniorinnen
und Senioren ausüben können, auch Sport und soziale Kontakte. Derartige Aktivitäten
werden im Alter noch regelmäßig wahrgenommen.[12] Das Vorhandensein von genügend
Freizeitangeboten, die altersgerecht gestaltet sind, ist daher einer der Faktoren beim Altern
im ländlichen Raum. Teilhabepotenziale in Bereichen wie Bildung und Lernen, ehrenamtliches Engagement oder Freizeitangeboten können dementsprechend auch für eine Entlastung der Pflege durch bessere Gesundheit älterer Menschen sorgen.[13]

Persönliche Gespräche mit den kommunalen Beauftragten für ältere Menschen und
Mitarbeiter:innen der Bürgerhilfsstellen[14] der sieben Kommunen der Zukunftsregion Ru-
pertiwinkel zeigten auf, dass diese bereits 2019 überlastet waren. Gerade ehrenamtlich
Tätige werden in ihrer Freizeit mit einer Vielzahl an Anfragen konfrontiert, die sie kaum
bewältigen können. Während der Lockdowns der Corona-Pandemie stieg der Bedarf an
Beratungsleistungen weiter an.

Auf dieser Grundlage wurde die Idee des digitalen Pflegekompasses geschaffen, dessen
Hauptaugenmerk auf der Vermittlung von pflegeunterstützenden Angeboten an hilfesuchende Menschen liegt. Dieser soll durch geeignete Information und Angebotsvermittlung
zur Entlastung der Bürgerhilfsstellen und ehrenamtlichen Senior:innenenbeauftragten sowie zur Integration Zugezogener in die Gemeinschaft beitragen. Durch die Vermittlung
der Angebote an Interessierte soll erreicht werden, dass ältere Menschen durch optimale
Unterstützung länger in den eigenen vier Wänden bleiben können und dadurch die Pflegeheime, die im Gebiet der Zukunftsregion Rupertiwinkel nahezu durchgehend voll belegt
sind, entlastet werden.

---

[12] Kuhn et al. (2017).

[13] Baumgartner et al. (2013).

[14] Als Bürgerhilfsstellen werden im Folgenden alle Angebote in den Kommunalverwaltungen zusam-
mengefasst, die eine Beratungsfunktion zum Thema Pflege besitzen sowie der Vermittlung von
Hilfsangeboten an eben jene Personen dienen. Solche Institutionen sind unter anderem auch als
Sozialbüros oder Bürgerhilfe bekannt.

18.3   Onlineportale für Senior:innen mit Bezug zu Pflege

Im Vorfeld der Umsetzung des digitalen Pflegekompasses im Projekt „Digitales Alpendorf", gefördert von der Bayerischen Staatsregierung, wurde eine umfangreiche Marktrecherche durchgeführt. Gesucht wurden digitale Systeme für Senior:innen, die eine Beratung und Vermittlung von pflegeunterstützenden Angeboten sowie Informationen zum Ziel haben. Ein Beispiel dafür ist das Service-Portal Emsland, das in den Kommunen des Landkreises Emsland Angebote zusammenfasst, allerdings für bestimmte Suchanfragen keine Ergebnisse anzeigt.[15] Umfangreiche Informationen und Kontaktmöglichkeiten bietet auch die Website des Deutschen Seniorenportals. Dort können Senior:innen in einem Online-Portal durch ein Forum in Kontakt treten, Blogbeiträge zu interessanten Themen verfassen oder an Spielen und Gruppen teilnehmen. Allerdings ist dieses Portal für ganz Deutschland gedacht, während für den digitalen Pflegekompass der Zukunftsregion Rupertiwinkel der lokale Fokus von entscheidender Bedeutung ist.[16]

In Bielefeld wird mit BiSOn eine ähnliche Datenbank betrieben, die in Kalenderform Angebote in mehreren Kategorien auflistet, eine Suchfunktion nach konkreten Diensten ist allerdings nicht möglich.[17] Beratungsleistung zum Thema Pflege werden in Bayern in vielen Regionen, unter anderem auch im Landkreis Traunstein, in dem die Zukunftsregion Rupertiwinkel liegt, durch sogenannte Pflegestützpunkte vermittelt. Diese besitzen dabei eine wichtige Funktion insbesondere bei der Informationsbeschaffung zur Pflege zu Hause, befinden sich im Jahr 2022 allerdings noch im Aufbau.[18] Außerdem existieren umfangreiche und kostenfrei zugängliche Pflegewissensdatenbanken, auf denen Interessierte selbst tagesaktuell gültige Informationen nachlesen können.[19]

Eine Auflistung pflegeunterstützender Angebote in analoger Form als Flyer oder Broschüre wird in mehreren Kommunen in Deutschland angeboten. So legen beispielsweise Stadt und Landkreis Fulda in regelmäßigen Abständen den Seniorenwegweiser Fulda auf.[20] In der Zukunftsregion Rupertiwinkel veröffentlicht die Gemeinde Kirchanschöring ebenfalls einen Pflegekompass, der als Grundlage für die Gestaltung des digitalen Pflegekompass dient.

18.4   Der Umsetzungsprozess des digitalen Pflegekompass

Soziale Nachhaltigkeit zu schaffen und Menschen in allen Lebenslagen bestmöglich zu unterstützen, ist eines der Hauptanliegen der Zukunftsregion Rupertiwinkel und den daran beteiligten Kommunen. In der Region werden durch Bürgerhilfsstellen und ehrenamtlich

---

[15] Vgl. Landkreis Emsland (o. J.).

[16] Vgl. Privatinstitut für Transparenz im Gesundheitswesen (o. J.).

[17] Vgl. Stadt Bielefeld (o. J.).

[18] Vgl. StmGP (o. J.).

[19] Vgl. pflege.de (o. J.).

[20] Heller et al. (2021).

Tätige bereits Beratungsleistungen zum Thema Alter und Pflege abgedeckt. Diese Personen sind allerdings zeitlich nicht rund um die Uhr verfügbar und in ihrer Arbeits- und Freizeit bereits an der Kapazitätsgrenze angelangt. Daher wurde im Projekt „Digitales Alpendorf" ein Arbeitspaket konstruiert, das es zum Ziel hatte, diese wichtigen Akteure zu entlasten und ihnen ein zusätzliches Werkzeug für ihre Arbeit zu schaffen.

Um möglichst alle relevanten Akteure in der Region einzubinden, wurde zu Beginn der Projektphase ein Arbeitskreis gebildet, in dem alle Interessensgruppen berücksichtigt sein sollten. In diesen waren neben Mitarbeitern aus Kommunalverwaltungen oder Bürgerhilfsstellen und der wissenschaftlichen Begleitung vom Technologie Campus Grafenau (kurz: TCG) auch Senior:innen- bzw. Behindertenbeauftragte und Führungskräfte von Pflegediensten eingebunden. Durch die verschiedenen Ansichten, bedingt durch den beruflichen und persönlichen Hintergrund der Teilnehmenden, etablierte sich bereits zu Beginn der Konzeptionsphase ein reger und konstruktiver Austausch, aus dem letztendlich ein erstes Konzept für einen digitalen Pflegekompass hervorging.

Im ersten Entwurf war der digitale Pflegekompass als allumfassende Datenbank zum Thema Pflege mit starkem regional-lokalen Fokus geplant. Neben der Auflistung lokaler pflegeunterstützender Angebote waren Onlinebuchungen für Pflegeplätze in den Heimen – sowohl stationär als auch beispielsweise in Tages- oder Kurzzeitpflege – vorgesehen. Zusätzlich sollte eine umfassende Pflegewissensdatenbank relevante und vor allem aktuelle Informationen übersichtlich, verständlich sowie optisch ansprechend darstellen. Zur Bewältigung von plötzlich eintretenden Schicksalsschlägen wie beispielsweise einem unvorhergesehenen Todesfall sollten Leitfäden mit Schritt-für-Schritt-Anleitungen sowie Informationen oder Kontaktdaten bereitgestellt werden.

Teile dieses Konzepts erwiesen sich allerdings als nicht umsetzbar. Für die Pflege einer Wissensdatenbank, die dem gewünschten Umfang entspricht und aufgrund tagesaktueller Gesetzgebung ständig aktuell überarbeitet werden müsste, standen in der Zukunftsregion Rupertiwinkel nicht genügend Ressourcen zur Verfügung. Die teils ehrenamtlichen Mitarbeiter:innen in den Kommunen konnten diesen Mehraufwand nicht leisten, die Schaffung zusätzlicher Personalstellen kam nicht in Frage. Aufgrund der Existenz marktreifer Online-Portale, die sich eben diesen Themen annehmen, wurde beschlossen, in den digitalen Pflegekompass lediglich Verlinkungen zur marktführenden Pflegewissensdatenbank „pflege.de"[21] zu integrieren. Dadurch sind die Projektbeteiligten auch vor rechtlichen Folgen durch falsche oder nicht aktuelle Beratung anhand der Pflegewissensdatenbank abgesichert, während Nutzer:innen dennoch gesuchte Informationen schnell und unkompliziert abrufen können.

Außerdem wurde darauf verzichtet, eine Online-Buchung oder Anzeige von freien Kapazitäten von in der Region beheimateten Pflegeheimen zu integrieren, da laut einstimmigen Aussagen der Betreiber von in Frage kommenden Pflegediensten die Einrichtungen derzeit auch ohne zusätzliche Bewerbung durch den Pflegekompass auf monate- bis teil-

---

[21] pflege.de (o. J.)

weise jahrelange Wartelisten zurückgreifen müssen. Einen freien Platz über eine Online-Plattform buchen zu können, sei dementsprechend äußerst unrealistisch, wohingegen die theoretische Buchungsmöglichkeit Erwartungen an freie und buchbare Pflegeplätze wecken würde. Daher wurden Pflegeheime und -dienste ebenfalls in die Sammlung der pflegeunterstützenden Angebote aufgenommen, um dort auf die Möglichkeit der persönlichen Kontaktaufnahme mit den jeweiligen Ansprechpersonen hinzuweisen.

Zentraler Aspekt des finalen Konzepts des digitalen Pflegekompasses war somit ein stark lokaler Fokus durch die Auflistung der pflegeunterstützenden Angebote der Region sowie die Erstellung von vorerst zwei Leitfäden, die auf Grundlage regionaler Gegebenheiten ausgearbeitet werden. Die schnelle und unkomplizierte Aufrufbarkeit der lokalen Angebote in den sieben Kategorien „Beratung", „Behinderung", „Haushalt", „Fahrten", „Freizeit", „Hospiz" und „Pflegedienste" stellt das Herzstück des digitalen Pflegekompass dar. Der Arbeitskreis legte Wert darauf, dass bei jeder Suchanfrage ein Ergebnis erscheint. Sollte in einer Gemeinde kein Angebot in einer bestimmten Kategorie verfügbar sein, so wird den Suchenden der Kontakt zur Bürgerhilfsstelle der betreffenden Kommune angezeigt. Somit erhält jeder Suchende auf jeden Fall eine Telefonnummer, an die eine Anfrage gerichtet werden kann.

Im Laufe der Umsetzungsphase sammelten die Arbeitskreisteilnehmer:innen die Kontaktdaten der Ansprechpersonen für die pflegeunterstützenden Angebote in ihren jeweiligen Kommunen. Dabei wurde darauf geachtet, dass mindestens ein Kommunikationsmedium, insbesondere Telefon oder E-Mail-Adresse, vorhanden ist und weitere Kategorien möglichst vollständig ausgefüllt wurden. Diese Daten wurden in eine eigens dafür angelegte Datenbank integriert. Um eine Rechtssicherheit bei der Veröffentlichung der persönlichen Daten der Ansprechpersonen zu gewährleisten, ist eine Einverständniserklärung zur Weitergabe der Daten eine zwingende Voraussetzung für die Anbieter der Leistung. Ohne eine solche werden Angebote auf dem digitalen Pflegekompass nicht veröffentlicht.

Aufgrund fehlender marktfähiger Lösungen, die dem Anforderungskatalog des digitalen Pflegekompass entsprechen, wurde entschieden, eine geeignete digitale Anwendung durch die Projektbegleitung am TCG selbst zu entwickeln.

Bei der Entwicklung des digitalen Pflegekompasses nahm eine Suchfunktion der pflegeunterstützenden Angebote eine zentrale Rolle ein. Die Datenbank wurde darauf ausgelegt, dass trotz verschiedener Parameter bei Suchvorgängen immer das richtige Ergebnisse angezeigt wird und niemals kein Ergebnis angezeigt wird. Darüber hinaus wurde darauf geachtet, dass die Pflege der Daten und Inhalte schnell und unkompliziert auch von Laien, die bisher mit der Betreuung von Web-Inhalten keine oder kaum Erfahrung besitzen, vorgenommen werden kann. Zudem mussten zielgruppenspezifische Anforderungen wie große Schriften oder hohe Kontraste beachtet werden, um die reibungslose Nutzung des digitalen Pflegekompasses auch bei altersbedingten Einschränkungen gewährleisten zu können.

18.5 Der digitale Pflegekompass der ILE Zukunftsregion Rupertiwinkel

Konzept, Umsetzung und Entwicklung des digitalen Pflegekompasses durch die ILE Zukunftsregion Rupertiwinkel, den Arbeitskreis sowie die Projektbegleitung des TCG wurde im Laufe des Jahres 2021 abgeschlossen. Seit Juni desselben Jahres steht der digitale Pflegekompass der Öffentlichkeit und insbesondere den Bürger:innen der sieben Mitgliedskommunen zur Verfügung. Auf dem Onlineportal „Dahoam im Rupertiwinkel",[22] auf dem auch weitere Projektergebnisse des digitalen Alpendorfs veröffentlicht sind, kann der digitale Pflegekompass aufgerufen werden.

Das Herzstück der Anwendung, die Sammlung der lokalen und regionalen pflegeunterstützenden Angebote, zählt zum Stichtag 31.01.2022 bereits 71 Einträge aus den Kategorien „Freizeit", „Beratung", „Behinderung", „Haushalt", „Fahrten" und „Pflegedienste". Einzig zu Hospiz liegt noch kein Angebot vor. Aufgrund der Wichtigkeit des Themas wird die Kategorie weiterhin in der Suchfunktion angezeigt und weist, vergleichbar zu fehlenden Angeboten für eine Kommune in anderen Kategorien, auf die Ansprechpersonen in den Bürgerhilfsstellen hin. Dadurch wird auch im Livebetrieb der Anwendung sichergestellt, dass jede Suche nach Ansprechpersonen in jedem Fall zu einem Ergebnis führt.

Die Suchfunktion, über die Nutzer:innen auf die Datenbank zugreifen können, ist optisch bewusst einfach gestaltet und soll mit möglichst wenigen Klicks zum Ergebnis führen. Daher sind in der aktuell veröffentlichten Version (Stand 06.04.2022) einzig die Filtermöglichkeiten „Kommune" und „Kategorie" aktiviert. Angezeigt werden zuerst Ergebnisse aus der ausgewählten Kommune, während überregionale Angebote oder solche aus Kommunen, die auch für die Bewohner:innen anderer Gemeinden verfügbar sind, wie zum Beispiel die Leistungen von Kirchengemeinden, nachfolgend aufgelistet werden. Eine mögliche Suche mit Ergebnissen ist in Abb. 18.1 zu sehen. Bei der noch übersichtlichen Gesamtzahl an Angeboten je Kategorie werden weitere Filtermöglichkeiten als nicht notwendig angesehen, können allerdings integriert werden, wenn der Einzugsbereich des Pflegekompasses um weitere Kommunen und deren pflegeunterstützende Angebote erweitert wird.

Die Pflege und Aktualisierungen sowie das Einbinden noch nicht vorhandener Angebote erfolgt über eine Eingabemaske und soll durch die Ansprechpersonen der Bürgerhilfsstellen selbst vollzogen werden. Ein Ausschnitt dazu ist in Abb. 18.2 dargestellt. Bei der Ausgestaltung dieser Eingabemaske wurde darauf geachtet, dass jederzeit ersichtlich ist, welche Angaben zwingend notwendig und welche optional sind. Als unabdingbar wurde beispielsweise mindestens eine Möglichkeit der direkten Kontaktaufnahme mit Anbieter:innen wie Telefonnummer oder E-Mail-Adresse erachtet. Entsprechen Eingaben nicht der vorgegebenen Norm, im Feld Telefonnummer sind beispielsweise nur Zahlen und wenige Sonderzeichen erlaubt, können Angebote nicht gespeichert werden. So soll die verse-

---

[22] ILE Zukunftsregion Rupertiwinkel (2021).

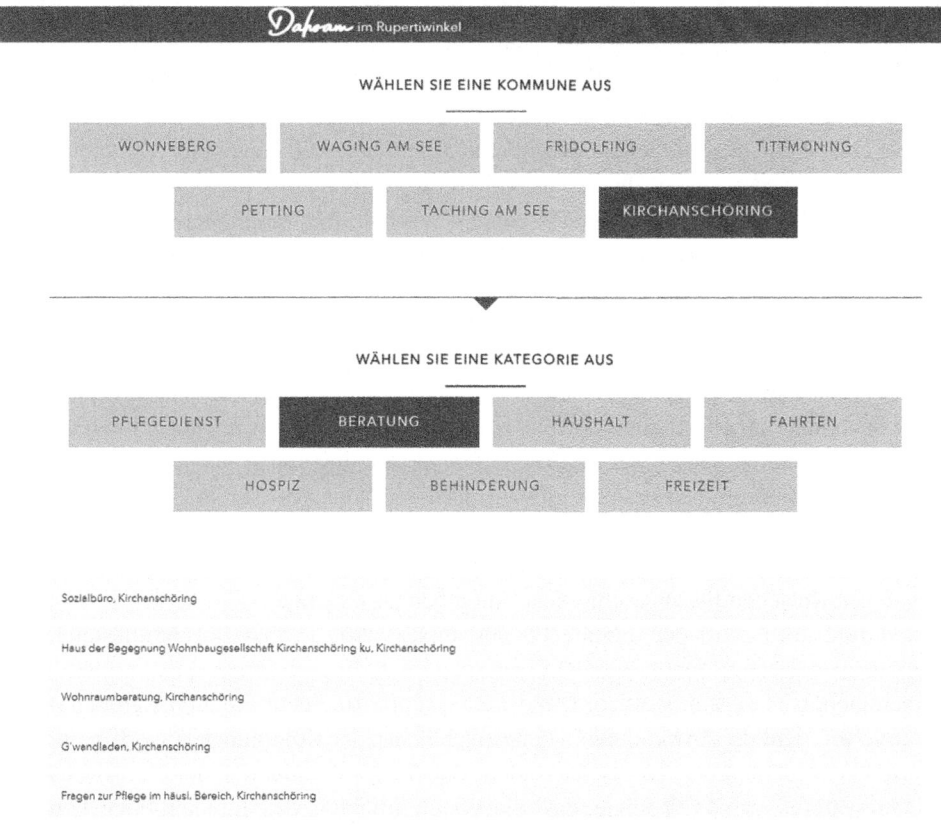

Abb. 18.1 Suchfunktion des digitalen Pflegekompass. (Quelle: Technologie Campus Grafenau)

NEUES HILFSANGEBOT

Name des Angebots*
Beispielangebot

Vorname*   Nachname*
Max   Mustermann

Telefonnummer   +
012345 678-9

Emailadresse*
example@example.com

                                     Zusatz
Anschrift |

Strasse   Hausnummer
Musterstraße   5

PLZ *   Ort*
83329   Waging am See

Abb. 18.2 Eingabemaske des digitalen Pflegekompass. (Quelle: Technologie Campus Grafenau)

hentliche Veröffentlichung falscher Angaben minimiert werden. Über Kontrollkästchen können zudem Angebote aus der Datenbank veröffentlicht oder unsichtbar geschalten werden, was beispielsweise bei saisonalen Angeboten den Pflegeaufwand geringhält.

Die pflegeunterstützenden Angebote sind sowohl in der zentralen Suchfunktion als auch in einer Auflistung unter dem Menüpunkt „Regionale Hilfsangebote" verfügbar. Dies dient dazu, dass auch Nutzer:innen ohne konkretes Suchinteresse die Datenbank geordnet nach Kategorien durchsuchen und sich einen Überblick über mögliche Angebote für den Ernstfall verschaffen können. Als zusätzliche Informationsquelle wird der Pflegestützpunkt Traunstein in einem eigenen Menüpunkt vorgestellt, um eine bestmögliche Vernetzung mit dessen Angeboten erreichen zu können.

Für Notfälle, in denen Menschen von den auf sie zukommenden Aufgaben und Erwartungen überfordert sein können, wurden zwei Leitfäden in Form von Checklisten veröffentlicht. Nutzer:innen erhalten sowohl bei einem plötzlich auftretenden Pflegefall als auch bei einem unvorhergesehenen Todesfall Unterstützung und sehen übersichtlich, welche Schritte unternommen werden müssen. Die Leitfäden wurden so gestaltet, dass sie ausgedruckt auf einer DIN A4-Seite Platz finden, um sie im Bedarfsfall analog jederzeit griffbereit zu haben. In Abb. 18.3 ist die Orientierung an klassischen Checklisten mit ankreuzbaren Kästchen für abgeschlossene Aufgaben zu sehen.

Seit Juni 2021 wird der digitale Pflegekompass aktiv in den Bürgerhilfsstellen der Kommunen beworben. Dafür werden Flyer eingesetzt, die zum Beispiel in Arzt- und Physiotherapiepraxen verteilt werden. Um die Zielgruppe zu einem möglichst großen Anteil zu erreichen, wird die Anwendung in den Amtsblättern der Kommunen beworben und war ebenso in der lokalen Tagespresse zu finden. Eine interne Evaluation der Nutzungszahlen des Onlineportals am TCG zeigte, dass die Veröffentlichung des digitalen Pflegekompasses einen deutlich sichtbaren positiven Effekt auf die Interaktion der Website hatte. Dies deckt sich mit Aussagen aus den Kommunen, insbesondere der Bürgerhilfsstellen, die die Einführung und den tatsächlichen Nutzen des digitalen Pflegekompass positiv beurteilen.

18.6   Kritische Reflexion und Übertragbarkeit in weitere Regionen

Der digitale Pflegekompass stellt gerade für Zuzugsregionen eine Möglichkeit dar, die Möglichkeiten und Potenziale pflegeunterstützender Angebote an alle Bürgerinnen und Bürger zu vermitteln. Durch die übersichtlichen Funktionen und die Konzentration auf einige wenige Funktionen eignet sich die Anwendung, um schnell und unkompliziert Informationen an die Nutzer:innen weiterzugeben. Durch die Bereitstellung von Leitfäden erhalten Hilfesuchende in schwierigen Zeiten bereits erste Anhaltspunkte, um mit den für sie neuen Situationen umgehen zu können. Die Angebote ersetzen dabei keineswegs den Kontakt mit Bürgerhilfs- und Beratungsstellen, sondern verschieben diesen auf einen späteren Zeitpunkt, ohne dabei auf qualitative Informationen zu verzichten.

Für den langfristigen Erfolg des digitalen Pflegekompasses ist eine ständige Aktualisierung der Daten der pflegeunterstützenden Angebote essenziell. Stimmen beispielsweise

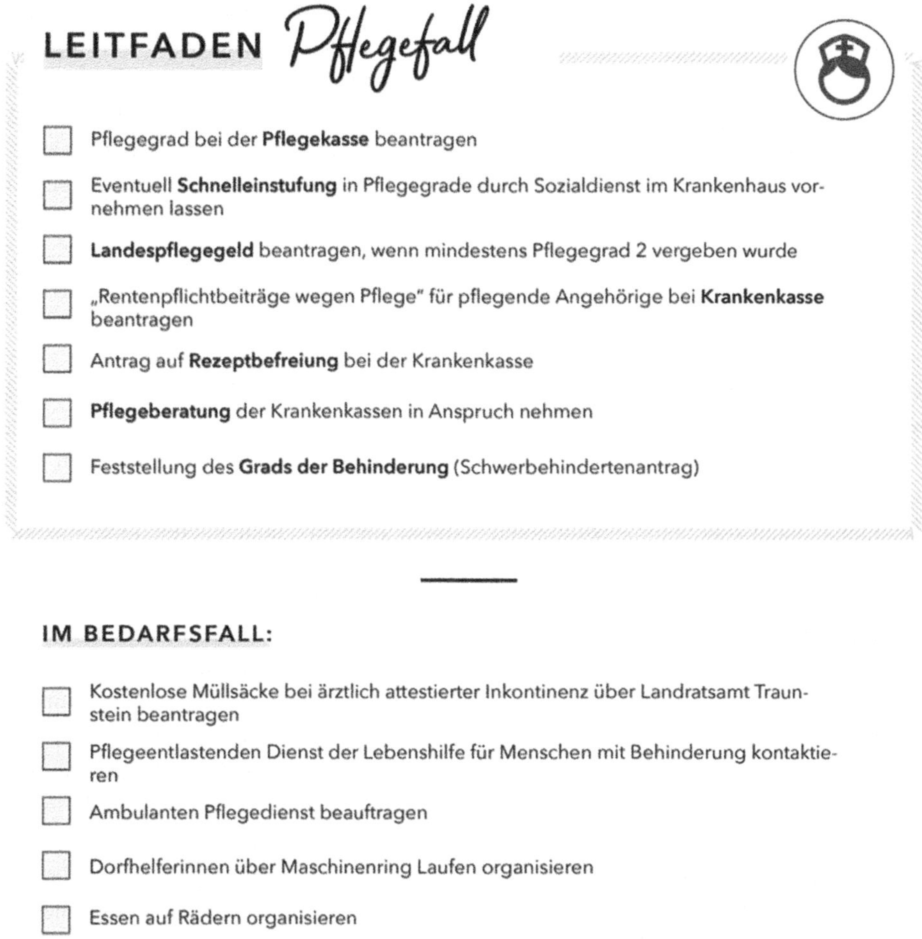

LEITFADEN *Pflegefall*

- ☐ Pflegegrad bei der **Pflegekasse** beantragen
- ☐ Eventuell **Schnelleinstufung** in Pflegegrade durch Sozialdienst im Krankenhaus vornehmen lassen
- ☐ **Landespflegegeld** beantragen, wenn mindestens Pflegegrad 2 vergeben wurde
- ☐ „Rentenpflichtbeiträge wegen Pflege" für pflegende Angehörige bei **Krankenkasse** beantragen
- ☐ Antrag auf **Rezeptbefreiung** bei der Krankenkasse
- ☐ **Pflegeberatung** der Krankenkassen in Anspruch nehmen
- ☐ Feststellung des **Grads der Behinderung** (Schwerbehindertenantrag)

IM BEDARFSFALL:

- ☐ Kostenlose Müllsäcke bei ärztlich attestierter Inkontinenz über Landratsamt Traunstein beantragen
- ☐ Pflegeentlastenden Dienst der Lebenshilfe für Menschen mit Behinderung kontaktieren
- ☐ Ambulanten Pflegedienst beauftragen
- ☐ Dorfhelferinnen über Maschinenring Laufen organisieren
- ☐ Essen auf Rädern organisieren

Abb. 18.3 Ausschnitt aus dem Leitfaden „Pflegefall". (Quelle: Technologie Campus Grafenau)

Telefonnummern oder Angebotszeiten nicht mehr überein, kann das Vertrauen der Nutzer:innen in die bereitgestellten Informationen negativ beeinträchtigt werden, was auf lange Sicht zu einer geringeren Nutzung der Anwendung führt. Daher müssen von den jeweiligen Kontaktpersonen in den Kommunen, die die Pflege der jeweiligen Daten zu verantworten haben, regelmäßige Aktualisierungen vorgenommen werden. Diese haben dafür Sorge zu tragen, dass die Informationen in der Datenbank korrekt sind. Der Pflegekompass selbst wird durch Anzahl und Qualität der Angebote in den Kommunen limitiert. Sind in einer Kommune nur sehr wenige Angebote vorhanden oder nur eine geringe Anzahl den Verantwortlichen bekannt, wird der Nutzen der Suchfunktion eingeschränkt.

Gerade in sehr kleinen Kommunen stellen sich das Finden von Verantwortlichen und die Pflege der Inhalte als Stolpersteine heraus. Dort sind die entsprechenden Bürgerhilfsstellen nicht immer mit hauptamtlichen Vollzeitkräften besetzt, was in Kombination mit den vielfältigen weiteren Aufgaben dieser Personalstellen eine weitere Einschränkung in der für den digitalen Pflegekompass verfügbaren Zeit darstellt. Daher wäre von Beginn an die Übertragung des digitalen Pflegekompasses in die Verantwortlichkeit eines Landkreises eine sinnvolle Lösung, da in den Landratsämtern, besonders bei gleichzeitigem Bestehen eines Pflegestützpunkts, hauptamtliche Verantwortliche verfügbar wären, die sich aktiv um die Pflege der Daten und die Nachfrage nach Änderungen oder neuen Angeboten kümmern können.

18.7 Zusammenfassung und Ausblick

Der digitale Pflegekompass wird sowohl von den beteiligten Akteuren als auch von der Zielgruppe positiv angenommen. Durch die Übersichtlichkeit der Anwendung und den Fokus auf einige wenige Funktionen können Hilfesuchende auf die barrierearmen Informationen zurückgreifen. Dabei ist zu beachten, dass der digitale Pflegekompass das Rad nicht neu erfindet und eine allumfassende Lösung für den Themenbereich der Pflege in ländlichen Regionen darstellt. Allerdings stellt er ein Hilfsmittel dar, durch den pflegeunterstützende Angebote in den Regionen bekannter gemacht werden können, Bürgerhilfsstellen und ehrenamtliche Senior:innenbeauftragte entlastet werden und Informationen für Pflegebedürftige und deren pflegende Angehörige bereitgestellt werden.

Durch den geringen Aufwand bei der Aktualisierung der publizierten Inhalte kann der digitale Pflegekompass in den Arbeitsalltag der Bürgerhilfsstellen integriert werden. Dennoch eignet sich der Pflegekompass in erster Linie für einen Einsatz auf Landkreisebene. Dort können hauptamtliche Verantwortliche die Ausgestaltung der Inhalte und die Aktualität der zugrunde liegenden Daten bestmöglich koordinieren und beugen so fehlerhaften sowie für Nutzer:innen frustrierenden Fehlinformationen vor. Besonders in Landkreisen und Regionen, in denen bereits ein Pflegestützpunkt beheimatet ist, stellt der digitale Pflegekompass eine einfach und von der Zielgruppe akzeptierte Möglichkeit der Erweiterung der dort angebotenen Leistungen dar.

Literatur

Baumgartner, K., Kolland, F., & Wanka, A. (2013). *Altern im ländlichen Raum: Entwicklungsmöglichkeiten und Teilhabepotentiale*. Kohlhammer.

Blum, K., Offermanns, M., & Steffen, P. (2019). *Situation und Entwicklung der Pflege bis 2030*. Düsseldorf. https://www.dki.de/sites/default/files/2019-10/DKI%202019%20-%20Pflege%20 2030%20-%20Bericht_final_0.pdf. Zugegriffen am 06.04.2022.

Flake, R., Kochskämper, S., Risius, P., & Seyda, S. (2018). Fachkräfteengpass in der Altenpflege: Status quo und Perspektiven. *Vierteljahresschrift zur empirischen Wirtschaftsforschung* (S. 21–39).

Heller, J., Kersting, M., Kiepe, A., Müller, T., Waldmann, S., & Wehr-Tiermeier, G. (2021). *Seniorenwegweiser: Älter werden in Stadt und Landkreis Fulda*. Parzellers Buchverlag.

ILE Zukunftsregion Rupertiwinkel. (2021). Digitaler Pflegekompass: Hilfsangebote aus der Region. www.dahoamimrupertiwinkel.de/pflegekompass. Zugegriffen am 06.04.2022.

Kuhn, J., Moritz, B., Poppe, F., Zollikofer, S., Lüders, A., & Enke, M. (2017). *Gesundheit im Alter: Bericht zur Seniorengesundheit in Bayern*. www.stmgp.bayern.de/wp-content/uploads/2018/03/stmgp_sen_014_seniorenbericht.pdf. Zugegriffen am 06.04.2022.

Landkreis Emsland. (o. J.). Service-Portal Emsland. www.emsland.de/leben-freizeit/service-portal-emsland/. Zugegriffen am 06.04.2022.

pflege.de. (o. J.). Ihr Portal für das Wohnen und Leben im Alter. www.pflege.de. Zugegriffen am 06.04.2022.

Privatinstitut für Transparenz im Gesundheitswesen. (o. J.). Deutsches Seniorenportal. https://www.seniorenportal.de/. Zugegriffen am 06.04.2022.

Rothgang, H., Müller, R., & Unger, R. (2012). *Themenreport Pflege 2030: Was ist zu erwarten – was ist zu tun?* Bertelsmann Stiftung.

Stadt Bielefeld. (o. J.). Bielefelder Senioren Online: BiSOn. https://www.bi-s-on.de/. Zugegriffen am 11.04.2022.

Statistisches Bundesamt. (1999). Pflegestatistik 1999: Pflege im Rahmen der Pflegeversicherung. https://www.statistischebibliothek.de/mir/servlets/MCRFileNodeServlet/DEHeft_derivate_00012305/5224002999004.pdf. Zugegriffen am 06.04.2022.

Statistisches Bundesamt. (2020). *Pflegestatistik: Pflege im Rahmen der Pflegeversicherung*. https://www.destatis.de/DE/Themen/Gesellschaft-Umwelt/Gesundheit/Pflege/Publikationen/_publikationen-innen-pflegestatistik-deutschland-ergebnisse.html?nn=210648. Zugegriffen am 06.04.2022.

Statistisches Bundesamt. (2021). *Ausblick auf die Bevölkerungsentwicklung in Deutschland und den Bundesländern nach dem Corona-Jahr 2020: Erste mittelfristige Bevölkerungsvorausberechnung 2021 bis 2035*. https://www.destatis.de/DE/Themen/Gesellschaft-Umwelt/Bevoelkerung/Bevoelkerungsvorausberechnung/Publikationen/_publikationen-innen-vorausberechnung-mittelfristig-deutschland-bundeslaender.html. Zugegriffen am 06.04.2022.

Statistisches Bundesamt. (o. J.-a). Bevölkerungsstand nach Altersgruppen (ab 2011). https://www.destatis.de/DE/Themen/Gesellschaft-Umwelt/Bevoelkerung/Bevoelkerungsstand/Tabellen/liste-altersgruppen.html. Zugegriffen am 06.04.2022.

Statistisches Bundesamt. (o. J.-b). Mehr Pflegebedürftige. https://www.destatis.de/DE/Themen/Querschnitt/Demografischer-Wandel/Hintergruende-Auswirkungen/demografie-pflege.html. Zugegriffen am 06.04.2022.

StmGP. (o. J.). Pflegestützpunkte. https://www.stmgp.bayern.de/pflege/pflege-zu-hause/pflegestuetzpunkte/. Zugegriffen am 06.04.2022.

Teil IV

Erfolgsfaktoren der digitalen Transformation

Zielgruppenzentrierte Projektarbeit als Erfolgsfaktor für nachhaltige Digitalisierung in ländlichen Räumen

Frank Edenharter

Zusammenfassung

Partizipation aller Menschen einer Kommune gilt als Idealbild moderner Regionalentwicklung in ruralen Räumen. Durch Ideen und Formulieren von Ängsten greifen Teilnehmende früh in den Umsetzungsprozessen von Projekten ein. Bei der Einbeziehung von Akteuren ist aber darauf zu achten, dass Kapazitäten eingehalten werden, was zur Folge hat, dass nicht alle Bürger:innen partizipieren können, sondern nur auf relevante Akteure zugegriffen wird. Das ist besonders bei Projekten zu empfehlen, deren Umsetzung keinen direkten Nutzen für alle Bürger:innen hat, sondern bestimmten Zielgruppen zu Gute kommt. Dieses zielgruppenzentrierte Vorgehen wurde in Reallaboren des „Digitalen Dorf Bayern" erprobt. In enger Zusammenarbeit von projektrelevanten Akteuren, Kommunalverwaltungen und Forschenden wurden Digitalisierungsprojekte in ruralen Räumen konzipiert und umgesetzt. Durch Einbeziehung der Akteure wird sichergestellt, dass entwickelte digitale Lösungen bedarfsorientiert, nicht technikgetrieben sind.

Schlüsselwörter

Digitalisierung · Regionalentwicklung · Partizipation · Bürgerbeteiligung · Bottom-up

F. Edenharter (✉)
Technische Hochschule Deggendorf, Technologie Campus Grafenau, Grafenau, Deutschland
E-Mail: frank.edenharter@th-deg.de

19.1   Die Dimensionen der Nachhaltigkeit in Reallaboren

Nachhaltigkeit ist einer der Megatrends des 21. Jahrhunderts und stellt Gesellschaften weltweit vor Herausforderungen, gilt es doch die Erde zukünftigen Generationen in einem lebenswerten Zustand zu hinterlassen. Bei der Forschungs- und Entwicklungsarbeit in Reallaboren wie den Pilotdörfern des Projekts „Digitales Dorf Bayern" nimmt Nachhaltigkeit ebenso eine wichtige Stellung ein. Konzeption und Umsetzung von Maßnahmen in nachhaltigen ländlichen Entwicklungsprojekten zielt unter anderem auf ökologische, soziale und wirtschaftliche Nachhaltigkeit ab und bildet somit mehrere Dimensionen der Nachhaltigkeit ab.

Von entscheidender Bedeutung ist eine nachhaltige Nutzung der entwickelten und erprobten Anwendungen und Maßnahmen. Auch nach Ende der Forschungsprojekte in Pilotregionen ist eine praktikable Lösung für die Weiterführung und den fortlaufenden Betrieb der Lösungen zu finden. Ein Projekt kann damit nur als nachhaltig betitelt werden, wenn es auch nachhaltig genutzt werden kann und nicht nach der Förderlaufzeit des Reallabors trotz praxiserprobten Nutzens aufgrund unklarer Nachfolgeregelungen vernachlässigt oder abgesetzt wird.

19.2   Partizipation: Mittel zum Zweck und Wertschätzung für das Engagement der Bürger:innen

Reallabore[1] (auch: living labs) sind ein erprobtes Mittel, um Forschungs- und Praxisarbeit miteinander zu verzahnen, um dadurch bei der Entwicklung und Markteinführung von Produkten bestmögliche Ergebnisse zu erzielen. Maßnahmen der ländlichen Entwicklung sind dabei ebenso als Produkte anzusehen wie neue Technik oder Markteinführungen der freien Wirtschaft. Digitalisierungsprojekte in ruralen living labs sprechen dadurch immer verschiedene Akteure an, die gemeinsam die Arbeit vorantreiben sollen. Durch die Einbindung von Vertretern aus Kommunalverwaltungen, Vereinen, Forschung und der Zivilgesellschaft soll ein konstruktives Umfeld auf Augenhöhe geschaffen werden, das eine Akzeptanzsteigerung und die Bildung nachhaltiger Strukturen fördert.[2] Das wachsende Zusammengehörigkeitsgefühl durch ein in der Region entwickeltes Produkt bedingt bei den Beteiligten ein Gefühl der Mitbestimmung bei der zukünftigen Ausrichtung des betreffenden Raumes.[3] Bürger:innen können ihr Lebensumfeld bis zu einem gewissen Grad selbst gestalten.[4]

---

[1] Reallabor versteht sich in dieser Abhandlung als physisch-materieller Projektraum, in dem innovative digitale Technologien im Praxisumfeld unter realen Bedingungen konzipiert, entwickelt und erprobt werden.

[2] (Beecroft et al., 2018).

[3] (Grütter, 2021).

[4] (Schwab, 2019).

Eine frühzeitige Einbindung der Bevölkerung der Reallabore und damit eine größtmögliche Partizipation basiert auf Vertrauen. Verwaltungen vertrauen darauf, dass die Teilnehmenden der Beteiligungsverfahren konstruktive Vorschläge, auch bei umstrittenen und strukturverändernden Großprojekten,[5] für die jeweiligen Themen bieten, während die Bevölkerung darauf vertraut, dass Sorgen und Ideen wirkliche Beachtung finden. Alle Akteure müssen daher gemeinsam zu einem erfolgreichen Projekt beitragen und nicht ausschließlich eigene Interessen verfolgen.[6] Im Bereich der Digitalisierung ist zudem die Schaffung von Vertrauen in Technik und Maschinen zu beachten. Alle Beteiligten sind davon zu überzeugen, dass die entwickelte Lösung die Arbeit erleichtert oder einen erweiterten Nutzen im Vergleich zu analogen Möglichkeiten bietet. Da Personen aus verschiedenen Bevölkerungs- und Altersgruppen eine unterschiedliche Technikaffinität besitzen, ist in den Beteiligungsverfahren sicherzustellen, dass die Nutzung der entwickelten Lösungen keine Interessierten aufgrund zu hoher Hürden ausschließt.[7] Digitale Anwendungen sollten möglichst für alle potenziellen Nutzer:innen zur Verfügung stehen und bedienbar sein.

Beteiligungsverfahren und ein bürgerzentriertes Vorgehen bei der Projektarbeit sollen neben der Schaffung von gegenseitigem Vertrauen zu einer Akzeptanzsteigerung beitragen.[8] Dies gelingt, wenn Akteure ergebnisoffen eingebunden werden sowie deren Empfehlungen und Ideen reflektiert und dokumentiert werden.[9] Durch Transparenz in der Konzeptionierung und Umsetzung der Projekte sehen die Beteiligten, wo und in welchem Umfang die Ergebnisse der Partizipation eingeflossen sind. Eine ablehnende Haltung kann so in eine zustimmende Haltung umgewandelt werden, selbst wenn nur partiell Anregungen übernommen wurden,[10] Allerdings sollte eine beabsichtigte Akzeptanzsteigerung nicht den ausschlaggebenden Grund für eine Beteiligung darstellen, sondern primär immer das Ziel, die Perspektiven aller beteiligten Zielgruppen in die zukünftige Gestaltung von Lösungen einfließen zu lassen.[11]

Bürgerbeteiligung ist nur ein Teil der Partizipation. Sind Bürger:innen direkt von einer Forschungsarbeit oder einem geplanten Projekt betroffen, dann sind diese entsprechend zu beteiligen. Die Auswahl geeigneter und an das jeweilige Erkenntnisinteresse angepasste Methoden wie unter anderem Bürger:innenworkshops, Arbeitskreise, Ideen- oder Zukunftswerkstätten sind für den Erfolg der Beteiligungsverfahren notwendig. Klassisch analoge Methoden setzen terminliche und örtliche Präsenz der zu Beteiligenden voraus.[12] Beteiligungen mit der Zivilbevölkerung finden aus Rücksicht auf Berufstätige in der Regel in den Abendstunden statt. Um Interessierten nicht zu viel abzuverlangen, ist eine an die

---

[5] (Wölfel, 2018).

[6] (Renker, 2018).

[7] (Breuer et al., 2020).

[8] (Schwab, 2019).

[9] (Männlein et al., 2021).

[10] (Schwab, 2019).

[11] (Männlein et al., 2021).

[12] (Wölfel, 2018).

Situation angepasste Akzentuierung und der Rhythmus entscheidend, wodurch analoge Treffen zu wichtigen Meilensteinen anzusetzen sind.[13]

Eine Einbeziehung aller Bürger:innen ist nur bei solchen Projekten sinnvoll, die sich auch direkt an Bürger:innen richten. Projekte, deren Fokus auf einzelnen Handlungsfeldern und beispielsweise der Verbesserung der internen Workflows von Institutionen oder Organisationen liegt, können ohne allumfassende Beteiligung durchgeführt werden. Alcántara et al.[14] zeigen auf, dass in Reallaboren Repräsentativität nicht zwingend notwendig ist. In derartigen Pilotregionen ist es erfolgsversprechender diejenigen Akteure einzubinden, die aktiv neue Wege und Methoden erproben möchten. Zur Nachvollziehbarkeit ist darzulegen, nach welchen spezifischen Kriterien Akteure beteiligt oder nicht beteiligt werden. Auch bei klassischen Bürgerbeteiligungsverfahren ist eine Repräsentativität selten gegeben, da ein zu geringer Teil der Bevölkerung an derartigen Veranstaltungen teilnimmt.

Ein Fokus auf Zielgruppen und die wichtigsten Akteure, zu denen in ausgewählten Fällen die Zivilbevölkerung zählen kann, aber nicht muss, ist daher im Hinblick auf Projekterfolge notwendig. Einem bürger:innenzentrierten Vorgehen ist demnach ein zielgruppenzentriertes Vorgehen vorzuziehen, ohne einen Bottom-up-Ansatz zu vernachlässigen. Das jeweilige Fundament wird entsprechend der projektspezifischen Anforderungen auf Grundlage nachvollziehbarer Kriterien ausgewählt. Durch die Einbindung der wichtigsten Akteure können die Kapazitäten optimal zwischen Konzeption, Partizipation und Projektarbeit aufgeteilt werden,[15] was aufgrund der begrenzten Zeitspanne von Reallaboren, die in der Regel Laufzeiten zwischen 12 Monaten und drei Jahren besitzen, ein nicht zu vernachlässigender Faktor ist.

19.3   Partizipation in den Pilotregionen des Projekts „Digitales Dorf Bayern"

Zur Anfangszeit des Projekts „Digitales Dorf Bayern" in den Jahren 2016 und 2017 waren Digitalisierung und digitale Lösungen in den Pilotdörfern noch Fremdwörter. Apps, Touchscreens und Smartphones waren im Alltagsleben integriert, allerdings wurden diese noch nicht für eine nachhaltige ländliche Entwicklung eingesetzt. Im Digitalen Dorf Spiegelau-Frauenau musste dementsprechend zuerst Vertrauen geschaffen werden. Digitale Lösungen sollen nach der Philosophie des Technologie Campus Grafenau (kurz: TCG) das analoge Leben nicht ersetzen und soziale Kontakte überflüssig machen, sondern bestehende Strukturen bestmöglich ergänzen. Um Ängste und Hemmschwellen zu bekämpfen, wurden bereits zu Beginn der Konzeptionsphase Bürger:innen in den Pilotkommunen aktiv beteiligt. Es sollte gezeigt werden, dass Digitalisierung kein abstrakter Zwang von außen ist, sondern durch interne Bemühungen in den Kommunen gezielt zur positiven Entwicklung der Dörfer beitragen kann.

---

[13] (Seebacher et al., 2018).

[14] (Alcántara et al., 2018).

[15] (Seebacher et al., 2018).

Durch die Bildung von Arbeitskreisen, deren Mitglieder einzelne Projekte mit den Forschenden des TCG und der Kommunalverwaltung in engem Austausch bearbeiteten, wurden Verbindlichkeit und Verantwortung geschaffen. Die Bürger:innen durften Ideen, Vorschläge, Sorgen und Ängste in die Projektarbeit einfließen lassen, erwarteten im Gegenzug aber auch eine Berücksichtigung eben jener Faktoren bei der Konzeptionierung der Projektidee und der Entwicklung sowie Umsetzung der digitalen Anwendungen. Das Vorgehen war bürger:innenzentriert, da es allen Frauenauer:innen und Spiegelauer:innen bei Interesse möglich war, sich an der Projektarbeit im Reallabor zu beteiligen.

Während des Projektverlaufs wurde in ausgewählten Projekten auf ein zielgruppenzentriertes Vorgehen zurückgegriffen. Bei der Konzeptionierung eines Co-working-Spaces in Spiegelau, eine detaillierte Projektbeschreibung findet sich in Kap. 16, wurden beispielsweise durch eine umfassende Onlineumfrage gezielt Pendler als Betroffene und potenzielle Nutzende der Einrichtung angesprochen und eingebunden. Eine umfassende Partizipation der Gesamtbevölkerung hätte aufgrund fehlenden Interesses und Leidensdrucks keine aussagekräftigen Ergebnisse erzielt.

Aufgrund der Auswahl an Projektideen aus den Bewerbungen wurde von der Projektbegleitung des TCG in den Pilotregionen „Digitales Alpendorf" sowie „Digitale Hörnerdörfer Allgäu" auf ein zielgruppenzentriertes Vorgehen zurückgegriffen. Durch die Bildung von Arbeitskreisen mit allen relevanten themenspezifischen Akteuren wurden sämtliche Personen eingebunden, die für Projekterfolg und Akzeptanz notwendig waren. Bei Themen aus dem Tourismussektor war es beispielsweise von entscheidender Bedeutung, dass Vertreter:innen von Tourismusverbänden, die kommunalen Tourist-Infos sowie Anbieter:innen von touristischen Angeboten aktiv an der Projektarbeit teilnahmen. Durch die gezielte Auswahl eines kleinen, aber schlagkräftigen Expertengremiums konnte auf deren Erfahrungen und bestehende Strukturen optimal eingegangen werden, was eine effektive und reibungslose Projektarbeit begünstigte.

Die vertrauensvolle Zusammenarbeit während der Beteiligungsprozesse in der Konzeptionsphase begünstigte die Akzeptanz der in den Pilotdörfern entwickelten und eingeführten Lösungen. Die Anwendungen wurden von den Bürger:innen gut angenommen und zunehmendes Interesse weiterer Kommunen deutet darauf hin, dass eine Übertragbarkeit der Ergebnisse in andere Kommunen gegeben ist. Im Digitalen Dorf Spiegelau-Frauenau sind die entwickelten Lösungen zum Stichtag 11.04.2022 trotz des Projektendes im Vorjahr noch immer aktiv, was aufzeigt, dass in Reallaboren gewonnene Erkenntnisse und entwickelte Anwendungen nach der Förderlaufzeit nachhaltig genutzt werden.

Die Einbindung der relevanten Akteure und potenzieller Nutzer:innen ist auch für die nachhaltige Nutzung der entwickelten Lösungen sinnvoll, da so die wahren Bedarfe, auch hinsichtlich der Usability, bestmöglich berücksichtigt werden können. Selbst eine technisch herausragende digitale Anwendung verfehlt ihr Ziel, wenn sie nur von einem kleinen Teil der Zielgruppe überhaupt bedient werden kann oder der Bedarf nicht gegeben ist. So überzeugte Windows Vista zwar durch visionäres Design, konnte aber wegen Mängeln hinsichtlich Nutzerfreundlichkeit und Performance nur bedingt überzeugen. Windows Vista wurde bald durch Windows 7 ersetzt, das an den entsprechenden Punkten verbessert wurde und deutlich bessere Rezensionen erhielt. Daher ist es von entscheidender Bedeutung, dass die Entwicklung digitaler Anwendungen nicht durch die maximalen technischen Möglichkeiten getrieben wird, sondern sich stets an die Bedarfe und technischen Kenntnisse der Zielgruppen sowie größtmöglicher Nutzer:innenfreundlichkeit orientiert.

Aus den Ergebnissen der Projektarbeit aus dem Digitalen Dorf Bayern konnte abgeleitet werden, dass eine möglichst umfassende Partizipation nach dem Bottom-up-Prinzip Vorteile mit sich bringt. Ängste und Sorgen können im Voraus beseitigt werden, entwickelte digitale Lösungen an die Bedürfnisse angepasst werden. Eine Beteiligung der Gesamtbevölkerung ist erstrebenswert, allerdings projektspezifisch zu sehen und bei fehlendem Bedarf, besonders wenn zu entwickelnde Anwendung trotz Bezug zur Entwicklung ländlicher Räume nur ausgewählte Akteure betreffen, auszusetzen.

19.4   Hybride Partizipationsformen als Zukunftsmodell

Zu Beginn des Projekts „Digitales Dorf Bayern" waren klassische analoge Beteiligungsverfahren die einzige relevante Alternative. Digitale Tools und Plattformen waren nicht ausgereift und genügten den Ansprüchen, die an Partizipation gestellt wurden, nicht. In den folgenden Jahren entwickelte sich dieser Sektor jedoch weiter und brachte einige Lösungen hervor, die analoge Beteiligungsformen ideal ergänzen können. Beispielsweise ist die von der europäischen Union finanzierte Anwendung CONSUL[16] 2021 großflächig in Deutschland angekommen und wird in einer zunehmenden Anzahl an Kommunen und Gebietskörperschaften eingesetzt.

Digitale Beteiligung ist eine Alternative zu analogen Verfahren, sollte diese aber niemals gänzlich ersetzen. Die Dynamiken, die bei persönlichen Arbeitstreffen entstehen, lassen sich durch digitale Tools nur schwer abbilden. Dennoch können digitale Medien analoge Beteiligungsformate sinnvoll ergänzen und bieten denjenigen Menschen Zugang zur Mitbestimmung in ihren Gemeinden, die aufgrund terminlicher Schwierigkeiten oder weiten Anfahrtswegen einer analogen Veranstaltung nicht beiwohnen können. Ein hybrides Format aus analogen Veranstaltungen, die digital verfolgt werden können und im Nachgang durch digitale Verfahren bestmöglich ergänzt werden, erscheint somit als ideales Zukunftsmodell.

Für zukünftige Partizipation im Bereich der Digitalisierung ländlicher Kommunen ist dementsprechend sowohl auf die sinnvolle Verknüpfung analoger sowie digitaler Verfahren als auch auf eine passende Auswahl an zu Beteiligenden und Methoden zu achten. Kommunen sind in Folge dessen in der Lage, Ideen und Konzepte zu erarbeiten, die an die Bedürfnisse der Nutzer:innen und derjenigen, die die Anwendungen verwalten, angepasst sind. Zudem ist von Akzeptanzsteigerung und höherer Passgenauigkeit auf kommunalspezifische Anforderungen auszugehen. Ein zielgruppenzentriertes Vorgehen ist einem Verfahren vorzuziehen, das auf Zwang alle Bürger:innen einbeziehen möchte. Grundsätzlich sollten aber alle Einwohnerinnen und Einwohner der Kommune, in der ein Beteiligungs-

---

[16] Vgl. (CONSUL Foundation, o. J.).

verfahren eingesetzt wird, in den Planungs- und Umsetzungsprozess einbezogen werden, wenn diese auch einen direkten Nutzen durch die Projekte erfahren. Das Zurückgreifen auf ein zielgruppenzentriertes Verfahren sollte bei Projekten berücksichtigt werden, bei denen klar abgrenzbare Zielgruppen wie beispielsweise Bauhofmitarbeiter:innen oder Touristiker:innen integriert werden müssen.

Literatur

Alcántara, S., Qunit, A., & Seebacher, A. (2018). Der Partizipationsmythos „Partizipation in Reallaboren muss repräsentativ sein". In R. Defila & A. Di Giulio (Hrsg.), *Transdisziplinär und transformativ forschen: Eine Methodensammlung* (S. 137–141). Springer VS.

Beecroft, R., Trenks, H., Rhodius, R., Benighaus, C., & Parodi, O. (2018). Reallabore als Rahmen transformativer und transdisziplinärer Forschung: Ziele und Designprinzipien. In R. Defila & A. Di Giulio (Hrsg.), *Transdisziplinär und transformativ forschen: Eine Methodensammlung* (S. 75–100). Springer VS.

Breuer, J., Bleses, P., & Philippi, L. (2020). Praxisorientierung und Partizipation: Schlüssel für Technikgestaltung in Veränderungsprojekten. In P. Bleses, B. Busse & A. Friemer (Hrsg.), *Digitalisierung der Arbeit in der Langzeitpflege als Veränderungsprojekt* (S. 97–116). Springer Vieweg.

CONSUL Foundation. (o. J.). *Consul: Free software for citizen participation.* www.consulproject. org. Zugegriffen am 18.03.2022.

Grütter, J.K. (2021). *WOHNRAUM planen: Architektur – Psychologie – Sozial – Gesellschaft – Kultur.* Springer Vieweg.

Männlein, D., Knie, A., Schmidt, A. M., Böhm, B., Simon, D., Rogge, J.-C., et al. (2021). Olli, Emily und all die anderen: Wirkungsmacht und Akzeptanz durch Partizipation im Reallabor. In D. Göhlich & A. F. Raab (Hrsg.), *Mobility2Grid: Sektorenübergreifende Energie – und Verkehrswende* (S. 209–232). Springer Vieweg.

Renker, C. (2018). *Das neue Dorf: Gestalten, um zu überleben – vier Handlungsfelder zum Erhalt dörflicher Gemeinden.* Springer Gabler.

Schwab, N. (2019). *Konfliktkompetenz im Bauprojektmanagement: Konfliktrisiken vermeiden – Konfliktpotenziale nutzen.* Springer Vieweg.

Seebacher, A., Alcántára, S., & Quint, A. (2018). Der Partizipationsmythos „Partizipation bedeutet, alle immer an allem zu beteiligen". In R. Defila & A. Di Giulio (Hrsg.), *Transdisziplinär und transformativ forschen: Eine Methodensammlung* (S. 101–104). Springer VS.

Wölfel, R. (2018). Kommunale Strukturen: Grundlagen, Partizipation, Moderation. In H. Meffert, B. Spinnen, J. Block & bcsd e.V. (Hrsg.), *Praxishandbuch City- und Stadtmarketing* (S. 39–52). Springer Gabler.

Tue Gutes und rede darüber: Sichtbarkeit herstellen

20

Sandra Gabert und Diane Ahrens

Zusammenfassung

Gerade bei Projekten, die zu weitreichenden Veränderungen, Disruptionen oder Paradigmenwechseln führen, wie es bei digitaler Transformation der Fall ist, können kommunikative Maßnahmen dazu beitragen, umfassend zu informieren und die in der Öffentlichkeit im Zuge durch den Wandel hervorgerufenen Ängste und Sorgen abzubauen.

Mit zielgruppengerechter Aufklärung und Auskunft zum Thema digitale Technik – beispielsweise bei Bürgerversammlungen – wurde den Bürger:innen im digitalen Modelldorf Spiegelau-Frauenau ihre Scheu vor digitalen Neuerungen genommen und brachte sie gleichzeitig auf einen homogenen Wissensstand.

Die Kommunikationsstrategie in Kombination mit dem einheitlichen Markenauftritt war der Garant für die erfolgreiche Projektumsetzung. Der Gesamtauftritt und die Emotionen, welche die Marke Dahoam 4.0® in den Köpfen der Menschen erzeugt hatte, verankerte das digitale Dorf in der Wahrnehmung der Bevölkerung als positiv.

Schlüsselwörter

Presse- und Öffentlichkeitsarbeit · Digitalisierung · Kommunikation · Dahoam 4.0 · Bürgerdialog

S. Gabert (✉) · D. Ahrens
Technische Hochschule Deggendorf, Technologie Campus Grafenau, Grafenau, Deutschland
E-Mail: sandra.gabert@th-deg.de; diane.ahrens@th-deg.de

20.1 Einleitung

„Tu Gutes und rede darüber."[1] Der in den 1960er-Jahren durch Georg-Volkmar Graf Zedtwitz-Arnim bekannt gewordene Leitsatz für die Presse- und Öffentlichkeitsarbeit ist heute aktueller denn je. In Zeiten von Digitalisierung, Internet und Social Media ist es unentbehrlich, sich auf möglichst vielen verschiedenen Kanälen zu präsentieren und zu positionieren, um in der Öffentlichkeit gesehen und gehört zu werden. Moderne, digitale Formate wie Webseiten, soziale Medien oder Newsletter tragen neben den konventionellen Maßnahmen wie Veranstaltungen, Druckprodukten und Pressearbeit dazu bei, das Image eines Unternehmens oder einer Marke in der Gesellschaft zu gestalten. Doch auch bei Projekten, die zu weitreichenden Veränderungen, Disruptionen oder Paradigmenwechseln führen, wie es bei digitaler Transformation der Fall ist, können kommunikative Maßnahmen dazu beitragen, umfassend zu informieren und die in der Öffentlichkeit durch den Wandel hervorgerufenen Ängste und Sorgen abzubauen. Ähnlich wie ein Wandel in Unternehmen durch Change Management[2] optimal gesteuert werden kann, kann es auch für nichtkommerzielle Organisationen, wie staatliche und kommunale Einrichtungen oder Hochschulen, zielführend sein, bei Projektarbeit auf Erkenntnisse und Methoden aus dem Change Management zurückzugreifen[3] und hier insbesondere auf den Faktor Kommunikation zu setzen, der eine erfolgsentscheidende Rolle spielen kann.[4]

Im Rahmen des Modellprojektes „Digitales Dorf Bayern" wurden die Presse- und Öffentlichkeitsarbeit für unterschiedliche Zwecke genutzt. Zum einen wurden von der mit der Umsetzung beauftragten Forschungseinrichtung der Technischen Hochschule Deggendorf, dem Technologie Campus Grafenau (TCG), verschiedene kommunikative Instrumente genutzt, um regelmäßig auf die Lösungen, Ergebnisse und Meilensteine im Projekt aufmerksam zu machen. Im Fokus stand dabei die kontinuierliche zielgruppengerechte Bereitstellung aller Informationen rund um das Projekt, also insbesondere aufgrund des direkten Bevölkerungsbezugs auf eine verständliche und bürgerfreundliche Art und Weise. Öffentlichkeitsarbeit wurde zum anderen für Aufklärungsarbeit genutzt: Waren anfangs in der Bevölkerung eine gewisse Zurückhaltung oder Vorbehalte gegenüber den geplanten digitalen Projektinhalten zu spüren, konnte mit zielgruppengerechter Auseinandersetzung mit dem Thema „Digitale Transformation" – beispielsweise im Rahmen von Bürgerversammlungen – die Scheu vor digitalen Neuerungen genommen und gleichzeitig ein homogener Wissensstand erreicht werden.

---

[1] Vgl. Zedtwitz-Arnim, G.-V. (1961), S. 41.

[2] Vgl. Lauer, T. (2019), S. 3.

[3] Vgl. Lauer, T. (2019), S. 6.

[4] Vgl. Lauer, T. (2019), S. 125.

20.2 Kommunikationskonzept

Die Qualität der Öffentlichkeitsarbeit wird unter anderem bedingt durch die Qualität der Kommunikationsstrategie. Letztere sollte im Projektverlauf an die Rahmenbedingungen, Möglichkeiten und Zusammenhänge angepasst werden.[5] Dabei ist unverzichtbar, dass die Projektverantwortlichen die Bedeutung der Öffentlichkeitsarbeit für das Gesamtprojekt erkennen und diese geeignet in die Projektstrategie integrieren sowie mit notwendigen Ressourcen bedenken.[6] Teil der Öffentlichkeitsarbeit ist bei öffentlich geförderten Projekten zudem auch der enge Austausch der Projektleitung mit Projektträgern und Kooperationspartnern, entsprechend hier insbesondere mit den zuständigen Staatsministerien und den Bürgermeistern.[7]

Um eine zielgruppengerechte Kommunikation im Modellprojekt „Digitales Dorf Bayern" realisieren zu können, stand anfangs die Klärung der verschiedenen Anforderungen an die Presse- und Öffentlichkeitsarbeit im Mittelpunkt. In diesem Zusammenhang wurde eine Kommunikationsstrategie erstellt, die im Wesentlichen auf folgenden vier Elementen basierte: Kommunikationsziele, -zielgruppen, Botschaften sowie Kommunikationsinstrumente.[8]

In einem ersten Schritt erfolgte die *Definition der Kommunikationsziele*, die sich allgemein in kognitiv-, affektiv- und konativ-orientierte Zielsetzungen unterscheiden lassen.[9] *Kognitive*, die Erkenntnis betreffende Zielsetzungen waren demnach, die Öffentlichkeit auf das Projekt „Digitales Dorf" aufmerksam zu machen und sie über die einzelnen Projektinhalte kontinuierlich und umfassend zu informieren. Zudem sollten die Bürger:innen über den Nutzen und den Mehrwert digitaler Anwendungen in Kenntnis gesetzt werden. Auf Grundlage der Definition *affektiver*, gefühlsorientierter Kommunikationsziele sollte vor allem eine „positive Imagewirkung"[10] erzielt werden. Dies wurde in erster Linie durch die Schaffung einer emotional erlebbaren Marke (z. B. Erzeugen eines Heimatgefühls) realisiert. Zugleich sollte der Bevölkerung durch das Projekt die Angst vor der Digitalisierung im Allgemeinen genommen und Vertrauen in die Lösungen und Produkte des „Digitalen Dorfs" geschaffen werden. Das dritte Kommunikationsziel, die *konative*, handlungsauslösende Komponente, hat gerade im ländlich-dörflichen Raum in Form von lokaler Mundpropaganda eine nicht zu unterschätzende Rolle inne. Da die Menschen hier nach wie vor stark auf die Meinungen aus ihrem Umfeld vertrauen, wurde versucht durch die gezielte Integration von Multiplikatoren die geeignete Basis für ein positives Word-of-Mouth zu schaffen.

---

[5] Vgl. Biester, E. (2015): S. 11.
[6] Vgl. Biester, E. (2015), S. 11.
[7] Vgl. Biester, E. (2015), S. 13.
[8] Vgl. BMEL (2017), S. 12 f.
[9] Vgl. Meffert H. & Bruhn, M. (2012), S. 286 f.
[10] Vgl. Meffert H. & Bruhn, M. (2012), S. 286.

Neben der Zielgruppe Bürger wurden weitere *relevante Zielgruppen* betrachtet, zumal das Projekt als bayerisches Modellprojekt auch eine entsprechende Leuchtkraft entfalten sollte und daher eine vielschichtige Adressatengruppe bedienen musste. [11] Die Zielgruppen waren in erster Linie Bürger und Touristen, die öffentlichen Vertreter der Pilotgemeinden und deren Verwaltungsangestellte und Bauhofmitarbeiter sowie die Bayerische Staatsregierung als Fördergeber und die eingebundenen Ministerien bzw. Ressorts. Jedoch richteten sich die Informationen auch an alle übrigen Gemeinden in Bayern und in Deutschland, die sich mit der Thematik der kommunalen Digitalisierung befassten oder ein ähnliches Vorhaben planten. Angesprochen wurden darüber hinaus Institutionen, Ämter und Behörden wie etwa das Amt für ländliche Entwicklung, denen als überregionale Multiplikatoren eine wichtige Rolle zukommt. Nicht zuletzt stellte die wissenschaftliche Community eine weitere Zielgruppe dar.

Auf Grundlage der definierten Kommunikationsziele und -zielgruppen wurde festgelegt, welche Inhalte und Informationen, also *Botschaften*, kommunizierte werden sollten. In erster Linie sollte über das Projekt selbst berichtet werden, also die Projektziele sowie Projektinhalte kommuniziert werden. Gleichermaßen sollten in regelmäßigen Abständen einzelne Projektschritte bzw. Meilensteine, wie etwa die Einführungen der im Projekt implementierten Apps und Plattformen, veröffentlicht werden. Zudem gab es regelmäßige Meldungen zu den einzelnen projektbezogenen Veranstaltungen oder Vorträgen, die in den Pilotgemeinden durchgeführt wurden.

Entscheidend war, über welche Wege die einzelnen Informationen in der Bevölkerung veröffentlicht werden sollten. Nicht alle *Kommunikationsinstrumente* sind gleichermaßen für alle Zielgruppen geeignet. So ist beispielsweise die Gruppe der Senioren besser über die Zeitung, die der Jugendlichen eher über die sozialen Medien wie Instagram zu erreichen. Genutzte Kommunikationsinstrumente waren entsprechend angesichts der überalterten Bevölkerung in der Region vorwiegend klassische Printmedien (Presse, Druckprodukte wie Magazin, Flyer und Broschüren) sowie zur Ansprache der jüngeren Bevölkerungsgruppen Online-Formate, wie etwa die sozialen Medien (Facebook, YouTube), auch um Infos kurzfristig, schnell und tagesaktuell streuen zu können. Daneben erfolgte die Weitergabe relevanter Informationen per Newsletter oder mittels Veranstaltungen, Vorträgen oder Treffen der Projektpartner.

Aufgrund der Vielzahl an digitalen Lösungen und Technologien, die eingesetzt wurden, erschien es sinnvoll, eine Marke zu platzieren. Ziel war die Schaffung einer Marke, unter deren Dach sowohl die Produkte als auch die PR-Maßnahmen im Projekt „Digitales Dorf" in der Öffentlichkeit einheitlich präsentiert werden konnten. Gleichermaßen sollte die Marke auch Emotionen wie beispielsweise Heimatgefühl oder Gruppenzugehörigkeit transportieren, wodurch sie letzten Endes als „gefühlte Marke" wahrgenommen und nachhaltig im Bewusstsein der potenziellen Nutzer verankert werden sollte. Entstehen sollte eine moderne, für die Bevölkerung leicht zugängliche Marke. Mithilfe dieser Marke

---

[11] Vgl. Meffert H. & Bruhn, M. (2012), S. 287.

sollte es gelingen, alle Maßnahmen und Lösungen im Projekt „wie aus einem Guss" erscheinen zu lassen, den Wiedererkennungswert zu fördern und die Identifikation zu erhöhen.

20.3   Schaffung der Marke „Dahoam 4.0"

Zusätzlich zum Fördergeberlogo der Bayerischen Staatsregierung (Abb. 20.1) und zum offiziellen Projektlogo „Digitales Dorf" (Abb. 20.2) baute das Projektteam die Marke „Dahoam 4.0®" (Abb. 20.3) für die Pilotregionen in Südbayern auf.

Der Begriff „Dahoam" steht im bayerischen Dialekt für „Zuhause" bzw. „Heimat". Der Zusatz „4.0" lehnt sich dabei an den Begriff „Industrie 4.0"[12] an. Dieser zielt auf die vierte industrielle Revolution ab, in der über eine intelligente Vernetzung von Objekten auf Basis moderner Informations- und Kommunikationstechnologien Planungs- und Steuerungsprozesse automatisiert werden.

Das Dahoam 4.0®-Logo (Abb. 20.3) ist in hellem kräftigen Grün dargestellt und steht für Leben, Aufbruch, das Neue, aber auch für Transformation, Hoffnung und Natur. Der Farbverlauf sorgt für Modernität, und deutet einen Moment der Bewegung bzw. der Veränderung an.

Abb. 20.1 Logo der
Bayerischen Staatsregierung.
(Quelle: Bayerische
Staatsregierung)

Gefördert durch die

Bayerische Staatsregierung

Abb. 20.2 Offizielles
Projektlogo „Digitales Dorf".
(Quelle: FhG und TCG)

Digitales Dorf
▶ Spiegelau – Frauenau

---

[12] Bundesministerium für Wirtschaft und Klimaschutz: Plattform Industrie 4.0, URL: https://www.plattform-i40.de/IP/Navigation/DE/Industrie40/WasIndustrie40/was-ist-industrie-40.html (Zugriff am 01.02.2022).

Abb. 20.3 Dahoam 4.0
Design. (Quelle: TCG)

Dahoam 4.0® verbindet Heimatverbundenheit und Emotion mit Digitalisierung. Die Begriffe Heimat, Lebensqualität, Offenheit und Vision sind dabei die Kernaussagen in der Entwicklung der Markenidentität von Dahoam 4.0®. Die Identität der ländlichen Regionen bewegt sich gegenwärtig in einem spezifischen Spannungsfeld zwischen den traditionellen Lebensbildern einerseits und den veränderten Wohn-, Arbeits- und Lebensbedingungen andererseits. Der demografische Wandel und die Abwanderung junger, gut ausgebildeter Menschen verändern den ländlichen Raum. Für all diejenigen, die ihre Heimat vorübergehend verlassen müssen, bildet Dahoam 4.0® ein Verbindungsstück. Sozusagen als emotionaler Anker lässt Dahoam 4.0® die Menschen von jedem Ort der Welt weiterhin am Leben ihrer Gemeinde teilhaben – losgelöst von der starren Grenze auf der Landkarte. Jeder Bürger kann auf diese Weise mit Hilfe des Portals Dahoam 4.0® und der zugehörigen Apps aktiv am Gemeindeleben teilhaben.

20.4 Umsetzung verschiedener Kommunikationsinstrumente im Projekt

Der Startschuss für das Projekt „Digitales Dorf" erfolgte im April 2017, als die damalige Bayerische Wirtschaftsministerin Ilse Aigner den Modellgemeinden Frauenau und Spiegelau ihre Förderbescheide überreichte. Wichtige Ziele waren von Anbeginn an, die Bürgerschaft in das Projekt aktiv miteinzubinden, ihre Wünsche und Vorschläge zu integrieren und Meinungen zu berücksichtigen, aber auch über die einzelnen Projektschritte zu informieren und sie auf den neuesten Projektstand zu bringen.

Bürgerdialog
Als ersten Schritt informierte das Grafenauer Projektteam Bürgerschaft und Gemeinderat im Mai 2017 in einer gemeinsamen öffentlichen Gemeinderatssitzung des Verbundes Spiegelau-Frauenau über die geplanten Maßnahmen zu den Themen Mobilität, Digitales Rathaus, Soziales Leben und Ideen aus der Wirtschaft. Im Juli startete der aktive Bürgerdialog mit einer Auftaktveranstaltung im Technologie Anwender Zentrum der Technischen Hochschule Deggendorf in Spiegelau. Rund 120 Bürgerinnen und Bürger aus bei-

den Gemeinden informierten sich im Rahmen dieser Veranstaltung über das Projekt und brachten in mehreren Diskussionsgruppen zu den Themen Mobilität, Digitales Rathaus, Soziales Leben und Wirtschaft eigene Perspektiven und Anregungen ein. Insgesamt konnten durch die große Beteiligung viele konstruktive Beiträge gesammelt und in der Folge ausgewertet werden.

Aus diesem ersten Bürgerdialog wurden zunächst die drei Arbeitskreise „Digitales Rathaus", „Bildung und Lernen" sowie Tourismus etabliert. Im weiteren Projektverlauf fanden auch Arbeitskreistreffen zu den Themen Vereinsunterstützung und Digitale Glasstraße statt. Die Arbeitskreise dienten dazu, die Teilnehmenden zu informieren, erste Ideen und Wünsche auszutauschen, aber auch um in weiteren Schritten die Anforderungen an die einzelnen Anwendungen zu konkretisieren (u. a. Workflows, Funktionen etc.).

Statustreffen

Die räumliche Nähe des TCG zu den Pilotgemeinden Spiegelau und Frauenau machte einen intensiven und regelmäßigen persönlichen Austausch möglich. So trafen sich die TCG-Mitarbeiter:innen, die Bürgermeister von Spiegelau und Frauenau sowie weitere Vertreter aus den Pilotgemeinden einmal monatlich zu einem Statustreffen bzw. vierteljährlich zu einem Quartalstreffen. Coronabedingt wurden diese ab März 2020 vermehrt per Videokonferenz ausgetragen. Auch dieses Format bewährte sich. Neben den monatlichen Statustreffen fanden Projekttreffen regelmäßig vor Ort statt, bei denen sich das Kernprojektteam austauschte und je nach Bedarf mit den unterschiedlichen Arbeitskreisen und/oder Dienstleistern beriet. Zudem wurden Gemeinderatssitzungen seitens Bürgermeister und TCG-Mitarbeiter genutzt, um über das Projekt zu berichten und Feedback einzuholen. Die Gemeinderäte fungierten in diesem Fall als Multiplikatoren des Projekts.

Präsentationen

Campusleiterin Prof. Dr. Diane Ahrens, aber auch die Projektleitung und Projektmitarbeitende stellten das Projekt „Digitales Dorf" auf verschiedensten kommunalen und überregionalen Veranstaltungen in Deutschland vor, wie etwa im Rahmen des Akademiegesprächs im Bayerischen Landtag, in der Akademie für Politische Bildung und auf Veranstaltungen des bayerischen Landkreis- bzw. Städtetages sowie des deutschen Landkreistages. Ebenfalls war das Team des TCG auf nationalen wie internationalen Kongressen und Tagungen vertreten oder als Key Note Speaker geladen, in Österreich, der Schweiz, den Niederlanden und den Vereinigten Arabischen Emiraten, um über die Ergebnisse und Erkenntnisse aus dem Digitalen Dorf zu berichten.[13]

Beiträge Radio/Fernsehen

Nachfolgende Beiträge in Funk und Fernsehen gaben Einblicke in die Herausforderungen der Digitalisierung im ländlichen Raum und machten das Projekt „Digitales Dorf" überregional bekannt.

- Bayern 2: Radio-Interview in der Sendung „Dossier Politik" (05.08.2020)
- BR: Fernseh-Beitrag in der Sendung „Schwaben & Altbayern" (25.06.2019)
- ZDF: Fernseh-Beitrag in der Sendung „Heute in Deutschland" (15.05.2019)
- Sat1: Fernseh-Beitrag in der Sendung „Sat1 Bayern" (11.01.2019)

---

[13] Nachfolgend sind einige Vorträge aufgeführt (weitere siehe: https://th-deg.de/tc-grafenau-publikationen#):

- Ahrens, D.: Digital Village – A Bavarian Initiative, Rural Summit 2017, Vortrag, Eindhoven, Niederlande 23.03.2017
- Ahrens, D.: Digitales Dorf, Tagung des Wirtschafts- und Verkehrsausschuss des deutschen Landkreistages, Vortrag, Neuruppin, 25.04.2017
- Ahrens, D.: Digitalisierung als Chance für ländliche Gemeinden, Netzwerktreffen Digitaler Lebensraum – Agenda 21 in Oberösterreich, Key Note am 02.10.2017
- Ahrens, D.: Zukunftsdörfer – Digitalisierung als Chance für den ländlichen Raum. Akademiegespräch im Bayerischen Landtag, München, 9. April 2019
- Ahrens, D.: Smart Villages in Bavaria: A Living Lab Approach to Prevent Urbanization, International Workshop of the Arab-German Young Academy of Sciences and Humanities, Ras Al Khaimah, Vereinigte Arabische Emirate, 06.11.2019
- Schürzinger, S./Edenharter, F.: Heimat 4.0 – Regionale Smartness-Ansätze als Chance für ländliche Regionen in Bayern, Deutscher Kongress Geographie, Kiel 2019
- Schürzinger, S./Edenharter, F: Mit den Bürgern für die Bürger – Bürgerbeteiligung als Motor für die Stadt- und Regionalentwicklung, Junger Kongress für Geographie des Deutschen Kongress für Geographie, Kiel 2019
- Schürzinger, S./Edenharter, F: Weil Heimat Zukunft hat – Anwendungsorientierte Digitalisierungsstrategien im ländlichen Raum Bayerns am Beispiel digitaler Arbeitswelten, In: 8. Nachwuchsworkshop und 23. Jahrestagung des Arbeitskreises „Ländliche Räume", Göttingen 2019
- Ahrens, D.: Räumliche Unabhängigkeit Dank Digitalisierung, Sommerkolloquium 2020 der Bayerischen Akademie Ländlicher Raum und Akademie für Politik und Zeitgeschehen der Hanns-Seidel-Stiftung „Corona und die große Transformation: Perspektiven für die ländlichen Räume?", München 13.07.2020
- Ahrens, D.: Digitale Dörfer – Ein Erfahrungsbericht aus Bayern, Veranstaltung des Innenministeriums Schleswig-Holstein/Digitale Kommune: „Ihr Flugtaxi ist da – Auswirkungen der Digitalisierung auf unser Stadt- und Dorfleben", virtuell, 19.08.2021
- Ahrens, D.: Digitalisierung als Thema der Integrierten Ländlichen Entwicklung, Internationale Infrastrukturtagung, 41. Bundestagung der Deutschen Landeskulturgesellschaft, Wiesbaden 30.10.2021
- Ahrens, D.: Zukunftsdörfer – Digitalisierung als Chance für den ländlichen Raum, 14. Zukunftsforum Ländliche Entwicklung „Alles digital oder doch wieder „normal"? Neue Formen von Arbeit und Teilhabe als Chance für die Ländlichen Räume", virtuell, 20.01.2021

Publikationen

Viele der Projektinhalte erforderten umfangreiche Aufklärungsarbeit, zu deren Unterstützung einige niederschwellige Broschüren und Leitfäden erstellt wurden. Diese projektbegleitenden Leitfäden und praxisnahen Handlungsempfehlungen zielten auf die breite Öffentlichkeit und die Gemeinden. Besonderer Beliebtheit erfreuten sich kleine Fibeln, die digitale Begriffe wie WLAN leicht verständlich erklärten.

Folgende Materialien wurden in diesem Zusammenhang erstellt:

- Handlungsempfehlungen für Gemeinden zu Bildungsangeboten für Senioren,[14]
- Compendium Medienkonzept als Entscheidungshilfe für die Projektschulen im Hinblick auf Antragstellung der Fördergelder, Beschaffung der IT- und Medienausstattung sowie Feststellung des Fortbildungsbedarfs des Kollegiums,
- Gesundheit.Digital als Überblick über die Digitalisierung in der Gesundheitsversorgung, mit Erläuterung relevanter Themen und Begrifflichkeiten von Audiovisueller Kommunikation bis Vitaldaten,
- ABC Digital für Neulinge, ein Digitalisierungslexikon bzw. Wörterbuch, das digitale Basisbegriffe von Account bis Workflow erläutert sowie
- Ratgeber Digitales Klassenzimmer als Zusammenfassung der damals relevanten Informationen zum Digitalen Klassenzimmer und Fördermöglichkeiten für Sachaufwandsträger und Schulen.

Sonstige Veröffentlichung adressierten politische Mandatsträger wie Bürgermeister und Landräte[15] sowie die wissenschaftliche Community.[16] Auch einige wissenschaftliche Veröffentlichungen wurden bislang publiziert.

---

[14] Vgl. S. Sczogiel; A. Busch; A. Göller; A. Gabber; B. Williger; S. Schmitt-Rüth; D. Ahrens; D. Jakob; S. Wilhelm: Digital fit im Alter. Handlungsempfehlung für Gemeinden zu Bildungsangeboten für Senioren (Hg.: Fraunhofer-Institut für Integrierte Schaltungen [IIS]; Technische Hochschule Deggendorf [THD]), (2020), DOI: 10.13140/RG.2.2.23245.05609.

[15] Vgl. z. B. Gabert, S. & Ahrens, D. (2019): Ländliche Wege in die digitale Zukunft: was ist bislang in den digitalen Dörfern passiert? In: Der bayerische Bürgermeister (04/2019), Diane Ahrens: Digitale Dörfer. Gleichwertige Lebensverhältnisse durch Digitalisierung im ländlichen Raum? in: Monika Franz/Gero Kellermann (Koord.): Zukunft vor Ort. Kommunalpolitik in Bayern, hrsg. v. Bayerische Landeszentrale für politische Bildungsarbeit, München 2020, S. 65–78, Ahrens, D.: Cyber-Landkreise – Fakt oder Fiktion, in: Landkreistag Kompakt. Mitteilungen des Bayerischen Landkreistags, hrsg. v. Bayerischer Landkreistag, Ausgabe Nr. 2/2022, S. 8–11.

[16] Vgl. z. B. Ahrens, D. (2021): Digitalisierung als Thema der Integrierten Ländlichen Entwicklung, In: Deutsche Landeskulturgesellschaft [Hrsg.] (2021): Neue Wege digital und analog! Den Wandel im ländlichen Raum aktiv gestalten. – Schriftenreihe der Deutschen Landeskulturgesellschaft, 18/2021: 15–36. Hanninger, L. M., Laxa, J., & Ahrens, D. (2020). Rural Areas on Their Way to a Smart Village-Experiences from Living Labs in Bavaria. In: 33rd Bled eConference – Enabling Technology for a Sustainable Society: June 28 – 29, 2020, Online Conference Proceedings.

Pressearbeit

In der regionalen und überregionalen Presse konnten sich Bürger und Interessenten regelmäßig über die Projektfortschritte und Meilensteine informieren. Presseberichte wurden unter anderem im überregionalen Teil der Passauer Neuen Presse sowie in deren Lokalausgaben (Grafenauer Anzeiger, Bayerwaldbote), im Straubinger Tagblatt, in der Mittelbayerischen Zeitung, in der Bayerischen Staatszeitung, im Regionalmagazin INNSIDE, in der Bayerischen Gemeindezeitung, in der Wirtschaftszeitung sowie in der Spiegelauer Gemeindezeitschrift „Glasmacher" platziert. Es wurde durchschnittlich einmal pro Woche ein Zeitungsartikel mit Bezug zum Digitalen Dorf in der lokalen Presse veröffentlicht, zuletzt sogar ganzseitig auf Seite 3 der PNP Gesamtausgabe.[17]

Druckerzeugnisse

Unterschiedliche Druckerzeugnisse im Dahoam 4.0®-Design dienten als Informationsquellen, unterstützen die Sichtbarkeit des Projekts und fungierten als Werbeträger. Um das Projekt „Digitales Dorf" und deren Lösungen und Anwendungen in der Bevölkerung zu bewerben und näher zu erläutern, fertigte das Grafikteam vom TCG zahlreiche unterschiedliche Druckprodukte an, wie zum Beispiel Postkarten, Rathaus App-Flyer, Schul App-Flyer, Infoflyer Vereins App oder das Exposee Coworking Dahoam 4.0® an.

Darüber hinaus trug ein begleitendes Magazin, welches 2019 und 2020 erschienen ist, zur Stärkung der Projektidentifikation bei den Bürgerinnen und Bürgern bei (vgl. Abb. 20.4). Das Dahoam 4.0®-Magazin berichtete über die aktuellen Entwicklungsschritte und Neuheiten in den Digitalen Dörfern Südbayerns und gewährte den Lesern einen Blick hinter die Kulissen der Projektarbeit. Das Magazin wurde u. a. bei Projekttreffen, Veranstaltungen, Bürgerversammlungen und Gemeinderatssitzungen verteilt. Zudem lag es in den Tourist-Informationen und anderen öffentlichen Orten (Rathäuser, Metzgereien, Bäckereien, Apotheken, Arztpraxen etc.) in der Pilotregion aus.

Webseiten

Auf der projektübergreifenden „Digitales Dorf" Bayern-Homepage https://digitales-dorf.bayern/ wurden alle öffentlichen Aktivitäten und Veranstaltungen der Community umfangreich und aktuell dargestellt. Auf der Website https://digitales-dorf.bayern/ wurden zum Projekt „Digitales Dorf Spiegelau-Frauenau" sowie den vier weiteren digitalen Modelldörfern zahlreiche Beiträge veröffentlicht, welche zum aktuellen Projektstand und zu wichtigen Meilensteinen in der Modellregion im Bayerischen Wald berichteten. Die Betreuung und Pflege der „Digitales Dorf" Bayern-Website hatte zunächst die Fraunhofer-Gesellschaft übernommen, seit Juli 2021 fällt diese Aufgabe dem TCG zu.

---

[17] Vgl. Ursula Langesee: Vier Jahre Modellprojekt: „Dahoam 4.0" ist im Bayerwald angekommen, in: PNP Gesamtausgabe vom 03.09.2021, S. 3.

Abb. 20.4 Dahoam
4.0®-Magazin. (Quelle: TCG)

Zudem wird über die Projekthomepage Dahoam4.0, www.dahoamviernull.de über alle entwickelten Lösungen, die Handlungsfelder sowie die vom TCG betreuten Kommunen informiert.

Newsletter & Soziale Medien

Den Newsletter im Projekt „Digitales Dorf" erstellte der TCG in Kooperation mit der Fraunhofer Gesellschaft. Letztere übernahm auch den Versand des Newsletters, der einmal im Quartal an alle dafür eingetragenen Nutzer verteilt worden war. Inhaltsmäßig bezog sich der Newsletter auf informative und aktuelle Beiträge zu den aktuellen Projektschritten bzw. einzelnen Meilensteinen. Ferner wurden aktuelle Posts über die Facebook-Seite https://de-de.facebook.com/DigitalesDorfCommunity/veröffentlicht.

Um den am „Digitalen Dorf" interessierten Bürgern, aber auch Vertretern von Gemeinden, Institutionen, Ämtern oder Ministerien einen Eindruck der Aktivitäten im „Digitalen Dorf Spiegelau-Frauenau" zu vermitteln, wurde zudem ein eigener YouTube-Kanal für das „Digitale Dorf" eingerichtet. Über diesen YouTube-Kanal sind auch zwei Imagefilme zum „Digitalen Dorf Spiegelau-Frauenau" abrufbar, die das Team des TCG mit Unterstützung von zwei Studenten der Medientechnik an der Technischen Hochschule Deggendorf (Imagefilm 1) sowie einer professionellen Agentur für Filmproduktionen, der ULTIMA Design UG (Imagefilm 2) produziert hat. (https://www.youtube.com/channel/digitalesDorf).

Merchandise
Die Wirkung des Projektes in der Pilotregion und die Wahrnehmung bei den Bürgern wurden durch eine Auswahl von Werbemitteln nach dem Corporate Design des Portals Dahoam 4.0® unterstützt (siehe Abb. 20.5). Tassen, Stifte, Taschen, Kalender, Bierdeckel, Flyer und Merchandisingartikel wurden auf Veranstaltungen oder Vor-Ort-Treffen verteilt. Bewusst fiel die Entscheidung auch hier auf Produkte aus nachhaltiger Herstellung, um den in der Region gelebten Nachhaltigkeitsgedanken auch in das Projekt einzubringen.

Öffentliche Sichtbarkeit
An den Rathäusern in Spiegelau und Frauenau wurden gut sichtbare Glasschilder mit dem „Digitales Dorf"-Logo angebracht, um den „Digitales Dorf"-Status der beiden Pilotkommunen nach außen zu betonen (siehe Abb. 20.6). Aufgrund der langen Glastradition der beiden Gemeinden entschieden sich die Gemeinden bewusst für den Werkstoff Glas und ließen die Schilder von einer Frauenauer Glaskünstlerin anfertigen. Zusätzlich werden Einheimische und Gäste gleich an den Ortseingängen von Spiegelau und Frauenau von großen „Digitales Dorf"-Hinweisschildern (vgl. Abb. 20.7) begrüßt.

Auszeichnungen
Öffentliche Aufmerksamkeit erlangte das Projekt „Digitales Dorf" durch die Auszeichnung im international anerkannten „Wettbewerb zur Digitalisierung und Modernisierung der öffentlichen Verwaltung" im Jahr 2018. Insgesamt konkurrierten 83 Projekte aus Deutschland, Österreich und der Schweiz in sechs Kategorien. Das Projekt „Digitales Dorf" bzw. die Plattform „Dahoam 4.0®" holte Silber in der Kategorie „Bestes Kooperationsprojekt". Die Jury honorierte die Idee der Kommunikationsplattform „Dahoam 4.0®", weil diese zeige, wie Digitalisierung mit den Menschen gemeinsam bewältigt werden könne. Ebenso erhielt das Dahoam 4.0® – Portal eine Platzierung auf der Shortlist des World Summit Award in der Kategorie „Government & Citizen Engagement". 2022 wurde das Projekt „Digitales Dorf Spiegelau-Frauenau" für den vom Bundeswirtschaftsministerium ausgelobten Innovationspreis Reallabore nominiert.

Abb. 20.5 Auswahl an Werbemitteln im Corporate Design von Dahoam 4.0®. (Quelle: TCG)

Abb. 20.6 Die Bürgermeister Karlheinz Roth (Spiegelau) und Fritz Schreder (Frauenau) mit den „Digitales Dorf"-Glasschildern. (Foto: Gemeinde Frauenau)

Abb. 20.7 „Digitales Dorf"-Hinweisschild am Ortseingang von Spiegelau. (Foto: TCG)

Öffentliche Veranstaltungen

Neben den oben erwähnten Statustreffen, die dem internen kooperativen Austausch dienten, fanden im Rahmen des Projekts auch Veranstaltungen statt, an denen u. a. Persönlichkeiten aus der Politik teilnahmen. Durch die zum Teil überregionale Presseberichterstattung rückte das Projekt in den Fokus einer breiten Öffentlichkeit und erhöhten den Bekanntheitsgrad des niederbayerischen Digitale Dorfs entsprechend.

Selbst Bundespräsident Frank-Walter Steinmeier informierte sich am 18. Juli 2018 auf seiner Regionalreise „Land in Sicht" persönlich über das Projekt „Digitales Dorf" (siehe Abb. 20.8). Bei diesem Termin erläuterten Mitarbeiter des Technologie Campus Grafenau die Herangehensweise des Digitalen Dorfs zur Verbesserung der Lebensverhältnisse in ländlichen Regionen mittels Digitalisierung. Der Staatsbesuch brachte dem Projekt zahlreiche Berichte und Erwähnungen in der überregionalen Presse, einen entsprechenden Schub für die Bekanntheit des innovativen Reallabors sowie auch regional stärkeres Interesse mit einhergehender Umsetzungserleichterung.

Letztlich durfte sich das erfolgreiche Digitale Dorf im September 2021 zum erfolgreichen Projektabschluss selber feiern. In der Abschlussveranstaltung wurden den beteiligten Akteurinnen und Akteuren aus Spiegelau und Frauenau – aus den Gemeindeverwaltungen, Grundschulen, Pflegeeinrichtungen, Krankenhäusern und Vereinen – sowie den Projektpartnern und politischen Begleitern die Entwicklung und die Ergebnisse des Ende Juni 2021 abgeschlossenen Projekts „Digitales Dorf Spiegelau-Frauenau" abschließend vorgestellt.

Abb. 20.8 Bundespräsident Frank-Walter Steinmeier zu Besuch am Technologie Campus Grafenau. (Quelle: TCG)

20.5   Erkenntnisse

Das Zusammenspiel zwischen Forschungseinrichtung vor Ort, die die intensive Öffentlichkeitsarbeit übernahm und den Kommunen, die fast wöchentlich interessierte Delegationen aus anderen Kommunen aus In- und Ausland begrüßen durften, erwies sich aus Kommunikationsgesichtspunkten als sehr erfolgreich. Die Verbreitung der Projektergebnisse und Projektansätze erfolgte ganz im Sinne des Fördergebers, etwa, um auf die Möglichkeiten der Digitalisierung im ländlichen Raum aufmerksam zu machen oder um in diesem Zusammenhang die Lösungsansätze, Konzepte und Strategie der breiten Öffentlichkeit bereitzustellen und andere Kommunen zum Nachahmen zu animieren.

Eine kontinuierliche, massive Öffentlichkeitsarbeit ist insbesondere bei digitalen Transformationsprojekten im ländlichen Raum unverzichtbar, einerseits, um das Vertrauen in der Bevölkerung gegenüber der Digitalisierung zu stärken, andererseits um potenzielle Projektanten ähnlicher Vorhaben zu adressieren.

Für die Akzeptanz des Projekts in der Bevölkerung war eine regelmäßige Präsenz von TCG-Mitarbeitern vor Ort in den Pilotgemeinden, sei es in Form von Arbeitstreffen, Teilnahme an Veranstaltungen und/oder deren Organisation unentbehrlich. Zum anderen erlaubte dies auch den unmittelbaren Zugang zu wichtigen Informationen und Feedback „aus erster Hand" von den Betroffenen.

Kombiniert mit einer Berichterstattung in der Presse und den Gemeindezeitungen in möglichst regelmäßigen Abständen schuf dies eine solide Basis, um die örtliche Bevölkerung und die Gemeindevertreter über den Status quo des Projekts zu informieren. Die gezielt durchgeführte Pressearbeit auf regionaler, überregionaler, nationaler und internationaler Ebene, aber auch auf den eigenen Social-Media-Kanälen (Facebook und YouTube) erhöhte die Aufmerksamkeit auf das Projekt.

Dennoch zeigt die Befragung der Bürger:innen (vgl. Kap. 24), dass auch nach gut vier Jahren Projektlaufzeit der Bekanntheitsgrad der vielfältigen Umsetzungsmaßnahmen zwischen teils nur 17 % (Onleihe) und 89 % (Digitale Anschlagtafeln), sowie durchschnittlich bei ca. einem Drittel der Befragten liegt. Interessant ist, dass die Marke Dahoam 4.0 allerdings mit einem Bekanntheitsgrad von 59 % deutlich präsenter als das unter dem Ortsschild angebrachte „Digitales Dorf-Logo" (41 %) ist. Dies zeigt, dass der kontinuierlichen und massiven Öffentlichkeitsarbeit in digitalen Transformationsprojekten im ländlichen Raum eine große Bedeutung zukommt, der nur mit entsprechend umfangreichen Ressourcen nachgekommen werden kann.

20.6   Zusammenfassung und Ausblick

Der stetige Informationsaustausch und der dauerhafte Bürgerkontakt sowie das behutsame Sichtbarmachen von Nutzen und Alltagstauglichkeit digitaler Anwendungen zeigten ihre Wirkung: Das öffentliche Interesse am Pilotprojekt „Digitales Dorf" war stets groß. Der

TCG erhielt im Laufe der gesamten Projektphase Interview- und Vortragsanfragen aus dem In- und Ausland, um die Maßnahmen und Fortschritte in den Modellregionen zu präsentieren. Es fanden zahlreiche öffentliche und nichtöffentliche Veranstaltungen statt, auf welchen die südbayerischen Projekte „Digitales Dorf Bayern" besprochen und/oder repräsentiert wurden. Viele Kommunen oder andere Akteure hatten im Rahmen dieser Veranstaltungen ihr Interesse gezeigt, und wollten im Detail über den weiteren Werdegang der Projekte informiert werden.

Die Kommunikationsstrategie in Kombination mit dem einheitlichen Markenauftritt war der Garant für die erfolgreiche Außenwirkung des Projekts. Eine klare Strategie, eine eigenständige Markengeschichte und ein stringentes Design hatten Anteil an der Erhöhung der Wiedererkennbarkeit. Der unverwechselbare Gesamtauftritt und die Emotionen, welche die Marke Dahoam 4.0® in den Köpfen der Menschen erzeugt hatte, verankerte das digitale Dorf in der Wahrnehmung der Bevölkerung positiv. Großen Anteil am Aufbau des öffentlichen Vertrauens hatte die kontinuierliche Bereitstellung von Informationen und Projektergebnissen ganz im Sinne des Mottos „Tue Gutes und rede darüber." Oder noch besser: „Lass andere darüber reden", denn vielfach wird im ländlichen Raum Akzeptanz durch Mund-zu-Mund-Propaganda befördert. Entsprechend wichtig ist daher stets der enge Schulterschluss mit lokalen Multiplikatoren.

Literatur

Ahrens, D. (2020). Digitale Dörfer. Gleichwertige Lebensverhältnisse durch Digitalisierung im ländlichen Raum? In Franz, M. & Kellermann, G. (Koord.). *Zukunft vor Ort. Kommunalpolitik in Bayern*, hrsg. v. Bayerische Landeszentrale für politische Bildungsarbeit. 65–78.

Ahrens, D. (2021). Digitalisierung als Thema der Integrierten Ländlichen Entwicklung, In Deutsche Landeskulturgesellschaft (Hrsg.). *Neue Wege digital und analog! Den Wandel im ländlichen Raum aktiv gestalten.* – Schriftenreihe der Deutschen Landeskulturgesellschaft, *18*(2021), 15–36.

Ahrens, D. (2022). Cyber-Landkreise – Fakt oder Fiktion. In *Landkreistag Kompakt. Mitteilungen des Bayerischen Landkreistags*, hrsg. v. Bayerischer Landkreistag, Ausgabe Nr. 2/2022: 8–11.

Biester, E. (2015). *Tue Gutes und rede darüber – Öffentlichkeitsarbeit als Beitrag zur Nachhaltigkeit sozialer Projekte.* Homepage: www.f-bb.de/. https://www.f-bb.de/unsere-arbeit/publikationen/tue-gutes-und-rede-darueber-oeffentlichkeitsarbeit-als-beitrag-zur-nachhaltigkeit-sozialer-projekte/. Zugegriffen am 01.02.2022.

Bundesministerium für Ernährung und Landwirtschaft [BMEL]. (2017). IN FORM. Leitfaden Kommunikation-Kommunikation mit der Öffentlichkeit.

Bundesministerium für Wirtschaft und Klimaschutz. Plattform Industrie 4.0. https://www.plattform-i40.de/IP/Navigation/DE/Industrie40/WasIndustrie40/was-ist-industrie-40.html. Zugegriffen am 01.02.2022.

Gabert, S., & Ahrens, D. (2019). Ländliche Wege in die digitale Zukunft: was ist bislang in den digitalen Dörfern passiert? *Der bayerische Bürgermeister, 102*(4), 155–159.

Hanninger, L. M., Laxa, J., & Ahrens, D. (2020). *Rural areas on their way to a smart village- experiences from living labs in Bavaria.* In: 33rd Bled eConference – Enabling Technology for a Sustainable Society, Online Conference Proceedings, June 28–29, 2020.

Lauer, T. (2019). *Change Management. Grundlagen und Erfolgsfaktoren* (3., vollst. überarb. u. erw. Aufl.). eBook, Springer Gabler.

Meffert, H., & Bruhn, M. (2012). *Dienstleistungsmarketing. Grundlagen – Konzepte – Methoden* (9. überarb. u. erw. Aufl.). Springer Gabler.

Sczogiel, S., Busch, A., Göller, A., Gabber, A., Williger, B., Schmitt-Rüth, S., Ahrens, D., Jakob, D., & Wilhelm, S. (2020). *Digital fit im Alter. Handlungsempfehlung für Gemeinden zu Bildungsangeboten für Senioren* (Hrsg.) Fraunhofer-Institut für Integrierte Schaltungen [IIS]; Technische Hochschule Deggendorf [THD]). https://doi.org/10.13140/RG.2.2.23245.05609. Zugegriffen am 21.06.2022.

Zedtwitz-Arnim, G.-V. (1961). *Tu Gutes und rede darüber. Das klassische Handbuch der Public Relations für die Wirtschaft*. Deutscher Instituts-Verlag.

Digitalisierung erfordert geeignete analoge Prozessstrukturen und digitales Denken der Beteiligten

21

Matthias Oswald

Zusammenfassung

Wie können Digitalisierungsprojekte erfolgreich gestaltet werden? Diese Frage stellen sich branchenübergreifend Projektverantwortliche in Unternehmen. Aber auch im kommunalen Umfeld gewinnen Projekte zur Digitalen Transformation stetig an Relevanz und neben vielen Erfolgsfaktoren, die analog zu Unternehmen sind, gibt es auf Grund der speziellen Herausforderungen doch Abweichungen. Die Erfahrungen aus den Projekten „Digitales Dorf Bayern" haben gezeigt, dass analoge Strukturen und der Faktor Mensch eine erhebliche Rolle einnehmen. Dass analoge Strukturen als Basis für solche Projekte unabdingbar sind, konnte im Projekt „Digitales Alpendorf" in zwei Teilprojekten beobachtet werden. Der Faktor Mensch zeigt sich in vielerlei Hinsicht: Gemeindeoberhäupter nehmen eine Vorreiterrolle ein, digitale Kümmer:innen garantieren als dauerhafte Begleiter Kontinuität und um die Bevölkerung für die Projekte zu gewinnen, ist es empfehlenswert eine bedarfsgerechte Umsetzung in den Mittelpunkt zu stellen.

Schlüsselwörter

Smart Region · Digitales Dorf · Ländliche Räume · Digitalisierung · Digitale Transformation · Strukturen · Digitale Kümmerer

M. Oswald (✉)
Technische Hochschule Deggendorf, Technologie Campus Grafenau, Grafenau, Deutschland
E-Mail: matthias.oswald@th-deg.de

21.1   Analoge Strukturen als Voraussetzung für digitale Prozesse

„Wenn Sie einen Scheißprozess digitalisieren, dann haben Sie einen scheiß digitalen Prozess".[1] (**Vorstandchef von Telefonica Deutschland, Thorsten Dirks**)

Das Zitat von Thorsten Dirks aus seiner Zeit als Vorstandchef von Telefonica Deutschland macht auf eines der Hauptprobleme der digitalen Transformation aufmerksam. Auch wenn sich die Aussage primär auf prozessgesteuerte Digitalisierungsvorhaben in Unternehmen bezieht, existieren analog bei Digitalisierungsprojekten im kommunalen Umfeld ähnliche Herausforderungen. Neben mangelhaften analogen Prozessen sind zudem in bestimmten Handlungsfeldern fehlende analoge Strukturen festzustellen, die bei der Konzeption und Umsetzung digitaler Lösungen hinderlich sind. So wird es beispielsweise nicht erfolgreich sein, eine App zur Unterstützung der Nachbarschaftshilfe aufzubauen, wenn diese weder etabliert, noch organisatorisch z. B. über einen Trägerverein eingebettet ist. Leider ist gerade dies eine häufige Erwartungshaltung: Es ist nur eine gute, digitale Anwendung vonnöten, dann seien kommunale Probleme gelöst. Eine App allein bringt in der Regel keine Verbesserungen. Auch oder gerade in Digitalisierungsprojekten gilt der bewährte Grundsatz: „Structure follows Strategy"[2] Sollen mit einer Applikation bestimmte Ziele erreicht werden, so sind Prozess, Schnittstellen und Organisation entsprechend anzupassen bzw. aufzubauen. In den beiden Teilprojekten „Biogenuss" und „Interkommunale Bestellplattform" im Projekt „Digitales Alpendorf" wird gezeigt, welche Vorarbeiten für eine erfolgreiche Digitalisierung erforderlich waren.

Das Ziel des Teilprojekts „Biogenuss" war die Erstellung eines Onlineshops, mit dessen Hilfe regionale Bio-Unternehmen im Gebiet der Ökomodellregion Waginger See-Rupertiwinkel ihre Betriebe und Produkte direkt vermarkten können. Die Idee entwickelten ausgewählte Direktvermarkter:innen zusammen mit der Projektleitung der Ökomodellregion. Nach der Evaluierung verschiedener Möglichkeiten fiel die Entscheidung auf einen B2C (Business-to-Consumer) -Webshop. Der Kreis der Interessent:innen wuchs während der Konzeption und Vorstellung der Ideen bei Veranstaltungen für Akteure der Ökomodellregion schnell, da die potenziellen Anbieter:innen die Potenziale einer solchen Plattform erkannten. Jedoch handelte es sich immer noch um einen losen Zusammenschluss von Bio-Produzierenden, die zwar ein gemeinsames Ziel hatten, aber an verschiedenen Punkten scheiterten: Verantwortlichkeiten bei der Umsetzung, ein Regelwerk für Mitglieder und Interessierte, eine Preis- bzw. Kostenstruktur für den Shop und eine passende Rechtsform für den Betrieb des Shops. Zusammengefasst: Es fehlte an gefestigten analogen Strukturen. Erst mit der Gründung des Vereins „Ökogenuss Waginger See – Inn-Salzach" im Januar 2020 waren die analogen Grundstrukturen geschaffen, um das Projekt konzeptionell voranzutreiben und anschließend den Webshop umzusetzen.

---

[1] Vgl. Lotter (17. März 2020).

[2] Vgl. Chandler (1962).

Eine ähnliche Problematik verzögerte die konzeptionellen Vorarbeiten beim Teilprojekt „Interkommunale Bestellplattform". Das Ziel war eine digitale Plattform, über die die Gemeinden der Zukunftsregion Rupertiwinkel gemeinsam den internen Beschaffungsprozess organisieren können. Der Fokus sollte ausschließlich auf nachhaltige Produkte gelegt werden, deren Nachhaltigkeit durch vertrauenswürdige Siegel nachgewiesen werden kann. Der Vorteil der Plattform liegt in der Vereinfachung von Beschaffungs- und Bestellprozess durch gemeindeübergreifende Ausschreibungen und Standardisierung der Einkäufe durch das Online-Tool sowie in der Minimierung der Mehrkosten nachhaltiger Produkte im Vergleich zu konventionellen Waren durch eine größere Menge in Sammelbestellungen. Neben finanziellen und zeitlichen Einsparungen sind die regionale Wertschöpfung und ökologische Innovation aufgrund veränderter Ausschreibungsgestaltung als weitere Benefits zu nennen. In zwei Kommunen wurden bereits verpflichtende Ratsbeschlüsse zu nachhaltiger Beschaffung verabschiedet, und die Bürgermeister:innen der übrigen fünf Kommunen sicherten Unterstützung beim Projekt geschlossen zu. Es existierten zwar mit dem 1. Bürgermeister der Gemeinde Kirchanschöring und einer Verwaltungsmitarbeiterin zwei Ansprechpersonen und Initiierende für das Projekt, aufgrund fehlender Kapazitäten in den anderen Verwaltungen der ILE Zukunftsregion Rupertiwinkel konnte jedoch kein Arbeitskreis gebildet werden, in dem die Anforderungen für eine entsprechende Plattform definiert werden konnten. Auch der Beschaffungsexperte des Landkreises Traunstein sollte konzeptionell eingebunden werden, was aber aufgrund von dessen mangelnder zeitlicher Verfügbarkeit scheiterte.

Als eine weitere Grundvoraussetzung für die Umsetzung kristallisierten sich Rahmenverträge für bestimmte Produkte mit den einzelnen Händler:innen heraus. Auch diese zu erfüllende Rahmenbedingung muss spätestens beim Livegang der Plattform geschaffen sein. Damit das Thema „Nachhaltige Kommunalbeschaffung in der Zukunftsregion" zukünftig an Stellenwert gewinnt, wurde ein verantwortliches Expert:innenteam gegründet, das sich aus Beschaffungsverantwortlichen zusammensetzt. Zu dessen Aufgaben zählen das Erstellen, Prüfen, Bemustern von Ausschreibungen, die Pflege des zukünftigen Portals bzw. Shops, der Austausch mit Kommunen und Händler:innen sowie die Definition eines Kriterienkatalogs für die Auswahl von Produkten. Des Weiteren wird über die Gründung eines Beschaffungsverbundes nachgedacht. Als kleiner Zwischenschritt während der Schaffung der notwendigen Strukturen wurde ein analoger Testballon gestartet: Die Gemeinden schafften drei Produkte gemeinsam an. Die Erfahrungen aus diesen Prozessen fließen bereits in die Konzeption für die digitale Plattform ein.

Digitalisierung bzw. digitale Lösungen sind oftmals nur Tools, die auf analoge Strukturen aufbauen bzw. diese unterstützen können. Wenn diese Strukturen fehlen, scheitern Digitalisierungsvorhaben in vielen Fällen schon, bevor es zur Umsetzung bzw. zu konzeptionellen Vorüberlegungen kommen kann. Bevor „digital" gedacht wird, sollte der Status Quo, das Ziel und die zur Erreichung benötigten Instrumente betrachtet werden. Analoge Strukturen spielen eine nicht unerhebliche Rolle und kosten gerade in zeitlich eng getakteten Förderprogrammen wertvolle Zeit, wenn die Vernetzung noch nicht ausreichend ist. Bereits ab der Ideensammlung für digitale Projekte, die durch Förderprogramme unterstützt werden sollen, ist es daher notwendig, an den analogen Strukturen vor Ort zu arbeiten und erste relevante Akteure einzubinden. Dies erlaubt es, im Anschluss an eine positive Bewertung des Förderantrags direkt starten zu können. Wichtige Vorarbeiten sind dadurch schon erledigt und die Konzeption der digitalen Lösung kann ohne zusätzliche Umwege beginnen, während der Kreis der Beteiligten weiterwachsen kann.

21.2 Der Faktor Mensch als wichtiges Element bei digitalen Projekten

„Digitalisierung ist Chefsache"[3]
„Digitalisierung muss gelebt werden"
„Digitalisierung? Nicht um jeden Preis"

Diese Sätze, die wie Wahlkampfparolen eines Bürgermeisterkandidaten klingen, sind immer wieder im Kontext von Digitalisierungsprojekten in Kommunen zu hören bzw. zu lesen. Die Erfahrung in den Projekten im „Digitalen Dorf" hat aber gezeigt, dass diese, obwohl sie platt klingen mögen, einen wahren Kern besitzen. Die Aussagen könnten vermutlich auf viele andere Themenbereiche übertragen werden, jedoch sind Digitalisierungsprojekte vielerorts und speziell in Kommunen Neuland. Und die Geschichte hat gezeigt, dass es Pionier:innen mit der nötigen Überzeugungsarbeit und Enthusiasmus braucht, um Neuland erfolgreich zu entdecken und zu etablieren. Pionier:innen allein reichen jedoch nicht, um den Projekten Leben einzuhauchen und sie erfolgreich zu gestalten. Digitalisierung darf nicht auf Technologie reduziert werden. Damit der digitale Wandel speziell in einer Kommune gelingen kann, muss der Mensch in den Mittelpunkt gestellt werden.

21.2.1 „Digitalisierung ist Chefsache" – Die Gemeindeoberhäupter nehmen eine Vorreiterrolle ein

2018 titelte die Bundesregierung „Digitalisierung wird Chefsache"[4] und hob damit die Wichtigkeit und die Potenziale des digitalen Wandels lebensbereichsübergreifend hervor. In einem neuen Kabinettsauschuss „Digitalisierung" sollte eine Abstimmung auf höchster politischer Ebene ressortübergreifend über Probleme, Lösungen und Ziele des Digitalisierungsprozesses erfolgen. Unter anderem wurde der Bereich der öffentlichen Verwaltung als Handlungsfeld hervorgehoben. Öffentliche Verwaltung in der kleinsten Ausprägung ist die kommunale Verwaltung von Gemeinden. Die jeweiligen Gemeindeoberhäupter übernehmen die Leitung der Verwaltung und geben optimalerweise die Richtung anhand einer Strategie vor. Analog zu Unternehmen sollen die Mitarbeiter:innen mitgenommen sowie ihnen bei neuen Themen die Angst genommen und Vorteile aufgezeigt werden.

---

[3] Vgl. Mintert (2017).
[4] Vgl. Die Bundesregierung (27. Juni 2018).

Ein Digitalisierungsprojekt kann ein auf den ersten Blick kritisches Thema sein. Vorbehalte seitens der Verwaltungsmitarbeiter:innen könnten sein: Mehraufwand, Zeitmangel, fehlende Nachhaltigkeit und mangelnder Nutzen. Hier gilt es als Chef:in den Vorbehalten zu entgegnen, mit gutem Beispiel voranzugehen und zu versuchen den vorgelebten Enthusiasmus zu übertragen. Bürgermeister:innen sind Schlüsselpersonen, die Digitalisierung in ihrer Kommune aus intrinsischer Motivation zur Chefsache deklarieren und es schaffen, sowohl die Mitarbeiter:innen der Verwaltung als auch die Bürger:innen für den Weg in eine digitale Zukunft zu begeistern und diese von der Relevanz des Transformationsprozesses zu überzeugen. Die Akzeptanz und Beteiligung sämtlicher Interessengruppen sind wesentlich, um kurz- und langfristige Erfolge im Projekt zu erzielen. Bedeutsam ist es deshalb, engagierte Schlüsselfiguren zu identifizieren, die den Digitalisierungsprozess in einer Kommune aus eigener Überzeugung maßgeblich vorantreiben. Vordenker:innen und Vorreiter:innen in derartigen Projekten wirken sich positiv auf das Engagement der Bürger:innen aus. Die Projekte im „Digitalen Dorf Bayern" haben gezeigt, dass das Engagement des Gemeindeoberhaupts und der Projekterfolge proportional zueinander sind.

In der Modellregion Digitales Dorf Spiegelau-Frauenau übernahmen Karlheinz Roth, Bürgermeister der Gemeinde Spiegelau, Herbert Schreiner, Bürgermeister der Gemeinde Frauenau bis Mai 2020, sowie Fritz Schreder, der amtierende Bürgermeister von Frauenau, die elementare Rolle des Vorreiters und Vordenkers, was sich positiv auf das Engagement in der Verwaltung und in der Bürgerschaft auswirkte. In beiden Gemeinden kümmerten sich die Bürgermeister persönlich um die Projektinhalte und nahmen selbst an monatlichen Meetings teil. Im Projekt „Digitales Alpendorf" ist Hans-Jörg Birner Vordenker und Gesicht der ILE Zukunftsregion Rupertiwinkel, unterstützt durch die Umsetzungsbegleiterin, die das Projekt betreut. Durch regelmäßige Besuche der Projektverantwortlichen von Vorstandsitzungen der ILE Zukunftsregion Rupertiwinkel wurde versucht, das Projekt bei allen sieben Bürgermeister:innen zu positionieren und zu vermitteln, dass alle Kommunen in der ILE gleichermaßen berücksichtigt werden. Dies ist wichtig, um die Botschaften in die jeweiligen kommunalen Gremien zu tragen und in der Folge die Räte als Multiplikatoren in Richtung Bürger:innen zu gewinnen. In der dritten vom Technologie Campus Grafenau betreuten Modellregion im Oberallgäu haben die beiden Gemeinden Obermaiselstein und Balderschwang zusammen lediglich 1200 Einwohner. Hier sind ausschließlich die beiden Bürgermeister und je eine Assistentin für die Belange der Gemeinde zuständig. Dieser Nachteil wird in einen Vorteil umgemünzt, weil Digitalisierung zur Chefsache ernannt wird: In beiden Gemeinden kümmern sich beide Bürgermeister persönlich um die Projektinhalte.

21.2.2 „Digitalisierung muss gelebt werden" – Digitale Kümmerer als Erfolgsgaranten für Digitalisierungsprojekte

Die Gemeindeoberhäupter als Initiatoren der Projekte geben in der Regel den Weg vor und sollen allen Beteiligten in den Projekten ein gutes Vorbild sein. Daneben braucht es aber Akteure, die sich um die Projekte annehmen, als Ansprechpartner:innen dienen, an ver-

schiedenen Fronten unterstützen und die Bürgermeister:innen entlasten: Die „digitalen
Kümmer:innen". Diese bringen das erwähnte „Leben" in das Projekt.

Bei einem herausfordernden Thema wie der Digitalisierung stoßen die Gemeinden
fachlich, finanziell und personell an ihre Grenzen. Besonders Bürgermeister:innen und
Geschäftsleiter:innen bearbeiten eine Vielzahl an Themen und können nicht alle in der
notwendigen Tiefe durchdringen. Diese begrenzten Ressourcen können zuweilen zu Zeit-
verzögerungen im Projektverlauf beitragen. Die Kümmerer können sowohl Verwaltungs-
mitarbeiter:innen, was aber in den seltensten Fällen auf Grund der angesprochenen Res-
sourcenknappheit der Fall ist, oder auch engagierte, gut vernetzte Gemeindebürger sein.
Digitale Affinität ist von Vorteil, aber nicht zwingend notwendig, wenn das Projekt von
erfahrenen Digitalisierungsexpert:innen begleitet wird. Die Bayerische Verwaltungsschule
(BVS) hat in Zusammenarbeit mit den kommunalen Spitzenverbänden und dem Bayerischen Staatsministerium der Finanzen und für Heimat 2019 einen Grundkurs „Digitallotse" ins Leben gerufen. Ziel ist es Verwaltungsmitarbeiter:innen wichtige rechtliche und
organisatorische Grundlagen zu vermitteln, um ihre Kommunen als Impulsgeber auf den
Weg in die Digitalisierung begleiten zu können.[5] Als wertvoll hat sich erwiesen, möglichst
vor Projektbeginn bzw. schnellstmöglich danach eine/n Kümmer:in zu finden und zu etablieren. In dessen/deren Aufgabenbereich können unter anderem fallen: Öffentlichkeitsarbeit, inhaltliche Befüllung von etwaigen Anwendungen, Organisation von Projekttreffen,
Vermittlung der Projektinhalte in die Verwaltungen, Koordination der Projektarbeit in den
Kommunen, Ansprechpartner:in für lokale Projektpartner:innen. Speziell der letztge-
nannte Punkt ist von großer Wichtigkeit, um Vorbehalten in der Bevölkerung zu entgegnen, ein lokales Netzwerk aufzubauen und Multiplikator:innen zu gewinnen. Dies erhöht
ebenfalls die Chance, um die Themen auch über das Projektende hinaus nachhaltig zu
manifestieren.

Im Fall der „Digitalen Dorf Bayern" – Projekte wurden durch den Einsatz eines „digitalen Kümmerers vor Ort" einerseits Tür und Tor bei Einheimischen und sonstigen Institutionen erleichtert geöffnet, andererseits erfahren die externen wissenschaftlichen Beglei-
ter:innen Herausforderungen und spezifische Gegebenheiten vor Ort von Anbeginn aus
erster Hand. Bei Modellregionen, zu denen die Distanz größer war, konnten kleinere, vor
Ort anfallende Aufgaben an diesen delegiert werden, was erheblich Zeit sparte und Prozesse beschleunigte. Während in der Modellregion *Spiegelau-Frauenau* hauptsächlich die
Bürgermeister bzw. deren Stellvertreter:innen und Mitarbeiter:innen aus Verwaltung und
Bauhof als Multiplikator:innen vor Ort fungierten, wurde in der Modellregion *Digitale
Hörnerdörfer* bereits zu Projektbeginn 2018 ein Kümmerer vor Ort eingesetzt. In der *ILE
Waginger See – Rupertiwinkel* wurde ab Juli 2021 eine zusätzliche Personalstelle
aufgebaut.

---

[5] Vgl. Bayerische Verwaltungsschule (o. J.).

21.2.3 „Digitalisierung? Nicht um jeden Preis" – Es menschelt in den Projekten

Digitalisierung darf nicht nur eine Frage der einzusetzenden Hard- und Softwarelösungen sein, denn die digitale Transformation verändert sowohl die Art, wie wir unsere Aufgaben erledigen, als auch das Zusammenleben in der Gesellschaft. Viele Menschen stehen digitalen Innovationen verhalten gegenüber, laut Technikradar 2019 erwarten nur 54 % der Deutschen, dass Digitalisierung einen positiven Einfluss auf die Gesellschaft hat. Dies sind 12 % weniger als der europäische Durchschnitt.[6] Häufig ist Pionierarbeit zu leisten, um die Zielgruppen in den Kommunen von den Vorteilen der Digitalisierung zu überzeugen und sie auf ihrem Weg in die digitale Transformation zu unterstützen. So muss der Kompetenzförderung der Mitarbeiter:innen in der kommunalen Verwaltung erhöhte Bedeutung zukommen, denn erfolgreiche kommunale Digitalisierung erfordert auch ein Umdenken im Arbeitsalltag sowie teils erweiterte Kompetenzen. Die Mitarbeiter:innen der kommunalen Verwaltung müssen bereit sein, verwaltungstechnische Prioritäten neu zu setzen und die digital orientierten Arbeitsabläufe als ebenso wichtig zu erachten wie die analogen Prozesse.

Folglich liegt die Aufgabe derartiger Projekte nicht nur bei der bloßen Umsetzung, sondern auch in der Sensibilisierung der beteiligten Interessengruppen. Hier gilt es, durch einen intensiven und regelmäßigen Dialog, in dem auf Bedürfnisse und Wünsche, aber auch auf Ängste und Vorbehalte eingegangen wird, etwaige Berührungsängste bei allen Projektbeteiligten zu lindern und Akzeptanz zu schaffen.

Ein essenzieller Aspekt für eine gelungene Umsetzung von Digitalisierungsmaßnahmen in einer Kommune stellt folglich die Bereitschaft der einzelnen Interessensgruppen dar, sich auf das Thema „Digitalisierung" einzulassen. Auch gilt es zu akzeptieren, wenn digitale Lösungen in bestimmten Handlungsfeldern nicht angenommen werden. Der Einsatz erzwungener Lösungen erweist sich selten als erfolgversprechend. Stattdessen sollte ein Verständnis dafür geschaffen werden, dass Digitalisierung nicht in Konkurrenz zu den etablierten Strukturen und Angeboten in der Region stehen muss. Lösungen wie z. B. eine digitale Unterstützung der bestehenden Nachbarschaftshilfe oder digitale Services zur Unterstützung der Mobilität sollen etablierte analoge Angebote nicht ersetzen, sondern vielmehr ergänzen. Besonders wichtig ist, Digitalisierung nicht um jeden Preis durchsetzen zu wollen, sondern nur da, wo sie sinnvoll erscheint und wo sie auch von allen Projektbeteiligten mitgetragen wird. Bei all den Möglichkeiten, die die Digitalisierung bietet, gilt es stets eine Balance zwischen digital und analog herzustellen und aufrechtzuerhalten.

Um Digitalisierungsprojekte über das Projektende hinaus nachhaltig erfolgreich zu gestalten, sind verschiedene Erfolgsfaktoren vonnöten. Eine digitale Anwendung scheint nur auf den ersten Blick das wichtigste Puzzleteil zu sein. Bei weiterführender Betrachtung sind analoge Strukturen ebenso wichtig, vor allem der Faktor Mensch ist von entscheidender Bedeutung. Die Initiator:innen bzw. Ideengeber:innen bringen die Projekte auf den

---

[6] Vgl. acatech & Körber-Stiftung (2019).

Weg und stecken die Beteiligten mit ihren Enthusiasmus an, die Kümmerer:innen sind für eine erfolgreiche Umsetzung unabdingbar und für die Nutzer:innen sollen die Lösungen sinnstiftend sein. Zusammenfassend leisten alle Beteiligten ihren Anteil dafür, dass „Digitalisierung gelebt wird" und die digitale Transformation auch im kommunalen Umfeld voranschreitet.

Literatur

acatech & Körber-Stiftung. (2019). *Technikradar 2019: Was die Deutschen über Technik denken.*

Bayerische Verwaltungsschule. (o. J.). *Grundkurs Digitallotse.* Abgerufen am 14. März 2022, verfügbar unter https://www.bvs.de/fortbildung/weiterbildung/grundkurs-digitallotse/index.html.

Chandler, A. D. (1962). *Strategy and structure.* MIT Press.

Die Bundesregierung. (2018). *Digitalisierung wird Chefsache* (27. Juni 2018). *Kabinettausschuss nimmt Arbeit auf.* https://www.bundesregierung.de/breg-de/aktuelles/digitalisierung-wird-chefsache-1140420. Zugegriffen am 14.03.2022.

Lotter, D. (2020). *Digitale Transformation analog denken!* (17. März 2020). https://www.informatik-aktuell.de/management-und-recht/digitalisierung/digitale-transformation-analog-denken.html. Zugegriffen am 14.03.2022.

Mintert, S. (2017). Und was macht der Chef?: Digitalisierung ist Chefsache – was heißt das?. *iX,* S. 92. https://www.heise.de/select/ix/2017/10/1507227854582005. Zugegriffen am 14.03.2022.

Die digitale Transformation ländlicher Kommunen braucht Zeit und macht sich nicht von allein

Christoph Dukat

Zusammenfassung

In dem Beitrag werden schrittweise Bausteine für die Gestaltung digitaler Transformation in ländlichen Kommunen dargelegt. Hierzu zählen nicht nur methodische Überlegungen zur Erarbeitung einer Vision, der Gestaltung eines digitalen Mindsets und einer Digitalisierungsstrategie. Vielmehr werden auch theoretische Bausteine dargelegt, um den Blick für bestimmte Aspekte wie digitale Transformation, Kommune und ländliche Kommune grundlegend zu schärfen. Die Grundlage für die abschließenden Überlegungen zur Gestaltung digitaler Transformation bilden sowohl einschlägige Literaturbeiträge als auch Erkenntnisse aus dem abgeschlossenen Projekt „Digitales Dorf Spiegelau-Frauenau" sowie des aktuell laufenden Projekts „Smarte Gemeinde – auf dem Weg in die digitale Zukunft".

Schlüsselwörter

Digitale Transformation · Ländliche Kommune · Change-Management · Zeit · Vision · Digitales Mindset · Digitalisierungsstrategie

C. Dukat (✉)
Technische Hochschule Deggendorf, Technologie Campus Grafenau, Grafenau, Deutschland
E-Mail: christoph.dukat@th-deg.de

© Der/die Autor(en), exklusiv lizenziert an Springer Fachmedien Wiesbaden GmbH, ein Teil von Springer Nature 2023
D. Ahrens (Hrsg.), *Smart Region: Angewandte digitale Lösungen für den ländlichen Raum*, https://doi.org/10.1007/978-3-658-38236-0_22

22.1 Einleitung

Digitale Transformation transportiert die Erwartung eines tiefgreifenden und komplexen Wandlungsprozesses, der weit über die reine Nutzung immer neuartiger digitaler Informations- und Kommunikationstechnologien (ICT) und Infrastrukturen wie Internet hinausgeht, und bis hin zu einer grundlegenden Veränderung von Ordnungsstrukturen und Wertvorstellungen in verschiedensten gesellschaftlichen und wirtschaftlichen Kontexten führt. Andreas Boes et al. (2021) zufolge schwingt in der allgemeinen Verwendungsweise des Begriffs „digitale Transformation" wegen dieser folgenreichen Wirkung des Prozesses der Anspruch und die Notwendigkeit einer „bewussten Gestaltung" mit.[1] Der Anspruch der Gestaltung digitaler Transformation lässt sich schon lange nicht mehr nur in Kontexten wie Industrie 4.0 beobachten, sondern gerade in den letzten Jahren zunehmend auch in räumlich-gesellschaftlichen Zusammenhängen wie ländlichen Räumen bzw. Kommunen. Dies zeigt sich nicht nur in der Einrichtung ministerialer Abteilungen, wie z. B. der für Ländliche Entwicklung und digitale Innovation des Bundeministeriums für Ernährung und Landwirtschaft (BMEL) und dem Kompetenzzentrum Ländliche Entwicklung der Bundesanstalt für Landwirtschaft und Ernährung sowie damit einhergehender Förderprogramme und Modellvorhaben, wie z. B. Smarte Land Regionen (ble).[2] Zahlreiche Fachpublikationen, Studien, Magazine und Broschüren geben Auskunft über den Digitalisierungsstand, entsprechende Handlungsbedarfe bis hin zu Handlungsempfehlungen und Erfolgsfaktoren für die digitale Transformation ländlicher Räume und Kommunen.[3] Nicht zuletzt wird digitale Transformation als Chance dafür betrachtet, die Herstellung gleichwertiger Lebensverhältnisse zu unterstützen und Daseinsvorsorge im Hinblick auf Digitalisierung neu zu denken.[4] Digitale Transformation als Chance stand auch im Fokus des

---

[1] Vgl. Boes et al. 2021, vgl. auch Miebach 2020: S. 1 ff. Der Gestaltungsanspruch digitaler Transformation kommt beispielsweise in Initiativen, die dezidiert den Menschen in den Mittelpunkt der digitalen Transformation stellen zum Ausdruck, wie etwa dem Wiener Manifest zum „Digitalen Humanismus" (Werthner et al., 2019, vgl. auch Nida-Rümelin & Weidenfeld, 2018), in dem bereits lang etablierten Bereich der Technikfolgenabschätzung sowie dem bayerischen Institut für digitale Transformation (bidt).

[2] Vgl. Merlin C. et al. (2020): Digitalisierung und ländliche Räume – Fördermaßnahmen des BMEL in der ländlichen Entwicklung. In: Zeitschrift für Geodäsie, Geoinformation und Landmanagement 145. Jg. 2, S. 80–89.

[3] Vgl. z. B. Thapa et al. 2020/Janacek und Margarian 2020/BMI 2019/Spellerberg 2021/Wiechmann und Terfrüchte 2017, Mertens et al. 2021.

[4] Vgl. BBSR [Bundesinstitut für Bau-, Stadt- und Raumforschung] (Hrsg.) (2019): Smart Cities gestalten. Daseinsvorsorge und digitale Teilhabe sichern, Bonn. https://www.bbsr.bund.de/BBSR/DE/veroeffentlichungen/sonderveroeffentlichungen/2019/smart-cities-daseinsvorsorge-digitale-teilhabe-dl.pdf?blob=publicationFile&v=1%20%20.

sowie Ahrens, D. (2021): Digitalisierung als Thema der Integrierten Ländlichen Entwicklung In: Neue Wege digital und analog! Den Wandel im ländlichen Raum aktiv gestalten. null (Schriftenreihe der Deutschen Landeskulturgesellschaft), S. 15–36.

seitens des Bayerischen Staatsministeriums für Wirtschaft, Landesentwicklung und Energie (StMWi) geförderten Projektes „Digitales Dorf Bayern", welches gemeinsam vom Technologie Campus Grafenau (TCG) der Technischen Hochschule Deggendorf (THD) und den niederbayerischen Gemeinden Frauenau und Spiegelau durchgeführt wurde. Mit dem Projekt verknüpft war dabei die Idee, durch die Entwicklung und Erprobung von auf die jeweiligen Bedarfe zweier ländlicher Kommunen zugeschnittenen Digitalisierungsmaßnahmen einen Beitrag zur örtlichen Lebens- und Arbeitsqualität der ländlichen Dörfer zu leisten und dabei zugleich – im Sinne von Best Practices – wertvolle Erkenntnisse zur Gestaltung der digitalen Transformation ländlicher Kommunen zu generieren.

Im Folgenden sollen im Anschluss an grundsätzliche begriffliche Einführungen zu digitale Transformation und (ländlichen) Kommunen wesentliche Bausteine für eine erfolgreiche digitale Transformation hinsichtlich unserer titelgebenden Aussage *braucht Zeit und macht sich nicht von allein* dargelegt werden. Im Fokus stehen dabei Aspekte wie die Verständigung darüber, wo eine ländliche Kommune in ihrer digitalen Entwicklung steht, Visionsarbeit und die Gestaltung eines digitalen Mindsets sowie die Entwicklung einer adäquaten Digitalisierungsstrategie. Die Überlegungen dazu greifen insbesondere auf Erkenntnisse aus dem derzeit laufenden, durch das Bayerische Staatsministerium für Ernährung, Landwirtschaft und Forsten (StMELF) geförderten und vom TCG in Kooperation mit der bayerischen Verwaltung für ländliche Entwicklung durchgeführten Anschlussprojektes „Smarte Gemeinde – auf dem Weg in die digitale Zukunft" zurück.[5]

22.2   (Ländliche) Kommune als Handlungs- und Gestaltungsfeld digitaler Transformation

Ländliche Kommune lässt sich ohne ein grundsätzliches Verständnis von Kommune kaum denken. Entsprechend erfolgt an dieser Stelle zunächst eine kurze Einführung zum Begriff, bevor einige Erläuterungen zum Begriff digitale Transformation und zu einer allgemeinen Charakteristik ländlicher Kommunen folgen. So handelt es sich bei einer Kommune zunächst um eine Gebietskörperschaft, die verwaltungstechnisch für ein definiertes Gebiet zuständig ist. Konkret umfasst der Begriff mehr oder weniger gebietsumfassende Kategorien wie „Gemeinden, die kreisfreien Städte, die kreisangehörigen Städte als auch die Landkreise". Juristisch betrachtet wird Kommune dabei als eine „Körperschaft des öffentlichen Rechts" gefasst.[6] Die Rechte und Pflichten einer Kommune beziehen sich auf ein weites Spektrum an Aufgaben, die in sog. Pflichtaufgaben (lebensnotwendig) und freiwillige Aufgaben (wünschenswerte) im sog. eigenen Wirkungskreis sowie übertragene staatliche Aufgaben im übertragenen Wirkungskries unterteilt sind, wobei der Vollzug der Pflicht-

---

[5]Die Spezifika der Herangehensweisen des Digitalen Dorfes Bayern und die unterschiedlichen Digitalisierungsmaßnahmen lassen sich in den einzelnen Kapiteln des vorliegenden Sammelbandes nachvollziehen.
[6]Vgl. Bogumil 2018/17, S. 1128 f.

aufgaben sowie der staatlich übertragenen Aufgaben grundsätzlich gewährleistet werden muss. Der Vollzug der freiwilligen Aufgaben, d. h. ob und wie, liegt hingegen vollständig im eigenen Ermessen der Kommunen.[7] Neben dieser eher rechtlich- und technisch-formalen Fassung, lässt sich der gesellschaftliche Raum Kommune, darüberhinausgehend als „räumlicher Arbeits- und Lebenszusammenhang"[8] verstehen. Kommunen umfassen je nach Größe ein mehr oder weniger weitreichendes digitales bzw. potenziell digitales Handlungsfeldspektrum.[9] Um den Blick für das Zusammentreffen von Digitalisierung und Kommune als räumlicher Handlungs-, Arbeits- und Lebenszusammenhang zu schärfen, bietet sich das Heranziehen der konzeptionellen Überlegungen zu einem kommunalen „Ökosystem der Digitalisierung" von Marc Groß und Krellmann (2019) an. Die Autoren zeichnen hier ein weitreichendes modellhaftes Bild zum grundlegenden Gestaltungsraum einer Kommune, die sich aus verschiedenen Teilsystemen zusammensetzt, mit all den darin wirkenden Akteuren und den unterschiedlichen Rollen, die diese einnehmen und ausführen bzw. die es gerade im Hinblick auf kommunale Digitalisierungsbestrebungen einzunehmen bzw. zu besetzen gilt. Bei den Teilsystemen handelt es sich um „Kommunalverwaltung", „Konzern Kommune" (hierzu zählen z. B. kommunale Eigengesellschaften wie Stadtwerke) sowie „örtliche Gemeinschaft" als „der Ort, in dem die Menschen leben und womit sie sich identifizieren. Die örtliche Gemeinschaft prägen u. a. die Bürger, Vereine, Schulen, Verbände und Initiativen, [...], örtliche Unternehmen oder die IT-Dienstleister." In einem dynamischen Zusammenspiel bilden die Systeme das räumliche Grundgerüst einer Kommune. Darüber hinaus beschreiben sie verschiedene Einflussfaktoren, die auf die kommunalen Teilsysteme, Akteure und das kommunale Handeln einwirken, wobei es sich nicht nur um „technologische", sondern genauso um „gesellschaftliche", „gesetzliche" und „organisatorische" Faktoren handelt, die ineinanderwirken und deren gleichzeitige Mitbetrachtung notwendig für eine erfolgreiche digitale Transformation einer Kommune ist.

Die Autoren wollen ihr Konzept dabei als „Denk- und Handlungsrahmen" für eine erfolgreiche Gestaltung der digitalen Transformation einer Kommune verstanden wissen. Dabei stellt eine der hierzu notwendigen Rahmenbedingungen die Herstellung eines gemeinsamen Verständnisses von Digitalisierung dar.[10] In theoretischer Absicht zielen auch die folgenden Abschnitte auf eine Verständigung über digitale Transformation und ländliche Kommunen als diesbezügliche Handlungs- und Gestaltungsfelder ab.

---

[7]Zu den Pflichtaufgaben gehören u. a. „Gemeindestraßen, Bauleitplanung, Kindergärten, Jugendhilfe, Sozialhilfe". Staatliche übertragene Aufgaben umfassen z. B. „Kraftfahrzeugzulassung, Ausländerwesen, Pass- und Meldewesen, Lebensmittelüberwachung, Schulaufsicht". Freiwillige Aufgaben umfassen „Einrichtung und Unterhaltung von Grünanlagen, Museen, Schwimmbädern, Theatern, Sportstätten." (vgl. Bogumil, 2018/17, S. 1131).

[8]Vgl. Blotevogel 2018, S. 1852.

[9]Vgl. Heuser et al. 2020.

[10]Vgl. Groß und Krellmann 2019, S. 3 ff.

22.2.1 Zum Begriff digitale Transformation

Ziel dieses Abschnittes ist es, eine Klärung des Begriffs digitale Transformation vorzunehmen, der mittlerweile, ähnlich wie der Begriff der Digitalisierung, weitreichende Verwendung findet und dabei zunehmend als Umbrella Term[11] von unterschiedlichen Akteuren für die Beschreibung aller möglichen mit Digitaltechnik in Verbindung stehender Veränderungsprozesse fungiert. Eine erste Annäherung an ein Begriffsverständnis digitaler Transformation gelingt dadurch, dass der Begriff der Digitalisierung auf seine ursprünglich rein technische Bedeutungsebene heruntergebrochen wird. Dann bedeutet Digitalisierung zunächst einmal die Umwandlung analoger Daten in digitale Formate. Beobachten lässt sich dies zunehmend in Verwaltungen, in denen sich die Aktenschränke mit den Dokumenten auf Papier leeren und den Bürger: innen zunehmend digitaltechnisch aufbereitete Formulare online zur Verfügung gestellt werden. Darüber hinaus beschreibt Digitalisierung die Verbreitung und Anwendung immer neuer digital technischer Lösungen in allen möglichen gesellschaftlichen Bereichen.[12] So zählen Groß et al. z. B. eine ganze Palette technologischer Trends auf, die grundsätzlich auf das Ökosystem Kommune Einfluss ausüben, welche u. a. „Breitband, Soziale Netzwerke, Mobilität, Big Data, Internet der Dienste (Services), Künstliche Intelligenz (KI) bis hin zu den klassischen E-Government Instrumenten wie u. a. Dokumentenmanagementsysteme (DMS)"[13] umfassen. Gleichzeitig deuten die Autoren durch ihre vorgenommene Differenzierung zwischen den vier ineinandergreifenden Einflussfaktoren bereits an, dass die Adaption neuartiger Technologien bzw. digitaler Technik nicht losgelöst von sozialen Bezügen bzw. Kontexten betrachtet werden kann. Felix Schrape (2021) weist daraufhin, dass „technische Erneuerungen" grundsätzlich schon immer als ein „integraler Bestandteil sozialen Wandels" zu verstehen seien. Der Begriff digitale Transformation umschreibt dabei eine spezifische „Verwobenheit von technischem und sozialen Wandel", die wie folgt zum Ausdruck kommt: „Die Genese und Entwicklung informationstechnischer Strukturen sowie die jeweiligen Adaptions- und Aneignungsprozesse sind in langfristige soziotechnische[14] Entwicklungsverläufe eingelassen und werden durch facettenreiche gesellschaftliche Kontextdynamiken mitgeprägt."[15] So vollzieht sich auch die Aneignung und Adaption von digitalen Verwaltungslösungen wie Ratsinformationssystem, digitaler

---

[11] Vgl. Schrape 2021, S. 76.

[12] Vgl. Schrape 2021, vgl. auch Boes et al. 2021.

[13] Vgl. Groß und Krellmann 2019, S. 6.

[14] Die Bedeutung des Begriffs soziotechnisch lässt sich anhand der Definition eines sozitechnischen Systems umschreiben: „Ein soziotechnisches System ist […] ein Handlungs- und Arbeitssystem, in dem menschliche und sachtechnische Subsysteme eine integrale Einheit eingehen." vgl. Ropohl 1979/2009, S. 141.

[15] Vgl. Schrape 2021, S. 202. Computer, digitale Plattformen, Internet, weisen dabei jeweils eigene Geschichten der gesellschaftlichen Adaption- und Aneignung auf, die von jeweiligen gesellschaftlichen, ökonomischen und rechtlichen Kontexten mitbedingt wurden. vgl. ebd., S. 49 ff.

Workflow-Technik nicht aus dem nichts, sondern trifft immer auf bereits mehr oder weniger eingespielte sozio-technische Routinen und Strukturen, z. B. eingespielte Handlungsabläufe, wie die Arbeit an Computern und das Mitbringen ausgedruckter Dokumente zu Gemeinderatssitzungen oder das persönliche Einholen von Unterschriften beim Bürgermeister bzw. bei den jeweils Verantwortlichen in einer Verwaltungsprozesskette, die es aufzubrechen gilt. Gleichzeitig spielen grundsätzliche organisationskulturelle Gegebenheiten, rechtliche Rahmenbedingungen z. B. im Hinblick auf E-Government, sozioökonomische Faktoren, wie das Angebot an Produzenten und adäquater Lösungen auf dem Markt, finanzielle Ressourcen sowie die digitale Haltung von relevanten Akteuren eine Rolle. Die Wirkung von Digitalisierung, in welchen gesellschaftlichen und wirtschaftlichen Bereichen auch immer, ist abhängig ist von den jeweils vorherrschenden institutionellen Strukturen und Praktiken. Ulrich Dolata (2019) betont in seinen empirisch informierten konzeptuellen Überlegungen zum Sektoralen Wandel durch Technik, dass „Technikgeprägter sektoraler Wandel […] regelmäßig die Gestalt langgezogener, ein oder zwei Jahrzehnte andauernder soziotechnischer Such- und Selektionsvorgänge [annimmt], die die Strukturen, Institutionen und Akteurfigurationen eines Sektors durchaus gravierend verändern können – allerdings nicht in Form einmaliger und radikaler Brüche, sondern als Resultat einer Vielzahl organisationaler, struktureller und institutioneller Veränderungen, die sich über längere Zeit hinziehen. Das bezeichne ich als graduelle Transformation."[16]

22.2.2 Zur Herausforderung kommunaler digitaler Transformation und der Rolle von Change-Management

Im Rahmen einer Umfrage des Zukunftsradars Digitale Kommune des Instituts für Innovation und Technik (iit) und des deutschen Städte- und Gemeindebundes (2019) hat der kommunale Handlungsbereich Verwaltung bei der Einschätzung zum Stand der Digitalisierung in den verschiedenen kommunalen Handlungsbereichen am besten abgeschnitten.[17] Eine entsprechende Tendenz zeichnet sich derzeit auch im Rahmen des Smarte Gemeinde Projekts ab, nicht basierend auf großen Fallzahlen, sondern auf qualitativen Interviews zur Erhebung des digitalen IST-Zustands der jeweiligen Kommune.

Christina Winners (2020) hat anhand einer Experten-Interviewstudie herausgearbeitet, dass sich kommunale Verwaltungen langfristig mit fünf grundlegenden Trends konfrontiert sehen. Die Ergebnisse zeigen dabei zugleich nochmal das Zusammenspiel von technischen und sozialen bzw. gesellschaftlichen (darunter auch spezifischer organisationale und rechtliche) Kontexten und Einflussfaktoren auf. Zu den Trends gehören erstens die „Anpassung an die Bedürfnisse der Verwaltungsumwelt", was sich bereits in moderierten Bürgerbeteiligungsprozessen sowie in neuen Formen der Personalakquise zeige. Zweitens

---

[16] Vgl. Dolata 2019, S. 7.
[17] Vgl. Hornbostel et al. 2019, S. 18.

schreitet zunehmend der „Aufbau digitaler Leistungen, Prozesse und Strukturen" voran. Insbesondere getrieben durch das OZG[18] sowie das E-Government-Gesetz (EGovG), werden neuartige „Schnittstellen zwischen Bürgerinnen, Bürgern, Unternehmen und ihren Verwaltungen" gestaltet. Drittens verändert sich durch digitale Anwendungen sowie die Schaffung neuartiger agiler physischer Begegnungsorte die Kommunikation zwischen den Mitarbeiter: innen im Sinne eines „verbesserten, durchlässigeren Kommunikationsflusses". Den vierten Trend bildet die „Etablierung verschiedenartiger Angebote des mobilen Arbeitens", womit Bedarfen wie z. B. der Vereinbarkeit von Beruf und Familie, Nachhaltigkeits- sowie Wirtschaftlichkeitsaspekten entsprochen werden könne. Als fünften Trend führt Winners den „Wandel der Verwaltungskultur und des Mindsets" an. Hiermit wird insbesondere das Erfordernis einer „mentalen Beweglichkeit" der Verwaltung im Sinne einer flexibilisierten und partizipativen Verwaltungskultur adressiert, um Herausforderungen wie u. a. „Nachhaltigkeit, demografischer Wandel, soziale Spaltung, Daseinsfürsorge, Wettbewerbsfähigkeit" überhaupt bewältigen zu können. Besonders gefordert ist dabei ein neues partizipatives Führungsverständnis seitens der Führungskräfte, um ein möglichst umfassendes Spektrum an Wissen und Kreativität seitens der Mitarbeiter: innen in der Verwaltung abschöpfen zu können.[19]

Gerade den letzten Punkt, nämlich die Gestaltung einer digital affinen (Verwaltungs-) Kultur und eines entsprechenden Mindsets wird im Management Ansatz Change-Management als eine der zentralen Aspekte in Bezug auf den digitalen Wandel von Organisationen (z. B. Unternehmen, Verwaltungen) angesehen wie Thomas Lauer (2019) ausführt. Die Aspekte legen die Basis für Digitalisierungsmaßnahmen. Kultur und Mindset[20] umfassen dabei Kategorien wie „Symbole, Werte und Normen, Grundannahmen", die es im Hinblick auf eine angemessene Digitalisierung zu gestalten gilt. Einem Change-Management geht es darum, den Wandel erfolgreich zu steuern, d. h. „eine optimale Ausgestaltung des Weges vom Ausgangspunkt […] zum Ziel […] zu erreichen." Der Fokus auf die „Gestaltung des Wegs zum Ziel" bedeutet zugleich, dass Change-Management nicht in erster Linie die „Anwendung von Methoden und Verfahrensweisen der strategischen Zielplanung" im Blick hat. Vielmehr betrachtet Change-Management im Sinne einer „Sozialtechnik" insbesondere die sich jeweils darlegenden sozialen Strukturen und die

---

[18] Auf den zentralen Stellewert des Onlinezugangsgesetz (OZG) als Digitalisierungstreiber der kommunalen Verwaltung verweist auch Ralf-Rainer Piesold 2021.

[19] Vgl. Winners 2020, S. 5 ff.

[20] Vgl. hierzu auch Ronald Hitzler (2010, S. 331) der, basierend auf einem Literaturreview, die Bedeutungspalette des Begriffs Mindset folgendermaßen zusammen: „Die Dimensionen von Mindsets, die sich aus der gesichteten Literatur generieren lassen, sind somit a) Deutungsmuster und Handlungsschemata, b) Wahrnehmungshorizonte und Relevanzsetzungen, c) Wertorientierungen, d) Denkweise, Geisteshaltung, Einstellung, e) Mentalität bzw. mentale Dispositionen, f) Selbstverständnis und Selbstsicherheit, g) Interessen und Bedürfnisse, h) Hoffnungen und Sorgen, i) Optionen und Restriktionen, j) Fähigkeiten, Routinen, Kompetenzen, k) (entscheidungs-)relevante andere, l) kollektive Identifizierungen und kulturelle Identität(en)."

innerhalb dieser agierenden Menschen.[21] Gerade im Hinblick auf transformatorische Wandlungsprozesse ist Rudolf Wimmer (2009) zufolge eine „tragfähige Führungsstruktur, in der die richtigen Leute mit einer zur künftigen Organisation passenden Aufgabenvertei-lung aufsetzend auf tragfähigen, belastbaren zwischenmenschlichen Beziehungen zusam-menwirken [notwendig]. Je früher so eine Führungskonstellation an der Spitze eines Ver-änderungsvorhabens geformt wird, umso aussichtsreicher kann sich so ein Vorhaben entwickeln."[22] Entscheidend für erfolgreiche Wandlungsprozesse sei, so wiederum Lauer, eine Mischung aus einem „transformatorischem" (d. h. „kommunikativ, motivierend, in-spirierend, Sinn vermittelnd"), und „transaktionalem", (d. h. „analytisch, sach-orientiert, planend, kontrollierend") Führungsstil.[23]

22.2.3 Zum Handlungs- und Gestaltungsfeld ländliche Kommune

In ihrer Dissertation hat Andrea Soboth (2016) „Change Management als neues Instru-ment der Landentwicklung" eingeführt, welches sie im Konzept „Gestaltete lokale Verän-derungsprozesse" zusammenfasst. Zunächst einmal gleichen sich dabei die Schrittfolge sowie die Zielsetzung des Change-Managements in ländlichen Kommunen und in dem klassischen Gestaltungsfeld der Unternehmen in vielerlei Hinsicht. So beginnt der Prozess immer mit dem wesentlichen Schritt des Bewusstseinswandels, d. h. dem „Wandel in den Köpfen" abgestellt, oder anderes ausgedrückt, der Veränderung des Mindsets. Auch das übergeordnete Ziel ist in beiden Fällen, „umfassende Veränderungen auszulösen und das System in ein neues Handlungssystem zu überführen." Zudem handelt sich bei der grund-legenden Neueinstellung auf veränderte Rahmenbedingungen in beiden Fällen um einen langwierigen und aufwendigen Prozess, der einer prozessbegleitenden und kommunikati-onsintensiven Leitung bedarf. Ein wesentlicher Unterschied liegt jedoch u. a. im Folgen-den: Demnach sei bei der Gestaltung von Veränderungsprozessen in ländlichen Kommu-nen mit einem grundsätzlich breiteren Netz aus Akteuren unterschiedlicher Bereiche zu rechnen, da deren Mitarbeit deren Mitarbeit zum Großteil auf Freiwilligkeit und Ehren-amtlichkeit beruhe. „Die Durchdringungskraft im Vergleich zu Unternehmen mit berufli-chen Beziehungen dürfte dabei deutlich geringer sein. Es ist also davon auszugehen, dass Veränderungsprozesse in ländlichen Räumen wesentlich unschärfer sind. Es ist weniger klar als in Unternehmen bzw. in Organisationen, wer die beteiligten Personen sind, denn die „Mitarbeiter" ländlicher Räume sind schwerer zu fassen". Auch wenn Soboth ihr Change-Management-Konzept nicht auf die digitale Transformation ländlicher Kommu-nen ausrichtet, so lassen sich doch darin wertvolle Ansatzpunkte, wie etwa die Arbeit am Mindset und einer Vision für die Gestaltung der Digitalisierung finden. Als zentralen Schritt auf den Weg hin zur Entwicklung einer zukunftweisenden Vision, der Veränderun-

---

[21] Vgl. Lauer 2019, S. 3 ff.
[22] Vgl. Wimmer 2009, S. 8.
[23] Vgl. Lauer 2019, S. 89 ff.

gen des ländlichen Mindsets und der Entwicklung betont Soboth die Notwendigkeit, „sich zunächst intensiv mit dem Gebiet selbst und der aktuellen Situation zu beschäftigen. Die Potenziale im Gebiet, die Stärken und Schwächen, das Brauchtum, die Geisteshaltung der Menschen (wie sie „ticken") sind [dabei] relevante Aspekte, die zu berücksichtigen sind." Weitere Schritte des Konzepts von Soboth werden an dieser Stelle zunächst zurückgestellt und insbesondere im Abschnitt des abschließenden Kapitels zu Visionsarbeit und der Gestaltung eines digitalen Mindsets aufgegriffen.[24]

Dieser Abschnitt dient zunächst einmal dem Zweck, den Blick für ländliche Kommune als potenziellen Handlungs- und Gestaltungsraum digitaler Transformation auf eine begriffliche Basis zu stellen, d. h. zunächst einmal allgemein zu klären, um welche Art Gebiet es sich bei einer ländlichen Kommune handelt. So wird beispielsweise die im Falle des Digitalen Dorfes Bayern relevante kommunale Kategorie Gemeinde bzw. Dorf[25] grundsätzlich mit „kleinen, räumlich überschaubaren Einheiten und einer besonders ausgeprägten Form des Zusammenlebens und sozialer Netze" assoziiert. Rückverwiesen auf den zu Beginn des Kapitels angesprochenen „Denk und Handlungsrahmen" von Groß et al. weist die dörfliche Struktur bzgl. der genannten Teilsysteme und Akteurskonstellationen einer Kommune im Vergleich zu Städten einen wesentlich niedrigeren Komplexitätsgrad auf. Als „örtliche Gemeinschaft" weisen Gemeinden des Weiteren u. a. spezifische Dorfidentitäten aus, die durch entsprechende Narration, Traditionen und mehr oder weniger geteilte Werte gestützt werden. Außerdem verfügen Dörfer tendenziell über ein hohes Vereinsaufkommen sowie „nachbarschaftliche und vor allem auch verwandtschaftliche Netzwerke", die zusammen das „Grundgerüst für die Gestaltung des Lebensumfeldes im Dorf" bilden.[26] Die in einer dörflichen Konstellation wirkenden Traditionen und eingespielten Praktiken des Miteinanders prägen dabei das jeweils örtliche Mindset bzw. die Identität.[27]

Das Attribut ‚ländlich' kommt dadurch ins Spiel, dass die Kategorie ‚Dorf' verknüpft ist mit der Raumkategorie „Ländliche Räume". Damit sind Dörfer einerseits der Ausdifferenzierung ländlicher Räume in zentrale, und somit eher gut an Infrastrukturen und Versorgungsnetze angebundene Räume sowie periphere Räume mit diesbezüglichen Defiziten unterworfen. Darüber hinaus sind sie von der insbesondere durch den demografischen

---

[24] Vgl. Soboth 2016, S. 50 ff.

[25] Dorf steht hier an prominenter Stelle, da diese Gebietskategorie im Projekt Digitales Dorf Bayern im Fokus stand. Im Smarte Gemeinde Projekt sind auch Städte beteiligt.

[26] Vgl. Schröteler-von Brandt 2018/17, S. 444.

[27] Gabriele Christmann (2003) hat in Bezug auf städtische Identitätsbildungsprozesse herausgearbeitet, dass Kommunikation dabei eine entscheidende Rolle spielt: „Bei städtischer Identität handelt es sich um Wirklichkeitsdeutungen von der Stadt, zu denen sich der Bürger in Bezug setzt. Eine Grundannahme des Beitrages ist, dass Stadtkultur und städtische Identität historisch in kommunikativen Prozessen, und zwar in stadtbezogenen Diskursen innerhalb der Lokalkommunikation entstanden sind. Sie sind im Laufe der Geschichte in kommunikativen Vorgängen tradiert, d. h. teils stabilisiert und teils transformiert, worden." vgl. für einen differenzierten Blick auf den Begriff „Dorf" Steinführer, A. et al. (2019): Das Dorf: Soziale Prozesse und räumliche Arrangements. LIT Verlag.

Wandel getriebenen Differenzierung ländlicher Räume in „wachsende und schrumpfende Regionen" und den damit einhergehenden Herausforderungen – je nach Verortung in den jeweiligen Regionen – unterschiedlich betroffen. Nicht nur der demografische Wandel zeigt sich – u. a. in Abhängigkeit von der jeweiligen Angebundenheit an Verkehrsnetze – in unterschiedlicher Ausprägung, sondern auch das Verhältnis von Infrastrukturaus- und -abbau, welches erheblich von der Nähe jeweiliger Gemeinden zu Ballungszentren abhängt. So waren ballungsferne Gemeinden bzw. ländliche Räume in der Vergangenheit stark vom Rückbau des öffentlichen Personennahverkehrs sowie schulischer, sozialer und gesundheitlicher und nahrungstechnischer Versorgung betroffen.[28] Nicht nur hier zeigt sich, dass die Typisierung ländlicher Räume und damit auch ländlicher Kommunen keine triviale Angelegenheit ist, sondern eines differenzierten Blicks bedarf.[29]

Grundlegend wird ländlichen Kommunen eine Doppelrolle attestiert, da sie aufgrund der Verortung in ländlichen Räumen einerseits von dem sowohl negativen als auch positiven Strukturwandel betroffen sind. Zugleich liegt es an ihnen, die Gewährleistung angemessener öffentlicher Infrastruktur, Mobilitätsangeboten und alltäglichen Versorgungsangeboten durch geeignete Initiativen und Maßnahmen, unter den jeweiligen Rahmenbedingungen herzustellen bzw. aufrechtzuerhalten, z. B. nicht zuletzt durch Zusammenschlüsse mit anderen Kommunen.[30] Der ländliche Raum, und damit auch ländliche Kommunen, ist – wie in der Einleitung angedeutet – in den letzten Jahren zunehmend zu einem Handlungs- und Gestaltungsfeld digitaler Transformation avanciert. Mit zahlreichen Fördermaßnahmen und Modellvorhaben, wie etwa das Förderprogramm Land.Digital des Bundesministeriums für Ernährung und Landwirtschaft (BMEL) sowie das Modellvorhaben der Raumordnung MORO des Bundesministeriums des Innern, für Bau und Heimat (BMI) loten Chancen und Ideen von Digitalisierungsmaßnahmen aus, um strukturschwache Räume zu stützen, das Leben und Arbeiten auf dem Land attraktiver zu gestalten und einen Beitrag zu gleichwertigen Lebensverhältnissen zu leisten.[31] Gerade Fördermaßnahmen bieten dabei für die Kommunen, z. B. im Zusammenspiel mit wissenschaftlichen Einrichtungen, die Chance, digitale Transformation voranzutreiben.

---

[28] Vgl. Mose 2018/17, S. 1325 ff.

[29] Vgl. für einen differenzierten Blick auf die Kategorie Ländlichkeit z. B. Küpper, P. (2018): Abgrenzung und Typisierung ländlicher Räume Thünen Working Paper, No. 68. http://hdl.handle.net/10419/148398.

[30] Vgl. Schröteler-von Brandt 2018/17, S. 444 ff.

[31] Vgl. exemplarisch nochmals Merlin et al. 2020, vgl. auch BMI 2019: Digitale Infrastruktur als regionaler Entwicklungsfaktor, Nachnutzbare Ideen für Kommunen aus dem Modellvorhaben MOROdigital, MORO Praxis Heft 13. www.bmi.bund.de.

22.3 Die schrittweise Gestaltung der digitalen Transformation ländlicher Kommunen

In diesem abschließenden Kapitel geht es um die Frage, wie sich die digitale Transformation einer ländlichen Kommune[32] adäquat gestalten lässt. Dies ist eine der wesentlichen Fragen, die das Pilotprojekt „Digitales Dorf Bayern" in den Modelldörfern Frauenau und Spiegelau angeleitet haben. Dass digitale Transformation Zeit braucht und sich unter Berücksichtigung vorfindlicher Rahmenbedingungen nicht von allein macht, aber auch die Notwendigkeit der Arbeit an einem Digitalen Mindset als Basis weiterer Digitalisierungsmaßnahmen wurde in den vorausgegangenen Kapiteln bereits angesprochen. Im Folgenden werden Bausteine einer schrittweisen Gestaltung der digitalen Transformation ländlicher Kommunen aufgezeigt, beginnend mit Einblicken in das Vorgehen des Projekts „Digitales Dorf Bayern". Daran anschließend werden Schritte aus dem aktuellen Projekt des TCG „Smarte Gemeinde" zur Gestaltung einer kommunalen Digitalisierungsstrategie im Zusammenspiel mit einschlägiger Literatur vorgestellt.

22.3.1 Vorgehen und Erkenntnisse des „Digitalen Dorfes Bayern"

Ein Projekt wie das „Digitale Dorf Bayern" bietet den Spielraum, gemeinsam mit den beteiligten Kommunen, möglichst bedarfsgerechte digitale Lösungen zu entwickeln und zu erproben. Die Basis des zur Beantwortung der Frage gewählten Gestaltungsansatzes bildete dabei zu einem die Methode des living lab bzw. Reallabor. Die Methode ermöglicht es, Technologien in ‚natürlichen' Umgebungen – d. h. im Fall des Digitalen Dorfes in den jeweiligen Gemeinden – und den jeweils dort vorherrschenden Bedingungen zu entwickeln und zu erproben. Den zweiten wesentlichen Aspekt stellte das Prinzip der Ganzheitlichkeit dar. Dieses zielte einerseits darauf ab, ein möglichst breites Spektrum an potenziell relevanten Handlungsfeldern bzw. Themenfeldern für Digitalisierungsmaßnahmen in den Blick zu nehmen. So umfasste das Spektrum: „Arbeiten, Dienste (u. a. Ehrenamt, Nahversorgung, Verwaltung), Energie, Bildung, Medizin, Mobilität, Pflege, Wohnen". Darüber hinaus bezieht sich Ganzheitlichkeit zum einen darauf, im Zuge des Gesamtprojektes Synergien zwischen den Handlungsfeldern herzustellen und impliziert zum anderen, das in den einzelnen Kommunen jeweils entwickelte, umfassende Angebot an spezifischen digitalen Handlungsfeldlösungen in einer Plattform zu bündeln, zu ver-

---

[32] Gleichwohl sollen die dargelegten Bausteine nicht so verstanden werden, dass sich diese ausschließlich auf ländliche Kommunen anwenden lassen, sondern werden auch für die Anwendung auf andere Gebietskörperschaften wie Städte als sinnvoll erachtet. Das entscheidende ist dabei immer die Anpassung der konkreten Instrumente an die vorfindlichen Rahmenbedingungen.

netzten, sichtbar und verfügbar zu machen.[33] Die Entwicklung und Erprobung möglicher digitaler Lösungen fand im Rahmen des Reallabors statt, dem ein insgesamt fünfstufiger Roadmap-Prozess zu Grunde lag. Entlang des Prozesses galt es, nach der anfänglichen Definition der jeweils für die Kommunen relevanten Handlungsfelder durch eine Kerngruppe bestehend aus dem Bürgermeister, einem örtlichen Kümmerer sowie den wissenschaftlichen Beratern des TCG, im dialogischen Zusammenspiel von kommunal Verantwortlichen, dem Technologiecampus und der Zivilgesellschaft potenziell sinnvolle digitale Lösungen zu entwickeln und zu erproben. Das Kernteam hat dabei den gesamten Prozess begleitet, wobei die Beteiligten unterschiedliche Funktionen innehatten. So hat der Bürgermeister die Rolle eines Beraters sowie die Rolle des Verantwortlichen für die finale Entscheidungsfindung über digitale Maßnahmen eingenommen. Während das Wissenschaftsteam eine prozessbegleitende Monitoring-funktion übernahm, fungierte der jeweilige Kümmerer als Schnittstelle zwischen diesem und den örtlichen Bürger: innen.

In der Entwicklung digitaler Lösungen wurde grundsätzlich einem bottom-up-Ansatz gefolgt, mit welchem, anders als etwa mit einem technology-push-Ansatz nicht den Relevanzen der Technikentwickler: innen, sondern der (potenziellen) Nutzer: innen gefolgt wird, der in entsprechend gebildeten Arbeitsgruppen mit jeweils Handlungsfeldrelevanten Akteuren seinen Ausdruck fand. Ein Aspekt bildete in dem Zusammenhang das Einholen von Anforderungsprofilen und die damit verbundene bedarfsgerechte Gestaltung digitaler Lösungen. Zudem ging es um die Gewinnung von Informationen durch die Nutzung der Prototypen und deren Rückkopplung an die Weiterentwicklung der Produkte. Im Rahmen des Projektes standen dabei nicht nur eigens entwickelte Produkte im Vordergrund, sondern auch die Beratung in Bezug auf adäquate Marktlösungen, wie das Beispiel der digitalen Anschlagtafel[34] zeigt. Mit diesem Vorgehen wurde nicht zuletzt einem pragmatischen Ansatz und der Prämisse schnell umsetzbarer, niedrigschwelliger Lösungen Rechnung getragen, um schnelle Sichtbarkeit digitaler Lösungen zu erzeugen. Gleichzeitig sollte mit Hilfe von Kriterien, wie die Nutzung bereits erprobter Lösungen, der Aufbau von Lösungen auf bereits bestehende Strukturen, die Einfachheit der Nutzung, niedrige Transferkosten, eine potenzielle Übertragbarkeit erprobter digitaler Lösungen auf weitere Kommunen mit ähnlichen Gegebenheiten gewährleistet werden. Dies gilt darüber hinaus für das im Rahmen des Projektverlaufs angeeignete Erfahrungswissens, welches in beratender Absicht in Folgeprojekten genutzt werden kann.

Als ein entscheidendes Vehikel auf dem Weg zur digitalen Transformation hat sich eine fortlaufende Kommunikation der Projektentwicklung gegenüber der örtlichen Gemeinschaft sowie den jeweiligen Zielgruppen erwiesen. Dies geschah durch jeweils angemessene Kommunikationskanäle und fortlaufende Veranstaltungen. Gerade eine fortlaufende

---

[33] Zwischenzeitlich sind die Handlungsfelder „Landwirtschaft, Tourismus sowie Kultur" durch die weiteren noch laufenden Modellregions-Projekte „Digitales Alpendorf" und „Digitale Hörnerdörfer" hinzugekommen. vgl. zu den Handlungsfeldern und zu dem ganzheitlichen Ansatz die Ausführungen von Matthias Oswald in Kap. 4 in diesem Band.

[34] Vgl. hierzu die Ausführungen von Jessica Laxa in Kap. 6 in diesem Band.

Prozesskommunikation und Reflektion hat sich dabei in Kombination mit der Entwicklung und dem Angebot niedrigschwelliger digitaler Lösungen als sinnvoll erwiesen, den Weg hin zu einem digitalen Mindset der traditionellen ländlichen Kommunen zu ebnen, und dabei den weiterhin sinnvollen analogen örtlichen Strukturen und Praktiken genügend Raum zu lassen.[35]

22.3.2 Vision, Digitales Mindset und Digitalisierungsstrategie

Ein Projekt, das aktuell auf Erkenntnissen aus dem Digitalen Dorf Projekten aufbaut, ist das durch das Bayerische Staatsministerium für Ernährung, Landwirtschaft und Forsten geförderte Projekt „Smarte Gemeinde", welches im November 2021 gestartet ist. Es zielt darauf ab, jeweils bedarfsgerechte Digitalisierungsstrategien für eine Reihe unterfränkischer und niederbayerischer ländlicher Kommunen[36] zu entwickeln. Hierzu werden derzeit in den einzelnen Kommunen schrittweise Bestandsaufnahmen zum IST-Zustand der Kommunen und einer darauf aufbauenden SWOT-Analyse vorgenommen. In Rahmen eines Visionsworkshops und eines darauffolgenden Maßnahmenworkshops wird im Zuge der gemeinsamen Arbeit mit unterschiedlichen Stakeholdern der Weg für die Entwicklung einer adäquaten Digitalisierungsstrategie bereitet. Im Folgenden stehen zunächst die Analyse des IST-Zustands, die Visionsarbeit sowie die daran angeknüpfte Gestaltung eines grundlegenden digitalen Mindsets im Vordergrund. Zum Thema Visionsarbeit und der Gestaltung eines digitalen Mindsets werden dazu die oben angedeuteten Überlegungen von Soboth zum Thema Change-Management ländlicher Kommunen aufgegriffen. Im Anschluss daran werden die damit einhergehenden Implikationen für die Gestaltung einer angemessenen Digitalisierungsstrategie bzgl. eines Gleichgewichts zwischen einer pragmatischen und visionären Herangehensweise reflektiert.

22.3.3 Erfassung des IST-Zustandes – Situationsanalyse

Als ein erster Schritt auf dem Weg zu einer adäquaten Gestaltung digitaler Transformation gilt es, die vorherrschenden Rahmenbedingungen bzw. den Status-Quo im Hinblick auf u. a. sozialstrukturelle, sozioökonomische und räumliche Gegebenheiten, Finanzkraft, örtliche Praktiken, Akteurskonstellationen, den Digitalisierungsstand sowie die relevanten Handlungsfelder der jeweiligen Gemeinde zu erfassen. Erst hierdurch lässt sich zudem vor dem Hintergrund der oben angeführten allgemeinen Charakteristika ländlicher Kommunen, die spezifische Typik der jeweils betrachteten Kommune herausarbeiten. Im Rahmen

---

[35] Vgl. zu dem geschilderten Gesamtvorgehen Hanninger et al. 2020, S. 107 ff., vgl. zum Aspekt der Balance zwischen Digitalem und Analogem auch Kap. 23 Feedback der Kommunalpolitik in diesem Band.

[36] Das Projekt umfasst dabei verschiedene Gebietskategorien von Stadt bis dörfliche Gemeinde.

des Projektes „Smarte Gemeinde" kommt hierzu ein Methoden-Mix zur Anwendung. Dieser besteht im Wesentlichen aus Recherchearbeit, einem explorativen Einstiegsgespräch, einer standardisierten Abfrage zum Digitalisierungstand, auch im Hinblick auf Zuständigkeiten, sowie qualitativen leitfadengestützten Interviews. Die Recherchearbeit umfasst dabei u. a. Informationen zu räumlich-strukturellen und sozioökonomischen Gegebenheiten der jeweiligen Gemeinde. Eine erste Sondierung von Erwartungen bzgl. des Projektes und eine Verständigung über das Vorgehen im Projekt beinhaltet das Einstiegsgespräch mit den jeweiligen Bürgermeistern und relevanten Verwaltungsakteuren, wobei im letzteren Fall die jeweiligen Geschäftsführer, ggf. vorhandene IT-Beauftragte und oder digitale Lotsen[37] adressiert werden. Diese Auswahl ist nicht nur der Projektantragslogik geschuldet, da sich Kommunalverantwortliche auf das Projekt beworben haben. Vielmehr wird diese Auswahl an verschiedener Stelle in der Literatur zu Change-Management der Verwaltung und des ländlichen Raums gestützt. So verweist z. B. Winner im Kontext der Digitalisierung der Verwaltung auf die zentrale Rolle von Führungskräften als „Vorgesetzte, Vorbild und Multiplikatoren im Transformationsprozess".[38] Soboth betont in ihrem Change-Management Konzept ländlicher Kommunen die zentrale Leitungsfunktion des Bürgermeisters. Wie im Projekt „Digitales Dorf Bayern" plädiert sie dafür, ein prozessbegleitendes Leitungsteam „klein und schlagkräftig" zu halten.[39]

Mit der standardisierten Abfrage werden insbesondere Informationen zu bereits vollzogenen und geplanten Digitalisierungsmaßnahmen, den Zuständigkeiten in der Verwaltung bzgl. Kommunikations- und Informationstechnologie eingeholt. Einen wesentlichen Bestandteil des Methoden-Mix bilden schließlich die qualitativen leitfadengestützten Interviews. Qualitative Interviewformen zeichnen sich durch Offenheit aus und bieten dem Gegenüber dabei durch die entsprechend offen formulierten Fragen einen möglichsten großen Raum, um eigene Relevanzen setzen zu können. Ein Interviewleitfaden bietet sich an, wenn das Interesse des Interviewers schon thematisch angeleitet ist.[40] Im vorliegenden Projektzusammenhang handelt es sich um das Interesse der Gestaltung einer bedarfsgerechten Digitalisierungsstrategie. Der Leitfaden startet mit einer erzählgenerierenden Frage nach der bisherigen Digitalisierungsgeschichte der jeweiligen Kommune und ist im Weiteren thematisch gegliedert in Fragen, u. a. nach den relevanten kommunalen Handlungsfeldern, verbunden mit Fragen danach „Wo und inwiefern sehen Sie hier Ansatzpunkte für Digitalisierung", den relevanten Akteuren und Initiativen, z. B. verknüpft mit der Frage nach „Akteuren, die das

---

[37] Vgl. Groß und Krellmann 2019, S. 16 „Die Digitalisierung ist alles andere als ein „zentrales Konzept". Sie muss im gesamten Ökosystem der Digitalisierung von den relevanten Akteuren einer Digitalen Kommune mitgetragen werden und vorangetragen werden und lebt von einem partnerschaftlichen Netzwerk. Eine Brückenfunktion nehmen hier die sogenannten Digitalen Lotsen ein. Sie sind Evangelisten, die in ihrem Gestaltungsfeld die Menschen für die Digitalisierung begeistern und Ansprechpartner für Bedenken und Ängste sind. Sie sind die Multiplikatoren auf dem Weg zu einem flächendeckenden digitalen Denken und Handeln."

[38] Vgl. Winners 2020, S. 17.

[39] Vgl. Soboth 2016, S. 57.

[40] Vgl. Helfferich 2011.

Thema Digitalisierung besonders vorantreiben" sowie kommunal Zuständigen für Digitalisierung. Darüber hinaus finden Fragen zur Intra- und interkommunalen Zusammenarbeit und damit auch Fragen, die über die Grenze der Kommune hinaus in die Region reichen – Stichwort: Integrierte Ländliche Entwicklung (ILE) – Raum im Interview.

Die mit Hilfe des Methoden-Mix gewonnenen Erkenntnisse zum IST-Zustand der jeweiligen Kommune fließen im Anschluss einerseits in eine sog. SWOT-Analyse ein. Hierbei handelt es sich um eine Charakterisierung beispielsweise einer Organisation, Region oder in vorliegenden einer Kommune gemäß der Attribute Stärken, Schwächen, Chancen und Gefahren. Die Analyse dient als Mittel zur Gestaltung von Handlungsstrategien,[41] im vorliegenden Fall zur Gestaltung einer Digitalisierungsstrategie. Hierbei zeigen sich auch die verschiedenen Schwächen und Hürden einer potenziellen digitalen Transformation einer Gemeinde. Durch die Analyse des IST-Zustandes lassen sich nicht zuletzt auch Hinweise zum Entwicklungsgrad eines möglicherweise bereits vorhandenen digitalen Mindsets gewinnen. Darüber hinaus dienen die Erkenntnisse einer ersten vorläufigen Definition und Priorisierung von Handlungsfeldern, die im Rahmen der Entwicklung einer Digitalisierungsstrategie ggf. im Fokus stehen könnten. Sowohl die Ergebnisse der SWOT-Analyse als auch die durch das Projektteam vorgenommenen Handlungsfelddefinitionen dienen als wichtige Bausteine für den Visionsworkshop, als nächsten wesentlichen Schritt. Die Auswahl der Teilnehmer: innen obliegt dem Leitungsteam, wobei sich eine Gruppengröße von ca. zwölf Teilnehmerinnen bislang als praktikabel erwiesen hat. In Gruppenarbeiten werden sowohl die aus der SWOT-Analyse gewonnenen vorläufigen Erkenntnisse als auch die vorläufige Priorisierung relevanter Handlungsfelder von den teilnehmenden Akteuren nochmals reflektiert, erweitert sowie ggf. verändert. Die Bedeutung einer IST-Analyse betont – wie bereits angedeutet – auch Soboth im Hinblick auf die Entwicklung einer Vision sowie die Arbeit an einem Mindset für die anstehenden Veränderungsprozesse.

22.3.4 Visionserarbeitung und digitales Mindset

Ziel des Projektes Smarte Gemeinde ist es, eine jeweils bedarfsgerechte Digitalisierungsstrategie für die beteiligten ländlichen Kommunen zu gestalten. Die Erarbeitung einer Vision soll hierzu einen Orientierungsrahmen bieten und dabei zugleich als ein kommunikatives Hilfsmittel zur Vermittlung der jeweiligen Vorstellung zur digitalen kommunalen Zukunft gegenüber den relevanten Stakeholdern und der Öffentlichkeit fungieren. Entsprechend wird der Begriff Vision im Rahmen des Projektes gefasst als eine „motivierende, positiv-formulierte Vorstellung des Zustandes [...] [der mit einer Kommune [in Bezug auf Digitalisierung]] erreicht werden soll".[42]

Soboth gibt in ihrem Change-Management-Konzept für ländliche Kommunen wertvolle Hinweise zur Entwicklung einer Vision. So weist sie darauf hin, dass die Formulie-

---

[41] Vgl. Seyfried 2009, S. 13 f.
[42] Vgl. Darrelmann 2012.

rung einer Vision einerseits gerade in Bezug auf die Langwierigkeit von Veränderungsprozessen in ländlichen Entwicklungen grundsätzlich ein „Bild der ferneren Zukunft
(Zeithorizont 15 bis 20 Jahre)" anvisiert. Gleichzeitig sei die Entwicklung einer Vision
prozessual zu verstehen, d. h. es gehe zunächst einmal darum, einen „Kern der Vision" als
erstes „Bild der Vision" und „Identitätsanker" herauszuarbeiten. „Der Identitätsanker fokussiert die Vision in einem Satz. Damit kann die Vision kurz und knapp kommuniziert
werden. Da jedoch die Vision als ein Bild der Zukunft mehrschichtig ist, ist dies nur der
erste Schritt und muss durch eine Visionskonkretisierung ergänzt werden." Grundsätzlich
gelte es dabei zu bedenken, dass eine Vision immer an Werte gekoppelt ist, wobei diese
Wertbasis mehrere Dimensionen umfasse. Demnach baue das einer Vision zu Grunde liegende Wertesystem auf zwei Strängen auf, nämlich, „den Werten, die heute vorherrschen
und den Werten, die die Vision als emotional stimmiges Bild der Zukunft tragen sollen."
Die Werte müssen dabei nicht notwendigerweise übereinstimmen. Gleichzeitig sollten bestimmte Trends, und lokale Alleinstellungsmerkmale miteinbezogen werden.

Die ersten Schritte der Visionsformulierung, das heißt die Herausarbeitung eines Visi-
onskerns werden seitens des Leitungsteams (das TCG nimmt darin eine beratend-
begleitende Funktion ein) vorgenommen. Die Basis hierzu bilden im Falle des Projektes
Smarte Gemeinde die gewonnenen Erkenntnisse aus der SWOT-Analyse und der Priorisierung relevanter Handlungsfelder im Vorfeld sowie im Zuge des Visionsworkshops. Außerdem erweisen sich hierzu im Rahmen des Workshops erarbeitete Visionsstichpunkte
bzw. erste Entwürfe als hilfreich.

Der weitere Prozess der sog. „Visionskonkretisierung" kann anschließend „beteili-
gungsorientiert" gestaltet werden, da für die weitere Vertiefung und Konkretisierung einer
Vision die unterschiedlichen Sichtweisen weitere Akteure, wie u. a. der Bürgerschaft erforderlich sind. Die Beteiligungsorientierung der Visionsentwicklung kann zudem einen
Beitrag dazu leisten, die Menschen der Kommune im Hinblick auf die Vision mitzunehmen. Die Entwicklung und Weiterentwicklung der Vision ist insgesamt langfristig ange-
legt und begleitet in dem Sinne auch die digitale Transformation ländlicher Kommunen
entlang des gesamten Prozesses.

Eine Vision und deren Kommunikation kann als ein Beitrag dazu gesehen werden, den
notwendigen „Wandel in den Köpfen" bzw. des vorherrschenden „Mindsets" der kommunalen Akteure hin zu einem „digitalen Mindset" zu gestalten und der Bevölkerung mögliche Befürchtungen und Ängste der Bevölkerung gegenüber Digitalisierungsvorhaben zu
nehmen. Dadurch kann ein verändertes Handeln, z. B. ein Handeln mit Digitaltechnik,
befördert werden. Zugleich bedeutet dies eine Verschiebung weg von einer Problemzen-
trierung hin zu einer Visionsorientierung. Hierfür ist fortlaufende Kommunikation von
entscheidender Bedeutung.[43] Während die Vision der Entwicklung einer Digitalisierungsstrategie einen begrifflichen Orientierungsrahmen gibt, zielt die Ausarbeitung der Digitalisierungsstrategie darauf ab, der Vision eine möglichst praktisch umsetzbare Sichtbarkeit gegenüber der kommunalen Öffentlichkeit und kommunal Verantwortlichen zu

---

[43] Vgl. Soboth 2016, S. 54 ff.

verleihen.[44] Die Gestaltung einer Digitalisierungsstrategie steht im Mittelpunkt des abschließenden Abschnittes.

22.3.5 Zur Gestaltung einer Digitalisierungsstrategie

Kommunen greifen zunehmend zum Mittel einer Digitalisierungsstrategie, um ihren Digitalisierungsstrategien sowie -Ideen einen Rahmen zu geben. Darauf verweisen Björn Niehaves et al. (2018) in einer Studie zum Thema „Digitalisierungsstrategien für Kommunen". Darin unterbreiten die Autoren einen Definitionsvorschlag einer kommunalen Digitalisierungsstrategie. Demnach kann eine solche verstanden werden als eine „ganzheitliche alle Bereiche der Städte und Gemeinden betrachtende Strategie, die durch das Instrument der Digitalisierung die Visionen und Ziele der Städte fördert und diese in ihren Entwicklungszielen unterstützt". Hierin wird zum einen die Koppelung von Strategie und Vision deutlich. Außerdem wird auch hier, wie im Vorgehen des Projekts Digitales Dorf Bayern mit dem Begriff der Ganzheitlichkeit die grundsätzliche Berücksichtigung aller möglichen kommunalen Lebens- und Arbeitsbereiche betont, die zugleich integrierend betrachtet werden sollen. Darüber hinaus impliziert sowohl der Begriff der Unterstützung als auch der Begriff der Förderung, dass Digitalisierung nicht als Selbstzweck betrachtet wird, sondern die Sinnhaftigkeit des Instruments Digitalisierung hinsichtlich Visions- und Zielrealisierung stets abgewogen wird. Folglich „adressiert" eine kommunale Digitalisierungsstrategie als geplantes, langfristig orientiertes kommunales Handeln „die richtigen Themen, bindet die richtigen Akteure mit ein und konzentriert sich auf die richtigen Prozesse und Schritte, um diese lokal nutzbar zu machen und zu einem strategischen Ganzen zu verbinden." Hier wird die Notwendigkeit sichtbar, Entscheidungen bzgl. einer Priorisierung von zu bearbeitenden Handlungsfeldern zu treffen. Dies entspricht auch dem Vorgehen im Rahmen des Smarte Gemeinde Projektes, in dem beginnend mit der IST-Analyse und dann weiter über den Visionsworkshop dezidiert die für die jeweilige Kommune relevanten Handlungsfelder herausgearbeitet und priorisiert werden. Diese werden dann im Rahmen des Visionsworkshops weiter ausgearbeitet, und zwar entlang Fragen nach digitalen Schwerpunktsetzungen, den wichtigsten Akteuren und dem was in den jeweiligen Handlungsfeldern erreicht werden soll. Dieses Vorgehen ermöglicht es, ähnlich der oben erwähnten Beteiligungsorientierung in der Visionskonkretisierung auch hier eine sukzessive Anwendung einer bottom up Strategie, die nach und nach relevante Akteure einbindet.[45] Im Idealfall werden relevante Handlungsfeldakteure bereits im abschließenden Maßnahmenworkshop eingebunden, bevor es an die Ausarbeitung der Digitalisierungsstrategie geht.

Niehaves et al. zufolge gilt es insgesamt in der Entwicklung einer Digitalisierungsstrategie eine Balance zu finden zwischen einem pragmatischen und visionären Vorgehen,

---

[44] Vgl. Niehaves et al. 2018, S. 4 f.

[45] Vgl. hierzu die Ausführungen von Frank Edenharter in Kap. 18 in diesem Band.

welche ihren Ausdruck in einem längerfristig angelegten „Fahrplan" und einem konkreten „Aufgabenplan" finden, was die Möglichkeit eröffne, „pragmatisch auf neue Herausforderungen zu reagieren und ihre Vision kontinuierlich entlang aktueller Entwicklungen anzupassen. Das verspricht einen ideellen Orientierungsrahmen bei gleichzeitiger praktischer Umsetzbarkeit mit der Betrachtung unterschiedlicher Zeithorizonte." Diese dynamische Konzeptualisierung trifft sich gut mit der oben geschilderten Herangehensweise einer schrittweisen Visionsarbeit. Technisch betrachtet kommt eine pragmatische Vorgehensweise durch sog. „Quick Wins", d. h. schnell umsetzbare digitale Lösungen zum Tragen, die frühe Sichtbarkeit erzeugen und dadurch ggf. einen ersten Beitrag zur Gestaltung eines Digitalen Mindsets in Kommunen leisten. Gleichzeitig kann durch schnelle Erfolge ein digitaler Handlungsdruck entschärft werden, in dem sie Spielraum für längerfristige Entwicklungen schaffen, denn digitale Transformation braucht Zeit und ist auf Langfristigkeit ausgerichtet.[46]

22.4   Schlussbemerkungen

Im Kapitel zur digitalen Transformation wurde darauf verwiesen, dass es sich bei digitalen Transformationen, in welchen gesellschaftlichen und wirtschaftlichen Bereichen auch immer, um graduelle und damit nicht disruptive Prozesse handelt. Die Wirkung von neuartigen Technologien wird durch bestehende Rahmenbedingungen, soziale bzw. soziotechnische Spielregeln, rechtliche und (sozio-)ökonomische Gegebenheiten beeinflusst. Wie im Projekt „Digitales Dorf Bayern" gezeigt, bieten sich in dem Zusammenhang Reallabore an, um Digitalisierungsmaßnahmen in realen Settings zu erproben und wertvolle Lernerfahrungen bzgl. des Zusammenspiels digital-technischer Entwicklungen und jeweiliger Rahmenbedingungen zu generieren, die einen Mehrwert für weiterführende kommunale Digitalisierungsvorhaben mit sich bringen. Reallabore gelten dabei als Vehikel für langfristige Transformationsprozesse, wobei gerade die zeitliche Befristung derartiger Laborprojekte, wie z. B. zur Erprobung nachhaltiger Mobilitätsangebote in Stadtquartieren, zu Konflikten mit jeweils lokal vorherrschenden Alltagsroutinen führen können. Gerade die Zeitlichkeit kann sich hinsichtlich der inherenten Langfristigkeit soziotechnischer Transformationsprozesse als problematisch erweisen.[47] Rückbezogen auf die Digitalisierung von Kommunen und den hier ebenfalls zeitlich befristeten Projektvorhaben stellt sich in dem Sinne die Frage, wie die Herausforderung „Digitalisierung braucht Zeit" langfristig kommunikativ bearbeitet werden kann. Einen Schlüssel hierzu können der Einsatz von Informations- und Kommunikationstechnik und adäquater kommunaler Kommunikationskanäle bilden, um Bürger:innen in möglichst vielen Projektvorhaben über Projektlaufzeiten hinweg miteinzubinden und fortlaufend zu informieren. Eines dieser Mit-

---

[46] Vgl. Niehaves et al. 2018.
[47] Wentland & Jung, 2021, S. 23 ff.

tel könnten z. B. Bürgerbeteiligungsplattformen[48] darstellen, mit deren Hilfe nicht zuletzt ein weiterer fortlaufender Beitrag zur Entwicklung eines digitalen kommunalen Mindsets geleistet werden könnte, der dem Anspruch der Gestaltung einer bedarfsgerechten und nachhaltigen digitalen Transformation Rechnung trägt.

Literatur

Blotevogel, H.-H. (2018). Raum. In ARL [Akademie für Raumforschung und Landesplanung] (Hrsg.), *Handbuch der Stadt- und Raumentwicklung* (Bd. 3, S. 1845–1857). Verlag der ARL.

BMI (Hrsg.). (2019). Digitale Infrastruktur als regionaler Entwicklungsfaktor. Nachnutzbare Ideen für Kommunen aus dem Modellvorhaben MOROdigital. MORO Praxis Heft 13. https://www.bbsr.bund.de/BBSR/DE/veroeffentlichungen/ministerien/moro-praxis/2019/moro-praxis-13-19-dl.pdf?__blob=publicationFile&v=1. Zugegriffen am 27.10.2021.

Boes, A. Haug, F., & Langes, B. (2021). Digitale Transformation. In Glossar des Bayerischen Forschungsinstituts für Digitale Transformation (bidt). https://www.bidt.digital/glossar-digitale-transformation. Zugegriffen am 15.12.2021.

Bogumil, J. (2018/2016). Kommunale Selbstverwaltung. In ARL (Hrsg.), *Handbuch der Stadt- und Raumentwicklung* (Bd. 2, S. 1127–1132). Verlag der ARL.

Christmann, G. B. (2003). Städtische Identität als kommunikative Konstruktion: theoretische Überlegungen und empirische Analysen am Beispiel von Dresden. (Reihe Soziologie/Institut für Höhere Studien, Abt. Soziologie, 57). Wien: Institut für Höhere Studien (IHS), Wien. https://nbn-resolving.org/urn:nbn:de:0168-ssoar-220711. Zugegriffen am 17.01.2022.

Darrelmann, M. gr. (2012). Gründen im Team? Auf die Unternehmensvision kommt es an! Was ist eine Vision. https://www.akademie.de/de/wissen/unternehmensvision -entwickeln/was-ist-eine-vision-0. Zugegriffen am 03.02.2022.

Dolata, U. (2019). Sektoraler Wandel durch Technik. In B. Blättel-Mink, I. Schulz-Schaeffer & A. Windeler (Hrsg.), *Handbuch Innovationsforschung. Sozialwissenschaftliche Perspektiven* (S. 201–218). Springer.

Groß, M., & Krellmann, A. (2019). Das Ökosystem der Digitalisierung. In J. Stember et al. (Hrsg.), *Handbuch E-Government* (S. 3–18). Springer.

Hanninger, L.-M., Laxa, J., & Ahrens, D. (2020). Rural areas on their way to a smart village – Experiences from living labs in Bavaria. In *33rd Bled eConference – Enabling technology for a sustainable society* (S. 107–118). https://doi.org/10.18690/978-961-286-362-3.7.

Helfferich, C. (2011). *Die Qualität qualitativer Daten. Manual für die Durchführung qualitativer Interviews.* Springer VS.

Heuser, L., Illigmann, K., & Kassyda, C. et al. (2020). Kommunen und digitale Transformation – Übersicht der Handlungsfelder. DIN SPEC 91387. Berlin: DIN Deutsches Institut für Normung e. V. https://www.beuth.de/de/technische-regel/din-spec-91387/326373721.

Hitzler, R. (2010). Mindsets. Postmodernistische Deutungskonzepte zur Wissensverteilung unter Individualisierungsbedingungen. In P. A. Berger & R. Hitzler (Hrsg.), *Individualisierungen. Ein Vier-teljahrhundert „jenseits von Stand und Klasse"?* (S. 325–338). Springer VS.

Hornbostel, L., Nerger, M, & Tillack, D. (2019). Ergebnisbericht zur Umfrage 2019. In: P. Wittpahl/ Institut für Innovation und Technik/VDI/VDE Innovation + Technik GmbH und Deutscher Städte und Gemeindebund (Hrsg): Zukunftsradar Digitale Kommune. Berlin. https://www.iit-berlin.de/

---

[48] Vgl. hierzu nochmals Kap. 18.

wp-content/uploads/2021/08/Zukunftsradar-Digitale-Kommune-2019.pdf. Zugegriffen am 17.01.2022.

Janacek, E., & Margarian, A. (2020). Digitalisierung sozialer Dienstleistungen in ländlichen Regionen: Eine Analyse feldkonfigurierender Diskurse, Thünen Working Paper, No. 157. Braunschweig: Johann Heinrich von Thünen-Institut. https://literatur.thuenen.de/digbib_extern/dn062730.pdf. Zugegriffen am 13.10.2021.

Lauer, T. (2019). *Change Management. Grundlagen und Erfolgsfaktoren*. Springer Gabler.

Mertens, K., Ahrend, K.-M., Kopsch, A., & Stork, W. (Hrsg.). (2021). *Smart Region. Die digitale Transformation einer Region nachhaltig gestalten*. Springer Gabler.

Miebach, B. (2020). *Digitale Transformation von Wirtschaft und Gesellschaft: Wie KI, Social Media und Big Data unsere Lebenswelt verändern*. Springer VS.

Mose, I. (2018/2017). Ländliche Räume. In ARL (Hrsg.), *Handbuch der Stadt- und Raumentwicklung* (Bd. 2, S. 1323–1334). Verlag der ARL.

Nida-Rümelin, J., & Weidenfeld, N. (2018). *Digitaler Humanismus: Eine Ethik für das Zeitalter der künstlichen Intelligenz*. Piper.

Niehaves, B., Röding, K., Oschinsky, F., Klein, H. C., Weigel, A., & Hoffmann, J. (2018). Digitalisierungsstrategien für Kommunen. Studie im Rahmen des Projekts „Digitale Modellkommunen" in Nordrhein-Westfalen. In: Wissen +, Ausgabe 2. https://www.wiwi.uni-siegen.de/is/aktuelles/pdf/wissen_02_digitalisierungsstrategienfuerkommunen_web.pdf. Zugegriffen am 17.01.2022.

Piesold, R.-R. (2021). *Kommunales E-Government. Grundlagen und Bausteine zur Digitalisierung von Verwaltungen*. Springer Gabler.

Ropohl, G. (1979/2009). *Allgemeine Technologie. Eine Systemtheorie der Technik*. Universitätsverlag.

Schrape, J.-F. (2021). *Digitale Transformation*. transcript.

Schröteler-von Brandt, H. (2018/2017). Dorf. In ARL (Hrsg.), *Handbuch der Stadt- und Raumentwicklung* (Bd. 1, S. 439–445). Verlag der ARL.

Seyfried, E. (2009). Methoden zur Ermittlung von Förderbedarfen und Potentialen: SWOT-Analyse, Strategieplanung und Ex-ante-Bewertung. Berlin.

Soboth, A. (2016). Gestaltete lokale Veränderungsprozesse (LVP) – Change Management als neues Instrument als neues Instrument der Landentwicklung. Dissertation (vollständiger Abdruck). https://athene-forschung.rz.unibw-muenchen.de/doc/115338/115338.pdf. Zugegriffen am 17.01.2022.

Spellerberg, A. (Hrsg.). (2021). *Digitalisierung in ländlichen und verdichteten Räumen*. Arbeitsberichte der ARL 31. Verlag der ARL. https://shop.arl-net.de/media/direct/pdf/ab/ab_031/ab_031_gesamt.pdf. Zugegriffen am 10.11.2021.

Thapa, B., Opiela, N., & Rothe, M. S. (2020). Ländlich, Digital, Attraktiv. Digitale Lösungsansätze für Ländliche Räume. Forschung für den Digitalen Staat. Berlin: Kompetenzzentrum Öffentliche IT, Fraunhofer-Institut für Offene Kommunikationssysteme FOKUS. https://www.oeffentlichkeit.de/documents/10181/14412/L%C3%A4ndlich%2C+digital%2C+attraktiv+-+Digitale+L%C3%B6sungsans%C3%A4tze+f%C3%BCr+l%C3%A4ndliche+R%C3%A4ume. Zugegriffen am 07.04.2022.

Wentland, A., & Jung, M. (2021). Der asynchrone Weg zur urbanen Mobilitätswende. Zeitlichkeit und verantwortungsvolle Intervention in öffentlichen Räumen. Special Topic. Climateneutral and intelligent cities in Europe. *TATuP, 30*(1), 23–28. https://www.tatup.de/index.php/tatup/article/view/6856/11574. Zugegriffen am 11.10.2021.

Werthner, H., Lee, E. A., Akkermans, H. et al. (2019). Wiener Manifest für Digitalen Humanismus. https://www.informatik.tuwien.ac.at/dighum/wp-content/uploads/2019/07/Vienna_Manifesto_on_Digital_Humanism_DE.pdf. Zugegriffen am 16.11.2021.

Wiechmann, T., & Terfrüchte, T. (2017). Smart Country regional gedacht. Teilräumliche Analysen für digitale Strategien in Deutschland. Gütersloh. Bertelsmann Stiftung. https://www.bertelsmannstiftung.de/de/publikationen/publikation/did/smart-country-regional-gedacht. Zugegriffen am 12.10.2021.

Wimmer, R. (2009). Kraftakt radikaler Umbau. Change Management als Krisenbewältigung. In OrganisationsEntwicklung Nr. 3, S. 4–11.

Winners, C. (2020). *Fit für den digitalen Wandel in Kommunen. Praxisratgeber für Personaler, Digitalisierungsverantwortliche und Führungskräfte*. Springer Gabler.

Teil V

Résumé nach vier Jahren Projektlaufzeit

Feedback der Kommunalpolitik 23

Christoph Dukat

Zusammenfassung

Der vorliegende Artikel lässt gemeinsam mit den Bürgermeistern der Gemeinden Frauenau und Spiegelau das Projekt „Digitales Dorf Bayern" Revue passieren. Angesprochen werden dabei der Entwicklungsprozess und die damit einhergehenden Herausforderungen eines solchen Digitalisierungsvorhabens, welches über die erfolgreiche Einführung digitaler Lösungen hinweg, einen Mehrwert für die Dörfer mit sich gebracht hat. Abschließend kommen die Erfolgsfaktoren und Rahmenbedingungen zur Sprache, die für das Gelingen eines solchen Projektes und das Weiterführen der Digitalisierung als wesentlich erachtet werden.

Schlüsselwörter

Wachsen · Schritt für Schritt · Transdisziplinarität · Pragmatisches Ausprobieren · Digital-analog-Balance · Erfolgsfaktoren · Rahmenbedingungen

23.1 Einleitung

Im April 2017 haben sich mit Frauenau und Spiegelau zwei Kommunen des Bayerischen Waldes, gemeinsam mit dem Technologie Campus Grafenau im Rahmen eines Pilotprojektes auf den Weg zum „Digitalen Dorf Bayern" begeben. Im Jahr 2021 wurde das Pilot-

C. Dukat (✉)
Technische Hochschule Deggendorf, Technologie Campus Grafenau, Grafenau, Deutschland
E-Mail: christoph.dukat@th-deg.de

D. Ahrens (Hrsg.), *Smart Region: Angewandte digitale Lösungen für den ländlichen Raum*, https://doi.org/10.1007/978-3-658-38236-0_23

projekt erfolgreich abgeschlossen. Grund genug, um gemeinsam mit den Bürgermeistern der Kommunen darauf zurückzuschauen. Hierzu fanden im Februar 2022 mit Fritz Schreder und Herbert Schreiner, Bürger- und Altbürgermeister von Frauenau, sowie Karlheinz Roth, Bürgermeister von Spiegelau, Gespräche statt. Dabei wurde deutlich, dass sich das Projekt trotz oder gerade aufgrund seiner offenen Konzeption am Start, in vielerlei Hinsicht als großer Erfolg und Mehrwert für die Kommunen erwiesen hat. So entstanden eine ganze Reihe von neuen digitalen Lösungen und wurden bereits auf dem Markt vorhandene Angebote beratend eingeführt. Die Resultate sind in den zahlreichen Beiträgen des vorliegenden Sammelbandes dargelegt und umfassen ein Spektrum von konkreten Anwendungen, wie z. B. der Rathaus-App, der Digitalen Anschlagtafel, der Online-Plattform Dahoam 4.0, der DorfBus-App sowie der Nachbarschaftshilfe- und Vereins-App bis hin zur Telemedizin. Das Heranführen der älteren Generation an digitale Technik gelang darüber hinaus durch die Konzeption und Durchführung von Schulungen, Austauschformaten und Handreichungen. Welche Herangehensweisen und Faktoren hierzu wie eine Rolle gespielt haben und was für Erkenntnisse die Kommunen aus dem Prozess „Digitales Dorf" ziehen konnten, reflektiert der folgende Beitrag. Dabei zeigt sich auch, dass zwar nicht alle Maßnahmen nachhaltig gelingen, diese sich aber dennoch als Mehrwert für eine Kommune erweisen können. Gleichzeitig kommen auch kritische Aspekte zur Sprache, denn: genau wie Digitalisierung grundsätzlich niemals abgeschlossen ist, sind es auch Projekte wie die Digitalen Dörfer nicht. Es bedarf immer neuer Anstrengungen, das Erreichte am Leben zu erhalten und, insbesondere auch über die kommunalen Grenzen hinweg, weiterzuentwickeln.

23.2   Der Transformationsprozess zum „Digitalen Dorf"

Ein Konsens, der innerhalb der Innovationsforschung bereits seit langem besteht ist der, dass das Ergebnis von Entwicklungsprozessen aufgrund deren Dynamiken nicht vorhersehbar ist, und damit auch nicht der Erfolg von Digitalisierungsmaßnahmen. Gerade daher sind Feldstudien wie das Digitale Dorf in Zeiten der digitalen Transformation unerlässlich, um Aussagen zu sinnvollen Digitalisierungsansätzen und erforderlichen Rahmenbedingungen für deren erfolgreiche Umsetzung zu generieren. So weisen auch die Bürgermeister der Digitalen Dörfer auf die damalige Unvorhersehbarkeit des Ausgangs des Prozesses Digitales Dorf hin, in dem sowohl Erfolg wie auch Nicht-Gelingen digitaler Lösungsansätze einen Wissensgewinn darstellen und damit zur digitalen Transformation im ländlichen Raum einen wertvollen Beitrag leisten können. Entsprechend umschreibt Bürgermeister Roth seine ursprünglichen Erwartungen an das Projekt, wie folgt: *„Wir haben es als einmalige Chance gesehen, aber auch als Möglichkeit, Dinge auszuprobieren. Wir hatten nie den Anspruch, dass alles funktioniert, denn wenn wir wüssten, dass alles funktioniert, dann müssten wir es ja nicht ausprobieren. Deshalb haben wir von Anfang an gesagt, wir wollen einfach herausfinden in dem Projekt, was mit Hilfe von digitalen Lösungen besser läuft, aber auch in welchen Bereichen sich digitale Lösungen nicht bewähren."* Die hier angesprochene Chance ist dabei nicht zuletzt auch der Ausgestaltung der Förderung durch den Freistaat zu verdanken, die basierend auf den initialen Ideen eine eigenständige Weiterentwicklung der Projektinhalte und damit auch situativ die Umsetzung neuer Ideen erlaubte. Altbürgermeister Schreiner betont in dem Zusammenhang die Freude an der Ergebnisoffenheit des Pilotprojektes: *„Es war einfach spannend das Digitale Dorf zu gestalten, ohne von Vornherein genau wissen zu können, wo uns die Reise hinführt."* Bürgermeister Schreder ergänzt, dass sich dabei von Beginn an zugleich die zentrale Frage nach *„einem geeigneten Handlungsleitfaden zur vernünftigen Umsetzung digitaler Lösungen in einer Gemeinde"* gestellt habe. Nicht nur vor dem Hintergrund der Offenheit des Prozesses ist dies keine leicht zu lösende Aufgabe, sondern auch deshalb, da Digitalisierung als Querschnittsthema gilt, d. h., wiederum Roth: *„So, wie, wenn man heute von Nachhaltigkeit spricht, dass man nicht nur von der ökonomischen Nachhaltigkeit, sondern auch von der sozialen und der ökologischen Nachhaltigkeit redet, so ist [...] Digitalisierung in allen Lebensbereichen ein Aspekt, der immer mitgedacht werden muss."* Zudem handelt es sich um einen äußerst dynamischen Prozess, in dem gute Investitionen und Tools morgen schon veraltet bzw. überholt sein können. Gleichzeitig trifft Digitalisierung dabei immer auf gewachsene gesellschaftliche Strukturen, welche Digitalisierungsbestrebungen herausfordern.

23.2.1 Ein „Digitales Dorf muss wachsen"

Eine Kommune mit all ihren unterschiedlichen Lebensbereichen ist eine gewachsene gesellschaftliche Struktur mit eingespielten Praktiken bzw. ‚analogen' Strukturen, auf die das Vorhaben Digitales Dorf getroffen ist. Diese galt es mit potenziellen Digitalisierungsmaßnahmen nach und nach ins Gespräch zu bringen. Entsprechend hat sich von Beginn des Prozesses an die zentrale Erkenntnis bei den Bürgermeistern eingestellt und sich im Laufe des Prozesses verstärkt, dass ein Digitales Dorf *„Schritt für Schritt wachsen"* müsse; ein Aspekt, der auch den Grundtenor des Gesprächs mit den Bürgermeistern gebildet hat. Dies bedeutet, so ergänzt es Bürgermeister Schreder, dass sich ein Digitales Dorf *„nicht anordnen"* lasse. Bürgermeister Roth pflichtet ihm bei, indem er betont: *„Digitalisierung geht nicht mit einem Federstrich".* Wiederum Schreder ergänzt, dass, *„wenn man natürlich Top-Down sagt, jetzt werden alle möglichen Bereiche pauschal digitalisiert, dann wird man von vornherein Kritik ernten."* Damit wird einerseits das Credo einer Bottom-Up-Strategie, welche dem Projekt zu Grunde lag, sowie der Faktor Zeit angesprochen. Um geeignete Schritte einzuleiten, gelte es Roth zur Folge, sich immer seines eigenen Standorts und des Umfeldes zu vergewissern, d. h. sich die Fragen zu stellen: *„wo befinde ich mich gerade und wie ist der soziale Raum gestaltet?".* Entscheidend sei in dem Prozess Digitales Dorf, *„der nicht von heute auf morgen geht",* zudem das Tempo und dessen Abstimmung mit den jeweiligen Zielgruppen von Digitalisierungsmaßnahmen, denn: *„Ein Grashalm wächst ja nicht deshalb schneller, weil man daran zieht. Manche Themen wachsen, und das Tempo der Digitalisierung ist immer gemeinsam mit den Zielgruppen festgelegt, [...] und wir haben das Tempo dann so gewählt, dass jeder auch mitkommt."* Schreder ergänzt in dem Zusammenhang, dass es sich im Zuge dessen als hilfreich erwiesen habe, dass *„man als Bürgermeister, als Vereinsvorsitzender, als Person des öffentlichen Lebens, ein wenig vorangeht"*. Die Akteure aus den unterschiedlichen kommunalen Lebensbereichen übernehmen hier eine Vorbildrolle. Nicht nur hier zeigt sich, dass Digitalisierung gleichzeitig nicht von allein wächst, sondern immer auch Akteure benötigt, die bereit sind, Digitalisierung multiperspektivisch zu gestalten. Hierzu hat die Projektkonstellation des Digitalen Dorfes, gerade durch die Zusammenarbeit zwischen Gemeinde, Zivilgesellschaft und dem Technologie Campus Grafenau sowie den praktizierten Anwendungsbezug eine Chance geboten. Bürgermeister Schreder definiert dies als ein wesentliches Erfolgskriterium: *„[...] Digitalisierung nicht nur durch und für IT-Experten, sondern für die Allgemeinheit, auf Basis der Zusammenarbeit von Experten und Bürgerinnen und Bürgern."*

23.2.2 Transdisziplinäre Herangehensweise ans Digitale Dorf

Transdisziplinarität und praxisbezogener Wissenstransfer gelten mittlerweile als der Schlüssel des Erfolges, um Digitalisierung durch die gleichberechtigte Berücksichtigung einer Vielzahl von Perspektiven, gewinnbringend und nachhaltig zu gestalten. Im vorliegenden Fall gelang dies durch das Zusammenspiel von Wissenschaft, kommunaler Zivilgesellschaft, Politik und Verwaltung. Die zentrale Rolle, die in dem Zusammenhang der Technologie Campus Grafenau der Technischen Hochschule Deggendorf gespielt hat, beschreiben die Bürgermeister in mehrerlei Hinsicht. So hebt Bürgermeister Schreder die Bereitstellung von Fachwissen, verbunden mit einem gleichzeitigen Gespür für die örtlichen Gegebenheiten des Digitalen Dorfes sowie die Praxisbezogenheit der Campus-Akteure hervor: *„[...] der Campus verfügt über das Fachwissen und hat zugleich das erforderliche Gespür dafür, dass die erfolgreiche Gestaltung des Digitalen Dorfes zudem das Wissen aus dem kommunalen Umfeld benötigt. Das heißt, ein Wissen darüber, was machbar ist, was gewünscht ist und was vielleicht überzogen ist."* Wichtig sei hierbei vor allem, so Schreder weiter, *„die Menschen aus dem Digitalen Dorf mitzunehmen und einen niedrigschwelligen Einstieg in Digitalisierung zu gewährleisten"*. Einen entscheidenden Beitrag hierzu leistete im Rahmen des Projektes nicht zuletzt die Bereitschaft der Campus-Akteure, sich in das kommunale Geschehen zu involvieren und mitzutun, was mit unerwarteten Hürden verbunden war. So beschreibt Altbürgermeister Schreiner anhand eines Beispiels, dass die TCG Mitarbeiter bei den durchgeführten Seniorenschulungen stets mit Unerwartetem konfrontiert gewesen seien, z. B. wenn: *„sie sich zunächst einmal in die zum Teil mitgebrachten Handygenerationen hineindenken mussten, die sie selbst gar nicht mehr kannten"*. Diese Praxisbezogenheit, verbunden mit der Bereitschaft, sich in das kommunale Geschehen zu involvieren, habe zu einer *„hohen Umsetzungs- und Akzeptanzquote"* des Digitalen Dorfes geführt, wie Bürgermeister Roth betont. Bürgermeister Schreder ergänzt, dass es durch den Austausch zwischen allen relevanten Stakeholdern gelungen sei, auch Skeptiker zu überzeugen, nämlich gerade dadurch, *„dass die Bürgerschaft die Möglichkeit gehabt hat, sich zu beteiligen, und der Prozess nicht irgendwo im* *stillen Kämmerlein von Bürgermeister, Bauamtsleiter und Campus vorangetrieben wurde"*. Bürgermeister Roth betont, dass der Schlüssel des Erfolges darin lag, dass der Campus und die kommunalen Verantwortlichen *„die Beteiligten und Betroffenen von Anfang an eingebunden haben"*. Gleichzeitig, so Roth weiter *„habe sich dabei eine riesengroße Bereitschaft bei der Bürgerschaft zum Mitmachen [gezeigt]"*. Das Resümee der Bürgermeister bzgl. der Zusammenarbeit zwischen Campus und den Gemeinden fällt durchweg positiv aus: *„Das Schöne an dem Projekt war, dass man mit Freude hingefahren ist, wenn wieder ein Monatstreffen oder Quartalstreffen war, es war Engagement da, [...] eine persönliche Arbeitsebene [...], wo man auch mal offen Kritik üben kann, [...] sehr pragmatisch, sehr freundschaftlich, in einem großen Miteinander für die große Idee."*

23.2.3 Pragmatisches Ausprobieren und der Mehrwert digitaler Lösungen

Die Projektarbeit lebte von einem fortlaufenden Dialog zwischen den verschiedenen Stakeholdern, in Form von Austausch- und Mitmachformaten. Bürgermeister Roth verweist darauf, dass man dabei von Beginn an der Devise gefolgt sei *„gemeinsam am Gleichen zu arbeiten, klare Lebensbereiche auszumachen, klare Ziele zu definieren und das Tempo des Voranschreitens festzulegen"*. Dies sei die Basis dafür, überhaupt gemeinsame digitale Lösungen zu entwickeln und auszuprobieren, wobei Altbürgermeister Schreiner bemerkt, dass der Prozess zugleich geprägt war durch *„ein sich ständiges neu erfinden, ein ständiges sich updaten zu müssen"*. Dies entspricht der Charakteristik digitaler Lösungen, die per se immer weiterentwicklungs- und anpassungsbedürftig sowie rechtlichen Anforderungen unterworfen sind, und zugleich durch ähnliche Produkte auf dem Markt herausgefordert werden. Begegnet wurde diesem Spannungsverhältnis sowie dem Anspruch, einen schnellen Einstieg in den Prozess Digitales Dorf zu gewährleisten, mit der Herangehensweise des pragmatischen Ausprobierens oder, wie Bürgermeister Roth es bezeichnet, *„einfach machen"*. Roth veranschaulicht diesen Ansatz am Beispiel Telemedizin: *„wo wir ja [...] völlig neue Wege und auch völlig pragmatische Wege beschritten haben. [...] auch dank unserer Ärzte vor Ort, die das auch so pragmatisch mitgemacht haben"*, zu Zeiten, in denen weder die heutigen rechtlichen Grundlagen noch Vergütungsmöglichkeiten für sinnvolle Telemedizinlösungen gegeben waren.

Einen weiteren entscheidenden Hebel bildete die Bereitstellung niedrigschwelliger Angebote, womit zugleich schnell Sichtbarkeit hergestellt und die kommunalen Akteure für weitere Digitalisierungsmaßnahmen vorbereitet werden konnten. Es ging dabei, so Roth, insbesondere auch darum *„einfach ein Stück weit Lust auf Digitalisierung zu machen und Ängste zu nehmen"*. Hierzu haben, neben den bereits erwähnten Schulungen, der Seniorenstammtisch zum Thema Digitalisierung sowie, relativ schnell umsetzbare digitale Anwendungen einen zentralen Beitrag geleistet. Als ein solches Vehikel hat sich die Digitale Anschlagtafel erwiesen. Altbürgermeister Schreiner dazu: *„Als wir die Anschlagtafel 2018 aufgestellt haben, da war das der erste sichtbare Effekt aus diesem Projekt, da haben* *sich auch die älteren Bürger mal vorstellen können, was digital bedeutet. "* Wie sich das Ausprobieren der Anschlagtafeln dabei auch übergenerational gestaltet, schildert Bürgermeister Schreder: *„Es ist interessant zu beobachten, wer davorsteht. Da stehen dann Senioren und die schauen zunächst ein bisschen und dann wischen sie, während die kleinen Enkelkinder wie selbstverständlich und spielerisch auf dem Display herumwischen. "* Die Anschlagtafeln haben nicht nur einen Beitrag zur schnellen digitalen Verfügbarkeit und Sichtbarkeit von Verwaltungs- und politischen Angelegenheiten geleistet, sondern auch weitere Akteure, wie etwa die Vereine überzeugt, so Schreiner: *„[...] deren Plakate werden dort abgebildet und müssen somit nicht mehr gedruckt und ausgehängt werden. "* Grundsätzlich habe man, so Bürgermeister Schreder, immer geschaut: *„Was macht – nicht zuletzt auch finanziell – nachhaltig Sinn, und was kann auch nach Projektende sinnvoll weitergeführt werden. "*

Die im Laufe des Projektes entwickelten, erprobten und immer wieder angepassten digitalen Lösungen werden von den Bürgermeistern weitestgehend als Erfolg betrachtet. Der Sinn der Lösungen zeigt sich dabei in der Nutzung, dem Vernetzungsgrad und der Integration verschiedener Angebote in einer Plattform sowie der Verfügbarkeit von Schnittstellen für Anschlussentwicklungen. Bürgermeister Schreder hebt in dem Zusammenhang sowohl die Rathaus-App als auch die Plattform Dahoam 4.0 und deren Mehrwert für die Kommune hervor: *„Neben der Rathaus-App, die sehr gut genutzt wird, haben wir zudem mittlerweile selbst ein Rathausinformationssystem entwickelt, das wir über die Plattform Dahoam 4.0 nutzen. Das hat auch sonst keine Gemeinde gemacht, das ist eine sehr kostengünstige Lösung. "* Die Gemeinde nutzt die Plattform Dahoam 4.0 inklusive Rathaus-App, um damit den Mitgliedern des Gemeinderates die Unterlagen zu den Sitzungen (Einladung, Protokolle, Dateien, Informationen etc.) zur Verfügung zu stellen. Für die Ablage der Dokumente wurde dazu eine entsprechende Ordnerstruktur aufgebaut. Je nachdem, an welche Akteure bestimmte Informationen adressiert sind, z. B. Ratsmitglieder, Öffentlichkeit, werden von Administratoren entsprechende Zugangsrechte zugewiesen. Die Weitergabe der Dokumente an die Gemeinderäte erfolgt über die Rathaus-App. Öffentliche Bekanntmachungen können darüber hinaus über die Plattformen Dahoam 4.0, Rathaus-App sowie die digitalen Anschlagtafeln simultan bereitgestellt werden.

Außerdem habe man z. B. die Vereins-App oder die digitale Übertragung von Gottesdiensten, die *„von den Leuten genutzt werden"*. Schreiner ergänzt den Mehrwert einer Bereitstellung und Vernetzung verschiedenster digitaler Angebote und Anwendungen über die Dahoam 4.0 Plattform: *„das ist ein Traum, was du damit alles vernetzen und abbilden kannst, sodass seitens der Gemeinde kein Papier mehr rausgehen muss"*, und verweist damit zugleich auch auf den ökologisch-nachhaltigen Aspekt, der mit derartigen digitalen Lösungen einhergehen kann. Bürgermeister Roth wiederum verweist auf die unterschiedliche generationale Nutzung der digitalen bzw. der Lösungen mit Digitalbezug, so sei die Rathaus-App, *„gerade bei der jungen Generation (hierunter fallen auch noch Vierzigjährige) auf große Resonanz gestoßen"*. Demgegenüber seien Angebote, wie die digitale Übertragung von Gottesdiensten besonders bei der älteren Generation auf großen Anklang gestoßen. Außerdem habe man positive Resonanz *„auch in den Büchereien bekommen, als*

wir die OnLeihe LEO-SUED eingeführt haben, mit der Möglichkeit, vorher schon nachzu-
schauen, ob das Buch überhaupt vorhanden ist, welches man sich gerne ausleihen möchte
[…] und genauso haben wir in der Schule von den Eltern vielfach das Feedback bekom-
men, dass die Schul-App super ist".

23.2.4 Der Mehrwert des Digitalen Dorfes

Die Schul-App ist allerdings ein Beispiel für die Unvorhersehbarkeit der digitalen Entwicklung. Während die Eigenentwicklung maßgeblich zu einer nahtlosen Bewältigung des
Corona-Lockdowns in den beiden Grundschulen der Kommunen beigetragen hat, wurde
diese kürzlich durch eine gewerbliche Lösung ersetzt. Hintergrund war die massive Entwicklung entsprechender Angebote im Zusammenhang mit der Pandemie. Bürgermeister
Roth verweist in dem Zusammenhang auf das sogenannte *„Trial-and-Error-Prinzip"* und
die damit verbundene *„Lust am Scheitern"*: *„[…] ich finde das Prinzip richtig und wich-*
tig, ich glaube, dass das ein ganz wichtiger Ansatz ist, dass wir da ein bisschen entspann-
ter sind, einfach mal Dinge auszuprobieren." Bürgermeister Schreder fügt hinzu, dass
man entsprechend dieses Prinzips *„auch die Größe haben muss, die ist auch im Campus*
vorhanden, zu sagen, ok, diese Lösung hat sich – auch im Hinblick auf bestehende Markt-
lösungen – als nicht sinnvoll oder nachhaltig erwiesen". So sei man mit der Schul-App
„einer der einzigen Grundschulen gewesen, die zu Corona-Start eine App gehabt haben,
wovon andere nur geträumt haben. Irgendwann hat uns da der freie Markt jedoch über-
holt, und dann muss man sagen, ok, die Idee war gut, die Idee ist supergut umgesetzt
worden, aber jetzt gibt's halt andere Vorzeichen". Bürgermeister Roth ergänzt: *„sodass*
wir entschieden haben, das nicht mehr als Eigenlösung fortzusetzen, sondern hier auf die
bewährte Marktlösung umzusteigen." Die Schul-App habe allerdings einen Digitalisierungsschub für die weitere Digitalisierung der kommunalen Schulen gebracht, so betont
Altbürgermeister Schreiner: *„[…] da die Eltern bereits die Schul-App genutzt haben, war*
schon eine gewisse Basis für die weitere Digitalisierung der Schule gelegt." Allgemein
habe das Thema Digitales Dorf einen erheblichen Beitrag bzw. Digitalisierungsschub geleistet für die langfristige Schärfung des kommunalen digitalen Mindsets. Demnach, so
Bürgermeister Roth: *„wurden die Bürgerinnen und Bürger emotional bereits in einer re-*
lativ frühen Phase auf das Zeitalter der Digitalisierung eingestellt, und deshalb glaube
ich, dass unsere Bürgerschaft dem Thema der Digitalisierung tendenziell offener gegen-
übersteht, als in anderen Teilen des Landes, was es uns jetzt leichter macht, auch die
Themen, die so am Puls der Zeit sind, in der Folge auch umzusetzen." Altbürgermeister
Schreiner stimmt zu und ergänzt: *„das Digitale Dorf hat Spiegelau und Frauenau viel*
gebracht, gerade auch im Hinblick darauf, das Verständnis dafür zu bekommen, was Digi-
talisierung überhaupt [ist]*, was kann ich mit Digitalisierung anfangen, wie kann ich mir,*
meinen Mitarbeitern, meinem Bauhof, meinen Kläranlagenbetrieb […] das Leben erleich-
tern durch sinnvolle, finanziell machbare Lösungen." Das Digitale Dorf, so wiederum
Bürgermeister Roth, habe die Akteure der Gemeinde zusammenwachsen lassen und es

dadurch geschafft, *„dass die Bedürfnisse und die Dinge, die auf politischem Wege ange-stoßen wurden, mehr in den Gleichklang gebracht werden. Also mit Sicherheit sind da ganz viele positive Mehrwerte daraus entstanden, weil man sich ja auch gegenseitig mehr mit dem jeweils anderen Arbeitsbereich beschäftigt hat".* Außerdem habe das Projekt, so Roth weiter, der älteren Generation *„ein digitales Zuhören der Themen, die jetzt die Welt bestimmen, ermöglicht oder zumindest die Chance gegeben, daran teilzuhaben, und damit auch zum Teil der Digitalisierung oder zum Teilnehmer der Digitalisierung zu werden. Insofern hat das Projekt schon auch den Dialog zwischen den Generationen gefördert".* Der Mehrwert zeige sich zudem in der Unterstützung innerhalb der älteren Generation. So ergänzt Schreiner mit Verweis auf die Seniorenschulungen, dass die *„Senioren, die schnel-ler gelernt haben, schon wieder die Multiplikatoren waren für die nächsten".* Darüber hi-naus, so Schreiner weiter, haben sich über das Thema Digitalisierung neue Kontakte zwi-schen Jung und Alt ergeben: *„durch die ganze Geschichte haben sich auch viele junge und ältere Leute nicht nur digital kennengelernt, sondern auch persönlich, sodass das Projekt auch einen über das Thema Digitalisierung hinausgehenden gesellschaftlichen Beitrag geleistet hat."* Zudem habe das Thema Digitalisierung Anlass für Treffen, Gespräche und Diskussionen geboten. Bürgermeister Roth ergänzt beispielhaft in Bezug auf den Dorf-Bus, dass sich die *„Seniorinnen und Senioren zwei Stunden in einem Akt beispielloser le-bendiger Demokratie, im positiven Sinne darüber gestritten haben, wo die Haltestellen für den DorfBus sein sollen und wo nicht, was es dann so umzusetzen galt".* Letztlich habe sich das Digitalisierungsthema, so resümiert Bürgermeister Schreder in Bezug auf seine Kommune *„voll eingegliedert in die gute bestehende Vernetzung zwischen Jung und Alt, durch Vereine, durch Gesellschaft, Feste, Sport, Kultur, Musik, das ist jetzt genauso selbst-verständlich, wie alles andere, das wir vor der Digitalisierung gehabt haben, und hat zugleich zu neuen Bekanntschaften und Vernetzung geführt".* Hier wird ein Aspekt ange-sprochen, der im Rahmen des Projektes von Beginn an einen wichtigen Stellenwert einge-nommen hat, nämlich die adäquate Abstimmung der bestehenden analogen kommunalen Strukturen mit dem Vorhaben der Digitalisierung.

23.2.5 Die Kunst der „Digital-Analog-Balance"

Einleitend zu unserem Gespräch wurde den Bürgermeistern die Frage gestellt, was sie unter einem Digitalen Dorf verstehen. Bürgermeister Roth hat hierauf eine zweiseitige Antwort gegeben, denn für ihn bedeutet Digitales Dorf zum einen ein Dorf, *„wo alle Teile des Lebens, alle Lebensbereiche auch digital abgebildet sind, also alle Workflows, alle öffentlichen Prozesse, die stattfinden".* Zum anderen bedeute *„Digitales Dorf aber auch ein Dorf, wo eine Balance zwischen der digitalen Welt auf der einen und der analogen Welt auf der anderen Seite ausgewogen vorhanden ist. Früher hat man immer von einer Work-Life-Balance gesprochen, ich habe immer von der Digital-Analog-Balance gespro-chen".* Bürgermeister Schreder unterstreicht den Aspekt der „Digital-Analog-Balance" als einen ganz wichtigen Punkt, in dem er auf die funktionierenden dörflich-kommunalen analogen Strukturen verweist, wonach in einer Ortschaft mit 2700 Einwohnern *„wo jeder oder fast jeder jeden kennt, Digitalisierung vielleicht nicht so notwendig sei, wie in einer anonymen Stadt"*. So seien im Rahmen der Nachbarschaftshilfe digitale Angebote nicht genutzt worden, da die analogen Prozesse und persönlichen Kontakte gut etabliert waren: *„so haben die Bürgerinnen und Bürger bei uns vieles per Anruf mit unserer Kümmerin in der Nachbarschaftshilfe geregelt, da sie diese schon gut kennen und dieses persönliche Zusammenspiel bereits gut funktionierte."* Bürgermeister Roth rekurriert in dem Zusammenhang ebenfalls auf die digitale Anwendung der Nachbarschaftshilfe: *„Also zum Thema Nachbarschaftshilfe, es ist ein hervorragendes Tool, das da programmiert worden ist, das sich aber für uns, vielleicht glücklicherweise, als nicht geeignet erwiesen hat, weil bei uns die Nachbarschaftshilfe noch im persönlichen Dialog über den Gartenzaun funktioniert."* Insgesamt, so Roth weiter: *„ist es eine ganz wichtige Erfahrung nicht nur aus dem Projekt selbst, sondern auch aus der Corona-Zeit gewesen, dass Digitalisierung allein nicht reicht. Es kann helfen, aber Menschen leben von der Gemeinschaft, vom Zusammenleben, vom persönlichen Austausch, und das soll Digitalisierung auch nicht ersetzen. Wir brauchen das Analoge weiterhin."* Altbürgermeister Schreiner bringt entsprechend seinen Zukunftswunsch für seine Kommune unter Digitalisierungsbedingungen zum Ausdruck: *„Es gibt trotz Digitalisierung immer noch eine funktionierende Gemeinschaft, die sich auch noch in einem Wirtshaus trifft und miteinander eine Halbe Bier trinkt, und gleichzeitig steht die Kommune auf einer gesunden digitalen und sozialen infrastrukturellen Basis."*

23.3 Erfolgsfaktoren, Rahmenbedingungen

Ein erfolgreiches Projekt wie das Digitale Dorf fußt zurückblickend auf einer ganzen Reihe von Erfolgsfaktoren und bringt zudem Erkenntnisse dahingehend mit sich, welche Rahmenbedingungen ein solches Projekt benötigt, um angemessen und nachhaltig gestaltet werden zu können.

23.3.1 Erfolgsfaktoren

Die Bürgermeister haben im Rahmen des Projektes, neben dem bewährten Bottom-up-Ansatz, eine ganze Reihe von Erfolgsfaktoren lokalisiert, die sich wie folgt zusammenfassen lassen:

„Mischung der fachlichen Kompetenz von einem Campus mit den Bedürfnissen und den Ideen von den Bürgern"

„Gegenseitiges Zuhören, regelmäßiger Austausch, Offenheit für Ideen und Kritik"

„Herstellung eines Bezugs zur Kommune"

„Mehrwertansatz, dass wir gesagt haben, ganz pragmatisch, wir wenden die Digitalisierung dort an, wo die Digitalisierung geeignet ist, auch die Lebenssituation der Menschen zu verbessern, also keine Digitalisierung als Selbstzweck"
„die Einbindung der Bürgerschaft in die Frage des Wie's, eine klare Zielvorgabe beim Was, also was wir angehen"
„das Tempo, die Dynamik, ja, und auch das Vorangehen."
„die Digital-Analog-Balance"
„einfach machen"
„klare Aufgabenverteilung"
„flache Hierarchien"
„effiziente Umsetzung"
„Mut zum Scheitern"
„Interkommunale Zusammenarbeit"

23.3.2 Rahmenbedingungen

Die Basis für eine erfolgreiche Gestaltung eines Digitalen Dorfes, aber auch der Verstetigung des Dorfes über den Projektzeitraum hinaus, hängt insbesondere von gegebenen und – z. B. seitens der Politik – zur Verfügung gestellten Rahmenbedingungen ab. Hier haben sich im Rahmen des Gesprächs ebenso wie bei den Erfolgsfaktoren, eine ganze Reihe von grundlegendenden Säulen herauskristallisiert. Hierzu zähle, so die Bürgermeister, erstens die Bereitstellung einer umfassenden Infrastruktur, *„welche die Voraussetzung dafür bildet, überhaupt in der Digitalisierung mitspielen zu können und die neuen Themen vor Ort umsetzen zu können. Hierzu brauchen wir die mobile und die physische Infrastruktur, also Breitbandausbau, Mobilfunk, finanzielle Mittel, etc.".* Außerdem sei, zweitens, das Thema *„digitale Kompetenz"* von entscheidender Bedeutung. Hier müsse man schauen, *„dass nicht nur das Thema Digitalisierung, weiter vorangetrieben, sondern gleichzeitig auch die entsprechenden digitalen Kompetenzen flächendeckend aufgebaut werden".* Den dritten wesentlichen Baustein bilde eine funktionierende Hochschulstruktur, die in die Regionen hineinwirkt: *„Das ist zwingend notwendig, dass wir die Hochschule in der Region haben, dass wir die Partner vor Ort haben, die mit uns zusammen die Projekte entwickeln und umsetzen, auch die innovativen Themen immer wieder einspeisen."* Die vierte notwendige Rahmenbedingung bildet die Bereitschaft finanzielle Ressourcen für die nachhaltige Umsetzung von Digitalisierungsmaßnahmen zu gewährleisten, *„d. h., dieser Gründergeist, dieser Innovationsgeist, der muss auch bei den politischen Verantwortungsträgern auch in Zukunft vorhanden sein, das ist eine ganz wesentliche Säule".* Nicht zuletzt spiele der *„Spaß und die Motivation an und zur Umsetzung von Digitalisierungsthemen"* eine entscheidende Rolle, da die Umsetzung von Digitalisierungsmaßnahmen über den Bereich der klassischen Pflichtaufgaben einer Kommune hinausgehe.

23.4   Fazit „Weiterwachsen"

Ein Digitalisierungsprojekt ist nicht einfach mit Projektende abgeschlossen, sondern muss in verschiedener Weise weiterwachsen. Hierzu sind personale Lösungen für die Weiterpflege der entstandenen digitalen Lösungen nötig, ebenso finanzielle Ressourcen dafür, sowie für Anschlussprojekte. Schreder betont: *„und jetzt ist das Digitale Dorf da, jetzt haben wir diese Ideen, haben diese Neugier auf Digitalisierung und jetzt müssen wir das Ganze aber personell und finanziell auch weiter optimieren und betreiben."* Altbürgermeister Schreiner und Bürgermeister Schreder sehen hier den Staat in der Pflicht. Entsprechend müssten *„die Ressourcen, die die Kommunen nicht haben, an die Kommunen transportiert werden, sei es jetzt der Campus, sei es jetzt der Landkreis, die ILE[1]"*, damit die Kommunen nicht *„allein gelassen werden"*. Gleichzeitig bestehe die Notwendigkeit, so ergänzt Bürgermeister Roth, dass *„wir mehr den subsidiären Ansatz brauchen, also einfach die Hilfe zur Selbsthilfe, das Ziel muss ja sein, dass am Ende des Tages ein jeder das selbst kann, dass die Kompetenz, die individuelle Kompetenz, und damit verbunden auch eine Resilienz gegenüber der fortschreitenden Digitalisierung aufgebaut wird"*. Darüber hinaus seien, so die Bürgermeister unisono, gemeinsame interkommunale Anstrengungen notwendig, um die digitalen Lösungen in die Fläche zu bringen. Hierzu gehören gemeinsame Projekte, genauso wie die Vereinheitlichung von Software.

Abschließend äußert Altbürgermeister Schreiner den Wunsch: *„Jetzt müssen andere davon profitieren, was aus dem Digitalen Dorf entstanden ist, das muss jetzt an Dörfer weitergegeben werden, die daran interessiert sind."*

---

[1] ILE steht für Integrierte Ländliche Entwicklung.

Digitale Transformation aus Bürgersicht

24

Katharina Keilhofer

Zusammenfassung

Nach Beendigung des Projekts „Digitales Dorf Spiegelau-Frauenau", gefördert von der Bayerischen Staatsregierung und koordiniert durch das Bayerische Wirtschaftsministerium, wurde im Rahmen einer Umfrage die Sicht der Bürger auf die digitale Transformation innerhalb der Pilotgemeinden Spiegelau und Frauenau erhoben. Hier beteiligten sich 634 Bürger und äußerten sich zu ihrer Grundhaltung hinsichtlich Digitalisierung, zu den realisierten digitalen Anwendungen im Zuge des Projekts sowie zu den zukünftigen Erwartungen und Wünschen. Die Ergebnisse der Umfrage zeigen, dass Digitalisierung und die damit verbundene Verwirklichung und Weiterentwicklung von Angeboten innerhalb einer Gemeinde von den Bürgern gefragt ist. Die Entwicklung einer integrierten, räumlichen Digitalisierungsstrategie im ländlichen Raum ist auch zukünftig unabdingbar.

Schlüsselwörter

Digitalisierung · Bürgerbefragung · Kommune · Quantitative Studie · Digitale Transformatio

K. Keilhofer (✉)
Technische Hochschule Deggendorf, Technologie Campus Grafenau, Grafenau, Deutschland
E-Mail: katharina.keilhofer@th-deg.de

© Der/die Autor(en), exklusiv lizenziert an Springer Fachmedien Wiesbaden GmbH, ein Teil von Springer Nature 2023
D. Ahrens (Hrsg.), *Smart Region: Angewandte digitale Lösungen für den ländlichen Raum*, https://doi.org/10.1007/978-3-658-38236-0_24

24.1   Motivation und Zielsetzung der Umfrage

Die Digitalisierung spielt für die Zukunft im ländlichen Raum eine tragende Rolle, da sie als Megatrend nicht nur die Wirtschaft, sondern auch die Gesellschaft in vielen Lebensbereichen im ländlichen Raum beeinflusst.[1] Um einen Beitrag zur Schaffung gleichwertiger Lebensverhältnisse auf dem Land durch digitale Transformation zu leisten, wurden verschiedenste Initiativen und Projekte in den jeweiligen Bundesländern in Deutschland initiiert, unter anderem das Digitalisierungsprojekt „Digitales Dorf Bayern" in den Pilotgemeinden Spiegelau und Frauenau, gefördert durch die Bayerische Staatsregierung. Nach Ende einer Projektlaufzeit, stellt sich die Frage, welche angestoßenen Veränderungsprozesse bei den Bürgern und Bürgerinnen in den Gemeinden schlussendlich angekommen sind.

Nur wenige Arbeiten untersuchen abschließend die Umsetzung, den aktuellen Bedarf sowie den Erfolg von Digitalisierungsprojekten im ländlichen Raum.[2] Auch die Grundhaltung der Einwohner:innen im ländlichen Raum hinsichtlich Digitalisierung ist zu analysieren, da diese die Basis für eine effektive Durchführung von öffentlichkeitswirksamen Digitalisierungsmaßnahmen bildet. Im Hinblick auf zukünftige Digitalisierungsprojekte ist es notwendig, ein Stimmungsbild der Bürgerschaft festzuhalten, um daraus mögliche Empfehlungen ableiten zu können.

Die folgenden Forschungsfragen werden untersucht:

F1: *Ist die Haltung der Bürger:innen aus den Modellgemeinden Frauenau und Spiegelau gegenüber Digitalisierung eher positiv oder negativ behaftet?*

F2: *Welche Handlungsfelder in Bezug auf Digitalisierung sind für Bürger:innen aus den Modellgemeinden Frauenau und Spiegelau relevant?*

F3: *Wie viele Bürger:innen aus den Modellgemeinden Frauenau und Spiegelau erinnern sich an und/oder erkennen die Wort- bzw. Bildmarken „Digitales Dorf" bzw. „Dahoam 4.0®" wieder.*

F4: *Wie ausgeprägt ist der Bekanntheitsgrad der realisierten Angebote des Projekts „Digitales Dorf" bei den Bürger:innen der Modellgemeinden Frauenau und Spiegelau?*

F5: *Welche Angebote und Informationen wünschen sich die Bürger:innen aus den Modellgemeinden Frauenau und Spiegelau digitalisiert?*

F6: *Wie groß schätzen Bürger:innen aus den Modellgemeinden Frauenau und Spiegelau den Bedarf von geförderten Digitalisierungsprojekten wie dem „Digitalen Dorf"?*

---

[1] Vgl. (Sept & Zerrer, 2020).

[2] Vgl. (Jager et al., 2020).

24.2   Methodik der Datenerhebung

Die Datenerhebung erfolgt mithilfe einer vollstrukturierten Fragebogenmethode. Dabei wird eine vollstrukturierte, schriftliche bzw. Online-Befragung mithilfe eines vollstandardisierten Fragebogens durchgeführt.[3]

Es werden Bürger und Bürgerinnen, die in der Gemeinde Spiegelau oder Frauenau wohnhaft sind, befragt. Abgesehen vom Alter werden keine sozio-demografischen Variablen berücksichtigt. Laut einer Studie, durchgeführt vom *Deutschen Kinderhilfswerk e.V.*, ist das Interesse von Jugendlichen, sich durch Mitarbeit bei einem konkreten Projekt einer Gemeinde oder Stadt zu engagieren, ab einem Alter von 14 Jahren verstärkt gegeben. Zudem wünschen sich besonders Jugendliche ab einem Alter von 14 Jahren mehr Mitbestimmungsmöglichkeiten bei kommunalen und politischen Themen durch E-Partizipation, sprich digital-gestützte Verfahren wie einer Online-Umfrage.[4] Aufgrund der erläuterten Gegebenheiten wird das Mindestalter für die Umfrage auf 14 Jahre festgesetzt.

24.2.1 Stichprobengröße und Population

Um mit der Befragung eine möglichst große Zielgruppe zur Thematik Digitalisierung zu erreichen, ist ein barrierefreier Zugang für jede Zielgruppe unerlässlich. Durch einen hybriden Fragebogen, der sowohl analog als auch digital zugänglich ist, kann ein repräsentatives Stimmungsbild von allen Bürgern erfasst werden.

Die Fragebögen werden über folgende Verbreitungswege verteilt:

a) **Postalische Befragung**
   Der Fragebogen, inklusive frankierten Rückkuverts, wird postalisch als Brief an die Personen der definierten Zielgruppe versandt.
b) **Online-Befragung**
   Der Fragebogen wird zusätzlich in digitaler Form online zur Verfügung gestellt. Dazu kann die befragte Person den Link oder den QR-Code zur Befragung nutzen, welcher im Anschreiben des Briefs integriert ist, um zur identischen Online-Umfrage zu gelangen.

Durch die gewählten Verbreitungswege ergibt sich nach Döring und Bortz eine Gelegenheitsstichprobe auch genannt Ad-hoc-Stichprobe.[2] Die Datenerhebung stellt deshalb keine allgemeine bevölkerungsrepräsentative Umfrage dar, denn bei einer Gelegenheitsstichprobe ist die Auswahlwahrscheinlichkeit unbekannt sowie unkontrolliert. Die Ergebnisse dürfen also nicht ohne Vorbehalte für die Gesamtbevölkerung verallgemeinert werden.

---

[3] Vgl. (Döring & Bortz, 2016).
[4] Vgl. (Deutsches Kinderhilfswerk e.V., 2013).

Laut des Bayerischen Landesamts für Statistik leben in der Gemeinde Frauenau 2366 und in der Gemeinde Spiegelau 3445 Einwohner, die 14 Jahre und älter sind.[5] Insgesamt ergibt sich daher in der Modellregion „Digitales Dorf Spiegelau-Frauenau" eine zu betrachtende Gesamteinwohnerzahl von 5811 Einwohnern, die 14 Jahre und älter sind.

Eine geeignete Stichprobengröße wurde mithilfe der nachfolgenden Methode von Israel ermittelt[6]:

Wobei:

z = Z-Wert

p = Variabilität der Bevölkerung

e = Präzision

N = Populationsgröße

Ergibt:

z = 1,96 (aus Statistiktabelle zu Konfidenzniveau von 95%)

p = 0,5

e = 0,05

N = 5.811

Damit ergibt sich:

$$Stichprobengröße = \frac{\dfrac{1,96^2 * 0,5 * (1 - 0,5)}{0.05^2}}{1 + \left(\dfrac{1,96^2 * 0,5 * (1 - 0,5)}{0.05^2 * 5811}\right)} \cong \mathbf{361}$$

Als Zielgröße für vollständig ausgefüllte Fragebögen wird daher **_n_>= 361** angestrebt.

24.2.2 Durchführung der Datenerhebung

Für den Durchführungsprozess der Datenerhebung wird zunächst die Art und Form der Befragung genau definiert. Daraufhin wird der Fragebogen in einem Pre-Test mit zehn ausgewählten Personen (n = 10) mit der Zielgruppe durchgeführt, gegebenenfalls angepasst und bei positivem Ergebnis weiterverbreitet. Als Erhebungszeitraum werden zwei Wochen, beginnend ab Ende Februar 2022, angesetzt. Die Verbreitung erfolgt zum einem über den kommunalen Projektpartner Gemeinde Frauenau und zum anderen über ein Post-

---

[5] (Bayerisches Landesamt für Statistik, Stand: 31.12.2020).

[6] (Israel, 1992).

wurfverfahren in der Gemeinde Spiegelau. In Frauenau erhalten alle Einwohner ab einem Alter von 14 Jahren ein persönliches Anschreiben per Post (n = 2366). In Spiegelau erhalten die Einwohner ein Anschreiben je nicht postwurfbeschränktem Haushalt (n = 1692). Daraus ergeben sich insgesamt 4058 Umfragen, die postalisch versendet werden. Die rückläufigen analogen Fragebögen werden daraufhin digital erfasst und anschließend statistisch zusammen mit den online ausgefüllten Fragebogen ausgewertet. Für die Auswertung werden alle Fragebögen berücksichtigt, sofern mindestens die Fragen nach dem Alter (siehe Frage 8) beantwortet wurden.

24.2.3 Fragebogendesign

Der vollstandardisierte Fragebogen wurde nach den Aspekten von Döring und Bortz wie folgt aufgebaut[7] (Tab. 24.1):

Insgesamt besteht der Fragebogen aus neun Fragen, welche im folgenden Abschnitt näher erläutert werden. Der Fragebogen ist zudem als Abb. 24.11 im Anhang beigefügt.

Frage 1. **Würden Sie gern in einer Stadt oder Gemeinde mit vielen digitalen Angeboten leben?**

Antwortmöglichkeit
a) Ja, ich möchte in einer Stadt oder Gemeinde mit vielen digitalen Angeboten leben
b) Nein, das möchte ich nicht
c) Ich bin mir nicht sicher

Begründung Diese Frage verfolgt das Ziel eine negative oder positive Haltung gegenüber Digitalisierung im Umfeld der Gemeinde zu ermitteln. Ferner dient die Frage als „Eisbrecherfrage", um in das Thema der Befragung einzuführen. Die Frage erfolgt in Anlehnung an eine bevölkerungsrepräsentative Quotenstichprobe zum Thema „Digitalisierung in Städten und Gemeinden" (n = 1006) von „Bitkom e.V." im Jahr 2021.[8] Dadurch kann die Grundeinstellung der Bürger der Modellgemeinden Frauenau und Spiegelau in Relation zur Gesamtbevölkerung in Deutschland gesetzt werden. Durch diese Frage kann Forschungsfrage F 1 beantwortet werden.

---

[7] Vgl. (Döring & Bortz, 2016).
[8] Vgl. (Bitkom e.V., 2021).

Tab. 24.1 Aufbau Fragebodendesign

Elemente des Fragebogens	Erläuterung
Fragebogentitel	Es wird ein kurzer und prägnanter Fragebogentitel gewählt, welcher das Untersuchungsthema grob skizziert, jedoch keine Erinnerungshilfe zum „Digitalen Dorf" (siehe Frage 4 und Frage 5) darstellen darf (z. B. durch konkrete Nennung einer Marke).
Fragebogeninstruktion	Die Umfrageteilnehmer werden zu Beginn über die Zielsetzung, die durchführende Institution, das zugrunde liegende Projekt und die Dauer und Wichtigkeit der Teilnahme informiert. Das konkrete Forschungsobjekt wird nicht näher ausgeführt, damit eine unvoreingenommene, neutrale Beantwortung der Fragen gewährleistet ist. Zudem wird auf die Forschungsethik wie Freiwilligkeit und Anonymität hingewiesen.
Inhaltliche Fragenblöcke	Der Fragebogen beginnt mit einer sog. „Eisbrecherfrage" (siehe Frage 1), die weitere Struktur des Fragebogens beinhaltet keine Filterfragen, sodass die Fragensequenz von den Teilnehmern leicht nachvollzogen werden kann und die Fragen fehlerfrei beantwortet werden können. Zudem wird eine offene Fragestellung integriert, um qualitativen Mehrwert zu generieren (siehe Frage 6).
Statistische Angaben	Aufgrund der einfachen Fragebogenstrukturierung mit durchwegs geschlossenen Fragen, sowie der geringen Bedeutung eines Feedbacks, wurde auf dieses offene Antwortfeld verzichtet.
Verabschiedung	Der Fragebogen endet mit dankendem Wort.

Frage 2. **Was verbinden Sie mit Digitalisierung?**

Teilfrage

a) Vereinfachter und schneller Zugang zu Informationen und Wissen *[c]*	e) Bessere Vernetzung mit anderen *[c]*
b) Angst vor Überwachung *[r]*	f) Überforderung *[r]*
c) Erleichterung im Alltag *[c]*	g) Neue (technische) Innovationen und Möglichkeiten *[c]*
d) Sicherheitsrisiko durch Datenmissbrauch und -diebstahl *[r]*	h) Abhängigkeit von Geräten, Internet, digitalen Anwendungen, etc. *[r]*

Antwortmöglichkeit

a) Stimme zu

b) Stimme nicht zu

c) Ich bin mir nicht sicher

Begründung Hiermit kann ermittelt werden, welche Chancen und Risiken Digitalisierung aus Sicht der Teilnehmenden mit sich bringt, um zu analysieren, ob die positive oder die negative Haltung gegenüber Digitalisierung überwiegt. Diese Frage ist ähnlich zu

Frage 1 und dient zur Beantwortung der Forschungsfrage F 1. Die gewählten Antwortmöglichkeiten basieren teilweise auf einer Frage in der bevölkerungsrepräsentativen
Studie „Digitale Nutzung in Deutschland 2019" des Bundesverbands Digitale Wirtschaft
(BVDW) e.V. mit einer Quotenstichprobe von (n = 1006).[9] Durch die Zustimmung oder
Ablehnung der Antwortmöglichkeiten kann das Chance-Risiko-Verhältnis von Digitalisierung ermittelt werden. Daher werden die Teilfragen nach Chance *[c]* und Risiko *[r]* kategorisiert. Diese Einteilung ist im Fragebogen nicht ersichtlich. Diese Frage wird nur in der
statistischen Auswertung berücksichtigt, wenn alle Teilfragen korrekt ausgefüllt wurden.

**Frage 3. Inwiefern stimmen Sie den Aussagen zur Digitalisierung in Bezug auf Ihre
Gemeinden zu? Meine Gemeinde sollte Digitalisierung stärker nutzen, um …**

Teilfrage
a) das Bildungsangebot für Kinder und Jugendliche zu verbessern. *(Bildung)*
b) die Attraktivität meiner Gemeinde als Wohn- und Arbeitsort zu steigern. *(Arbeiten)*
c) die medizinische Versorgung zu verbessern. *(Medizin und Pflege)*
d) das Potenzial von Freizeit- und Kultureinrichtungen besser auszuschöpfen. *(Tourismus)*
e) die Nutzung der Verwaltungsdienste meiner Gemeinde zu vereinfachen. *(Dienste und
   Rathaus)*
f) den Zugang zu Informationen innerhalb meiner Gemeinde zu verbessern. *(Dienste und
   Rathaus)*
g) mich besser mit Mitgliedern meiner Gemeinde zu vernetzen. *(Kultur)*
h) die Mobilität im ländlichen Raum zu verbessern. *(Mobilität)*

Antwortmöglichkeit
a) Stimme zu
b) Stimme nicht zu
c) Ich bin mir nicht sicher

Begründung Die Antwortmöglichkeiten sind teils an die bevölkerungsrepräsentative
Quotenstichprobe zur „Digitalisierung in Städten und Gemeinden" (n = 1006) von „Bitkom
e.V." im Jahr 2021 angelehnt und mit relevanten Antworten ergänzt worden.[10] Jede
Teilfrage ist mit einem vorab definierten Handlungsfeld verknüpft. Die befragte Person
muss eine eindeutige Entscheidung treffen. Folglich kann ermittelt werden, ob die befragte Person Digitalisierungspotenzial in den verschiedenen Handlungsfelder sieht.
Durch die Zustimmung oder Ablehnung der Antwortmöglichkeiten können Rückschlüsse

---

[9] Vgl. (Bundesverbands Digitale Wirtschaft (BVDW), 2019).
[10] Vgl. (Bitkom e.V., 2021).

auf die Relevanz der Handlungsfelder gezogen werden. Folglich werden durch diese Frage Erkenntnisse für die Forschungsfrage F 2 gewonnen. Diese Frage wird nur in der statistischen Auswertung berücksichtigt, wenn alle Teilfragen korrekt ausgefüllt wurden.

Frage 4. **Welche der folgenden Logos erkennen Sie wieder?**

Antwortmöglichkeiten
a) Digitales Dorf Spiegelau-Frauenau
b) Dahoam 4.0®
c) Keins von beiden

Begründung Die folgende Methode stammt aus der Marktforschung. Durch die Beantwortung dieser Frage kann der unterstützte Wiedererkennungseffekt (Recall) und somit die Bekanntheit des Projektes „Digitales Dorf" und der Marke „Dahoam 4.0®" bei den Bürgern gemessen werden. Werden beide Logos erkannt, ist ein Recall vorhanden. Wird jedoch nur eines der beiden Logos erkannt, ist der Recall nur eingeschränkt vorhanden. Falls keines der beiden Logos erkannt wird, ist kein Wiedererkennungseffekt vorhanden. Durch diese Methode kann Forschungsfrage F 3 beantwortet werden. Diese Frage wird nur in der statistischen Auswertung berücksichtigt, wenn mindestens eine Antwortmöglichkeit ausgewählt wurde.

Frage 5. **Welche der folgenden digitalen/digital-gestützten Angebote, die im Rahmen des Projekts „Digitales Dorf Spiegelau-Frauenau" umgesetzt wurden, kennen Sie und finden Sie nützlich?**

Teilfrage

a) Digitale Anschlagtafeln	h) Schulungen für Senioren & Digital-Stammtisch
b) Telemedizin/Online-Sprechstunden bei Dres. Haberer in Spiegelau	i) Echtzeit Gottesdienstübertragung
c) Dahoam 4.0® DorfBUS App	j) Digitale Wandernadel Bayerischer Wald
d) Dahoam 4.0® Nachbarschaftshilfe-Portal	k) Coworking Space in Spiegelau
e) Dahoam. 4.0® RathausApp	l) Onleihe Gemeindebücherei Spiegelau
f) Dahoam 4.0® VereinsApp	m) E-Ladesäule im Loipenzentrum Klingenbrunn
g) Dahoam 4.0® SchulApp in Grundschule	

Antwortmöglichkeiten
a) Kenne ich
b) Kenne ich nicht

a) Finde ich nützlich
b) Finde ich nicht nützlich

Begründung Die folgende Fragestellung hat ebenfalls ihren Ursprung in der Marktforschung. Durch die Auflistung der gegebenen Angebote wird die gestützte Bekanntheit der jeweiligen digitalen Angebote und Anwendungen innerhalb einer Zielgruppe ermittelt.[11] Zudem soll die Nützlichkeit der digitalen Angebote ermittelt werden. Daraus können Rückschlüsse für die Beantwortung der Forschungsfrage F 4 gezogen werden. Für Frage 5 ist zu beachten, dass nur die Antworten für die zweite Teilfrage („Finde ich nützlich/ Finde ich nutzlos") bewertet werden, wenn zuvor angegeben wird, dass die entsprechende Anwendung bekannt ist (Kenne ich). Aus Vereinfachungsgründen wird dies im Fragebogen jedoch nicht erwähnt.

Diese Frage wird in der der statistischen Auswertung berücksichtigt, auch wenn nicht alle Teilfragen ausgefüllt wurden.

Frage 6. Welche Informationen und/oder Angebote hätten Sie gerne noch zusätzlich digital in Ihrer Gemeinde zur Verfügung?

Freie Antwortmöglichkeit
Begründung: Diese qualitative Frage dient dazu, den Teilnehmenden die Möglichkeit zu geben, seine Wünsche bezüglich der Digitalisierung frei zu äußern. Dadurch können relevante Handlungsfelder ermittelt und Potenziale identifiziert werden. Diese Fragestellung dient zur Beantwortung der Forschungsfrage F 5.

Frage 7. Mit dem Projekt „Digitales Dorf Bayern" werden die Chancen der Digitalisierung im ländlichen Raum erprobt. Ziel ist es, digitale Anwendungen zu entwickeln, die den ländlichen Raum als lebenswerten Wohn- und Wirtschaftsraum erhalten und weiterentwickeln. Wie schätzen Sie den Bedarf solcher Projekte ein?

Antwortmöglichkeiten
a) notwendig
b) eher notwendig
c) neutral
d) eher unnötig
e) unnötig

---

[11] Vgl. (Kuss, 2010).

Begründung Diese Frage gibt Aufschluss darüber, wie groß die befragten Personen den Bedarf von geförderten Digitalisierungsprojekten im ländlichen Raum einordnen und wie der Bedarf zum aktuellen Zeitpunkt eingeschätzt wird. Dies stellt die Basis für die Forschungsfrage F 6 dar. Diese Frage wird nur in der statistischen Auswertung berücksichtigt, wenn eine Antwortmöglichkeit getroffen wurde.

Frage 8. In welchem Jahr sind Sie geboren?

Angabe des Geburtsjahrs
Begründung: Statistische Angabe zum Alter der befragten Person mit anschließender Kategorisierung des Alters nach Gruppen. Die Kategorisierung dient dazu, eventuelle Ausprägungen in bestimmten Altersgruppen zu identifizieren.

Frage 9. Bitte geben Sie Ihr Geschlecht an.

Antwortmöglichkeiten
a) *Weiblich*
b) *Männlich*
c) *Divers*

Begründung Statistische Angabe zum Geschlecht. Die Kategorisierung dient dazu, eventuelle geschlechterspezifische Ausprägungen zu identifizieren.

24.3 Ergebnisse der Umfrage

In diesem Abschnitt werden die Ergebnisse der Umfrage vorgestellt. Zur Vereinfachung sind alle Werte auf die nächste ganze Zahl gerundet. Insgesamt wurden 4058 Fragebögen an Personen der Zielpopulation verschickt. Bis zum Stichtag sind insgesamt 657 Fragebögen ausgefüllt worden. Davon wurden 413 Fragebögen mithilfe des Rückkuverts zurückgesendet und 221 Fragebögen online ausgefüllt. Daraus ergibt sich eine Bruttorücklaufquote von insgesamt 16,2 Prozent. Hiervon sind 23 Fragebögen unvollständig, da Frage 8 (Angabe des Geburtsjahrs) nicht beantwortet wurde und daher nicht in die Auswertung aufgenommen wird. Die Nettorücklaufquote beträgt entsprechend 15,6 Prozent (n = 634). Insgesamt konnte aus Frauenau eine Rücklaufquote von 18,9 Prozent, aus Spiegelau von 10,9 Prozent verzeichnet werden. Die Mehrheit der Bevölkerung bevorzugte eine postalische Rücksendung der Fragebögen (65 Prozent), 35 Prozent füllten die Umfrage online

Abb. 24.1 Verteilung der rückläufigen Umfragebögen nach Gemeinden

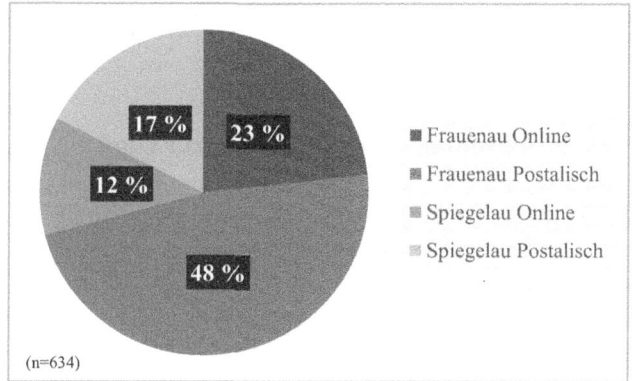

Abb. 24.2 Verteilung des Alters nach Gruppen

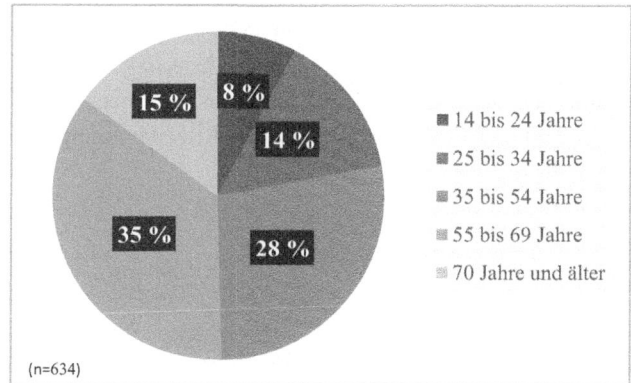

aus. Abb. 24.1 schlüsselt das Antwortverhalten in den beiden Gemeinden auf. Eine ausreichende Signifikanz wird mit der Nettorücklaufquote erreicht.

24.3.1 Demografische Ergebnisse

Im nächsten Schritt wird sowohl die Alters- als auch Geschlechterverteilung der Umfrageteilnehmer näher betrachtet. Die Verteilung der Geschlechter beläuft sich auf 53 Prozent männlich, 46 Prozent weibliche und 1 Prozent divers. Aus Abb. 24.2 wird die Altersstruktur der Umfrageteilnehmer ersichtlich. Das Durchschnittsalter der Teilnehmer liegt bei 55 Jahren. Den größten Anteil mit 50 Prozent nehmen die 55-jährigen und älter ein. 28 Prozent sind zwischen 35 und 54 Jahren und 22 Prozent sind 34 Jahre oder jünger. Die Altersstruktur der Umfrageteilnehmer ist ähnlich zu der Altersstruktur in den beiden Gemeinden.[12]

24.3.2 Allgemeine Erkenntnisse zur Digitalisierung

Im folgenden Abschnitt wird die Grundeinstellung der Bürger:innen der beiden Gemeinden Frauenau und Spiegelau gegenüber Digitalisierung genauer betrachtet. Es wird analysiert, ob die Haltung eher negativ oder positiv behaftet ist. Im nächsten Schritt werden die Chancen und Risiken durch Digitalisierung aus Sicht der Gemeindeeinwohner näher analysiert.

Abb. 24.3 stellt die Rückmeldung zum Wunsch nach einem digitalen Umfeld (Frage 1) dar. Grundsätzlich möchte die überwiegende Mehrheit mit 70 Prozent der Befragten gerne in einer Stadt oder Gemeinde mit vielen digitalen Angeboten leben. Dies zeigt, dass die Mehrheit der Bürgerschaft der Digitalisierung in ihrer Gemeinde aufgeschlossen und positiv gegenüberstehen. Ein Anteil von 13 Prozent lehnt digitale Angebote in ihrer Gemeinde ab und 17 Prozent sind sich in Ihrer Meinung nicht sicher.

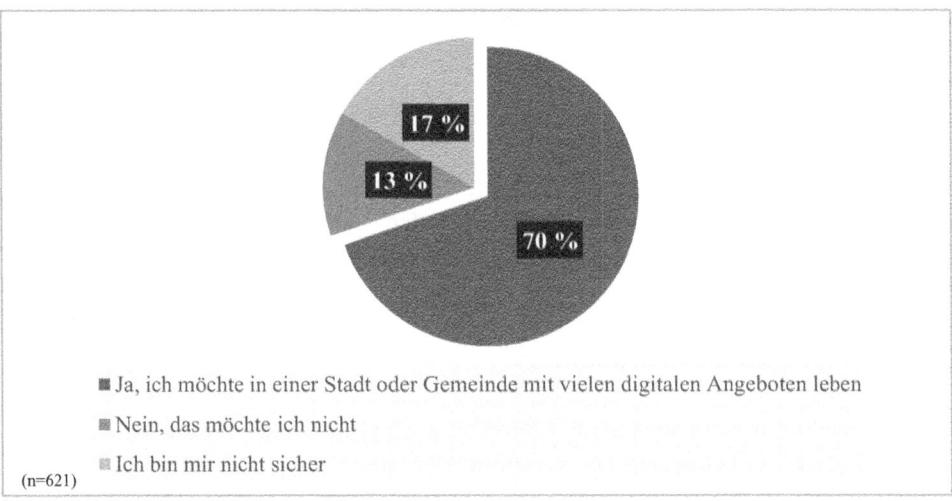

Abb. 24.3 Wunsch in einem digitalen Umfeld zu leben

---

[12] (Bayerisches Landesamt für Statistik, Stand: 31.12.2020).

  14 bis 24 Jahre: 11 Prozent (Spiegelau)/11 Prozent (Frauenau).

  25 bis 34 Jahre: 11 Prozent (Spiegelau)/12 Prozent (Frauenau).

  45 bis 54 Jahre: 26 Prozent (Spiegelau)/26 Prozent (Frauenau).

  55 bis 69 Jahre: 30 Prozent (Spiegelau)/30 Prozent (Frauenau).

  70 Jahre und älter: 23 Prozent (Spiegelau)/21 Prozent (Frauenau).

Der Wunsch nach digitalen Angeboten in einer Stadt oder Gemeinde wird hinsichtlich der Altersstruktur in Abb. 24.4 näher betrachtet. Es wird deutlich, dass Bürger:innen zwischen 14 und 34 Jahren dieser Thematik gegenüber deutlich aufgeschlossener sind, während besonders Bürger:innen in einem Alter zwischen 35 bis 69 Jahren Digitalisierung eher kritisch gegenüberstehen. Ab einem Alter von 70 Jahren und älter ist der Wunsch in einem digitalen Umfeld zu leben wieder verstärkt vorhanden.

Grundlegend verbindet die Mehrheit der Bürger:innen Digitalisierung mit positiven Aspekten und empfindet diese eher als Chance, dies konnte durch Frage 2 ermittelt werden. In Abb. 24.5 wird ersichtlich, dass vor allem der vereinfachte und schnellere Zugang zu Informationen und Wissen mit 91 Prozent sowie neue Innovationen und Möglichkeiten mit 81 Prozent als größte Chancen der Digitalisierung empfunden werden. Zudem begrüßen 80 Pro-

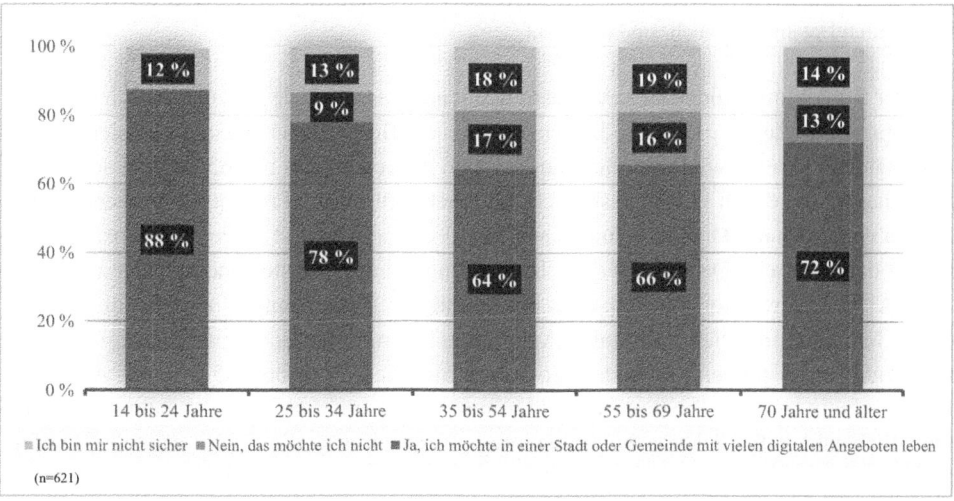

Abb. 24.4 Wunsch in einem digitalen Umfeld zu leben nach Altersgruppen

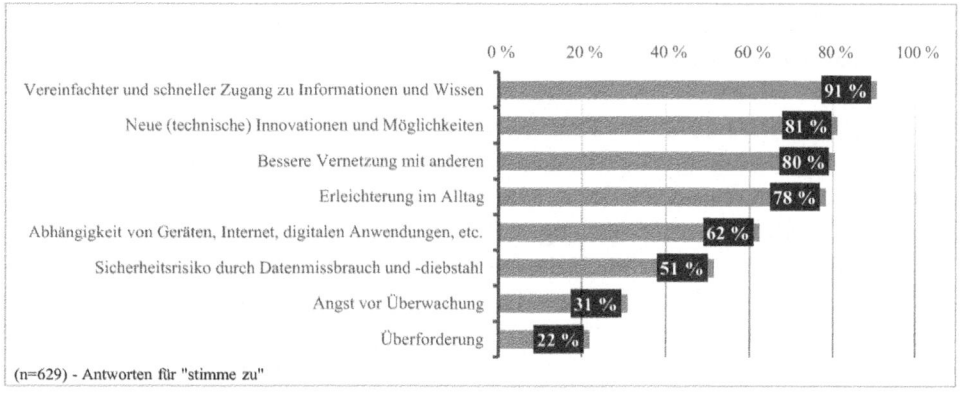

Abb. 24.5 Chancen und Risiken von Digitalisierung

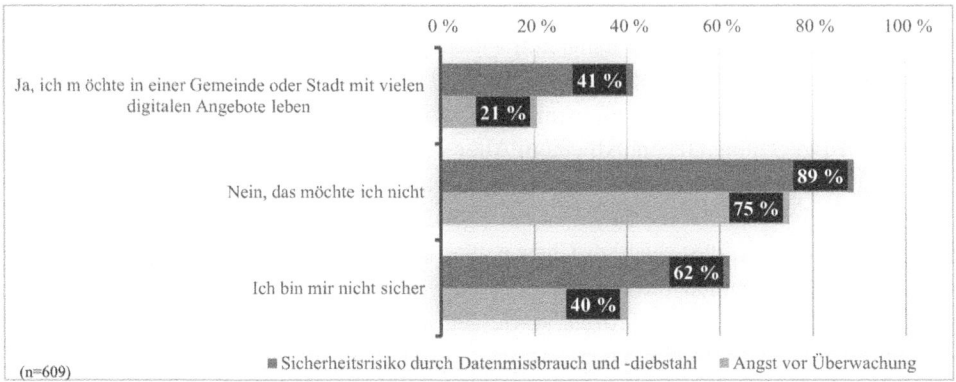

Abb. 24.6 Wunsch in einem digitalen Umfeld zu leben & Angst vor Überwachung und Sicherheitsrisiko durch Datenmissbrauch- und diebstahl

zent der Bürger:innen die bessere Vernetzung mit anderen sowie 78 Prozent die Erleichterung im Alltag durch Zeitersparnis. Bedenken äußerten die Bürger:innen verstärkt hinsichtlich der Abhängigkeit von Geräten, Internet und digitalen Anwendungen mit 62 Prozent sowie dem Sicherheitsrisiko durch Datenmissbrauch- und diebstahl mit 51 Prozent. 31 Prozent der Befragten verbinden mit Digitalisierung Angst vor Überwachung und 22 Prozent geben an überfordert damit zu sein. Das Gefühl der Überforderung nimmt mit steigendem Alter zu.

In Abb. 24.6 wird ersichtlich, dass der Anteil der Bürger:innen (n = 80), die nicht in einer Gemeinde mit vielen digitalen Angeboten leben möchten, Digitalisierung verstärkt mit negativen Aspekten verbindet. So haben aus dieser Gruppe 75 Prozent Angst vor Überwachung und 89 Prozent befürchten ein Sicherheitsrisiko durch Datenmissbrauch und -diebstahl aufgrund von Digitalisierung. Bürger:innen, die einem digitalen Umfeld leben möchten, haben zu 21 Prozent Angst vor Überwachung und 41 Prozent befürchten ein Sicherheitsrisiko dadurch.

24.3.3 Projekt- und gemeindespezifische Erkenntnisse zur Digitalisierung

Im Zuge des Projekts „Digitales Dorf Spiegelau-Frauenau" wurden verschiedene Handlungsfelder gemeinsam mit den Akteuren vor Ort definiert, welche im Kap. 4 genauer erläutert werden. Im Folgenden wird das Digitalisierungspotenzial der verschiedenen Handlungsfelder auf Basis der Einschätzung der Bürger durch Frage 3 ermittelt.

Durch Abb. 24.7 wird ersichtlich, dass die überwiegende Mehrheit der Bürgerschaft in nahezu jedem Handlungsfeld weiteres Digitalisierungspotenzial seitens der Gemeinde sieht. Im Fokus steht primär das Handlungsfeld *Dienste*. Hier wünschen sich 87 Prozent der Bürger mehr Digitalisierung, um den Zugang zu Informationen innerhalb der Gemeinde zu verbessern sowie die Nutzung der Verwaltungsdienste zu vereinfachen (82 Prozent). Ein weiteres Anliegen der Bürger:innen bezieht sich auf das Handlungsfeld *Arbei-*

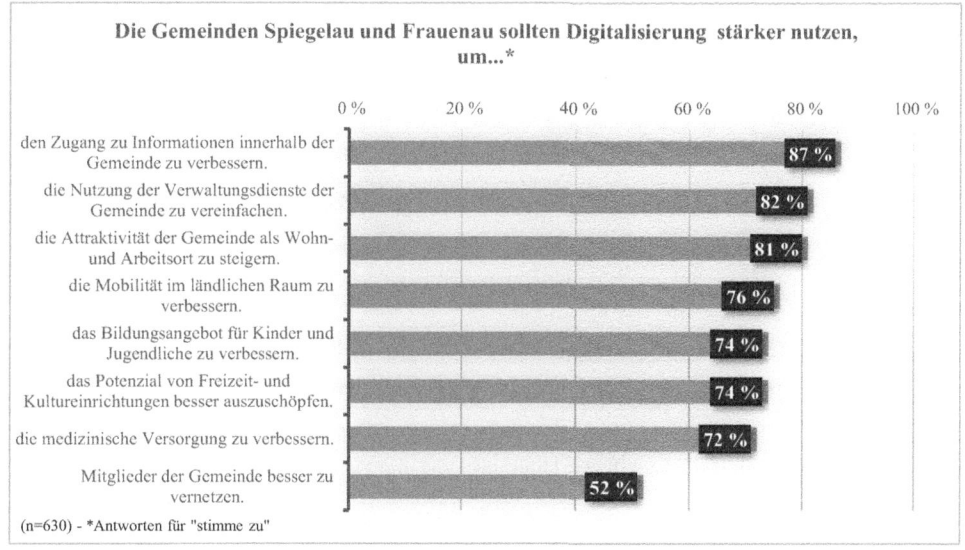

Abb. 24.7 Digitalisierungspotenzial verschiedener Handlungsfelder

ten. Hier befürworten 81 Prozent der Gemeindemitglieder die Steigerung der Attraktivität der Gemeinde als Wohn- und Arbeitsort durch Digitalisierung seitens der Gemeinde. Die weiteren Felder *Mobilität*, *Bildung*, *Tourismus* sowie *Medizin* werden mit einem ähnlichen Handlungsbedarf zwischen 72 und 76 Prozent eingestuft. Kritisch wird die bessere Vernetzung der Gemeindemitglieder durch Digitalisierung gesehen. Hier sehen nur 52 Prozent der Befragten einen Bedarf.

Zusätzlich zum offiziellen Projektlogo „Digitales Dorf" wurde die Marke „Dahoam 4.0®" für die Pilotgemeinden Spiegelau und Frauenau entwickelt (vgl. Kapitel 20). Ziel der Marke Dahoam 4.0® ist es, die Heimatverbundenheit der ländlichen Regionen mit Digitalisierung zu verknüpfen, um dadurch die Markenidentität und Bekanntheit zu fördern. Jedoch sind Aufbau und Entwicklung einer Marke mit viel Aufwand und Ressourcen verbunden. Im nächsten Abschnitt wird die Bekanntheit der einzelnen Marken untersucht, basierend auf Frage 4.

Im direkten Vergleich wird durch Abb. 24.8 deutlich, dass die Marke „Dahoam 4.0®" mit 59 Prozent bekannter ist als das „Digitale Dorf Spiegelau-Frauenau"-Logo (41 Prozent). 29 Prozent der Bürger erkennen beide Begrifflichkeiten wieder. Ein Drittel der Befragten erkennen keines der beiden Logos wieder. Dies zeigt, dass ein Wiedererkennungseffekt deutlich vorhanden ist, da mehr als 70 Prozent der Bürger zumindest eines oder beide Projektlogos zum „Digitalen Dorf" wiedererkennen.

Im Laufe des Projekts „Digitales Dorf Spiegelau-Frauenau" wurden verschiedenste digitale sowie digital-gestützte Anwendungen geschaffen. Die zielgruppenorientierten Lösungen wurden in enger Zusammenarbeit mit den Akteuren der Modellgemeinden entwickelt und umgesetzt. Im Folgenden wird die Bekanntheit der einzelnen realisierten

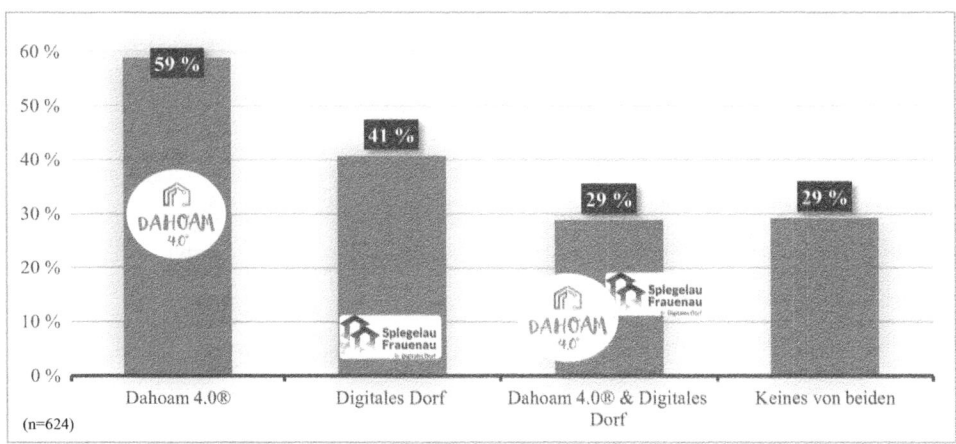

Abb. 24.8 Bekanntheit der Projektlogos Digitales Dorf und Dahoam 4.0®

digitalen Lösungen mit Frage 5 analysiert und hinsichtlich ihrer Nützlichkeit aus Sicht der Bürger begutachtet.

Anhand Abb. 24.9 wird ersichtlich, dass die größte Bekanntheit die digitalen Anschlagtafeln mit 89 Prozent verzeichnen können, welche auch einen großen Nutzerkreis erreichen. Zudem kennen 55 Prozent die Echtzeit-Gottesdienstübertragungen sowie 53 Prozent die Dahoam 4.0® RathausApp. Außerdem kennen 33 Prozent der Befragten die E-Ladesäule im Loipenzentrum Klingenbrunn, Spiegelau. Die übrigen digitalen Anwendungen sind sehr zielgruppenspezifisch konzipiert und beziehen sich häufig auf einen ausgewählten Anwenderkreis. Darunter fallen unter anderem die Dahoam 4.0® SchulApp, Dahoam 4.0® DorfBUS App, Dahoam 4.0® VereinsApp, Schulungen für Senioren und Digital-Stammtisch, Digitale Wandernadel Bayerischer Wald, Online-Sprechstunden und Telemedizin bei Drs. Haberer in Spiegelau, Coworking Space Spiegelau und Onleihe der Gemeindebücherei in Spiegelau. Der Bekanntheitsgrad bewegt sich hier zwischen 27 und 17 Prozent. Das Dahoam 4.0® Nachbarschaftshilfe Portal ist für die Nutzung aller Einwohner einer Gemeinde gedacht. 26 Prozent der Bürger kennen dieses digitale Angebot.

Der Bekanntheitsgrad allein gibt wenig Aufschluss über den Erfolg einer Anwendung, daher wird zusätzlich die Nützlichkeit der digitalen Lösungen im Detail betrachtet. Hierzu wird nur die Einschätzung jener Bürger:innen wiedergegeben, welche bereits angegeben haben, die Anwendungen zu kennen. Auf den ersten Blick wird deutlich, dass alle realisierten Anwendungen mit einer überdurchschnittlich positiven Bewertung hervorstechen. Jede umgesetzte Anwendung wird mindestens von 80 Prozent der Bürger:innen, die das jeweilige Angebot kennen, für nützlich befunden. Als am nützlichsten werden das Dahoam 4.0® Nachbarschaftshilfe Portal mit 94 Prozent, die E-Ladesäule am Loipenzentrum in Klingenbrunn mit 92 Prozent sowie die Dahoam 4.0® SchulApp und Dahoam 4.0® VereinsApp mit je 91 Prozent bewertet. Anwendungen wie die Digitalen Anschlagtafeln, Digitale Wandernadel Bayerischer Wald, Schulungen für Senioren und Digital-Stammtisch, Onleihe der Gemeindebücherei, Co-Working Space in Spiegelau und Dahoam 4.0® Rat-

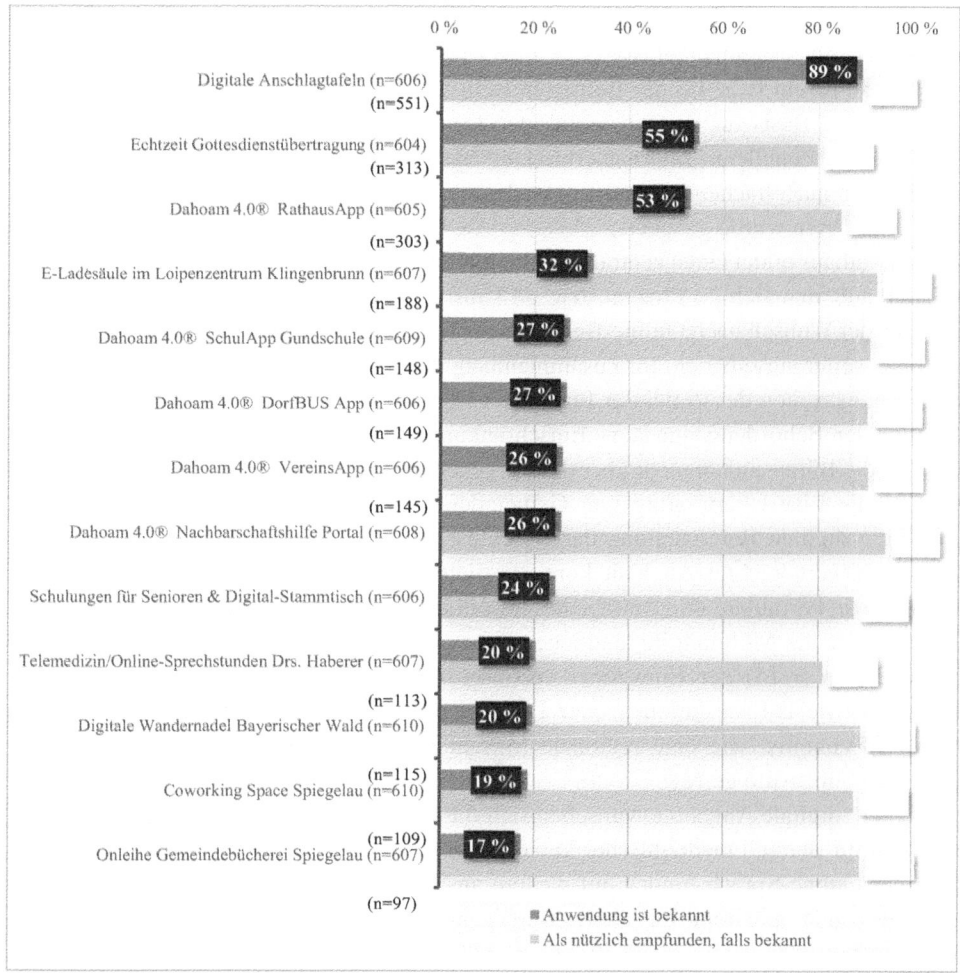

Abb. 24.9 Bekanntheit und Nützlichkeit der realisierten Anwendungen des Projekts „Digitales Dorf Spiegelau-Frauenau"

hausApp werden zwischen 85 und 90 Prozent als nützlich eingestuft. Zudem bewerten 81 der Bürger die Möglichkeit der Telemedizin und Online-Sprechstunden bei Drs. Haberer in Spiegelau sowie 80 Prozent die Echtzeit-Gottesdienstübertragungen als nützlich.

24.3.4 Wünsche und Erwartungen in der Zukunft

Digitalisierung ist ein Prozess, der in einer Gemeinde in den seltensten Fällen vollständig abgeschlossen werden kann. Hier ist es essenziell die Erwartungshaltung der Bürger gegenüber einer Gemeinde in regelmäßigen Abständen abzufragen. Insgesamt nahmen 174 Bürger die Möglichkeit war, sich zu ihren Wünschen hinsichtlich Digitalisierung in Ihrer

Gemeinde mithilfe der Frage 6 zu äußern. Vermehrte Nennungen wurden daraufhin demensprechend zusammengefasst.

Für 28 Prozent (n = 48) der Befragten stellt die digitale Infrastruktur einer Gemeinde eine wichtige Basis für Digitalisierung dar. Demnach dominiert der Wunsch nach einer stabilen und schnelleren Internetverbindung bei den Einwohnern der Gemeinden. Auch der Wunsch nach flächendeckendem Handyempfang sowie kostenlosen WLAN-Spots an wichtigen Orten wurde geäußert.

Das Rathaus bildet einen zentralen Anlaufpunkt für viele Bürger:innen einer Gemeinde, folglich äußerten sich 20 Prozent bzw. 34 Umfrageteilnehmer dazu. Äußert stark ausgeprägt ist der Wunsch nach Online-Behördengängen sowie danach, die digitale Rathausverwaltung weiter auszubauen. Im Zusammenhang dazu wurden vermehrt die eingeschränkten Öffnungszeiten der Rathäuser für Berufstätige erwähnt, welche durch die Forcierung der digitalen Behördengänge keine Einschränkung mehr darstellen würden. Zudem möchten sich die Bürger:innen mehr über das Vorgehen des Gemeinderats informieren. So wird gehäuft die Live-Übertragung von Gemeinderatssitzungen und Bürgerversammlungen sowie die digitale Bereitstellung der Beschlüsse und Abstimmungen der Sitzungen als wünschenswert erachtet. Auch die kontinuierliche Digitalisierung und Bereitstellung aller Dokumente, Formulare und Anträge der jeweiligen Gemeinde ist gewünscht.

Die Thematik Mobilität im ländlichen Raum sorgt für viel Diskussion und beschäftigt 9 Prozent (n = 15) der Einwohner verstärkt. Die Befragten wünschen sich mehr E-Mobilität, wie E-Ladestationen oder E-Carsharing. Gleichermaßen ist eine innovative Sharing Economy, wie eine regionale Mitfahr-Börse für Senior:innen sowie Einwohner:innen ohne Auto gefragt.

Weitere digitale Angebote wünschen sich 6 Prozent (n = 11) der Bürger:innen der Gemeinden im Bereich medizinischer Versorgung. Eine große Chance wird in der Ausweitung der Online-Sprechstunden auf weitere ansässige Ärzte sowie entferntere Fachärzte gesehen, unter anderem für ältere Bürger:innen mit eingeschränkter Mobilität. Des weiteren begrüßen vereinzelte Befragte die Möglichkeit, Sprechstunden bei Ärzten online buchen zu können.

Grundsätzlich erwarten sich 20 Prozent (n = 34) der Einwohner:innen der Gemeinden mehr aktuelle und korrekte Informationen zu Veranstaltungen, Vereinsleben, lokalen Angebote, Freizeiteinrichtungen, Gastronomie und Einkaufsmöglichkeiten, verstärkt auch hinsichtlich Öffnungszeiten. Das Stichwort Aktualität scheint 11 Prozent (n = 19) der Bürger:innen ein großes Anliegen zu sein. Vermehrt werden die realisierten Anwendungen gelobt und als nützlich empfunden, wie zum Beispiel die Dahoam 4.0® RathausApp, jedoch die Aktualität der vermittelten Daten und Informationen kritisiert. An dieser Stelle kann folgende Aussage zitiert werden. *„Aktuelle Informationen für Gemeindebürger (Freibad, Gemeinderatsitzung, Langlaufloipen-Zustand), RathausApp und Anschlagtafel sehr nützlich, wenn Sie aktuell gepflegt werden."* Nur wenn digitale Angebote auch kontinuierlich gepflegt werden und die nutzende Person darauf vertrauen kann, bildet sich für sie auch ein Mehrwert daraus. Zuständige Administrator:innen müssen dahingehend ausreichend sensibilisiert und geschult werden.

Auch kritische und ablehnende Stimmen gegenüber Digitalisierung konnten bei insgesamt 17 Prozent (n = 29) der Bürger vernommen werden. 7 Prozent (n = 13) befürchten den Verlust von sozialen Kontakten. Demnach befürchten einige Befragte Einsamkeit und Entmenschlichung aufgrund von Digitalisierung und bevorzugen den Erhalt analoger Strukturen. Ein Bürger äußerte sich dazu wie folgt. *„Ich bin selbst in einer staatlichen Verwaltung beschäftigt. Den digitalen Ausbau sehe ich als Chance, aber bin mir auch der Probleme und Gefahren bewusst. Online-Angebote dürfen die regulären nicht einfach komplett ersetzen."* Zudem werden weitere Risiken wie die Abhängigkeit von digitalen Medien sowie die Überforderung aufgrund des schnellen Wandels genannt. Auch Thematiken wie der voranschreitende 5G Netz-Ausbau sowie der steigende Strombedarf durch mehr Digitalisierung beschäftigen die Umfrageteilnehmenden.

Ein Mittel zur Sensibilisierung ist Bildung. Im Rahmen des Projekts wurden verschiedene Schulungen zum Umgang mit digitalen Medien für Jung und Alt angeboten. Weiterhin wünschen sich 5 Prozent (n = 5) der Befragten Schulungen und Austausch in diesem Bereich sowie einen festen Ansprechpartner oder Kümmerer im Gemeindeumfeld, beziehungsweise mehr Informationen zu den aktuellen digitalen Angeboten. Folgenden Vorschlag wurde hier von einem Befragten gemacht. *„Freiwillige Schüler, die gegen Taschengeld auf Standby bei Computerproblemen weiterhelfen, würde ich sinnvoll finden."* In Bezug auf Bildung wünschen sich 3 Prozent (n = 6) die Ausweitung der digitalen Onleihe in lokalen Büchereien.

Zusammenfassend kann folgendes Zitat abschließend zum Feedbackteil erwähnt werden. *„Der digitale Anfang ist gemacht. Jetzt ist es Zeit zielgerichtet weiterzuarbeiten. Ich bin dabei."*

Die oben genannten Wünsche und Erwartungen sind vielseitig und umfassen verschiedenste Bereiche. Einige davon sind konkret an die Gemeindeverwaltung selbst gerichtet. Oft fehlen hier Know-How, personelle Ressourcen und finanzielle Mittel, um Digitalisierung in einer Gemeinde im ländlichen Raum voranzutreiben. Aufgrund dessen wurde unter anderem das „Digitale Dorf Bayern" initiiert, um durch Digitalisierung den ländlichen Raum als lebenswerten Wohn- und Wirtschaftsraum zu erhalten und weiterzuentwickeln. Durch Frage 7 wurden die Umfrageteilnehmer dazu aufgefordert, eine Bedarfseinschätzung für Projekten wie dem „Digitalen Dorf Bayern" abzugeben. Abb. 24.10 verdeutlicht,

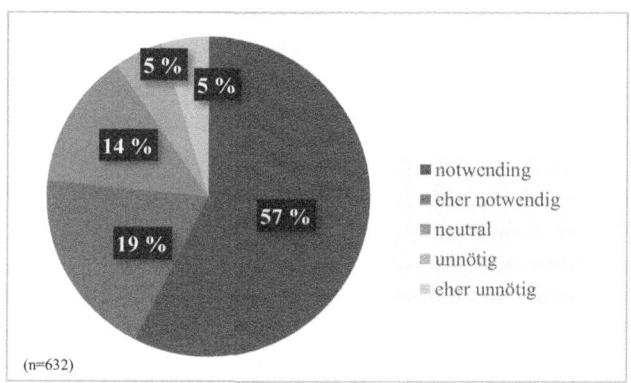

Abb. 24.10 Bedarfseinschätzung für Projekte wie dem „Digitalen Dorf Bayern"

5 % 5 %
14 %
19 % 57 %

■ notwendig
■ eher notwendig
■ neutral
▨ unnötig
▨ eher unnötig

(n=632)

dass Vorhaben wie diese bei den Einwohnern der Pilotgemeinden auf große Zustimmung stoßen. 76 Prozent der Befragten schätzen den Bedarf solcher Projekte als notwendig bis eher notwendig ein. 14 Prozent sind sich dahingehend unsicher und nur 10 Prozent finden dies unnötig bis sehr unnötig. Diese überaus positive Resonanz zeigt, wie wichtig Vorhaben wie das „Digitale Dorf Spiegelau-Frauenau" waren und immer noch sind.

24.4 Diskussion

24.4.1 Interpretation der Ergebnisse

Die Ergebnisse zeigen, dass der Wunsch nach Digitalisierung und digitalen Angeboten von 70 Prozent der Einwohnerschaft der Gemeinden Spiegelau und Frauenau gegeben ist, verstärkt bei den jüngeren Generationen zwischen 14 und 34 Jahren (88 bis 78 Prozent). Dies bestätigt die erforderliche Weiterentwicklung einer Gemeinde auf diesem Gebiet. Trotzdem darf nicht vernachlässigt werden, dass ein Drittel der Einwohner:innen in keinem digitalen Umfeld leben möchten oder sich unsicher sind. Dies sind nicht, wie oft vorurteilhaft vermutet, Bürger:innen ab einem Alter von 70 Jahren und älter, sondern auch Einwohner:innen im Alter zwischen 35 bis 69 Jahren. Zwar überwiegen die positiven Aspekte, wie der vereinfachte Zugang zu Wissen und Informationen, bessere Vernetzung mit anderen, Innovationen und Erleichterung im Alltag in Bezug auf Digitalisierung bei den Befragten deutlich. Trotzdem müssen auch die Risiken und die damit verbundenen Befürchtungen der Bürgerschaft ernst genommen werden und dahingehend sensibilisiert und aufgeklärt werden. Besonders Ängste wie Abhängigkeit, Sicherheitsrisikos, Überforderung sowie der Verlust der sozialen Kontakte durch Digitalisierung müssen berücksichtigt werden. Entsprechend sollte es im Rahmen von Digitalisierungsbemühungen Gemeindeauftrag sein, die Befürchtungen zu adressieren und das Risikopotenzial nach Möglichkeit zu reduzieren. Im Zusammenhang dazu äußerten die Befragten den Wunsch, grundsätzlich digitale Anwendungen zu integrieren und weiterzuentwickeln, doch analoge Strukturen gleichzeitig zu einem gewissen Maß zu erhalten. Eine rein digital gestützte Umsetzung ohne analoge Alternativen ist folglich nicht gewünscht und daher nicht zu empfehlen.

Handlungsfelder müssen im Vorhinein genau analysiert und im engen Austausch mit den Akteuren in den Gemeinden definiert werden. In allen definierten Handlungsfeldern hat die überwiegende Mehrheit Potenzial und Handlungsbedarf hinsichtlich Digitalisierung seitens der Gemeinde gesehen. Den größten Handlungsbedarf sehen die Umfrageteilnehmer im Bereich Rathausdienste. Der Wunsch nach Online-Behördengängen und nach digitalem Zugang zu gemeindlichen Dokumenten und Informationen dominiert auch in diesen beiden ländlichen Kommunen deutlich und untermauert die Notwendigkeit der Umsetzung der Onlinezugangsgesetzes. Auch die Bereiche der Daseinsvorsorge Arbeiten, Mobilität, Bildung, Tourismus sowie Medizin sollen weiterhin durch Digitalisierung gefördert werden. Dazu wurden vermehrt Wünsche nach einer digitalen Mitfahrzentrale, Schulungen für den Umgang mit digitalen Medien, Onleihe Möglichkeiten für Büchereien, sowie die Ausweitung der Telemedizin und Online-Sprechstunden geäußert. Die Grundlage für viele Digitalisierungsprojekte im Bereich der Daseinsvorsorge baut jedoch auf einer digitalen und modernen Gemeindeverwaltung auf. Daher sollten Kommunen bei der Etablierung von Digitalisierungsstrategien hier zunächst einen Fokus setzen und die Handlungsfelder darauf aufbauen.

Eine bessere Vernetzung der Gemeindemitglieder der Kommune durch Digitalisierung lehnen rund die Hälfte der Befragten ab. Dies könnte auf intakte dörfliche Strukturen zurückzuführen sein, da die Einwohnerschaft der Gemeinden Spiegelau und Frauenau bereits sehr gut miteinander vernetzt sind und hier entsprechend kein Bedarf besteht.

Basierend auf den definierten Handlungsfeldern können zielgruppenorientierte digitale Angebote geschaffen werden. Die realisierten Angebote wurden zusammen mit den Akteuren in den jeweiligen Gemeinden erarbeitet und auf die Bedürfnisse der Bürger abgestimmt. Anwendungen, die für einen breiteren Anwenderkreis konzipiert wurden, können eine höhere Bekanntheit erzielen, wie zum Beispiel die Digitalen Anschlagtafeln, Echtzeit-Gottesdienstübertragung und die Dahoam 4.0® RathausApp. Anwendungen mit engerem Nutzerkreis sind bei der Mehrheit der Gemeindebürger eher unbekannter (vgl. Abb. 24.9). Jedoch ist die Bekanntheit einer Anwendung allein nicht entscheidend. Als herausragend kann an dieser Stelle die hohe Nützlichkeitsquote der umgesetzten Anwendungen erwähnt werden, da diese zwischen 80 und 94 Prozent liegt. Eine Zustimmung wie diese seitens der Bürgerschaft, kann nur durch einen engen und stetigen Austausch mit den verschiedenen Steakholdern erreicht werden. Wichtig bei allen digitalen Anwendungen ist zudem, dass diese stetig mit aktuellen Informationen und Daten gepflegt werden. Nur dadurch kann dem Anspruch der Bürger:innen an digitale Angebote entsprochen werden und der Nutzerkreis weiterwachsen. Kann oder wird dies nicht verfolgt, wird die Anwendung für die Bürgerschaft wenig Mehrwert bringen und folglich keinen Nutzen haben. Um eine hohe Nützlichkeit der digitalen Angebote zu erzielen, ist es zu empfehlen bereits im vorhinein Kümmerer zu benennen und Zuständigkeiten zu definieren.

Kommunen, die am Anfang des Digitalisierungsprozesses stehen, ist zu empfehlen zunächst den Status-Quo zu analysieren. Die relevanten Handlungsfelder müssen individuell für jede Kommune definiert und auf die Bedürfnisse der Gemeinde und Bürgerschaft angepasst werden. Anwendungen, die durch digitale Transformation Erleichterung schaffen sowie Probleme lösen und somit einen ungedeckten Bedarf befriedigen, sollten stets priorisiert werden, unabhängig davon, ob die Anwendung eine hohe Nützlichkeit oder einen weiten Nutzerkreis verspricht. Auch der aktuelle Digitalisierungsgrad einer Gemeinde sollte dabei berücksichtigt werden. Digitalisierung und die Affinität dazu ist ein Prozess, der sämtliche Alters- und Bevölkerungsschichten betrifft und zunächst wachsen muss. Ein Erfolgsfaktor für die Akzeptanz von neuer Software und Apps, die das Alltagsleben unterstützen und erleichtern sollen, ist deren Zuschnitt auf die Herausforderungen der Pilotregion und die Bedürfnisse der Stakeholdergruppen. Ein niederschwelliger Zugang erhöht die Akzeptanz bei den Zielgruppen deutlich. Niederschwellig bedeutet in diesem Zusammenhang, die Bedienoberfläche so nutzerfreundlich wie möglich und auch für Einsteiger leicht bedienbar zu gestalten und die Palette an Funktionen überschaubar zu halten. Die Komplexität der digitalen Anwendungen muss dahingehend auf die Affinität des Nutzerkreises angepasst werden. So eignet sich beispielsweise die Implementierung von Digitalen Anschlagtafeln als eine erste Umsetzungsmaßnahme in einer Kommune, in der die Bürgerschaft bislang kaum Berührungspunkte mit Digitalisierung hatte.

Der Aufwand, eine zusätzliche Marke aufzubauen, hat sich gelohnt und zur Sichtbarkeit und Reichweite des Projekts beigetragen, da das Dahoam 4.0® Markenlogo deutlich bekannter ist als das Projektlogo des „Digitalen Dorf Spiegelau-Frauenau". Folglich ist es zu empfehlen, den Prozess der digitalen Transformation einer Gemeinde von Beginn an zu kommunizieren und zu vermarkten, um gerade zu Beginn die Bekanntheit und das Interesse daran zu steigern. Weitreichende Akzeptanz kann nur durch permanente Präsenz in der Öffentlichkeit erzielt werden.

Einer Kommune, die am Beginn der Entwicklung einer Digitalisierungsstrategie steht, ist ferner zu empfehlen, aktiv den Erfahrungsaustausch mit anderen Bürgermeister:innen zu suchen und die Expertise unterschiedlicher Fachleute – und gremien in den Digitalisierungsprozess miteinfließen zu lassen. Darunter zählen zum Beispiel Hochschulen, Regionalentwickler und andere Kommunen. Zudem können sich Gemeinden an den gesammelten Erkenntnissen von Best Practices wie beispielsweise dem „Digitalen Dorf Bayern" orientieren.

Der Digitalisierungsprozess wurde in den Gemeinden Spiegelau und Frauenau durch dieses Projekt angestoßen und beschleunigt. Unter anderem auch durch den stetigen Austausch der beiden Gemeinden untereinander. Dies gilt es fortschreitend weiterzuführen und weiterzuentwickeln. Auch sehen 76 Prozent der Bürger einen großen Bedarf an Digitalisierungsprojekten wie dem „Digitalen Dorf Bayern" in ländlichen Regionen. Daher ist es für eine Gemeinde ratsam, sich so früh wie möglich mit der Thematik zu beschäftigen und von der Möglichkeit, sich an Förderprogrammen oder Initiativen zu beteiligen, Gebrauch zu machen. Die deutliche Zustimmung seitens der Bürger zeigt, dass Förderprojekte wie diese essenziell für die Weiterentwicklung der ländlichen Regionen sind und auch weiterhin benötigt werden. Auch wenn die Förderlandschaft unübersichtlich und der Beantragungsaufwand hoch ist, sollten Kommunen sich aktiv um Digitalförderung bewerben. Vielfach unterstützen neben Regionalentwicklern auch Hochschulen bei der Beantragung.

24.4.2 Literaturvergleich

Im Folgenden werden die Ergebnisse dieser Studie mit weiterführender Literatur von *Bitkom e. V.* und dem *Bundesverband Digitale Wirtschaft (BVDW) e. V.* verglichen. Hier handelt es sich um vergleichbare empirische Studien, die sich mit ähnlichen Fragestellungen befassen. Die Fragen Frage 1, Frage 2 und Frage 3 orientieren sich teilweise an den Fragestellungen der zwei Vergleichsstudien.

Laut der Ergebnisse der *Bitkom e.V.* Studie möchten rund 77 Prozent der Befragten in einer Stadt oder Gemeinde mit vielen digitalen Angeboten leben. Auffällig ist hier, dass erst ab einem Alter von 65 Jahren der Wunsch nach digitalen Angeboten verstärkt abnimmt.[13] Dies kann womöglich darauf zurückgeführt werden, dass ältere Gruppen heute digitale Angebote im Vergleich zu früher besser annehmen, jedoch die habitualisierte Nutzung im Vergleich zu Jüngeren immer noch deutlich geringer ausgeprägt ist.[14] Im Vergleich dazu ist der Wunsch nach digitalen Angeboten im eigenen Umfeld in den zwei Modellgemeinden mit 70 Prozent etwas geringer ausgeprägt. Zudem wird deutlich, dass das Alter nicht primär der ausschlaggebende Faktor dafür ist.

Basierend auf der Studie von *Bitkom e.V.* sehen die Befragten besonders im Bereich Bildung für Kinder und Jugendliche hohes Digitalisierungspotenzial. Demgegenüber befinden sich die Vereinfachung und Verbesserung der Rathausverwaltung und der medizinischen Versorgung durch Digitalisierung an letzter Stelle.[15] Im Gegensatz dazu, sehen die Befragten der Gemeinden Spiegelau und Frauenau besonders im Bereich Rathausdienste und Verwaltung starken Handlungsbedarf im Hinblick auf Digitalisierung. Der Bereich Bildung ist eher durchschnittlich gefragt, während sich der Bereich der medizinischen Versorgung an letzter Stelle befindet. Dies zeigt, dass sich die Handlungsfelder in den verschiedenen Regionen unterscheiden können und daher regionalspezifisch definiert und angepasst werden müssen.

Bei der durchgeführten Studie des *Bundesverband Digitale Wirtschaft (BVDW) e.V.* zeigen die Ergebnisse, dass die Befragten die größte Chance von Digitalisierung im Hinblick auf Bildung sehen, da durch Digitalisierung der Zugang zu Informationen und Wissen erleichtert wird. Auch die Erleichterung im Alltag sowie mehr Möglichkeiten der Kommunikation werden als Chance erkannt und als positiver Aspekt von allen Altersgruppen nahezu gleich bewertet. Besonders Jüngere im Alter zwischen 14 und 34 Jahren erkennen zudem die Chance, dass durch Digitalisierung technische Innovationen ermöglicht werden können. Hingegen werden das Sicherheitsrisiko und Überwachungsrisiko im Zusammenhang mit Digitalisierung von allen Altersgruppen als größtes Risiko eingestuft. Deutlich wird hier, dass vor allem die Generation ab 55 Jahren und älter dieses Risiko verstärkt wahrnimmt. Zudem verbindet auch diese Altersgruppe Digitalisierung verstärkt mit Überforderung. Die Abhängigkeit von digitalen Medien steht an dritter Stelle und stellt gerade für Jüngere im Alter zwischen 14 und 34 ein Risiko dar.[16] Im Vergleich dazu, empfinden die Befragten der Gemeinden Spiegelau und Frauenau die Abhängigkeit von digitalen Medien und Anwendungen als das größte Risiko. Zweitrangig wird hier das Sicherheitsrisiko und Überwachungsrisiko bewertet. Ähnlich zur Studie zuvor fühlen sich eher ältere

---

[13] Vgl. (Bitkom e.V., 2021).

[14] Vgl. (Egger & van Eimeren, 2019).

[15] Vgl. (Bitkom e.V., 2021).

[16] Vgl. (Bundesverbands Digitale Wirtschaft (BVDW), 2019).

Befragte ab einem Alter von 55 Jahren mit Digitalisierung überfordert. Die Bürger:innen der beiden Gemeinden wie die Befragten der Vergleichsstudie empfinden den einfacheren Zugang zu Wissen und Informationen als die größte Chance.

24.4.3 Limitationen

In der Studie werden ausschließlich Personen ab 14 Jahren in zwei kleinen Kommunen in Niederbayern befragt. Die Auswahl der Gemeinden ist nicht probabilistisch, sondern basiert auf vorangegangener Projektzusammenarbeit. Wie bereits erwähnt, wird aufgrund der Zusammensetzung der Zielpopulation eine merkmalsspezifische Repräsentativität nicht berücksichtigt, weshalb die Stichprobe nicht als Quotenstichprobe zu qualifizieren ist.

Alle Personen ab 14 Jahren, die in der Gemeinde Frauenau leben, erhielten per Post einen Fragebogen auf Basis der Adressdaten aus dem Einwohnermeldeamt. Aufgrund gesetzlicher Einschränkungen (§ 51 BMG)[17] besteht jedoch die Möglichkeit einer Auskunftssperre, was dazu führt, dass von diesen Personen keine Adressdaten ausgehändigt werden dürfen und somit auch keine Fragebögen an diese Personen versendet werden können. Daher werden diese Personen nicht in die Studie miteinbezogen, obwohl diese zur definierten Zielpopulation gehören. Weiterhin werden Personen, die im Erhebungszeitraum das 14. Lebensjahr vollendet haben, am Stichtag für den Abruf der Adressdaten aus dem Melderegister jedoch jünger waren, nicht berücksichtigt.

Für den Versand der Fragebögen in der Gemeinde Spiegelau wurde eine Postwurfsendung angewandt, da ein Versand über die Kommune nicht möglich war. Hier erhielt jeder Haushalt ein nicht adressiertes Anschreiben inklusive Fragebogen. Dies kann dazu führen, dass sich nicht jede im Haushalt lebende Person ab 14 Jahren angesprochen fühlt, obwohl diese im zugehörigen Anschreiben explizit dazu aufgefordert wird. Zudem wird nur ein Fragebogen pro Haushalt beigelegt. Falls mehrere Haushaltsbewohner:innen den Fragebogen analog ausfüllen möchten, müsste dieser kopiert werden. Dies stellt zusätzlichen Aufwand dar. Außerdem haben Anwohner:innen auch hier die Möglichkeit Postwurfsendungen durch eine Sperre bei der Post zu unterbinden und somit darf diesem Haushalt kein Fragebogen zugestellt werden. Durch die unterschiedliche Herangehensweise bei den beiden Gemeinden können sich Unterschiede in der Quotenstichprobe ergeben. Dies hat zur Folge, dass die zwei Gemeinden nicht unvoreingenommen miteinander verglichen werden können. Jedoch hat die Auswertung gezeigt, dass die soziodemografischen Angaben der beiden Gemeinden nur minimal gering und nicht signifikant voneinander abweichen.

---

[17] Vgl. (Bürgerliches Gesetzbuch (BGB), § 51 Absatz 3, 2022).

Abb. 24.4 zeigt die Ergebnisse der Studie, aufgeschlüsselt nach den einzelnen Altersgruppen. Innerhalb der Altersgruppen entspricht die Anzahl der Antworten jedoch in der
Regel nicht dem geforderten Minimum nach Israel. Dadurch sind die dargestellten Einzel-
ergebnisse innerhalb der Altersgruppen in der Regel nicht ausreichend aussagekräftig.

24.5   Schlussfolgerung und Ausblick

Die Ergebnisse dieser Studie zeigen, dass die Bürger in den beiden Modellgemeinden
grundsätzlich eine positive und aufgeschlossene Haltung gegenüber Digitalisierung vertreten und sich weitere digitale Anwendungen und Möglichkeiten in ihrem Gemeindeumfeld wünschen. Der ländliche Raum steht vor vielen Herausforderungen, welche
durch klar definierte Handlungsfelder zu Beginn potenzieller Umsetzungsmaßnahmen
eingegrenzt werden sollten, zumal im Vergleich mit anderen Studien auch regionale
Unterschiede deutlich wurden. Wichtig ist hier, dass Bürgerschaft, kommunale Akteure
und Gemeindeverwaltungen zu einem gemeinsamen Austausch finden und bedarfsgerechte Prioritäten setzen. Kümmerer und Zuständigkeiten müssen bereits im Vorfeld
klar definiert werden, um eine erfolgreiche Integration von digitalen Angeboten zu erzielen. Digitale Anwendungen und Angebote müssen bedarfsgerecht auf die jeweilige
Zielgruppe abgestimmt werden, nur so kann eine hohe Akzeptanz der Nutzerschaft erzielt werden. Trotzdem wünschen sich rund ein Drittel der Bürger:innen aktuell weiterhin analoge Strukturen, welche daher zu einem gewissen Grad erhalten bleiben sollen.
Unter anderem dominiert hier die Angst vor dem Verlust der sozialen Kontakte. Weiterhin ist es zu empfehlen Schulungen zum Thema Digitalisierung für Jung und Alt anzubieten, da in diesem Bereich Aufklärung und Sensibilisierung auch zukünftig noch benötigt wird.

Das Projekt „Digitales Dorf Spiegelau-Frauenau" kann aufgrund der großen Zustimmung seitens der Bürgerschaft als Erfolgsfaktor und Katalysator für die digitale Entwicklung der beiden Pilotgemeinden gewertet werden. Dadurch kann Herausforderungen der Daseinsvorsorge im ländlichen Raum neu und innovativ begegnet werden.
Förderprogramme wie dieses werden auch zukünftig im ländlichen Raum benötigt. Gerade Kommunen, welche derzeit noch keine Digitalisierungsstrategie forcieren, ist es zu
empfehlen, sich an einen geeigneten Umsetzungsbegleiter zu wenden oder sich an einem entsprechenden Förderprojekt zu beteiligen. Besonders die Strategieentwicklung
und die ersten Schritte des Digitalisierungsprozesses stellen sich oft als am herausfor-
derndsten dar.

Die Gemeinden Spiegelau und Frauenau haben durch ihre Beteiligung am Projekt
„Digitales Dorf Bayern" bereits große Entwicklungssprünge im Bereich Digitalisierung
erzielen können. Nun bedeutet es für die Gemeinden diesen Erfolg langfristig weiterzuführen und die Wünsche und Anforderungen der Bürger:innen nachhaltig und stetig umzusetzen.

Anhang

Frage 1 **Würden Sie gerne in einer Stadt oder Gemeinde mit vielen digitalen Angeboten leben?**

➔ Ja, ich möchte in einer Stadt oder Gemeinde mit vielen digitalen Angeboten leben ☐
➔ Nein, das möchte ich nicht ☐
➔ Ich bin mir nicht sicher ☐

Frage 2   **Was verbinden Sie mit Digitalisierung?**

	Stimme zu	Stimme nicht zu	Ich bin mir nicht sicher
Vereinfachter und schneller Zugang zu Informationen und Wissen	☐	☐	☐
Angst vor Überwachung	☐	☐	☐
Erleichterung im Alltag	☐	☐	☐
Sicherheitsrisiko durch Datenmissbrauch und -diebstahl	☐	☐	☐
Bessere Vernetzung mit anderen	☐	☐	☐
Überforderung	☐	☐	☐
Neue (technische) Innovationen und Möglichkeiten	☐	☐	☐
Abhängigkeit von Geräten, Internet, digitalen Anwendungen, etc.	☐	☐	☐

Frage 3   **Inwiefern stimmen Sie den Aussagen zur Digitalisierung in Bezug auf Ihre Gemeinden zu?**

	Stimme zu	Stimme nicht zu	Ich bin mir nicht sicher
Meine Gemeinde sollte Digitalisierung stärker nutzen, um …			
das Bildungsangebot für Kinder und Jugendliche zu verbessern.	☐	☐	☐
die Attraktivität meiner Gemeinde als Wohn- und Arbeitsort zu steigern.	☐	☐	☐
die medizinische Versorgung zu verbessern.	☐	☐	☐
das Potenzial von Freizeit- und Kultureinrichtungen besser auszuschöpfen.	☐	☐	☐
die Nutzung der Verwaltungsdienste meiner Gemeinde zu vereinfachen.	☐	☐	☐
den Zugang zu Informationen innerhalb meiner Gemeinde zu verbessern.	☐	☐	☐
mich besser mit Mitgliedern meiner Gemeinde zu vernetzen.	☐	☐	☐
die Mobilität im ländlichen Raum zu verbessern.	☐	☐	☐

Frage 4   **Welche der folgenden Logos erkennen Sie wieder?** (Mehrfachauswahl möglich)

Spiegelau Frauenau
Digitales Dorf

DAHOAM 4.0

keines von beiden

☐   ☐   ☐

bitte wenden!   Gemeinde Spiegelau

Abb. 24.11 Fragebogen Spiegelau

Frage 5   **Welche der folgenden digitalen/ digital-gestützten Angebote, die im Rahmen des Projekts „Digitales Dorf Spiegelau-Frauenau" umgesetzt wurden, kennen Sie und finden Sie nützlich?**

	Kenne ich	Kenne ich nicht	Finde ich nützlich	Finde ich nutzlos
Digitale Anschlagtafeln	☐	☐	☐	☐
Telemedizin/ Onlinesprechstunden bei Dres. Haberer in Spiegelau	☐	☐	☐	☐
Dahoam 4.0 DorfBUS App	☐	☐	☐	☐
Dahoam 4.0 Nachbarschaftshilfe Portal	☐	☐	☐	☐
Dahoam 4.0 RathausApp	☐	☐	☐	☐
Dahoam 4.0 VereinsApp	☐	☐	☐	☐
Dahoam 4.0 SchulApp in Grundschule	☐	☐	☐	☐
Schulungen für Senioren & Digital-Stammtisch	☐	☐	☐	☐
Echtzeit Gottesdienstübertragung	☐	☐	☐	☐
Digitale Wandernadel Bayerischer Wald	☐	☐	☐	☐
Coworking Space Spieglau	☐	☐	☐	☐
Onleihe in Gemeindebücherei Spieglau	☐	☐	☐	☐
E-Ladesäule im Loipenzentrum Klingenbrunn	☐	☐	☐	☐

Frage 6   **Welche Informationen und/oder Angebote hätten Sie gerne noch zusätzlich digital in Ihrer Gemeinde zur Verfügung?** (freie Antwortmöglichkeit)

....

....

Frage 7   **Mit dem Projekt „Digitales Dorf Bayern" werden die Chancen der Digitalisierung im ländlichen Raum erprobt. Ziel ist es, digitale Anwendungen zu entwickeln, die den ländlichen Raum als lebenswerten Wohn- und Wirtschaftsraum erhalten und weiterentwickeln. Wie schätzen Sie den Bedarf solcher Projekte ein?**

notwendig	eher notwendig	neutral	eher unnötig	unnötig
☐	☐	☐	☐	☐

Frage 8   **In welchem Jahr sind Sie geboren?**

....

Frage 9   **Bitte geben Sie Ihr Geschlecht an.**

→ Weiblich ☐
→ Männlich ☐
→ Divers ☐

Vielen herzlichen Dank für Ihre Zeit und die Teilnahme an unserer Befragung!

Gemeinde Spiegelau

Abb. 24.11   (Fortsetzung)

Literatur

Bayerisches Landesamt für Statistik. (Stand: 31.12.2020). *Demographie-Spiegel für Gemeinde Spiegelau und Frauenau.*

Bitkom e.V. (2021). *Die Digitalisierung in Städten und Gemeinden.* Bitkom Research.

Bundesverbands Digitale Wirtschaft (BVDW). (2019). *Digitale Nutzung in Deutschland.*

Bürgerliches Gesetzbuch (BGB), § 51 Absatz 3. (04. April 2022).

Deutsches Kinderhilfswerk e.V. (2013). *Umfrage zum politischen Engagement von Jugendlichen.* Bundesministerium für Familie, Senioren, Frauen und Jugend.

Döring, N., & Bortz, J. (2016). *Forschungsmethoden und Evaluation in den Sozial- und Humanwissenschaften.* Springer.

Egger, A., & van Eimeren, B. (2019). Mediennutzung älterer Menschen zwischen Beständigkeit und digitalem Wandel. Ein Forschungsüberblick2008 und 2018 im Vergleich. *Media Perspektiven, 6*(2019), 267–285. ARD1Media

Israel, G. D. (1992). *Determing Sample Size.* University of Florida.

Jager, A., Hess, T., Münch, U., & Brunner, K. (2020). *Digitalisierungsstrategien bundesdeutscher Länder: Eine Bestandsaufnahme ihrer Entwicklung und Implementierung – Analysen und Studien: Nr. 4,.* München: bidt – Bayerisches Forschungsinstitut für Digitale Transformation.

Kuss, A. (2010). *Marktforschung: Grundlagen der Datenerhebung und Datenanalyse.* Springer.

Sept, A., & Zerrer, N. (2020). Smart villagers as actors of digital social innovation in rural areas. *Urban Planning, 5*(4), 78–88.

Diane Ahrens

Zusammenfassung

Mit dem Projekt „Digitales Dorf Bayern" wurden hervorragende Erkenntnisse über digitale Anwendungen, die den ländlichen Raum als lebenswerten Wohn- und Wirtschaftsraum erhalten und weiterentwickeln, gewonnen. Insbesondere der ganzheitliche Ansatz und das praxisnahe und bürgerzentrierte Vorgehen waren ein Erfolgsfaktor des Projektes. Deutlich wurde, dass digitale Transformation nicht primär ein IT-Problem ist, sondern Sensibilisierung und Umdenken erfordert. Daher sind technikgetriebene Ansätze meist nicht zielführend. Allerdings erfordern entsprechende Projekte Geduld, da Anwenderakzeptanz wachsen muss. Weiterbildung kommt ebenfalls eine Schlüsselrolle zu, um digitale Klüfte zu verringern. Grundlage ist zudem die Einbettung der Umsetzungsmaßnahmen in eine entsprechende digitale Roadmap.

Schlüsselwörter

Digitalstrategie · Digitale Roadmap · Maßnahmenumsetzung · Smart Region · Smarte Kommunen · Integrierte Ländliche Entwicklung

D. Ahrens (✉)
Technische Hochschule Deggendorf, Technologie Campus Grafenau, Grafenau, Deutschland
E-Mail: diane.ahrens@th-deg.de

© Der/die Autor(en), exklusiv lizenziert an Springer Fachmedien Wiesbaden GmbH, ein Teil von Springer Nature 2023
D. Ahrens (Hrsg.), *Smart Region: Angewandte digitale Lösungen für den ländlichen Raum*, https://doi.org/10.1007/978-3-658-38236-0_25

25.1   Einleitung

Digitalisierung kann dazu beitragen, die Attraktivität ländlicher Räume zu erhöhen. Allerdings führen digitale Projekte oft nicht zum erhofften Erfolg. Dies kann an fehlender Nutzerzentrierung oder an ungeeigneter Projektdurchführung liegen. In diesem Artikel wird zum einen betrachtet, wie ein Flächen-Roll-out digitaler Anwendungen auf dem Land unterstützt werden kann und zum anderen den Kommunen ein Vorgehensleitfaden zur Entwicklung einer Digital-Strategie wie auch Tipps für eine erfolgreiche Strategieumsetzung an die Hand gegeben.

25.2   Integrierte Ländliche Entwicklung als Enabler für digitale Transformation[1]

In Bayern haben rund 70 % aller Kommunen eine Größe von bis zu 5000 Einwohnern, die fachlich, kapazitativ sowie finanziell bei der Bewältigung der digitalen Transformation an ihre Grenzen stoßen. Unter anderem wurde daher in der Smart City Charta die Forderung nach dem Aufbau kooperativer Strukturen zur Bündelung sektoraler digitaler Initiativen mit klaren Rollen, Ressourcen und Kompetenzen[2] sowie in den Dresdner Forderungen[3] nach Zentralisierung zur Komplexitätsreduzierung platziert. Angesichts gut etablierter Strukturen im Rahmen der Integrierten Ländlichen Entwicklung (ILE) erscheinen diese für die digitale Transformation generell als geeigneter Handlungsrahmen, sofern begleitet von konsolidierten Lösungen nach dem „Einer-für-Alle-Prinzip" bzw. überregionalen Initiativen zur Standardisierung von Prozessen, Schnittstellen und Dateninfrastrukturen wie GAIA-X.[4]

Es stellt sich die Frage, auf welcher Ebene eine digitale Transformation im ländlichen Raum wirkungsvoll unterstützt werden kann. Landkreisen kommt sicher eine tragende Rolle z. B. hinsichtlich der Realisierung einer flächig effizienten Mobilität zu; kleine Kommunen können wie mit dem in Kap. 12 erwähnten Dorfbus eher eine lokale Anbindung an das Mobilitätsangebot bzw. einen Lückenschluss realisieren. Auf Landkreisebene sind auch weitere Unterstützungen wie z. B. hinsichtlich der IT-Betreuung der Schulen denkbar, zumal insbesondere kleine Dorfschulen bzw. Grundschulen dies eigenverantwortlich ebenso wenig stemmen können wie kleine Gemeindeverwaltungen. Doch erscheint der Landkreis – insbesondere bei flächigen Landkreisen – in vielen Bereichen der digitalen Daseinsvorsorge dann nur bedingt geeignet, falls die Wege zu lang und ineffizient sind. Als geeignete „Zwischeninstanz" bieten sich kommunale Verbünde oder Allian-

---

[1] Der folgende Abschnitt ist angelehnt bzw. in Auszügen deckungsgleich mit einer anderen Veröffentlichung der Autorin, vgl. Ahrens, D. (2021)

[2] Vgl. BBSR (Mai 2017).

[3] Vgl. Adelskamp et al. (2021).

[4] Vgl. BMWI (2022).

zen an. In Bayern ist ein Kernelement der Integrierten Ländlichen Entwicklung (ILE) die Initiierung und Unterstützung kommunaler Allianzen. Ein wesentliches Instrument der ILE sind die Integrierten Ländlichen Entwicklungskonzepte (ILEK), die darauf abzielen, den ländlichen Raum als Lebens-, Arbeits-, Erholungs- und Naturraum weiterzuentwickeln. Ziel ist die gemeindeübergreifende Planung und Umsetzung von ökonomischen, ökologischen oder sozialen Projekten, die eine Gemeinde alleine nicht realisieren könnte, sowie die Erschließung von Einsparmöglichkeiten zu erschließen. Klassische Beispiele sind Dorferneuerung, Flurneuordnung, Ländlicher Straßen- und Wegebau.[5]

Die Gemeinschaftsaufgabe „Verbesserung der Agrarstruktur und des Küstenschutzes" (GAK) besteht seit 1969 in Deutschland und ist ein nationales Förderinstrument für die Land- und Forstwirtschaft sowie die ländlichen Räume. Im April 2021 wurden nun die förderrechtlichen Grundlagen für die Umsetzung digitaler Lösungen in der Ländlichen Entwicklung geschaffen.[6] Koordiniert werden die Projekte über die Ämter für ländliche Entwicklung, die über eine entsprechende pragmatische Nähe zu den Kommunen verfügen. Hinsichtlich des um Digitalisierung erweiterten Förderspektrums müssen nun allerdings auch deren fachliche Kompetenzen ausgebaut werden.

Die Umsetzung digitaler Angebote der Daseinsvorsorge, insbesondere der freiwilligen Aufgaben, im Rahmen der ILE machen in mehrerlei Hinsicht Sinn, um nur einige zu nennen:

- Kostspielige IT-Infrastruktur sowie Dienstleistungen rentieren sich in einer ILE-Allianz schneller als in einer Kommune alleine. Insbesondere kleine Kommunen verfügen nicht über die quantitative und qualitative Kapazität, die digitale Transformation alleine zu stemmen.
- Während Bündelungs- und Vernetzungsfunktion in Bereichen wie e-Health und e-Mobility eher eine Landkreisfunktion ist, sollte bei digital unterstützter Bürgerinformation, -kommunikation und -partizipation nicht zu großflächig gedacht werden, um regionalen Unterschieden Rechnung tragen zu können.
- Bürger wünschen lokale Informationen, diese umfassen jedoch meist neben dem Wohnort auch Arbeitsort, Ort von Vereins-/Einkaufs- und kulturellen Aktivitäten. Oft bildet eine ILE diese Region gut ab.
- Regionale im Gegensatz zu lokalen Nachrichten schaffen mehr „traffic" auf Bürger-Apps und machen diese attraktiver.

Diesem Weg folgt nun das Bayerische Staatsministerium für Ernährung, Landwirtschaft und Forsten, indem im Projekt „Smarte Gemeinde"[7] eine Übertragung ausgewählter Entwicklungen aus dem Digitalen Dorf sowie die Erstellung einer Digital-Strategie in zwei Regierungsbezirken gefördert wird. Insgesamt wurden fünf Kommunen je Regie-

---

[5] Vgl. ArgeLandentwicklung (2011).

[6] Vgl. GAK Rahmenplan 2021–2024 Förderbereich 1 – Integrierte ländliche Entwicklung.

[7] Siehe https://smarte-gemeinde.bayern/.

rungsbezirk im Rahmen eines Wettbewerbs ausgewählt. Bewerbungsvoraussetzung war unter anderem die Eingliederung in eine aktive ILE, mit dem Ziel die Erkenntnisse auf die anderen ILE-Kommunen leichter übertragen zu können und so einen rascheren flächigen Roll-Out zu begünstigen. Das Projekt begann im Oktober 2021 mit einer Laufzeit von zwei Jahren.

Als Ergebnis sollen belastbare Erkenntnisse aus der Übertragung auf zehn Kommunen in Niederbayern und Unterfranken für ein geeignetes Vorgehen beim Roll-Out in weiteren Dorf- bzw. Gemeindeentwicklungen und Integrierten Ländlichen Entwicklungen vorliegen. Dies beinhaltet eine Evaluierung des Handlungsbedarfs und Vorgehens bei der Erstellung einer digitalen Roadmap, eine beispielhafte Auswahl der umzusetzenden digitalen Inhalte, Hinweise zu deren Roll-Out und der Nachhaltigkeit der Umsetzung. Ebenso zählen dazu die belastbare Abschätzung der erforderlichen quantitativen und qualitativen Kapazität sowie Kosten für entsprechende Betreuer sowie Dienstleister vor Ort. Insgesamt können die gewonnenen Erkenntnisse als Grundlage für eine gezielte weitere Förderung der Kommunen im Rahmen der digitalen Transformation dienen.

25.3 Entwicklung einer kommunalen Digitalisierungsstrategie

Ungeachtet dessen gilt gleichermaßen für alle Kommunen: Digitalisierung ist unumkehrbar und je eher diese aktiv auf kommunaler Ebene gestaltet wird, desto besser. Eine ILE- oder Landkreis-Digitalstrategie sind ein unterstützender Rahmen, aber letztlich keine Voraussetzung für die Auseinandersetzung mit der digitalen Transformation in Kommunen.

Digitalvision und -strategie sollten Basis und Rahmen einer jeden kommunalen Digitalisierungsmaßnahme sein. Als selbstverständlich kann dies leider nicht angenommen werden, so zeigte doch eine Befragung niederbayerischer Kommunen, dass in fast zwei Drittel der befragten Kommunen eine Maßnahmenplanung oder -umsetzung ohne Existenz einer Digitalstrategie erfolgte (vgl. Kap. 6).

In der folgenden Abb. 25.1 ist das Vorgehen im Rahmen der Entwicklung einer Digitalstrategie exemplarisch zusammengefasst.

Zu Beginn eines jeden Projektes steht eine Analysephase, die dazu dient, den digitalen Reifegrad der jeweiligen Kommune zu ermitteln, relevante Handlungsfelder festzulegen und geeignete Ansatzpunkte für Digitalisierungsprojekte zu eruieren.

Im Rahmen von Workshops werden sowohl eine Digitalvision, als auch -strategie entwickelt sowie geeignete Umsetzungsmaßnahmen abgeleitet und priorisiert. Hierbei steht eine Einbettung in ggf. existierende übergeordnete Strategien und Konzepte ebenso auf dem Arbeitsplan wie auch eine zeitliche, kapazitative und finanzielle Grobplanung der Maßnahmen. Ziel ist es, ein „Big Picture" für die nächsten Jahre zu haben, das sukzessive abgearbeitet werden kann.

Schritte	Strategiedefinition			Planung und Umsetzung	
	Analyse	**Strategie-entwicklung**	**Abstimmung**	**Planung**	**Umsetzung**
Aufgaben	• Erfassung von digitalem Reifegrad, Zuständigkeiten & IT-Strukturen • Ermittlung analoger zeit- und kostenintensiver kommunaler Aufgaben • Bürger- und Verwaltungsbefragung zu Optimierungspotentialen und Wünschen • SWOT Analyse	• Erarbeitung Digitalisierungsvision • Bürgerbeteiligung bzw. Stakeholder-Beteiligung • Strategieentwicklung und Einbettung in vorhandene Konzepte und Strategien (wie ILE- und Landkreisstrategie) • Erarbeitung und Priorisierung von Maßnahmen	• Gemeinde-interne Abstimmung und Verabschiedung • Abstimmung mit relevanten Schnittstellenpartnern und Stakeholdern • Konkretisierung Betreibermodelle • Eruierung von Fördermöglichkeiten	• Detaillierung des Zeitplans • Konkrete Benennung von Aktionen und Verantwortlichkeiten • Integration von Multiplikatoren • Festlegung von KPI's • Schulungs- und Kommunikationskonzept	• Realisierung der definierten Maßnahmen • Tracking definierter Meilensteine und KPI's (z. B. Nutzung digitaler Angebote) • Regelmäßige Kommunikation und Feedbackschleifen • Regelmäßiger Review und ggf. Anpassung der Digital-Strategie
Ergebnisse	• Transparenz bzgl. Digital-Status • Handlungsfeldbewertung • Potenziale gemäß Hebelanalyse • Marktübersicht über relevante digit. Anwendungen	• Definierte Digitalisierungsstrategie & -vision • Finanzierungsplan • Plan zur Umsetzung der strategischen Maßnahmen	• Einverständnis aller beteiligten Akteure • Roadmap & Finanzierungsplan verabschiedet • Kooperationen zur Ausschöpfung interkommunaler Synergiepotentiale	• Detaillierter Zeitplan zur Implementierung inkl. Meilensteinplanung und Verantwortlichkeiten sowie Begleitmaßnahmen	• Aktualisiertes Strategiepapier • Dokumentierte Anpassungen und Lessons Learned • Verstetigter Bürgerdialog

Jährliche Überarbeitung und Anpassung

Abb. 25.1 Ablauf Digitalisierungsstrategie, eigene Abbildung

Eine Abstimmung mit relevanten Schnittstellenpartnern und Stakeholdern, ebenso wie das frühzeitige Beschäftigen mit geeigneten Betreibermodellen schafft die Basis für einen nachhaltigen Erfolg der Maßnahmen und stellt die Unterstützung der Betroffenen sicher. Die Sichtbarmachung möglicher Synergien mit ebenenübergreifenden Projekten verhindert Doppelarbeit oder spätere Konflikte.

Die so erarbeitete Roadmap wird in einer Detailplanung weiter ausgearbeitet, kapazitativ und zeitlich abgestimmt. Zudem werden erforderliche Begleitmaßnahmen wie Weiterbildungs- und Hilfsformate initiiert.

In der anschließenden Umsetzungsphase ist sichergestellt, dass durch permanentes Controlling und Feedbackschleifen ungewünschte Effekte vermieden und Erfolgspotenziale gezielt gehoben werden können sowie die Strategie stets an sich ggf. ändernde Rahmenbedingungen angepasst wird.

25.4 Erfolgsfaktoren der digitalen Transformation

Typische Hürden, die im Rahmen der digitalen Transformation gemeistert werden müssen, sind – abgeleitet aus den Erkentnissen aus den Modellprojekten „Digitales Dorf Bayern" – im Folgenden aufgeführt:[8]

---

[8]Vgl. hierzu für die Verwaltungsdigitalisierung auch: Behörden Spiegel und Prognos AG (Hrsg,) (März 2019).

25.4.1 Politik der kleinen Schritte

Digitalisierung ist ein – teils disruptiver – Prozess, der allen Beteiligten viel Willen zur Veränderung abverlangt und an finanzielle, personelle Grenzen oder veraltete Rechtsrahmen stößt. Die Hürden sind demnach vielfältig, jedes Projekt herausfordernd. Daher sollte das jeweilige Projekt nie zu groß geplant werden. Empfehlenswert ist eine Politik der kleinen Schritte, die aber stets auf einem „Big Picture" einer Digitalvision und -strategie basiert. Sukzessive kann dann der Rahmen erweitert werden, so z. B. im Rahmen der Mobilität zunächst mit der Etablierung einer Rufbuslinie, der Erweiterung der Zielgruppe und entsprechender Bewerbung, dann einer digitalen Buchbarkeit, der Flexibilisierung des Fahrplanes, um zu guter Letzt an eine autonome Bedienung der Route denken zu können.

25.4.2 Gutes Projektmanagement als Voraussetzung

Einhergehend mit den digitalen Veränderungen dieses Jahrhunderts haben Unternehmen bereits seit den 90er-Jahren mit der Optimierung ihrer unternehmensinternen und -übergreifenden Prozesse begonnen, um dem aus der zunehmenden Digitalisierung entstandenen Kosten- und Zeitdruck sowie der Forderung nach kundenindividuellen Lösungen besser standhalten zu können. In einer McKinsey Studie wurden sechs Erfolgsfaktoren empirisch abgeleitet, die zum Projekterfolg beitrugen.[9] Die heutige Situation in Kommunen ist vergleichbar, die Erfolgsfaktoren haben sich im Rahmen der Modellprojekte bestätigt (siehe Abb. 25.2).

1. Digitalisierungsprojekte sind potenziell erfolgreicher, wenn sie Missstände verringern oder Zusatznutzen generieren. Dem geht in der Regel eine Unzufriedenheit mit der bestehenden Situation voraus. Jene Projekte, die an dieser Unzufriedenheit ansetzen, erfreuen sich größerer Unterstützung durch die Betroffenen.
2. Damit diese Unterstützung nicht im Zeitablauf erodiert, ist ein schneller Start und eine schnelle konsequente Umsetzung erforderlich. Planungsprozesse dauern oft endlos und sollten daher fokussiert und effizient vorangetrieben werden. Ebenso ist eine sinnvolle Priorisierung der Maßnahmen unumgänglich, um mit „Quick wins" schnelle Sichtbarkeit zu schaffen.
3. Als Basis einer jeden Digitalisierungsmaßnahme sollte stets eine Digitalvision und eine daraus abgeleitete sowie in Landkreis und ggf. ILE-Strategie eingebettete Digitalisierungsstrategie dienen. Hierzu gehört auch die Definition von Handlungsfeldern (vgl. Kap. 5), um mit Digitalisierungsbemühungen einen ganzheitlichen Beitrag zu gleichwertigen Lebensverhältnissen leisten und Synergien zwischen den umgesetzten Maßnahmen erreichen zu können.

---

[9] Vgl. – bezogen auf Supply Chain Verbesserungsprojekte, aber in diesem Kontext durchaus anwendbar: Thonemann, U. u. a. (2007).

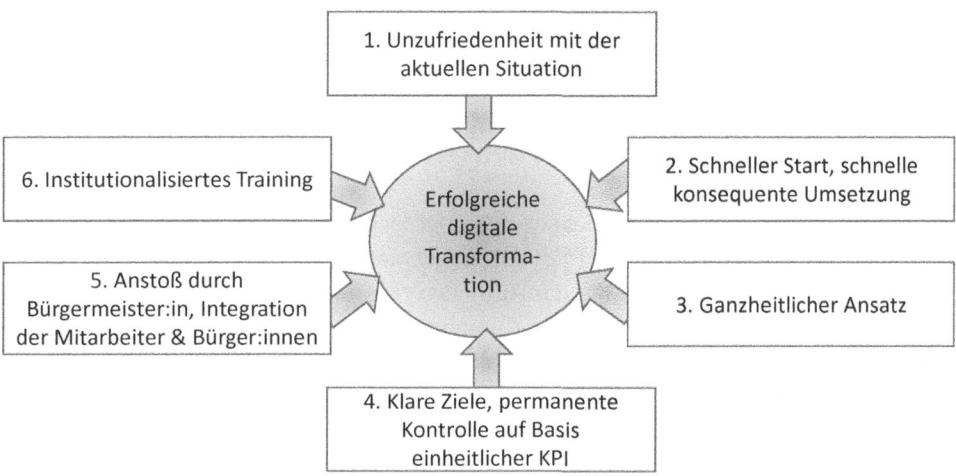

Abb. 25.2 Faktoren für erfolgreiche Digitalisierungsprojekte, in Anlehnung an Thonemann et al. (2007)

4. Den Nutzen von Digitalisierungsprojekten zu messen, ist teils nicht einfach. Von Beginn an sollten Überlegungen angestellt werden, welche Nutzerzahlen erreicht werden sollen, wie diese gemessen werden können. Dies erfordert zunächst die Definition geeigneter Kenngrößen, deren permanente Messung und Interpretation und darauf aufbauend ein geeignetes Steuern. Das soll am Beispiel der Gottesdienstübertragung (siehe Kap. 10) verdeutlicht werden. Es reicht nicht allein, die YouTube-Nutzung zu erfassen, sondern auch die Zugriffsdauer. Bei den zugänglichen Altersklassen dürfen keine voreiligen Schlüsse gezogen werden: Die Altersklassen der Nutzer sind wesentlich jünger als die der Kirchgänger im Durchschnitt. Doch kann dies daran liegen, dass Kinder oder Enkel den Eltern bzw. Großeltern beim Ansehen der Online-Gottesdienste deren Geräte zur Verfügung stellen. Häufig ist eine regelmäßige Bevölkerungsbefragung das probate Vorgehen.

5. Digitale Transformation ist Chefsache und funktioniert nur, wenn sie „von oben", also vom Bürgermeister und Geschäftsstellenleiter angestoßen und gelebt wird. Ohne Stakeholder, insbesondere alle Verwaltungsmitarbeiter:innen aktiv einzubinden, ebenso wie die Bevölkerung, sind die massiven Änderungen nicht nachhaltig zu stemmen. Förderlich ist die Suche nach geeigneten Multiplikatoren, die die Entwicklungen engagiert mittragen und aufgrund ihrer Akzeptanz in der Bevölkerung diese zum Nachahmen motiviert. Der Mensch ist zu sehr mit seinen Gewohnheiten verhaftet und kehrt zu gerne zu diesen zurück. Daher ist langfristige permanente Kommunikation ebenso wie Kontrolle ein Muss (vgl. Kap. 20 und 22).

6. Da digitale Transformation neue Fähigkeiten erfordert, sowohl in der Verwaltung, die entsprechende digitalen Verfahren und Angebote pflegt, als auch bei den Nutzer:innen, ist deren Ertüchtigung unumgänglich. Neben einer institutionalisierten Weiterbildung

sollte auch eine niederschwellige und gut zugängliche Hilfestellung vorgesehen werden (vgl. Kap. 8).

25.4.3 Digitale Prozesse zu Ende denken

Digitale Prozesse werden häufig nicht „zu Ende gedacht". So werden im Rahmen von digitalen Angeboten gerne „Lost-and-Found"-Angebote umgesetzt, häufig aber vergessen, dass ein eleganter Prozess nicht nur das Auffinden eines verlorenen Gegenstandes auf einer Webseite, sondern auch die digitale Kommunikation und Terminbuchung zur Abholung vorsehen sollte. Häufig steht am Ende des Prozesses nur das Telefon bzw. ein analoger Prozess.

Ein Prozess beginnt und endet mit dem Kunden. Die Verwaltungsabläufe dahinter interessieren diesen nicht, nur die einfache, schnelle und qualitativ hinreichende Lösung von dessen Problem, Bedienung des Anliegens oder Bereitstellung eines Services. Daher ist sowohl die konsequente Einnahme der Kundensicht als auch die stete Frage nach dem Wertbeitrag eines Prozessschrittes essentiell. Hinzu kommt ein ganzheitliches Vorgehen, damit nachher alle Angebote „aus einem Guss" sind sowie durchgängige Prozesse ohne Organisations-, System- oder Medienbrüche, Wartezeiten sowie überflüssige Prozessschritte. Einen schlechten analogen Prozess unverändert zu digitalisieren, führt zu einem schlechten digitalen Prozess. Während IT-Spezialisten eine IT-Sicht einnehmen, sind es zumeist Logistikexperten, die – im industriellen Kontext, aber gut auf kommunale Digitalisierungsbestrebungen übertragbar – diese ganzheitliche kundenfreundliche Prozessdenke beherrschen.

25.4.4 „Der Bürger will es lieber analog?": Bottom up-Ansatz als Erfolgsfaktor

Auf dem Land ist die Adaptierfreudigkeit neuer Lösungen gefühlt geringer als in urbanen Regionen, sodass die Verbreitung entsprechender Lösungen und eine entsprechende Steigerung der Nutzerzahlen mehrere Monate in Anspruch nehmen kann. Digitale Vorhaben sollten daher nicht zu früh als Misserfolg interpretiert werden. Stets ist Nutzerzentrierung ein Schlüssel zum Erfolg. Häufig fehlt diese jedoch in kommunalen Digitalisierungsprojekten, sodass die digitalen Angebote teils nicht den Bedarf treffen, nutzerunfreundlich umgesetzt sind, Medienbrüche enthalten oder schlichtweg nicht bekannt genug sind. Letztlich führt dies zu einer geringen Nutzung und entsprechender Enttäuschung auf beiden Seiten. Fatal wäre dann der Rückschluss, dass der Bürger es wohl doch analog bevorzuge. Unumgänglich ist daher ein Bottom-up Vorgehen, in dem die Lösungen in engem Dialog mit allen Stakeholdern, allen voran jedoch den Nutzer:innen, entwickelt werden (vgl. Kap. 19). Der Prozess ist mühsam und zeitraubend, doch macht er Betroffene zu

Beteiligten und sichert entsprechend deren Unterstützung für die Neuerungen. Besonders fruchten solche Maßnahmen, die an einem „Leidensdruck" ansetzen, also den „Customer Pain" reduzieren (zum Beispiel durch Bereitstellung benötigter Informationen) oder einen Mehrwert für die Nutzer, also einen „Customer Gain" (zum Beispiel durch Echtzeitverfügbarkeit, Selektierbarkeit, Vertrauenswürdigkeit der bereitgestellten Informationen) bieten. Besonderer Augenmerk muss stets auch auf der zielgruppengerechten Usability und geeigneter Bewerbung der bereitgestellten Lösungen liegen. So sind Zeitung und Gemeindeblatt nach wie vor das Hauptinformationsmedium von Senioren, während Jugendliche über Instagram und YouTube gut erreicht werden können. Bei der Rufbusnutzung (vgl. Kap. 12) und Nachbarschaftshilfe (siehe Kap. 9) mussten beispielsweise parallele Nutzerkanäle angeboten werden, also Buchbarkeit über App, aber auch Telefon für die ältere Zielgruppe.

25.4.5 Rechtsrahmen und Datenschutz: „Das dürfen wir gar nicht!"

Datenschutz und die Konformität mit der Datenschutzgrundverordnung müssen bei allen kommunalen Digitalisierungsprojekten von Anfang an mitgedacht werden und sind leider häufig ein vorgeschobenes Argument, etwas nicht zu machen. Im Rahmen der Modellprojekte „Digitales Dorf Bayern" gab es keine Datenschutzrestriktionen, die eine Umsetzung vereitelt hätten, wohl aber erschwert und verzögert. Dies betraf insbesondere das Teilprojekt MeDiLand (vgl. Kap. 13). Hinderlich sind jedoch rechtliche Restriktionen, die dazu führen, dass digitale Innovationen nicht rechtskonform sind oder sich in einer „Grauzone" befinden, über die ungerne entschieden wird. Entsprechend positiv ist die Resonanz über den politischen Willen, ein Reallaborgesetz auf den Weg zu bringen, um den Rechtsrahmen evidenzbasiert weiterzuentwickeln. Im „Digitalen Dorf Bayern" war beispielsweise etwas Triviales wie die Digitalen Anschlagtafeln eine kleine Herausforderung und erforderte intensive Korrespondenz mit dem Bayerischen Innenministerium, da in § 1, Absatz 2, Satz 1 der Bekanntmachungsverordnung (BekV) vom 19. Januar 1983 (GVBl. S. 14, BayRS 2020-1-1-2-I) festgelegt ist, dass amtliche Bekanntmachungen auf den unterhaltenen Amtstafeln „angeheftet" werden müssen (vgl. Kap. 7). Die 24/7-Verfügbarkeit muss entsprechend bei digitalen Niederlegungen gewährleistet sein.

25.4.6 Ängste ernst nehmen und thematisieren

Datenschutz ist nicht aus rechtlicher Sicht, sondern aufgrund der Diskussionsintensität oft als Problem oder gar Bedrohung wahrgenommen. So meldete ein Großteil der Senioren (57 %), die an Schulungen rund um Laptop, Smartphone & Co. teilgenommen haben, vor der Schulung eine große Sorge hinsichtlich Datenmissbrauch. Nach den Schulungen waren die diesbezüglichen Befürchtungen wesentlich geringer und die Sicherheit im Umgang mit entsprechenden Geräten deutlich höher. So gaben 82 % der Befragten an, dass sich ihre Angst im Umgang mit den Geräten verringert hätte (vgl. Kap. 8). Entsprechend wichtig ist es, bei Digitalisierungsprojekten aktiv mit Ängsten der Zielgruppen umzugehen. Diese können allerdings zielgruppenabhängig divergieren. So musste Datenschutz insbesondere bei der Einbindung der älteren Bevölkerung aktiv thematisiert werden, um Befürchtungen und Ängste abzubauen und Gefahren zu konkretisieren und objektivieren. Die jugendliche Bevölkerungsgruppe hingegen ging mit diesem Thema eher unbefangen um.

25.4.7 Die beste App ist nur so gut wie ihr Inhalt: ohne Qualifizierung geht es nicht

Die Geschwindigkeit der digitalen Transformation steht und fällt oft mit einzelnen Personen, insbesondere den Bürgermeister:innen und/oder Geschäftsstellenleiter:innen. Digitalisierung ist Chefsache und entwickelt sich entsprechend. Leider mangelt es insbesondere in kleinen Kommunen an erforderlicher personeller und/oder fachlicher Kapazität (vgl. Kap. 6), IT-Ausstattung und Konsequenz in der Umsetzung. Als Beispiel seien Apps zur Information der Bürger:innen rund um das Gemeindegeschehen genannt (vgl. Rathaus-App in Kap. 11). Diese können technisch noch so gut umgesetzt sein, scheitern jedoch, wenn sie nicht permanent mit attraktivem Content befüllt werden. In der Regel mangelt es an einer zuständigen bzw. hinreichend qualifizierten Stelle. Überspitzt ausgedrückt: Bürgermeister oder Bürgermeisterin pflegt den eigenen Facebookauftritt und ist nicht gewillt einen weiteren Kanal zu bespielen, die Sekretärin hat keine Lust und sonst ist niemand da. Selbst wenn eine Kommune über diesbezüglich engagierte Verwaltungsmitarbeiter:innen verfügt, fehlt es diesen häufig an redaktioneller Ausbildung, attraktiven Open Source Fotos oder stoßen diese an das Gebot der Staatsferne der Presse gemäß Art. 5 Abs. 1 Satz 2 GG. Die lokale Presse sollte daher in entsprechende Lösungen frühzeitig eingebunden werden, Mitarbeiter:innen abgestellt und geschult werden oder digitale Angebote mit redaktionellem Support ausgewählt werden. Zudem ist es ein mühsamer Prozess, der verwaltungsintern eine permanente Kommunikation erfordert, damit beispielsweise Informationen über Wasserabsperrungen nicht nur als Flugblätter, sondern auch über andere Informationskanäle wie kommunale Apps ausgespielt werden. Eine der größten Herausforderungen im Rahmen der digitalen Transformation ist das „Haben wir schon immer so gemacht"-Phlegma. Konsequentes und professionelles Change Management ist daher unumgänglich zur Schaffung eines digitalen Mindsets in der Verwaltung (vgl. Kap. 22).

25.4.8 „Digitalisierungsprojekte rechnen sich nicht"

Digitalisierungsvorhaben sind eine Investition in die Zukunft, insbesondere im ländlichen Raum. Kleinere Kommunen haben dort bereits mit innovativen analogen Angeboten eine

Trendwende der Landflucht einleiten können. Als Beispiel sei hier das Haus der Kinder in der Gemeinde Perlesreut genannt: Betreuung für Kinder bis 14 Jahren wird an 360 Tagen im Jahr, täglich von 7.00–20.00 Uhr angeboten.[10] Als Folge konnte sich die Marktgemeinde gegen den Trend über Zuzug junger Familien und Alleinerziehender freuen. Digitalisierung bietet entsprechende Chancen. So entscheiden gute Breitband- und Mobilfunkqualität über die Attraktivität der Region. Die Überzeugung manifestiert sich, dass mit dem Angebot von Co-Working Spaces (vgl. Kap. 16), der im Freistaat Bayern realisierten Behördenverlagerung, Dezentralisierung von Forschung wie den Technologietransferzentren der Technischen Hochschule Deggendorf und einem lebenswerten, kreativen und dynamischen Umfeld vermehrt „Stadtflüchtige" angelockt werden können.

Die Liste der Tipps könnte noch wesentlich erweitert werden, so braucht es auch Geduld, da Anwenderakzeptanz wachsen muss, eine weitere Standardisierung, um die leidigen Schnittstellenprobleme in den Griff zu bekommen und eine Prozessoptimierung, damit schlechte analoge Prozesse nicht zu schlechten digitalen Prozessen werden. Auch erfordert „digital" teils einer differenzierteren Interpretation: so kann wohl kaum von einem digitalen Prozess gesprochen werden, wenn Daten über eine Webseite erfasst, dann aber nur als PDF an die Kommune weitergeleitet und dort manuell in das Gemeindeverwaltungssystem eingepflegt werden. Doch allem voran ist das Hauptproblem nicht die Technik, sondern der Mensch, der auf dieser abenteuerlichen Reise in die digitale Zukunft mitgenommen werden muss, ohne digitale Klüfte entstehen zu lassen und einzelne Gruppen auszugrenzen. Zu guter Letzt bedarf es stets auch einer guten Digital-Analog-Balance, da Digitalisierung alleine sicher nicht für alle Herausforderungen ländlicher Räume der Weisheit letzter Schluss ist (vgl. Kap. 4, 21 und 22).

25.5 Zusammenfassung

So wie eine Schwalbe noch keinen Frühling macht, machen einzelne digitale Angebote noch keine digitale Kommune. Daher ist die geeignete Einbettung digitaler Projekte in eine Digitalstrategie, die eine Digitalvision einer Kommune umsetzt, ein Muss. Leider wird in vielen Kommunen der zweite Schritt vor dem ersten getan und die Erarbeitung einer entsprechenden Roadmap übersehen. Neben dieser Fleißaufgabe sind es die vielen Hürden, die den Weg zur digitalen Kommune mühsam und zeitraubend gestalten. Werden die jeweiligen Angebote aber mit den Bürger:innen für die Bürger:innen entwickelt und umsichtig umgesetzt, stellt sich der Erfolg mit der Zeit ein und kann vielleicht sogar dazu beitragen, dass eine Stadtflucht in attraktive Kommunen einsetzt.

---

[10] Siehe https://www.perlesreut.de/leben/hausderkinder.html.

Literatur

Adelskamp, P., Aegerter, Ch., Bastians, U., Glock, W., Krins, T., Möwes, S., & Mutter, B. (2021). Kommunalverwaltung weiterdenken. Perspektiven über das OZG hinaus, Fachvortrag, in: IT-Planungsrat (Hrsg.): So geht Zukunft. Digital, Fachkongress des IT-Planungsrates 17.–18.03.2021. https://www.it-planungsrat.de/fileadmin/it-planungsrat/der-it-planungsrat/fachkongress/fachkongress_2021/Tag_2_Kommunaleverwaltung_weiterdenken.pdf. Zugegriffen am 25.06.2022.

Ahrens, D. (2021). Digitalisierung als Thema der Integrierten Ländlichen Entwicklung – In: Deutsche Landeskulturgesellschaft (Hrsg.) (2021): Neue Wege digital und analog! Den Wandel im ländlichen Raum aktiv gestalten. – Schriftenreihe der Deutschen Landeskulturgesellschaft, 18/2021: 97–122, hier 15–36. http://www.dlkg.de/media/files/schriftenreihe/dlkg_heft18.pdf. Zugegriffen am 25.06.2022.

ArgeLandentwicklung [Bund-Länder-Arbeitsgemeinschaft Nachhaltige Landentwicklung]. (2011). Leitlinien Landentwicklung – Zukunft im ländlichen Raum gemeinsam gestalten, Schriftenreihe der Bund-Länder-Arbeitsgemeinschaft Nachhaltige Landentwicklung, Heft 20, Schwerin. https://www.landentwicklung.de/fileadmin/php_includes/landentwicklung/pdf_doc/Heft20.pdf. Zugegriffen am 25.06.2022.

BBSR [Bundesinstitut für Bau-, Stadt- und Raumforschung] (Hrsg.) (2017). Smart City Charta. Digitale Transformation in den Kommunen nachhaltig gestalten, Troisdorf, ISBN 978-3-87994-204-6. https://www.bmi.bund.de/SharedDocs/downloads/de/veroeffentlichungen/themen/bauen/wohnen/smart-city-charta-kurzfassung-de-und-en.pdf?__blob=publicationFile&v=4#:~:text=die%20smart%20city%20charta%20richtet,bund%20und%20die%20l%c3%a4nder%20angesprochen. Zugegriffen am 25.06.2022.

Behörden Spiegel und Prognos AG (Hrsg.) (2019, März). Trendreport „Digitaler Staat". Digitalisierung der Verwaltung: Ein Hürdenlauf. Sieben Gründe für Erfolg und Scheitern. https://www.digitaler-staat.org/wp-content/uploads/2019/04/Trendreport_2019.pdf. Zugegriffen am 25.06.2022.

BMWI [Bundesministerium für Wirtschaft und Klimaschutz] (2022). GAIA-X Dossier. https://www.bmwi.de/Redaktion/DE/Dossier/gaia-x.html. Zugegriffen am 12.02.2022.

Thonemann, U., et al. (2007). *Der Weg zum Supply-Chain-Champion. Harte Fakten zu weichen Themen* (Hrsg. von McKinsey & McKinsey Company Inc.). Mi-Fachverlag.

Teil VI

Zusammenfassung und Ausblick

Vision: Zukunftsdörfer

Diane Ahrens

Zusammenfassung

Smarte Dörfer sind mehr als die Umsetzung des Onlinezugangsgesetzes. Es gilt Daseinsvorsorge neu zu denken und um digitale Lösungen, Services und Strukturen zu erweitern, um einen attraktiven ländlichen Raum zu schaffen. Es müssen keine Drohnen-Taxis, autonome Lieferroboter und Pflege-Androiden sein, damit sich Menschen auf dem Land wohlfühlen. Vielmehr sind konsequent die nächsten Schritte in die digitale Zukunft zu gehen.

Schlüsselwörter

Zukunftsdörfer · Smart Region · Digitale Transformation · Gleichwertige Lebensverhältnisse · Daseinsvorsorge 4.0

Der folgende Beitrag ist abschnittweise angelehnt bzw. in Auszügen deckungsgleich mit zwei unterschiedlichen Veröffentlichungen der Autorin.[1]

---

[1] Vgl. Ahrens, D. (2022) sowie Ahrens, D. (2021)

D. Ahrens (✉)
Technische Hochschule Deggendorf, Technologie Campus Grafenau, Grafenau, Deutschland
E-Mail: diane.ahrens@th-deg.de

© Der/die Autor(en), exklusiv lizenziert an Springer Fachmedien Wiesbaden GmbH, ein Teil von Springer Nature 2023
D. Ahrens (Hrsg.), *Smart Region: Angewandte digitale Lösungen für den ländlichen Raum*, https://doi.org/10.1007/978-3-658-38236-0_26

26.1   Einleitung

Die digitale Transformation schreitet unaufhaltsam weiter, schleicht sich in unsere Wohn-
und Arbeitszimmer und hält auch zusehends im ländlichen Raum Einzug. Während in den
Städten mittlerweile ein Smart City Boom eingesetzt hat, hält sich die digitale Revolution
auf dem Land allerdings noch in Grenzen. Doch gerade dort könnte sie – so die Hoffnung – zu gleichwertigen Lebensverhältnissen beitragen.

Ländliche Räume umfassen 91 % der Fläche Deutschlands, auf der 57 % der Bevölkerung leben.[2] Der anhaltende Trend zur Urbanisierung und die demografische Entwicklung haben über Jahrzehnte die Überalterung und Peripherisierung ländlicher Räume
begünstigt. Als Konsequenz ist die Aufrechterhaltung eines adäquaten Betreuungs-, Aus-
bildungs- und Qualifizierungsangebotes sowie öffentlicher und privater Dienstleistungen
zunehmend herausfordernd. Technische und soziale Infrastruktur sind aufgrund sinkender Tragfähigkeit veraltet bzw. ausgedünnt.[3] Hinzu kommen weitere Herausforderungen
wie digitale Transformation, der Übergang zu einer nahezu treibhausgasneutralen Wirt-
schafts- und Lebensweise sowie sich ändernde Lebensstile, Erwerbsmuster und Lebensformen.[4] Diese Veränderungen, insbesondere auch technologische im Rahmen der digitalen Transformation, sollten ihren Niederschlag in einer erweiterten Daseinsvorsorge
finden, werden aber – behindert durch mangelnde Wirtschaftlichkeit im ländlichen Raum
wie auch unzureichende Ertüchtigung der Kommunen – nur eingeschränkt bzw. zeitlich
versetzt im ländlichen Raum adaptiert. Dabei könnten gerade sie zu gleichwertigen Lebensverhältnissen auf dem Land wesentlich beitragen. Modellvorhaben wie das nieder-
bayerische „Digitale Dorf" in Spiegelau/Frauenau zeigen auf, welchen Beitrag digitale
Lösungen zur zeitgemäßen Daseinsvorsorge als Kernbestandteil gleichwertiger Lebensverhältnisse und Teilhabe leisten können. In diesem Sammelband wurde aufgezeigt, wie
vielfältig digitale Transformation sein kann, im Kleinen wie im Großen. Wirken die
Übertragung von Gottesdiensten und digitale Schautafeln wie kleine Aufwärmübungen
im Rahmen der herausfordernden digitalen Aufgaben, so offenbarte die Bürgerbefragung, dass es doch gerade diese sind, die den Bürger:innen im Gedächtnis bleiben und
mit dem Projekt in Verbindung gebracht wurden. Der Weg zum digitalen Dorf ist lang,
teils steinig und sicher keine Gerade, zeigen doch Teilprojekte wie die digitale Grund-
schulunterstützung auf, wie schnell sich Rahmenbedingungen wie z. B. durch Corona
ändern können; dass gestern noch geschätzte Lösungen heute schon nicht mehr genug
sein können, wenn sich das Nutzerverhalten ändert. Kommunen werden also bei einer
Investition in eine digitale Lösung keine verlässlichen Aussagen über deren Nutzungs-
dauer erhalten können, aber auch enttäuschende Investitionen erweitern die digitalen Fähigkeiten und bringen Kommunen einen Schritt weiter in die digitale Zukunft.

---

[2] Vgl. Thünen-Institut (2016)
[3] Vgl. z. B. Mose/Nischwitz (2009)
[4] Vgl. Margarian und Weingarten (2019); Born und Steinführer (2018)

26.2   Smarte Dörfer

Die 2017 vom Bundesinstitut für Bau-, Stadt- und Raumforschung veröffentlichte Smart City Charta basiert auf dem Bild der intelligenten, zukunftsorientierten Kommune, die Digitalisierung nicht als Selbstzweck verfolgt, sondern zum Erreichen sozialer, ökologischer wie auch ökonomischer Ziele zur Sicherung der Daseinsvorsorge.[5] Entsprechend weit gefasst ist das Einsatzfeld für digitale Lösungen im kommunalen Bereich und hört nicht auf beim Angebot digitaler Verwaltungsleistungen, wie vom Onlinezugangsgesetz unterstützt, sondern umfasst alle Bereiche, die eine Kommune lebens- und liebenswert machen. In der aktuellen Diskussion der Digitalisierung aller Lebensbereiche („Digital Lifestyle") stellt sich dann allerdings die Frage, welche Aufgaben der „Digitalen Daseinsvorsorge", wie z. B. digitale Infrastruktur (Breitband-Internetzugang, WLAN-Hotspots), digitaler Content (Open Data, Social-Media-Kanäle) und das Ermöglichen neuer Services (z. B. Coworking-Spaces) noch zu den Aufgaben des öffentlichen Sektors gehören.

Einigkeit besteht weitgehend, dass keine Klüfte zwischen „Onlinern" und „Offlinern" geschürt werden dürfen, sondern Angebote inklusiv sein müssen, um niemanden auszugrenzen. Entsprechend verwirklicht eine smarte Kommune „integrative Konzepte zur umfassenden und selbstbestimmten Teilhabe aller Menschen am gesellschaftlichen Leben und macht ihnen barrierefreie digitale und analoge Angebote",[6] schafft also eine geeignete „Analog-Digital-Balance".

Eine solche ziel- und menschenorientierte digitale Transformation braucht wie in den Leitlinien der Smart City Charta festgelegt:[7]

- Ziele, Strategien und Strukturen
- Transparenz, Teilhabe und Mitgestaltung
- Infrastrukturen, Daten und Dienstleistungen
- Ressourcen, Kompetenzen und Kooperationen.

26.3   Digitale Daseinsvorsorge

Daseinsvorsorge als Schlüsselbegriff des Sozialstaatsverständnisses der Bundesrepublik beschreibt die staatlichen Aufgabe zur Bereitstellung der für ein sinnvolles menschliches Dasein notwendigen Güter und Leistungen.[8] Nach derzeitiger Auffassung wird der Auftrag zur Daseinsvorsorge aus dem Sozialstaatsprinzip in Artikel 20 Absatz 1 des Grundge-

---

[5] Vgl. BBSR (2017).
[6] Vgl. BBSR (2017, S. 10).
[7] Vgl. BBSR (2019).
[8] Vgl. Forsthoff (1938), S. 3 ff., 9 f., 17 ff.

setzes abgeleitet[9] und wird als zentraler Bestandteil gleichwertiger Lebensverhältnisse[10] gesehen.

Das Grundgesetz verleiht den Kommunen in Art. 28 Abs. 2 Satz 1 GG das Recht zur Erfüllung aller Angelegenheiten der örtlichen Gemeinschaft.[11] Daher obliegt es in erster Linie ihnen, Aufgaben der Daseinsvorsorge wahrzunehmen, wenn ein bestehendes System der Waren- oder Leistungserbringung nicht oder nicht in dem Maße vorliegt, dass ein Mindestmaß an Versorgung sichergestellt ist. Scheint weder ein regulierendes Eingreifen noch eine Aufgabenübertragung an Private effektiv und effizient, kann die öffentliche Hand auch selbst tätig werden.[12]

Kann eine Aufgabe als Aufgabe der Daseinsvorsorge klassifiziert werden, folgt allerdings keine generelle Pflicht der Kommunen, diese Leistungen zu erbringen. Vielmehr wird es den Kommunen erleichtert wird, sich auf diesem Gebiet wirtschaftlich zu betätigen.[13] Abgesehen von pflichtigen Selbstverwaltungsaufgaben entscheiden Kommunen im Rahmen ihrer Leistungsfähigkeit und unter Vorbehalt der Privatwirtschaft entsprechend über Umfang und Ausgestaltung der Aufgaben der Daseinsvorsorge.

Die staatliche Daseinsvorsorge umfasst insbesondere die Versorgung mit Energie und Wasser, Entsorgung von Abwasser und Abfall, ÖPNV, Bereitstellung eines Schul- und Bildungssystems sowie eines Gesundheitssystems, Post- und Telekommunikationsdienstleistungen, aber z. B. auch die Bereitstellung von Bädern, Theatern, Museen und Büchereien, Feuerwehr und Rettungsdiensten. Breitbandausbau als Teil der „modernen" „Daseinsvorsorge" hat sich dabei bereits weitestgehend durchgesetzt.[14] Doch auch hier mangelt es, wie in anderen Bereichen der Daseinsvorsorge, an Konsens hinsichtlich der Qualität und des Umfangs eines angemessenen Angebots.[15]

Abgeleitet von den aktuellen wirtschaftlichen, technischen und sozialen Bedürfnissen der Bevölkerung unterliegen Art, Umfang und Qualität der Aufgaben der Daseinsvorsorge einem ständigen Wandel, wobei die Digitalisierung momentan einen der wichtigsten Faktoren für diese Veränderung darstellt.[16] Entsprechend ist „Daseinsvorsorge" ein dynamischer und inhaltsoffener Begriff, sind die Aufgaben der Daseinsvorsorge daher nicht regional und zeitlich unabhängig, sodass kein allgemeingültiger „Daseinsvorsorgekatalog" aufgestellt werden kann.[17]

---

[9] Vgl. Holz-Rau et al. (2010), S. 490.

[10] Vgl. SRLE (2017), S. 9.

[11] Vgl. BBSR (2019), S. 10.

[12] Vgl. BBSR (2019), S. 10.

[13] Vgl. BBSR (2019), S. 6.

[14] Vgl. BBSR (2019), Vorwort.

[15] Vgl. Mause (2018), S. 416 f.

[16] Vgl. BBSR (2019), S. 9.

[17] Vgl. Weingarten et al. (2020), S. 662.

Angesichts der disruptiven digitalen Transformation, die nicht nur analoge Prozesse digital abbildet, sondern neue Angebote und Erfordernisse hervorbringt, muss Daseinsvorsorge neu bzw. erweitert gedacht werden. Eine „Daseinsvorsorge 4.0" muss sich daher auch Themen widmen wie

- Smarte Mobilität und Logistik
- digitale Infrastruktur
- digitaler Content
- IT-Sicherheit und -optimierung
- intelligente Netz- und Systemleistungen
- neue Services.[18]

Aufgrund der ausgedünnten privaten und öffentlichen Infrastruktur, ist eine gut funktionierende **Mobilität und Logistik** als Kompensation dringend erforderlich. Doch gerade die kostspielige letzte Meile hindert Lieferdienste daran, ihre städtischen Geschäftsmodelle auch auf strukturschwache ländliche Regionen auszudehnen. Der ohnehin defizitäre ÖPNV ist zudem oft ungeeignet ausgestaltet, sodass einerseits leere Busse fahren, andererseits mit bestehendem Angebot die Mobilitätsbedürfnisse der Bürger nicht erfüllt werden können. Digitalisierung bietet hier die Möglichkeit der sinnvollen Unterstützung von Rufbuskonzepten oder der Vernetzung des Privatverkehrs, also eine Weiterentwicklung der analogen Mitfahrbank zur digitalen Mitfahrzentrale.

Digitale Infrastruktur beginnt sicher mit hochleistungsfähiger Breitbandversorgung als Grundvoraussetzung für digitale Kommunen mit wissens- und technologiebasierter Wirtschaft,[19] die ebenso wie eine flächendeckende Mobilfunkabdeckung stetig an die technischen Entwicklungen angepasst werden muss. Allerdings fallen unter digitale Infrastruktur ebenso Themen wie z. B. smarte Straßenlaternen wie auch die Bereitstellung eines öffentlichen WLANs, Aufbau eines flächendeckenden LoRaWAN-Netzes oder digitale Plattformen, mit denen sich Kommunen den Zugang zu Daten sichern, die für ihre Aufgabenerfüllung relevant sind, und die Hoheit über diese Daten behalten. Ihre Rolle als Datenproduzent, -bereitsteller oder -verwerter sollten sie regelmäßig prüfen. Ein Beispiel sind smarte Geodaten, z. B. für interaktive Stadt- und Landschaftsplanung, 3D-Modellierung und digitale Bauleitplanung bzw. die Erstellung eines digitalen Zwillings zur Integration und Optimierung der vorgenannten Aufgaben.[20]

Diese Datenplattformen erleichtern dann die Bereitstellung von **digitalem Content** wie digitalen regionalen Echtzeit-Informationen z. B. über Baustellen, Parkplatzauslastung, Luftqualität, etc. sowie einen direkten digitalen Draht zwischen Bürgern und Kommune zur Information, Kommunikation und Partizipation.

---

[18]Vgl. Voigt, M.; Thorun, Ch.; Sinemus, K. (2017).

[19]Vgl. BBSR (2017), S. 18.

[20]Vgl. BBSR (2017), S. 18.

Unumgänglich ist hierbei allerdings eine permanente **IT-Sicherheit und -optimie-rung**, um zum einen DSGVO-konformen und vertrauenswürdigen Content verfügbar zu machen, wie auch sensible Datenbereiche vor unbefugtem Zugriff oder Missbrauch zu schützen.

Digitalisierung ermöglicht ferner mehr Verwaltungseffizienz zum einen durch **intelligente Netz- und Systemleistungen** wie digitale Leitungskataster, die z. B. einen Rohrbruch leichter auffindbar machen, den Einsatz von Smart Metern zur automatisierten Zählerstandserfassung oder Smart Grids zum optimierten kommunalen Energiemanagement.

Neue Services wie Co-Working Spaces oder Lokale Sharing-Ansätze, neue Nachbarschaftsforen,[21] aber auch Maßnahmen zur Stärkung der Medienkompetenz von Jugendlichen und Erwachsenen[22] runden das Portfolio einer „Daseinsvorsorge 4.0" ab.

Hinsichtlich der Erfüllung von Leistungen der Daseinsvorsorge gelten öffentlich-rechtliche Grundsätze. Dazu gehört, dass die Erbringung flächendeckend, diskriminierungsfrei und für jedermann zugänglich sein muss. In diesem Zusammenhang ist allerdings ein negatives Recht auf digitale Teilhabe zu diskutieren, im Sinne der Freiheit des Einzelnen, nicht an der kommunalen Digitalisierung teilhaben zu müssen.[23] Als Folgerung müssten Kommunen entsprechende Angebote jeweils so gestalten, dass diese auch in analoger Form genutzt werden können, um wenig digital affine Bevölkerungsteile nicht auszugrenzen.

Allerdings sind insbesondere kleinere Kommunen für derartige Aufgaben alles andere als gut gerüstet sowie trotz zahlreicher Förderprogramme generell finanziell und personell unzureichend ausgestattet. Daher stellt sich die Frage zum einen nach der geeigneten Umsetzungsebene (Kommune-ILE -Landkreis …) und zum anderen nach der Sinnhaftigkeit von Föderalismus und kommunaler Selbstverwaltung in Zeiten disruptiver digitaler Transformation. Will doch der Bürger, der in seinem Leben mehrfach umzieht, nach Möglichkeit seine Adresse in einem zentralen Verwaltungssystem nur einmal eingeben und nicht für gleiche Verwaltungsakte in jeder Kommune andere Formulare benutzen.

Während in anderen Ländern „Digital-Service-Teams" mit Mitarbeiter:innen aus Tech-Branchen Verwaltungsdienstleitungen in kürzester Zeit erfolgreich in effiziente einheitliche digitale Prozesse transformieren und dabei den zuständigen Ministerien die Federführung entziehen, obliegt hierzulande jeder kleinen Kommune die selbstständige Umsetzung.[24] Mittlerweile nimmt allerdings in Bayern die Geschwindigkeit und Konsequenz bei der digitalen Transformation zu: Ende 2018 wurde das Bayerische Staatsministerium für Digitales als erstes Digitalministerium in Deutschland gegründet,[25] das inzwischen auch mit Referaten wie „Smart Cities/Smart Regions" den ländlichen Raum explizit

---

[21] Vgl. BBSR (2017), S. 23.

[22] Vgl. BBSR (2019), S. 13.

[23] Vgl. BBSR (2019), S. 15.

[24] Vgl. Behörden Spiegel und Prognos AG (2017).

[25] Vgl. StMD (o. J.).

adressiert.[26] Anfang 2021 wurde die Bayern App gelauncht, über die ein digitaler Zugriff auf staatliche und kommunale Verwaltungsleistungen möglich ist und sich News zu rund 40 Themenfeldern abonnieren lassen.[27] In der Kabinettssitzung von 24. Mai 2022 wurde die weitere Beschleunigung des Breitbandausbaus in Richtung Gigabitfähigkeit und ein erleichteter Mobilfunkausbau beschlossen. Zudem soll der Ausbau digitaler Verwaltungsdienstleistungen im Freistaat durch Neuaufstellung der digitalen Zusammenarbeit der Kommunen und der Anstalt für kommunale Datenverarbeitung (AKDB) vorangetrieben werden, damit die bayerischen Kommunen Leistungen nach dem sogenannten Einer-für-Alle-Prinzip rechtssicher und ohne weiteren zeitlichen Verzug beschaffen können. Ferner soll ein flächendeckendes verpflichtendes Digitalmonitoring für mehr Transparenz hinsichtlich des digitalen Transformationsstatus sorgen.[28]

Blieben aber noch die zahlreichen Küraufgaben der Daseinsvorsorge 4.0, die ein Verbleiben oder besser noch einen Zuzug in den ländlichen Raum unterstützen und die Herausforderung, in der öffentlichen Verwaltung IT-Kompetenz aufzubauen, die mit der IT-Kompetenz im privaten Sektor mithalten kann.

Digitale Transformation in Kommunen ist als Investition zu sehen, entsprechend wichtig ist eine umsichtige Investitionsentscheidung. Viele Projekte laufen derzeit zu autonomen On-Demand-Bussen, um das Mobilitätsproblem auf dem Land endlich in den Griff zu bekommen. Unisono lautet derzeit das Fazit, dass die Technik noch nicht ausgereift sei. Doch wird sie das eines Tages sein. Probleme sind dazu da, um gelöst zu werden. Daher sehen wir gespannt und hoffend dem neuen Reallaborgesetz entgegen, das dazu dienen soll für digitale Innovationen den Rechtsrahmen evidenzbasiert weiterzuentwickeln.

26.4   Drohnen-Taxis, autonome Lieferroboter, Androiden in der Pflege?

Wie sieht nun ein digitales Zukunftsdorf aus? Brauchen wir hier Drohnen-Taxis, autonome Lieferroboter und Pflege-Androiden, um die ländliche Attraktivität zu steigern?

Drohnentaxis sind schon längst keine Fiktion mehr, sondern bereits in Dubai im Einsatz,[29] autonome Lieferroboter bereits vor Jahren in Hamburg getestet.[30] Androiden sind in Deutschland zwar noch nicht in der Pflege angekommen, wohl aber Roboter zur Entlastung des pflegerischen und medizinischen Personals im Gesundheitswesen.[31] Als letzteres in einem Projekt zweier niederbayerischer Landkreise angekündigt und den Kreisräten vorgestellt wurde, ging ein Aufschrei durch die Reihen: Entmenschlichung

---

[26] Vgl. StMD (15.06.2022).

[27] Vgl. StMD (2021).

[28] Vgl. Bayerische Staatsregierung (24.05.2022).

[29] Vgl. Dubai.de (2022).

[30] Vgl. Eimsbüttler Nachrichten (10.01.2018).

[31] Vgl. ArberlandKliniken (15.12.2021).

der Pflege durch Roboter? Dies war jedoch nie geplant und ist in einem ersten Schritt sicher auch nicht sinnvoll. Es ging um den automatisierten Transport von Laborproben und Entlastung von anderen nicht-pflegerischen Tätigkeiten, um mehr Pflegezeit am Menschen verfügbar zu machen. Die Reaktion war jedoch stereotyp: Die reale Angst, dass Digitalisierung den Menschen ersetze. Vermutlich wird aber gerade das in der Zukunft angesichts Fachkräftemangel als sinnvoll erachtet werden. Doch Stand heute soll digitale Unterstützung als Hilfestellung, Beitrag zu mehr Effizienz, besserer Vernetzung und/oder höherer Qualität verstanden werden.

Zahlreiche ländlichen Kommunen sind von Abwanderung und entsprechender eingeschränkter Tragfähigkeit privater und öffentlicher Infrastruktur betroffen. Dies macht es der zurückbleibenden überalternden Gesellschaft umso schwerer, ihren Lebensalltag mit der gleichen Qualität wie in den Städten zu bewältigen. Sind doch die Wege zu Fachärzten weiter, der ÖPNV ausgedünnt. Natürlich können Videosprechstunden, digitale Gesundheits- und Pflegeanwendungen und – ach wäre es schön – autonom fahrende Busse oder Taxis hier Erleichterung schaffen. Doch kann Digitalisierung viel mehr: Stadt und Land sind zwei Schalen einer Waage: je weniger Menschen in die Städte ziehen, desto weniger leiden Metropolen unter Staus, Luftverschmutzung und Wohnungsmangel, umso weniger leidet der ländliche Raum unter der Erosion von Infrastruktur und Dienstleistungsangebot.

Wohnraum auf dem Land ist bezahlbarer, Luft- und Freizeitqualität höher, Natur vor der Haustür. Nur eins fehlt: adäquat bezahlte Arbeit. „New Work" ist hier ein Schlagwort, das Regionalentwickler die Ohren spitzen lässt: Warum nicht jene Arbeit, die vom Schreibtisch aus stattfinden kann, in den ländlichen Raum verlagern? So schrecklich die Covid19-Pandemie war oder ist, hat sie der Digitalisierung in Schulen und der Arbeitswelt doch einen deutlichen Impuls gegeben. Bei ausreichender Internet-Bandbreite, gutem Mobilfunknetz, geeigneten Betreuungsangeboten für Kinder und/oder zu pflegende Angehörige sowie geeigneten Wohn- und Arbeitsangeboten, wie Co-Working Spaces, eröffnet Digitalisierung dem ländlichen Raum auch die Chance auf Zuzug, höhere Wertschöpfung und eine Renaissance.

Einzelne Kommunen und Landkreise haben diese Chancen bereits erkannt, stoßen jedoch häufig an die Grenzen ihrer Finanzkraft bei der Umsetzung. Insofern müssen weiterhin der Mobilfunk- und Internetausbau in ausreichender Bandbreite sowie die digitale Transformation mit speziellem Fokus auf ländliche Räume im Augenmerk der Politik und Förderung liegen. Allerdings bedarf es mehr als finanzieller Förderung. Daten, das Öl des 21. Jahrhunderts, sind zwar digital vorhanden, doch auf viele exklusive Datentöpfe verteilt. Einheitliche Datenplattformen, genormte Schnittstellen und Erhöhung der Bereitschaft zur Bereitstellung von Open Data würden beschleunigend wirken. Hier ist die Politik gefragt, schnell die erforderlichen Rahmenbedingungen zu schaffen. Zudem wären dezentrale Kompetenzzentren, die Kommunen bei deren Digitalisierungsbemühungen unterstützen, ein sinnvolles Angebot. Eine weitere Förderung von „Leuchttürmen" und ein gemeinsames Best Practice Sharing schaffen dann, gepaart mit personeller Ertüchtigung der Kommunen, Lust auf mehr.

26.5 Was sind die nächsten Schritte in den Chancenraum „ländlicher Raum"?

Seit 2016 hat die Bayerische Staatsregierung mit dem Projekt „Digitales Dorf Bayern" fünf Modelldorfverbünde gefördert, um zu testen, wie digitale Lösungen und Technologien gleichwertige Lebensverhältnisse unterstützen können. Im Gegensatz zu anderen Bundesländern war der Fokus nie von der Technologie, sondern immer vom Bedarf ausgehend und ganzheitlich auf verschiedene Lebensbereiche ausgerichtet, was zurückblickend ein wesentlicher Erfolgsfaktor war. Hieraus können nun wesentliche Erkenntnisse gezogen werden, die uns eine gute Sicht auf die sinnvollen nächsten Schritte in eine digitale Zukunft geben:

1. *Aussitzen geht nicht.* Digitalisierung ist unaufhaltsam und unumkehrbar. Jene Landkreise und Kommunen, die sich nicht proaktiv mit den smarten Möglichkeiten auseinandersetzen, fallen zurück im Wettbewerb um Zuzug.
2. *Gleichwertige Lebensverhältnisse* müssen stets ganzheitlich und synergetisch gedacht werden: Einseitige Fokusse, z. B. auf digitale Verwaltung, Mobilität sind ein Schritt, aber eben nur einer. Daher sollten Handlungsfelder wie Landwirtschaft, Bildung, Medizin, Wohnen, Arbeiten, Energie, etc. stets in einem „Big Picture" mitgedacht werden.
3. *Wer macht was?* In jeder Kommune einen Co-Working Space zu errichten oder einen Bürgerbus zu betreiben, macht sicher keinen Sinn. Hier kommt den kommunalen Verbünden, bzw. der Integrierten Ländlichen Entwicklung eine wichtige koordinierende Rolle zu, ebenso den Landkreisen, insbesondere hinsichtlich der großflächig zu denkenden medizinischen Versorgung und Mobilität.
4. *Wer kein Ziel hat, kommt nie an*: Basis einer sinnvollen Digitalisierungsunterstützung muss immer eine Digitalstrategie sein. Kommunale Digitalstrategien müssen schlüssig aus der ILE-Strategie und diese wiederum aus der Landkreisstrategie abgeleitet werden. Eine Aufgabe, die kleine Kommunen – über 35 % (72 %) der bayerischen Kommunen haben weniger als 2000 (5000) Einwohner – häufig nicht ohne professionelle Unterstützung bewältigen können.
5. *Die beste Technologie nützt nichts*, wenn niemand sie anwenden will. Es kann viel Geld für Digitales ausgegeben werden, das keine Wirkung zeigt. Der im Rahmen des Digitalen Dorfs praktizierte „Bottom-up-Ansatz" hat sich als zielführend erwiesen – insbesondere, um eine dauerhafte Nutzung von digitalen Angeboten zu ermöglichen. Wenn diese gebraucht werden, werden sie auch genutzt.
6. *Tue Gutes und rede darüber*: Im Rahmen des digitalen Umbruchs kommt der Kommunikation zwischen Kommune und Bürgerinnen und Bürgern eine immer stärkere Bedeutung zu. Die beste App nützt nichts, wenn sie zum einen nicht intensiv und längerfristig angepriesen wird und – das ist noch viel wichtiger – auch permanent „bespielt" wird, also kontinuierlich guter Content generiert wird: viel Aufwand, der mit zusätzlichem Personalbedarf einhergeht oder einer neu ausgestalteten Partnerschaft mit der Presse bedarf. Kommunale Apps besitzen allerdings einen immensen Vorteil: Sie liefern vertrauenswerte Informationen und bieten im Umkehrschluss die Möglichkeit

der direkten Kommunikation mit ausgewählten Zielgruppen. Gerade in Zeiten von Fake News und Verschwörungstheorien ein gutes Instrument, um Demokratie und ein Realbild zu unterstützen.

7. *Schnellere Pferde* hätten sich die Menschen zu Henry Fords Zeiten gewünscht, da die Vorstellungskraft für ein Auto fehlte. Unsere Fantasie reicht nicht aus, um uns unsere digitale Zukunft auszumalen. Wie sollten wir auch Angebote sehen können, die z. B. durch „Open Data Lakes" erst ermöglicht werden. Daher ist ein Schulterschluss mit Hochschulen und Forschungseinrichtungen unabdingbar.

8. *Digitale Klüfte dürfen nicht entstehen* – eine smarte Kommune, ein smarter Landkreis sind stets durch integrative Konzepte geprägt, die niemanden abhängen. Auch Skeptiker gilt es zu überzeugen, denn Vorbehalte hinsichtlich Datenschutz, Internetbetrug und Anonymisierung dürfen nicht ignoriert, sondern sollten thematisiert werden. In unseren Projekten haben wir den Wunsch der älteren Bevölkerung nach mehr Wissen und Befähigung zur Nutzung digitaler Angebote befriedigt. Diesem, aber auch der Schulung der jungen Bevölkerung und deren Eltern zu mehr Medienkompetenz, kommt eine hohe unterstützende Bedeutung zu.

9. *Digital-Analog-Balance*: Digitalisierung ist weder Selbstzweck, noch Allheilmittel. Auch wenn sich z. B. Rufbuszentralen mit Chatbots 24/7 besetzen lassen und Busse autonom fahren, in vielen Bereichen ist der persönliche Kontakt unabdingbar. Insbesondere in den strukturschwachen und dünn besiedelten Gegenden ist Tradition gewachsen und funktioniert vieles auf Zuruf; das Ehrenamt ist nach wie vor das stärkende Rückgrat. Für Kooperation mit anderen, zum gegenseitigen Austausch, aber auch zum Lernen oder für Dienstleistungen braucht es physische Begegnungsorte, am besten mitten in gesunden Dorfzentren.

26.6 Zusammenfassung

Digitalisierung ist stets Mittel zum Zweck, kein Selbstzweck. Auch in digitalen Zukunftsdörfern wird daher der Mensch im Mittelpunkt stehen. Nutzerzentriert werden digitale Lösungen und Technologien entwickelt und gestaltet, um gleichwertige Lebensverhältnisse zu sichern und einen attraktiven, lebenswerten ländlichen Raum zu schaffen. Entsprechend muss heute keine Cyber-Technologie im Vordergrund stehen, höchstens inspirieren. Es gilt zunächst die Hausaufgaben zu machen, Handlungsfelder zu erfassen, digitale Unterstützungsmöglichkeiten zu eruieren, eine Digitalstrategie und Umsetzungs-Roadmap zu erstellen, abzustimmen und auf Kommunen herunter zu brechen sowie Menschen für Digitales zu begeistern. Sichtbarkeit zu schaffen, z. B. mit Digitalen Anzeigetafeln, ist meist ein guter erster Schritt. Viele kleine Schritte führen in unsere digitale Zukunft auf dem Land, aber immer auch das „Big Picture" sowie Mut für große Würfe wie Datenplattformen für smarte Landkreise, die auch kleinen Start-Ups die Datennutzung, z. B. von Umwelt-, Verkehrs- und anderen Sensordaten ermöglichen, um Innovationen für eine bessere Zukunft beizusteuern. Zukunftsdörfer eben.

Literatur

Ahrens, D. (2021). Digitalisierung als Thema der Integrierten Ländlichen Entwicklung – In: Deutsche Landeskulturgesellschaft (Hrsg.) (2021): Neue Wege digital und analog! Den Wandel im ländlichen Raum aktiv gestalten. – Schriftenreihe der Deutschen Landeskulturgesellschaft, 18/2021: 97–122, hier 15–36. http://www.dlkg.de/media/files/schriftenreihe/dlkg_heft18.pdf Zugegriffen am 20.06.2022.

Ahrens, D. (2022). Cyber-Landkreise – Fakt oder Fiktion? In: Bayerischer Landkreistag (Hrsg.): Landkreistag Kompakt. Mitteilungen des Bayerischen Landkreistags, Ausgabe Nr. 2/2022, S. 8–11. https://www.bay-landkreistag.de/Publikationen/LandkreistagKOMPAKT.aspx Zugegriffen am 20.06.2022.

Arberlandkliniken. (2021). SMART FOREST – 5G for Clinics (15.12.2021). https://www.arberland-kliniken.de/ueber-uns/aktuelles/detail/smart-forest-5g-for-clinics Zugegriffen am 20.06.2022.

Bayerische Staatsregierung. (2022). Pressemitteilungen. Bericht aus der Kabinettssitzung vom 24. Mai 2022. https://www.bayern.de/bericht-aus-der-kabinettssitzung-vom-24-mai-2022/. Zugegriffen am 18.06.2022.

BBSR [Bundesinstitut für Bau-, Stadt- und Raumforschung] (Hrsg.). (2017). Smart City Charta. Digitale Transformation in den Kommunen nachhaltig gestalten, Troisdorf, ISBN 978-3-87994-204-6. https://www.bmi.bund.de/shareddocs/downloads/de/veroeffentlichungen/themen/bauen/wohnen/smart-city-charta-kurzfassung-de-und-en.pdf?__blob=publicationfile&v=4#:~:text=Die%20smart%20city%20charta%20richtet,Bund%20und%20die%20L%C3%A4nder%20angesprochen Zugegriffen am 20.06.2022.

BBSR [Bundesinstitut für Bau-, Stadt- und Raumforschung] (Hrsg.). (2019). Smart Cities gestalten. Daseinsvorsorge und digitale Teilhabe sichern, Bonn, ISBN: 978-3-87994-250-3. https://www.bbsr.bund.de/BBSR/DE/veroeffentlichungen/sonderveroeffentlichungen/2019/smart-cities-daseinsvorsorge-digitale-teilhabe-dl.pdf?__blob=publicationFile&v=1%20%20 Zugegriffen am 20.06.2022.

Behörden Spiegel und Prognos AG (Hrsg.). (2017). Trendreport „Digitaler Staat" 2017, Bonn und Berlin 2017. www.digitaler-staat.org, https://www.digitaler-staat.org/wp-content/uploads/2016/09/Trendreport2017.pdf Zugegriffen am 20.06.2022.

Born, K., & Steinführer, A. (2018). Ländliche Räume: Definitionsprobleme, Herausforderungen und gesellschaftlicher Wandel. In M. Stein & Scherak (Hrsg.), *Kompendium Jugend im ländlichen Raum* (S. 17–44). Julius Klinkhardt.

Dubai.de. (2022). Reiseführer&Blog: Drohnen-Taxi-Service in Dubai. https://www.dubai.de/drohnen-taxi-service-in-dubai/#:~:text=Fast%20wie%20aus%20einem%20James,von%20etwa%20100%20Stundenkilometern%20bef%C3%B6rdern. Zugegriffen am 01.07.2022.

Eimsbüttler Nachrichten. (2018). ZUSTELLER DER ZUKUNFT (10.01.2018). Lieferroboter in neuem Auftrag unterwegs. https://www.eimsbuetteler-nachrichten.de/lieferroboter-wieder-in-eimsbuettel-unterwegs/. Zugegriffen am 01.07.2022.

Forsthoff, E. (1938). *Die Verwaltung als Leistungsträger*. Kohlhammer.

Holz-Rau, Ch., Günthner, St., & Krummheuer, F. (2010). Daseinsvorsorge ist keine Dortseinsvorsorge. Hinweise zur Planung in dünn besiedelten Räumen. *Informationen zur Raumentwicklung, 7*, 489.504.

Margarian, A., & Weingarten, P. (2019). Wirtschaftsentwicklung in ländlichen Räumen – aktuelle und künftige Einflussfaktoren. *Landentwicklung aktuell, 24*, 68–70.

Mause, K. (2018). Daseinsvorsorge. In R. Voigt (Hrsg.), *Handbuch Staat* (S. 415–421). Springer Fachmedien Wiesbaden GmbH. https://doi.org/10.1007/978-3-658-20744-1_37

Mose, I., & Nischwitz, G. (2009). Anforderungen an eine egionale Entwicklungspolitik für struktur-schwache ländliche Räume, E-Paper der Akademie für Raumforschung und Landesplanung Nr. 7, Hannover, ISBN 978-3-88838-725-8.

SRLE [Sachverständigenrat Ländliche Entwicklung]. (2017). Weiterentwicklung der Politik für ländliche Räume in der 19. Legislaturperiode: Stellungnahme des Sachverständigenrats Ländliche Entwicklung (SRLE) beim Bundesministerium für Ernährung und Landwirtschaft (BMEL). https://www.bmel.de/SharedDocs/Downloads/DE/_Ministerium/Beiraete/srle/Stellungnahme-SRLE-WeiterentwicklungPolitikLR.pdf?__blob=publicationFile&v=3. Zugegriffen am 20.06.2022.

StMD [Bayerisches Staatsministerium für Digitales]. (2021). Bayern App Flyer: Homepage Bayerisches Staatsministerium für Digitales. https://www.stmd.bayern.de/wp-content/uploads/2021/10/BayernApp_Flyer.pdf. Zugegriffen am 18.06.2022.

StMD [Bayerisches Staatsministerium für Digitales]. (2022). Organisationsplan des Bayerischen Staatsministeriums für Digitales vom 15.06.2022. Homepage Bayerisches Staatsministerium für Digitales: https://www.stmd.bayern.de/wp-content/uploads/2022/06/220615-_StMD_Organigramm.pdf. Zugegriffen am 18.06.2022.

StMD [Bayerisches Staatsministerium für Digitales]. (o. J.). Homepage Bayerisches Staatsministerium für Digitales. https://www.stmd.bayern.de/ministerium/karriere/. Zugegriffen am 18.06.2022.

Thünen-Institut. (2016). Landatlas: Ländliche Räume (28.11.206). https://www.thuenen.de/de/infothek/landatlas-laendliche-raeume-online/. Zugegriffen am 20.06.2022.

Voigt, M., Thorun, Ch., & Sinemus, K. (2017). Digital. Kommunal. Deutschland. Smart Nation durch Smart Regions. Erstellt mit Unterstützung: Verband kommunaler Unternehmen e.V. (VKU) durch die: Quadriga Hochschule Berlin. https://digital.zlb.de/viewer/metadata/34034827/1/. Zugegriffen am 20.06.2022.

Weingarten, P., et al. (2020). Daseinsvorsorge, gleichwertige Lebensverhältnisse und ländliche Räume im 21. Jahrhundert. *Zeitschrift für Politikwissenschaft*, *30*(4), 653–665.

The manufacturer's authorised representative in the EU is Springer
Nature Customer Service Centre GmbH, Europaplatz 3, 69115 Heidelberg,
Germany. If you have any concerns regarding our products, please
contact ProductSafety@springernature.com

Printed and bound by CPI Group (UK) Ltd, Croydon, CR0 4YY
24/04/2026
02096341-0015